ANSYS 参数化编程与命令手册

龚曙光　谢桂兰　黄云清　编著

机械工业出版社

本书以工程应用中的结构分析为背景，以介绍 ANSYS 参数化设计编程为主要目的，全面系统地介绍了 ANSYS 参数化设计语言(APDL)和 ANSYS 软件中的操作命令，并配置了相关的实例。

全书共分为 8 章，主要介绍了 APDL 编程的过程、步骤和 APDL 命令流文件的生成，ANSYS 参数化设计语言，APDL 操作命令和 ANSYS 软件中的 GUI 操作命令，包括前处理、求解器、通用后处理、时间历程后处理、优化设计、实用菜单等方面的命令。同时列出了每个命令的使用格式、GUI 操作路径、相关的对话框及使用命令的提示，并对命令中出现的变量进行了解释，部分命令给出了操作实例和操作技巧。最后结合工程实例，介绍了 APDL 编程在结构分析中的应用，并给出了每个实例的源代码和注释。在附录 A 列出了 ANSYS 所有命令的操作格式，附录 B 列出了操作命令中常见标签的注解。

本书可作为使用 ANSYS 软件从事工程应用、科学研究及二次开发的工程技术人员的主要参考书；也可作为理工科院校相关专业的高年级本科生、研究生和老师学习 ANSYS 软件及参数化编程的教材。

图书在版编目(CIP)数据

ANSYS 参数化编程与命令手册/龚曙光，谢桂兰，黄云清编著. —北京：机械工业出版社，2009.8（2024.5 重印）
 ISBN 978-7-111-27803-0

Ⅰ. A… Ⅱ. ①龚…②谢…③黄… Ⅲ. 有限元分析—应用程序，ANSYS Ⅳ. O241.82

中国版本图书馆 CIP 数据核字(2009)第 124370 号

机械工业出版社（北京市百万庄大街 22 号 邮政编码 100037）
责任编辑：孔 劲 版式设计：张世琴 责任校对：刘志文
封面设计：陈 沛 责任印制：常天培
固安县铭成印刷有限公司印刷
2024 年 5 月第 1 版第 13 次印刷
184mm×260mm · 34.75 印张 · 860 千字
标准书号：ISBN 978-7-111-27803-0
定价：69.00 元

凡购本书，如有缺页、倒页、脱页，由本社发行部调换

电话服务	网络服务
服务咨询热线：010-88361066	机 工 官 网：www.cmpbook.com
读者购书热线：010-68326294	机 工 官 博：weibo.com/cmp1952
010-88379203	金 书 网：www.golden-book.com
封面无防伪标均为盗版	教育服务网：www.cmpedu.com

前 言

参数化编程是 ANSYS 软件的另一种操作方式，它与 GUI（图形操作界面）一样，能够完成所有的 ANSYS 分析过程；同时也是 ANSYS 优化设计、自适应网格以及二次开发的最主要基础。对于使用 ANSYS 软件完成有限元分析者，除了要掌握图形操作界面的操作方式，最终也需要掌握 ANSYS 软件的参数化设计。

ANSYS 参数化设计编程（ANSYS Parameter Design Language——APDL）是一种通过参数化变量方式建立分析模型的脚本语言，它用智能化分析的手段，为用户提供了自动完成有限元分析过程的功能。参数化编程一般以 ANSYS 的 LOG 文件为基础，按命令流的方式完成分析，它可用任何 ASCII 文件的编辑软件如 WINDOWS 平台上的记事本来生成。建立的 APDL 命令流文件将不受软件版本和系统平台的限制，特别适用于复杂模型、新产品的研制以及对模型有少量修改后需要多次重复分析的模型，也更加有利于保存和交流。

本书从实际应用出发，结合作者使用该软件的工作经验，全面系统地介绍了 ANSYS 参数化设计编程的过程与步骤，并配置了相关的操作实例。同时为了满足参数化编程的需要，按照操作菜单的顺序，对与 GUI 操作方式相对应的操作命令也作了相应的介绍，列出了每个命令的 GUI 操作路径和相关的对话框，对命令中每个变量的使用进行了说明，列出了每个命令的使用提示和相关命令的操作技巧，对部分命令进行了实例演示。本书既可作为 ANSYS 软件初级学者的启蒙教程，也可作为 ANSYS 软件的中、高级读者检索操作命令的主要参考资料。

本书以 ANSYS11.0 为蓝本，共分 8 章，第 1 章采用实例操作的方式介绍了如何使用和生成 APDL 命令流文件；第 2 章全面系统地介绍了 APDL 编程语言的内容，并配备了相应的操作示例；第 3 章对 APDL 的全部命令进行了详细解释；第 4 章至第 7 章分别介绍了 ANSYS11.0 的前处理器、求解器、通用后处理器、时间历程后处理器、优化设计以及实用菜单操作的命令；第 8 章利用 APDL 命令流文件对工程实例进行了分析。其中附录 A 按字母排列顺序列出了 ANSYS 所有命令的使用格式，附录 B 对 ANSYS 命令中出现的一些常见标签名进行了解释，这两个附录为读者使用 APDL 命令流文件来完成分析提供了一个很好的参考。上述章节中所出现的 APDL 命令流程序均在 ANSYS11.0 版本上调试通过运行。

由于编者水平有限，时间仓促，书中难免存在缺点和错误，殷切希望广大读者批评指正，也欢迎业内人士共同探讨。

Email：gongsg@xta.edu.cn

编　者
于湘潭大学

目 录

前言
第1章 概述 ··········· 1
1.1 APDL 的简介 ············ 1
1.1.1 APDL 的定义 ········· 1
1.1.2 APDL 的特点 ········· 3
1.2 如何生成 APDL 文件 ········· 4
1.2.1 生成 APDL 文件 ········ 4
1.2.2 生成 APDL 文件的示例 ····· 6
1.3 使用 APDL 的基本常识 ······· 9
第2章 APDL 编程语言及二次开发 ··· 12
2.1 工具条 ················ 12
2.1.1 添加命令 ············ 12
2.1.2 修改工具条 ·········· 13
2.1.3 工具条嵌套 ·········· 14
2.2 参数化变量使用 ············ 15
2.2.1 参数名的命名规则与格式 ··· 15
2.2.2 参数的使用 ·········· 16
2.2.3 参数名的置换 ········· 25
2.2.4 参数表达式与函数 ······ 28
2.3 参数化数组 ·············· 30
2.3.1 参数化数组的类型与定义 ··· 30
2.3.2 数组元素的赋值 ········ 34
2.3.3 生成数据文件 ········· 44
2.3.4 数组参数的运算 ········ 46
2.3.5 数组参数的输出与修改曲线标题 ················ 54
2.4 使用宏命令(Macro) ·········· 56
2.4.1 创建宏 ············· 57
2.4.2 宏的执行 ············ 60
2.4.3 局部变量 ············ 61
2.4.4 在元件和部件中使用宏 ···· 62
2.4.5 宏应用举例 ·········· 62
2.5 循环与分支控制命令 ·········· 64
2.5.1 调用子程序 ·········· 64
2.5.2 无条件分支(*GO)与重复执行(*REPEAT) ············ 65
2.5.3 DO 循环 ············ 65
2.5.4 有条件分支(*IF) ······· 67
2.5.5 命令的返回值"_RETURN"和状态值"_STATUS" ········· 69
2.6 APDL 的二次开发功能 ········ 70
2.6.1 使用"*ASK"命令 ······· 70
2.6.2 使用对话框 ·········· 71
2.6.3 使用宏显示用户信息 ····· 72
2.6.4 生成状态条 ·········· 74
2.6.5 宏里拾取操作及调用对话框 ·· 76
2.6.6 加密宏的生成 ········· 77
2.7 ANSYS 的自编程特性 ········ 78
2.7.1 自编程特性(UPF) ······· 79
2.7.2 ANSYS 软件的非标准使用 ·· 81
第3章 APDL 命令详解 ········· 82
3.1 生成缩略语 ·············· 82
3.2 参数设置 ················ 84
3.3 生成宏文件 ·············· 91
3.4 流程控制 ················ 96
3.4.1 与 DO 循环相关的命令 ···· 96
3.4.2 与 IF 结构相关的命令 ···· 97
3.5 与数组参数相关的命令 ······· 100
3.6 其他命令 ··············· 113
第4章 前处理器(Preprocessor) ···· 116
4.1 建立实体模型 ············ 116
4.1.1 生成关键点(Keypoints) ··· 116
4.1.2 生成线(Lines) ········ 122
4.1.3 生成面(Areas) ········ 128
4.1.4 生成体(Volumes) ······ 136
4.2 实体模型的操作运算(Operate) ·· 141
4.2.1 实体的延伸与旋转(Extend & Rotate) ············· 141

4.2.2　实体布尔操作运算(Booleans)　…　147
　　4.2.3　实体缩放与几何量的计算(Scale & Calc Geom)　……………　158
4.3　实体模型的修改(Modify)　………　161
　　4.3.1　实体模型的修改和复制(Copy & Modify)　…………………　161
　　4.3.2　实体模型的镜像与删除(Reflect & Delete)　………………　168
　　4.3.3　其他相关的命令(Other)　…　172
4.4　材料属性与实常数　………………　175
　　4.4.1　设置材料属性(Material Attribute)　………………………　175
　　4.4.2　设置实常数(Real)　…………　181
4.5　单元设置与网格划分　……………　183
　　4.5.1　设置单元属性(Element Attribute)　………………………　183
　　4.5.2　选择单元类型与网格大小设置(Element Type & Size)　……　185
　　4.5.3　网格划分(Meshing)　………　192
　　4.5.4　网格细化修改与删除(Refine & Clear)　……………………　199
4.6　直接生成有限元模型　……………　202
　　4.6.1　生成节点(Node)　……………　202
　　4.6.2　生成单元(Element)　………　207
　　4.6.3　节点与单元的修改(Modify)　…　213
　　4.6.4　编号控制(Numbering Control)　…　218
4.7　耦合与约束方程　…………………　223
　　4.7.1　建立节点之间的耦合(Coupling)　…………………………　223
　　4.7.2　生成约束方程(Constraint Eqn)　…　227

第5章　加载与求解(Solution)　…　235
5.1　指定分析类型　……………………　235
　　5.1.1　指定分析类型及重启动(Analysis Type & Restart)　………　235
　　5.1.2　求解控制(Solution Control)　…　238
　　5.1.3　模态扩展(Mode Expansion)　…　252
　　5.1.4　分析选项(Analysis Option)　…　253
5.2　施加载荷和边界条件　……………　256
　　5.2.1　施加载荷的设置(Setting)　…　256
　　5.2.2　施加载荷(Apply Load)　……　264

　　5.2.3　删除载荷(Delete Load)　……　290
　　5.2.4　载荷的运算(Operating)　……　293
5.3　载荷步设置选项　…………………　296
　　5.3.1　输出与求解控制(Output & Solu Ctrls)　……………………　297
　　5.3.2　时间与频率(Time & Frequence)　………………………　300
　　5.3.3　非线性选项(NonLinear)　…　301
　　5.3.4　谱分析选项(Spectrum)　……　304
　　5.3.5　其他选项(Other Option)　…　307
　　5.3.6　载荷步文件操作(Load Step)　…　309
5.4　物理环境与有限元求解操作　……　310
　　5.4.1　物理环境(Environment)　…　310
　　5.4.2　有限元求解运算(Solve)　…　312

第6章　后处理操作(Postprocessor)　…　316
6.1　结果数据的显示与列表　…………　317
　　6.1.1　读入结果数据(Read)　………　317
　　6.1.2　图形显示结果数据(Plot Result)　………………………　319
　　6.1.3　结果数据的列表(List Result)　…　327
　　6.1.4　结果输出的选项(Options for Outp)　…………………………　333
6.2　结果数据的操作　…………………　336
　　6.2.1　节点计算(Node Calculation)　…　336
　　6.2.2　单元表操作(Element Table)　…　339
　　6.2.3　路径操作(Path Operation)　…　342
　　6.2.4　载荷工况组合(Load Case)　…　350
6.3　其他相关操作命令　………………　354
　　6.3.1　安全系数(Safety Factor)　…　354
　　6.3.2　疲劳分析(Fatigue Analysis)　…　355
　　6.3.3　定义与修改(Define & Modify)　…　361
　　6.3.4　表面操作(Surface Operations)　…　362
　　6.3.5　其他命令(Other)　……………　366
6.4　时间—历程后处理　………………　368
　　6.4.1　变量定义与设置(Variable Define & Setting)　………………………　368
　　6.4.2　变量数据运算操作(Variable Operation)　……………………　375
　　6.4.3　结果图形显示与列表(Variable Plot

&List) ………………………………… 378
6.5 优化设计 ………………………………… 379
　6.5.1 指定优化文件、变量和优化方法（Variable & Opt Method）……… 380
　6.5.2 指定优化循环控制方法（Opt Control）………………………… 384
　6.5.3 优化结果的列表与显示（Result List & Plot）…………… 386

第7章　实用菜单操作（Utility Menu）… 391
7.1 文件操作（File）……………………… 391
　7.1.1 ANSYS 的重新启动（Clear & New）……………………………… 391
　7.1.2 文件的存取（File Save & Resume）…………………………… 393
　7.1.3 CAD 模型输入（CAD Model Input）……………………………… 397
7.2 实体选择（Select）…………………… 400
　7.2.1 选择实体（Select Entities）…… 400
　7.2.2 生成实体元件和部件（Component & Assembly）………………… 406
7.3 实体的列表输出 ……………………… 408
　7.3.1 实体模型的列表输出（Entity List）………………………………… 408
　7.3.2 属性的列表输出（Attribute List）………………………………… 410
　7.3.3 载荷的列表输出（Load List）… 413
　7.3.4 其他内容的列表输出（Other List）………………………………… 416
7.4 实体显示与显示控制 ………………… 417
　7.4.1 实体及属性的显示（Entities & Attribute Plot）………………… 417
　7.4.2 视图显示控制（View Setting）… 421
　7.4.3 视图模式控制（Plot Control）… 425
　7.4.4 图形窗口显示控制（Windows Control）……………………………… 436
　7.4.5 动画生成与显示控制（Animate Control）……………………………… 439
7.5 工作平面与坐标系转换 ……………… 443
　7.5.1 工作平面的显示与偏移（WP Plot & Offset）…………………………… 443
　7.5.2 坐标系统的设置与转换（Change & Create CS）…………………………… 446

第8章　APDL 应用实例 …………………… 449
8.1 规则网格划分的 APDL 操作 ………… 449
　8.1.1 轴的规则网格生成 ……………… 449
　8.1.2 齿轮的规则网格生成 …………… 452
　8.1.3 锥齿轮对的参数化建模 ………… 457
8.2 生死单元使用实例 …………………… 473
　8.2.1 问题的描述 ……………………… 473
　8.2.2 APDL 命令流文件 ……………… 475
8.3 结构优化设计实例 …………………… 485
　8.3.1 问题的描述 ……………………… 485
　8.3.2 APDL 命令流文件 ……………… 487
8.4 施加移动载荷实例 …………………… 489
　8.4.1 问题的描述 ……………………… 489
　8.4.2 APDL 命令流文件 ……………… 490
8.5 动力学分析实例 ……………………… 492
　8.5.1 问题的描述 ……………………… 492
　8.5.2 APDL 命令流文件 ……………… 493
8.6 接触分析实例 ………………………… 496
　8.6.1 胀管过程的数值模拟 …………… 496
　8.6.2 APDL 命令流文件 ……………… 497

附录 A　ANSYS 操作命令及格式汇集 ……… 501
附录 B　ANSYS 常用标签名注解 …………… 544
参考文献 …………………………………… 549

第1章 概 述

ANSYS 是一个广泛应用于机械制造、石油化工、轻工、造船、航空航天、汽车交通、电子、土木工程、水利、铁道、日用家电、生物、医学等众工业领域，集结构、热、流体、电磁、声学于一体的以有限元分析为基础的大型通用 CAE 软件。在国内外具有良好的声誉，并已获得了工业界的普遍认可。目前在我国已具有较大的用户群，是工程技术人员从事产品开发、科研人员从事科学研究的好帮手。

与所有有限元软件的分析过程相类似，ANSYS 软件的标准分析过程包括：建立分析模型、施加边界条件与求解计算、结果分析 3 个步骤。对于一个简单模型来说，无论是新建分析还是进行修改后重新分析，按照这 3 个步骤进行都是简单的。但对于一个复杂模型而言，对新建模型进行分析是必须要完成的，但当要对其进行修改后重新分析时，若继续按照上述 3 个步骤来做，其过程则是相当繁杂和费时的。为了解决这个问题，ANSYS 软件提供了一种以命令流方式进行分析的功能，即 ANSYS 参数化设计语言（ANSYS Parameter Design Language—APDL）。它能够利用第 1 次分析时生成的 LOG 文件，仅对其进行修改，用户就可以利用修改后的文本文件来完成任意多次的分析，从而大大地减少了修改模型后重新分析时所需的时间。

1.1 APDL 的简介

1.1.1 APDL 的定义

ANSYS 参数化设计语言（APDL）是一种用来完成有限元常规分析操作或通过参数化变量方式建立分析模型的脚本语言，它用智能化分析的手段，为用户提供了自动完成有限元分析过程的功能，即程序的输入可根据指定的函数、变量以及选用的分析类型来确定，是完成优化设计和自适应网格的最主要基础。APDL 允许复杂的数据输入，使用户实际上对任何设计或分析属性有控制权，如分析模型的尺寸、材料的性能、载荷、边界条件施加的位置和网格的密度等。APDL 扩展了传统有限元分析范围之外的能力，并扩展了更高级运算，包括灵敏度研究、零件库参数化建模、设计修改和设计优化等。

APDL 具有下列功能，对这些功能用户可根据需要进行组合使用或单独使用。

1) 标量参数。
2) 数组参数。
3) 表达式和函数。
4) 分支和循环。
5) 重复功能和缩写。
6) 宏。
7) 用户程序。

所有这些全局控制特性，允许用户按需要改变该程序以满足特定的建模和分析需要。通过精心计划，用户能够创建一个高度完善的分析方案，它能在特定的应用范围内使程序发挥更大的效率。

案例 1-1：图 1-1 为一个两杆的桁架结构，当杆件的材料发生变化时，求点 A 在载荷 F 的作用下，其 y 方向的位移变化情况。生成的结果如图 1-2 所示。

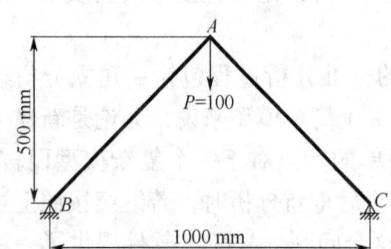

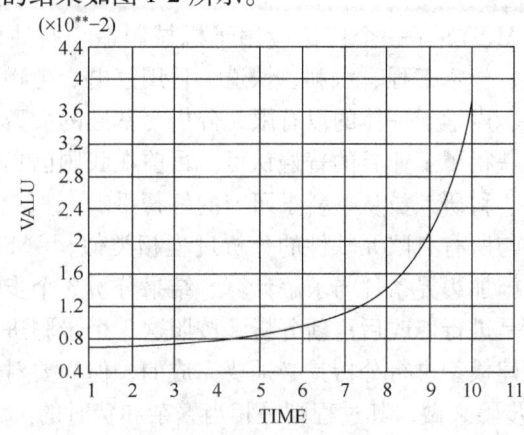

图 1-1　二杆桁架结构示意图　　　　图 1-2　A 点在 y 方向的位移变化情况

其清单程序文件如下所示：

```
FINISH                  !退出当前处理器
/CLEAR,START            !重新开始一个新的分析
/PREP7                  !进入前处理器
ET,1,LINK1              !指定单元类型
R,1,0.1                 !指定实常数，即杆件的面积
MP,EX,1,1E5             !定义弹性模量
MP,PRXY,1,0.3           !指定泊松比
N,1,0,0                 !生成第1个节点
N,2,1,0
N,3,0.5,0.5
E,1,3                   !生成第1个单元
E,2,3
/PLOPTS,INFO,0          !关闭图形显示时的信息
FINISH
/SOLU                   !进入求解器
D,1,ALL                 !对节点施加全约束
D,2,ALL
F,3,FY,-100             !对节点3施加y方向向下的集中载荷
*DO,I,1,10              !设置从1到10的循环
TIME,i                  !时间间隔
SOLVE                   !求解计算
MP,EX,1,1E5-1000*i*i    !改变弹性模量
*ENDDO                  !循环结束
```

```
FINISH
/POST26                          ! 进入时间历程后处理器
NSOL,2,3,U,Y,y_disp              ! 设置结果输出变量
ABS,3,2,,,,,,1,                  ! 对变量求绝对值
PLVAR,3                          ! 图形方式显示变量的变化
/IMAGE,SAVE,uy_disp,BMP          ! 将显示图形保存在文件中
FINISH
```

将上述程序清单保存在文本文件"ex-1.txt"中，然后存入到 ANSYS 的工作目录下，启动 ANSYS 软件，选择 GUI 方式下的操作路径：Utility Menu > File > Read Input From…，会弹出一个如图 1-3 所示的对话框，在 Read input from 下的输入栏中输入文件名"ex-1.txt"，单击"OK"，则 ANSYS 将会从文件"ex-1.txt"中读入命令并执行，并在执行过程会出现一些警告信息，可以不必理会。最后出现一个"Solution is done"表明程序已计算结束，并在工作目录下生成一个"uy_disp.bmp"的位图文件，该位图文件的内容如图 1-2 所示。

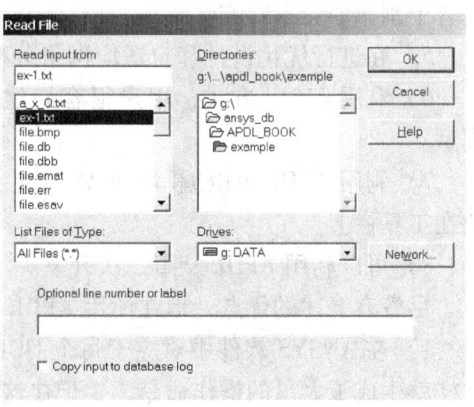

图 1-3 读取输入文件的对话框

1.1.2 APDL 的特点

ANSYS 软件提供了两种工作模式：人机交互方式（GUI 方式）和命令流输入方式（Batch 方式）。

前者对于初学者特别是已经习惯使用 WINDOWS 操作界面的广大用户来说，似乎要容易掌握一些，不需要记住编程语言的使用规则与命令的使用格式等，只要用鼠标在图形上进行拾取操作即可。对一个简单的有限元分析模型来说，这也许是要来得更快一些，但当面对一个复杂的有限元模型时，使用 GUI 方式的缺点就会显露出来。由于一个分析的完成往往需要进行多次的反复，特别是当要对模型进行修改后再进行分析时，这时在 GUI 方式中就会出现大量的重复操作，这些重复工作有时会占据整个计算时间的几倍。简单而繁杂的重复工作有时甚至会影响到设计人员的心情，从而造成模型的分析质量下降。另外使用前者往往会生成大量的文件，对于一个较大的分析模型，其生成的数据文件也许是几兆字节，有时会是十几兆，甚至达几百兆的情况也有，这么大的数据文件在交流时，是非常不方便的。

而对于后者来说，它具有下列优点：

1) 可以减少大量的重复工作，特别适用于经少许修改（如修改网格的密度）后需要多次重复计算的场合，可为设计人员节省大量的时间，以利于设计人员有更多的精力来从事产品的构思。

2) 便于保存和携带，一个 APDL 的 ASCII 文件其大小一般只有几十 K 字节，最多也只有几百 K 字节，其数据文件的容量与 GUI 数据文件相比，将要减少近 1000 倍，无论是在网

上或平常的交流中都很方便。

3）不受 ANSYS 软件的系统操作平台的限制，即用户使用 APDL 文件既可以在 WIN-DOWS 平台进行交流运行，也可以在 UNIX 或其他的操作平台上运行。而 GUI 方式生成的数据文件则不能直接交流。

4）不受 ANSYS 软件的版本限制，一般情况下，ANSYS 软件 GUI 方式生成的数据文件只能向上兼容一个版本，也就是 ANSYS11 版本的软件只能直接调出 ANSYS10 版本的数据文件，而不能直接调用 ANSYS9.0 及以前的数据文件。而 APDL 文件则不存在这个限制，仅仅只有个别命令会有影响。

5）在进行优化设计和自适应网格分析时，必须要使用 APDL 文件系统。

6）利用 APDL 方式，用户很容易建立参数化的零件库，以利于快速生成有限元分析模型。

7）利用 APDL 可以编写一些常用命令的集合，即宏命令，或者是制作快捷键，并将其放在工具栏上。

8）可以利用 APDL 从事二次开发。

尽管有上述的优点，但在使用 APDL 中也会遇到下列的缺点：

1）在 ANSYS 软件中对应于每个 GUI 方式的操作，基本上都有一个操作命令与之对应，这样就生成了大量的操作命令，要记住这些命令是有很大困难的。

2）APDL 文件方式不直观，由于其属于一种脚本语言，必须要将输入文件中的命令执行完后才能得到结果，这对于不习惯进行程序调试的人来说，容易产生厌烦的心理，甚至会认为太难而放弃使用。

3）在重复执行时也要花费一定的时间。

总之，APDL 方式对于一个大型的复杂模型来说，是利大于弊的。但同时对于 APDL 文件，不能按其他语言如 FORTRAN、C、C++ 等语言的编写方式去做，若要这样做，其难度会更大。一般的方法是充分利用第 1 次分析时生成的 LOG 文件，对这个文件作适当的修改即可得到自己的命令流文件，再添加一些 APDL 控制命令，就可以得到 APDL 命令的文件了。在下一节将介绍如何利用 LOG 文件生成一个 APDL 文件。

1.2 如何生成 APDL 文件

1.2.1 生成 APDL 文件

在 GUI 方式下，用户每执行一次操作，ANSYS 都会将与该操作路径相对应的操作命令写入到一个 LOG 文件里，对该操作命令的响应情况则输出到 ANSYS 的输出窗口（Output Window）里，生成的结果则显示在图形屏幕上。LOG 的默认文件名是"jobname.log"，如果没有指定工作文件名，则为"file.log"。这个文件就是生成 APDL 文件的基础。但由于在 GUI 方式下，可以使用图形拾取操作，即可直接用鼠标在图形上进行拾取，而 APDL 方式下一般不允许采用图形拾取操作，因此在 LOG 文件转向 APDL 命令流文件时，必须要将 GUI 方式下的拾取操作转变为使用操作命令来操作。其转换的方式有两种：

1）对于单一实体可以直接使用操作命令执行。如要对一条编号为 10 的线指定划分网格的等份数为8，若使用 GUI 方式，则其在 LOG 文件中生成的命令流为：

```
FLST,5,1,4,ORDE,1
FITEM,5,10
CM,_Y,LINE
LSEL,,,,P51X
CM,_Y1,LINE
CMSEL,,_Y
!*
LESIZE,_Y1,,,8,,,,,1
!*
```

若要使用 APDL 的方式，则只要使用一条命令即可，即：

```
LESIZE,10,,,8,,,,,1            ! 对编号为 10 的线指定网格划分等份数
```

2）需要对多个实体同时进行操作时，可以采用多个操作命令进行，也可将选择操作与操作命令结合进行。

如需要对编号分别为"1、2、3、4、5、6、7"的节点施加 UY 方向的约束时，在 GUI 方式中，生成 LOG 命令流如下：

```
FLST,2,7,1,ORDE,2
FITEM,2,1
FITEM,2,-7
!*
D,P51X,,,,,,UY,,,,,
```

这时可使用两种 APDL 方式，其一是直接使用单一操作命令，它适用于拾取实体较少时且网格不会发生变化的情况：

```
D,1,,,,,7,,UY,,,,,
```

其二是当这 7 个节点具有某种共同的属性时，如 7 个节点的坐标均位于 Y = 0 的线上时，则可采用"选择"操作命令与"施加约束"命令一起使用，即：

```
NSEL,S,LOC,Y,0                 ! 选择 Y 坐标值为 0 的所有节点
D,ALL,,,,,,UY,,,,,             ! 对选择的节点施加 UY 方向的约束
ALLSEL,ALL                     ! 重新选择所有的实体
```

完成上述三种操作后，得到的结果是一样的。但一般来说，当要对多个实体进行操作时，采用先选择后操作的方式较好，这只要用户根据分析模型中实体所具有的某种属性进行选择即可。如果指定具体的编号，当网格划分方式发生变化时，这时节点的编号也会发生变化，从而会造成操作失败。若根据其几何特征、材料属性来选择时，不管网格怎么变化，都不会施加失败。

因此在使用 APDL 命令流方式中，当要选择实体模型时，建议采用先选择，后施加操作的方式。

1.2.2 生成 APDL 文件的示例

下面将通过一个具体的操作实例来说明如何利用 LOG 文件,生成一个 APDL 文件,并完成在不同的网格划分条件下某节点的应力分析。

案例 1-2:如图 1-4 所示,为一块无限大且中心有圆孔的平板,其厚度为 1 个单位,在 x 方向承受单向拉伸,其拉伸载荷为:$q = 1\text{MPa}$,已知材料的性能参数为:$E = 2.0 \times 10^5 \text{MPa}$,$\nu = 0.3$。试求出 A 点在不同的网格划分条件下,其应力的变化过程。

首先在 GUI 模式下完成案例 1-2 的有限元分析过程,Mises 当量应力的等值线分布云图如图 1-5 所示。

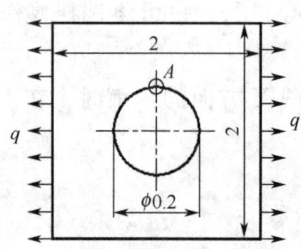
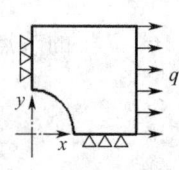
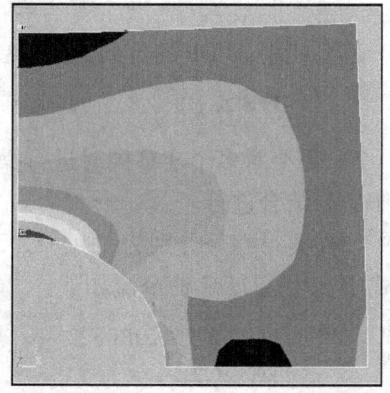

图 1-4 单向拉伸平板的分析模型　　　　图 1-5 Mises 当量应力分布图

在其工作目录下可以找到一个 LOG 文件。其 LOG 文件的内容如下:

```
/BATCH
weight = 1                          ! 定义正方形的边长
r = 0.4                             ! 定义圆的半径
/PREP7                              ! 进入前处理器
!*
ET,1,PLANE42                        ! 指定单元类型
!*
!*
MPTEMP,,,,,,,,                      ! 定义材料属性
MPTEMP,1,0
MPDATA,EX,1,,2e5
MPDATA,PRXY,1,,0.3
RECTNG,0,weight,0,weight,           ! 生成一个正方形面
CYL4,,,r                            ! 生成一个圆面
ASBA,   1,   2                      ! 从正方形面中减去圆面
NUMCMP,ALL                          ! 压缩实体的编号
N,,,r,,,,                           ! 生成一个编号为 1 的节点
APLOT
```

```
FLST,5,2,4,ORDE,2              ！在图形上拾取线
FITEM,5,4
FITEM,5,-5
CM,_Y,LINE
LSEL,,,,P51X
CM,_Y1,LINE
CMSEL,,_Y
!*
LESIZE,_Y1,0.1,,,,,,1          ！对拾取的线设置单元大小
!*
FLST,5,1,4,ORDE,1
FITEM,5,3
CM,_Y,LINE
LSEL,,,,P51X
CM,_Y1,LINE
CMSEL,,_Y
!*
LESIZE,_Y1,0.1,,,,,,1
!*
!*
AMAP,1,4,1,3,5                 ！采用映射方式对面划分单元
!*
NUMMRG,ALL,,,,LOW              ！对所有的实体类型进行合并
NUMCMP,ALL                     ！压缩实体的编号
SAVE
!*
EPLOT
FINISH
/SOL
FLST,2,1,4,ORDE,1              ！在图形上拾取线
FITEM,2,5
!*
/GO
DL,P51X,,UX,                   ！对拾取的线施加 UX 约束
FLST,2,1,4,ORDE,1
FITEM,2,4
!*
/GO
DL,P51X,,UY,                   ！对拾取的线施加 UY 约束
FLST,2,1,4,ORDE,1
FITEM,2,1
```

```
/GO
!*
SFL,P51X,PRES,-1,          ! 对拾取的线施加
                            ! 面载荷(压为正,
                            ! 拉为负)
/STATUS,SOLU
SOLVE                       ! 求解计算
FINISH
/POST1                      ! 进入到后处理器
/EFACE,1
AVPRIN,0,,
!*
PLNSOL,S,EQV,0,1            ! 显示 Mises 应力
                            ! 分布
SAVE
/EXIT,ALL                   ! 退出 ANSYS 系统
```

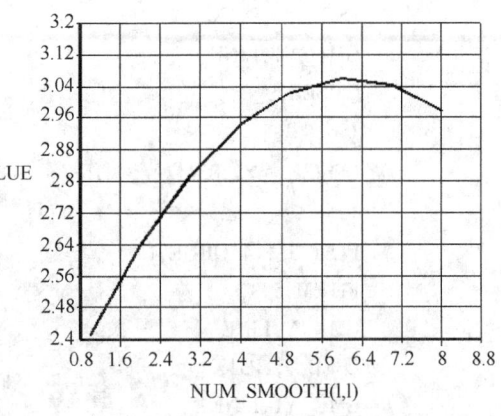

图 1-6 A 点的 Mises 当量应力在不同网格时的值

下面对上述 LOG 文件的内容进行少许修改,并添加上 APDL 的控制命令,即可完成分析任务,A 点的 Mises 当量应力在不同网格密度下的分析结果如图 1-6 所示。

其中生成 APDL 文件"ex_2.txt"的内容如下:

```
FINISH
/CLEAR,START
*DIM,vs,,8                  ! 定义 4 个 8×1 的数组
*DIM,num,,8
*DIM,x1,,8
*DIM,y1,,8
weight = 1                  ! 定义正方形的边长
r = 0.1                     ! 定义圆的半径
/PREP7                      ! 进入前处理器
ET,1,PLANE42
MP,EX,1,2e5                 ! 输入材料的弹性模量
MP,PRXY,1,0.3               ! 输入材料的泊松比
RECTNG,0,weight,0,weight,   ! 生成矩形面
CYL4,,,r                    ! 生成一个圆面
ASBA,1,2                    ! 从矩形面中减去圆面
NUMCMP,ALL                  ! 压缩实体的编号
FINISH
*DO,i,1,8                   ! 设置循环从 1 到 5,循环变量为 i
num(i) = i                  ! 循环次数记录在数组中
/PREP7
ACLEAR,1                    ! 清除面上的网格
```

```
N,,,r,,,,                              ! 生成编号为1的节点即A点
LESIZE,4,0.1/i,,,,,,,1                 ! 设置单元边的长度
LESIZE,5,0.1/i,,,,,,,1
LESIZE,2,0.1/i,,,,,,,1
LESIZE,1,0.1/i,,,,,,,1
AMAP,1,4,1,3,5                         ! 映射方式生成单元网格
NUMMRG,ALL,,,,LOW                      ! 合并实体
NUMCMP,ALL                             ! 压缩实体编号
FINISH
/SOL
NSEL,S,LOC,X,0                         ! 选择X=0的所有节点
D,ALL,,,,,,UX,,,,,                     ! 对选择的节点施加UX=0
ALLSEL,ALL                             ! 选择所有的实体
NSEL,S,LOC,Y,0                         ! 选择Y=0的所有节点
D,ALL,,,,,,UY,,,,,                     ! 对选择的节点施加UY=0
ALLSEL,ALL
SFL,1,PRES,-1,                         ! 对线1施加面载荷即q=1
SOLVE                                  ! 求解运算
FINISH
/POST1                                 ! 进入后处理器
*GET,vs(i),NODE,1,S,EQV                ! 取出节点1的Mises应力
FINISH
*ENDDO                                 ! 完成循环
/SOLU
SMOOTH,num(1),vs(1),,3,x1(1),y1(1),2   ! 生成曲线
FINISH
/IMAGE,SAVE,Von_Stre,BMP               ! 将曲线保存为位图文件
/EXIT,ALL                              ! 退出ANSYS
```

通过上述程序的运行比较，APDL 程序执行一次能够完成多项任务，在运行中减少了人工干预，可以保证计算模型、计算过程和结果的一致性，并具有多次重复执行的功能，这是 GUI 方式不能相比的。

同时由于 APDL 文件建立在 LOG 文件基础之上，其编写过程也要简单得多，不像其他语言那样需要重新编写，从而为 APDL 文件的推广使用提供了极大的便利。只要对 ANSYS 软件有所了解和掌握的用户都会很快学会使用 APDL，凡是使用过 APDL 文件的用户就不会再放弃使用。

1.3 使用 APDL 的基本常识

由于 ANSYS 的操作命令较多，而有些命令是用户很难遇到的，并且对于不同的用户所遇到的命令也有很大的差别，因此本书只介绍了使用 ANSYS 软件最常见的命令，即广大用户都将会遇到的命令，以满足大家的需要。对于一些较偏命令的使用格式，用户可参考附录

A,对较偏命令的详解则要参考《ANSYS 命令参考手册》。

为了保证用户在使用 APDL 时能够将操作命令与操作路径相对应,本书在介绍每个命令时,都列出了该命令的操作路径,并且操作命令基本上是按照操作路径在菜单中的排列顺序自上而下进行的。

按操作命令的使用范围可分成两大类,一类命令只能在某个特定的环境里使用,如大多数实体建模的命令一般只能在前处理器里使用;另一类命令可以在任何处理器里使用,如大多数实用菜单上的命令基本上满足这一条。出现在某章节中的每个命令基本上就说明了该命令的适用范围,在解释大多数命令时都说明了该命令的适用场所。这点用户要注意,否则在运行时会出错。

另外,为了使用户能够熟练地使用和参考本书,在这里设置了一些约定。

1)凡是用双引号括起,并在英文字母下面加一条横线,则表示该英文是一个 ANSYS 的操作命令。如:"L"、"SMOOTH"、"SOLVE"、"NSEL"、"*GET"、"/SOLU"等。

2)没有括起来且为斜体英文字符,如 *Par*、*Item1*、*Fname* 等为操作命令的变量,是用户在使用时需要指定或赋值的项。

3)既没有括起来也没有使用斜体的英文字符,如 NODE、LINE、UX、DOCU、NODE 等,这些一般是一个值或为标签名,可以作为一个值赋给操作命令后面的变量,对于这些标签名的具体含义可参考附录 B 的说明。

4)在使用操作命令时,大多数字符个数超过 4 个的命令只要使用其前 4 个字符来表示即可,如命令"FINISH"、"FINI"、"FINIS"等则表示为同一个命令;但有些命令也必须要写全名,如"NUMCMP"、"NUMMRG",否则系统会不认识。因此在用户不能确定操作命令是否可以使用缩写时,最好使用全名,这样就不会出错。

5)有时同一个命令会出现在不同的 GUI 路径下或不同的对话框中,为了节省篇幅,在本书中每个命令的说明只出现在第一次出现的位置处,因此当用户在不同的场所遇到某个操作命令时,可以查找附录 A,即可查找到该命令第一次出现的场所。

6)有些操作命令后面的变量名,用户一看到,即可知道其表示的意义,如 *Fname*、*Ext*、*Item* 等,并且这些变量在所有相关的操作命令中都表示同一个意思。为了节省篇幅,在这里将统一列出其意义,除非它们还有一些特殊的意义,否则将不再解释。

- *Fname*:是指包含路径的文件名或文件名,包括路径在内最长不能超过 248 个字符。如果没有指定路径名,默认路径是当前的工作目录,这时可以使用 248 个字符的文件名。文件名的默认是指"jobname"。
- *Ext*:是指文件的扩展名,最长不能超过 8 个字符。
- *Item*,*Comp*:这两个标签同时出现时,一般表示为一个与该命令相对应的标签名,有些需要一个组合标签。如 UX 就是一个组合的标签名,尽管每个使用这个变量的命令会有不同的标签组合,但其意义是相同的,对于具体标签的解释可参考附录 B 的说明。
- *Title*:用户定义的能够快速确定一组物理设置的标题,最多不能超过 64 个字符。
- *Path*:工作路径名。
- *WN*:图形窗口参考编号,默认值为 1。

7)在许多命令中,有时其变量的值可以为空(blank),则表示不能输入任何值,即使是空格或 0 都不行，若输入 0 系统就将 0 值赋给了相对应的变量，使该变量具有 0 值，而与空值相比其意义就大不一样了。但有时对于某个变量，输入 0 和空值具有相同的意义。因此用户在使用时，要特别注意输入为空值时的意义，否则会出现一些意想不到的错误，而很难发现。

8) 用户要输入命令时，既可以采用大写方式，也可以采用小写方式，但 ANSYS 都将解释为大写方式。即在 ANSYS 中，输入的 APDL 命令流没有大小写之分。但为了清晰起见，在输入的命令流中凡是用户输出的字符都采用小写字母方式，或第 1 个字母大写其余的字母为小写的方式，而 ANSYS 系统中的命令或标签名都采用大写，如下所示：

```
*DIM,Num,ARRAY,5,1,1       ! 定义一个数组,其中数据名 Num 是用户输入
RECTNG,0,weight,0,weight   ! 生成一个矩形,其中 weight 是用户输入
```

9) 书中出现的"jobname"即工作文件名，一般由用户在开始运行时输入，若用户没有指定，则其默认值为"file"。

10) 大多数用"*"开头的命令都属于 APDL 命令，都没有对应的 GUI 方式，如"*IF"、"*DO"等，它们只能在命令行中输入。但与参数、缩略语、宏的定义和设置相关的 APDL 命令，大多数有 GUI 方式，都位于实用菜单的"Parameter"和"Macro"这两个子菜单中。

11) 凡是在命令的变量中出现了"--"符号，则表示这个位置现在为空，即没有使用，用户在输入时不要输入任何值。

12) 所有的 APDL 命令和实用菜单命令，除非有特殊的声明，否则均适用于所有的处理器。

13) 在大多数需要实体编号的命令中，用户除了可以直接输入实体的编号之外，还可以使用 ALL、P 或元件名来取代。它们的意义如下：

- ALL：表示用户当前选择的所有实体，它们可以是节点、单元、关键点、线、面或体。
- P：表示激活图形拾取操作，这时会弹出一个拾取操作对话框，用户可用鼠标在图形屏幕上拾取所需要的实体，但这个选项只能在 GUI 方式下使用，在命令流中一般不使用，这样可以减少人工对程序运行的干扰。为了避免使用选项"P"，建议用户使用"元件名"来取代。
- 元件名：其内容是通过"选择"命令选中后，由命令"CM"生成的，元件名一般由用户指定，其内容可以是某实体的一部分或全部。

第 2 章 APDL 编程语言及二次开发

APDL(ANSYS Parametric Design Language)是 ANSYS 参数化设计语言的英文缩写,是一门可用来自动完成常规操作或者通过参数化(变量)方式来建立分析模型的脚本语言。它具有如重复某个命令、宏命令、条件分支、循环以及标量、矢量和矩阵的运算等语言特征,它是完成优化设计和自适应网格划分的最主要基础。

在下面将用一些最基本的实例来介绍 APDL 的基本组成,即参数化、宏命令、分支、循环、重复执行和数组。

2.1 工具条

在 ANSYS 软件的操作界面上,已经提供了具有 4 个快捷键的工具条,如图 2-1 所示。有时当需要重复执行某个命令时,用户也可以自己根据需要在工具条上添加快捷键。同时,用户也可以对工具条进行修改和编辑。

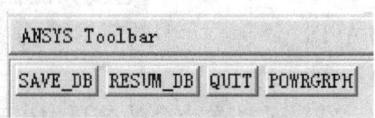

图 2-1 ANSYS 的默认工具条

2.1.1 添加命令

用户可以通过定义缩略语(abbreviation)的方法将一些频繁使用的 ANSYS 功能和宏指令添加到该工具条上。一个缩略语可以是一条 ANSYS 命令、GUI 函数名或宏命令名的别名。如"SAVE_DB"就是"SAVE"命令的别名,"QUIT"就是"Fnc_/EXIT"函数的别名,它将启动一个退出 ANSYS 的对话框。

ANSYS 软件为使用缩略语提供了三种方法:
1)直接在操作界面的命令行中输入缩略语。如输入:
   *ABBR,node_sel,NSll,,1

再执行操作命令:Utility Menu > MenuCtrls > Update Toolbar,它将在工具条上生成一个选择与线相关的节点的快捷键。

2)执行"Utility Menu > Macro > Edit abbreviations"或"Utility Menu > MenuCtrls > Edit Toolbar",将会弹出一个如图 2-2 所示的对话框,在其输入行中输入:
   *ABBR,tri_off,/TRIAD,OFF

单击"Accept"键,在工具条上生成一个快捷键。"TRI"命令的作用是控制坐标三角符号在图形界面上的显示。生成的结果如图 2-3 所示。

图 2-2 编辑工具条对话框

3)修改文件"startXX.ans","XX"表示不同的版本号,如对于 ANSYS11 的版本,则 XX 表示为 110,该文件一般位于 ANSYS 软件安装目

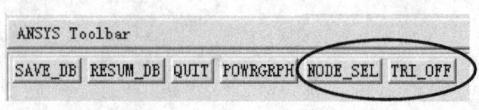

图 2-3 新生成的工具条

录下，如安装在 D 盘，即为"D:Pogram Filies\Ansys Inc\v110\ansys\APDL"，这时运行命令"/CLEAR,STRAT"，或每次运行 ANSYS 软件，都会出现如图 2-3 所示的工具条。

工具条上所包含缩略语的个数和所包含的功能完全取决于用户的个人爱好。该工具条能够定义 100 个缩略语（包括缩略语之间的嵌套），用户也可随意删除和重新定义已存在的缩略语。但要注意，定义好的缩略语不能自动保存，用户必须要将自己定义好的缩略语保存在一个文件中，然后在启动 ANSYS 软件后，再重新加载到 ANSYS 的对话框中。其相关的命令为：

保存文件的操作命令：Utility Menu > Macro > Save abbr
　　　　　　　　　　Utility Menu > MenuCtrls > Save Toolbar
恢复文件的操作命令：Utility Menu > Macro > Restore abbr
　　　　　　　　　　Utility Menu > MenuCtrls > Restore Toolbar

执行上述的保存文件命令后，会弹出一个如图 2-4 所示的对话框，在编辑框输入一个文件名，如"a. txt"，单击"OK"，则在当前的工作目录里生成一个文本文件，用户可以利用如记事本等来打开这个文本文件。对上述定义的缩略语在执行保存文件命令后，可在当前工作目录中找到该文件，用记事本打开"a. txt"，其中的内容为：

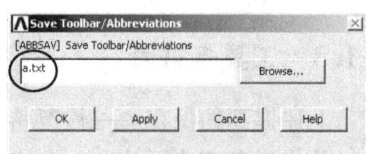

图 2-4　保存缩略语文件的对话框

```
/NOPR
*ABB,SAVE_DB,SAVE
*ABB,RESUM_DB,RESUME
*ABB,QUIT       ,Fnc_/EXIT
*ABB,POWRGRPH,Fnc_/GRAPHICS
*ABB,node_sel,Nsll,,1
*ABB,Tri,TRIAD,OFF
/GO
```

其中"*ABB"命令是定义按键，也是命令"*ABBR"的缩写。
"/NOPR"命令是关闭其在 LOG 文件中的响应。
"/GO"命令是打开其在 LOG 文件中的响应。

2.1.2　修改工具条

对用户已经定义好的缩略语，可利用"*ABBR"命令或在 GUI 方式下的"Utility Menu > Macro > Edit Abbreviations 或 Utility Menu > MenuCtrls > Edit Toolbar 来设置。但建议使用操作路径，主要原因之一是操作简单，当单击"OK"键后，系统自动对工具条的内容进行更新，而使用命令"*ABBR"，则要执行"Utility Menu > MenuCtrls > Update Toolbar"后，工具条的内容才更新；其二是可根据用户的需要及时对其内容进行编辑和修改。对于"*ABBR"命令，其定义的语法规则如下：

命令格式为：*ABBR,*Abbr*,*String*
Abbr：缩略语的名称，它将出现在工具条上，其字符的个数不能超过 8 个。
String：是缩略语将要表示的宏名或命令名称。如果为宏名，则包含这个宏的文件必须

要在宏命令搜索的路径范围内,关于宏命令的详细说明请参考"2.4 使用宏命令"。如果表示的是 ANSYS 的拾取菜单或对话框(利用 UIDL——用户界面设计语言),则要指定为"Fnc_String",如"QUIT"命令的定义为:"Fnc_/EXIT"。其长度不能超过 60 个字符,并且不能出现下列符号:字符"$"和命令"C***"、"/COM"、"/GOPR"、"/NOPR"、"/QUIT"、"/UI"、"*END"。

ANSYS 在默认时已有缩略语的定义如下:

```
*ABBR,SAVE_DB,SAVE
*ABBR,RESUM_DB,RESUME
*ABBR,QUIT,Fnc_/EXIT
*ABBR,POWRGRPH,Fnc_/GRAPHICS
```

2.1.3 工具条嵌套

上述提到的保存——恢复特征允许对缩略语进行嵌套使用,即可定义一个专用的工具条,并将嵌套缩略语放在一个按键下面。其原因是当有许多的缩略语出现时,若将它们同时放在一个工具条下,容易造成混乱,有时甚至找不到适当的快捷键。采用嵌套的方式就可以消除这种混乱的局面。

为了实现缩略语的嵌套,只要定义一个恢复缩略语文件的缩略语即可。如定义一个缩略语,它将从当时的工作目录中恢复上面已保存的缩略语文件"a.txt",其定义的格式为:

```
*ABBR,Prep_Abr,ABBRES,,a,txt
```

完成上述定义后,在工具条上将出现一个名为"Prep_Abr"的快捷键,单击该键,就可以用"a.txt"文件已定义的快捷键来取代当前的快捷键。显示结果如图 2-3 所示。

采用这种方式,就可以打破一个工具条只能存放 100 个缩略语的限制。在此基础上,用户通过定义几个嵌套的缩略语文件,甚至通过扩展这种方式,生成一个自己的并具有层次性的菜单。如果要得到一个有层次感的菜单,必须要在每个缩略语文件中增加一个"Return"快捷键,其作用是沿着出现的菜单可以往后退到其上一级菜单。

如下面定义的文件"a.txt"和"b.txt",它们之间可以相互嵌套调用。

"a.txt"文件的内容为:

```
/NOPR
*ABB,SAVE_DB,SAVE
*ABB,RESUM_DB,RESUME
*ABB,QUIT    ,Fnc_/EXIT
*ABB,POWRGRPH,Fnc_/GRAPHICS
*ABB,Node_Sel,Nsll,,1
*ABB,Tri,TRIAD,OFF
*ABB,Return,ABBRES,,B,TXT
/GO
```

"b.txt"文件的内容为:

```
/NOPR
*ABB,SAVE_DB,SAVE
*ABB,RESUM_DB,RESUME
*ABB,QUIT    ,Fnc_/EXIT
*ABB,POWRGRPH,Fnc_/GRAPHICS
*ABB,Mymacro,mymacro
*ABB,Return,ABBRES,,A,TXT
/GO
```

生成的结果如图 2-5 所示。

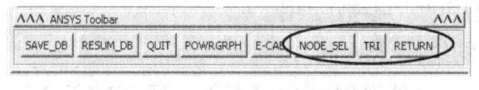
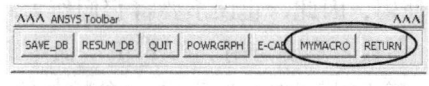

a)   b)

图 2-5　工具条嵌套调用的示例

a) a.txt 文件的结果　b) b.txt 文件的结果

2.2　参数化变量使用

参数即 APDL 的变量，用户在定义时不必精确地指明参数的类型，无论是整型还是实型，所有的数值类型都将保存为双精度类型。若使用一个没有定义的参数，ANSYS 软件将会以一个非常小的数 2^{-100} 来替代。如："a = b"，若 "b" 事前没有定义，即没有赋值，则有 "$a = 2^{-100}$"。

有两种类型的参数，即标量和数组。不超过 8 个字符的字符串也可赋给一个参数，但必须要用单引号" ' "括起来。APDL 也提供几种类型的数组参数，即数值型、字符型、字符串型和表格类型等。表格类型是一种能自动插值的特定的数值类型。

用户能够将一个参数作为一个值赋给 ANSYS 命令，执行这个命令后，参数当前所具有的值将会替代参数。如："aa = 2.7"，执行命令："N,12,aa,4" 后，ANSYS 将解释这个命令为："N,12,2.7,4"（这个命令的作用是在 "X = 2.7"，"Y = 4" 的位置生成一个编号为 12 的节点）。

但要注意，当数组、表格和字符参数在宏或输入文件中使用时，必须要在使用之前进行定义并指明其大小或维数。如果没有定义，ANSYS 将会生成一个错误信息，并指明参数没有定义或维数没有说明。

2.2.1　参数名的命名规则与格式

1. 参数的命名

对于一个参数名，与其他任何语言一样，它也有一个事前的约定。在 APDL 中，参数名的命名约定为：①必须以字母开头；②只能包含字母、数字和下划线 "_"；③其长度不能超过 32 个字符。下面都是一些合法的参数名：

abc、pi、sigma、x_or_y、stress、strain、engineer

下面的参数为不合法：

my_parameter_name_longer_than_32_characters、2cf3、m&e

在对参数命名时，也要注意下面几条规则：

1) 参数名的命名不能与 ANSYS 已有的标签名相同。如：

- 表示自由度（DOF）的标签有：TEMP、UX、UY、SX、PRES 等。
- 习惯性符号有：ALL、PICK、STAT、P 等。
- 用户已定义的符号，如用单元表（"ETABLE"）定义的符号。
- 数组类型符号，如 CHAR、ARRAY、TABLE 等。

2) 名称 ARG1 至 ARG9 和 AR10 至 AR99 被保存为局部参数。一般来说，局部参数只能在宏中使用,因此,建议不要将它们作为"通用的"参数使用。

3)参数名不要与用"*ABBR"命令定义的缩略语相同。

4)不要用下划线"_"作为参数名的开头,这种设置方式已经被 GUI 和 ANSYS 支撑的宏所保留。

5)对某一类参数,APDL 程序员应该用一个后带下划线的方式来定义参数,这样就可以用命令"*STATUS"来显示这个组群的参数,用命令"*DEL"来删除这个组群的参数。

2. 参数的隐藏

用户一旦定义了参数后,就可以用命令"*STATUS"来列表出所有的参数。但若是用某种约定的方式命名的参数,则可在命令"*STATUS"的列表中被"隐藏"。凡是以下划线"_"结尾的参数名,在命令"*STATUS"的列表中将不会出现。

这个功能对于多数人开发 APDL 宏来说其作用是很明确的,当一个用户用这个功能开发了一个宏后,其他的 ANSYS 用户和宏的开发者都将不能列表出这些参数。

2.2.2 参数的使用

除非有特殊的申明,下列部分的内容可以适应于标量和数组类型的参数;随着数组类型的出现,其内容将仅适用于数组类型的参数。

1. 参数的定义

用户可以为参数指定一个值或者从 ANSYS 系统中得到一个值,并将这些得到的值用参数方式保存下来。要从 ANSYS 中取得一个值,可以使用"*GET"命令或不同的取值函数。

(1)在执行过程中指定参数值 用户可以用"*SET"命令对指定的参数赋值,如下所示:

```
*SET,abc,-24
*SET,qr,2.07E11
*SET,xory,abc
*SET,cparm,'CASE1'
*SET,pi,3.1415926
```

用户也可以用赋值号"="调用"*SET",其格式为:

   Name = Value

其中:*Name* 为用户定义的参数名。

   Value 是用户为参数指定的值,可以是数值型或字符型。

对于字符型,其字符必须要用单引号括起来,长度不能超过 8 个字符。如'CASE1',因此上述给出的赋值例子也可以这样表示:

```
abc = -24
qr = 2.07e11
xory = abc
cparm = 'CASE1'
pi = 3.1425926
```

在 GUI 模式下，也可以直接用赋值号"="在命令输入行中输入，如图 2-6 所示；或在标量参数对话框的输入域中直接输入，如图 2-7 所示。

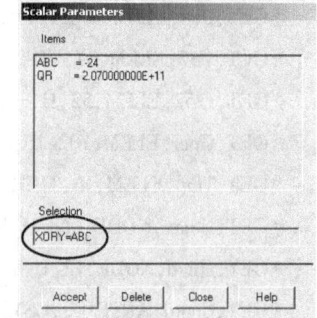

图 2-6　在命令行中输入参数　　　　　　　　图 2-7　在标量参数对话框中输入

（2）在启动 ANSYS 时赋值　在 WINDOWS 操作系统的命令行中启动 ANSYS 软件时，就可以直接给参数赋值。在 ANSYS 执行命令之后使用格式"-Name Value"来定义简单类型的参数，如：

　　　　　　Ansys110　-parm1 89.3　-parm2-0.1

其作用是给变量"parm1"和"parm2"分别赋值 89.3 和 – 0.1。

如果用户利用 ANSYS Launcher 来启动 ANSYS，则可通过定制化表格（Customization tab）来定义参数，其过程与"-Name Value"相同。

如果需要在启动时定义许多的参数，最方便的方法是将这些参数定义在文件"start110.ans"中，或者是单独存入另外一个文件，然后在启动 ANSYS 后，用命令"/INPUT"再载入。

（3）指定 ANSYS 系统的值赋给参数　为了从 ANSYS 系统中获取参数的值，ANSYS 软件提供了两种强大的方法。

1）使用"*GET"命令。它能从某个指定的项中取出值，然后再将它赋给指定的参数。

"*GET"命令（Utility Menu > Parameters > Get Scalar Data）能够从 ANSYS 系统内的某项中取得一个值，并将它贮存到某个指定的参数名上。不同的关键词、标签和数字组合确定了一个返回项的内容。如：

　　　　　　*GET,A,ELEM,5,CENT,X

其作用是：返回第 5 个单元质心的 X 坐标值，并将其赋给参数 A。

"*GET"命令的使用格式为：

　　　　　　*GET,Par,Entity,ENTNUM,Item1,IT1NUM,Item2,IT2NUM

其中：

Par：贮存返回值，且为用户指定的参数名。

Entity：将要返回项的关键词。有效的关键词有：NODE、ELEM、KP、LINE、VOLU等，其完整的描述必须要参考《ANSYS 命令手册》。

ENTNUM：实体的编号，若为 0 则代表所有的实体。

Item1：对一个特定的实体，其项的名称。如：当 Entity = ELEM 时，则 Item1 将是单元的编号（在所选单元里的最大或最小单元编号）或单元的个数。

可以将"*GET"命令想象成一个树形结构，沿着路径就像从一般到特殊的关系。下面给出了一些使用"*GET"命令的例子。

```
*GET,Bcd,ELEM,97,ATTR,MAT      ! Bcd = "97 号单元的材料编号"
*GET,V37,ELEM,37,VOLU          ! V37 = "37 号单元的体积"
*GET,El52,ELEM,52,HGEN         ! El52 = "52 单元生成的热量"
*GET,Oper,ELEM,102,HCOE,2      ! Oper = "102 号单元第 2 面上的膜系数"
*GET,Tmp,ELEM,16,TBULK,3       ! Tmp = "16 号单元第 3 面上的 BULK 温度"
*GET,Nmax,NODE,,NUM,MAX        ! Nmax = "所选择节点的最大编号"
*GET,Hnod,NODE,12,HGEN         ! Hnod = "在节点 12 生成的热量"
*GET,Coord,ACTIVE,,CSYS        ! Coord = "所选择坐标系统的编号"
```

2) 使用在线"取值"函数。在 ANSYS 运行过程中，可使用在线的取值函数(get functions)，每个取值函数能够从某个指定的项中返回一个特定的值。

对于某些项，必须要使用在线"取值函数"来替代"*GET"命令。取值函数能够取出某项的值，并将它直接投入到当前软件的运行中。这个操作过程绕过取值的两个步骤，即将取得的值赋给一个参数名，然后再将参数投入到 ANSYS 的运行中。例如：用户想要计算两个节点的 X 坐标平均值，若使用"*GET"命令，必须要完成下列操作步骤：

第一步：执行下列命令，将节点 1 的 X 坐标值赋给参数"L1"；
    *GET,L1,NODE,1,LOC,X

第二步：执行第 2 次"*GET"命令，将节点 2 的 X 坐标值赋给参数"L2"；
    *GET,L2,NODE,2,LOC,X

第三步：利用下列公式计算其平均值：Mid = (L1 + L2)/2

一种最简单的方法就是采用节点位置的"取值函数"NX(N)，其功能是返回节点 N 的 X 坐标值，这样就可以直接计算两个节点位置的中心点，而没有必要设置中间参数"L1"和"L2"，其计算为：

$$Mid = (NX(1) + NX(2))/2$$

取值函数中的自变量本身就是一个参数名，也可以是其他的取值函数。如：

    NELEM(ENUM,NPOS)   ! 返回第 ENUM 个单元在位置 NPOS 的节点编号
    NX(NELEM(ENUM,NPOS))   ! 返回上述节点的 X 坐标值

表 2-1 列出了 ANSYS 可利用的取值函数及返回值的意义。

表 2-1 ANSYS 的取值函数

取 值 函 数	返回值的意义
有关实体状态的取值函数	
NSEL(N)	第 N 个节点的状态：-1—没有选中，0—没有定义，1—被选中
ESEL(E)	第 E 个单元的状态：-1—没有选中，0—没有定义，1—被选中
KSEL(K)	第 K 个关键点的状态：-1—没有选中，0—没有定义，1—被选中
LSEL(L)	第 L 条线的状态：-1—没有选中，0—没有定义，1—被选中
ASEL(A)	第 A 个面积的状态：-1—没有选中，0—没有定义，1—被选中
VSEL(V)	第 V 个体积的状态：-1—没有选中，0—没有定义，1—被选中

(续)

取值函数	返回值的意义
有关下一个被选实体的取值函数	
NDNEXT(N)	节点编号大于 N 的下一个被选节点
ELNEXT(E)	单元编号大于 E 的下一个被选单元
KPNEXT(K)	关键点编号大于 K 的下一个被选的关键点
LSNEXT(L)	线的编号大于 L 的下一个被选线
ARNEXT(A)	面积编号大于 A 的下一个被选面积
VLNEXT(V)	体积编号大于 V 的下一个被选体积
有关实体位置的取值函数	
CENTRX(E)	单元 E 在中心位置的 X 坐标值(直坐标系),由所选的节点决定
CENTRY(E)	单元 E 在中心位置的 Y 坐标值(直坐标系),由所选的节点决定
CENTRZ(E)	单元 E 在中心位置的 Z 坐标值(直坐标系),由所选的节点决定
NX(N)	节点 N 在激活坐标系中的 X 坐标值
NY(N)	节点 N 在激活坐标系中的 Y 坐标值
NZ(N)	节点 N 在激活坐标系中的 Z 坐标值
KX(K)	关键点 K 在激活坐标系中的 X 坐标值
KY(K)	关键点 K 在激活坐标系中的 Y 坐标值
KZ(K)	关键点 K 在激活坐标系中的 Z 坐标值
LX(L,LFRAC)	线段 L 在长度比率为 LFRAC(0.0~1.0)时的 X 坐标值
LY(L,LFRAC)	线段 L 在长度比率为 LFRAC(0.0~1.0)时的 Y 坐标值
LZ(L,LFRAC)	线段 L 在长度比率为 LFRAC(0.0~1.0)时的 Z 坐标值
LSX(L,LFRAC)	线段 L 在长度比率为 LFRAC(0.0~1.0)时的 X 向斜率
LSY(L,LFRAC)	线段 L 在长度比率为 LFRAC(0.0~1.0)时的 Y 向斜率
LSZ(L,LFRAC)	线段 L 在长度比率为 LFRAC(0.0~1.0)时的 Z 向斜率
有关最靠近某位置的节点或关键点编号取值函数	
NODE(X,Y,Z)	被选择节点中最靠近 X、Y、Z 位置的节点编号(在激活坐标系中,若同时存在多个节点,要取其最小值)
KP(X,Y,Z)	被选择节点中最靠近 X、Y、Z 位置的关键点编号(在激活坐标系中,若同时存在多个关键点,要取其最小值)
有关距离的取值函数	
DISTND(N1,N2)	节点 N1 和 N2 之间的距离
DISTKP(K1,K2)	关键点 K1 和 K2 之间的距离
DISTEN(E,N)	单元 E 的中心点与节点 N 之间的距离,中心点将由单元上被选择的节点确定

(续)

取值函数	返回值的意义
有关角度的取值函数	
ANGLEN(N1,N2,N3)	两条边之间的夹角，默认时单位为弧度，其中所选择的3个节点中，N1是顶点
ANGLEK(K1,K2,K3)	两条边之间的夹角，默认时单位为弧度，其中所选择的3个关键点中，N1是顶点
有关最靠近实体的节点、关键点和单元的取值函数	
NNEAR(N)	最靠近节点N的被选节点
KNEAR(K)	最靠近关键点K的被选关键点
ENEARN(N)	最靠近节点N的被选单元，单元的位置将由被选节点确定
有关面积的取值函数	
AREAND(N1,N2,N3)	由节点N1、N2和N3为顶点围成的三角形的面积
AREAKP(K1,K2,K3)	由关键点N1、N2和N3为顶点围成的三角形的面积
ARNODE(N)	选择与节点N相关的单元分配给节点的面积，对于二维平面，返回与节点相关的边面积；对于轴对称体，返回与节点相关的边缘表面积；对于三维体，返回与节点相关的端面积
有关节点和关键点的方向余弦	
NORMNX(N1,N2,N3)	由节点N1、N2和N3确定平面的法线在X方向的方向余弦
NORMNY(N1,N2,N3)	由节点N1、N2和N3确定平面的法线在Y方向的方向余弦
NORMNZ(N1,N2,N3)	由节点N1、N2和N3确定平面的法线在Z方向的方向余弦
NORMKX(K1,K2,K3)	由关键点K1、K2和K3确定平面的法线在X方向的方向余弦
NORMKY(K1,K2,K3)	由关键点K1、K2和K3确定平面的法线在Y方向的方向余弦
NORMKZ(K1,K2,K3)	由关键点K1、K2和K3确定平面的法线在Z方向的方向余弦
有关节点与单元连结性的取值函数	
ENEXTN(N,LOC)	与节点N相连接的单元。当多个单元共享同一个节点时，在结果列表中，LOC表示为位置，并在列表的结束处返回一个零
NELEM(E,NPOS)	单元E中，NPOS位置处的节点编号
与单元面相关的取值函数	
ELADJ(E,FACE)	与单元E的第FACE面相连接的单元，单元面号与表面载荷的主常数是一致的，只有具有相同维数和形状的单元才被考虑。如果有多个单元时，将返回A-1，如果没有相邻近的单元则返回为A-0
NDFACE(E,FACE,LOC)	单元E中第FACE面中的第LOC位置处的节点，单元面号与表面载荷的主常数是一致的，LOC是面上的节点位置(对IJLK面来说，LOC=1是在节点I处，LOC=2是在节点J处)
NMFACE(E)	是指包含所选择节点单元E的面号，输出的面号就是表面载荷的主常数。如果某个面上(如线和面单元)存在有多个载荷主常数，则输出其最小的主常数号
ARFACE(E)	对于二维平面实体和三维体积实体来说，返回容纳所选节点的单元E的面的面积，对于轴对称单元，面积是一个360°的环面积

(续)

取值函数	返回值的意义
有关结果的自由度的取值函数	
UX(N)	节点 N 的 UX 值
UY(N)	节点 N 的 UY 值
UZ(N)	节点 N 的 UZ 值
ROTX(N)	节点 N 的 ROTX 值
ROTY(N)	节点 N 的 ROTY 值
ROTZ(N)	节点 N 的 ROTZ 值
TEMP(N)	在节点 N 的温度 TEMP 值，对于"SHELL131"和"SHELL132"单元来说，当 KEYOPT(3)=0 或 1，要用 TBOT(N)，TE2(N)，TE3(N)，…，TTOP(N)来替代 TEMP(N)
PRES(N)	在节点 N 处的压力值
VX(N)	在节点 N 处的流体速度 VX
VY(N)	在节点 N 处的流体速度 VY
VZ(N)	在节点 N 处的流体速度 VZ
ENKE(N)	在节点 N 处的紊流动能
ENDS(N)	在节点 N 处的紊流能量消耗
VOLT(N)	在节点 N 处的电势
MAG(N)	在节点 N 处的磁标势
AX(N)	在节点 N 处的磁矢势 AX
AY(N)	在节点 N 处的磁矢势 AY
AZ(N)	在节点 N 处的磁矢势 AZ
有关字符串的函数	
VALCHR(ab)	将 ab 表示的字符串转化为一个十制数
VALOCT(ab)	将 ab 表示的字符串转化为一个八制数
VALHEX(ab)	将 ab 表示的字符串转化为一个十六制数
CHRVAL(dp)	将 dp 表示的双精度数值转化为一个字符串(最多为 8 个字符)
CHROCT(dp)	将 dp 表示的整数值转化为一个字符串(最多为 8 个字符)
CHRHEX(dp)	将 dp 表示的整数值转化为一个字符串(最多为 8 个字符)

下列命令流将读出当前有限元模型的总节点数、节点号列表、节点的坐标、总单元数、单元号列表、单元节点列表等。

```
*GET,Nnod,NODE,0,COUNT        ! 得到所选择的节点总数
*DIM,Xy,ARRAY,NNOD,2          ! 定义两个数组
*DIM,Nodes,ARRAY,NNOD
*GET,Nd,NODE,0,NUM,MIN        ! 得到最小的节点编号
*DO,I,1,Nnod,1
```

```
            Nodes(I) = Nd                    ! 将节点列表放到数组 NODES 中
            Xy(I,1) = NX(Nd)                 ! 取出节点的 X 坐标
            Xy(I,2) = NY(Nd)                 ! 取出节点的 Y 坐标
            Nd = NDNEXT(Nd)                  ! 读出下一个节点编号
         *ENDDO
         *GET,Nelm,ELEM,0,COUNT              ! 得到所选择的单元总数
         *DIM,Elems,ARRAY,NELM                ! 定义两个数组
         *DIM,Ndlst,ARRAY,NELM,4
         *GET,El,ELEM,0,NUM,MIN              ! 得到最小的单元编号
         *DO,I,1,NELM,1
            Elems(I) = EL                    ! 将单元编号存入到数组 ELEMS 中
            *DO,J,1,4
                Ndlst(I,J) = NELEM(El,J)     ! 读出单元中的 4 个节点编号
            *ENDDO
            El = ELNEXT(El)                  ! 读出下一个单元编号
         *ENDDO
```

(4) 参数列表　一旦用户已定义了参数，就可以采用"*STATUS"命令将所定义的参数列表出来。如果在"*STATUS"命令中没有指明参数，则将当前所有已定义参数列表出来。命令"*STATUS"的格式及说明如下：

GUI：Utility Menu > List > Other > Named Parameter

　　　Utility Menu > List > Other > Parameters

　　　Utility Menu > List > Status > Parameters > All Parameters

　　　Utility Menu > List > Status > Parameters > Named Parameters

使用格式：*STATUS,*Par*,*IMIN*,*IMAX*,*JMIN*,*JMAX*,*KMIN*,*KMAX*,*LMIN*,*LMAX*,*MMIN*,*MMAX*,*KPRI*

使用功能：列出当前所定义的参数和缩略语。

其中：

Par：指定一个或多个将要列表的参数名，对于数组参数，则要用"*IMIN*,*IMAX*"等来指定数组的大小。如果 *Par* 没有指明，则将所有标量参数值、数组参数维数和缩略语列表出来。如果为"*ARGX*"，则列表出局部宏参数中的 ARG1～ARG9 和 AR10～AR99 的变量，其中"X"为 1-99 的值。如命令：

            *STATUS,ALL 或者 *STATUS   ! 列出所有的参数名和工具条的缩略语
            *STATUS,_ PRM   ! 列出所有以下划线开头的参数名
            *STATUS,PRM _   ! 列出所有以下划线结束的参数名
            *STATUS,ABBR   ! 列出工具条上的缩略语
            *STATUS,PARM   ! 列出用户定义的所有的参数(不包括用下
                                             ! 划线开头或结尾的参数名及局部宏名)
            *STATUS,*PARNAME*   ! 仅列出由"*PARNAME*"所指定的参数，
                                             ! 但不能是局部宏名

*STATUS,ARGX   ！列表出所有当前有值的局部宏名

IMIN,IMAX,JMIN,JMAX,KMIN,KMAX,LMIN,LMAX,MMIN,MMAX：显示数组的范围。最小值在默认的方式下为"1"，最大值在默认状态时与数组的维数相当；对 *IMIN*,*JMIN*,*KMIN*,当输入"0"时，可以显示索引号。

KPRI：列表出变量的标签(X,Y,Z,TIME 等)。其值若为"1"，列表出标签(默认值)，也可以用"YES"、"Y"、"ON"等有效名称来替代"1"；若为"0"，则不列出标签，也可以用"NO"、"N"、"OFF"替代。

同时要注意的是，该命令不能列出一个局部参数(如：*STATUS,ARG2)，只能同时使用"*STATUS,ARGX"来列出所有的局部参数。这个命令可以在任何处理器上使用。

如先在 GUI 界面的命令输入行中输入下列参数的值：

A = 100
Abc = 'case1'
E = 2.0e11
v = 0.3
pi = 3.1415926
area = 30.15
_stress = 20.5
strain_ = 30.6

然后再输入命令：*STATUS 并回车，就弹出如图 2-8 所示的文本编辑框，在该对话框中列表出了用户已经定义的参数情况汇总。

用户也可以在 GUI 模式下，用路径"Utility Menu > List > Other > Parameters"或"Utility Menu > List > Status > Parameters > All Parameters"将已定义的参数列表出来。其结果与图 2-8 所示一样。

但要注意，在图 2-8 所示的列表中，用下划线"_"开头或结尾的参数，是不能用命令"*STATUS"将其列表出来的。

若在命令"*STATUS"之间接上某个参数名，则只将该参数的状态列表出来。如在 GUI 模式的命令输入行中输入："*STATUS,E"，并回车，得到的结果如图 2-9 所示。

当然也可以采用 GUI 操作方式来实现上述的过程。其操作路径为：Utility Menu > List > Other > Named Parameter 或者 Utility Menu > List > Status > Parameters > Named Parameters。

但要注意，尽管 ANSYS 允许定义

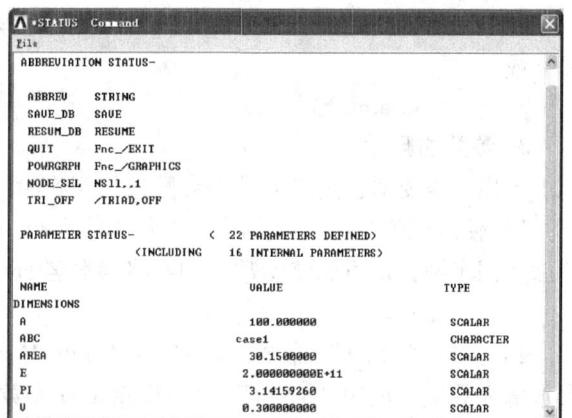

图 2-8 参数的列表

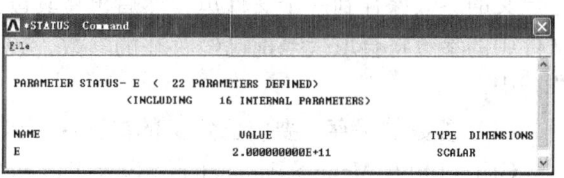

图 2-9 单个参数的列表操作示例

5000 个参数，但由于 GUI 和 ANSYS 宏的存在，使得用户不可能使用 5000 个参数。由 GUI 模式所定义的参数的个数可以用命令 "*STATUS" 列表出来。命令 "*GET, par, PARM, , MAX" 可以返回所定义参数的总个数。

2. 字符参数

一般来说，字符参数主要被用来提供文件名及其扩展名，能将所要使用的文件名赋给一个字符参数，该参数就可以在所需要文件名的任何地方使用，而扩展名的定义也与此相同。特别是在批处理方式下，用户可以通过改变文件名的方式进行多次运行。但要注意的是，字符参数中的字符串个数不能超过 8 个字符。总的来说，字符参数适用于下列场合：

1）适用于任何可使用命令域的自变量（也就是说，可以是数字和字母输入的地方）。

2）在 "*USE" 命令中的宏名自变量（Utility Menu > Macro > Execute Data Block）

  Name ='MACRO'　　　　　　! MACRO 是一个宏文件名

  *USE, Name　　　　　　　! 调用宏

3）在用 "*USE" 命令或 "未知命令" 的宏调用时，可作为自变量，如下所示：

  Abc ='SX'

  *USE, Name, Abc

或

  *USE, Name, 'SX'

或者

  Def ='SY'

  Newmacro, Def　　　　　　! 调用已经存在的宏文件 Newmacro. MAC

或

  Newmacro, 'SY'

3. 参数的删除

当用户需要对已定义的某个参数进行删除时，可采用下列方法之一：

1）使用赋值号 "="。用户在命令输入行里输入该变量名时，其右端什么也不输入，然后按回车键，即可删该参数。如要将参数名 area 删除，则只要在命令行中键入：

  area =

2）采用 "*SET" 命令，或 GUI：Utility Menu > Parameters > Scalar Parameters，但不对参数输入数值。如用 "*SET" 命令删除 area 参数的全过程如下：

  *SET, area,

但要注意在赋值号 "=" 右边输入 0，并不能删除该变量。相类似，对于字符变量来说，在单引号里面为空，或者在单引号内有一个空格，也不能删除该变量。

4. 参数的保存与恢复

如果用户当前要使用已在另外一次 ANSYS 操作过程中所定义的参数时，则用户先要将已定义的参数保存到一个文件里，然后再将其读入到 ANSYS 系统中即可。但在读入文件时，文件中的参数将会取代当前已经存在的参数，或者将文件中的参数添加到当前已定义的参数阵列中。

（1）参数的保存　要将已定义的参数保存到一个文件中，可使用下列操作之一：

GUI：Utility Menu > Parameters > Save Parameters

命令：PARSAV, Lab, Fname, Ext, --

其中：

Lab：写入操作，若为 SCALAR，表示仅写入标量参数（默认值）；若为 ALL，表示可写入标量和数组参数，参数可以是数值型或字符型。

Ext：若"*Fname*"为空，默认的扩展名为"PARM"。

如果写入文件中的参数已经存在，那么将会用当前的参数复盖文件中原来已经存在的参数。这个命令也可以在任何处理器中使用。采用这个命令保存的文件是一个 ASCII 文件，它主要是由 APDL 的"*SET"命令组成，如下所示为某个文件的内容。

```
/NOPR
*SET,a          , 10.00000000000
*SET,b          , 254.3948750000
*SET,c          , 'string  '
*SET,_Return    , 0.0000000000000E+00
*SET,_Status    , 1.000000000000
*SET,_Zx        , '       '
/GO
```

(2) 参数的读入　要将已存在参数文件中的参数恢复到当前的操作界面，可使用下列命令之一：

GUI：Utility Menu > Parameters > Restore Parameters

命令：PARRES,*Lab*,*Fname*,*Ext*,--

其中：

Lab：读入操作，若为 NEW，用文件中的参数取代当前已经存在的参数（默认值）。若为 CHANGE，将文件中的参数增加到当前参数阵列中，并取代同名的参数。

其他参数的意义与命令"PARSAV"的相同。另外读入的参数将会改变或取代 ANSYS 系统中已存在的参数序列。

同时，用户也可以按 FORTRAN 的实数格式将超过 10 个以上的参数或数组参数写入一个文件里，然后再读入到 ANSYS 系统里。也可以用"*VWRITE"命令将系统中的参数按 FORTRAN 实数格式写入到一个文件里，详细的操作将在数组参数部分介绍。

2.2.3　参数名的置换

1. 数值型参数的置换

当在一个数值型命令域内输入一个参数名时，ANSYS 会自动将参数名所表示的值置换该参数。但如果该参数在输入之前没有赋值（也就是没有定义），则 ANSYS 软件在没有给出警告的情况下会以一个接近于零的值 2^{-100} 来置换该参数名。若在参数使用过后，再重新定义该参数，大多数情况下其有效的范围将在定义参数之后。如：

```
y=0
x=2.7
N,1,x,y    ! 在(2.7,0)位置生成一个编号为 1 的节点
y=3.5      ! 重新定义参数,但节点 1 的位置将不能更新
```

当用单引号"'"将参数名括起来后,就可以防止参数的置换,如:'XYZ'。这其实就是字符串的使用,但它必须是在非数值域中才能使用。相反,也可以通过用百分号"%"将参数名括起来,使其对在标题、子标题和文件名中的参数进行强制置换。如:

/TITLE,Temperature Contours at Time = %Tm%

其意义是:用参数 TM 的数值置换并生成一个标题。即用标题被使用时的时间来置换 Tm。

2. 字符型参数的置换

一般来说,在一个字符型命令域中使用字符参数,其值也会被自动地进行置换。下面主要介绍字符参数的强制置换和使用限制。

(1) 强制置换 与数值型参数一样,在某些置换不能进行的场所,字符参数也可以采用强制置换。只要将字符参数名用百分号"%"括起来即可。强制置换一般在下列命令中有效:

- "/TITLE"命令:为各种显示输出指定一个标题。
- "/STITLE"命令:指定一个子标题,与"/TITLE"命令相类似,但在 GUI 模式下不能进入该命令。
- "/TLABEL"命令:为标注指定一个文本字符串。
- "*ABBR"命令:定义一个缩略语。

在下列类型的域内,字符参数的强制置换也是有效的。

- 任何文件名和扩展名的变量。这些变量可在如"/FILNAME"、"RESUME""/INPUT"、"/OUTPUT"和"FILE"的命令中使用(直接置换也是有效的)。
- 任何 32 个字符的域内,一个典型的例子是宏名的定义(直接置换是无效)。
- 在任何命令域内作为一个命令名使用。在域 1 内也可作为一个"未知命令"宏名,如:

```
R = 'RESUME'
%R%,MODEL,DB
```

下面给出一个强制置换的例子:

```
A = 'Test'
B = '.Rst'
C = '/Ansys'
D = '/Models/'
/STITLE,,Results From File %C%%D%%A%%B%
```

上述命令生成的结果如下,但它不能在 GUI 方式查看,可使用"/STATUS"命令来检查。

```
SUBTITLE 1 = Results From File /Ansys/Models/Test.Rst    ! 置换后的结果
/POST1
FILE,A,RST,%C%%D%              ! 从/Ansys/Models/Test.Rst 中读入结果
```

其作用是对子标题和路径名的置换。

另外字符参数也可使用在其他地方,如下所示:

- "*ASK"命令:该命令将字符串赋给字符标量参数时给出提示。该字符串不能超过 8 个字符,同时该命令没有相对应的 GUI 操作方式。

- "*CFWRITE"命令：它将 ANSYS 命令写入到一个由命令"*CFOPEN"打开的文件中；也可以将一个字符参数写入到该文件里，如："*CFWRITE,B='FILE'"。
- "*IF"和"*ELSEIF"命令：在这两个命令中的变量 *VAL1* 和 *VAL2* 处可以使用字符变量，这时对于 *Oper* 运算符，则只能采用标号"EQ（相等）"和"NE（不相等）"。如：

    Cparm ='NO'
    *IF,Cparm,NE,'YES',THEN

- "*MSG"命令：在变量 *VAL1* 和 *VAL8* 处可以使用字符变量。在该命令后的格式行中的格式符"%C"是用来指明字符串数据的。"%C"与 FORTRAN 语言中的"A8"格式描述符相对应。
- "PARSAV"和"PARRES"命令：用于保存字符参数到文件，或者从文件中读取字符参数。其相对应的 GUI 操作方式为：

    Utility Menu > Parameters > Save Parameters
    Utility Menu > Parameters > Restore Parameters

- "*VREAD"命令：该命令能够从指定文件中读取字符型数据，并生成一个字符数组参数。在该命令后的格式中，可以使用 FORTRAN 语言的字符描述符"A"。其对应的 GUI 操作方式为：

    Utility Menu > Parameters > Array Parameters > Read from File

- "*VWRITE"命令：按格式次序将字符型数据写入到一个文件中。在该命令后的格式中，可以使用 FORTRAN 语言的字符描述符"A"，对应的 GUI 操作方式为：

    Utility Menu > Parameters > Array Parameters > Write to File

（2）字符参数的使用限制　尽管字符参数具有与数值型参数相同的功能，但在某些情况下，其使用还是受到限制。如下所示：
- 在命令"*SET"、"*GET"、"*DIM"、"*STATUS"中的 *Par* 变量处，不允许使用字符参数来替代。
- 交互式编辑数组参数不能使用字符数组参数，如命令"*VEDIT"。
- 矢量操作命令如"*VOPER"、"*VSCFUN"、"*VFUN"、"*VFILL"、"*VGET"、"*VITRP"命令等不能使用字符数组参数。
- 在字符参数运算时，指定命令"*VMASK"、"*VLEN"只适用于命令"*VWRITE"、"*VREAD"。
- 在含有加法、减法和乘法等运算符的参数化表达式中不能使用字符参数。

3. 参数的动态置换

在命令"/TITLE"、"/STITLE"、"*ABBR"、"/AN3D"、"/TLABEL"中可以实现参数的动态置换。尽管使用该参数的命令没有重新运行，但动态置换能够对已使用参数的值进行修改。如：

    Xyz ='CASE 1'
    /TITLE,This is %Xyz%
    APLOT

其输出结果为：This is CASE 1

现在再次修改变量"Xyz"的值,如:Xyz ='CASE 2',执行"APLOT"命令后,再输出的结果为:This is CASE 2。但这时没有运行命令"/TITLE"。

2.2.4 参数表达式与函数

1. 参数表达式

参数表达式由参数、数字和加、减、乘、除等运算符组成,如:

```
x = a + b
p = (r2 + r1)/2
d = -b + (e**2)-(4*a*c)      ! 求 d = -b + e² -4ac 的值
xyz = (a < b) + y**2          ! 求 xyz = a + y² 的值,如果 a < b;
                              ! 否则求 xyz = b + y² 的值
inc = a1 + (31.4/9)
m = ((x2-x1)**2-(y2-y1)**2)/2
```

表 2-2 列出了 APDL 语言的运算符。

表 2-2 APDL 的运算符

运算符	意义	运算符	意义
+	加法	**	乘方运算
-	减法	<	小于比较
*	乘法	>	大于比较
/	除法		

为了清晰起见或者使运算嵌套,可以使用圆括号。ANSYS 对表达式的求值顺序为:
1)先算圆括号(从内往外进行)。
2)指数运算(从左向右进行)。
3)乘法或除法(从左向右进行)。
4)符号运算(如 +A 或 -A)。
5)加法或减法(从左向右进行)。
6)逻辑运算(从左向右进行)。

按照上述的求值顺序,表达式 Y2 = A + B ** C/D *E 的求值顺序如下:

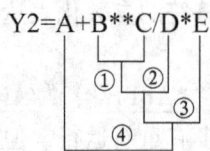

①计算 B ** C;②计算/D;③计算 *E;④计算 A。

为了使表达式清晰,一般可使用圆括号。但要注意在使用圆括号时,圆括号能够嵌套四层,每对圆括号内可以完成 9 次运算。作为一个通用的规则,在表达式的算子之间要避免出现空格,特别是在星号"*"前不要有空格出现,因为带有星号"*"开始的行会被解释为一个注释,其操作将会被忽视。但建议也不要使用带星号"*"的注释,最好使用带

"!"符号开头的注释。

2. 参数函数

参数函数是一个按预先设置的程序计算,并将计算结果返回的数学运算式。如 SIN(X)(正弦函数)、SQRT(B)(开平方函数)和 LOG(13.2)(求对数的函数)等。表 2-3 列出 ANSYS 软件中可以使用的参数函数。

表 2-3 ANSYS 的参数函数

函 数 名	函数的意义
ABS(X)	求 X 的绝对值,即: |X|
SIGN(X,Y)	符号函数,将 Y 的符号赋给 X,Y=0 时,X 为正
EXP(X)	X 的指数函数,即: e^X
LOG(X)	X 的自然对数,即: lnX
LOG10(X)	X 以 10 为底的对数,即 $\log_{10}X$
SQRT(X)	X 的平方根,即: $\sqrt{X}$
NINT(X)	接近 X 的最大整数,即: [X]
MOD(X,Y)	求 X/Y 的余,若 Y=0 则返回结果为 0
RAND(X,Y)	在 X 和 Y 范围内的随机数,其中 X 为下界
GDIS(X,Y)	拥有平均值为 X 和均方差为 Y 的高斯分布随机抽样调查
SIN(X), COS(X), TAN(X)	X 的正弦、余弦和正切值,X 的单位默认时为弧度
SINH(X), COSH(X), ANH(X)	X 的双曲正弦、双曲余弦和双曲正切值
ASIN(X), ACOS(X), ATAN(X)	X 的反正弦、反余弦和反正切,对于 ASIN 和 ACOS 有: $-1 \leq X \leq 1$,其返回值用弧度表示
ATAN2(Y,X)	Y/X 的反正切,其返回值用弧度表示,范围在 -PI ~ PI
VALCHR(CPARM)	CPARM 数值转换为字符
CHRVAL(PARM)	PARM 字符转换为数值,小数的位数取决于其大小
UPCASE(CPARM)	改为大写字母
LWCASE(CPARM)	改为小写字母

下面列出了一些参数函数使用的例子。

```
        pi = ACOS(-1)                    ! 计算 pi 的值,其长度取决于机器的精度
        z3 = COS(2*theta)-z1**2
        r2 = SQRT(ABS(r1-3))
        x = RAND(-24,r2)                 ! x 的值介于-24 ~ r2 之间
        *AFUN,DEG                        ! 改变角度的单位为度
        theta = ATAN(SQRT(3))            ! theta = 60°
        phi = ATAN2(-SQRT(3),-1)         ! phi = -120°
        *AFUN,RAD                        ! 改变角度的单位为弧度
        x249 = NX(249)                   ! 取出节点 249 的 X 坐标值
        slope = (KY(2)-KY(1))/(KX(2)-KX(1))   ! 计算关键点 1 和 2 连线的斜率
        chnum = CHRVAL(x)                ! chnum = x 对应的 ASCII 编码值
        upper = UPCASE(label)            ! upper = LABEL
```

2.3 参数化数组

2.3.1 参数化数组的类型与定义

1. 数组的类型

除了上述介绍的标量参数之外，ANSYS 软件也允许定义数组参数，按大小可分为一维数组（由行组成）、二维数组（由行、列组成）、三维数组（由行、列和页组成）、四维数组（由行、列、页和书组成）、五维数组（由行、列、页、书和书架组成）。

按数组元素的类型来分，可分为数值型数组、字符型数组、表格型数组和字符串型数组。

数值型数组（ARRAY）：与 FORTRAN77 中的数组相类似，是 ANSYS 的默认数组类型，其行标、列标和页标必须是以 1 开始的连续整数，数组元素的内容可以是整数或实数。

字符型数组（CHAR）：每个元素都由不超过 8 个字符的字符值组成，其行标、列标和页标必须是以 1 开始的连续整数。

表格型数组（TABLE）：这是 ANSYS 软件所特有的数值型数组。它能够允许 ANSYS 通过插值精确地计算介于数组元素之间的值。同时可以用实数而不是整数来定义行标、列标和页标，数组元素的内容则可以是整数或实数。这种能力为描述数学函数提供了一种强有力的方法。

字符串型数组（STRING）：使用"STRING"可以将字符串生成一个数组，其中列标和页标必须是以 1 开始的连续值，而行标则由字符在字符串的位置来确定，有关细节可参考"*DIM"命令的注解。

上述的数组类型不能超过 $2^{31}-1$ 个字节，对一个双精度的数组，每个数据占有 8 个字节，因此对数组元素个数的限制为：$(2^{31}-1)/8$。

图 2-10 所示为一个二维数组的示意图，具有 m 行和 n 列，其大小为 $m \times n$，每行由行标 i 来确定，其值在 $1 \sim m$ 之间变化；每列由列标 j 来确定，其值在 $1 \sim n$ 之间变化。组成数组的分量称为数组元素，每个数组元素均由 (i,j) 来确定，其中 i 为行标，j 为列标。

可以将二维数组的思想进行扩展生成三维数组，其结构示意图如图 2-11 所示。具有 m 行、n 列和 p 页，其页标 k 将在 $1 \sim p$ 之间变化，每个数组元素将由 (i,j,k) 来确定。

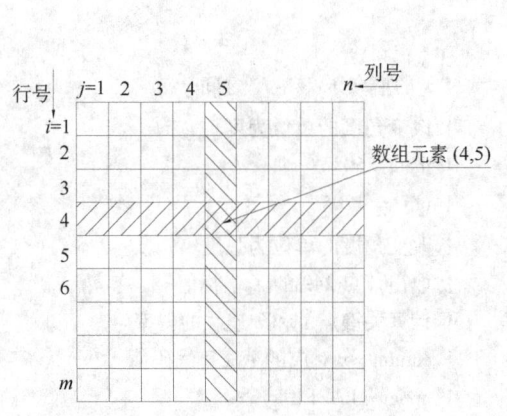

图 2-10 二维数组的图示

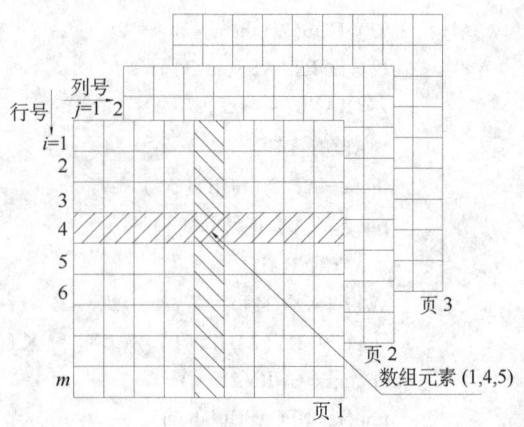

图 2-11 三维数组的结构示意图

一个表格类型的数组参数(TABLE array perameter)像大多数数组类型一样,由按表格形式排列的数值(不能是字符型值)组成,但是它与其他数组有三个很重要的区别:

1) ANSYS 能够利用插值的方式计算出介于数组元素精确值之间的任何值。

2) 表格数组有 0 行和 0 列,它容纳着数据进入的下标值,与标准数组不一样的是,这些下标值是实数。对于下标值仅有的限制是它必须按增大的方式排列,而不能是降序排列。用户必须要为每行和每列精确地定义好数据进入的下标值,否则 ANSYS 将会用一个最小的数即(7.888609052E-31)来替代。用户可以利用命令"*TAXIS"很方便地指定下标值的开始点和下标值。

3) 每页的页标值都保存在(0,0)位置。图 2-12 显示了带数据下标值的表格数组情况。由图 2-12 可以看出,要构造一个表格数组,必须与下列条件匹配。

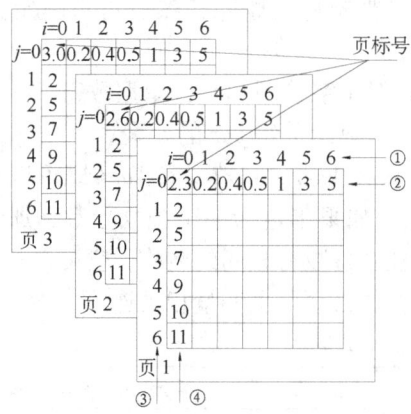

注释:
① 列标号,为*SET命令使用
② 列标号,为获取数据使用
③ 行标号,为*SET命令使用
④ 行标号,为获取数据使用

图 2-12 表格数组的结构示意图

4) 在第 1 页 0 行元素值为数据的列标值,只有当要从数组中取得数据时这些值才能使用,在设置数组元素值时,可以使用传统的行和列标号。

5) 在第 1 页 0 列的元素值为数据的行标值,只有当要从数组中取得数据时这些值才能使用,在设置数组元素值时,可以使用传统的行和列标号。

使用下列操作之一可以生成一个表格数组:

命令:*DIM,*Par*,*Type*,*IMAX*,*JMAX*,*KMAX*,*Var1*,*Var2*,*Var3*,*CSYSID*

GUI:Utility Menu > parameter > Array parameters > Define/Edit

生成的表格数组如图 2-13 所示。

2. 数组的定义

为了定义一个数组参数,用户首先要确定数组的类型和它的大小,使用下列操作之一可以生成一个数组:

GUI:Utility Menu > parameter > Array parameters > Define/Edit

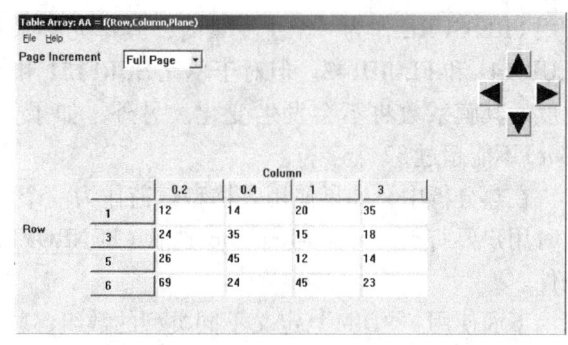

图 2-13 ANSYS 的表格数组的编辑

命令:*DIM,*Par*,*Type*,*IMAX*,*JMAX*,*KMAX*,*Var1*,*Var2*,*Var3*,*CSYSID*

其中：

Par：用户指定的参数名，其名称的限制可以参考"*SET"命令。

Type：数组类型。它有四种不同的类型："ARRAY"、"TABLE"、"CHAR"和"STRING"，有关这四种类型的说明可参见"数组的类型"部分。另外，"ARR4"和"ARR5"分别用来指定4维、5维的数值型数组；"TAB4"、"TAB5"分别用来指定4维、5维的表格型数组。

IMAX, *JMAX*, *KMAX*：分别为行、列、页标号的范围，默认值为1，对字符串数组来说，IMAX 的值将被圆整成8的倍数，但不能超过128个字符。

Var1, *Var2*, *Var3*：对表格(TABLE)类型，分别与行、列或页相对应的变量名，默认值分别为行"Row"、列"Column"或页"Plane"。

CSYSID：与坐标系统的 ID 编号相对应的整数。

但要注意在将一个数组改变维数之前，必须要先将其删除，然后再重新定义来改变维数。

对于数值型和表格型数组，元素的初值是0；对于字符型和字符串型数组，元素的初始为一个空值(blank)。利用命令"*STATUS, par"来显示数组 par 的元素。

如果想要用表格参数来定义一个边界条件，那么 *Var1*、*Var2*、和 *Var3* 既可以被指定为主变量(如表2-4所示)，也可以是一个独立参数。如果指定为一个独立参数，那么必须为独立参数定义一个附加表格，附加的表格必须与独立参数有相同的名称，它可以是一个或多个主变量的函数或另外的独立参数，所有的独立参数必须与主变量相关连。

表 2-4 *DIM 的主变量

主 变 量	对于 *Var1*，*Var2*，*Var3* 的标题	主 变 量	对于 *Var1*，*Var2*，*Var3* 的标题
Time(时间)	TIME	Temperature(温度)	TEMP
X 坐标位置	X	Velocity(速度)	VELOCITY
Y 坐标位置	Y	Pressure(压力)	PRESSURE
Z 坐标位置	Z	循环扇形个数	SECTOR

但要注意，其中 X、Y 和 Z 坐标位置是位于整体直角坐标系或局部坐标系(直角坐标、柱坐标和球形坐标)中，VELOCITY 标签仅适用于在单元"FLUID116"中计算流体的速度。当使用 PRESSURE 作为一个主变量时，其单元必须有相对应的压力自由度(DOF)，比如单元 FLUID141 和 FLUID142。但对于单元 SURF151 和 SURF152 来说，由于没有相对应的压力自由度，其膜系数将不会发生变化。另外，如果使用表格参数定义边界条件，表格参数名(*par*)不能超过32个字符。

在热分析中，如果使用表格型载荷作为一个温度的函数，而模型的其他部分是线性的，这时用户要打开 Newton-Raphton 迭代(即 NROPT, FULL)，来计算基于温度的表格型边界条件。

下面使用"*DIM"定义不同类型的数组参数。

```
*DIM,aa,,4             ! 数组类型(默认方式),大小为 4×1×1
*DIM,xyz,ARRAY,12      ! 数组类型,大小为 12×1×1
```

```
    *DIM,force,TABLE,5              ! 表格类型,大小为 5×1×1
    *DIM,t2,,4,3                    ! 数组类型(默认方式),大小为 4×3×1
    *DIM,cparr1,CHAR,5              ! 字符类型,大小为 5×1×1
```

在数组参数的运算(如命令"*VOPER"、"*VFUN")中,结果数组参数可以不要事先定义就可以直接使用。另外用暗含循环(即":"循环)来定义的数组参数也不必事先定义。如 a(1:5) = 10,20,30,40,50。

下面实例显示了如何用数据来填充一个 5 维数组。使用 1 维表格装入一个 5 维表格,用命令"*TAXIS"来指定表格的下标值。但要注意,不能在 GUI 下编辑 4 维或 5 维数组。

```
    *DIM,xval,ARRAY,2
    *DIM,yval,ARRAY,2
    yval(1) = 0,20
    *DIM,zval,ARRAY,10
    zval(1) = 10,20,30,40,50,60,70,80,90,100
    *DIM,tval,ARRAY,5
    tval(1) = 1,.90,.80,.70,.60
    *DIM,tevl,ARRAY,5
    tevl(1) = 1,1.20,1.30,1.60,1.80

    *DIM,ccc,TAB5,2,2,10,5,5,X,Y,Z,TIME,TEMP
    *TAXIS,ccc(1,1,1,1,1),1,0,1                      ! X 维
    *TAXIS,ccc(1,1,1,1,1),2,0,2                      ! Y 维
    *TAXIS,ccc(1,1,1,1,1),3,1,2,3,4,5,6,7,8,9,10     ! Z 维
    *TAXIS,ccc(1,1,1,1,1),4,0,10,20,30,40            ! 时间
    *TAXIS,ccc(1,1,1,1,1),5,0,50,100,150,200         ! 温度
    *DO,ii,1,2
      *DO,jj,1,2
        *DO,kk,1,10
          *DO,ll,1,5
            *DO,mm,1,5
              ccc(ii,jj,kk,ll,mm) = (xval(ii) + yval(jj) + zval(kk)) *tval(ll) *tevl(mm)
            *ENDDO
          *ENDDO
        *ENDDO
      *ENDDO
    *ENDDO
```

3. 数组的举例

由离散数值组成的数值型数组可以用一个表格形式排列出来。比如:

$$\text{Ntemp} = \begin{pmatrix} -47.6 \\ -5.3 \\ 20.0 \\ 84.3 \\ 105.2 \\ 168.7 \\ 225.0 \end{pmatrix} \quad \text{Evolu} = \begin{pmatrix} 0.025 \\ 0.015 \\ 0.263 \\ 1.03 \\ 0.842 \\ 0.56 \\ 1.073 \\ 0.01 \end{pmatrix} \quad \text{Comstre} = \begin{pmatrix} 12162 & 721 & -382 & 202 & -82 & -1108 \\ 12828 & 1047 & -704 & 117 & -101 & -555 \\ 13627 & 1371 & -713 & 15 & -76 & 235 \\ 12045 & 681 & -348 & -103 & -45 & 848 \\ 10342 & 428 & -66 & -211 & -17 & 1065 \\ 9832 & 148 & 111 & -272 & 11 & 1052 \end{pmatrix}$$

参数 Ntemp 可以是一个所选择节点的温度数组，其中 Ntemp(1) = -47.6 表示节点 20 的温度，Ntemp(2) = -5.3 表示节点 30 的温度。参数 Evolu 可看作是单元体积的数组，Comstre 可以看作是节点分量应力的数组，其中每行表示一个特定的方向，即 X、Y、Z、XY、YZ、ZX 等。

与数值型数组相类似，也可以构造出一个字符型数组，只是数组元素的值必须是不超过 8 个字符的字符串，如下所示。

$$\text{Filenam} = \begin{pmatrix} \text{JOBNAME1} \\ \text{JOBNAME2} \\ \text{JOBNAME3} \\ \text{JOBNAME4} \\ \text{JOBNAME5} \end{pmatrix} \quad \text{Exten} = \begin{pmatrix} \text{LOG} \\ \text{ERR} \\ \text{DB} \\ \text{TXT} \\ \text{MAC} \end{pmatrix}$$

2.3.2 数组元素的赋值

用户可以使用下列方法之一来给数组元素赋值。
- 使用 "*SET" 命令或赋值号 "=" 给单个的数组元素赋值。
- 用指定或计算的值填充数组中的一列或向量，如用命令 "*VFILL"。
- 通过命令 "*VEDIT" 的对话框，交互式地指定单元元素的值。
- 从 ASCII 文件中读入数据，如用命令 "*VREAD" 或 "*TREAD"。

但要注意，用户不能通过交互式创建或编辑 4 维或 5 维数组，命令 "*VEDIT"、"*VREAD" 或 "*TREAD" 也同样不适合 4 维或 5 维数组。

1. 指定单个数组元素的值

当需要给数组的某列输入数据时，类似于标量参数，可以使用 "*SET" 命令或赋值号 "=" 进行赋值。其中每个 "=" 可以给 10 个数组元素赋值。如：为了给定义为 12 × 1 的数组 xyz 赋值，需要使用二次 "="。第一个 "=" 给前 8 个元素赋值，第 2 个 "=" 给后 4 个元素赋值。即：

```
xyz(1) = 59.5,42.494,-9.01,-8.98,-8.98,9.01,-30.6,51
xyz(9) = -51.9,14.88,10.8,-10.8
```

生成的结果为：

$$\text{xyz} = [59.5 \quad 42.494 \quad -9.01 \quad -8.98 \quad -8.98 \quad 9.01 \quad -30.6 \quad 51 \quad -51.9 \quad 14.88 \quad 10.8 \quad -10.8]^T$$

从上面可以看到，数组元素的开始位置是由参数的行标号来指定，如在第 1 个命令中为

1，第2个命令中为9。

若用"*DIM"定义一个4×3的二维数组，其赋值的过程如下：

```
t2(1,1) = .6,2,-1.8,4           ! 给(1,1),(2,1),(3,1),(4,1)赋值
t2(1,2) = 7,5,9.1,62.5          ! 给(1,2),(2,2),(3,2),(4,2)赋值
t2(1,3) = 2E-4,-3.5,22,.01      ! 给(1,3),(2,3),(3,3),(4,3)赋值
```

生成的结果如下：

$$t2 = \begin{pmatrix} 0.6 & 7.0 & 0.0002 \\ 2.0 & 5.0 & -3.5 \\ -1.8 & 9.1 & 22.0 \\ 4.0 & 62.5 & 0.01 \end{pmatrix}$$

以下是给一个表格（TABLE）数组参数元素的赋值过程。

```
force(1) = 0,560,560,238.5,0
force(1,0) = 1E-6,.8,7.2,8.5,9.3
```

其中第1个"="为表格数组force的5个数组元素赋值。第2个"="重新定义在第0行和0列的标号值，赋值生成的结果如下：

$$force = \begin{matrix} & 0 \\ 1E-6 \\ 0.8 \\ 7.2 \\ 8.5 \\ 9.3 \end{matrix} \begin{pmatrix} 0.0 \\ 560.0 \\ 560.0 \\ 238.5 \\ 0.0 \end{pmatrix}$$

字符数组参数也可以使用"="来赋值，不过字符的长度不能超过8个字符，并要用单引号括起来。如'xy'、'string'等。如：

```
*DIM,result,CHAR,3              ! 定义一个3×1的字符数组
result(1) = 'SX','SY','SZ'      ! 给数组元素赋值
```

生成的结果为：

$$result = \begin{pmatrix} SX \\ SY \\ SZ \end{pmatrix}$$

可以看到，给字符数组参数赋值的过程与数值型参数的赋值过程相同，必须要指明数组元素的起始下标。在上述例子中，行的起始标号为1。但要注意"CHAR"不能作为一个字符参数名，因为它与"*DIM"命令中的字符类型名称"CHAR"相冲突，否则会引起出错。

2. 填充数组向量

可以使用命令"*VFILL"或GUI模式Utility Menu > Parameters > Array Parameters > Fill 填充一个数值型（ARRAY）数组或表格（TABLE）数组向量。

命令"*VFILL"的使用及意义如下。

格　式：*VFILL, ParR, Func, CON1, CON2, CON3, CON4, CON5, CON6, CON7, CON8, CON9, CON10

功能：填充一个数组参数

其中：

ParR：将要填充的数值型数组参数名称。这个参数名必须存在，并要指定大小。

Func：填充的函数关系。它有下面的选择：

- DATA：将 *CON1*，*CON2* 等指定的值连续地赋给数组元素，1 次最多可以赋 10 个值，在空的 *CON* 后面的任何 *CON* 值都将会忽略。
- RAMP：按斜坡函数关系：$CON1+((n-1)*CON2)$ 赋值，其中 n 是循环的次数，如果 $CON2=0$，则将一个指定的常数 *CON1* 赋给数组元素。
- RAND：根据均匀分布的随机分布方式：RAND(*CON1*, *CON2*)，指定一个随机数值，其中 *CON1* 是下界(默认值为 0.0)，*CON2* 是上界(默认值为 1.0)。
- GDIS：指定高斯分布的随机抽样调查值：GDIS(*CON1*, *CON2*)，其中 *CON1* 是平均数(默认值为 0.0)，*CON2* 是均方差(默认值为 1.0)。
- TRIA：指定基于三角分布的随机数：TRIA(*CON1*, *CON2*, *CON3*)，其中 *CON1* 是下界(默认值为 0.0)，*CON2* 为峰值的位置(即有 $CON1 \leqslant CON2 \leqslant CON3$，如果 $CON1 \leqslant 0 \leqslant CON3$，则 $CON2=0$；如果 $0 \leqslant CON1$，则 $CON2=CON1$ 或者 $CON3 \leqslant 0$，则 $CON2=CON3$)，*CON3* 是上界(如果 $CON1 \geqslant 0$，默认值为 $1.0+CON1$，如果 $CON1 \leqslant 0$，$CON3=0.0$)。
- BETA：指定 β 分布的随机数：BETA(*CON1*, *CON2*, *CON3*, *CON4*)。其中 *CON1* 是下界(默认值为 0.0)；*CON2* 是上界(如果 $CON1 \geqslant 0$，默认值为 $1.0+CON1$，如果 $CON1 \leqslant 0$，$CON3=0.0$)；*CON3* 和 *CON4* 分别是 β 函数中的 α 和 β 参数，α 和 β 必须为正，其默认值为 1。
- GAMM：指定基于 gamma 分布的随机数：GAMM(*CON1*, *CON2*, *CON3*)。其中 *CON1* 是下界(默认值为 0.0)；*CON2* 和 *CON3* 分别是 gamma 函数中的 α 和 β 参数，α 和 β 必须为正，其默认值为 1。

CON1, *CON2*, *CON3*, *CON4*, *CON5*, *CON6*, *CON7*, *CON8*, *CON9*, *CON10*：与上述函数相关的常数。

在输入数据操作时，按照下式计算生成一个输出数组参数向量：

$$ParR = f(CON1, CON2, \ldots)$$

其中：函数 f 是上面所描述的。在将结果输入到数组参数向量时，要指定一个数组元素的起始标号。在默认的情况下，可以对连续的数组元素赋值。如：

*VFILL,a(1),RAMP,1,10

则将指定 a(1) = 1.0，a(2) = 11.0，a(3) = 21.0……等。

又如：*VFILL,b(5,1),DATA,1.5,3.0

则将指定 b(5,1) = 1.5 和 b(6,1) = 3.0。

下面是填充函数的举例。

```
*DIM,dtab,ARRAY,4,3              ! 定义一个 4×3 数值型数组
*VFILL,dtab(1,1),DATA,-3,8,-12,57  ! 用四个数据向第 1 列赋值
```

```
*VFILL,dtab(1,2),RAMP,2.54,2.54    ! 从 2.54 开始叠加并填充第 2 列,增量也是 2.54
*VFILL,dtab(1,3),RAND,1.5,10       ! 用 1.5 到 10 之间的随机数填充第 3 列,
                                    ! 结果将按随机数生成器而变化
```

最后数组填充的结果用矩阵形式表示为:

$$DTAB = \begin{pmatrix} -3 & 2.54 & 2.79901284 \\ 8 & 5.08 & 6.11392418 \\ -12 & 7.62 & 6.70205516 \\ 57 & 10.16 & 4.11487684 \end{pmatrix}$$

执行上述操作后,生成 ANSYS 数组的情况如图 2-14 所示。

图 2-14 数组的显示

3. 交互式编辑数组

使用下面操作之一可以交互式地对数组对话框中的值进行编辑。

GUI: Utility Menu > Parameters > Array Parameters > Define/Edit

命令: *VEDIT,*Par*

其中: *Par* 为将要编辑的数组参数名称。

执行上述操作后,会弹出一个对话框,用户可以对最大维数为 3 维的数值型数组和表格数组(但不能是字符型数组)进行编辑,另外对话框为用户提供了许多方便的特性。

1) 为数组元素值提供了一种电子表格式的编辑器。

2) 对大的数组滚动提供导航指示。

3) 对于数值型数组,初始化函数将为行或列指定初值。

4) 对于数值型数组,可以使用删除、复制和插入等函数来移动行和列的数据。

举例操作:

```
*DIM,dta,ARRAY,4,5       ! 定义一个 4×5 数值型数组
*DIM,dtb,TABLE,4,3,2     ! 定义一个 4×3×2 表格型数组
*VEDIT,dta               ! 显示 dta 数组编辑对话框
*VEDIT,dtb               ! 显示 dtb 表格型数组编辑对话框
```

执行上述操作后,弹出的对话框如图 2-15 所示。

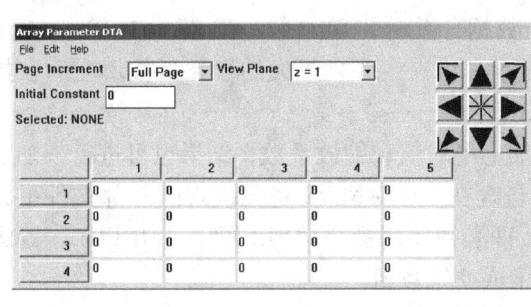

a)

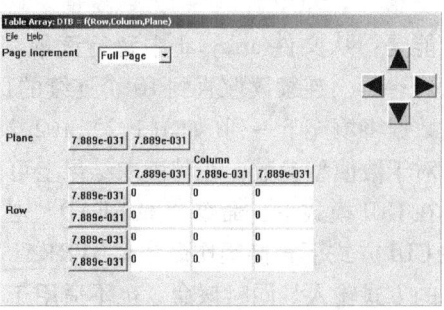

b)

图 2-15 数组的交互式对话框

a) 数值型数组　b) 表格型数组

4. 从数据文件中读取数据填充数值型数组

使用下列操作之一可以从一个 ASCII 文件中读取数据,并将数据填充到指定的数组中。
GUI:Utility Menu > Parameters > Array Parameters > Read from File
命令:*VREAD,*ParR*,*Fname*,*Ext*,--,*Label*,*n1*,*n2*,*n3*,*NSKIP*

其中:

ParR:将要填充的数组参数向量的名称。这个参数必须存在,并且用命令"*DIM"已指定大小,字符串数组仅限制为 8 个字符。

Label:设置读取数据的方式,可以是:IJK,IKJ,JIK,JKI,KIJ,KJI 或者为空(IJK)。

n1,*n2*,*n3*:读取的个数,若 *Label* = KIJ,则其读取为:(((*ParR*(i,j,k),k = 1,*n1*),i = 1,*n2*),j = 1,*n3*),*n2* 和 *n3* 的默认值为 1。

NSKIP:在读取数据时,从文件起始处到读取文件数据之间将要省略的行数。默认值为 0。

从文件中读取数据,并将其填充到数组参数向量或矩阵中。数据可以从一个格式化的文件中读取,或者如果菜单是关闭的,即"/MENU,OFF"和当 *Fname* 是空时,从下一个输入行中读取。将要读取的格式必须紧跟命令"*VREAD"之后输入,格式指定了读取每个记录时数域的个数、域宽和小数点的位置。读取操作是按照 FORTRAN 的 format 格式进行的。任何标准 FORTRAN 的实数格式(如:(4F6.0),(E10.3,2X,D8.2)等)、字符型格式(如:A)等都可以使用。但字符型的任何域宽不能超过 8(即 A8),整型(I)和列表型(*)不能使用。圆括号必须包含在格式内,其字符个数不能超过 80 个字符,整个输入行的长度不能超过 128 个字符。

在给数组参数赋值时,必须要指明数组元素开始赋值的行标,如:

```
*VREAD,a(1),arrayval
(2F6.0)
```

其功能是:从 arrayval 文件中的每行读取 2 个值,分别赋给数组元素 a(1),a(2),a(3)…等,连续读入直到连续的行元素被填充完。

对一个数组参数矩阵来说,开始填充元素的行标和列标必须要指定。如:

```
VREAD,a(1,1),arrayval,,,IJK,10,2
(2F6.0)
```

其功能是:从文件 arrayval 中每行读取 2 个数据,并分别赋给数组元素 a(1.1),a(2,1),a(3,1)…等。连续读取直到 10 个连续的行元素被填充,一旦最大的行元素被填充后,接下来的数据将填充下一列(如 a(1,2),a(2,2),a(3,2),…等)。

对于数值型参数,在其读取结果上可以加上绝对值和缩放系数,结果也可进行累加。如果是在 GUI 模式下,命令"*VREAD"必须包含在一个 ANSYS 将要读入的外部文件里,不能在 GUI 方式下直接操作命令"*VREAD",即必须要用命令"*USE"、"/INPUT"等通过文件的方式输入。同时该命令也不适用于 4 维或 5 维数组。

将下列数据放在一个名为"Example.txt"的文件中。

```
1.5    7.8   12.3
15.6  -45.6  42.5
```

然后用命令"*DIM"定义一个 2×3 的 V_read 的数组,下面的命令流将对数组进行填充。

```
*DIM,V_read,,2,3
*VREAD,V_read(1,1),Example,txt,,JIK,3,2
(3F6.1)
```

生成的结果如图 2-16 所示。

由于命令"*VREAD"不能够直接在命令输入行中执行,在 GUI 模式下可以使用操作路径"Utility Menu > Parameters > Array Parameters > Read from File"进行,这时会弹出一个对话框,在对话框中指定读取格式后,就可以用交互方式执行这个命令。

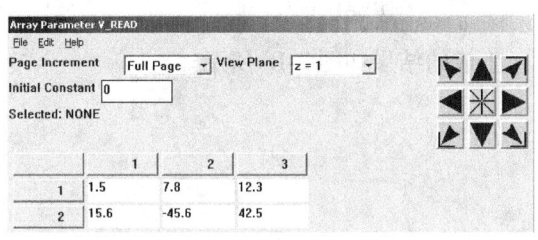

图 2-16 从文件读取数据并填充示例

5. 从数据文件中读取数据填充表格型数组

一旦设定后,可以有两种方式填充表格型数组元素。一种是直接填充,就像给其他类型的数组填充方式一样;另一种是从外部文件中读取数据进行填充。

在定义好表格型数组,并指定其大小后,就可以用下列操作之一来完成从外部文件中读入数据。

GUI:Utility Menu > Parameters > Array Parameters > Read from File

命令:*TREAD,*Par*,*Fname*,*Ext*,--,*NSKIP*

其中:

Par:由命令"*DIM"定义的表格数组参数名。

其他参数的设置与"*VREAD"相同,所不同的是文件名和扩展名都没有默认值。

使用这个命令可以从一个外部文件中读取数据,并填充到 ANSYS 的表格型数组参数中。当从外部文件读取数据时,必须要记住:

1)外部文件可以使用 WINDOWS 中的记事本或其他文本编辑软件(如 Excel 等)生成,必须是文本格式,但必须要用 TAB 键、空格键或逗号来作为数据的分界符。

2)首先要在 ANSYS 中定义数组,记住要考虑到下标号(0,0)。

3)数据是从行标开始读取,直到每行中所有的列元素均被填充后,ANSYS 就进入到下一行并开始填充该行上的列元素,如此循环,直到所有的数据均被填充为止。但必须要注意,所定义的表格型参数数组要与将要读取的数据相符合,否则将会得到一个错误的表格型数组。

通过从一个外部文件读取数据,可以生成 1D、2D 或 3D 表格数组,下面将分别给出例子来说明其操作过程。

(1)生成一个 1D 表格数组 数据如表 2-5 所示,是时间与温度的关系数据,先将数据按表 2-5 的方式存放在文件"t1.txt"文件中。如图 2-17 所示。

表 2-5 时间与温度数据

TIME(时间)	TEMP(温度)	TIME(时间)	TEMP(温度)
0	20	2	70
1	30	4	75

然后在 ANSYS 中用命令"*DIM"或"Utility Menu > Parameters > Array Parameters > Define/Edit"定义一个"tt"的表格型数组，指定其大小为 4×1，行标题为"TIME"，列标题为"TEMP"。其相应操作的命令流如下：

```
*DIM,tt,TABLE,4,1,1,TIME,TEMP
*TREAD,tt,t1,txt,,
```

生成的结果如图 2-18 所示。

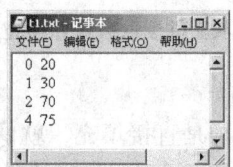

图 2-17 数据保存

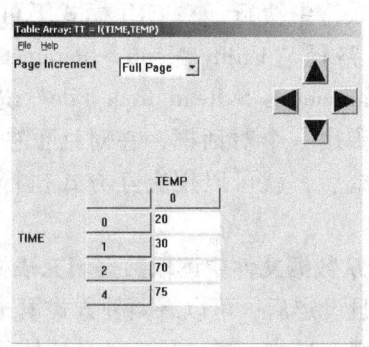

图 2-18 生成 1D 表格型数组

（2）生成一个 2D 表格数组 数据如表 2-6 所示，是温度与时间和 X 坐标的关系数据，先将数据按表 2-6 的方式存放在文件"T2.txt"文件中。

表 2-6 时间与 X 坐标的关系数据

TIME	X_COORD				
	0	0.3	0.5	0.7	0.9
0	10	15	20	25	30
1	15	20	25	35	40
2	20	25	35	55	60
4	30	40	70	90	100

然后在 ANSYS 中用命令"*DIM"或"Utility Menu > Parameters > Array Parameters > Define/Edit"定义一个"TX"的表格型数组，指定其大小为 4×5×1，行标题为"TIME"，列标题为"X_COORD"。其相应操作的命令流如下：

```
*DIM,Tx,table,4,5,,time,X_COORD
*TREAD,Tx,t2,txt,,
```

生成的结果如图 2-19 所示。

（3）生成一个 3D 表格数组 其数据如表 2-7 所示，是温度与时间、X 坐标和 Y 坐标的关系数据，先将数据按表 2-7 的方式存放在文件"t3.txt"文件中。

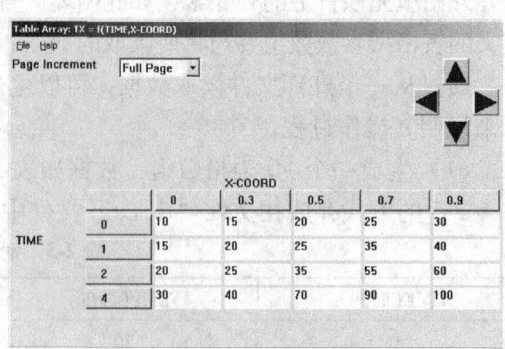

图 2-19 生成的 2D 表格型数组

表 2-7　时间与 X 坐标、Y 坐标的关系数据

PLANE	TIME	X_COORD				
页1	(y=0)	0	0.3	0.5	0.7	0.9
	0	10	15	20	25	30
	1	15	20	25	35	40
	2	20	25	35	55	60
	4	30	40	70	90	100
页2	(y=1.5)	0	0.3	0.5	0.7	0.9
	0	20	25	30	35	40
	1	25	30	35	45	50
	2	30	35	45	65	70
	4	40	50	80	100	120

然后在 ANSYS 中用命令 "*DIM" 或 "Utility Menu > Parameters > Array Parameters > Define/Edit" 定义一个 "txy" 的表格型数组，指定其大小为 4×5×2，行标题为 "TIME"，列标题为 "X_COORD"，页标题为 "Y_COORD"。其相应操作的命令流如下：

　　*DIM,txy,TABLE,4,5,2,TIME,X_COORD,Y_COORD
　　*TREAD,txy,t3,txt,,

生成的结果如图 2-20 所示。

6. 数据插值

当从数组中得到数据信息后，ANSYS 可以在这些确定值的集合之间进行插值。如下是一个 ANSYS 表格数组的插值示例。

已知表格数组 a 和 pq 的值如下：

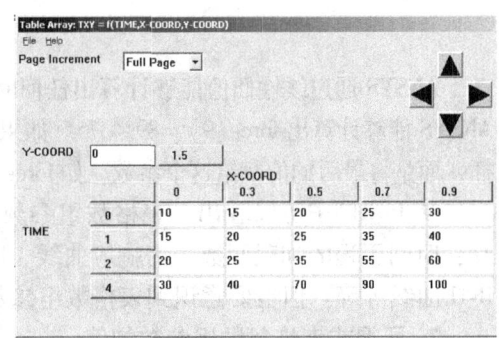

图 2-20　生成的 3D 表格型数组

$$a = \begin{matrix} & 1.0 \\ 1.0 \\ 2.0 \\ 3.0 \end{matrix} \begin{pmatrix} 12.0 \\ 28.0 \\ 146.4 \end{pmatrix} \qquad pq = \begin{matrix} & 1.0 & 2.0 \\ 1.0 \\ 2.0 \\ 3.0 \\ 4.0 \end{matrix} \begin{pmatrix} 2.8 & 4.2 \\ -9.6 & -12.3 \\ 42.0 & 9.7 \\ -4.5 & 2.0 \end{pmatrix}$$

生成上述表格型数组的命令流如下：

　　*DIM,a,TABLE,3,1,1,TIME,TEMP
　　*TREAD,a,a1,txt,,
　　*DIM,pq,TABLE,4,2,1,TIME,TEMP
　　*TREAD,pq,pq1,txt,,

ANSYS 通过对 a 进行插值能够计算出在 a(1) 和 a(2) 之间的任何值。如在输入行中输入 "b=a(1.5)"，回车后，b 的结果为 20，同样可得到：

　　a(1.75) = 24.0
　　a(1.9) = 26.4

相类似，通过对 pq 进行插值运算则有：

pq(1.5,1) = -3.4
pq(1,1.5) = 3.5
pq(3.5,1.3) = 14.88

这个特点允许用户用表格数组参数描述一个函数，如 y = f(x)。可以使用 j = 0 列来贮存独立变量 x 的值，"正常的" j = 1 的列来贮存 y 的值。如用 5 个点的值来描述一个时间历程的力函数如图 2-21 所示。

可以指定这是一个表格数组参数的函数，数组元素来存放力的大小，行标 1 至 5 用来存放时间值 0.0 到 9.3。如下所示：

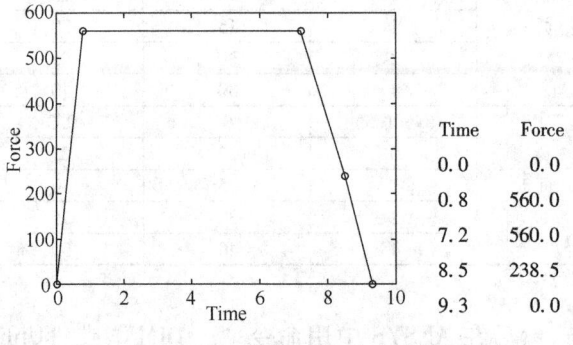

图 2-21　力的时间历程曲线

$$\text{force} = \begin{matrix} 0 \\ 1E-6 \\ 0.8 \\ 7.2 \\ 8.5 \\ 9.3 \end{matrix} \begin{pmatrix} 0.0 \\ 560.0 \\ 560.0 \\ 238.5 \\ 0.0 \end{pmatrix}$$

ANSYS 通过线性插值能够计算出任何时间的力值，而不用指定 force 参数。在上述例子中，ANSYS 能够计算出 force(9) = 89.4375。如果参数位置位于数组给出的范围之外，将不会进行外插，而是将最后的值赋给这个参数。如 force(5.2) = 560.0，而 force(12) = 0.0，没有进行外插。

从上述例子可以看出，表格数组参数在分析中是一个强有力的工具，比较典型的应用是：时间历程的加载函数、谱响应曲线、应力应变曲线、材料与温度的曲线、对磁性材料的 B-H 曲线等等。但也要意识到表格数组参数比数值型数组需要更多的计算时间。

7. 取得或者恢复数组参数的值

（1）从 ANSYS 数据库中取值　使用下列操作之一可以将 ANSYS 内部的数据取出，并存放在一个数组里。

GUI：Utility Menu > Parameters > Get Array Data

命令：*VGET,*ParR*,*Entity*,*ENTNUM*,*Item1*,*IT1NUM*,*Item2*,*IT2NUM*,*KLOOP*

其中：

ParR：取出数据将要存放的数组参数名。该数组必须存在并要指定大小。

Entity：实体关键词，其有效的名称是：NODE,ELEM,KP,LINE,AREA,VOLU 等等。

ENTNUM：实体的编号，如 *Entity* = ELEM，则为单元编号，参考《ANSYS 命令手册》。

Item1：给出实体中特定项目的名称，可参考附录 B。

IT1NUM：对特定项目的标签或编号，有些实体不需要。

Item2,*IT2NUM*：对于将要取得哪些数据，进一步限定的编号或项目标签。大多数项目并不需要该项。

KLOOP：将要循环的域。

- 0 或 2：在 ENTNUM 域上循环（默认方式）。
- 3：在 Item1 上循环。
- 4：在 IT1NUM 上循环，连续项用 IT1NUM 来显示。
- 5：在 Item2 域上循环。
- 6：在 IT2NUM 域上循环，连续项用 IT2NUM 来显示。

从特定的实体中取出一个值，并按照下列方式将其贮存在用户命名数组参数的输出向量里。

$$ParR = f(Entity, ENTNUM, Item1, IT1NUM, Item2, IT2NUM)$$

其中，f 是一个"*GET"命令的函数，Entity、Item1 和 Item2 是关键词，ENTNUM、IT1NUM 和 IT2NUM 是与关键词相关的标签或编号。在生成结果数组参数前必须要指定开始的数组元素标号。如果在 KLOOP 默认的情况下，循环将在整个实体编号上连续进行，如：

```
*VGET,a(1),ELEM,5,CENT,X
```

将返回第 5 个单元中心的 X 坐标值，并且取值将在单元 6、7、8、……上连续进行，直到连续的数组位置被填充。绝对值和缩放系数可以应用到这些结果参数上，结果也可以进行累加。在一个循环对称结果中，命令"*VGET"能够取出未处理过的实部和虚部。如果将 KLOOP 设置为 4，则返回单元中心的 X、Y 和 Z 坐标值。

（2）将数组参数值恢复到 ANSYS 数据库　使用下列操作之一，可以恢复数组参数值。

GUI：Utility Menu > Parameters > Array Operations > Put Array Data

命令：*VPUT,ParR,Entity,ENTNUM,Item1,IT1NUM,Item2,IT2NUM,KLOOP

其中各参数的说明和使用请参考"*VGET"命令。

"*VPUT"命令与"*VGET"命令有相同的变量，但其功能作用刚好是相反的。ANSYS 软件直接安置向量项，而没有进行任何坐标系统的转换。"*VPUT"命令会重新取代已经存在的数组项，但不会生成新的项。在数据库中变化了的自由度结果将会被所有连续的操作利用，其他结果为暂时性变化，并会被接下来的列表输出和显示操作所利用。

但使用这个命令要非常小心，因为它会改变整个数据库部分的内容，"*VPUT"命令并不支持命令"*VGET"所列出的所有项目，因为将值安放到某个位置会引起 ANSYS 数据库的不一致。

同时"*VPUT"命令并不支持 PowerGrapghics 显示。如果命令不在"/GRAPHICS,FULL"环境中使用，则会引起不一致的结果。使用显示（Plot）操作也会与命令"AVPRIN"相冲突，这意味着主值和当量值需要重新计算。如果需要命令"*VPUT"将数据返回到数据库中，则在命令行中执行显示（Plot）命令可以保存用户的数据。

8. 数组参数的列表操作

与标量参数相类似，使用命令"*STATUS"也可以将数组参数列表出来。下面通过一个例子来阐述命令"*STATUS"的使用。

1）输入：*STATUS，生成的结果如图 2-22 所示。

2）输入：*STATUS,txy(2,3,1)，生成的结果如图 2-23 所示。

3）输入：*STATUS,tx(2,2),2,3，生成的结果如图 2-24 所示。

4）输入：*STATUS,tt(1),,,0，生成的结果如图 2-25 所示。

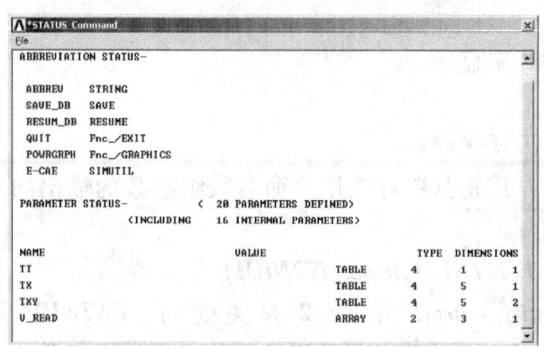

图 2-22 *STATUS 命令的结果显示

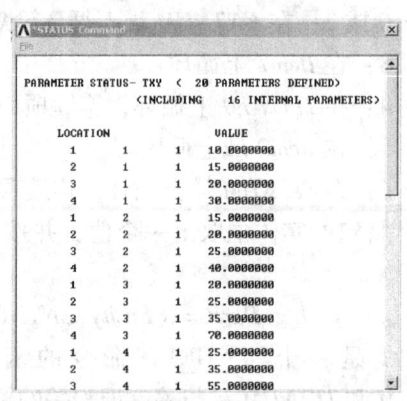

图 2-23 显示 3D 表格数据

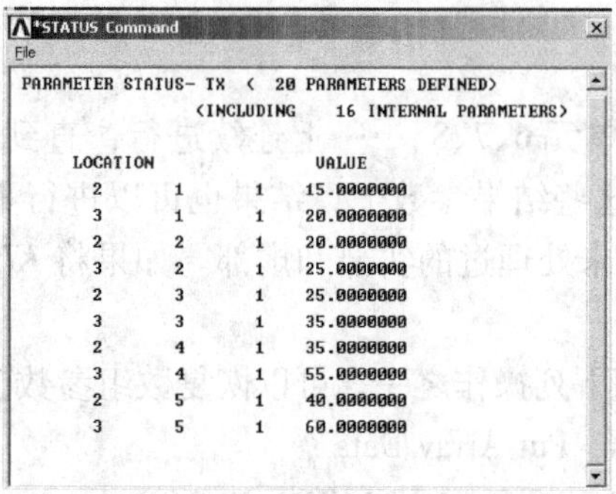

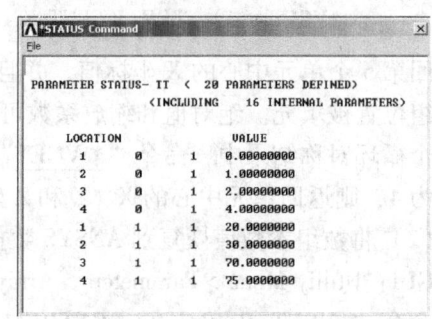

图 2-24 显示 2D 表格中的部分数据

图 2-25 显示表格中 j=0 的数据

2.3.3 生成数据文件

可以使用命令"*VWRITE"将保存在数组中的数据以一种格式化的方式写入到数据文件中。该命令一次能够写入 10 个数组向量，并将 10 个向量所包含的数据写入到可由命令"*CFOPEN"打开的文件中。每个向量的格式可以使用 FORTRAN77 的数据描述符，该格式符就紧跟在命令"*VWRITE"之后。由此可以得知，"*VWRITE"不能在 GUI 模式下使用。

对于数组向量，要指明开始保存数组元素的位置，如 MYARRAY(1,2,1)。也可以使用表达式，计算结果作为一个常数填充到数据文件中的每一行。关键词"SEQU"能够从 1 开始产生一个连续的整数序列。

数据文件中每行的格式由数据描述符来决定，对写入命令，一个变量包含一个描述符，但不要将"FORMAT"放在描述行里，可以使用任何实数格式和字符格式，不能使用整型格式或直接列表型描述符。

对命令"*VWRITE"中的变量，用户必须要对每个数据项指定一个数据描述符。一般来说，对于数值型数据可以使用"F(浮点数)"描述符，"F"描述符的使用规则如下：

使用格式：$Fw.d$

其中：

w：表示数据域的字符宽度，包括整数、小数点和小数部分的位数。

d：表示小数位的个数，即小数点后往右数的字符个数。

因此对于有 10 个字符宽，小数点后有 7 位的数据格式，描述符可以表示为：F10.7

如果 a = 20.703238，按上述格式保存为：20.7032380

对于字符域，必须要使用"A"描述符，其使用规则如下：

使用格式：Aw

其中：

w：数据域中字符个数的宽度。

因此对于一个有 8 个字符宽的字符描述符，可以写成：A8。

下面将举例说明命令"*VWRITE"和数据描述符的使用，并假定以"mydata"命名的数组已经存在并指定了大小，已用下面的数据填充。

$$mydata = \begin{pmatrix} 2.15215 & 3.89075 & 5.28636 & 7.15706 & 13.78594 & 87.497 \\ 2.30485 & 4.44486 & 5.40919 & 7.68192 & 15.54838 & 86.567 \\ 2.01051 & 3.39152 & 2.93663 & 7.38584 & 18.46358 & 45.726 \\ 2.36833 & 3.32711 & 5.63220 & 7.22482 & 18.79778 & 39.790 \\ 2.84819 & 4.76350 & 5.97802 & 7.29258 & 14.80963 & 62.084 \\ 2.22795 & 3.48214 & 5.54685 & 7.90325 & 14.07088 & 37.600 \end{pmatrix}$$

在下面的命令流中，首先定义了一个标量参数，并给它赋值 25，然后用命令"*CFOPEN"打开文件"vector.txt"，再用命令"*VWRITE"将指定的数据写入到文件中。在这种情况下，使用 SEQU 产生一个连续行标号，并且在某种情况下，常数、标量参数和包括与数组元素的运算值都可以写入到文件中。命令流如下：

```
x = 25
*CFOPEN,vector,txt
*VWRITE,SEQU,mydata(1,1,1),mydata(1,2,1),mydata(1,3,1),10.2,x,mydata(1,1,1)+3
(F3.0,' ',F8.4,' ',F8.1,' ',F8.6,' ',F4.1,' ',F4.0,' ',F8.1)
*CFCLOS
```

将上述命令流保存在一个文件里，然后用命令"/INPUT"调入，生成的文件用文本编辑软件打开的结果如图 2-26 所示。

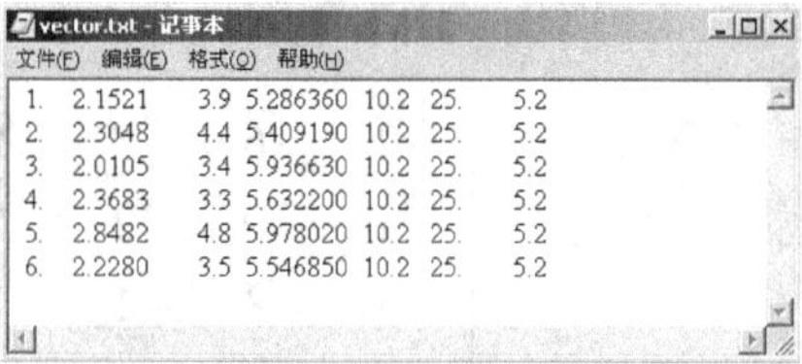

又将下列矩阵数组写入文件"vector1.txt"中。

$$mydata2 = \begin{pmatrix} 10 & 50 \\ 20 & 70 \\ 30 & 80 \end{pmatrix}$$

图 2-26 生成的结果文件

其操作的命令流文件"a36.txt"的内容如下：

```
*CFOPEN,vector1,txt
*VWRITE,SEQU,mydata2(1,1),mydata2(1,2),(mydata2(1,1)+mydata2(1,2))
(' Row ',F3.0,' contains ',2F7.3,'.  Is their sum ',F7.3,' ? ')
*CFCLOS
```

用命令"/INPUT"调入，或用 GUI：Utility Menu > File > Read Input from。最后生成的结果可用文本编辑软件打开，如图 2-27 所示。

2.3.4 数组参数的运算

就像标量参数可以在参数表达式和函数内进行运算一样,对于数组参数也可以利用一系列的命令来进行运算。其运算可分为两类:一种是在列向量之间的运算,称之为向量运算,另一种是在整个矩阵(或数组)之间,称为矩阵运算。所有的运算都由一系列的操作命令所控制。

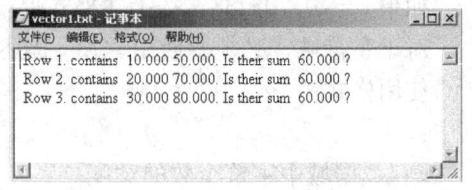

图 2-27 数组保存结果示例

1. 向量运算

向量运算是简单的,是在数组元素上反复进行如加、减、三角函数、点积、叉积等运算,并使用了"Do-loops"循环。但一种更有效、更方便的方法是使用向量运算命令,如"*VFUN"、"*VOPER"、"*VSCFUN"、"*VITRP"、"*VFILL"、"*VREAD"、"*VGET"等,其中仅"*VREAD"和"*VWRITE"命令可适用于字符数组参数,而其他的命令则仅适应于由命令"*DIM"定义的数值型数组和表格型数组。

其中一些命令已在前面进行过介绍并使用过,下面对没有出现过的命令作简单的介绍。

- ***VOPER** 或 Utility Menu > Parameters > Array Operations > Vector Operations

其作用是:对两个输入的数组向量进行运算,生成一个输出数组向量。

- ***VFUN** 或 Utility Menu > Parameters > Array Operations > Vector Functions

其作用是:对一个输入的数组向量进行函数运算,生成一个输出数组向量。

- ***VSCFUN** 或 Utility Menu > Parameters > Array Operations > Vector-Scalar Func

其作用是:确定一个输入数组向量的性能,并将结果赋给一个已指定的标量参数。

- ***VITRP** 或 Utility Menu > Parameters > Array Operations > Vector Interpolate

其作用是:在表格型数组中的指定位置通过插值生成一个数值型数组向量。

假设 x、y 和 theta 数组已经存在,下面通过实例来说明上述命令的使用。有关这些命令的使用规则可参考第 3 章。

$$x = \begin{pmatrix} -2 & 6 & 8 & 0 \\ 1 & 0 & 2 & 12 \\ 4 & -3 & -1 & 7 \\ -8 & 1 & 10 & -5 \end{pmatrix} \quad y = \begin{pmatrix} 3 & 2 & 5 & -6 \\ -5 & -7 & 1 & 0 \\ 8 & 0 & 0 & 11 \\ 1 & 4 & 9 & 16 \end{pmatrix} \quad theta = \begin{pmatrix} 0 \\ 15 \\ 30 \\ 45 \\ 60 \\ 75 \\ 90 \end{pmatrix}$$

(1) 向量相加运算 先定义一个数组向量 z1,然后使用命令"*VOPER"将 x 矩阵的第 2 列与 y 矩阵的第 1 列相加,其结果放在 z1 向量。但要注意,无论作何种运算都要指定数组元素的起始位置,然后,操作就沿着指定的大小连续进行下去。其命令流为:

```
*DIM,z1,ARRAY,4
*VOPER,z1(1),x(1,2),ADD,y(1,1)
```

生成的结果如图 2-28 所示。

(2) 向量相乘运算 先定义向量 Z2,然后用命令"*VOPER"将 x 的(2,1)、(3,1)、

(4,1)分别与 y 的(1,4)、(2,4)、(3,4)相乘,生成的结果放在 z2 中。其命令流如下：

```
*DIM,z2,ARRAY,3
*VOPER,z2(1),x(2,1),MULT,y(1,4)
```

生成的结果如图 2-29 所示。

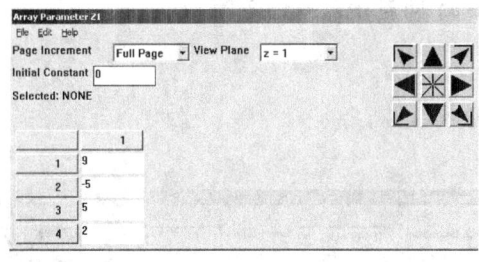
图 2-28　向量相加的结果

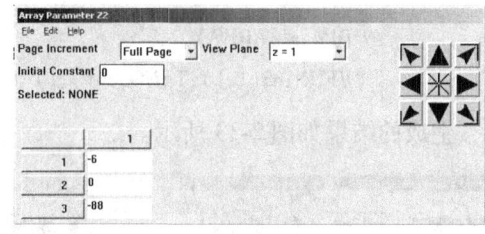
图 2-29　数组相乘的结果显示

(3) 向量的叉积　先定义向量 z4,然后用命令"*VOPER"将 x 与 y 进行叉积,其中 i、j 和 k 分量分别表示 x 向量的 1、2、3 列,y 向量的 2、3、4 列,生成的结果放在 z4 中,其中 i、j 和 k 分量分别表示 1、2、3 向量。其命令流如下：

```
*DIM,z4,ARRAY,4,3
*VOPER,z4(1,1),x(1,1),CROSS,y(1,2)
```

生成的结果如图 2-30 所示。

(4) 向量的平方运算　先定义向量 a3,然后用命令"*VFUN"对 x 向量的第 2 列的每个元素进行平方运算,其结果放到 a3 向量中。其命令流为：

```
*DIM,a3,ARRAY,4
*VFUN,a3(1),PWR,x(1,2),2
```

其生成的结果如图 2-31 所示。

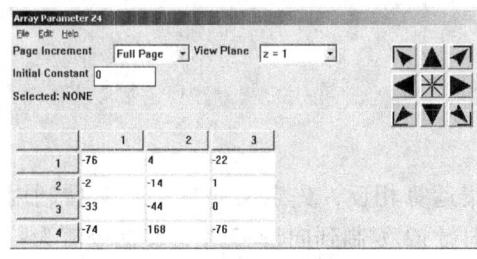
图 2-30　向量叉积的结果

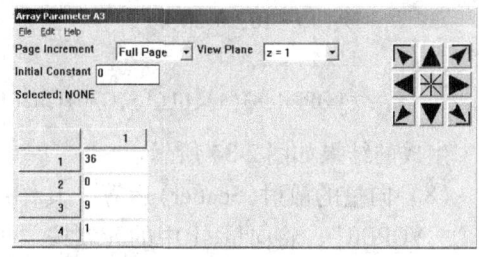
图 2-31　向量的平方运算结果

(5) 向量的正弦和余弦运算　先定义向量 a4,然后用命令"*VFUN"计算 theta 向量中每个元素的正弦和余弦值。其结果放在 a4 向量的第 1 行和第 2 行中,这时可以看到 a4 实际表示的是按 90°展开的圆弧,其中半径为 1.0,并假设该圆弧位于 z=2.0 的 X-Y 平面上。其命令流为：

```
*DIM,a4,ARRAY,7,3
*AFUN,DEG
*VFUN,a4(1,1),COS,theta(1)
```

```
*VFUN,a4(1,2),SIN,theta(1)
a4(1,3)=2,2,2,2,2,2,2
```

生成的结果如图 2-32 所示。

（6）计算切向量　先定义数组 a5，然后用命令"*VFUN"计算由 a4 向量表示曲线的每个点的切向量，并进行规范化，生成的结果放在 a5 向量中。其命令流为：

```
*DIM,a5,ARRAY,7,3
*VFUN,a5(1,1),TANG,a4(1,1)
```

生成的结果如图 2-33 所示。

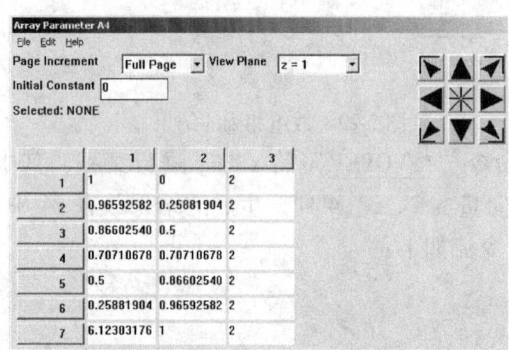

图 2-32　向量的正弦和余弦运算

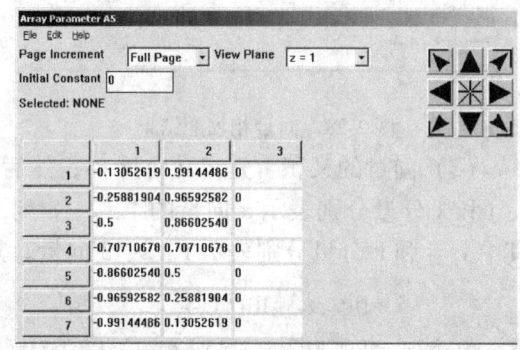

图 2-33　计算切向量示例

（7）向量的聚集（Gather）运算　按照一个"位置"向量中元素的值，将一个向量按给定的位置复制到另一个向量中。先定义向量 b3，使用命令"*VOPER"将 b1 向量值按照"位置"向量 b2 中的位置复制到 b3 中。其命令流为：

```
*DIM,b1,,4
*DIM,b2,,3
*DIM,b3,,4
b1(1)=10,20,30,40
b2(1)=2,4,1
*VOPER,b3(1),b1(1),GATH,b2(1)
```

生成的结果如图 2-34 所示。

（8）向量的散射（Scatter）运算　其作用与聚集运算相反，先定义向量 s3，然后利用命令"*VOPER"，将向量 s1 中的元素按"位置"向量 s2 复制到向量 s3 中，其命令流为：

```
*DIM,s1,,5
*DIM,s2,,5
*DIM,s3,,5
s1(1)=10,20,30,40,50
s2(1)=2,1,0,5,3
*VOPER,s3(1),s1(1),SCAT,s2(1)
```

生成的结果如图 2-35 所示。

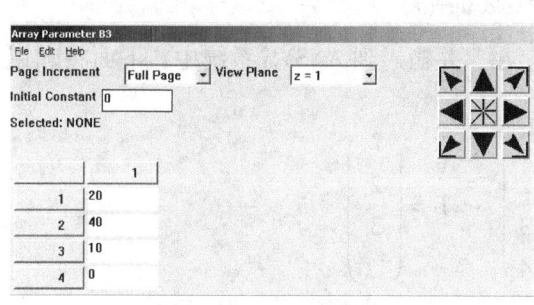

图 2-34　向量的聚集运算

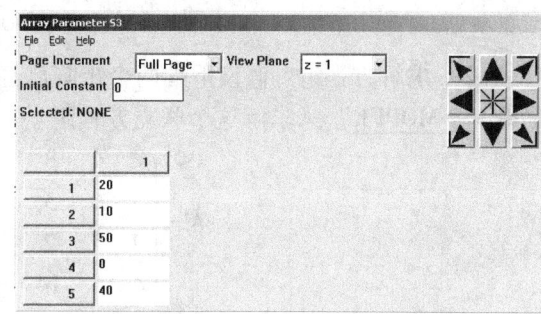

图 2-35　向量的散射运算

2. 矩阵运算

矩阵运算就是数值型数组参数之间的数学运算。如相乘、转置、求解方程组等。在这部分将要介绍的命令主要有：

- *MOPER 或 Utility Menu > Parameters > Array Operations > Matrix Operations

其作用是：完成两个输入矩阵之间的运算，并生成一个输出矩阵，其运算主要包括：相乘、求解联立方程组、对一个矩阵按指定的向量进行排序（按升序的顺序）、计算两个向量之间的协方差、以及两个向量之间的相关性等。

- *MFUN 或 Utility Menu > Parameters > Array Operations > Matrix Functions

其作用是：对一个数组参数矩阵进行复制或转置。

- *MFOURI 或 Utility Menu > Parameters > Array Operations > Matrix Fourier

其作用是：计算傅里叶级数的系数或求其值。

对于上述命令的详细介绍请参考第 3 章，下面给出这些命令使用的实例，以帮助用户掌握其用法。

（1）排序运算　首先按如下矩阵在 ANSYS 里定义一个名为"sortdata"的矩阵，然后利用命令"*MOPER"对其进行按序。

$$\text{sortdata} = \begin{pmatrix} 3 & 10 & 11 \\ 5 & -4 & 12 \\ 8 & -9 & 13 \\ 2 & 7 & 14 \\ 6 & 1 & 15 \end{pmatrix}$$

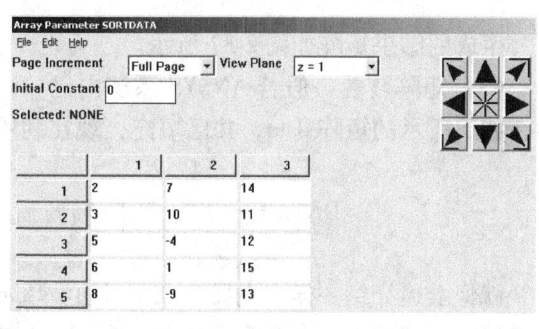

图 2-36　矩阵排序的结果

其排序过程为：先定义一个名为 oldorder 的数组，命令"*MOPER"会将 sortdata 数组开始状态的排序放在数组 oldorder 里，然后再按照升序的方式对该行进行排序。其命令流为：

```
*DIM,oldorder,,5
*MOPER,oldorder(1),sortdata(1,1),SORT,sortdata(1,1)
```

生成的结果如图 2-36 所示，且 oldorder 向量中的结果如下。

$$\text{oldorder} = \begin{bmatrix} 4 & 1 & 2 & 5 & 3 \end{bmatrix}^{\text{T}}$$

为了使排序后 sortdata 数组恢复到原来的状态，只要重新执行下列语句即可。

```
*MOPER,oldorder(1),sortdata(1,1),SORT,oldorder(1)
```

(2) 求解方程组　假设下列两个矩阵已经存在，并输入到 ANSYS 系统中，下面将利用命令 "*MOPER" 来求解这个联立方程组。

$$A = \begin{pmatrix} 2 & 4 & 3 & 2 \\ 3 & 6 & 5 & 2 \\ 2 & 5 & 2 & -3 \\ 4 & 5 & 14 & 14 \end{pmatrix} \quad B = \begin{pmatrix} 2 \\ 2 \\ 3 \\ 11 \end{pmatrix}$$

命令 "*MOPER" 能够求解一组具有方阵的联立方程，方程的形式为：

$$a_{n1}x_1 + a_{n2}x_2 + \cdots + a_{nn}x_n = b_n$$

在上述矩阵的情况下，命令 "*MOPER" 将求解下列联立方程组：

$$\begin{cases} 2x_1 + 4x_2 + 3x_3 + 2x_4 = 2 \\ 3x_1 + 6x_2 + 5x_3 + 2x_4 = 2 \\ 2x_1 + 5x_2 + 2x_3 - 3x_4 = 3 \\ 4x_1 + 5x_2 + 14x_3 + 14x_4 = 11 \end{cases}$$

为了求上述方程，首先要定义一个数组 c，然后命令 "*MOPER" 求解这个方程，a 和 b 分别作其系数矩阵，并将生成的结果放在数组 c 里，其命令流为：

```
*DIM,c,,4
*MOPER,c(1),a(1,1),SOLV,
 b(1)
```

生成的结果矩阵如图 2-37 所示。

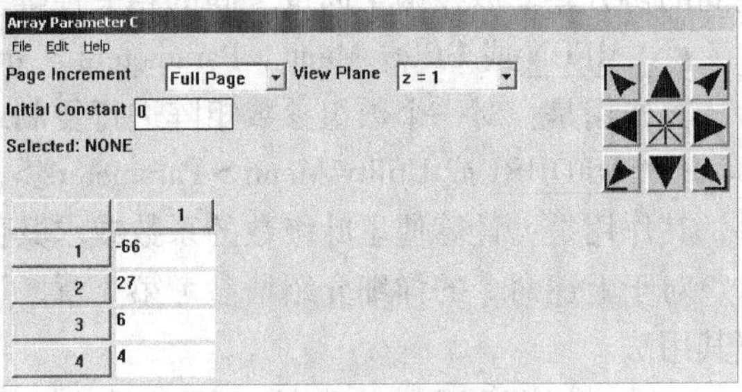

图 2-37　方程求解的结果显示

(3) 矩阵转置　假若 ANSYS 系统内已存在如下所示的矩阵 data，并已填充，现在利用 "*MFUN" 对其进行转置。

$$DATA = \begin{pmatrix} 34 & 25 \\ 22 & 68 \\ -7 & 12 \end{pmatrix}, \text{转置后：} datatran = \begin{pmatrix} 34 & 22 & -7 \\ 25 & 68 & 12 \end{pmatrix}$$

就像上述介绍一样，先要定义一个矩阵 datatran，然后利用命令 "*MFUN" 对 data 进行转置，并将结果放在矩阵 datatran 中，其操作命令流如下：

```
*DIM,datatran,,2,3
*MFUN,datatran(1,1),TRAN,data(1,1)
```

生成的结果如图 2-38 所示。

3. 用于向量和矩阵运算的设置命令

有关向量和矩阵运算的命令都将受到一系列设置命令的影响，如："*VCUM"、"*VABS"、"*VFACT"、"*VLEN"、"*VCOL"、"*VMASK" 等。其中命令 "*VLEN" 和 "*VMASK" 与命令 "*VREAD" 或者是 "*VWRITE" 一起，仅对字符数组参数有效。利用命令 "*VSTAT" 可以来检查上述命令的状态。上述大多数命令已在前面介绍过，其余

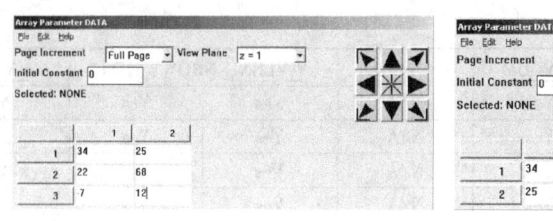 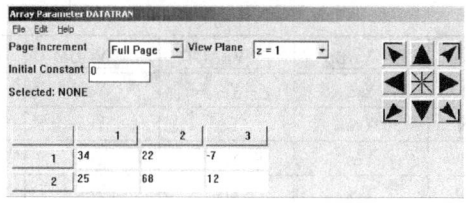

a)   b)

图 2-38 矩阵转置示例
a）转置前的矩阵 b）转置后的矩阵

的命令将在下面介绍。

除了命令"*VSTAT"不能在 GUI 模式下直接进入以外，上述命令都可以通过操作路径：Utility Menu > Parameters > Array Operations > Operation Settings 来进入。必须要说明的是：在每次向量或矩阵运算完成后，所有的设置命令都将恢复到其默认状态。

下面将对设置命令的功能作简单的介绍，详细的讨论可参考第 3 章。

- *VCUM 命令。

其功能是：指定结果是否要累加或者不累加（覆盖原来的结果）。向量运算的结果加到具有相同名字的参数（ParR）上或者是覆盖这个结果，其默认值是不累加，也就是说将覆盖已经存在具有相同的参数名：ParR。

- *VABS 命令。

其功能是：对参与向量运算中的任何一个或所有参数求其绝对值，默认值是将其代数值代入运算。

- *VFACT 命令。

其功能是：对参与向量运算中任何一个或所有参数乘以一个缩放系数，缩放系数的默认值是 1.0。

- *VCOL 命令。

其功能是：指定矩阵运算中的列标，默认值是从指定的开始位置直到填充结果数组中的所有位置。

- *VSTAT 命令。

其功能是：列出当前所有对数组参数的说明。

- *VLEN 命令。

其功能是：指定在数组参数运算过程中将要使用的行数。

GUI：Utility Menu > Parameters > Array Operations > Operation Settings

- *VMASK 命令。

其功能是：指定一个数组参数作为屏蔽向量。

GUI：Utility Menu > Parameters > Array Operations > Operation Settings

表 2-8 列出了设置命令与向量或矩阵运算命令之间的关系。

表 2-8 设置命令与向量或矩阵运算命令之间的关系

	*VABS	*VFACT	*VCUM	*VCOL	*VLEN, NROW, NINC	*VMASK
*MFOURI	No	No	No	No	No	No
*MFUN	Yes	Yes	Yes	No	Yes	Yes
*MOPER	Yes	Yes	Yes	No	Yes	Yes

（续）

	* VABS	* VFACT	* VCUM	* VCOL	* VLEN, NROW, NINC	* VMASK
* VFILL	Yes	Yes	Yes	N/A	Yes	Yes
* VFUN	Yes	Yes	Yes	N/A	Yes	Yes
* VGET	Yes	Yes	Yes	N/A	Yes	Yes
* VITRP	Yes	Yes	Yes	N/A	Yes	Yes
* VOPER	Yes	Yes	Yes	N/A	Yes	Yes
VPLOT	No	No	N/A	Yes	Yes	Yes
* VPUT	Yes	Yes	No	N/A	Yes	Yes
* VREAD	Yes	Yes	N/A	Yes	Yes	Yes
* VSCFUN	Yes	Yes	Yes	N/A	Yes	Yes
* VWRITE	No	No	N/A	N/A	Yes	Yes

下面将通过举例来介绍设置命令的使用。

（1）使用屏蔽功能和指定行数操作　先定义结果数组 cmpr，并指定其大小。两次"* VFUN"命令与"* VMASK"和"* VLEN"一起压缩所选择的数据，并把它们写入到 cmpr 中指定的位置。在命令"* VFUN"中与压缩操作相反的是扩张操作，即 EXPA。其命令流为：

```
*DIM,cmpr,ARRAY,4,4
*VLEN,4,2                    ! 在第4行上做下一次操作,并每隔1行省略
*VFUN,cmpr(1,2),COMP,y(1,1)
*VMASK,x(1,3)                ! 使用 x 的第3列作为下一次运算的屏蔽
*VFUN,cmpr(1,3),COMP,y(1,2)
```

生成的结果如图 2-39 所示。（其中 x 和 y 向量中的元素值可参考 P46）

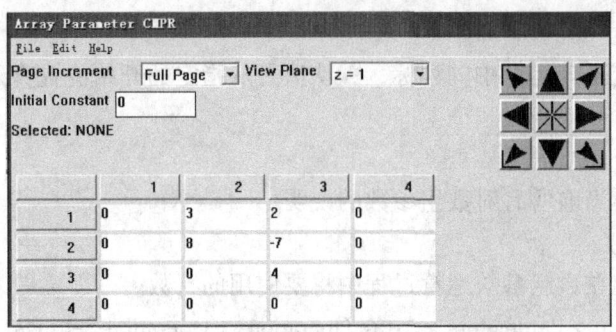

图 2-39　使用屏蔽功能的结果示例

（2）对数组中的参数进行圆整　根据 numdp 标量参数指定的小数位数，使用命令"* VFACT"对数组向量中的值进行圆整。其中假设数组 numdata 已存在于 ANSYS 系统内，并且已经用下列的值填充。

$$numdata = \begin{pmatrix} 2.526 \\ 2.524 \\ -6.526 \\ -6.524 \end{pmatrix}$$

其命令流如下：

```
numdp = 2
*VFACT,10 * * numdp
*VFUN,numdata(1),COPY,numdata(1)
*VFUN,numdata(1),NINT,numdata(1)
*VFACT,10 * * (-numdp)
*VFUN,numdata(1),COPY,numdata(1)
```

或者也可采用较简单的命令流,如下:

```
numdp = 2
*VFACT,10 * * numdp
*VFUN,numdata(1),COPY,numdata(1)
*VFACT,10 * * (-numdp)
*VFUN,numdata(1),NINT,numdata(1)
```

最后生成的结果如图 2-40 所示。

(3) 寻找小于 100 的素数 使用命令 "*VMASK" 和 "*VLEN" 寻找小于 100 的素数。先生成一个 maskvect 的数组,其中使用 1.0 来表示向量元素的值是一个素数,用 0.0 表示该元素的值不是一个素数。生成屏蔽向量的算法被用来初始化所有值大于 1 或 1.0 的行元素,然后在某个系数范围内进行循环,并消除掉所有系数的倍数。命令 "*VLEN" 对已完成 FACTOR 操作设置行的增量。当命令 "*VFILL" 正在进

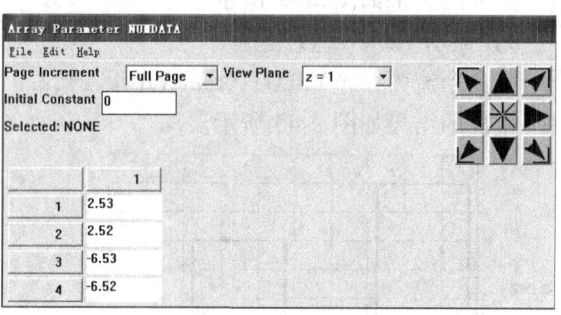

图 2-40 对向量进行圆整的结果

行时,行数按照这个值增加,即当开始行是:FACTOR×2 时,在每次循环后,将按下列方式进行:FACTOR×2、FACTOR×3、FACTOR×4、……。

其命令流如下:

```
*DIM,maskvect,,100
*VFILL,maskvect(2),RAMP,1
*DO,factor,2,10,1
*VLEN,,factor
*VFILL,maskvect(factor*2),RAMP,0
*ENDDO
*VMASK,maskvect(1)
*DIM,numbers,,100
*VFILL,numbers(1),RAMP,1,1
*STATUS,numbers(1),1,10
```

生成的前 10 个结果如图 2-41 所示。

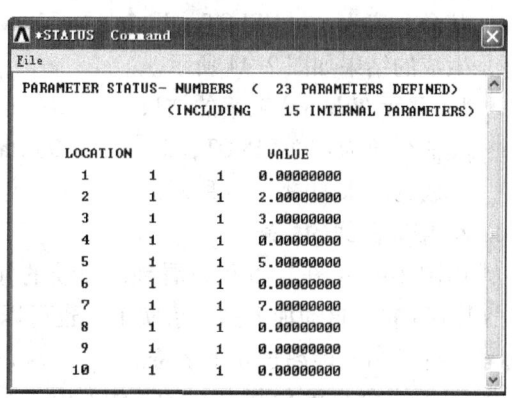

图 2-41 求素数的结果

2.3.5 数组参数的输出与修改曲线标题

1. 显示数组参数向量

使用命令"*VPLOT"能够显示数组向量的值。下面通过举例来说明命令"*VPLOT"的特性。已知两个表格型数组 Tableval、Table2 和一个数值型数组 Arrayval，其值分别为：

$$\text{Tableval} = \begin{matrix} 3 \\ 4 \\ 7 \\ 15 \end{matrix} \begin{pmatrix} 9 \\ 6 & 12 \\ 8 & 6 \\ 10 & 3 \end{pmatrix} \quad \text{Table2} = \begin{matrix} 40 \\ 19 \\ 88 \\ 99 \end{matrix} \begin{pmatrix} 70 \\ 80 \\ 95 \end{pmatrix} \quad \text{Arrayval} = \begin{pmatrix} 6 & 12 \\ 8 & 6 \\ 10 & 3 \end{pmatrix}$$

并将它们分别输入到 ANSYS 系统内。下面将使用命令"*VPLOT"来显示它们的结果。由于数值型数组 Arrayval 没有按顺序排列，显示的结果将会是一个柱状图，而表格型数组其值是按顺序排列的，因此显示的是一条曲线。显示的命令如下：

1) 显示 Arrayval 数组。

其命令流为：*VPLOT,,arrayval(1,1),2

生成的结果如图 2-42 所示。

2) 显示 Tableval 数组。

其命令流为：*VPLOT,,tableval(1,1),2

生成的结果如图 2-43 所示。

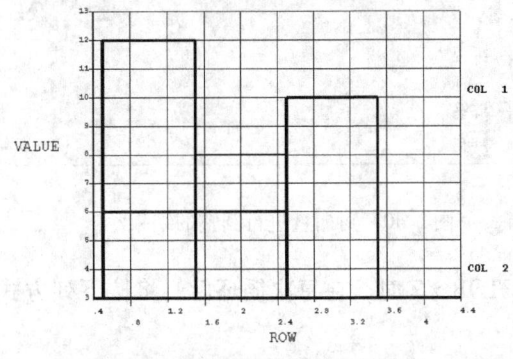
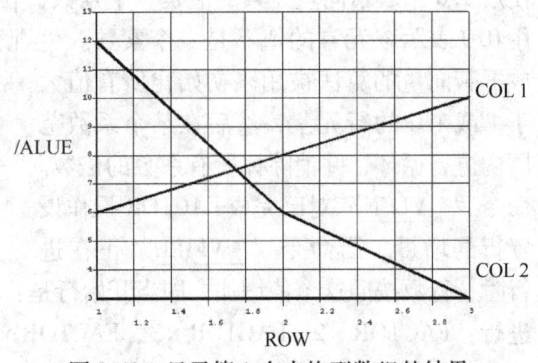

图 2-42 显示数值型数组的结果　　　　图 2-43 显示第 1 个表格型数组的结果

3) 显示两个表格型数组。

其命令流为：*VPLOT,table2(1),tableval(1,1),2

生成的结果如图 2-44 所示。

4) 显示 Tableval 数组的结果。

其命令流为：*VPLOT,tableval(1,0),tableval(1,1),2

生成的结果如图 2-45 所示。

2. 修改曲线的标题

由图 2-42～图 2-45 可以看到，曲线的标题都是 COL1 和 COL2，这是在默认的情况下，由 ANSYS 软件自动加上的。事实上，也可以使用命令"/GCOLUMN"施加用户自己定义的标题，标题名不能超过 8 个字符。

下面的命令流使用了"/GCOLUMN"命令来定义用户自己的标题名"string01"和"string02"，并施加在曲线上。命令流文件如下：

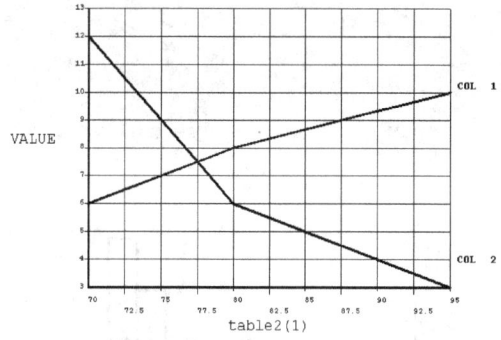

图 2-44 显示两个表格型数组的结果

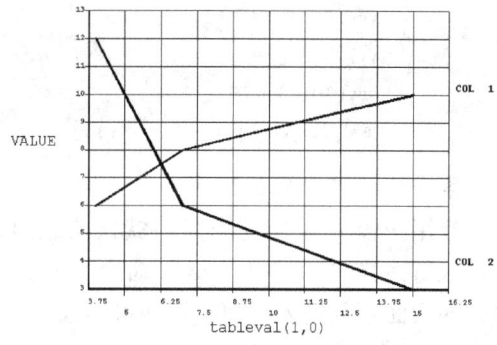

图 2-45 显示表格型数组的结果

```
/GCOL,1,string01
/GCOL,2,string02
*DIM,xxx,array,10
*DIM,yyy,array,10,2
xxx(1,1) = 1e6
xxx(2,1) = 1e6 + 1e5
xxx(3,1) = 1e6 + 2e5
xxx(4,1) = 1e6 + 3e5
xxx(5,1) = 1e6 + 4e5
xxx(6,1) = 1e6 + 5e5
xxx(7,1) = 1e6 + 6e5
xxx(8,1) = 1e6 + 7e5
xxx(9,1) = 1e6 + 8e5
xxx(10,1) = 1e6 + 9e5
yyy(1,1) = 1
yyy(2,1) = 4
yyy(3,1) = 9
yyy(4,1) = 16
yyy(5,1) = 25
yyy(6,1) = 36
yyy(7,1) = 49
yyy(8,1) = 64
yyy(9,1) = 81
yyy(10,1) = 100
yyy(1,2) = 1
yyy(2,2) = 2
yyy(3,2) = 3
yyy(4,2) = 4
yyy(5,2) = 5
yyy(6,2) = 6
yyy(7,2) = 7
```

```
    yyy(8,2) = 8
    yyy(9,2) = 9
    yyy(10,2) = 10
    *VPLO,xxx(1,1),yyy(1,1),2
```

生成的结果如图 2-46 所示。

当用户需要把标题恢复到默认状态时，只要再执行一次"/GCOLUMN"命令，并且在该命令的后面不要输入任何字符即可。如：

```
    /GCOL,1
    /GCOL,2
```

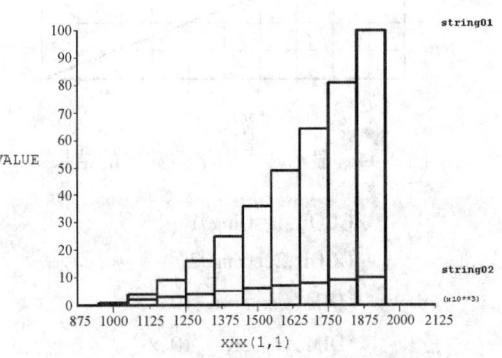

图 2-46 用户自定义标题示例

2.4 使用宏命令（Macro）

用户可以将一些经常使用的 ANSYS 命令记录在一个宏文件中，有时也称为命令流文件。生成一个宏可以更加有效地定制用户自己的 ANSYS 命令。如：在磁场分析中，计算由于漩涡电流而产生的功率消耗需要一系列的 ANSYS 的后处理命令，将这些命令记录在一个宏里，用户就会有一个新的、单一的命令，当需要计算时，只要执行这个命令即可。除了执行一系列的命令以外，宏也能够调用 GUI 函数或者将值赋给变量。

宏也能够嵌套，一个宏可以调用第 2 个宏，第 2 个宏可以调用第 3 个宏，如此下去，最多可以嵌套 20 层，包括由 ANSYS 命令"/INPUT"引起的任何文件转换。在每个嵌套的宏执行完后，ANSYS 系统将会返回到上一层的位置。

下面是一个非常简单的宏文件例子，其内容是：先生成一个 4×3×2 的块，然后再生成一个半径为 1 的球体，随后从块的一角减去球体。命令流文件为：

```
    /PREP7
    /VIEW,,-1,-2,-3
    BLOCK,,4,,3,,2
    SPHERE,1
    VSBV,1,2
    FINISH
```

如果这个宏名叫作"Mymacro.mac"，就可以使用下面的命令来执行这个宏文件。

```
    *USE,mymacro
```

或者

```
    mymacro
```

执行上述命令后，生成的结果如图 2-47 所示。

尽管这并不是一个实际的宏，但它说明了一个原理。下面

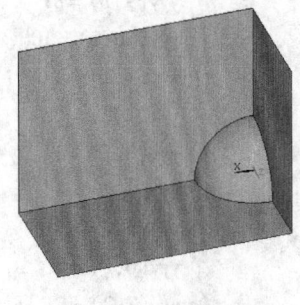

图 2-47 执行宏生成的结果

将介绍用各种不同的方法生成、贮存、执行宏，同时也会讨论在使用 APDL 作为一种语言生成宏时的基本知识。

2.4.1 创建宏

可以使用 ANSYS 本身或文本编辑软件如记事本等来创建一个宏。如果宏相对简单且很短，则用 ANSYS 软件本身来创建也是非常方便的。如果生成的宏较长、且很复杂，或者是要编辑已经存在的宏，那么最好是采用文本编辑软件。同时用文本编辑软件可以使用相类似的宏或 ANSYS 的 LOG 文件作为生成自己宏文件的参考。

对于一个复杂且长的宏来说，应该考虑是采用相类似的宏作为参考的蓝本，还是先用 ANSYS 的 GUI 模式交互式执行任务，然后再将其 LOG 文件作为生成宏文件的基础。上述两种方法都可以减少生成一个合适宏文件的时间和精力。

1. 宏文件的命名规则

宏文件就是一系列 ANSYS 命令贮存在一个文件里，因此宏的名称不应该与 ANSYS 系统内已存在的命令名相同，甚至不要与 ANSYS 命令的前 4 个字母相同。否则 ANSYS 会执行其内部命令而不是宏。下面是对宏命名的限制规则：

1）宏名不能超过 32 个字符。

2）宏名不能用数字开头。

3）文件的扩展名不能超过 8 个字符，如果用户要将宏作为一个 ANSYS 软件的命令来执行，则其扩展名必须是 ".mac"。

4）文件名和扩展名不能包含空格。

5）文件名和扩展名不能包含由系统所禁止的任何字符。

为了保证没有使用与 ANSYS 命令相同的文件名，因此在生成宏之前，事先在 ANSYS 软件里运行一下这个文件名，如果出现如图 2-48 所示的信息，表明这个名称不在当前处理器时使用。相类似地，应该用这个名称在

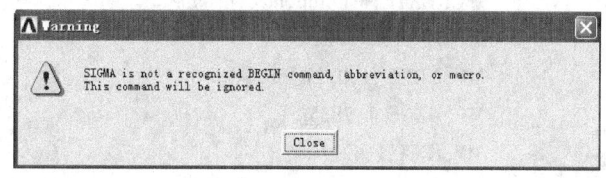

图 2-48 警告信息

所有的处理器中试一下，直到都没有相同的 ANSYS 命令时，才可以使用这个名称作为宏名。还有一种简便的方法是将该名称放在在线帮助文档中，进行搜索，可以查出是否与 ANSYS 命令名相同，但这种方法不能检查出没有文档帮助的 ANSYS 命令。

使用扩展名 ".mac" 可以使 ANSYS 在执行该宏时，将其当作一个内部命令一样使用。但最好避免使用这个扩展名，因为它被 ANSYS 的内部宏所使用。

2. 宏的搜索路径

在默认方式下，ANSYS 在下列路径下搜索用户定义的宏文件（其扩展名为 .mac）。

- ANSYS 软件系统的安装目录：/Ansys Inc/v110/ANSYS/apdl。
- 由 ANSYS_MACROLIB 环境变量所指定的路径或者主目录。
- 由 $HOME 环境变量所指定的目录。
- 当前的工作目录。

可以将自己个人使用的宏放在用户的主目录下。对于经常要使用的宏应该放在 /Ansys

Inc/v110/ANSYS/apdl 或者某些经常进入的目录下，这样任何人通过 ANSYS_MACROLIB 环境变量都能找到。

对于 WINDOWS 用户，当前目录常常就是一个由管理员设置的默认目录，对于这个位置，用户应该请教管理员，也可以使用环境变量生成一个局部的"主目录"。

3. 用 ANSYS 生成宏

在 ANSYS 系统内，可以有四种方法来定制一个宏。

1）执行"*CREATE"命令，这时参数值将不计算，参数名被写入文件里。

2）使用命令"*CFOPEN"、"*CFWRITE"和"*CFCLOS"，参数将重新求解，并得到它们的当前值，这些值将被写入到宏文件中。

3）执行"/TEE"命令，该命令在执行输入命令的同时，也把这些命令列出一个清单，并写入到一个文件中。随着命令在当前 ANSYS 的对话框中执行，参数名被重新求解并得到它们的当前值。然而在生成的文件中，参数值没有求解，仅写入了参数名。

4）GUI 模式：Utility Menu > Macro > Create Macro，这种方法将打开一个对话框，对生成宏来说，可作为一个简单的多行编辑器，参数值将不会被求解，参数名将被写入到文件中。

（1）用命令"*CREATE" 执行命令"*CREATE"后，将会使在命令输入行执行的 ANSYS 命令改向进入到由该命令指定的文件中，在执行命令"*END"之前，所有输入的命令都将会改向。如果已经存在的文件名与用户指定的文件名相同，ANSYS 会覆盖这个已存在的文件。

如果想要生成一个名叫"matprop.mac"的文件，这个文件能够自动定义材料的性能参数，为生成这个宏，在命令输入行中输入下列命令流即可。

```
*CREATE,matprop,mac,macros
MP,EX,1,2.07E11
MP,NUXY,1,0.27
MP,DENS,1,7835
MP,KXX,1,42
*END
```

命令"*CREATE"包含有文件名、扩展名和目录路径（在上述情况下，目录名被指定为"macros"）等变量。

当使用命令"*CREATE"时，在命令中使用的所有参数都将会写入到文件 matprop.mac 中，但并不会将值赋给参数。

但要注意，命令"*CREATE"不能在 DO 循环中使用。

（2）使用命令"*CFWRITE" 如果希望在生成一个宏的同时，参数能够被当前的值所取代，这时可以使用命令"*CFWRITE"。与命令"*CREATE"不相同的是，命令"*CFWRITE"并不能指定一个文件名，必须要先用命令"*CFOPEN"指定一个宏文件，然后只有那些在命令输入行输入的、且用"*CFWRITE"作为前缀的命令才能够写入到指定的文件里，而其他的输入命令将会被执行。与命令"*CREATE"相同，"*CFOPEN"命令也能够指定文件名、扩展名和工作目录。

下列的例子就是将一个"BLOCK"命令写入到当时打开的宏文件里。

```
*CFWRITE,BLOCK,,a,,b,,c
```

对于"BLOCK"命令来说，其参数被作为变量使用。这些参数的当前值也要被写入到文件中，因此，对于这个例子来说，将要写入到宏文件里的这一行也可以写成：

```
*CFWRITE,BLOCK,,4,,2.5,,2
```

要关闭这个打开的宏文件，可使用命令"*CFCLOS"。

（3）使用命令"/TEE" 执行"/TEE,NEW"或者"/TEE,APPEND"命令后，在命令输入行中的命令会改向并进入到由该命令指定的文件中，同时这些命令也会被执行。除非执行了"/TEE,END"命令，否则输入的命令都将会被改向，并执行。如果在执行命令"/TEE,NEW"后，已存在的文件名与指定的宏文件相同，ANSYS系统将会覆盖它，因此建议使用命令"/TEE,APPEND"。

另外，在命令"/TEE"中除了"*Label*"变量外，还可以指定文件名、扩展名和目录的路径。

随着命令在ANSYS对话框中执行，所有的参数名都会重新求解，并得到它们的当前值。然而在生成的文件中，参数名被写入，当前对参数指定的值并不会取代。如果感觉到当前的参数值非常重要，用户可用命令"PARSAV"将这些参数保存在一个文件里。

（4）使用操作路径　GUI：Utility Menu > Macro > Create Macro

这时系统会弹出一个如图2-49所示的对话框，在这个对话框上，用户可以输入命令并生成一个宏文件，但不能利用这个特性去打开或编辑已经存在的宏文件。如果用户在"*CREATE"域内输入一个与已存在的文件名相同的宏名，则已存在的文件会被覆盖。

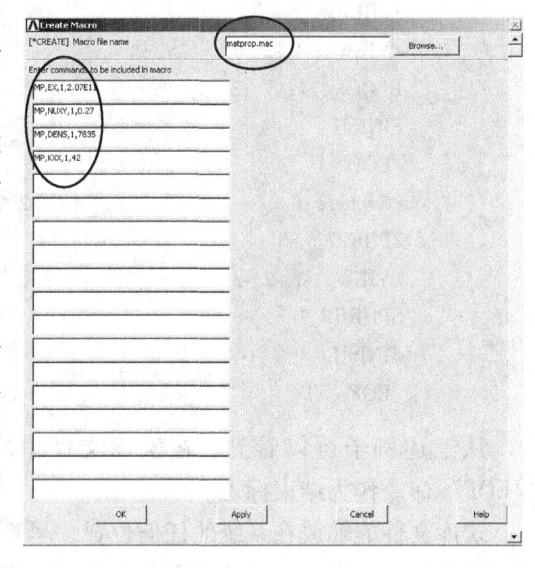

图2-49　使用对话框生成宏

与命令"*CREATE"相类似，参数并不求解，而是全部写入到宏文件中。但最后一行不要写上"*END"命令。

（5）用文本编辑器　可以使用用户最喜爱的文本编辑器来生成或编辑一个宏文件，任何ASCII文本编辑器均可。同时，ANSYS宏要求每行都有一个终止符（即回车符），以表示输入命令结束。因此在某个平台上生成的宏文件可以在任何平台上工作。

使用这种方法生成的宏文件，其内容不要包含"*CREATE"和"*END"命令。如图2-50所示是用记事本生成或编辑的一个宏文件。

（6）使用宏库文件　为了方便起见，ANSYS系统也允许将许多的宏放在同一个文件里，这个文件就称为宏库文件。可以采用文本编辑器或命令"*CREATE"来生成这个库文件，由于宏库文件的命令行数肯定要比单个宏的命令要多，也许使用文本编辑器是一种最好的方式。

宏库文件没有确定的文件扩展名，其文件名的命名规则与

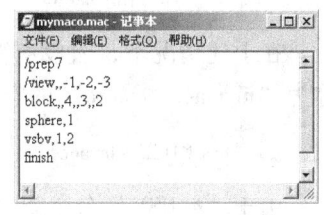

图2-50　用记事本生成宏

宏文件相类似，一个宏库文件有如下的结构：

MACRONAME1	！第1个宏名
……	！宏的内容
/EOF	！第1个宏的结束标志
MACRONAME2	！第2个宏名
……	！宏的内容
/EOF	！第2个宏的结束标志
MACRONAME3	！第3个宏名
……	！宏的内容
/EOF	！第3个宏的结束标志

如下的宏库文件里包含着两个简单的宏：

mybloc	！第1个宏　生成一个块
/PREP7	
/VIEW,,-1,-2,-3	
BLOCK,,4,,3,,2	
FINISH	
/EOF	
mysphere	！第2个宏　生成一个球体
/PREP7	
/VIEW,,-1,-2,-3	
SPHERE,1	
FINISH	
/EOF	

从上述例子可以看到，在宏库文件里，每个宏都让一个宏名作为起始位置，再用"/EOF"命令作为结束标志。

宏库文件能够放在系统的任何位置，尽管这样，最好还是放在宏搜索的路径里。与宏文件不同之处是，宏库文件的扩展名最多可以使用8个字符。

2.4.2 宏的执行

1. 执行宏文件

用户可以使用命令"*USE"来执行任何宏文件，如要执行一个放在宏搜索路径中叫"mymacro"的宏时，可以使用：

　　*USE,mymacro

在上述情况下，宏没有变量。如果要执行一个保存在"/myaccount/macros"中且其名称为"mymacro.macro"的宏时，执行语句为：

　　*USE,/myaccount/macros/mymacro.macro

由于"*USE"命令能够自动进入路径和与文件名伴随在一起的扩展名，因些没有必要指定分离的变量。

如果一个宏有一个".mac"的扩展名,并且保存在搜索路径里,这时就可以像执行 ANSYS 的内部命令一样,在命令输入行中执行这个宏。如要调用 mymacro.mac 这个宏时,只要在命令输入行里简单的输入"mymacro",并回车即可。

当然,也可以利用下拉菜单执行这个以".mac"作为扩展名的宏。其中
GUI:Utility Menu > Macro > Execute Macro

如果一个宏有许多的变量,那么可以在命令行中输入。如:

    mymacro,4,3,2,1.5

或者

    *USE,mymacro.mac,4,3,2,1.5

而用下拉菜单即操作路径"Utility Menu > Macro > Execute Macro"时,会弹出一个对话框,其变量可在对话框中输入。

2. 执行在宏库中的宏文件

执行一个包含在宏库中的宏文件,其过程是相似的。首先必须用命令"*ULIB"来指定一个库文件,如:指定宏是在"mymacros.mlib"库文件里,且保存在"/myaccount/macros"目录里,这时要执行下列操作:

    *ULIB,mymacros,mlib,/myaccount/macros/

在选择了一个宏库文件后,用户就可以使用命令"*USE"来执行包含在这个库文件中的任何宏。就像包含在单个文件里一样,在使用"*USE"时可以指定变量作为参数。

但要注意,在执行"*ULIB"命令后,不能使用"*USE"命令去执行没有包含在指定宏库文件中的宏名。

2.4.3 局部变量

APDL 提供了两组特定命名的标量参数,它们被利用来作为局部变量使用。即:
1)一组标量参数,为命令行中的变量传递给宏提供了一条通道。
2)一组能够在宏里面使用的标量参数,它提供了能够定义值的一组局部变量,并且只能在定义的那个宏里有效。

1. 将变量传递给宏

可以使用 19 个标量参数,能够将执行命令行中宏的变量传递给宏,这些标量参数能够在多个宏中重复使用,也就是说,它们的值对宏来说是局部的。这些参数名是:ARG1 ~ AR19,并且它们能够在下列范围内使用:

1)数值。
2)字符型字符串(用单引号括起来且不超过 8 个字符)。
3)数值或字符参数。
4)参数表达式。

但要注意:当使用"*USE"命令时,只能将 ARG1 ~ AR18 的参数值作为变量传递给宏。但如果生成的宏可以作为一个 ANSYS 命令使用,即它有一个扩展名".mac"时,这时可以将 ARG1 ~ AR19 的参数值传递给宏。

如下所示的宏需要 4 个变量：ARG1、ARG2、ARG3 和 ARG4。

```
/PREP7
/VIEW,,-1,-2,-3
BLOCK,,ARG1,,ARG2,,ARG3
SPHERE,ARG4
VSBV,1,2
FINISH
```

为了执行这个宏，用户应该输入：

```
mymacro,4,3,2.2,1
```

2. 宏里面的局部变量

每个宏最多可以使用 79 个标量参数作为局部变量(AR22~AR99)，这些参数对宏来说是完全局部的，多重宏也各有它们自己唯一的值赋给这些参数。这些参数并不传递给由宏调用的嵌套宏。它们被传递给由"/INPUT"命令输入的任何文件，或是在宏里面进行的"DO-loop"。

3. 宏外面的局部变量

ANSYS 也有一组相类似的 ARG1~AR99 的标量参数，它们对于输入文件来说是局部的。它们并不传递给由输入文件调用的任何宏。因此一旦宏执行完成，系统又返回到输入文件时，ARG1~ARG99 的值又恢复到当前在输入文件里所定义的值。

2.4.4 在元件和部件中使用宏

为了使大的实体模型便于管理，可以根据不同类型的实体，如节点、单元、关键点、线、面和体等，将一个模型分成离散的元件(components)，每个元件可以容纳一种类型的实体，这样做的目的是可以根据分离的实体来完成施加载荷或者生成图像等任务。

也可以生成部件(assemblies)，它们是成组的，是由两个或多个元件甚至是多个部件组成的。一个部件最多可以嵌套 5 层。

表 2-9 列出了建立元件和部件所要执行的命令。

表 2-9 建立元件和部件的命令

CM	组合几何项生成一个元件	CMGRP	组合元件和部件生成一个部件
CMDELE	删除一个元件或部件	CMLIST	列表出包含在一个元件或部件中的实体
CMEDIT	编辑已经存在的元件或部件	CMSEL	选择一系列的元件或部件

2.4.5 宏应用举例

1. 定义一个偏移所选择节点的宏

这个宏仅仅是为了说明，事实上使用命令"NGEN"会更加方便。宏名叫"Offset.mac"。其内容如下：

```
/Nop                        ! 抑制下列命令在 LOG 文件中的输出
*GET,nnode,NODE,,NUM,MAX    ! 得到节点总数
*DIM,x,,nnode               ! 为节点位置设置一个数组
```

```
*DIM,y,,nnode
*DIM,z,,nnode
*DIM,sel,,nnode                          ! 对选择的向量设置一个数组
*VGET,x(1),NODE,1,LOC,X                  ! 得到 X 的坐标值,并赋给 X
*VGET,y(1),NODE,1,LOC,Y
*VGET,z(1),NODE,1,LOC,Z
*VGET,sel(1),NODE,1,NSEL                 ! 得到所选择的集
*VOPER,x(1),x(1),ADD,ARG1                ! 偏离位置
*VOPER,y(1),y(1),ADD,ARG2
*VOPER,z(1),z(1),ADD,ARG3
*VMASK,sel(1)                            ! 对 100000 个节点需要花费 3s
N,(1:nnode),x(1:nnode),y(1:nnode),z(1:nnode)
x(1) =                                   ! 删除参数
y(1) =
z(1) =
sel(1) =
i =
nnode =
/GO                                      ! 恢复输出
```

2. 求两个双线性的材料的宏

这是一个在求解静态分析后能够运行的很有用的宏。材料 1 具有拉伸性能,材料 2 具有压缩性能,其中 ARG1 是迭代的次数(默认值是 2)。

```
/NOP
_niter = ARG1                            ! 指定迭代次数
*IF,_niter,LT,2,THEN
_niter = 2
*ENDIF
*DO,iter,1,_niter                        ! 在迭代次数上循环
/POST1
SET,1,1
ar11, = ELMIQR(0,14)                     ! 调用 elmiqr 函数取得单元的编号
*DIM,_s1,,ar11                           ! 为单元 s1 定义数组
*DIM,_s3,,ar11                           ! 为单元 s3 定义数组
ETABLE,sigmax,S,1                        ! 建立一个 S1 的单元表
ETABLE,sigmin,S,3                        ! 建立一个 S3 的单元表
*VGET,_s1(1),ELEM,1,ETAB,SIGMAX          ! 在 s1 取得单元的最大应力
*VGET,_s3(1),ELEM,1,ETAB,SIGMIN          ! 在 s3 取得最小应力
*DIM,_mask,,ar11                         ! 定义一个屏蔽向量
*VOPER,_mask(1),_s1(1),LT,0
```

```
    *VCUM,1                          ! 累加压缩单元
    *VABS,0,1                        ! 求 S3 的绝对值
    *VOPER,_mask(1),_s3(1),GT,_s1(1)
FINISH
/PREP7                               ! 进入到前处理
MAT,1                                ! 定义所有材料为拉伸性能
EMOD,ALL
    *VPUT,_mask(1),ELEM,1,ESEL       ! 选择压缩单元
MAT,2                                ! 将选择单元改为压缩
EMOD,ALL
CALL                                 ! 选择所有的单元
FINISH
_s1(1) =                             ! 清除所有的向量为零
_s3(1) =
_mask(1) =
/SOLVE                               ! 重新求解
SOLVE
FINISH
    *ENDDO                           ! 结束迭代
_niter =                             ! 清除迭代计数
_iter =
/GOP
```

2.5 循环与分支控制命令

当执行一个输入文件时,在正常的情况下,ANSYS 会严格地按照线性的程序流进行操作,也就是说,会按照文件中命令出现的顺序来执行每个语句。同时,APDL 提供了一系列丰富的命令,使用它们能够控制程序的流向。

- 调用子程序(或嵌套的宏)。
- 在宏里,无条件地进入某个指定的位置。
- 在宏里,有条件地进入某个指定的位置。
- 增加一个或多个命令参数,重复地执行单个命令。
- 在一个指定的次数里,循环地通过宏的某部分。

下面将对这些功能做详细的介绍,其中对于每个命令其语法规则可参考第 3 章。

2.5.1 调用子程序

APDL 允许嵌套宏的层数最多可以达到 20,也提供了一个类似于 FORTRAN77 的"CALL"语句或"CALL"函数。它能够最多将 19 个变量传递给宏,在每个宏执行结束后,执行又返回到调用宏的这一层。比如,下面简单的宏库文件有一个 mystart 的宏,它调用 mysphere 宏生成一个球体。

```
mystart
/PREP7
/VIEW,,-1,-2,-3
mysphere,1.2
FINISH
/EOF
mysphere
SPHERE,ARG1
/EOF
```

2.5.2 无条件分支(*GO)与重复执行(*REPEAT)

1. 无条件分支(*GO)

最简单的分支命令"*GO"能够引导程序流向某个指定的标号，而不会执行在它们之间的任何命令，程序将从这个标号开始往下执行。如：

```
*GO,:BRANCH1
……                    ！这部分内容被忽略不执行
:BRANCH1
……                    ！程序从这部分开始执行
```

其中由"*GO"命令指定的标号必须用冒号":"开头，并且字符个数包括冒号在内不能超过 8 个，这个标号能够放在相同文件里的任何地方。

但要注意："*GO"可以说有点过时了，建议尽量不要使用，在控制程序流向上，使用其他的分支命令也许会更好一些。

2. 重复执行命令(*REPEAT)

命令"*REPEAT"是一个最简单的具有循环功能的命令，它能够按照指定的次数反复地执行某个命令。在这个命令中的数值域会按照某个常数递增。如：

```
E,1,2
*REPEAT,5,0,1
```

其中"E"命令是在节点 1 和节点 2 之间生成一个单元，在接下来的"*REPEAT"命令中，指定了要执行包括第 1 次执行"E"命令在内总数为 5 次，第 2 个节点的增量为 1，即在另外的 4 次执行中每执行一次，第 2 个节点将增加 1。执行完后，5 个单元的节点分布分别为：1-2、1-3、1-4、1-5 和 1-6。

但要注意，大多数用斜杠"/"和星号"*"开头的命令都不能够重复执行，它们会作为一个"未知的命令"。然而，与图像有关，且用斜杠"/"开头的命令可以重复。对交互式命令要避免使用"*REPEAT"命令，因为这些命令需要拾取操作或要求用户进行响应。

2.5.3 DO 循环

1. 循环：DO-LOOPS

一个 DO 循环能够按照给定的次数重复执行连续的命令。命令"*DO"和"*ENDDO"

命令标志着循环起点的开始和结束。"*DO"的语法规则如下：

使用格式：*DO,Par,IVAL,FVAL,INC

其中：

Par：循环变量名称。任何存在的具有相同的参数名都会重新定义，不能使用字符参数。

IVAL,FVAL,INC：IVAL 是循环变量名的初值，FVAL 是循环变量名的终值，INC 是循环变量的增量，INC 的默认值是 1，也可以是负值或实数。

用户可以通过使用"*IF"、"*EXIT"和"*CYCLE"命令来添加循环控制。同时在构建一个 DO 循环时，要记住下列规则：

- 在 DO 循环内，不要出现在"*IF"和"*GO"命令中的标号":Label"。
- 在 DO 循环内，避免使用":Label"分支到不同的行。如果要这样，可以采用 IF-THEN-ELSE-ENDIF 结构来取代。
- 在 DO 循环内，来自命令的输出在第一次循环后，就自动被抑制了，如果需要看所有循环的输出，在 DO 循环内使用"/GOPR"或"/GO"命令。
- 如果在 DO 循环内使用了"/CLEAR"命令，这时要当心。"/CLEAR"命令并不会消除掉 DO 循环的栈，但它会消除掉包括在 DO 循环中的循环变量在内的所有参数，为了避免出现一个没有定义的循环变量，应该在命令"/CLEAR"之前执行命令"PARSAV"，在"/CLEAR"之后执行"PARRES"命令。
- ANSYS 允许 DO 循环嵌套，但最多不能超过 20 层。
- 在 DO 循环中的"*DO"、"*ENDDO"、"*CYCLE"和"*EXIT"必须要从同一个文件或同一个终端上读入。即"*DO"命令必须与命令"*ENDDO"匹配。
- 在 DO 循环中不要使用"拾取"操作。

下面是一个 DO 循环的例子，其作用是要编辑 5 个载荷步，并在每个文件中产生同样的变化。

```
*DO,i,1,5              ! 从1至5循环
LSREAD,i               ! 读载荷步文件
OUTPR,ALL,NONE         ! 改变输出控制
ERESX,NO
LSWRITE,i              ! 重新写入载荷步
*ENDDO
```

对 2.3.5 中 "2. 修改曲线的标题" 的实例，若采用 "DO-LOOPS" 循环，则其命令流可修改如下：

```
/GCOL,1,string01
/GCOL,2,string02
*DIM,xxx,array,10
*DIM,yyy,array,10,2
*DO,I,1,10
  xxx(I,1) = 1e6 + (I-1) * 1E5
  yyy(I,1) = I * I
  yyy(I,2) = I
```

```
*ENDDO
*VPLO,xxx(1,1),yyy(1,1),2
```

使用 DO 循环后，命令流文件的长度大大地缩短了，其生成的结果可参考图 2-46。

2. DO-WHILE 循环

当循环次数不确定，只有在满足某个条件循环才能终止时，这样的循环可以采用"DO-While"。它有下面的语法规则：

*DOWHILE,*Parm*

只要参数"*Parm*"的值成立，这个循环就一直继续着，如果参数"*Parm*"的值不成立（小于或等于0.0），循环就会终止。"*CYCLE"命令可以在"*DOWHILE"循环中使用。

3. 隐含的"："循环

"："循环也许比上述提到的循环的速度要更快，其格式为：

(X:Y:Z)

其中 Z 的默认值是 1。

如命令：n,(1:6),(2:12:2)

相当于执行了6条命令即：n,1,2   n,2,4   n,3,6 … n,6,12

即在图形窗口生成了6个节点。

但在使用中要注意数值之间的匹配，如命令 n,(1:7),(2:12:2)，其结果是只执行了6次，同时如果数值之间没有"："，则将看成是一个常数；如果命令中需要整数，而用户指定的数值为小数，则会自动取整。该命令格式也可用在对话框的数值输入框里，且可以与"*GET"函数一起使用，如：a(1:5) = nx(1:5)。

2.5.4 有条件分支(*IF)

APDL 允许根据条件的结果有选择性地执行文件中的某部分命令。这个条件的值通过比较两个数值或已赋值参数的大小来得到。

"*IF"命令的语法规则有：

使用格式：*IF,*VAL1*,*Oper*,*VAL2*,*Base*

其中：

VAL1：在比较过程中的第1个数值或数值型参数。

Oper：比较运算，APDL 提供了8个比较运算符，其中前面的6个与 FORTRAN77 中的比较运算符的作用相类似，它们分别是："EQ（等于）"、"NE（不等于）"、"LT（小于）"、"GT（大于）"、"LE（小于或等于）"、"GE（大于或等于）"、"ABLT（绝对值小于）"和"AB-GT（绝对值大于）"。

VAL2：在比较过程中的第2个数值或数值型参数。

Base：当比较的结果成立（即为真）时，将要发生的动作。

如果将"THEN"赋给"*Base*"，那么"*IF"命令将会成为一个"IF-THEN-ELSE"结构，如下所示：

```
*IF 条件 THEN
……                    ！执行语句
```

```
    ELSEIF 条件                    ! 可以是一个或多个"* ELSEIF"
    ……
       * ELSEIF 条件
          ……
       * ELSE
          ……
    ENDIF                          ! 标志"* IF"命令已经结束
```

它的最简单形式是,"* IF"计算比较条件的值,如果成立(即为真),则流向由"*Base*"确定的标号,它类似于 FORTRAN 中的"计算-GOTO"。要考虑到在 IF-THEN-ELSE 或 DO-LOOP 循环中不要对某个标号出现分支。如果一个批处理输入流在一个错误的"* IF"条件后遇到了文件的结束标志,那么 ANSYS 的运行不会正常终止,必须要用外部干涉才能停止,比如采用 WINDOWS 中的任务管理器等。

如果将"STOP"赋给"*Base*"变量,那么程序可以根据某个特定的条件退出 ANSYS 系统。

一个 IF-THEN-ELSE 结构在简单地求出给定条件的值后,会根据求出的值来判断是执行其接下来的命令块,或者跳出到与"* ENDIF"命令相连接的下一部分语句中。如:

```
    * IF,a,EQ,1,THEN
       ……           ! a=1 成立时要执行的部分
    * ENDIF
       ……           ! a=1 不成立时要执行的部分
```

下面显示了一个更加复杂的例子,但不管怎样只有一个块能够被执行,如果比较的结果不成立,将执行"* ELSE"命令后面的块。

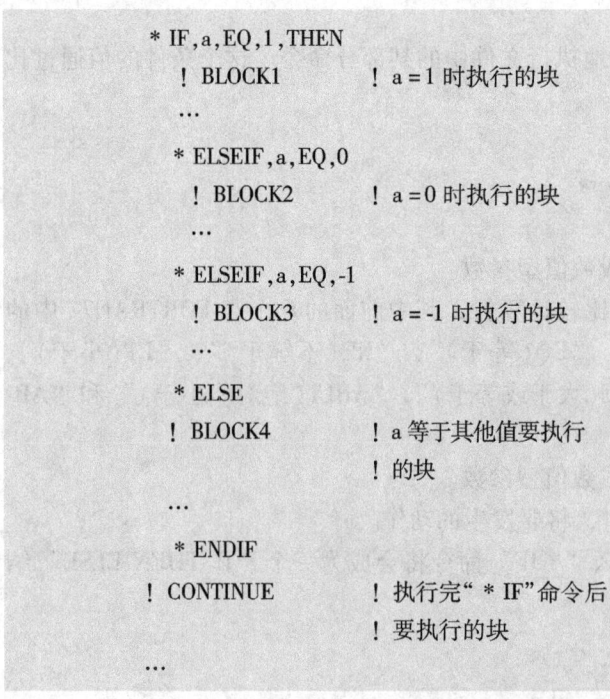
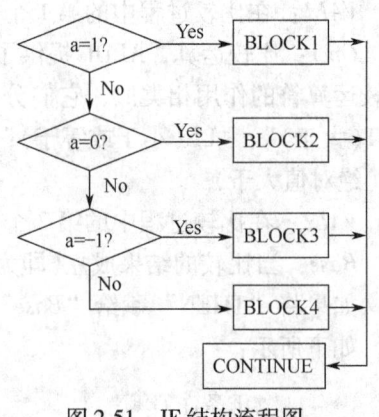

图 2-51 IF 结构流程图

其程序的流程图如图 2-51 所示。

但要注意：在 IF-THEN-ELSE 结构中，也可以执行"/CLEAR"命令，这个命令不会删除掉"*IF"栈，"*IF"的层数也会保留，它仅删除掉包括在任何分支中使用的所有参数。如果在使用命令"/CLEAR"之前，先使用命令"PARSAV"，再在使用命令"/CLEAR"后，接着使用"PARRES"命令，就可以避免由于删除参数所引起的任何问题。

2.5.5 命令的返回值"_RETURN"和状态值"_STATUS"

ANSYS 程序会生成两个参数，即"_STATUS"和"_RETURN"，该参数也可以在用户自己定义的宏中使用。如可以在 IF-THEN-ELSE 结构中使用"_STATUS"和"_RETURN"值，根据执行 ANSYS 命令或函数的输出结果来确定宏所要采取某个操作。

实体建模的函数会生成"_RETURN"参数，该参数的值返回执行函数后的结果。表 2-10 列出了不同实体模型函数的"_RETURN"值。

表 2-10 实体模型函数的 _RETURN 值

命　　令	功　　能	_RETURN 值
关键点（Keypoints）		
K	生成一个关键点	点的编号
KL	在线上生成一个关键点	点的编号
KNODE	在节点上生成一个关键点	点的编号
KBETW	在两关键点之间生成一个关键点	点的编号
KCENTER	在中心生成一个关键点	点的编号
线（LINES）		
BSPLIN	生成样条线	线的编号
CIRCLE	生成圆弧线	第 1 条线编号
L	在两关键点之间生成一条线	线的编号
L2ANG	在两条线之间按角度生成线	线的编号
LANG	生成与两条线相切的线	线的编号
LARC	生成一段圆弧	线的编号
LAREA	两个关键点之间连线	线的编号
LCOMB	组合两条线生成一条线	线的编号
LDIV	将一条线分成两条或多条线	第 1 个关键号
LDRAG	由关键点扫掠生成一条线	第 1 条线编号
LFILLT	在两条线之间进行倒角	过渡线编号
LROTAT	由点旋转生成圆弧	第 1 条线编号
LSTR	生成直线	线的编号
LTAN	由一个端点与另条线相切生成一条线	线的编号
SPLIN	分段样条线	第 1 条线编号
面积（AREAS）		
A	由关键点连接生成面	面号
ACCAT	两个或更多个面的连接	面号
ADRAG	线沿路径拖拉生成面	第 1 个面号
AFILLT	两个相交面之间生成一个过渡面	过渡面号
AL	由线围成的面	面号
ALPFILL	所有的面循环	面号
AOFFST	从一个给定的面通过偏离生成的面	面号
AROTAT	线绕轴线旋转生成的面	第 1 个面号
ASKIN	通过指引线生成的蒙皮面	第 1 个面号
ASUB	使用存在面的形状生成的面	面号

(续)

命　　令	功　　能	_RETURN 值
体积（VOLUMES）		
V	由关键点生成的体	体号
VA	由面围成的体	体号
VDRAG	拖拉面生成的体	第 1 个体号
VEXT	通过面的延伸生成的体	第 1 个体号
VOFFST	从给定面偏移生成的体	体号
VROTAT	由旋转面生成的体	第 1 个体号

无论是在宏里还是在任何其他地方，执行一个 ANSYS 命令都将生成一个参数"_STATUS"，这个参数反映了该命令的执行状态。即：

- 0——没有错误。
- 1——有一个提示。
- 2——有一个警告。
- 3——有一个错误。

2.6　APDL 的二次开发功能

在一个 ANSYS 宏里，有下列方法可以接触 ANSYS 图形操作界面的组成部分。
1) 可以修改或更新 ANSYS 的工具条，可参考本章的第 1 部分，即"2.1　工具条"。
2) 执行"*ASK"命令，提示用户输入一个参数值。
3) 生成一个对话框，提示用户输入多个参数值。
4) 执行"*MSG"命令，让宏生成一个输出信息。
5) 让宏更新或重新删除一个状态条。
6) 在宏里，通过图形拾取让用户选择实体。
7) 能够调用任何对话框。

2.6.1　使用"*ASK"命令

在宏里包括一个"*ASK"命令，这样可以让宏来提示用户输入一个参数值。"*ASK"命令的格式为：

*ASK, *Par*, *Query*, *DVAL*

其中：

Par：是一个字符型标量参数名，用来贮存用户的输入。

Query：是一个 ANSYS 显示用来提示用户输入的文本字符串，这个字符串能够容纳 54 个字符。不要使用具有特定意义如"$"和"!"的字符。

DVAL：是在用户执行了一个空响应时给定赋给指定参数的默认值。这个值可以是 1 到 8 个用单引号括起来的字符串或者是一个数字。如果没有指定默认值，一个空格响应会删除这个参数。

"*ASK"命令将"*Query*"的内容显示在屏幕上，等待用户的响应。除非 ANSYS 处于批处理模式下，否则它会读入从键盘上来的响应。当在批处理模式时，响应必须是接下来读入的输入行或多行。响应可以是一个数字、一个用单引号括起来的 1 至 8 个字符、一个数值或字符参数、或者是一个求数字的表达式。ANSYS 然后指定读入的值给"*Par*"。下面的例子显示了一个对话框，然后将用户输入的值指定给参数名"PAPM1"。

    *ASK,parm1,'username(enclose the username in single quotes)'

执行的结果如图 2-52 所示。

"*ASK"命令将不会被写入到"File. LOG"文件里，但其响应将会按照下列方式写入：如果"*ASK"命令被包含在宏里，其响应将被写入到"File. LOG"文件且为宏名的下一行里。如果没有被包含在宏里，其响应将会作为一个参数变量（如 *Par* ="user-response"）写入到"File. LOG"文件里。

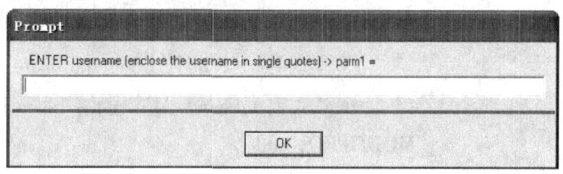

图 2-52 "*ASK"命令的对话框

如果该命令出现在一个交互式地执行的 DO 循环里，这时，"*ASK"应该放在一个宏里。如果没有放在一个宏里，"*ASK"命令也会提示用户要这样去做。但因此生成的 LOG 文件并不会再出现起初运行的结果。

2.6.2 使用对话框

命令"MULTIPRO"可生成一个简单且有多行提示的对话框，在该对话框中最多可以容纳 10 个参数的提示。该命令允许用户使用一组 UIDL（用户界面设计语言）"*CSET"命令来生成提示，并且可以给每个提示指定一个默认值。但要注意，在宏中使用的"MULTI-PRO"命令不能从 UIDL 中调用，命令"MULTIPRO"也不能在 DO 循环中使用。

命令"MULTIPRO"必须要与下列条件相匹配：

1）必须要在 1 个与 10 个"*CSET"命令提示之间。

2）最多可以使用两个特定的"*CSET"命令，它能够为用户提供两行的区域作为指南使用。

该命令有下列的使用格式：

    MULTIPRO,'start',*Prompt_Num*
     *CSET,*Strt_Loc*,*End_Loc*,*Param_Name*,'*Prompt_String*',*Def_Value*
    MULTIPRO,'end'

其中：

'start'：一个字符串，标志着"MULTIPRO"命令的开始，必须用单引号括起来。

Prompt_Num：仅在"*CSET"命令的最后一个"*Def_Value*"被省略，或 *Def_Value* =0 时，才需要。*Prompt_Num* 是一个整数，它等于在接下来的"*CSET"命令中提示的个数。

Strt_Loc, *End_Loc*：对第 1 个"*CSET"命令，初值 *Strt_Loc* =1, *End_Loc* 的值是 *Strt_Loc* +2，在后面接下来的 *Strt_Loc* 是前面的 *End_Loc* +1。

Param_Name：参数名，它的值将会由用户指定，如果没有指定，则为 *Def_Value*。

'*Prompt_String*'：一个字符串，最多可以容纳 32 个字符，用来描述参数的意义。字符串必须要用单引号括起来。

Def_Value：如果用户没有指定值时，被用来作为默认值，该默认值也可以是一个包含数值型参数的数值表达式。

'end'：一个字符串，作为第1个"MULTIPRO"命令的结束标志。

下面将是该命令应用的1个实例。

```
MULTIPRO,'start',3
    *CSET,1,3,beamW,'Enter the overall beam width',12.5
    *CSET,4,6,beamH,'Enter the beam height',23.345
    *CSET,7,9,beamL,'Enter the beam length',50.0
MULTIPRO,'end'
```

生成的结果如图2-53所示。

最多有两个可选的"*CSET"命令可以加到这个结构上，每个能够提供64个字符的字符串，可以使用它们为用户提供指导。这个特定的"*CSET"命令的使用规则为：

  *CSET,61,62,'Help_String','Help_String'
  *CSET,63,64,'Help_String','Help_String'

其中：

'Help_String'：一个最多能够容纳32个字符的字符串，如果需要超过32个字符，这时可以使用第2个"Help_String"变量。

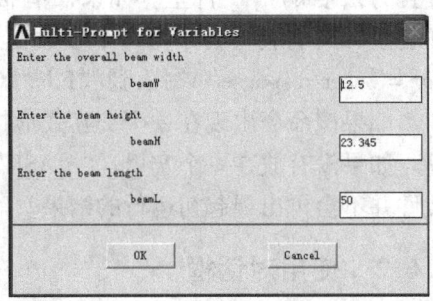

图2-53　生成对话框示例

下面是命令"MULTIPRO"使用了可选帮助行的一个实例。由于超过了32个字符的限制，使用了两个"Help_String"变量。

```
MULTIPRO,'start',3
    *CSET,1,3,dx,'Enter DX Value',0.0
    *CSET,4,6,dy,'Enter DY Value',0.0
    *CSET,7,9,dz,'Enter DZ Value',0.0
    *CSET,61,62,'The MYOFSET macro offsets the',' selected nodes along each'
    *CSET,63,64,'of the three axes. Fill in the',' fields accordingly. '
MULTIPRO,'end'
```

生成的结果如图2-54所示。

通过测试"_BUTTON"参数的值，可检查生成对话框中按钮的状态。下面列出按钮的状态值：

- _BUTTON = 0，指出"OK"按钮被按下。
- _BUTTON = 1，指出"Cancel"按钮被按下。

但目前对Help按钮没有相对应的值。

2.6.3　使用宏显示用户信息

通过在宏里执行"*MSG"命令，调

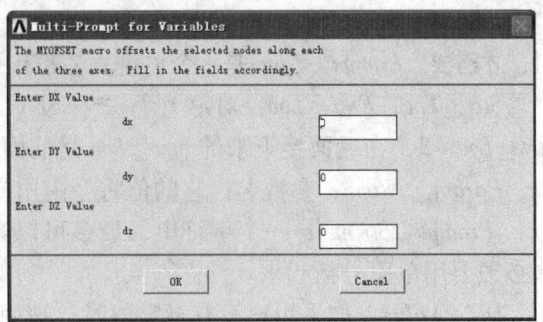

图2-54　生成多行提示的对话框

用 ANSYS 的信息子程序可以显示定制的输出信息。该命令的使用格式为：
 * MSG,*Lab*,*VAL1*,*VAL2*,*VAL3*,*VAL4*,*VAL5*,*VAL6*,*VAL7*,*VAL8*

其中：

Lab：是下列输出和终止控制的标题之一。

- INFO：输出没有标题的信息(默认方式)。
- NOTE：输出有一个"NOTE(提示)"标题的信息。
- WARN：输出一个有"WARNING(警告)"标题的信息，并把它写入到错误文件"*Jobname.ERR*"里。
- ERROR：输出一个有"ERROR(出错)"标题的信息，并把它写入到错误文件"*Jobname.ERR*"里。如果是在 ANSYS 的批处理运行中，这个标题也会在最早的"clean exit"点终止程序的运行。
- FATAL：输出一个有"FATAL ERROR(致命错误)"标题的信息，并把它写入到错误文件"*Jobname.ERR*"里，它也会马上终止程序的运行。
- UI：输出一个有"NOTE(提示)"标题的信息，并显示在一个对话框里。

VAL1 ~ *VAL8*：是一些数值或字符型常值，将包括在输出的信息里。这些值也可以是求出参数的结果，所有的数值被假定是双精度的。

在"* MSG"命令后必须指定信息的格式，信息的格式可以容纳 80 个字符，由文本字符串和在字符之间预定义的"数据描述符"组成，其中也可以插入数值和字符型数据。这些数据描述符有：

- %i：适用于整型数据，用 FORTRAN 求最近整数函数(NINT)来形成对%i 指定的整数。
- %g：适用于双精度数据。
- %c：适用于字符型字符数据。
- %/：适用于一行的终止。

与 FORTRAN 数据描述符相关的首先 3 个描述符分别是 I9、1PG16.9 和 A8。在每个描述符之前必须要有一个空格。按照指定值的顺序，对每个指定值(不超过 8 个字符)必须要提供一个数据描述符。

不要将"* MSG"格式行与命令"* IF"、"* ENDIF"、"* ELSE"和"* ELSEIF"一起使用。如果信息格式的最后一个字符是"&"时，ANSYS 程序将会读入下一行，并将其作为格式的继续。包括第 1 行在内用户最多可以使用 10 行来指定信息格式。

连续性的空格将会被压缩成 1 个空格来输出，并用后面的字符来补充。生成的输出可能达到 10 行，每行有 72 个字符(要使用"%/"描述符)。

表 2-11 列出了数据描述符的使用格式。

表 2-11 数据描述符的使用格式

格 式	说 明	格 式	说 明
%w.pE	w 是域宽	%-wC;	字符串左对齐
%w.pG	p 是精度	%wX	w 是空格字符的个数
%w.pF		%wI	整型格式
%%	生成一个百分号"%"	%0wI	用 0 来填补，而不是用空格
%wC;%wS	字符串	%0w.pI	w 是域宽，p 是要填充的字符个数

下面的实例显示了命令"*MSG"的使用过程，其作用是要输出2个整数值和1个实数值的信息。其命令流如下：

  *MSG,INFO,25,1.2,148
  Radius = %I,Thick = %G,Length = %I

生成的结果将显示在 ANSYS Output Window 上，且为：

  Radius = 25,Thick = 1.2,Length = 148

若改成如下的命令流：

  *MSG,UI,25,1.2,148
  Radius = %I,Thick = %G,Length = %I

则生成的结果如图 2-55 所示。

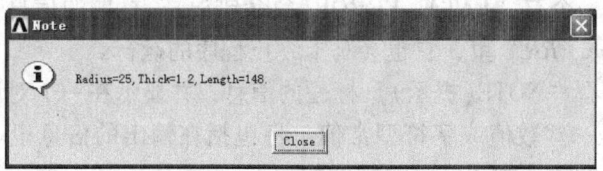

图 2-55 生成单行的信息框

下面是在 GUI 信息窗口上一个多行显示输出的实例。其命令流如下：

  *MSG,UI,Vcoilrms,THTAv,Icoilrms,THTAi,Papprnt,Pelec,PF,indctnc
  Coil RMS voltage,RMS current,apparent pwr,actual pwr,pwr factor:%/&
  Vcoil = %GV(electrical angle = %G DEG)%/&
  Icoil = %GA(electrical angle = %G DEG)%/&
  APPARENT POWER = %GW%/&
  ACTUAL POWER = %GW%/&
  Power factor:%G%/&
  Inductance = %G%/&
  VALUES ARE FOR ENTIRE COIL(NOT JUST THE MODELED SECTOR)

生成的结果如图 2-56 所示。

同时要注意，在 GUI 模式时，命令"/UIS,MSGPOP"将会控制着信息对话框上显示的信息。

2.6.4 生成状态条

在宏里，通过插入命令来定义

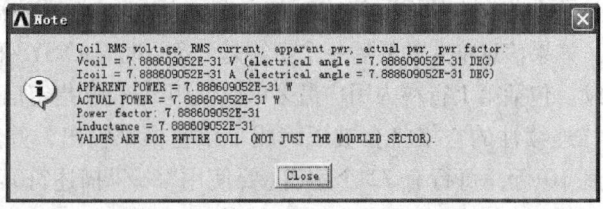

图 2-56 生成多行信息的提示框

一个 ANSYS 的对话框，它包含着一个操作进度的状态条。当按下"STOP"按钮就会停止该命令的运行。

为了定义一个状态对话框，可以执行下列命令：

  *ABSET,*Title40*,*Item*

其中：

Title40：是一个出现在对话框上的文本字符，它最大可以达到 40 个字符。

Item：可以是下列值中的一个。

- BAR：显示没有"STOP"按钮的状态条。
- KILL：只显示"STOP"键，不显示状态条。
- BOTH：显示一个带有"STOP"键的状态条。

为了更新状态条，执行命令：

   *ABCHECK, *Percent*, *NewTitle*.

其中：

Percent：是一个 0～100 的整数，它给出了状态条的位置。

NewTitle：是一个包含进度信息的个数为 40 的字符串，如果用户为"*NewTitle*"指定了字符，它将取代由"*Title40*"提供的字符串。

如果在宏里指定了 KILL 或 BOTH，那么每执行一次"*ABCHECK"命令，就要检查一下"_RETURN"参数的返回值，看是否用户按下了"STOP"键，然后才能采取适当的动作。

通过在 GUI 模式下执行命令"*ABFINI"，可以将状态条移去。

下面的宏说明了状态条的使用。生成对话框的状态用图形方式显示。如果用户按下"STOP"键，宏会检查到"_RETURN"参数的值，并显示出"We are stopped……"的信息。

```
FINI
/CLEAR,NOST
/PREP7
N,1,1
N,1000,1000
FILL
*ABSET,'This is a Status Bar',BOTH
myparam=0
*DO,i,1,20
  j=5*i
  *ABCHECK,j
  *IF,_return,GT,0,THEN
    myparam=1
  *ENDIF
  *IF,myparam,GT,0,EXIT
  /ANG,,j
  NPLOT,1
  *IF,_RETURN,GT,0,THEN
    myparam=1
  *ENDIF
  *IF,myparam,GT,0,EXIT
  NLIST,ALL
```

```
     * IF,_RETURN,GT,0,THEN
        myparam = 1
     * ENDIF
     * IF,myparam,GT,0,EXIT
  * ENDDO
  * IF,myparam,GT,0,THEN
     * MSG,UI
We are stopped......
     * ENDIF
     * ABFINISH
FINI
```

生成的结果如图 2-57 所示。

当按下状态条如图 2-57 中的"STOP"键后,运行终止,并弹出一个如图 2-58 所示的信息提示框。

图 2-57 生成的状态条示例

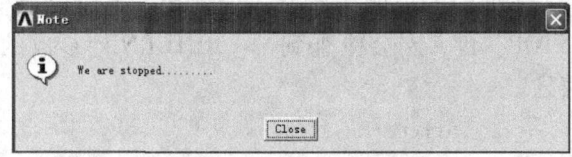

图 2-58 结束的信息提示框

但要注意,在一个循环中调用命令" * ABCHECK"的次数最多不要超过 20 次。

2.6.5 宏里拾取操作及调用对话框

1. 宏里的拾取操作

如果正在交互式地使用 ANSYS,就可以使用来自于宏里定义的 GUI 拾取操作。为了实现这个目的,只要简单地将拾取命令包括在宏里即可。许多 ANSYS 命令比如"K,,P"接受输入的"P"来激活图形拾取。当 ANSYS 遇到了这个命令时,会显示一个适当的对话框,在用户单击对话框上的"OK"或"Cancel"键后,会继续执行宏的其他命令。

但要记住,拾取命令并不是在所有的 ANSYS 处理器里能够使用,并且在调用这个命令前,首先要转换到拾取命令所在的处理器。

2. 从宏中调用对话框

当 ANSYS 遇到一个 UIDL 函数名,如 Fnc_UIMP_Iso 的对话框时,它会显示一个适当的对话框,因此用户就能够在宏文件里通过利用它的函数名来激活任何 ANSYS 对话框。当离开那个对话框后,程序将会在调用函数的下一行继续运行宏里的其他语句。

但要记住,许多对话框都有一个独立的数字,并包括在一个合适的激活 ANSYS 处理器里,同时需要某些预先存在的条件得到满足。比如:激活一个选择节点的对话框,就必须假设节点已经存在,如果没有节点存在,当用户单击"OK"或"Apply"键时,这个宏将会失败。

如果宏里包括有 GUI 函数，命令"/PMACRO"必须作为宏的第 1 个命令。这个命令会将宏里内容写到会话 LOG 文件（session LOG file）里。这是很重要的，因为如果省略了"/PMACRO"，在重新生成 ANSYS 会话框时，不能读入会话 LOG 文件。

2.6.6 加密宏的生成

ANSYS 提供了一种给宏加密的能力，这样宏的源程序就不会被看到。加密的宏需要一个加密码才能运行。用户可以将加密码显式地放在宏里（即用文本文件编辑时能够看到），也可以在 ANSYS 里定义，并作为一个全局的加密码。

1. 准备需要加密的宏

在给一个宏加密之前，用户应该首先像平常一样生成和调试一个宏文件，并确定源程序文件的正确性，且要保存 1 次，因为 ANSYS 系统不允许用户从一个加密宏里重新生成宏源程序文件。然后在宏的第 1 行和最后 1 行里加上命令"/ENCRYPT"，对于第 1 行的"/ENCRYPT"命令，有下列语法规则：

/ENCRYPT,*Encryption_key*,*File_name*,*File_ext*,*Directory_Path*/

其中：

Encryption_key：是一个 8 个字符的密码。

File_name：是加密宏文件的文件名称。

File_ext：对加密宏文件来说是一个可选的文件扩展名。如果要求用户像使用"未知"命令一样执行宏，则应该使用".mac"扩展名。

Directory_Path/：是一个可选的路径名，最多可达到 60 个字符，如果不想将加密宏文件保存到工作目录里，就需要指定这个变量。

下面实例显示了命令"/ENCRYPT"的使用。请注意在第 1 行和最后 1 行的设置方式。其命令流文件如下：

```
/ENCRYPT,mypasswd,myenfile,mac,
/NOPR
/PREP7
/VIEW,,-1,-2,-3
BLOCK,,ARG1,,ARG2,,ARG3
SPHERE,ARG4
VSBV,1,2
/GOPR
FINISH
/ENCRYPT
```

文件第 1 行的"/ENCRYPT"命令指导 ANSYS 给文件加密，并使用"mypasswd"作为密码，生成的宏文件称为"myenfile.mac"，并保存在当前工作目录下。在文件最下端的"/ENCRYPT"命令指导 ANSYS 停止加密的过程，并写加密的宏到特定的文件里。

在加密宏中的第 2 行使用了"/NOPR"命令，其作用是要关闭 ANSYS 命令在会话 LOG 文件中的响应。这也是很重要的，因为这样可以使保护宏的内容不会在会话 LOG 文件中出现。在结束"/ENCRYPT"命令之前最后再执行一次"/NOPR"命令又可以激活会话 LOG

文件的响应。

2. 生成一个加密宏

在宏的第 1 行和最后 1 行设置一个"/ENCRYPT"命令后,就可以生成一个加密版的宏。只要通过 ANSYS 简单地执行这个宏,并由宏中第 1 行的"/ENCRYPT"命令,就可以在指定的位置,生成一个具有名称的加密宏,在查看上面已生成的加密宏时,将会看到类似下面实例的字符。

```
/DECRYPT,mypasswd
012EnH *
02&oJ{S[
03NN!H|?YGRR9JC9Fx~
04:$ Rg^E[> e9JB9Fw~
05 + SlXk`> e8LJ
06YwUoGRV4^H
07SZhkd
08Ybi[ xP
/DECRYPT
```

注意到,在宏里单个的命令现在已经被加密了,加密的程序部分由命令"/DECRYPT"括起来了,加密的密码就是命令"/DECRYPT"的第 1 个变量值。

3. 加密宏的运行

将加密宏放在宏的搜索路径内,就像运行任何其他的宏一样,可以运行一个加密宏。如果喜欢将加密码不放在加密宏里,在 ANSYS 里可以定义一个密码作为"全局加密码"。这时只要用参数 password 取代在命令"/DECRYPT"中加密码的值即可。这样加密宏的第 1 行就变成了:

```
/DECRYPT,password
```

在 ANSYS 里执行宏之前,通过 ANSYS 的命令输入行先执行如下的命令:

```
/DECRYPT,password,Encryption_Key
```

其中,*Encryption_Key* 是用来给文件加密的加密码。执行上述命令后,就能够执行加密的密码。为了删除当前的全局加密码,只要执行下列 ANSYS 命令即可:

```
/DECRYPT,password,OFF
```

2.7 ANSYS 的自编程特性

ANSYS 软件的开放特性允许用户能够将自己开发的 FORTRAN 程序或子程序连接到 ANSYS 系统内。事实上,某些标准的 ANSYS 特性就是从自编程特性(User-Programmed Features——UPF)开始的。

当用户在行使已证实为标准的、推荐的 ANSYS 软件产品时,就可以得到很好的计算结果。在某些情况下,用户不必要去使用未经 ANSYS 公司证实的非标准程序,因为这些非标准的程序没有品质保证,也没有得到完全的测试。

2.7.1 自编程特性(UPF)

利用 ANSYS 软件的自编程特性(UPF),用户就能够按照自己的需要编写自己的 FORTRAN 程序,它们可以是用户自定义的材料性能、自定义单元、对于复合材料的失效准则等等。用户也能够编写自己的优化设计算法,然后将 ANSYS 程序作为子程序来调用。ANSYS 的自编程特性可以应用于 ANSYS 的多物理场(Multiphsics)、机械(Mechanical)、结构(Structural)、前后处理(PrepPost)等的产品中。有关详细的内容可参考《Guide to ANSYS User Programmed Features》。

但要注意,通过连接自己编写的 FORTRAN 程序,用户正在生成一个特殊版的 ANSYS 程序。一旦使用了 UPF,则用户处于一种非标准使用 ANSYS 软件的状态,这时用户就要对计算生成结果的精度负责,以及也要对连接的程序是否会影响到 ANSYS 软件中的标准程序负责。同时当在一个并行系统中使用 UPF 时,在 UPF 中不要使用命令"/CONFIG"或"CONFIG110.ans"文件来激活并行。

1. UPF 的基本内容

UPF 的范围涉及到从一个简单单元的输出程序到一个非常复杂的自定义单元,或用户自定义的优化算法。如果没有具体细致的程序介绍,要完成上述工作将是非常困难的。一个典型的 UPF 要涉及的步骤如下:

1) 在 FORTRAN90 里设计和编写用户自己需要的程序,所有程序的源代码要能够被 ANSYS 系统所识别,大多数程序至少要具有简单的函数功能。

2) 编译,并将自定义程序连接到 ANSYS 程序上,《ANSYS 自编程特性的指南》已经介绍怎样做这个工作。

3) 证实这个改变是否会影响到标准 ANSYS 程序的特性,一个最简单的方法是运行一组 ANSYS 的标准实例。

4) 证实用户自定义的程序是否满足要求。

当用户使用 UPF 时,有时 ANSYS 系统会自动激活某些 UPF 的功能,比如自定义单元。为了激活自定义单元,可以在用户的模型里利用"ET"命令将其指定为一种单元类型,利用"TYPE"命令赋给单元类型的属性,然后定义单元到实体模型上。

对于其他的 UPF,必须要使用"USRCAL"命令才能激活。如果没有执行这个命令,则使用默认的标准 ANSYS 程序。如在施加一个对流载荷时,即使已经连接了一个自己的对流程序,默认方式下也会使用标准的 ANSYS 程序来完成施加。对用户自定义的单元选项,如塑性来说,使用命令"NSVR"来定义将要保存的特殊变量个数,同时该命令没有对应的 GUI 操作方式。

另外一个常使用的命令为"/UCMD",它能够允许用户从自编写的程序中生成一个命令。假如一个压力为抛物线分布的程序已连接到 ANSYS 程序上,这时可将该程序命名为"USER*nn*"(其中 *nn* = 01,…,10),通过利用下列命令来调用该程序,并生成一个用户自己的命令。

/UCMD,PAPAB,1

现在"PAPAB"就成为了一个有效的 ANSYS 命令,执行它就能够调用用户程序"US-

ER01"。可以最多调用10个用户程序来作为 ANSYS 的命令。通过将命令"/UCMD"包含在启始文件"start110.ans"中,这时就可在 ANSYS 系统内调用用户程序。

2. 可以利用 UPF 的场所

在 ANSYS 系统内可以利用 UPF 的场所有许多,下面是对利用 UPF 的简单描述。

(1) 定义单元 允许用户定义自己的单元类型,并将其添加到 ANSYS 的单元库,能够像使用任何其他单元一样来使用它。ANSYS 系统提供了两种方法来生成自定义单元。

1) 用户自定义单元的应用编程接口(Application Programming Interface——API)。

2) 直接访问 ANSYS 数据和文件。

在大多数情况下,ANSYS 建议使用用户自定义单元的 API,直接访问的方法仅用于某种特殊需要时才使用。

(2) 定义单元坐标系统的方向 仅适用于下列单元:SHELL43、SHELL63、SHELL91、SHELL93、SHELL99、SHELL181 和 SOLID46,对于层单元 SOLID46、SHELL91 和 SHELL99,可以设置确定层的方向。

(3) 定义实常数 单元 COMBIN7 和 COMBIN37 允许修改一个实常数来适应用户的非线性函数。

(4) 定义厚度 可适应于单元 SHELL181、SHELL208、SHELL209 和 SHELL281。

(5) 定义应力 可适用于单元 PLANE42、SOLID45、PLANE82、SOLID92、SOLID95、LINK180、SHELL181、PLANE182、PLANE183、SOLID185、SOLID186、SOLID187、SOLSH190、BEAM188、BEAM189、SHELL208、SHELL209 和 SHELL281。

(6) 定义塑性法则 允许用户根据自己确定的塑性法则,计算积分点的塑性应变,并形成切向的应力应变矩阵。

(7) 定义蠕变方程 允许用户指定自己的蠕变方程。

(8) 定义膨胀(swelling)法则 如果在分析中需要解决膨胀问题,如中子撞击,用户必须要定义适当的膨胀法则,因为 ANSYS 系统内没有建立膨胀法则。

(9) 定义失效准则 对于层单元 SOLID46、SOLID185、SOLID186、SHELL99 和 SHELL281,最多可定义6个失效准则。

(10) 定义粘性 对于单元 FLUID141 和 FLUID142,能够定义粘性作为压力、温度、位置、时间、速度和速度梯度的函数。

(11) 定义载荷 可以定义的体载荷有温度、生热性、流量(如中子通量);面载荷有压力、对流、热流量和电荷密度。

(12) 定义载荷向量 对于 PIPE59 单元的频域,能够定义一个复杂的载荷向量,也可以使用它表示一个液压动力。

(13) 将 ANSYS 作为一个子程序 在用户编写的程序中,能够将整个 ANSYS 程序作为一个子程序调用,特别是在用户的优化设计算法中。

(14) 定义优化 可以利用自己的优化算法和终止条件来取代 ANSYS 的优化程序。

(15) 定义求解过程 在求解过程中,允许用户计算结果,并完成任何所需要的计算。

(16) 定义 SURF116 根据来自单元 FLUID116 的信息,修改单元 SURF151 和 SURF152 的膜系数(film coefficient)和温度(bulk temperature)。

2.7.2 ANSYS 软件的非标准使用

ANSYS 软件在发布之前经过了非常严格的测试,用户在使用时完全可以得到一个好的结果。在某些情况下,用户需要使用未经 ANSYS 公司测试或证实的非标准程序,如使用 UPF,这时用户应该意识到所得到的结果应由用户自己负责。

1. 非标准使用的内容

使用非标准 ANSYS 程序所得到的结果无法由 ANSYS 公司来预测,因为 ANSYS 公司不能够完全测试这部分使用的内容。尽管 ANSYS 公司并不反对使用非标准的程序,但这时用户应该特别小心,并要根据自己的使用经验来判别所得结果的正确性。如用户设计了自定义单元,并在分析过程中使用了该单元,这时的结果主要取决于用户编写单元程序的好坏,在这种情况下,用户应该对所得的结果进行验算,同时还要肯定所编写的程序没有影响到 ANSYS 的标准程序内容。

下面列出了一些部分非标准使用的内容:

1)使用了 ANSYS 的 UPF。即编写了自己的程序,将其连接到 ANSYS 程序,并在分析过程中使用了该程序。

2)将一个创建或修改过的 ANSYS 文件读入 ANSYS 软件中,如由用户或其他程序生成结果文件或超单元文件。

3)在求解阶段的载荷步中改变了单元的实常数。根据所使用单元的类型,单元也许并没有使用更新的实常数值。

4)在实体模型中,使用命令"MODMSH,NOCHECK"关闭了交叉引用检查。

5)使用命令"SHPP,OFF",关闭了单元形状检查。

6)使用了未证实的特性。如单元选项并没有在《单元参考》中得到证实;命令的变量并没有在《命令参考》中提到。

如果 ANSYS 程序检测到使用了一个未证实的特性,将会产生一个警告信息提醒用户。

2. 使用 ANSYS 非标准特性的提示

如果需要在 ANSYS 软件中使用非标准的特性,可参考下列指南:

1)充分利用用户的工程经验,并仔细地检查分析结果。

2)不要假定 ANSYS 软件的标准程序没有受到影响,必须要使用标准案例对其进行测试。

3)如果在非标准程序使用过程中,需要从 ANSYS 技术支持中取得帮助的话,必须要说明所使用非标准特性的内容和种类。

第 3 章　APDL 命令详解

在 APDL 语言中，共有 60 多个 APDL 命令。在编写命令流文件时，这些命令是必不可少的，这些命令的功能主要包括：直接完成操作、产生分支、生成循环、取得数据、输出数据等。为了使大家能够方便使用这些命令，在本章将对这些命令作详细的介绍。每个命令主要包括：GUI 方式、使用功能、使用格式、参数说明、使用提示等五大部分。由于其中的一部分 APDL 命令已在第 2 章介绍过，为了节省篇幅，在这里只对余下未介绍的命令进行说明。

3.1　生成缩略语

1. "*ABBR"命令

GUI：Utility Menu > Macro > Edit Abbreviations
　　　Utility Menu > MenuCtrls > Edit Toolbar

使用功能：定义一个缩略语。

使用格式：*ABBR, *Abbr*, *String*

其中：

Abbr：用来表示字符串"*String*"的缩略语，其长度不能超过 8 个字符。如果"*Abbr*"与 ANSYS 已存在命令名相同，缩略语则使已存在的命令无效，因此要避免使用与 ANSYS 命令相同的缩略语。

String：将由"*Abbr*"表示的字符串，其长度不能超过 60 个字符。不能包括字符"$"或任何命令，如："C***"、"/COM"、"/GOPR"、"/NOPR"、"/QUIT"、"/UI"和"*END"。参数名称、"*DO"命令与"*IF"结构都不能被简化。如果"*String*"为空即没有任何输入，则表示将该缩略语删除。为了将多个命令用缩略语表示，可以生成一个由用户指定名称的宏。或者是指定"*String*"来调用这个包含了所设想命令的宏文件（用"*USE"命令）。

使用提示：一旦定义了这个缩略语"*Abbr*"，就可以在命令输入行中执行这个缩略语。缩略语后面可以为空，或者是输入逗号和附加数据。当这个行被执行时，就会用"*String*"的内容来替代"*Abbr*"。在 ANSYS 程序中最多可以同时存在 100 个缩略语，缩略语可以随时删除和重新定义。

使用"*STATUS"命令可以显示出当前已存在的缩略语。缩略语可以用命令"*REPEAT"来重复，在施加重复增量之前进行取代。ANSYS 已经预定义了许多的缩略语，它们也可以被删除。字符串"*String*"的内容将会被写入到"File.LOG"中。

在任何处理器中都可以使用该命令。

2. "ABBRES"命令

GUI：Utility Menu > Macro > Restore Abbr

Utility Menu > MenuCtrls > Restore Toolbar

使用功能：从一个编码文件中读出缩略语。

使用格式：ABBRES, *Lab*, *Fname*, *Ext*, --

其中：

Lab：指定读操作的标题，它有两个可选项：
- NEW：用这些读出的缩略语重新取代当前的缩略语组合(默认方式)。
- CHANGE：将读出的缩略语添加到当前缩略语组合，并替代当前同名的缩略语。

Ext：如果"*Fname*"是空的，则默认的扩展名是"ABBR"。

使用提示：缩略语文件是用命令"ABBSAV"保存的。在一个正在执行的缩略语里，不要执行命令"ABBRES, NEW"，否则对正在执行的缩略语来说，会引起所有的数据被删除。

3. "ABBSAV"命令

GUI：Utility Menu > Macro > Save Abbr

Utility Menu > MenuCtrls > Save Toolbar

使用功能：将当前的缩略语组合保存到一个文本文件里。

使用格式：ABBSAV, *Lab*, *Fname*, *Ext*, --

其中：

Lab：指定写操作的标题，若为 ALL，表示将所有的缩略语都写入文件(默认方式)。

其他变量的说明可参考"ABBRES"命令中相对应的变量。

使用提示：在该文件中已经存在的缩略语将会被覆盖，缩略语文件可以使用命令"ABBRES"读出。

4. "/UCMD"命令

使用功能：给一个用户自定义的命令指定名称。

使用格式：/UCMD, *Cmd*, *SRNUM*

其中：

Cmd：用户定义的命令名，只有前面的 4 个字符具有意义。不要与任何 ANSYS 命令或用户自己定义的宏命令名相同。

SRNUM：对该命令所对应的用户子程序编号(1~10)。如：/UCMD, MYCMD, 3，则表明无论什么时候使用命令"MYCMD"，都将执行子程序"USER03"。使用一个空(blank)的命令名，将会把"*SRNUM*"与命令"MYCMD"分离。如：/UCMD,,3，则表示将"MYCMD"命令去掉。

使用提示：给用户定义的命令名赋给一个已编制好的子程序，这个性能允许用户将定制好的用户命令调入到 ANSYS 程序里。一旦输入后，就像执行其他命令一样执行这个程序，它也能够包括在 ANSYS 的起始文件里。对定义命令的其他方法可参见命令"*ULIB"。

对用户定义的命令最多可指定 10 个子程序，即 USER01~USER10。用户必须要有系统允许、系统接口、以及编写、编辑和将子处理器连接到 ANSYS 软件适当位置等方面的知识。所有的程序必须要用 FORTRAN77 编写，USER01 程序是一个注释，它能够更加详细地列表出与系统相关的媒介分布情况。执行"/UCMD, STAT"应该可以列表用户定义的所有命令清单。由于用户编写的命令是一个非标准使用的程序，与这些命令合并在一起的 ANSYS 运行的认证就完全提交给了用户。除了 ANSYS 软件的定制版本以外，在与 ANSYS 客户支持的任何接触中,都应该明确地叙述出已经使用了用户编制程序的性能。

该命令只在 ANSYS 系统的开始阶段有效。

3.2 参数设置

1. "*AFUN"命令

GUI:**Utility Menu > Parameters > Angular Units**

使用功能:在参数表达式中,为角度函数指定单位。

使用格式:*AFUN,*Lab*

其中:

Lab:指定将要使用的角度单位。它有三种选项:

- RAD:在角度函数的输入与输出中使用弧度单位(默认值)。
- DEG:在角度函数的输入与输出中使用度单位。
- STAT:显示该命令当前的设置(即是度或是弧度)。

使用提示:这个函数的设置仅对三角函数,如:SIN、COS、TAN、ASIN、ACOS、ATAN、ATAN2、ANGLEK 和 ANGLEN 有效。

使用示例:

```
*AFUN,DEG        ! 指定角度单位为度
*AFUN,STAT       ! 显示当前角度的单位
```

2. "*DEL"命令

使用功能:删除一个或多个参数。

使用格式:*DEL,*Val1*,*Val2*

其中:

Val1:有两个选项。即

- ALL:将要删除掉所有用户定义的参数,或者是所有用户定义和系统定义的参数,就像由变量"*Val2*"所指定的一样。
- 空(blank):仅删除由变量"*Val2*"所指定的参数。

Val2:它有下列选项。即

- LOC:若 *Val1* = 空,变量 *Val2* 可以在数组参数对话框中指定参数的位置,它是按字母排序的结果;若 *Val1* = ALL 时,这个选项无效。
- _PRM:若 *Val1* = ALL 时,表明要删除所有包括以下划线开头的参数(除了"_STATUS"和"_RETURN"参数以外);若 *Val1* = 空,表明仅删除以下划线开头的参数(除了"_STATUS"和"_RETURN"参数以外)。
- PRM_:若 *Val1* = 空,仅删除以下划线结尾的参数;若 *Val1* = ALL,该选项无效。
- BLANK(空):若 *Val1* = ALL,所有用户定义的参数都要被删除。

使用提示:这个命令一般由 GUI 方式生成。如果对数组参数对话框中的一个数组参数进行删除,它将会出现在"Jobname.LOG"文件中。

为了删除掉所有由用户定义的参数。可以执行命令:

　　　　*DEL,ALL

如果仅要删除掉由用户定义的、且以下划线结尾的参数时，可以使用命令：

　　　　*DEL,,PRM_

如果要删除掉由用户和系统定义的所有参数，可以使用命令：

　　　　*DEL,ALL,_PRM

如果在数组参数对话框里通过指定它的位置来删除一个参数，这时要执行命令：

　　　　*DEL,,LOC

3. "*DIM"命令

GUI：**Utility Menu > Parameters > Array Parameters > Define/Edit**

使用功能：指定一个数组参数及它的维数。

使用格式：*DIM,*Par*,*Type*,*IMAX*,*JMAX*,*KMAX*,*Var1*,*Var2*,*Var3*,*CSYSID*

其中：

Par：用户指定的数组参数名，其名称的限制可以参考"*SET"命令。

Type：数组类型。有八种不同的类型：

- ARRAY：数值型数组，与标准 FORTRAN 中的数组相类似，其下标只能是整数（默认方式），行标号、列标号和页面号必须是以 1 开头的连续编号，可适用于定义 1 维、2 维和 3 维数值型数组。
- ARR4：生成一个 4 维的数值型数组。
- ARR5：生成一个 5 维的数值型数组。
- CHAR：字符型数组，数组元素的内容是不超过 8 个字符的字符串。行标号、列标号和页面号必须是以 1 开头的连续编号。
- TABLE：表格型数组，在填充表格里，数组下标是事前定义的实数值，而不是整数。行和列的下标值被作为"数组元素"贮存在 0 行和 0 列，它在初始化时是一个非常小的数。下标值必须要按升序排列，在使用里可以从一个数组元素中取得。当要用一个与指定下标值不匹配的实数下标从数组元素中取值时，这时会在相邻的下标及相对应的数组元素值之间使用线性插值而得到，可适用于定义 1 维、2 维和 3 维表格型数组。
- TAB4：生成一个 4 维的表格型数组。
- TAB5：生成一个 5 维的表格型数组。
- STRING：字符串型数组，数组元素是长度不超过 *IMAX* 的字符串，对于列标和页标是 1 开头的连续序列号，行标是字符串中字符所在的位置。

IMAX,*JMAX*,*KMAX*：分别为行、列、页标号的范围，默认值为 1，对于 *IMAX*，对字符串来说，不能超过 128 个字符。

Var1,*Var2*,*Var3*：对表格（TABLE）类型，分别与行、列或页相对应的变量名，默认值分别为"ROW"、"Column"或"Plane"。

使用提示：对 ARRAY 和 TABLE 型数组，其维数最大可以达到三维（即行、列和页），使用 ARR4、ARR5、TAB4 和 TAB5 则可分别定义 4 维和 5 维数组。并要给每个行、列和页指定一个标号。对于数值型和表格类型的数组来说，下标元素初值为零。对于字符和字符串参数来说，元素的初值为空（Blank）。在将一个数组改变维数之前，必须要先将其删除，然后再重新定义来改变其维数。标量参数是没有维数的。如：

   *DIM,A,,3

是定义一个只有三个元素 A(1)、A(2) 和 A(3) 的向量数组。命令：

   *DIM,B,,2,3

是定义一个 2×3 的数组，其元素有：B(1,1)、B(2,1)、B(1,2)、B(2,2)、B(1,3) 和 B(2,3)。

可以使用命令：

   *STATUS,Par

来显示数组 Par 的元素。

通过命令"*VWRITE"可以将存放在数组中的数据写入到一个格式化的数据文件中。

如果想要用表格参数来定义一个边界条件，那么 Var1、Var2、和 Var3 既可以被指定为主变量，如表 2-4 所示，也可以是一个独立参数。如果指定为一个独立参数，则必须要为该独立参数定义一个附加表格，附加的表格必须与独立参数有相同的名称，也可以是一个或多个主变量或其他独立参数的函数，所有的独立参数必须与主变量相关连。

4 维或 5 维的数值型和表格型数组的格式为：

   *DIM,Par,Type,IMAX,JMAX,KMAX,LMAX,Var1,Var2,Var3,Var4,CSYSID

   *DIM,Par,Type,IMAX,JMAX,KMAX,LMAX,MMAX,Var1,Var2,Var3,Var4,Var5,CSYSID

4. "*GET" 命令

GUI：**Utility Menu > Parameters > Get Scalar Data**
   Main Menu > Prob Design > Prob Method > Response Surface

使用功能：从 ANSYS 系统内取出值，并将其贮存在标量或数组参数里。

使用格式：*GET,Par,Entity,ENTNUM,Item1,IT1NUM,Item2,IT2NUM

其中：

Par：将要赋值的参数名。

Entity：实体关键词。其有效的关键词有：NODE、ELEM、KP、LINE、AREA、VOLU、PDS 等许多，具体可参考附录 B。

ENTNUM：实体的标题或编号。在某些情况下，零或空（BLANK）代表着某类的所有实体。如 *Entity* = NODE，表示为节点的编号。

Item1：指定实体特定项的名称。具体请参见附录 B。

IT1NUM：对于特定 *Item1* 的编号。有些项 *Item1* 并不需要该值，可参见附录 B。

Item2,*IT2NUM*：对于进一步限制将要取出数值项的第二组标题或编号。在大多数情况下，并不需要。

使用提示："*GET"命令从一个指定的项中取出一个值，并将其储存在一个标量参数或用户定义的数组参数中。这个项将由各种不同的关键词、标题和数字组合确定。除了参数

值来自于以前输入或计算的结果外,该命令的使用与命令"*SET"相同。比如:

    *GET,a,ELEM,5,CENT

就是将单元 5 质心的 X 坐标值取出并赋给参数 a。与相关的取值函数一样,除非已经进行了说明,否则"*GET"命令操作返回的是当前激活坐标系下的值。

  "*GET"和"*VGET"命令都能将贮存在内存中激活的数据取出。数据库常常是取值的源泉,但有时候,数据也可以来自于 ANSYS 用来控制信息的公共内存块里。尽管 POST1 和 POST26 都使用"*.rst"文件里的数据,但"*GET"命令所取的数据可以来自数据库或公共块,它不直接进入"*.rst"文件。为了重复地取得某项的一序列值,可以使用"*VGET"命令。

  大多数项的数据在它们计算后都贮存在数据库,以便于接下来的任何时候被利用。

5. "/INQUIRE"命令

  使用功能:返回系统信息给一个参数。
  使用格式:/INQUIRE,*StrArray*,*FUNC*

其中:

  StrArray:将接受返回值的"字符数组"参数名。字符数组参数与字符数组相类似,但每个数组元素仅容纳 128 个字符,如果字符参数名不存在,将生成一个。

  FUNC:指定系统信息返回的类型。有下列选项:

- LOGIN:在 UNIX 系统,返回一个注册目录的路径名。在 WINDOWS 系统返回包括驱动器字符在内的默认工作目录名。
- DOCU:返回 ANSYS 的文件目录的路径名。
- APDL:返回 ANSYS 的 APDL 路径名。
- PROG:返回 ANSYS 可执行目录的路径名。
- AUTH:返回注册文件所在目录的路径名。
- USER:返回用户当前登录的名称。
- DIRECTORY:返回当前目录的路径。
- JOBNAME:返回当前的工作文件名:*Jobname*,其长度可以是 250 个字符。
- RSTDIR:返回结果(".rst")目录。
- RSTFILE:返回结果(".rst")文件名。
- RSTEXT:返回结果(".rst")文件的扩展名。
- PSEARCH:对"未知命令"宏,返回其路径。

  如果 *FUNC* = ENV,则该命令的格式要变为:

    /INQUIRE,*StrArray*,ENV,*ENVNAME*,*Substring*

其功能是要返回环境变量的值。

其中:

  ENVNAME:指定环境变量的名称。

  Substring:若 *Substring* = 1,则返回第 1 个子字符串(到第 1 个冒号":"为止),若 *Substring* = 2,则返回第 2 个子字符串,如此循环下去。如果为 WINDOWS 平台,则其分隔符为分号";"。若该变量为空或 0,则返回环境变量的整个值。

若 *FUNC* = TITLE，该命令的作用是返回标题的内容给参数，且其使用格式为：
/INQUIRE, *StrArray*, TITLE, *Title_num*

在这里，*Title_num* 可以是空(blank)或 1~5，若其值为空或 1，定义的"Title"标题名被返回。若其值为 2~5，一个相关的子标题名被返回(2 表示第 1 个子标题,如此推算)。

在文件系统里，命令"/INQUIRE"也能够返回关于指定文件的信息。这时，其格式为：
/INQUIRE, *Parameter*, *FUNC*, *Fname*, *Ext*

其中：

Parameter：得到返回值的参数名，由用户指定。

FUNC：指定将要返回文件信息的类型。

- EXIST：如果指定的文件存在，则返回 1，否则返回 0。
- DATE：用格式 *yyyymmdd.hhmmss* 返回指定文件的日期。
- SIZE：返回指定文件的大小，其单位为 MB。
- WRITE：返回文件写的属性状态。0 表示不允许写入，1 表示可以写入。
- READ：返回文件读的属性状态。0 表示不允许读，1 表示允许读。
- EXEC：返回文件执行属性。0 表示不允许执行，1 表示允许执行。该选项仅在 UNIX 系统内有效。
- LINES：返回一个 ASCII 文件的行数。

6. "*SET"命令

GUI：**Utility Menu > Parameters > Scalar Parameters**
　　　Main Menu > Solution > Define Loads > Delete > Structural > Section

使用功能：给用户命名的参数赋值。

使用格式：*SET, *Par*, *VALUE*, *VAL2*, *VAL3*, *VAL4*, *VAL5*, *VAL6*, *VAL7*, *VAL8*, *VAL9*, *VAL10*

其中：

Par：将要赋值的参数名，其长度可达到 32 个字符，必须用字母开头，由数字、字母和下划线组成。ANSYS 的命令名、函数名、标签名、元件名和部件名都不能被作为参数名使用，用下划线开头的命令仅由 ANSYS 所保留，要避免使用。用下划线结束的参数名不能用"*STATUS"命令列表出来。数组参数名必须要跟一个下标，整个名称不能超过 32 个字符。如：a(1,1)、new_val(3,2,5)、result(100)。在命令域中使用的表格参数也不能超过 32 个字符。

VALUE：将要赋给指定参数的数值，或用单引号括起来、且长度不超过 8 个字符的字符串。如：a(1,3) = 7.4、b = 'abc3'等，也可以是一个参数或参数表达式。如：c = a(1,3)、a(2,2) = (c+4)/2 等，如果为空，则将删除这个参数。

VAL2, *VAL3*, *VAL4*, *VAL5*, *VAL6*, *VAL7*, *VAL8*, *VAL9*, *VAL10*：如果 *Par* 是一个数组参数，由 *VAL2*~*VAL10* 将连续给数组列元素赋值。如：*SET, a(1,4), 10, 11，其赋值为：a(1,4) = 10，a(2,4) = 11 等。

使用提示：给用户定义的参数赋值。其等价格式为：
　　　Par = *VALUE*, *VAL2*, *VAL3*, *VAL4*, *VAL5*, *VAL6*, *VAL7*, *VAL8*, *VAL9*, *VAL10*

可以用来代替：*SET, *Par*,…。比如：*SET, a(1,4), 10, 11，可以用"a(1,4) = 10, 11"的

输入来替代。

（1）参数定义　数值型或字符型参数可以是标量或数组。在任何 ANSYS 软件里，最多可以定义 5000 个参数名。但由于 GUI 和 ANSYS 宏的需要，用户定义的参数不能达到 5000 个。然而，一个一维数组参数名就可以代替任意多个值，参数名可以在任何时候重新定义，数组参数也可以在一个 DO 循环里很方便地赋值。利用命令"*VXX"（如"*VFILL"命令）也可以使用内部编制的 DO 循环命令来赋值。除了用下划线结尾的参数名外，参数值可以用命令"*STATUS"进行列表、用命令"*VPLOT"进行显示（仅适用于数值型参数）、用命令"*VEDIT"进行修改（仅适用于数值型参数）。在老版本 ANSYS 软件所支持的宏文件中，使用的参数名不能以下划线开头，若将这些宏文件包含在用户自定义的宏文件中，如果存在有相同的参数名也许会引起冲突。

参数也可以用命令"/COM"生成的注释进行解释。如果将一个空（Blank）赋给某个参数，则将会删除这个参数，如果参数是一个数组，则整个数组会被删除掉。参数也可通过对"*ASK"命令的一个响应或由"*GET"命令获取 ANSYS 的数值而产生。

（2）数组参数　数组参数在被赋值之前，必须要用命令"*DIM"为其指定大小，即维数，但如果该数组参数是一个数组运算的结果或使用暗循环（即冒号":"循环）的方式来定义，这时就不要使用命令"*DIM"来为其指定大小。没有赋值的标量参数将会得到一个很小的数，数值型参数在指定大小时用 0 将其初始化，字符型数组用一个空（Blank）来对其进行初始化。一个已经存在的数组，要改变其大小时，必须要先将其删除，然后再重新定义。数组参数名后面必须要有一个用圆括号括起来的下标，以确定为数组的元素，列出的下标可用逗号分开 1 个、2 个或 3 个值。如：a(1,1)、new_val(3,2,5)、result(1000) 等。定义数组元素的下标必须是整数或者是一个可以求出整数值的参数表达式，非整型数将会圆整到最靠近的整数。所有的数组参数都将看作是一个三维的数组而被保存，只是没有指定大小的维数将会用 1 来表示。如拥有 4 个数组元素的 1 维数组 a(4) 将被看作是 a(4,1,1) 而被保存。数组的形式与标准 FORTRAN 的使用习惯相类似。

（3）数值参数的替代　在一个命令的数值变量位置输入了一个参数名，则参数的数值将被用来替代这个参数名。如果参数名作为一个数值变量出现在空格、逗号、圆括号或者算术运算符之间时，这个替代操作就会发生。但如果参数用单引号括起来，或单独地处在变量的位置，这时替代操作不会发生；如果参数处在一个表达式里，这个表达式也用单引号括起来了，则替代操作也不会发生，无论上述哪种情况，都将会是一个字符串而不是一个数值。但如果在数值变量位置出现了字符型参数，则将用 0.0 取代这个字符型参数。

在命令"/TITLE"、"/STITLE"、"/TLABEL"、"/AN3D"、"/SYP(*ARG1--ARG8*)"和"*ABBR"的文本域中，通过用百分号"%"将参数名括起来，可以进行强制替代，用类似的方法，也可以在命令的文件名或扩展名域进行强制替代。在数组参数的值被替代时，必须要指定其下标，如 a(1,3) 等，但下标的超界会引起错误。在指定一个表格型参数替代时，可以使用非整型下标，这时在替代之前，在最靠近数组元素之间的位置会进行一个适当的线性插值，并且是在三维数组上完成。

但要注意的是：插值主要是以在表格被填充时所定义的赋值索引号为基础。

（4）字符参数的替代　大多数字符型变量可以允许用字符参数来替代。当输入一个 *Par* 参数名时，参数的字符型值将取代这个参数而代入到该命令中。当参数名用单引号括起来时,替代将被限制。通过用百分号"%"将参数名括起来,在某些域里可以进行强制替代。有效的强制替代域主要有:命令名域、文件名或扩展名变量、以及在"/TITLE"、"/STITLE"、"/TLABEL"、和"*ABBR"等命令里。在命令"*ASK"、"/AN3D"、"*CFWRITE"、"*IF"、"*ELSEIF"、"*MSG"、"*SET"、"*USE"、"*VREAD"和"*VWRITE"里也可以使用字符型参数,字符型数组也必须要指定一个下标来确定数组元素的值被用来替代。

（5）参数表达式　如果在一个数值型变量处输入了一个参数运算表达式,那么表达式的数值将替代到这个命令中,允许的表达式形式为:

$$E1oE2oE3\cdots oE10$$

其中 E1、E2 等分别是用运算符"o"连接起来的表达式,许可的运算符是:

+（加）、-（减）、*（乘）、/（除）、**（求幂）、<（小于）、>（大于）

如: A + B ** C/D * E 就是一个有效的运算表达式。

但要注意:没有使用括号的负数对一个整型指数的求幂将会按照标准 FORTRAN 的层数习惯进行,即先对正数求幂,然后再将负号赋给这个数。如: -4 ** 2,先求出 4 ** 2 的值是 16,然后再在结果的前面加上负号,因此其结果为 -16,若加上圆括号,即(-4) ** 2,则其结果为 16。

在求幂之前,参数的求值就象圆括号内的一个数一样。对一个负数求非整型指数的幂时,是先求正数的幂,然后再补上负号。即 -4 ** 2.3 就是求 -(4 ** 2.3)的值。"<"和">"运算符允许有条件的替代,如: E1 < E2,如果成立则替代 E1 的值,否则将替代 E2 的值。

在运算符的周围不能使用空格,因为"*（一个空格和一个星号)"会使该行的其他部分变成一个注释。运算符或者运算符与符号之间也不能相互邻近,为了清晰起见,可以使用圆括号来分离运算符与符号,圆括号也可以确定一个运算的层次。如: A ** (-B)可以取代 A ** -B。用 +0nn 或 -0nn 结束的数被看作是一个指数形式,因此当 123 -2 是 121 时,123 -002 可看作是 123E -2,这种形式的指数形式不应该直接输入。按照标准的 FORTRAN 的习惯,默认的运算层次可参考"2.2.4　参数表达式与函数"的内容。

在默认状态,对于角度的输入和输出单位均为弧度,可以使用命令"*AFUN"进行角度的转换。

7. "*STATUS"命令

GUI: Utility Menu > List > Status > Parameters > All Parameters

Utility Menu > List > Other > Parameters

Utility Menu > List > Status > Parameters > Named Parameters

Utility Menu > List > Other > Named Parameter

使用功能:列表出当前的参数和缩略语。

使用格式:*STATUS, *Par*, *IMIN*, *IMAX*, *JMIN*, *JMAX*, *KMIN*, *KMAX*, *LMIN*, *LMAX*, *MMIN*, *MMAX*, *KPRI*

其中:

Par:指定将要列表的一个或多个参数。对于数组参数,要使用 *IMIN*, *IMAX* 等来指定其范围。若 *Par* 为空,则列出所有的标量参数值、数组参数的维数和缩略语。若为 *ARGX*,则列出激活的局部宏参数。它有下列选项:

- ALL 或(blank):列表出所有的参数和工具条上的缩略语,局部宏参数和用下划线开头或结束的参数除外。
- _PRM：仅列出所有的以下划线开头的参数，它们是 ANSYS 的内部参数。
- PRM_：仅列出所有的以下划线结尾的参数。一个好的 APDL 编程习惯是保证由用户系统程序员生成的所有参数都用下划线结尾。
- ABBR：列出工具条上所有的缩略语。
- PARM：列表出所有用户参数，局部宏参数和用下划线开头或结束的参数除外。
- PARNAME：仅列出由 PARNAME 指定的参数，但不能是一个局部宏参数名。
- ARGX：列出所有其值为非零或非空的局部宏参数值。

IMIN, IMAX, JMIN, JMAX, KMIN, KMAX, LMIN, LMAX, MMIN, MMAX：指定数组元素的列表范围。最小值的默认值为 1，最大值的默认值是定义的最大维数，对于 IMIN、JMIN 和 KMIN 来说，也可以输入 0 用来列表出索引号。

KPRI：使用该选项可以列表主变量标签（如：X、Y、Z、TIME 等）。
- 1：列表出所有的标签，YES、Y 或 ON 也有效（默认值）。
- 0：不列表出标签，NO、N 或 OFF 也有效。

3.3 生成宏文件

1. "*CFCLOS" 命令

使用功能：关闭一个"命令"文件。
使用格式：*CFCLOS

2. "*CFOPEN" 命令

使用功能：打开一个"命令"文件。
使用格式：*CFOPEN, Fname, Ext, --, Loc

其中：

Ext：如果"*Fname*"为空，则其扩展名为"CMD"。

Loc：确定对现存文件的作用方式，即采用覆盖还是添加。
- 空（blank）：已存在文件将会被覆盖。
- APPEND：文件将会被添加到现有文件里。

使用提示：如果文件被打开，在执行命令"*VWRITE"时，由命令"*VWRITE"所处理的数据将会被写入到该文件中。

3. "*CFWRITE" 命令

使用功能：写一个 ANSYS 命令或相类似的字符串到一个"命令"文件里。
使用格式：*CFWRITE, Command

其中：

Command：将要写入的命令或字符串。并假定是一个后面跟随着由逗号分隔变量的标准命令形式，也可以是一个赋值的参数，如："*CFWRITE, a = 5"。

使用提示：将一个 ANSYS 命令或相类似的字符串写入到由命令"*CFOPEN"打开的文件里。"Command"字符串并不执行，除非在写入之前，将要完成一个数值和字符参数的替代和操作。当使用由"*GET"命令取得的结果和参数替代时，由结果生成的 ANSYS 命令又要返回到 ANSYS 程序里，如在 DO 循环里使用命令：
$\qquad$ * CFWRITE,BF,nnum,TEMP,tval

其中，tval 是由"* GET"命令操作返回的一个参数值，nnum 是一个指定的或者返回的参数值，因此用数值替代两个参数的一系列"BF"命令被写入。如果要生成一个没有参数替代的文件，可以使用命令"* CREATE"。

4. "* CREATE"命令

GUI：Utility Menu > Macro > Create Macro

使用功能：打开或生成一个宏文件。

使用格式：* CREATE,Fname,Ext,--

其中：

Fname：若在宏里，使用命令"* USE"的 Name 选项读入文件时，不要使用路径名。

Ext：若在宏里，使用命令"* USE"的 Name 选项读入文件时，不要使用文件扩展名。

使用提示：位于命令"* CREATE"之后和命令"* END"之前的所有命令没有被执行而直接写入到指定的文件 Fname 里。一个已存在并具有相同文件名的文件将会被覆盖。在命令被写入到文件的时候，命令中的参数名并不会被替代。如果命令中的参数需要被替代时，可以使用命令"* CFWRITE"来生成文件。采用本命令生成的宏可以使用命令"* USE"（允许将参数值传递给宏）或"/INPUT(不能将参数传递给宏)"来执行。几个宏可以存放在一个宏库文件里(使用命令"* ULIB")，命令"* CREATE"不能在 DO 循环中使用，有关宏的讨论也可以参见命令"* USE"。

5. "* END"命令

使用功能：关闭一个宏文件。

使用格式：* END

使用提示：关闭一个由命令"* CREATE"打开的宏文件，与"* ENDIF"命令不同的是，"* END"是一个 8 字符的命令。如果在同一行里使用了注释文本，那么在注释文本标号"!"与"* END"命令之间必须要有足够的空格，否则"* END"命令将会把"!"解释为第 8 个字符，从而出现错误。

6. "/PMACRO"命令

使用功能：指定宏的内容将被写入到 ANSYS 的会话 LOG 文件中。

使用格式：/PMACRO

使用提示：这个命令强迫宏的内容或其他输入文件被写入"Jobname.LOG"中，它只在宏或输入文件里才有效，并且要放在文件的最上端。命令"/PMACRO"应该被包含在调用 GUI 函数的任何宏或输入文件里。

7. "/PSEARCH"命令

GUI：Utility Menu > Macro > Macro Search Path

使用功能：为用户自定义的"未知命令"宏文件指定一个搜索目录。

使用格式：/PSEARCH,Pname

其中：

Pname：将要搜索的中间目录路径名，其长度不能超过 64 个字符，最后必须是一个分界符。默认时就是用户的根目录。若 Pname = OFF，仅在 ANSYS 和当前的工作目录里搜索；

若 *Pname* = STAT，列表出当前的中间目录，显示 ANSYS_MACROLIB 的设置。

使用提示：当在读入一个用户自定义的宏时，指定对该文件搜索目录的路径。对文件的搜索，首先考虑 ANSYS 目录、然后是用户的根目录、再接下来是当前的工作目录。该命令允许指定搜索的中间目录而不是用户的根目录。

该命令仅在开始状态时有效。

8. "/TEE"命令

使用功能：在命令被执行的同时，写一系列的命令到一个指定的文件。

使用格式：/TEE，*Label*，*Fname*，*Ext*，--

其中：

Label：确定 ANSYS 软件对命令"/TEE"的处理方式。它有下列选项：

- NEW：将命令行的文本写入到文件 *Fname* 中，如果该文件 *Fname* 已经存在，则将覆盖其内容。
- APPEND：将命令行的文本添加到文件 *Fname* 中。
- END：结束命令行文本写入或添加到文件 *Fname* 中。

Ext：如果希望像执行 ANSYS 命令一样执行这个文件，则其扩展名为".mac"。

使用提示：使用命令"/TEE"能够在执行一个宏时，将宏里的内容写入到另外一个文件中，它类似于 UNIX 系统中的"tee"命令。下面是一个使用命令"/TEE"的实例，其命令流如下：

```
/TEE,new,myfile,mac
ET,1,42,0,0,1
EX,1,3e7
/TEE,END
/TEE,append,myfile,mac
N,1,8
N,5,11
FILL
NGEN,5,5,1,5,1,0,1
/TEE,END
```

在 GUI 模式下的命令输入行中输入上述命令流后，将在工作目录下生成一个"myfile.mac"，其内容为：

```
ET,1,42,0,0,1
EX,1,3e7
N,1,8
N,5,11
FILL
NGEN,5,5,1,5,1,0,1
```

该命令可以在任何处理器中有效，但必须在交互式运行时才能使用。

9. "*ULIB"命令

GUI：**Utility Menu > Macro > Execute Data Block**

使用功能：生成一个宏库文件。

使用格式：＊ULIB,Fname,Ext

使用提示：使用命令"＊USE"执行一个宏库文件。一个宏库文件允许将许多经常使用的 ANSYS 命令块贮存在一起，然后再执行。一个宏块必须要介于块开头符和块结束符之间，如下面的例子所示。如果要增加命令行到一个宏块里，可以将它插入到宏块里的任何地方。不要将命令行插入到宏块的外面。

```
ABC                    ! 任何有效且不超过 8 个字符的字符串
! 指定这是一个数据块
---                    ! ANSYS 的数据输入命令
---
---
/EOF                   ! 数据块的终止符
XYZ                    ! 确定另一个块
---                    ! ANSYS 的数据输入命令
---
---
/EOF                   ! 数据块的终止符
```

宏库文件名在"＊ULIB"命令读入时被确认，宏块名称在使用命令"＊USE"时被确认。在命令"＊USE"运行时，将宏块里的命令复制到一个临时文件，该文件就按已创建的宏文件一样被执行。在该文件执行完成后，临时文件会被删除。宏块名应该是一个可以接受的文件名，而不应该与用户生成的宏文件名相同，否则 ANSYS 系统会在执行库文件之前先搜索到宏文件，并执行这个宏文件。宏块可以按任何顺序贮存，但利用分支（如"＊GO"或"＊IF"）从外部进入到宏块的方式不被允许。

该命令可以在任何处理器中使用。

10. "＊USE" 命令

GUI：**Utility Menu > Macro > Execute Data Block**

使用功能：执行一个宏文件。

使用格式：＊USE,Name,ARG1,ARG2,ARG3,ARG4,ARG5,ARG6,ARG7,ARG8,ARG9,AR10,AR11,AR12,AR13,AR14,AG15,AR16,AR17,AR18

其中：

Name：用字母开头，且长度不超过 32 个字符的名称，它可以是一个宏文件名，或者是一个宏库文件里的宏块名。

ARG1,ARG2,……,AR18：将值传递给宏文件或宏块中 ARG1～ARG9 和 AR10～AR18 参数被引用的地方。参数值可以是数值、不超过 8 个字符的字符串、参数和参数表达式。

使用提示：引入一个叫做 Name 的宏文件执行，如果没有，则查找一个名叫"Name"的宏块文件执行。变量值被传递给文件或块中，并取代相对应的局部参数 ARG1,ARG2,…,AR18。也可以将"Name"作为一个用户定义的命令执行。

一个宏是一系列的 ANSYS 命令记录在一个文件里或者是一个库文件的宏块里。文件或者块都可以使用"＊USE"命令来执行。除了命令、数值和字符型数据外，宏里也可以包含有在宏执行时将赋给数值或字符串的参数名。随着参数值的增加，宏的使用可以在如 DO 循环里重复执行。将一系列数据输入给命令，这些命令介于"*CREATE"和"*END"之间，在这些命令被输入时就可以定义一个宏，数据输入命令直接被写入到宏文件里而不执行。宏文件也可以在 ANSYS 软件之外生成。

对每个宏来说，最多可以局部地使用 ARG1～AR99 等 99 个标量参数。但要注意以"ARG"开头的只有 9 个参数，而以"AR"开头的参数有 90 个。一个局部参数尽管它与宏外其他参数具有相同的名称，但在不同的场所是互不干涉的。这些参数相互干涉受影响的情况只有一个，即当值是通过所列变量传进或传出宏时。参数 ARG1～AR18 通过在"*USE"命令中列出的变量能够得到它们的值，参数 AR19～AR99 只能在宏里使用，不能利用所列变量进行传递。局部参数可适用于在宏里的 DO 循环和用"/INPUT"输入的文件。除了适用于每个宏的 ARG1～AR99 以外，另一个在外面的 ARG1～AR99 适用于所有的宏，而对"非宏"空间来说是局部的。

在宏的最后一行被执行完后就退出来。宏也可以嵌套，每个嵌套的宏都有其自身的 99 个局部变量。在一个时间里，仅有一组局部参数能够被激活，激活的局部参数可以是与当前执行宏相关的那一组，也可以是在外面与所有宏相关的那一组。当一个嵌套的宏执行完成后，以前的一组局部参数将可再次被利用。使用命令"*STATUS, ARGX"可以浏览当前宏参数的值。

执行宏文件的另外一种方法是利用"未知命令"路径。当一个 ANSYS 程序不认识的命令被输入后，对那个名称文件(其后缀名为:"*.mac")的搜索因此就生成了。如果这个文件存在，它就被执行，如果不存在就输出一个"未知命令"的信息。因此，用户能够根据其他 ANSYS 命令来编写自己的命令。其过程与执行"*USE"命令相类似，如：命令"cmd, 10, 20, 30"就类似于命令"*USE, cmd, 10, 20, 30"，将带有 3 个参数且命名为"cmd.mac"的宏文件被执行。"*USE"宏也适用于"未知命令"的宏，各种路径被搜索，要有一个".mac"的扩展名。但宏库文件并不搜索。

对一个"未知命令"宏文件的搜索目录有三级，其搜索顺序为：
1) 最高级的系统目录。
2) 登录目录。
3) 工作目录。

使用"/PSEARCH"命令可以改变搜索目录。对一个"未知命令"的 cmd 来说，按照搜索顺序，第一个被发现并存在的名叫"cmd.mac"，该文件首先被执行。命令可以用大写或小写输入，但在对文件名进行搜索之前它们都会被转换成大写字母。在允许大写和小写文件名同时存在的系统里，如果与文件名相匹配的小写字母的文件存在，它将被执行，而与文件名相匹配的大写字母的文件也将被执行，但放在目录 APDL 中的宏文件必须是大写字母。

11．"*LIST"命令

使用功能：列表显示一个外部的编码文件。

使用格式：*LIST, *Fname*, *Ext*, --

使用提示：显示一个外部编码文件，文件在列表的同时不能使用(打开)，错误文件".err"除外。当通过操作路径"List > Files > Other"或"File > List > Other"列表出已激活的文件时要小心，文件的 I/O 缓冲器和系统设置会引起一个不完全的列表，除非文件已关闭。

3.4 流程控制

3.4.1 与 DO 循环相关的命令

1. "*CYCLE"命令

使用功能：在 DO 循环中忽略掉一些命令。

使用格式：*CYCLE

使用提示：在一个 DO 循环中，忽略掉本命令与"*ENDDO"命令之间的所有命令，并初始化其下次循环。如果使用命令"*IF"，循环选项也可以有条件地执行。"*CYCLE"命令必须与"*DO"命令出现在同一个文件里。

2. "*ENDDO"命令

使用功能：结束一个 DO 循环，又激活一个新的循环。

使用格式：*ENDDO

使用提示：对于每个嵌套的 DO 循环必须要有一个配套"*ENDDO"命令。该命令必须要与"*DO"出现在同一个文件里，并且其 6 个字符必须都要输入。

3. "*EXIT"命令

使用功能：退出 DO 循环。

使用格式：*EXIT

使用提示：退出 DO 循环，紧跟在命令"*ENDDO"之后的命令将会被执行。如果使用"*IF"命令，也可以是有条件地退出 DO 循环。该命令必须与"*DO"命令同时出现在一个文件里。

4. "*REPEAT"命令

使用功能：重复以前的命令。

使用格式：*REPEAT, *NTOT*, *VINC1*, *VINC2*, *VINC3*, *VINC4*, *VINC5*, *VINC6*, *VINC7*, *VINC8*, *VINC9*, *VINC10*, *VINC11*

其中：

NTOT：包括第 1 次在内，前述命令被执行的次数。可以是一个大于 2 的数，若 *NTOT* = 2，则会重复执行一次。

VINC1, *VINC2*, ……, *VINC11*：施加到前述命令上第 1 个~11 个数据域的值增量。

使用提示："*REPEAT"命令要紧跟在将要重复执行的命令之后。开始命令的数值可以按照随后命令的设置而进行增加。数值增量可以整型、实型、正的或负的、零或空。字符型变量不能增加。对于 *NTOT* 的次数较大时，要考虑到输出的限制。

与"未知命令"的宏一样，许多用"/"和"*"开头的命令不能够被重复执行。对于这些命令，如果要重复执行，可用 DO 循环来实现。引起文件打开与关闭的命令也不能重复执行。如果在一个"*REPEAT"命令之后，再紧跟第二个"*REPEAT"命令，则重复操作仅发生在最后一个非"*REPEAT"命令上。命令"*REPEAT"不能在下列 GUI 模式下工作，即其一是在拾取操作之后；其二是等待用户响应的命令之后。

5. "/WAIT"命令

使用功能：在读下一个命令时引起一个延时。

使用格式：WAIT, *DTIME*

其中：

DTIME：延时时间，单位为秒，最大的延时时间为59s。

使用提示：紧跟在命令"/WAIT"后面的语句必须要在指定的等待时间过去后才能运行。当要从一个准备输入的文件中读入数据引起一个中断时，才可以使用。如：在显示命令之后使用，可以让显示能够观察一段时间，另一个"等待"的特性是在命令"*ASK"中使用。

3.4.2 与 IF 结构相关的命令

1. "*ELSE"命令

使用功能：分离出 IF-THEN-ELSE 结构中的最后一块。

使用格式：*ELSE

使用提示：在一个 IF-THEN-ELSE 结构中可选的最后块的分隔符。如果在一个错误的"*IF"条件后，一个批处理输入流遇到了文件的结束标志，这时，ANSYS 程序将不会自动终止，必须要借助外力干预才能够停止。该命令必须要与"*IF"同时出现在一个文件里，其命令中的 5 个字符串必须要全部输入。

2. "*ELSEIF"命令

使用功能：在一个 IF-THEN-ELSE 结构中，分隔出中间命令块。

使用格式：*ELSEIF, *VAL1*, *Oper1*, *VAL2*, *Conj*, *VAL3*, *Oper2*, *VAL4*

其中：

VAL1：在条件比较中的第 1 个数值，或是赋给数值的参数。仅当 *Oper* = EQ 或 NE 时，*VAL1*、*VAL2*、*VAL3* 和 *VAL4* 可以是用单引号括起来的字符或数值型参数。

Oper1：运算符，在实数之间其比较的误差是 $1.0E-10$，可参考"*IF"命令的说明。

VAL2：在条件比较中的第 2 个数值，或是赋给数值的参数。

Conj：（可选项）在两个逻辑语句之间的连接符，它有下列选项：

- AND(与)：如果两个子句为真，则其结果为真。
- OR(或)：两个子句中至少有一个为真，则结果为真。
- XOR(非或)：两个子句中只能有一个为真，其结果为真。

VAL3：（可选项），第 3 个数值，或是赋给数值的参数。

Oper2：（可选项），运算符，在实数之间其比较的误差是 $1.0E-10$。

VAL4：（可选项）：第 4 个数值，或是赋给数值的参数。

使用提示：为在 IF-THEN-ELSE 结构中一个可选的中间命令块分隔符。该命令的 7 个字符必须要全部输入。除了"*Base*"域不能使用外，其他与"*IF"命令相类似。该命令必须要与"*IF"命令出现在同一个文件中，并要与"*IF"配对使用。

3. "*ENDIF"命令

使用功能：结束一个 IF-THEN-ELSE。

使用格式：*ENDIF

使用提示：一个 IF-THEN-ELSE 命令的终止符。该命令必须要与"*IF"同时出现在一个文件里，其命令中的 6 个字符串必须要全部输入。

4. "＊GO" 命令

使用功能：在输入文件里，程序执行指定行。

使用格式：＊GO, *Base*

其中：

Base：将要"进行"的动作。其格式为：

- :label 是一个用户定义的标题，它必须要用冒号":"开头，其长度最多不能超过 8 个字符。命令读入器将会跳到与":label"相匹配的那行。但要注意：这个可选的标题不能与 DO 循环或者 IF-THEN-ELSE 结构相混合使用。
- STOP：它会引起 ANSYS 程序从当前位置退出。

使用提示：在输入文件里，指定下次操作将会从一个指定的行开始执行。行可以被忽略或者重新读入。除非"＊GO"命令位于宏、用户自定义文件、某个交互式输入的文件或批处理的输入流里，否则该命令不会执行。在 DO 循环或 IF-THEN-ELSE 结构里跳进、跳出都是不允许的。

5. "＊IF" 命令

使用功能：有条件地选择将要执行的命令。

使用格式：＊IF, *VAL1*, *Oper1*, *VAL2*, *Base1*, *VAL3*, *Oper2*, *VAL4*, *Base2*

其中：

VAL1：在条件比较操作中，第 1 个数值或赋值的参数。仅当 *Oper* = EQ 或 NE 时，*VAL1*、*VAL2*、*VAL3* 和 *VAL4* 可以是用单引号括起来的字符或数值型参数。

Oper1：一个比较标题，在实数之间其比较的误差是 $1.0E-10$。它有下列选项：

- EQ：等于。即：*VAL1* = *VAL2*。
- NE：不相等。即：*VAL1* ≠ *VAL2*。
- LT：小于。即有：*VAL1* < *VAL2*。
- GT：大于。即有：*VAL1* > *VAL2*。
- LE：小于或等于。即有：*VAL1* ≤ *VAL2*。
- GE：大于或等于。即有：*VAL1* ≥ *VAL2*。
- ABLT：在求小于之前，先计算 *VAL1* 和 *VAL2* 的绝对值。
- ABGT：在求大于之前，先计算 *VAL1* 和 *VAL2* 的绝对值。

VAL2：在条件比较中的第 2 个数值，或是赋给数值的参数。

Base1：根据逻辑表达式是否成立的结果来进行的动作。如果不成立，继续进行下一行。除了下面描述的 IF-THEN-ELSE 结构以外，这是有条件的，下列任何一个结构都将会引起其他的结构被忽略。

- :label：一个用户自定义的标签，必须用冒号":"开头，其长度不能超过 8 个字符。命令读入器将会跳到与":label"相匹配的那行。但要注意：这个可选的标题不能与 DO 循环或者 IF-THEN-ELSE 结构相混合使用。
- STOP：除非在交互方式运行，否则会引起 ANSYS 从当前行退出 ANSYS 系统。若为交互模式下，程序不会停止。
- EXIT：从当前的 DO 循环中退出。

- CYCLE：跳到 DO 循环的结束处。
- THEN：与"*IF"形成一个 IF-THEN-ELSE 结构。

下面的可选值确定了两个逻辑语句 *Oper1* 和 *Oper2* 之间的连接关系。
- AND(与)：如果两个子句为真，则其结果为真。
- OR(或)：两个子句中至少有一个为真，则结果为真。
- XOR(非或)：两个子句中只要有一个为真，其结果为真。

VAL3：第 3 个数值，或是赋给数值的参数。
Oper2：运算的标题，除非它使用了 *Val3* 和 *Val4*，否则它与 *Oper1* 有相同的标题。
VAL4：第 4 个数值，或是赋给数值的参数。
Base2：根据逻辑表达式，即 *Oper1* 和 *Oper2* 是否成立的结果来进行的动作。与 *Base1* 有相同的标题。

使用提示：有条件地引导程序流向指定的块或指定的位置。"*IF"最多可以嵌套20层。用键盘输入跳到":label"行是不允许的。在 DO 循环或 IF-THEN-ELSE 结构中跳出、跳进一个":label"行也是不允许的。下面是一个 IF-THEN-ELSE 结构的例子。

```
*IF,VAL1,Oper,VAL2,THEN
……                          ! THEN 块
*ELSEIF,VAL1,Oper,VAL2
……                          ! 第 1 个 ELSEIF 块
*ELSEIF,VAL1,Oper,VAL2
……                          ! 第 2 个 ELSEIF 块
*ELSE
……                          ! ELSE 块
*ENDIF
```

其中"……"表示由许多命令组成的命令块，可以包含任意多个"*ELSEIF"结构块，必须要包含一个"*ELSE"块。"*IF"命令通过判断逻辑表达式的值来具体执行哪块命令，如果逻辑表达式的值成立，则执行紧跟其后的命令块即 THEN 块，命令被执行完成后，接着执行"*ENDIF"命令后面的命令。如果逻辑表达式的值不成立，则执行第 1 个"*ELSEIF"，再根据其逻辑表达式的结果来是否执行哪一块。若成立，则执行第 1 个 ELSEIF 块，否则执行第 2 个"*ELSEIF"，再判断其逻辑表达式的值。如此循环下去。如果"*IF"和所有的"*ELSEIF"命令的逻辑表达式都不成立，则执行 ELSE 块。总之在 IF-THEN-ELSE 结构中只能有一块被执行。对一个 IF-THEN-ELSE 结构来说，"*IF"、"*ELSEIF"、"*ELSE"和"*ENDIF"命令必须都要在同一文件里。

6. "*RETURN"命令

使用功能：返回语句，返回到一个较高的层次。

使用格式：***RETURN**,*Level*

其中：*Level* 表示从当前的层次转向的层数，其值有
- Negative：相对于当前层次的移动，如："*Return,-2"，表示从当前层次向上移动2层。
- Positive：移动的绝对层次，如："*Return,2"，表示进入第 2 层；若为 0 则进入第一

个输入文件。

使用提示:该命令可用来在宏文件序列中进行跳跃、结束当前的宏文件,并返回到调用该宏文件的下一行,该命令可用在命令" * IF"或" * DO"的结构内。

3.5 与数组参数相关的命令

1. " * MFOURI"命令

GUI:Utility Menu > Parameters > Array Operations > Matrix Fourier

使用功能:计算一个傅里叶级数的系数或求出其值。

使用格式: * MFOURI, *Oper*, *COEFF*, *MODE*, *ISYM*, *THETA*, *CURVE*

其中:

Oper:傅里叶运算的类型。它有下列选项:
- FIT:根据 *MODE*、*ISYM*、*THETA* 和 *CURVE* 求出傅里叶的系数 *COEFF*。
- EVAL:根据 *COEFF*、*MODE*、*ISYM* 和 *THETA* 计算傅里叶曲线的 *CURVE*。

COEFF:包含傅里叶系数的数组参数名。

MODE:包含着预期傅里叶项模式数的数组参数名。

ISYM:包含着相应傅里叶级数项对称字的数组参数名。若 *ISYM* = 0 或 1,为对称项(即余弦);若 *ISYM* = -1,表示非对称项(即正弦)。

THETA, *CURVE*:分别包含着 θ 和 *CURVE* 描述的数组参数名。其中 θ 的值应该用度输入。如果 *Oper* = FIT,与每个 θ 相对应的曲线点应该输入。如果 *Oper* = EVAL,对每个 θ 计算出其曲线描述点的值。

使用提示:对一条给定的曲线计算其傅里叶的系数,或者是由已给出的系数生成一条傅里叶曲线。其中 *COEFF*、*MODE* 和 *ISYM* 向量的长度是相同的,一般是所期望模数的 2 倍。由于对每个模式来说,一般都需要两项(正弦和余弦)。*CURVE* 和 *THETA* 向量的长度也是相同的,略小于模式的 2 倍。在定义一条曲线时必须要有足够的点,至少是系数的 2 倍。对每个数组,参数向量应该指定数组元素的起始处,向量说明命令" * VLEN"、" * VCOL"、" * VABS"、" * VFACT"和" * VCUM"不能用于这个命令。数组元素也不能使用命令" * VMASK"进行跳跃,也不能跳跃到命令" * VLEN"指定的 *NINC* 处。要进行计算的向量必须是一个具有大小的数组。

2. " * MFUN"命令

GUI:Utility Menu > Parameters > Array Operations > Matrix Functions

使用功能:对一个数组参数矩阵进行复制或转置。

使用格式: * MFUN, *ParR*, *Func*, *Par1*

其中:

ParR:结果数组参数名。

Func:复制或者转置函数。若 *Func* = COPY,*Par1* 被复制到 *ParR* 里;若 *Func* = TRAN,*Par1* 被转置到 *ParR* 里,其中矩阵 *Par1* 中的行(m)和列号(n)被转置为矩阵中的列和行号即为(n,m)。

Par1:输入将要复制或转置的数组参数矩阵。

使用提示：对一个输入的数组参数矩阵进行运算，并按照下列关系生成一个输出的数组参数矩阵。

$$ParR = f(Par1)$$

其中：函数 f 可以复制或转置。

函数是以标准 FORTRAN 的定义为基础的。*ParR* 和 *Par1* 可以具有同样的大小。对每个数组参数矩阵必须要指定数组元素的起始处。如：

   *MFUN,A(1,5),COPY,B(2,3)

其功能是复制矩阵 B (起始元素是(2,3))到 A 里(起始元素是(1,5))。

必须指定每个子矩阵的对角元素，左上角为数组的起始元素，右下角则由来自命令"*VCOL"和"*VLEN"的当前值确定。左上角的默认值是(1,1)，右下角的默认是矩阵的最后一个元素。在矩阵的页标上不会进行运算，绝对值(如："*VABS")和缩放系数(如："*VFACT")能够应用到所有参数上，结果可以进行累加。数组元素也不能使用命令"*VMASK"进行跳跃，也不能跳跃到命令"*VLEN"指定的 *NINC* 处。

3. "*MOPER"命令

GUI：**Utility Menu > Parameters > Array Operations > Matrix Operations**

使用功能：对数组参数矩阵完成矩阵操作。

使用格式：*MOPER,*ParR*,*Par1*,*Oper*,*Par2*,*Par3*,*kDim*,--,*kOut*,*LIMIT*

其中：

ParR：数组参数名。

Par1：参加操作的第 1 个数组参数矩阵。对 *oper* = MAP，这是一个用于插值的坐标位置的数组($N×3$)，*ParR* 则是包含着插值结果的数组，且其维数为 $N×M$。

Oper：矩阵运算符，它们有：

- INVERT：求方阵的逆。将 *Par1* 中的 n×n 方阵的逆放入到 *ParR* 中，矩阵必须具有好的条件数，否则会引起很大的误差。其操作命令格式为：

    *MOPER,*ParR*,*Par1*,INVERT

- MULT：矩阵相乘。用 *Par1* 乘以 *Par2*。其中 *Par2* 的行数必须要等于 *Par1* 的列数。如果它们不相等，相乘操作会继续，但仅计算到最小行(或列)的数值为止。其使用格式为：

    *MOPER,*ParR*,*Par1*,MULT,*Par2*

- COVER：协方差。输入矩阵中的两列元素之间结合的测度。具有 $m×n$ 的 *Par1* 矩阵首先会产生一个包含着每列平均的一个行向量，然后被转置生成一个具有 n 个元素的列向量 *Par2*，*Par1* 和 *Par2* 进行运算，并生成一个具有 $n×n$ 的协方差结果矩阵 *ParR*。其使用格式为：

    *MOPER,*ParR*,*Par1*,COVER,*Par2*

- CORR：相关数。即两个变量之间的相关系数。输入一个具有 $m×n$ 的矩阵，*Par1* 矩阵首先会产生一个包含着每列平均的一个行向量，然后被转置生成一个具有 n 个元素的列向量 *Par2*，*Par1* 和 *Par2* 进行运算，并生成一个具有 $n×n$ 维相关系数的结果矩阵 *ParR*。其中对角项的元素是 1.0。其使用格式为：

* MOPER,*ParR*,*Par1*,CORR,*Par2*

- SOLV：求解联立方程组。其中是 *Par1* 方程组的系数矩阵，*Par2* 是一个向量。*ParR* 则表示结果向量。其中 *Par1* 是一个方阵，方程必须是线性的、线性无关的，具有良好的条件数，否则会引起很大的误差。其使用格式为：

  * MOPER,*ParR*,*Par1*,SOLV,*Par2*

- SORT：矩阵排序。按照排序向量 *Par2*，对矩阵 *Par1* 进行排序，并将结果放在矩阵 *Par1* 里。矩阵 *Par1* 中的行会按照向量 *Par2* 中的值移动到指定的位置。非整数值会被截断为整数。*Par2* 也可以是矩阵 *Par1* 中的一列。*ParR* 是初始行位置的向量，按照 *ParR*，排序 *Par1* 应该重新产生一个初始顺序。其使用格式为：

  * MOPER,*ParR*,*Par1*,SORT,*Par2*

- NNEAR：最近的节点。快速确定在一个给定数组中指定误差内的所有节点。*ParP* 是一个最靠近被选择的节点向量，如果为 0，则表示在误差内没有最靠近的节点，*Par1* 是一个 $n \times 3$ 的坐标位置的数组。其命令的格式为：

  * MOPER,*ParR*,*Par1*,NNEAR,Toler

- ENEAR：最近的单元。快速确定在一个给定数组中，指定误差内其单元中心最近的所有单元。*ParP* 是一个最靠近被选择的单元向量，如果为 0，则表示在误差内没有单元中心最靠近的单元，*Par1* 是一个 $n \times 3$ 的坐标位置的数组。其命令的格式为：

  * MOPER,*ParR*,*Par1*,ENEAR,Toler

- MAP：将来自另外一个程序中的结果映射到 ANSYS 有限元模型上。如：能够将来自 CFD 分析的压力值映射到用户模型上，再进行结构分析。当在映射结果时，接下来的变量 *Par2* 和 *Par3* 确定了输入值和它们的位置，紧接着的第 3 个变量确定了搜索和插值的区域。其命令的格式为：

  * MOPER,*ParR*,*Par1*,MAP,*Par2*,*Par3*,*kDim*,*kOut*,*LIMIT*

Par2：输入参加运算的第 2 个数组参数名。对于"COVER"和"CORR"运算来说，这个参数必须要存在，并且要指定为没有赋值、且具有一定大小的数组向量，因为它的值将会作为运算的一部分要参加计算。对于"MAP"来说，它将是一个 $\{N(in) \times M\}$ 的数组，它的值将被用来插值，其中 $N(in)$ 是作为插值的点数，M 是每个点值的个数；对于"ENEAR"和"NNEAR"来说，它是将要探索且为指定的误差值。

Par3：当 *Oper* = MAP 时的第 3 个数组参数，它是一个与 *Par2* 内的值相关的坐标位置，是一个 $(N \times 3)$ 的数组。

kDim：当 *Oper* = MAP 的插值法则，若 *kDim* = 2 或 0，使用 2 维插值（即在平面上插值），若 *kDim* = 3，使用 3 维插值（即在空间上插值）。

kOut：当 *Oper* = MAP 时，外部插值的结果。如果 *kOut* = 0，则使用最靠近外部区域的点来进行外部插值，如果 *kOut* = 1，则设置区域外部插值的结果为零。

LIMIT：当 *Oper* = MAP 时，设置插值时邻近点的个数，最小值为 5，最大值为 20，设置小的值会减少计算处理时间，但某些扭曲或不规则的网格也许需要更大的值才能满足要求。

使用提示：对每个数组参数参加矩阵运算，除非是从数组的起始位置开始，否则必须要指明参加运算的数组元素的起始号，如：

$$* \text{MOPER}, a(2,3), b(1,4), \text{MULT}, c(1,5)$$

其功能为：b(元素的起始为(1,4))矩阵与 c(元素的起始号为(1,5))矩阵相乘，其结果放到 a 矩阵(元素起始的标号为(2,3))中。

对每个子矩阵的对角元素必须要指定。左上角由这个命令的数组起始元素确定，右下角则由从命令"*VCOL"和"*VLEN"的当前值所确定，其默认值则分别为(1,1)和矩阵的最后一个元素。在矩阵的页标上不会进行运算，绝对值和缩放系数能够应用到所有参数上，结果可以进行累加。数组元素也不能使用命令"*VMASK"进行跳跃，也不能跳跃到命令"*VLEN"指定的 NINC 处。

4. "*MWRITE"命令

GUI：**Utility Menu > Parameters > Array Parameters > Write to File**

使用功能：按格式顺序写一个矩阵到文件里。

使用格式：*MWRITE, *ParR*, *Fname*, *Ext*, --, *Label*, *n1*, *n2*, *n3*

其中：

ParR：数组参数名。

Label：使用 IJK、IKJ、JIK、JKI、KIJ、KJI 和空(即为 JIK)

n1, *n2*, *n3*：对 *Label* = KIJ 来说，按顺序(((*ParR*(i,j,k), k = 1, *n1*), i = 1, *n2*), j = 1, *n3*)写入，其中，*n1*、*n2* 和 *n3* 的默认为数组 *ParR* 参数的相关维数。

使用提示：该命令按照某种格式顺序，写一个数组或向量到一个指定的文件里。也可以使用命令"*VWRITE"将数据写入一个指定的文件。包含格式符的命令必须紧跟在该命令之后，格式描述符可以是 FORTRAN 格式或 C 格式。

FORTRAN 描述符要用一个圆括号括起来，它们必须紧跟在命令"*MWRITE"之后的一行里，并且要与该命令处在同一个文件里。不能使用词"FORMAT"。格式必须写明每行写入数据的个数、域宽、小数点的位置等。对每个写入的数据都有一个相对应的域描述符，写操作将利用 FORTRAN 系统的 FORMAT 规则。任何标准 FORTRAN 的实数格式，如(4F6.0)，(E10.3,2X,D8.2)等，和字符格式，如(A)，都可以使用，但整型格式"I"和隐含格式"*"不能使用。文本可以包含在格式里作为一个引证符。FORTRAN 描述符必须要用圆括号括起来，包括圆括号在内不能超过 80 个字符。

如果格式描述行的第 1 个字符不是一个左圆括号，则可以使用 C 格式描述符。其长度最多可达到 80 个字符，主要由文本字符串和预定义的"数据描述符"组成，其中字符串之间可以插入数值或字符型数据。标准的描述符有：

- %I：用于整型数据。
- %G：用于双精度型数据。
- %C：用于字符串数据。
- %/：用于一行的结束。

每个描述符之前有一个空格，按照指定值的顺序，每个指定值都有一个数据描述符。在"*MSG"中使用的扩展格式也可以使用。

必须要指定数组的起始标号。由标签变量指出的循环按确定的方向进行。循环次数和循环跳跃将由命令"*VLEN"和"*VMASK"控制着。该命令不能使用向量规范命令"*VABS"、"*VFACT"和"*VCUM"等。该命令只能用于将要读入 ANSYS 的文件中，不能在 GUI 方式上使用。

5. "*TOPER" 命令

GUI：**Utility Menu > Parameters > Array Operations > Table Operations**

使用功能：对表格参数进行操作。

使用格式：*TOPER, *ParR*, *Par1*, *Oper*, *Par2*, *FACT1*, *FACT2*, *CON1*

其中：

ParR：结果表格参数名。该命令将用这个名字生成一个表格数组参数，任何与这个名称相同的参数都会被覆盖。

Par1：第 1 个表格参数的名称。

Oper：将要完成的操作。如加操作表示：

$$ParR(i,j,k) = FACT1 * Par1(i,j,k) + FACT2 * Par2(i,j,k) + CON1$$

Par2：第 2 个表格参数的名称。

FACT1：与第 1 个表格参数相乘的因子，默认值为 1.0。

FACT2：与第 2 个表格参数相乘的因子，默认值为 1.0。

CON1：偏移的常数增量，默认值为 0。

使用提示：命令 "*TOPER" 按照下列格式对表格数组进行操作：

$$ParR(i,j,k) = FACT1 * Par1(i,j,k) + FACT2 * Par2(i,j,k) + CON1$$

其中，*Par1* 和 *Par2* 必须要有相同的大小和与其大小相对应的变量名，且要有相同的行标和列标值。

6. "*VABS" 命令

GUI：**Utility Menu > Parameters > Array Operations > Operation Settings**

使用功能：给数组参数施加绝对值函数。

使用格式：*VABS, *KABSR*, *KABS1*, *KABS2*, *KABS3*

其中：

KABSR：结果参数的绝对值。若为 0，不取绝对值；若为 1，取绝对值。

KABS1, *KABS2*, *KABS3*：分别对第 1、2、3 个参数取绝对值的控制键，若为 0，不取绝对值；若为 1，取绝对值。

使用提示：对在某个命令 "*VXX" 和 "*MXX" 等操作中的参数施加绝对值。其中典型施加绝对值的形式如下：

$$ParR = |f(|Par1|)|$$

或者

$$ParR = |(|Par1| \circ |Par2|)|$$

在操作进行之前，绝对值施加到每个输入的参数上，在操作完成之后，施加到输出的结果上。绝对值的施加操作在缩放系数之前进行，这样就可以利用负的缩放系数。在每个 "*VXX" 和 "*MXX" 操作完成后，绝对值设置又重新回到其默认值，即不施加绝对值。使用 "*VSTAT" 命令可以列出其设置。

7. "*VCOL" 命令

GUI：**Utility Menu > Parameters > Array Operations > Operation Settings**

使用功能：在矩阵运算中，指定列标号。

使用格式：*VCOL,*NCOL1*,*NCOL2*

其中：

NCOL1,*NCOL2*：在命令"*MXX"的运算中，分别对 *Par1*、*Par2* 指定使用的列标号。默认值是从指定的开始位置直到填充整个数组的值。

使用提示：在数组参数矩阵运算中，指定列标号。子矩阵的大小将从运算命令中定义的左上角数组元素的开始到右下角的元素来确定，右下角元素的列标号将由本命令指定，右下角元素的行标号将由"*VLEN"命令指定。

默认的 *NCOL* 是结果数组的最大列标号减去指定开始元素的列标号再加 1。如：

$$*DIM,r,,1,10$$

r 数组的开始元素是 r(1,7)，则其列标号的默认值为 4，即有 r(1,7)、r(1,8)、r(1,9) 和 r(1,10)。重复运算将在结果数组的最后列标号处终止，在结果矩阵的行和列中存在的值保留不变，不会被请求的输入或运算值所覆盖。

在每个"*MXX"操作完成后，列标控制设置又重新回到其默认值。使用"*VSTAT"命令可以列出其设置。

8. "*VCUM"命令

GUI：Utility Menu > Parameters > Array Operations > Operation Settings

使用功能：将数组参数的结果加到已存在的结果上。

使用格式：*VCUM,*KEY*

其中：

KEY：累加控制。若为 0，覆盖结果（默认设置）；若为 1，对结果进行累加。

使用提示：将来自"*VXX"和"*MXX"运算的结果覆盖或加到已存在的结果上，累加操作的形式为：

$$ParR = ParR + ParR(\text{Previous})$$

在每个"*VXX"和"*MXX"操作完成后，累加操作设置又重新回到其默认值，即覆盖已存在的结果数组。使用"*VSTAT"命令可以列出其设置。

9. "*VFACT"命令

GUI：Utility Menu > Parameters > Array Operations > Operation Settings

使用功能：施加一个缩放系数到数组参数上。

使用格式：*VFACT,*FACTR*,*FACT1*,*FACT2*,*FACT3*

其中：

FACTR：施加到结果参数（*ParR*）上的缩放系数，默认值为 1.0。

FACT1,*FACT2*,*FACT*：分别对第 1 个参数（*Par1* 或 *ParI*）、第 2 个参数（*Par3* 或 *ParJ*）和第 3 个参数（*Par3* 或 *ParK*）施加缩放系数，默认值均为 1.0。

使用提示：对在当前使用运算"*VXX"和"*MXX"中的参数施加一个缩放系数。典型的缩放系数是：

$$ParR = FACTR * f(FACT1 * Par1)$$

或者

$$ParR = FACTR * ((FACT1 * Par1) o (FACT2 * Par2))$$

缩放系数施加到运算之前的每个输入参数上和运算之后的结果上，在每个"*VXX"

和"*MXX""操作完成后,缩放系数的设置又重新回到其默认值,即 1.0,使用"*VSTAT"命令可以列出其设置。

10. "*VFUN"命令

GUI:**Utility Menu > Parameters > Array Operations > Vector Functions**

使用功能:对一个数组参数完成一次函数运算。

使用格式:*VFUN,*ParR*,*Func*,*Par1*,*CON1*,*CON2*,*CON3*

其中:

ParR:结果数值型数组参数名。

Func:将要完成的函数运算。有如下的函数:

- ACOS:反余弦运算,即有:ACOS(*Par1*)。
- ASIN:反正弦运算,即有:ASIN(*Par1*)。
- ASORT:按升序方式对 *Par1* 排序。不能使用"*VCOL*"、"*VMASK*"、"*VCUM*"和"*VLEN,,NINC*"等命令,但命令"*VLEN,NROW*"能够使用。
- ATAN:反正切运算,即有 ATAN(*Par1*)。
- COMP:压缩运算,有选择地压缩数据集。当 *Par1* 为"True"时,用压缩的方式从指定的起始处写入到 *ParR* 中。
- COPY:*Par1* 被复制到 *ParR*。
- COS:余弦运算,即有:COS(*Par1*)。
- COSH:双曲余弦运算,即有:COSH(*Par1*)。
- DIRCOS:主应力(n×9)的方向余弦,*Par1* 包含着第 *n* 个位置计算的 n×6 个应力分量。
- DSORT:按降序的方式对 *Par1* 进行排序,其他可参考选项"ASORT"。
- EULER:主应力(n×3)的欧拉角,*Par1* 包含着第 *n* 个位置计算的 n×6 个应力分量。
- EXP:指数运算,即有:EXP(*Par1*)。
- EXPA:扩展运算,COMP 运算的逆运算。*Par1* 的所有元素按照扩展的方式写入到 *ParR* 相关的"true"位置处。
- LOG:自然对数运算,即有:LOG(*Par1*)。
- LOG10:常用对数运算,即有:LOG10(*Par1*)。
- NINT:求最近的整数,如 2.783 将是 3,-1.75 将是 -2 等。
- NOT:逻辑非运算。
- PWR:求幂运算,即有:*Par1* ** *CON1*。
- SIN:正弦运算,即有:SIN(*Par1*)。
- SINH:双曲正弦运算,即有:SINH(*Par1*)。
- SQRT:平方根运算,即有:SQRT(*Par1*)。
- TAN:正切运算,即有:TAN(*Par1*)。
- TANH:双曲正切运算,即有:TANH(*Par1*)。
- TANG:与路径上的一个点相切,其斜率由在其前一点与后一点之间的线性插值来确定。点的坐标位于整体直角坐标系统上,路径上的点用数组 *Par1* 指定。对 X 坐标,只要指定了其行标和列标的起始处,如 a(1,1),那么向量的 Y 坐标和 Z 坐标将是相应的下一个列标号如 a(1,2)和 a(1,3)。切线的结果 *ParR* 必须要有 3 个连续的数据列，它们将包含着切线的规范化方向向量。如对 X 方向的向量为 1，0，0。
- NORM：与路径上的某个点的切线成法向，由计算的切向量和输入的方向向量的叉积来确定，其余可参考选项"TANG"，并将"切线"改成"法线"。
- LOCAL：将一个点的整体直角坐标转换成一个指定系统的坐标。将要转换的点用数组 *Par1* 指定。在 *Par1* 数组中，3 个连续的列标分别容纳着 X、Y 和 Z 的整体直角坐标值。只要指定了其行标和列标的起始处，如 a(1,1)，那么向量的 Y 坐标和 Z 坐标将是相应的下一个列标号，如 a(1,2) 和 a(1,3)。结果被转换成 *CON1* 的坐标系统，其中 *CON1* 可以是有效的坐标系统编号，如 1、2、11、12 等。被转换的结果数组 *ParR* 必须要有 3 个连续的数据列，它将容纳着相关转换的坐标位置。
- GLOBAL：将一个点的指定坐标转换成整体直角坐标，将要转换的点用数组 *Par1* 指定。在 *Par1* 数组中，3 个连续的列标分别容纳着 X、Y、Z 或 r、θ、z 的局部坐标值。只要指定了其行标和列标的起始处，如 a(1,1)，那么向量的 Y 坐标和 Z 坐标（或者是 θ 和 z 坐标）将是相应的下一个列标号，如 a(1,2) 和 a(1,3)。局部坐标位置假定是处在 *CON1* 坐标系中。被转换的结果数组 *ParR* 必须要有 3 个连续的数据列，每列分别容纳着整体直角 X、Y 和 Z 的坐标位置。

Par1：参与运算的数组参数向量。

CON1，*CON2*，*CON3*：常数。仅适用于 PWR、NORM、LOCAL 和 GLOBAL 等函数。

使用提示：对一个输入的数组参数向量进行运算，然后按照下列方式生成一个输出的数组参数向量：

$$ParR = f(Par1)$$

其中，f 是上述已经介绍的函数。函数都是以标准的 FORTRAN 定义为依据的，超出了函数结果的范围将会产生一个 0 值，三角函数的输入和输出可以使用弧度（默认方式）或度。*Par1* 必须与 *ParR* 有相同的大小，对每个数组参数向量必须要指定数组元素的起始位置。如：*VFUN, a(1), SQRT, b(5)，即求 b 中第 5 个元素的平方根，然后储存在 a 的第 1 个元素里，在默认的方式下，运算将在连续的数组元素上进行，绝对值和缩放系数可以施加给所有的参数，结果也可以进行累加。

11. "*VITRP" 命令

GUI：Utility Menu > Parameters > Array Operations > Vector Interpolate

使用功能：通过在一个表格中进行插值生成一个数组参数。

使用格式：*VITRP,*ParR*,*ParT*,*ParI*,*ParJ*,*ParK*

其中：

ParR：结果数组参数名。

ParT：表格（TABLE）数组参数名，参数必须存在并定义为表格类型。

ParI，*ParJ*，*ParK*：分别对在 *ParT* 中进行插值的 I（行）、J（列）或 K（页）索引值的数组参数向量，*ParT* 相对应的维数分别为一维、二维或三维。

使用提示：按照下列方式，通过对一个在指定表格索引位置的数组参数的插值形成一个数组参数。

$$ParR = f(ParT, ParI, ParJ, ParK)$$

其中，*ParT* 是一个表格（TABLE）数组参数，对在 *ParT* 中的插值来说，*ParI*、*ParJ*、*ParK* 是

存放索引值的数值型数组参数，都可以使用命令"*DIM"来定义，使用线性插值，对每个数组参数必须要指定数组元素的起始标号。对表格参数(ParT)不使用数组元素标号，但必须要输入一个值，如：

    *VITRP,r(5),tab(1,1),x(2),y(4)

其功能为：在 tab 上，使用 x 的第 2 个元素和 y 的第 4 个元素作为索引值，进行二维插值，结果放在 r 的第 5 个元素里，在默认方式下，操作将在所有连续数组元素上进行，对结果参数可以使用绝对值和缩放系数，结果也可以进行累加。

12. "*VLEN"命令

GUI：**Utility Menu > Parameters > Array Operations > Operation Settings**

使用功能：在数组参数运算中用来指定行号。

使用格式：*VLEN,*NROW*,*NINC*

其中：

NROW：在"*VXX"和"*MXX"操作中用来指定的行数，默认值是所需要填充结果数组的行数。

NINC：每隔 *NINC* 行完成一次操作，默认值为 1。

使用提示：在数组参数操作中，用来指定行数。所使用的子矩阵的大小由开始数组元素的左上角到数组元素的右下角的值来确定，其中左上角在本命令中指定，右下角则由本命令指定的行数和命令"*VCOL"的列数来确定。对某些操作命令，需要进行隔行操作时，可以使用 *NINC*，跳过的行被包括在行的计算之内。对每个要读入的数组或要写入的结果数组，在操作时都要指明数组元素的起始标号。

变量 *NROW* 的默认值是由结果数组的最大行数减去指定元素的行数再加 1，如：

    *DIM,r,,10

定义了一个具有 10 个元素的数组 r，如果指定 r(7) 为数组元素的起始值，则在其默认方式下有 4 次循环，即要填充 r(7)、r(8)、r(9) 和 r(10)，重复操作在遇到结果数组的最大行标号时自动终止，在结果矩阵的行和列中已存在的值保留不变，不会由所请求的输入或运算值所覆盖。

幅值(*NINC*)允许操作在一定间隔的行上完成，它对行操作的总数没有影响，忽略的操作将保留着以前的结果。如：

    *DIM,r,,6

若其起始标号为 r(1)，若 *NROW*=10 和 *NINC*=2，则对位置 r(1)、r(3)、r(5)……等进行计算，而位置 r(2)、r(4)、r(6)、……等则保留为原来的值。通过使用"*VMASK"可以进行更一般跳跃控制。在每次"VXX"和"*MXX"操作后，行控制设置会重新回到其默认值，使用命令"*VSTAT"可以列表出其设置。

13. "*VMASK"命令

GUI：**Utility Menu > Parameters > Array Operations > Operation Settings**

使用功能：指定一个数组参数作为一个屏蔽向量。

使用格式：*VMASK,*Par*

其中：

Par：屏蔽参数的名称，起始下标必须要指定。

命令默认值：没有指定屏蔽参数。

使用提示：指定一个参数名，它的值用来检查每个结果的行操作。屏蔽向量中元素的值是 0(不成立)或 1(成立)。对每个行操作，相关的屏蔽向量值被检查。1 则允许操作继续进行，0 则跳过这个操作，并保留原来的值。一个屏蔽向量可以直接通过输入来生成。如：

    m(1)=1,0,0,1,1,0,1

或者来自于"*VFILL"命令的数据函数。"*VFUN"命令的求非函数可被用来求屏蔽向量逻辑意义上的逆。通过使用命令"*VOPER"对两个其他向量的逻辑比较运算，如(LT、LE、EQ、NE、GE 和 GT)，也可以生成一个屏蔽向量。任何数值向量都可以作为屏蔽向量使用，因为当其值小于 0.0 时就可看作为 0.0(不成立)，其值大于 0.0 时就可看作为 1.0(成立)。如果屏蔽向量没有指定，或者与结果向量相比，其值要少一些时，对于没有指定的部分将用 1.0 来取代。另一种跳跃控制是利用命令"*VLEN"中的变量 *NINC*。如果这两种方式都同时存在，则只有当两个都成立时操作才会进行。在每次"*VXX"和"*MXX"操作后，屏蔽设置会重新回到其默认值，即没有屏蔽，使用命令"*VSTAT"可以列表出其设置。

14.　"*VOPER"命令

GUI：**Utility Menu > Parameters > Array Operations > Vector Operations**

使用功能：对两个数组参数进行运算。

使用格式：*VOPER,*ParR*,*Par1*,*Oper*,*Par2*,*CON1*,*CON2*

其中：

ParR：生成的结果数组参数名。

Par1：参加运算的第 1 个数组参数，可以是一个标量参数或字符型常数。

Oper：运算符。它有下列选项：

- ADD：加法运算，即：*Par1* + *Par2*。
- SUB：减法运算，即：*Par1* − *Par2*。
- MULT：乘法运算，即：*Par1* * *Par2*。
- DIV：除法运算，即：*Par1*/*Par2*。若被 0 除则生成一个 0 值。
- MIN：最小值，即取 *Par1* 和 *Par2* 中的最小。
- MAX：最大值，即取 *Par1* 和 *Par2* 中的最大。
- LT：小于比较运算，即：*Par1* < *Par2*，若成立，则其结果为 1，否则为 0。
- LE：小于或等于比较运算，即：*Par1* ≤ *Par2*，若成立，则其结果为 1，否则为 0。
- EQ：等于运算，即：*Par1* = *Par2*，若成立，则其结果为 1，否则为 0。
- NE：不等于运算，即：*Par1* ≠ *Par2*，若成立，则其结果为 1，否则为 0。
- GE：大于或等于，即：*Par1* ≥ *Par2*，若成立，则其结果为 1，否则为 0。
- GT：大于比较运算，即：*Par1* > *Par2*，若成立，则其结果为 1，否则为 0。
- DER1：一阶导数，即有：d(*Par1*)/d(*Par2*)，在某点的导数值将由在其前一点和后一点之间的中间点处通过线性插值得到。*Par1* 必须是一个函数，而 *Par2* 必须要按升序排列。
- DER2：二阶导数，即有：d2(*Par1*)/d(*Par2*)2。可参考 DER1。

- INT1：一次积分，即有：$\int par1\,\mathrm{d}(Par2)$，其中 CON1 是积分常数，在某点的积分将通过使用一次积分程序来确定。
- INT2：二次积分，即有：$\iint par1\,\mathrm{d}(Par2)$，其中 CON1 是一次积分常数，CON2 是二次积分常数，如果 Par1 包含着加速度的数据，则 CON1 为初始速度。CON2 是初始位移。
- DOT：点积，即：$Par1 \cdot Par2$，其中 Par1 和 Par2 必须每个都有 3 个连续的数据列，每列都分别包含着 I、J 和 K 向量分量，对 Par1 和 Par2，只要指定了 I 分量的起始行标号和列标号，如 A(1,1)，则 J 和 K 向量分量就假定在相关的下一列，如 A(1,2) 和 A(1,3)。
- CROSS：叉积，即有：$Par1 \times Par2$，Par1、Par2 和 ParR 每个必须分别都有 3 个分量。对 Par1、Par2 和 ParR，只要指定了 I 分量的起始行标号和列标号，如 A(1,1)，则 J 和 K 向量分量就假定在相关的下一列，如 A(1,2) 和 A(1,3)。
- GATH(Gather)：聚集运算：对于一个位置数向量 Par2，将 Par1 中每个正数位置的值复制到向量 ParR 中，如：Par1 = 10,20,30,40，而 Par2 = 2,4,1；则结果为 ParR = 20,40,10。
- 分散运算(Scatter)：是聚集运算的逆运算。对于一个位置数向量 Par2，复制 Par1 中的值到 ParR 中相对应的位置。如有 Par1 = 10,20,30,40,50 和 Par2 = 2,1,0,5,3，则其结果为：ParR = 20,10,50,0,40。

Par2：参加运算的第 2 个数组参数，可以是一个标量参数或字符型常数。
CON1：第 1 常数，仅适用于 INT1 和 INT2 运算。
CON2：第 2 常数，仅适用于 INT2 运算。
使用提示：按照下式对两个输入数组参数进行运算，生成一个输出数组参数。

$$ParR = Par1 \text{ o } Par2$$

其中：(o)是上面描述的运算符，ParR 可以与 Par1 和 Par2 有相同大小，绝对值和缩放系数都可以应用到所有的参数上，结果也可以进行累加，对于每个数组参数向量都必须要指明数组的起始元素标号。如：

　　　　＊VOPER,a(1),b(5),ADD,c(3)

它是将 c 中的第 3 个元素与 b 中的第 5 个元素开始相加，将结果放到 a 中的第 1 个元素，在默认的方式下，运算在连续的数组元素之间进行。

参数函数和运算符也可以在一个标量参数或数组参数的一个元素上进行，如：SQRT(b)或 SQRT(a(4))。在一个 DO 循环中，通过重复某个函数或运算符也可以对一系列数组元素进行操作。在 ANSYS 程序里的向量运算是在由内部已编制的 DO 循环内进行，它对一系列数组元素能够很方便地完成所指定的操作。如果数组是多维的，在一个 DO 循环中只有第 1 个下标在增加，这意味着操作是沿着数组按列向量的方式重复着，如：a(1,5)，a(2,5)，a(3,5)等，在每个参数被读出或结果被写入之时，必须要指明行下标的起始位置。

从结果的开始位置到最后位置就是默认的循环数，这个默认的循环数也可以使用"＊VLEN"命令来改变。可以定义一个逻辑屏蔽向量来控制操作的那个位置可以被跳过。默认方式是没有位置将被跳过。如果循环数没有指定、或者是循环数超过了数组元素的最大值，则重复操作在遇到结果数组元素的最后一个值时会自动终止，若超过了输入数组列的最后数组元素，其操作值将会用 0 来替代。在结果矩阵的行和列中已存在的值保留不变，不会由所请求的输入或运算值覆盖。数组列要与输入的数组列有相同的大小，在求值时，结果会被保存在一个暂时的文件，直到操作完成后才移到结果数组里，该结果可以覆盖已经存在的结果，或者与已存在的结果进行累加，但在默认时是采用覆盖的方式。

15. "*VPLOT" 命令

GUI：**Utility Menu > Plot > Array Parameters**

使用功能：数组参数的列(向量)图形显示。

使用格式：*VPLOT,*ParX*,*ParY*,*Y2*,*Y3*,*Y4*,*Y5*,*Y6*,*Y7*,*Y8*

其中：

ParX：其列向量值将作为图形显示横坐标的数组参数名，如果为空(blank)，则使用其行标号，程序并不对 *ParX* 进行排序。

ParY：其列向量值将会与 *ParX* 的值相对应地作为图形显示的数组参数名，即纵坐标值。

Y2,*Y3*,*Y4*,*Y5*,*Y6*,*Y7*,*Y8*：*ParY* 数组参数的其他列标号，它的值也将与 *ParX* 的值相对应地在图形中显示。

使用提示：将要图形显示的数组列和每个数组参数起始列的行标都必须指明。*ParY* 数组参数中的其他列通过指定列数为 *Y2*,*Y3*,…,*Y8*，也可以图形显示。如：

    *VPLOT,time(4,6),disp(8,1),2,3

它指明了数组参数中的第 1 列、第 2 列和第 3 列与数组 time 的第 6 列相对应地在图形上显示，图形方式将会显示出列从它们的起始位置的行标号到达其最大的行标号的数据。使用命令"*VLEN"和"*VMASK"可以限制或跳过图形显示的数据。在"*VPLOT"命令中，指定的数组参数必须要有相同的类型大小。其中数值型(ARRY)数组将用柱状方式显示，表格型(TABLE)数组参数将用连续的曲线显示。

对命令"*VPLOT"所安排的曲线标签是：对曲线 1 用"*COL1*"标识，对曲线 2 用"*COL2*"来标识，如此下去。也可以使用命令"/GCOLUMN"来施加用户自定义的曲线标识，但其长度不能超过 8 个字符。

16. "*VSCFUN" 命令

GUI：**Utility Menu > Parameters > Array Operations > Vector-Scalar Func**

使用功能：确定一个数组参数的性能。

使用格式：*VSCFUN,*ParR*,*Func*,*Par1*

其中：

ParR：用户指定的结果标量参数名。

Func：函数，它有下列选项：

- MAX：最大值，*Par1* 数组元素值的最大值。
- MIN：最小值，*Par1* 数组元素值的最小值。
- LMAX：*Par1* 数组元素最大值的下标位置，它将从一个指定的起始处开始搜索。
- LMIN：*Par1* 数组元素最小值的下标位置，它将从一个指定的起始处开始搜索。
- FIRST：*Par1* 数组中第 1 个非零值的下标位置，它将从一个指定的起始处开始搜索。

- LAST：*Par1* 数组中最后一个非零值的下标位置,它将从一个指定的起始处开始搜索。
- SUM：求和,对 *Par1* 数组元素的值进行求和。
- MEDI：取中间点,*Par1* 中的值在其上和其下有相同的个数。
- MEAN：平均数,即有：$(\sigma\ Par1)/NUM$,其中 NUM 是累加值的个数。
- VARI：求偏差即有：$(\sigma((Par1 - MEAN)**2))/NUM$。
- STDV：求标准差,即 VARI 开平方。
- RMS：$(\sigma(Par1**2))/NUM$ 的平方根。
- NUM：总个数,即累加值的个数,屏蔽值将不会计入在内。

Par1：在操作中的数组参数向量。

使用提示：对一个输入数组参数向量进行操作,并按下列公式生成一个输出标量参数。

$$ParR = f(Par1)$$

其中,f 就是上面所描述的函数。对于数组参数向量,必须要指明数组元素的起始标号。如：*VSCFUN,mu,MEAN,a(1),即要找到 a 向量值的平均数,从第 1 个值开始,并将结果储存在参数 mu 中,在默认方式下,将对数组元素进行连续赋值,绝对值和缩放系数可以施加到所有参数中,结果也可以进行累加。

17. "*VSTAT" 命令

使用功能：对数组参数列表出当前的操作状态。

使用格式：*VSTAT

使用提示：对命令 "*VABS"、"*VCOL"、"*VCUM"、"*VFACT"、"*VLEN" 和 "*VMASK" 列表出其当前的使用状态。

18. "*VWRITE" 命令

GUI：**Utility Menu > Parameters > Array Parameters > Write to File**

使用功能：按格式顺序将数据写入到文件。

使用格式：*VWRITE,*Par1*,*Par2*,*Par3*,*Par4*,*Par5*,*Par6*,*Par7*,*Par8*,*Par9*,*Par10*,*Par11*,*Par12*,*Par13*,*Par14*,*Par15*,*Par16*,*Par17*,*Par18*,*Par19*

其中：

Par1,*Par2*,…,*Par19*：一次可以写入 19 个参数或常数。有一个 *Par* 为空后,其后的任何 *Par* 值都会被忽略掉。如果让所有的都为空,则在文件中写一空行,如果输入 *Par1* = SEQU,则可以产生一个以 1 开头的连续序列号。

使用提示：可以使用命令 "*VWRITE" 按格式顺序将数据写入到文件中,数据项 *Par1*、*Par2*、…… 等可以是数组参数、标量参数、字符参数或常数。在使用命令 "*VWRITE" 之前,必须要将数据项中的表达式和函数的值求出,因为它们在命令 "*VWRITE" 中,开始会求出其值,但会在整个操作后保持为常数,除非用命令 "*CFOPEN" 定义了一个文件,数据被写入到这个标准的输出文件中就可避开这种情形的出现。通过在开始处用命令 "/OUTPUT" 对当前输出文件进行转换,可将要写入到标准输出文件中的数据分开到不同的文件中。也可以使用命令 "*MWRITE" 将要写入数据到一个指定的文件中,无论哪个命令,其数据的格式符必须要紧跟其后,格式描述符可以是 FORTRAN 或 C 格式。

其他的相关说明可参考"*MWRITE"命令的使用提示。

19. "*SREAD"命令

使用功能：读文件内容来填充一个字符串数组。

使用格式：*SREAD, StrArray, Fname, Ext, --, nChar, nSkip, nRead

其中：

StrArray：字符串数组参数名。字符串数组参数与字符参数相类似，但其中每个数组元素可以包含 128 个字符，如果字符串数组不存在，就将生成一个，生成字符串数组的命令为："*DIM, StrArray, STRING, nChar, nRead"。

nChar：每行将要读入的字符个数，默认值为文件中最长行的字符个数。

nSkip：从文件开始处起将要省略的行数，默认值为 0。

nRead：从文件中将要读入的行数，默认值为整个文件的内容。

使用提示：该命令从文件中读入内容来填充一个字符串数组，其中文件必须是一个 ASCII 文本文件。

20. "*TAXIS"命令

使用功能：指定表格索引号。

使用格式：*TAXIS, ParmLoc, nAxis, Val1, Val2, Val3, Val4, Val5, Val6, Val7, Val8, Val9, Val10

其中：

ParmLoc：在表格型数组中，对索引号指定的名称和起始位置。索引号位于用 nAxis 指定的轴线。

nAxis：索引号的轴线位置，若为 1（默认值），为行；若为 2，为列；若为 3，为页；若为 4，为书；若为 5，为书架；若为 ALL，列表出所有的索引号，仅对 Val1 = LIST 有效。

Val1, Val2, Val3, …, Val10：对由 nAxis 指定轴线的索引号值，且从表格型数组参数位置 ParmLoc 处开始，可以指定 10 个值。为了列表出用 nAxis 指定的索引号值，可以执行 Val1 = LIST，这时 Val2 ~ Val10 无效。

使用提示：使用命令"*TAXIS"可以方便地指定表格索引号的值，这些值将保存在 0 行、0 列等，如执行：

*TAXIS, longtable(1,4,1,1), 2, 1.0, 2.2, 3.5, 4.7, 5.9

表示在第 2 行，从位置 4 开始填充索引值分别为 1.0、2.2、3.5、4.7 和 5.9。

为了列表出索引号，可以执行：

*TAXIS, ParmLoc, nAxis, LIST

其中 nAxis = 1 ~ 5 或 ALL。

3.6 其他命令

1. "/DFTAB"命令

使用功能：对用户定置的单元指定 DOF 标签。

使用格式：/DFLAB, DOF, DispLab, ForceLab

其中：

DOF：确定哪个 DOF 标签将要修改的编号，如 1 = UX，FX、2 = UY，FY、3 = UZ，FY、4 = ROTX，MX 等。

DispLab：对位移标签的新标签名，最多为 4 个字符，旧的标签无效。

ForceLab：与自由度标签的相对应力的新标签名，最多为 4 个字符，旧的标签无效。

使用提示：命令"/DFLAB"很少使用，并指定为用户自定义单元使用，且使用的自由度并不属于标准 ANSYS 系统所有。

2. "/DIRECTORY" 命令

使用功能：将当前目录下的文件名写入一个字符串参数数组。

使用格式：/**DIRECTORY**, *StrArray*, *FileName*, *Ext*, *Dir*

其中：

StrArray：将要填充的"字符串数组"参数，字符串数组参数与字符参数相类似，但其中每个数组元素可以包含 128 个字符，如果该数组不存在，就将生成一个，生成字符串数组的命令为："* DIM, *StrArray*, STRING, 64, 2, *numFileName*"。

FileName：文件名，最多 64 个字符。仅与该名称相匹配的文件才返回，若为 ALL，则可能匹配所有的文件。

Ext：文件扩展名，最多 8 个字符。只有相匹配的扩展名才返回，空(blank)或 ALL 将匹配所有的扩展名。

Dir：当前文件存在的目录名，其默认值为当前的工作目录名。

使用提示：该命令得到当前目录下的文件名，然后将其填充到一个字符串参数数组中，每个文件将以"名称-扩展名"配对的方式包含在数组中。

3. "/MAIL" 命令

使用功能：以电子邮件的方式将文件发送到给定的地址。

使用格式：/**MAIL**, --, *Address*, *Fname*, *Ext*

其中：

Address：将要接收文件的邮箱地址，最多为 64 个字符。

使用提示：当一个较长时间运行的文件完成后，可以使用该命令来给用户发送一个信号。如执行：

```
…
SOLVE
/MAIL,,yourname@yourdomain.com,jobdone,txt
```

若用户是在 Windows 环境下运行 ANSYS，则在执行命令"/MAIL"之前，必须要设置 BLAT 参数，即在目录 C:\Program Files\Ansys Inc\V90\Ansys\Bin\Intel directory 下执行：

```
blat-install smtphost.bar.com you@bar.com
```

也可参考在相同目录下的文件：BLAT _ README. TXT。

由于 Windows 不能够对一个正在忙的文件进行操作，因此用户也就不能用一个标准的 ANSYS 输出文件来发送邮件，相反可以改变输出到一个文件里，然后再用该文件来发送邮件。如：

```
...
/PREP7
/OUT,scratch.out
  :
  :
FINISH
/MAIL,,YourName@YourDomain.com,scratch.out
FINISH
```

4. "/MKDIR" 命令

使用功能：当 ANSYS 正在运行时，生成一个目录。

使用格式：**MKDIR**,*Dir*

其中：

Dir：将要创建的目录名称，最大为 233 个字符，如果没有路径指定，则在当前工作目录下生成，名称必须为当前工作系统所允许的有效名。

5. "/RMDIR" 命令

使用功能：移去或删除一个目录。

使用格式：**/RMDIR**,*Dir*

其中：

Dir：将要删除的目录名称，如果没有路径指定，则假定位于当前工作目录下，在目录下的所有文件都将被删除掉。

使用提示：在当前运行的 ANSYS 系统里删除一个目录，不会给出警告或提醒，因此当需要这样做时要非常小心。

第 4 章 前处理器(Preprocessor)

前处理是有限元分析的基础,其主要任务是创建实体模型及有限元网格模型,包括选择单元类型(Element Type)与实常数(Real Constants)、确定材料属性(Material Props)、建立几何实体模型(Modeling)、划分网格(Meshing)、模型修正、耦合及约束方程等内容。其中有限元分析模型的建立可采用两种方法,一种是先利用实体建模技术,生成实体模型(包括自顶向下和自底向上两种建模方式),然后通过对实体模型划分网格的方法生成有限元网格模型;另一种方法是直接生成有限元网格模型。前一种方法适用于复杂模型的建模过程,其边界条件和载荷既可施加在实体模型上,也可施加在有限元网格模型上。后一种方法仅适用于简单模型的建立,载荷和边界条件只能施加在节点或单元边上。

ANSYS 软件中前处理的操作菜单如图 4-1 所示。下面将主要介绍这几个方面的命令格式和操作路径。本章所介绍的命令大多数只能在前处理即"Preprocessor"中使用,如果超出这个模块使用将会出错。

进入前处理器的命令有:

GUI:Main Menu > Preprocessor

使用格式:/PREP7

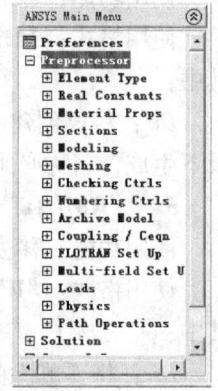

图 4-1 前处理菜单

4.1 建立实体模型

建立实体模型的菜单如图 4-2 所示。它主要包括点(Keypoints)、线(Lines)、面(Areas)、体(Volumns),它们既是实体模型,又是实体模型的基本要素,即任何复杂模型都可以由它们来组成。对一个模型,用户可以采用自底向上的建模方式,也可采用自顶向下的建模过程。前者的建模操作将按点→线→面→体方向进行,即先生成低级图元,然后再逐层形成高级图元。后者是在生成高级图元的同时,自动生成低级图元,如在生成面的同时,将自动创建组成该面的线和关键点。如何选择建模方式,取决于用户的操作习惯和模型的复杂程度。下面将介绍生成点、线、面和体的操作命令格式与路径。

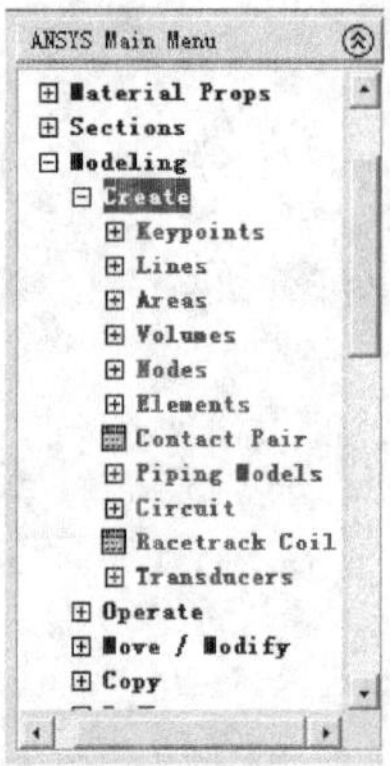

4.1.1 生成关键点(Keypoints)

图 4-3 显示了生成关键点的操作菜单,下面将按其菜单的前后顺序介绍关键点的命令格式和操作路径。

1. "K" 命令

GUI:Main Menu > Preprocessor > Modeling > Create > Keypoints > On Working Plane

其操作对话框如图 4-4 所示。

图 4-2 建立实体模型

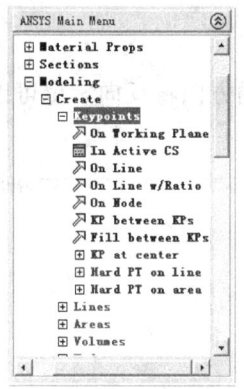
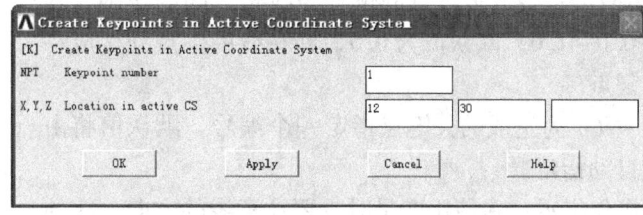

图 4-3 生成关键点的菜单

图 4-4 生成关键点的对话框

Main Menu > Preprocessor > Modeling > Create > Keypoints > In Active CS

使用功能：按坐标值生成一个关键点。

使用格式：K,*NPT*,*X*,*Y*,*Z*

其中：

NPT：关键点的编号，如果为0，则由系统自动指定为当前可用关键点编号的最小值。

X,*Y*,*Z*：在激活坐标系中，关键点的坐标值，也可以是 R、θ、Z（当前激活的坐标系是柱坐标系）或 R、θ、Φ（当前激活的坐标系是球坐标系）。如果 *X* = P，激活拾取操作，仅在 GUI 方式中有效。

使用提示：在当前坐标系 CSYS 中通过指定坐标值来生成一个关键点，如果指定一个有相同编号的关键点，将覆盖前一次的定义，即关键点编号是唯一的，并以最后一次为准。

但要注意，只有当关键点没有依附在高级图元（如线、面）上，或者没有划分网格之前，其坐标值才能重新指定，而且不适于在环形坐标系中使用。

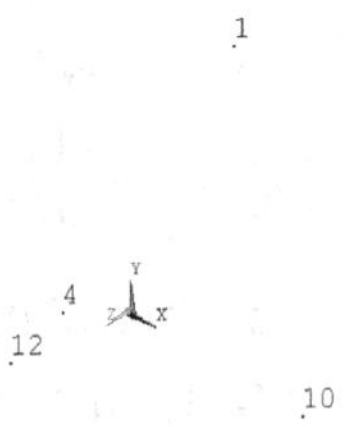

操作示例：输入如下的命令流，生成的关键点结果如图4-5所示。

图 4-5 生成的关键点

```
/PREP7              ! 进入前处理
K,,10,20,4          ! 生成编号为默认值的关键点，即1
K,10,20,10,10       ! 生成编号为 10 的关键点
K,12,3,4,10         ! 生成编号为 12 关键点
K,4,3,5,7           ! 生成编号为 4 的关键点
```

2. "KL" 命令

GUI：**Main Menu > Preprocessor > Modeling > Create > Keypoints > On Line w/Ratio**

Main Menu > Preprocessor > Modeling > Create > Keypoints > On Line

使用功能：在已存在的线上按指定位置生成一个关键点。其对话框如图4-6所示。

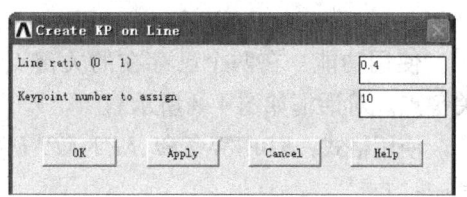

图 4-6 在线上生成关键点的对话框

使用格式：KL,*NL1*,*RATIO*,*NK1*

其中：

NL1：线的编号。如果是一个负数，则对变量 *RATIO* 来说，线的方向将反向。也可以使 *NL1* = P，激活拾取方式，仅限于 GUI 操作方式。

RATIO：生成关键点的位置与线长之间的比率，其值为 0.0~1.0，默认值为 0.5，即在线的中点处生成一个关键点。

NK1：为生成的关键点指定一个编号，默认值将由系统自动指定。

操作提示：在使用变量时，要注意线的方向。线的方向是按关键点的连接顺序生成的，其具体过程可看操作示例。

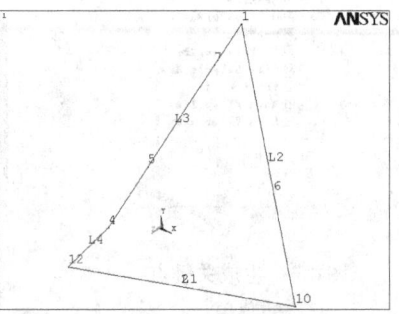

图 4-7　在线上生成关键点示例

操作示例：在图 4-5 的基础上，又输入如下命令流，生成结果如图 4-7 所示。

```
/PREP7              ！进入前处理
LSTR,10,12          ！通过关键点生成线
LSTR,10,1
LSTR,1,4
LSTR,4,12
KL,2,0.4,6          ！在线 2 上生成关键点 6
KL,3,0.7,5          ！在线 3 上生成关键点 5
KL,3,0.2,7          ！在线 3 上生成关键点 7
KL,1,,,             ！在线 1 上生成 1 个关键点
```

3．"KNODE" 命令

GUI：Main Menu > Preprocessor > Modeling > Create > Keypoints > On Node

使用功能：在已存在的节点位置上生成一个关键点。

使用格式：KNODE,*NPT*,*NODE*

其中：

NPT：对关键点指定的编号，默认值将由系统自动指定。

NODE：由整体 X、Y、Z 坐标定义的节点编号，也可以使用 P 或元件名。

4．"KBETW" 命令

GUI：Main Menu > Preprocessor > Modeling > Create > Keypoints > KP between KPs

使用功能：在两个已存在的关键点之间生成一个关键点。对话框如图 4-8 所示。

使用格式：KBETW,*KP1*,*KP2*,*KPNEW*,*Type*,*VALUE*

其中：

KP1：第 1 个关键点编号。如果 *KP1* = P，激活图

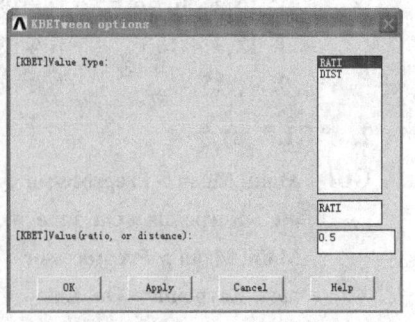

图 4-8　在关键点之间生成关键点

形拾取，限于 GUI 操作方式。

KP2：第 2 个关键点编号。

KPNEW：为生成的关键点指定一个编号，默认值将由系统自动指定。

Type：生成关键点的方式选择，有两个选项：

- RATIO：关键点之间距离的比值，即：$(KP1-KPNEW)/(KP1-KP2)$。
- DIST：输入关键点 *KP1* 和 *KPNEW* 之间的绝对距离值，仅限于直角坐标使用。

VALUE：新关键点的位置，将由变量 *Type* 来确定，默认值为 0.5。如果 *Type* = RATIO，则 *VALUE* 输入的是一个比率，若其值小于 0 或大于 1，结果是在线的外延线上生成一个新的关键点。如果 *Type* = DIST，则 *VALUE* 输入的是一个距离，若其值小于 0 或大于 *KP1* 与 *KP2* 之间的距离，结果也是在线的外延线上生成一个新的关键点。

使用提示：新生成关键点的位置取决于当前的激活坐标系。如果是直角坐标系，新点将在 *KP1* 与 *KP2* 之间的直线上；否则将位于 *KP1* 与 *KP2* 之间由当前坐标系确定的线上，不适于在环形坐标系中使用。

使用示例：在图 4-5 的基础上，输入如下的命令流，生成的结果如图 4-9 所示。

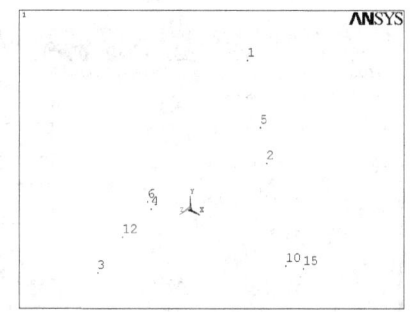

图 4-9　在关键点之间生成关键点

```
/PREP7
KBETW,1,10,5,DIST,5          !生成 5
KBETW,1,10,,RADIO,,          !生成 2
KBETW,12,10,15,DIST,20       !生成 15
KBETW,12,1,3,RADIO,-0.2      !生成 3
KBETW,12,1,6,RADIO,0.2       !生成 6
```

5. "KFILL" 命令

GUI：**Main Menu > Preprocessor > Modeling > Create > Keypoints > Fill between KPs**

使用功能：在两个关键点之间生成一个或多个关键点。对话框如图 4-10 所示。

使用格式：KFILL, *NP1*, *NP2*, *NFILL*, *NSTRT*, *NINC*, *SPACE*

其中：

NP1, *NP2*：将要填充的两个关键点编号。*NP1* 的默认值是与最后指定关键点编号最相近的点；*NP2* 的默认值是最后指定关键点的编号。若 *NP1* = P，激活图形拾取。

NFILL：在 *NP1* 与 *NP2* 编号之间将要填充关键点的个数，其值必须是正的，默认值为：$|NP2-NP1|-1$。

NSTRT：指定给填充关键点中的第 1 个关键点的编号，默认值为：*NP1* + *NINC*。

NINC：将要生成关键点的编号增量。既可为正，也可为负，其默认值为：$(NP2-NP1)/(NFILL+1)$。

SPACE：设置间隔比。即生成关键点后，最后一个间隔与第一个间隔之比。其默认值为 1.0，即均匀分布；如果其值大于 1.0，间隔会按给定的比率增加；如果其值小于 1.0，则间隔会按给定的比率减少。

使用提示：在当前激活坐标系下，在两个已存在关键点之间生成一个或多个关键点。这两个存在的关键点可以是在任何坐标系下生成的，填充的关键点个数可以任意指定，也可以指定任意关键点的编号序列。

使用示例：在图 4-5 的基础上，输入下列命令流，生成的结果如图 4-11 所示。在关键点 1 与 10 之间的间隔逐渐减少，而在关键点 12 与 10 之间，其间隔却越来越大，第 3 个命令是在默认方式下生成的 2 个关键点。

```
KFILL,1,10,5,20,2,0.5       ! 在 1 与 10
KFILL,12,10,5,30,2,1.5      ! 在 12 与 10
KFILL,,,2,,,,               ! 默认方式下
```

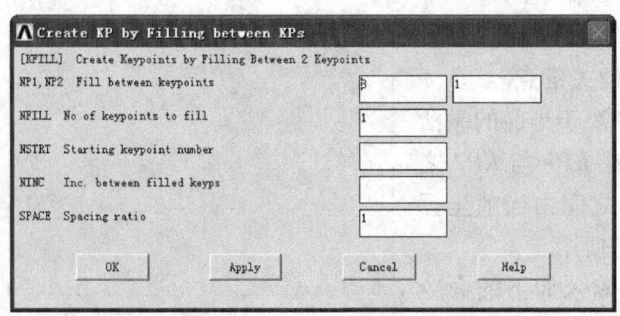

图 4-10 在关键点之间生成多个关键点对话框

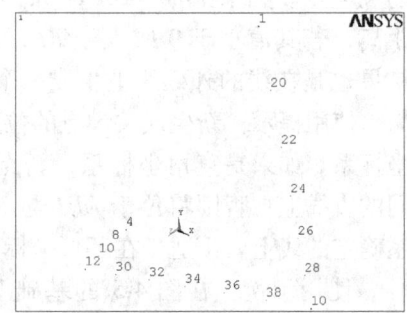

图 4-11 填充关键点示例

6. "KCENTER" 命令

GUI：Main Menu > Preprocessor > Modeling > Create > Keypoints > KP at center > 3 keypoints

　　　Main Menu > Preprocessor > Modeling > Create > Keypoints > KP at center > 3 KPs and radius

　　　Main Menu > Preprocessor > Modeling > Create > Keypoints > KP at center > Location on line

使用功能：在由三个位置定义的圆弧中心处生成关键点。

使用格式：KCENTER,*Type*,*VAL1*,*VAL2*,*VAL3*,*VAL4*,*KPNEW*

其中：

Type：用来定义圆弧的实体类型。其后 *VAL1* ~ *VAL4* 的值将取决于 *Type* 的选择类型，若 *Type* = P，则为图形拾取方式。它有下列选项：

- KP：由指定关键点的方式生成圆弧。
- LINE：由所选择线上的位置来确定圆弧。

VAL1,*VAL2*,*VAL3*,*VAL4*：指定圆弧的 3 个位置，其选择方式与 *Type* 有关，见下面。

若 *Type* = KP，*VAL1* ~ *VAL4* 定义如下：

- *VAL1*，*VAL2*，*VAL3*：分别为第 1 个、第 2 个和第 3 个关键点编号。
- *VAL4*：圆弧半径。如果 *VAL4* = 0 或为其默认值，圆弧则由三个指定的关键点生成，如图 4-12a 所示。如果不为零，则由 *VAL1*、*VAL2* 和 *VAL4* 来计算中心点，*VAL3* 用来对中心点进行定位。若有 *VAL4* > 0，中心点与 *VAL3* 位于前两个关键点连线的同一边，如图 4-12b 所示。否则在前两个关键点连线的异侧，如图 4-12c 所示。

若 *Type* = LINE，*VAL1* ~ *VAL4* 定义如下：

- *VAL1*：第 1 条线的编号。
- *VAL2*：确定第 1 个位置的线比率，其值在 0 ~ 1，默认值为 0。

- *VAL3*：确定第 2 个位置的线比率，其值在 0~1，默认值为 0.5。
- *VAL4*：确定第 3 个位置的线比率，其值在 0~1，默认值为 1.0。

KPNEW：为新关键点指定的编号，默认值为可利用的最小编号。

使用提示：该命令只能在直角坐标系中使用，这个命令为在三个位置的中心点生成一个关键点提供了三种方法，即圆心点的计算将由下面三种方法确定：①三个关键点；②三个关键点和一个半径；③线上的三个位置。同时要注意第三种方法，如果 *VAL1* 指定的是一条圆弧线，则 *VAL2*~*VAL4* 可以不需要，如图 4-13 所示。

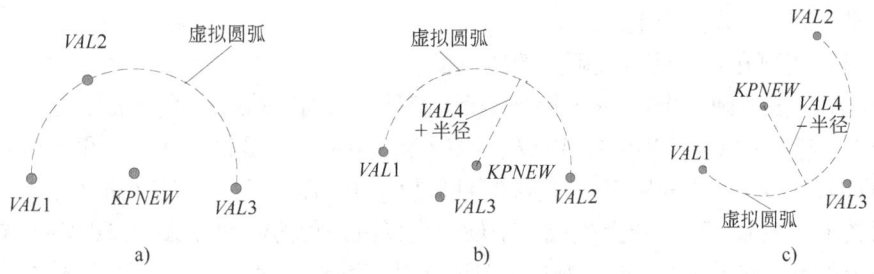

图 4-12 三点和半径
a) 三点 b) 半径为正 c) 半径为负

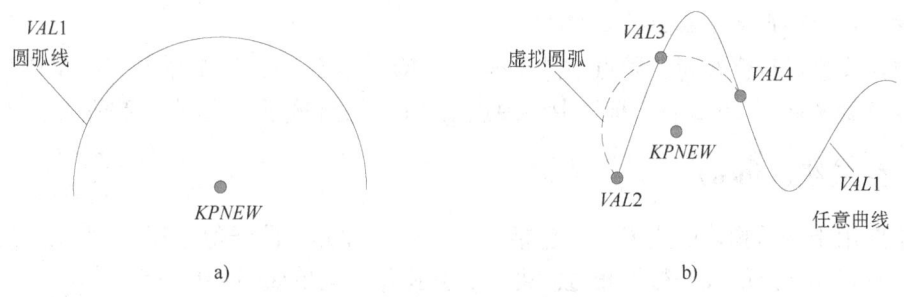

图 4-13 曲线与点
a) 圆弧线 b) 任意线段

7. "HPTCREATE" 命令

GUI：**Main Menu > Preprocessor > Modeling > Create > Hard Points > Hard PT on area > Hard PT by coordinates**

Main Menu > Preprocessor > Modeling > Create > Hard Points > Hard PT on line > Hard PT by coordinates

Main Menu > Preprocessor > Modeling > Create > Hard Points > Hard PT on line > Hard PT by ratio

Main Menu > Preprocessor > Modeling > Create > Keypoints > Hard PT on area > Hard PT by coordinates

Main Menu > Preprocessor > Modeling > Create > Keypoints > Hard PT on area > Hard PT by picking

Main Menu > Preprocessor > Modeling > Create > Keypoints > Hard PT on line > Hard PT by coordinates

Main Menu > Preprocessor > Modeling > Create > Keypoints > Hard PT on line > Hard PT by picking

Main Menu > Preprocessor > Modeling > Create > Keypoints > Hard PT on line > Hard PT by ratio

使用功能：生成一个硬点。

使用格式：HPTCREATE,*TYPE*,*ENTITY*,*NHP*,*LABEL*,*VAL1*,*VAL2*,*VAL3*

其中：

TYPE：实体的类型，若 *TYPE* = LINE，硬点将在线上生成；若 *TYPE* = AREA，硬点将在面内生成，而不是在边界上。

ENTITY：将要在其上面生成硬点的线或面号。

NHP：给生成的硬点指定一个编号，默认值是可以利用的最小硬点编号。

LABEL：若 *LABEL* = COORD，*VAL1*、*VAL2* 和 *VAL3* 分别是整体 X、Y 和 Z 坐标；若 *LABEL* = RATIO，*VAL1* 是线的比率，其值的范围是 0 ~ 1，而 *VAL2* 和 *VAL3* 被忽略。

使用提示：该命令为在线上生成一个硬点提供了一种简便的方法。如：要在线的中点位置生成一个硬点，只要设置 *VAL1* 为 0.5 即可，对模型输入时，通过其默认值过滤，可以通过指定坐标在模型上建立一个硬点。如果之后使用任何命令对实体的几何形状进行更新，如布尔操作等，则与该实体相连的硬点都将会被删除，因此应该在完成实体建模后才在模型上生成硬点。如果删除一个实体，则与该实体相连的硬点也会被删除，但若该硬点还与其他的实体相连，这时硬点并不删除。

当要对模型进行保存时，硬点信息不会写入 IGES 文件中，使用命令"CDWRITE,DB"可将其保存到文件"Jobname.cdb"中。硬点仅适用于面和体网格划分，不适用于梁。

4.1.2 生成线（Lines）

线主要用于表示物体的边界，它包括直线、弧线和样条曲线等，还可以对具有相同交点的线进行倒角过渡处理，其操作子菜单如图 4-14 所示。在生成线之前，必须先要定义好关键点或线。在不同的激活坐标下，同样的关键点生成的线则可以不相同，如可以是弧线或直线等。

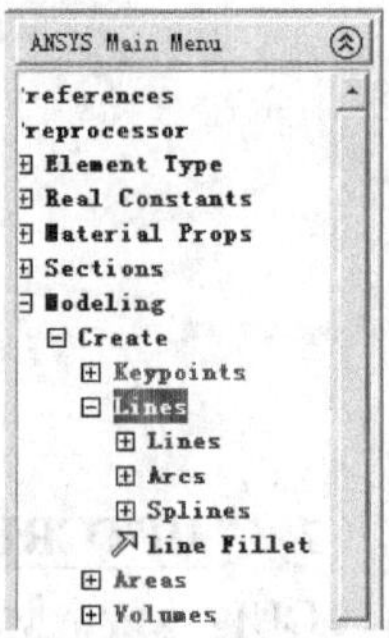

1. "LSTR" 命令

GUI：Main Menu > Preprocessor > Modeling > Create > Lines > Lines > Straight Line

使用功能：由两点生成一条直线。

图 4-14 线的操作子菜单

使用格式：LSTR,*P1*,*P2*

其中，*P1*、*P2* 分别为直线开始、结尾的关键点编号，*P1* 也可以为 P。

使用提示：在整体坐标系中生成从 *P1* 到 *P2* 的一条直线，忽略被激活的坐标系。当直线生成后，直线的形状不随坐标系变化。只有那些没有依附于面的线才能进行修改。同时在生成线之前，至少要有 2 个关键点已被定义，否则该命令无效。

2. "L" 命令

GUI：Main Menu > Preprocessor > Modeling > Create > Lines > Lines > In Active Coord

使用功能：由两个关键点生成一条线（可以是直线或弧线）。

使用格式：L,P1,P2,NDIV,SPACE,XV1,YV1,ZV1,XV2,YV2,ZV2

其中：

P1,P2：分别为线开始、结尾的关键点编号，*P1* 也可以为 P。

NDIV：在该线上将要划分单元的等份数，通常不使用；如果要划分线段，建议使用命令"LESIZE"。

SPACE：间隔比率。通常不使用，如果要用比率，建议使用命令"LESIZE"。如果这个值为正，*SPACE* 为第二段尺寸(在 *P2* 点)与第一段尺寸(在 *P1* 点)的正比率。如果比率大于1，说明从 *P1* 到 *P2* 的分段尺寸增加，若比率小于1，说明从 *P1* 到 *P2* 的分段尺寸减少。如果比率为负，则以 |*SPACE*| 正比率来分中心间距到末端间距。

如果有必要指定末端斜率时，要用到下面的选项；若没有指定，即为零曲率斜率时，通过自动计算在激活坐标系中生成一条直线。为了表示末端斜率，用下列选项生成斜率矢量(如果有必要，线的每一端点生成一个矢量)，在激活坐标系下，矢量的起点位于坐标原点，末端由 XV, YV, ZV 指定。

XV1,YV1,ZV1：与直线 *P1* 端点斜率相关的斜率矢量位置(在激活坐标系下)。

XV2,YV2,ZV2：与直线 *P2* 端点斜率相关的斜率矢量位置。

使用提示：从 *P1* 到 *P2* 两个关键点之间生成一条线。线的形状可以是直线或曲线，与当前激活的坐标系有关，线一旦产生就与坐标系统无关。建议不要在环形坐标系中使用该命令。曲线限制在180°，只有那些没有依附于面的线才能进行修改。

操作实例：对相同编号的两个关键点，在不同的坐标系下，使用"L"命令将会得到不同的结果，即生成一条直线或弧线。命令流如下，生成的结果如图 4-15 所示。

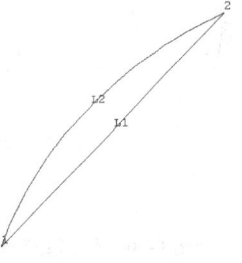

图 4-15　生成不同的线段

```
/PREP7         ! 进入前处理器
CSYS,0         ! 指定直角坐标系
K,1,0,2        ! 生成编号为1的关键点
K,2,2,4
L,1,2          ! 生成一条直线即 L1
CSYS,1         ! 指定柱坐标系
L,1,2          ! 生成一条弧线即 L2
```

3. "LAREA" 命令

GUI：Main Menu > Preprocessor > Modeling > Create > Lines > Lines > Overlaid on Area

使用功能：在面上两个关键点之间生成最短的线。

使用格式：LAREA,*P1*,*P2*,*NAREA*

其中：

P1,P2：生成线的第1个、第2个关键点，其中 *P1* 也可以为 P 操作。

NAREA：包含 *P1* 和 *P2* 的面或与生成线相平行的面。

使用提示：在面内两个关键点 *P1* 和 *P2* 之间生成一条最短的线，生成的线也位于面内。*P1* 和 *P2* 也可以与面等距离(而且在面的同一边)，这种情况下生成一条与面相平行的线。

操作实例：在一个曲面和平面上使用命令"LAREA"生成一条最短的线，其命令流如下，生成的结果如图 4-16 所示。

```
/PREP7
CYL4,0,0,0.5,,,,1      ! 生成一个圆柱体
/PNUM,KP,1             ! 打开关键点编号显示
/PNUM,LINE,1           ! 打开线编号的显示
LPLOT                  ! 显示线
LAREA,7,6,2            ! 生成一条最短的线即 L11
LAREA,5,1,4            ! 生成一条最短的线即 L12
```

4. "LTAN" 命令

GUI：Main Menu > Preprocessor > Modeling > Create > Lines > Lines > Tangent to Line

使用功能：生成与存在线末端相切的一条线。操作对话框如图 4-17 所示。

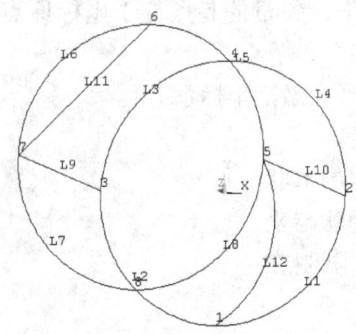
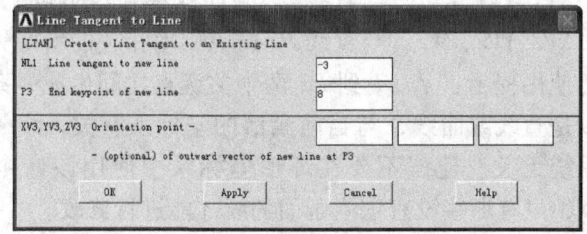

图 4-16 生成最短线的实例   图 4-17 生成与一条线相切的线的对话框

使用格式：LTAN,$NL1$,$P3$,$XV3$,$YV3$,$ZV3$

其中：

$NL1$：生成与线相切的线的编号。若为负，用 $P1$ 取代 $P2$，并成为线 $NL1$ 上的 1 个端点，其中 $NL1$ 也可以为 P。

$P3$：生成线上的端点编号。

如果需要在新线的末端指定斜率，可使用下面的变量，另外 ANSYS 也能自动计算零曲率末端斜率。为了表示末端斜度，用下列选项生成斜率矢量，矢量始端在坐标原点，矢量末点在激活坐标系中 CSYS 的 XV、YV、ZV 点，线的末端斜率平行于该矢量。

$XV3$,$YV3$,$ZV3$：生成线上 $P3$ 点斜率矢量的末端位置，矢量始端在坐标系的原点。

使用提示：生成与线 $NL1$($P1-P2$) 的末端点($P2$) 相切的一条线($P2-P3$)。图 4-18 所示为使用命令 "LTAN" 在两条水平平行线之间生成切线的结果，即生成了线 L9。

5. "L2TAN" 命令

GUI：Main Menu > Preprocessor > Modeling > Create > Lines > Lines > Tan to 2 Lines

使用功能：生成一条与两条线相切的线。

使用格式：L2TAN,$NL1$,$NL2$

其中，$NL1$,$NL2$：指定第 1 条、第 2 条线的编号。若为负，线将反向。其中 $NL1$ 也可以为 P。

使用提示：生成一条分别与线 $NL1$($P1-P2$) 的 $P2$ 点和 $NL2$($P3-P4$) 的 $P3$ 点相切的线

($P2$ – $P3$)。如图 4-19 所示为使用命令 "L2TAN" 在两条水平平行线之间生成两两相切的结果,即生成了线 L9。

图 4-18　使用 "LTAN" 的结果　　　　　　图 4-19　使用 "L2TAN" 的结果

6. "LANG" 命令

GUI：Main Menu > Preprocessor > Modeling > Create > Lines > Lines > At angle to line

　　　Main Menu > Preprocessor > Modeling > Create > Lines > Lines > Normal to Line

使用功能：生成与现有线成一定角度的线。

使用格式：LANG,*NL1*,*P3*,*ANG*,*PHIT*,*LOCAT*

其中：

NL1：现有线的编号。若为负,假定 *P1* 是生成线上的第 2 个端点；*NL1* 也可以为 P。

P3：生成线结束的关键点编号。

ANG：生成线 *PHIT* – *P3* 与相切线 *P1* – *P2* 在点 *PHIT* 相交的角度。该值若为 0(默认值),生成线与 *NL1* 相切；若为 90,生成线与 *NL1* 垂直。*ANG* 可以是任意值,但必须调节到与 *LOCAT* 成锐角。

PHIT：生成并位于指定线上的关键点编号。默认值是系统最小可用关键点编号。

LOCAT：根据沿线(*NL1*)线长距离的比值确定 *PHIT* 的近似位置。*LOCAT* 范围从 0 到 1。若 *LOCAT* 为空,该点的位置确定精度较差,将任意选取一个位置。

使用提示：生成一条与 *NL1*(*P1* – *P2*) 线成一定角度(*ANG*)的直线(*PHIT* – *P3*)。*PHIT* 的位置是自动计算的,线 *P1* – *P2* 变成了 *P1* – *PHIT*,并生成新线 *PHIT* – *P2* 和 *PHIT* – *P3*,线的分割数为 0。*PHIT* 位于以给定角度 *ANG* 与 *LOCAT* 接近的位置。为了较好的效果,即使 *LOCAT* 为 0,也推荐输入其值。

操作示例：如图 4-20a 所示线 L1 和 L2,其中由 L2 上的关键点 4 和 2 分别作与线 L1 相切的线,操作命令为:

```
LANG,1,4,180,,      ! 生成切线 L4,并将 L1 分割成 L1 和 L3
LANG,3,2,0,,        ! 生成切线 L6,并将 L3 分割成 L3 和 L5,图 4-20b 所示
LDELE,1,5,4,1       ! 删除线 L1 和 L5 后,生成的结果如图 4-20c 所示
```

7. "L2ANG" 命令

GUI：Main Menu > Preprocessor > Modeling > Create > Lines > Lines > Angle to 2 Lines

　　　Main Menu > Preprocessor > Modeling > Create > Lines > Lines > Norm to 2 Lines

使用功能：生成与已有两条线成一定角度的线。

使用格式：L2ANG,*NL1*,*NL2*,*ANG1*,*ANG2*,*PHIT1*,*PHIT2*

其中：

NL1：参见命令 "LANG" 的说明

NL2：与新生成线相接的第 2 条线的编号。若为负,则 *P3* 是线上的第二个关键点。

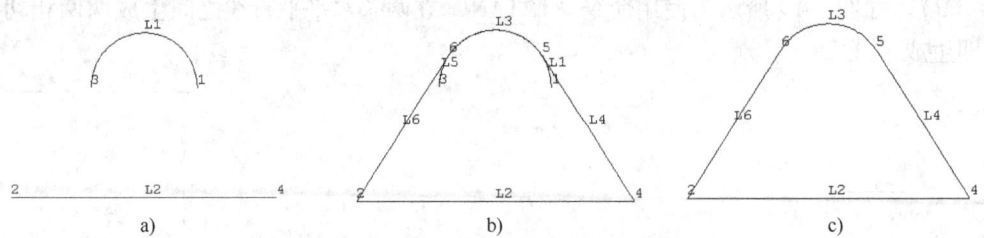

图4-20 由点向线生成一条切线的示例
a) 执行命令前的结果　b) 执行命令后的结果　c) 删除线后生成的结果

ANG1，*ANG2*：生成线分别与第1条、第2条线相交点的角度(通常为0或180)。

PHIT1，*PHIT2*：分别在第1条、第2条线上生成的关键点号，默认值由系统指定。

使用提示：生成与已存在线 *NL1*(*P1* – *P2*)成角度(*ANG1*)和 *NL2*(*P3* – *P4*)成角度(*ANG2*)的一条线(*PHIT1* – *PHIT2*)。如果角度为0，生成的线与两条已知线相切。线上 *PHIT1* 和 *PHIT2* 的位置自动计算。线 *P1* – *P2* 变成 *P1* – *PHIT1*，*P3* – *P4* 变成 *P3* – *PHIT2*，并生成新线 *PHIT1* – *P2*、*PHIT2* – *P4* 和 *PHIT1* – *PHIT2*。线分割数为0。

操作示例：对如图4-21a所示的线执行下列命令后，结果如图4-21b所示：

L2ANG,1,5,45,45,10,20,   ! 生成的结果如图4-21b所示

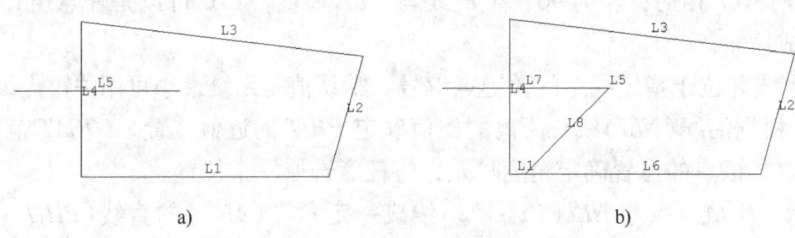

图4-21 通过与两条线成角度生成一条线的操作
a) 执行命令之前　b) 执行命令之后

8. "LARC"命令

GUI：Main Menu > Preprocessor > Modeling > Create > Lines > Arcs > By End KPs & Rad
　　　Main Menu > Preprocessor > Modeling > Create > Lines > Arcs > Through 3 KPs

使用功能：由三点生成一段圆弧线。

使用格式：LARC,*P1*,*P2*,*PC*,*RAD*

其中：

P1，*P2*：圆弧线始端、末端的关键点编号，*P1* 也可以为 P。

PC：定义弧平面和线曲率中心(半径为正值)的关键点。该点不能位于 *P1* 和 *P2* 的直线上，但可以不在曲率中心。

RAD：弧线的曲率半径。若为负，曲率边的中心位于 PC 定义边相反的位置。如果 *RAD* 为空，*RAD* 通过 *P1*、*PC* 和 *P2* 曲线拟合计算得到。

使用提示：该命令定义从 *P1* 到 *P2* 的一条圆弧线，圆弧线一旦生成将与坐标系无关。

当要生成大圆弧半径(1e3)，或者当输入的圆弧位置离坐标系的原点较远时，将会出现异常情况。这时可在小比例下生成，然后再将模型比例放大到整个尺寸。

操作示例：如图 4-22a 所示生成的三个关键点，分别执行下列命令之一，将得到一条不同的弧线，如图 4-22b、c 所示。

```
LARC,1,2,3      ! 生成圆弧线 L1,如图 4-22b 所示
LARC,1,3,2      ! 生成圆弧线 L1,如图 4-22c 所示
```

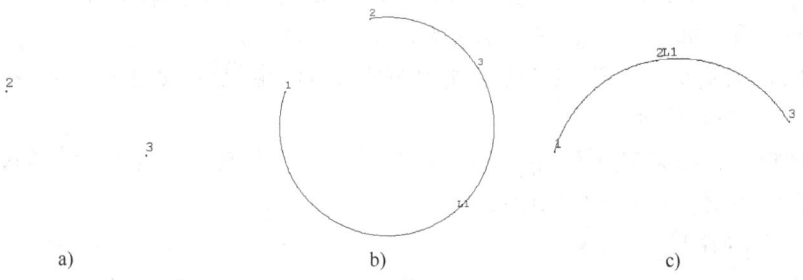

图 4-22　生成圆弧线

a) 三个关键点　b) 按 1, 2, 3 的顺序　c) 按 1, 3, 2 的顺序

9. "CIRCLE" 命令

GUI：Main Menu > Preprocessor > Modeling > Create > Lines > Arcs > By Cent&Radius

　　　Main Menu > Preprocessor > Modeling > Create > Lines > Arcs > Full Circle

使用功能：生成圆弧线。

使用格式：CIRCLE,*PCENT*,*RAD*,*PAXIS*,*PZERO*,*ARC*,*NSEG*

其中：

PCENT：圆中心的关键点。如果 *PCENT* = P，激活图形拾取（仅在 GUI 方式下有效）。

RAD：圆弧半径。若 *RAD* 为空或 *PCENT* = P，圆弧半径是 *PCENT* 到 *PZERO* 的距离。

PAXIS：定义圆轴线的关键点（经过 *PCENT* 点）。如果 *PCENT* = P 或 *PAXIS* 省略，轴线与工作平面正交。

PZERO：定义与圆正交平面的关键点。

ARC：圆弧的长度（单位:度）。规定沿 *PCENT* − *PAXIS* 矢量按右手法则为正，默认值为 360°。

NSEG：沿圆周生成的线段数。默认值按 90°划分最大圆弧的线数，如 360°有 4 条线组成。生成的关键点数对于 360°为 *NSEG* 个，小于 360°为 *NSEG* +1 个。

使用提示：生成圆弧线和与它们相关的关键点。在规定角度位置生成关键点（关键点之间最大间隔为 90°），关键点之间生成圆弧线。线和关键点的编号由系统自动给定，邻近的线共用一个关键点。圆弧线生成后其形状与坐标系无关。

10. "BSPLIN" 命令

GUI：Main Menu > Preprocessor > Modeling > Create > Lines > Splines > Spline thru KPs

　　　Main Menu > Preprocessor > Modeling > Create > Lines > Splines > Spline thru Locs

　　　Main Menu > Preprocessor > Modeling > Create > Lines > Splines > With Options > Spline thru KPs

　　　Main Menu > Preprocessor > Modeling > Create > Lines > Splines > With Options > Spline thru Locs

使用功能：对多个关键点，通过样条拟合生成一条曲线。

使用格式：BSPLIN, *P1*, *P2*, *P3*, *P4*, *P5*, *P6*, *XV1*, *YV1*, *ZV1*, *XV6*, *YV6*, *ZV6*

其中：

P1, *P2*, *P3*, *P4*, *P5*, *P6*：需要拟合样条曲线的关键点编号，至少需要两个关键点。*P1* 也可以为 P。

XV1, *YV1*, *ZV1*：在 *P1* 点与生成线相切外矢量的定位点，其始点为原点。坐标系为当前激活的坐标系，如 X 对应圆柱坐标 R 等，默认值为零。

XV6, *YV6*, *ZV6*：在 *P6* 点与生成线相切外矢量的定位点（如果关键点少于 6 个，指最后一个关键点）。默认值为零。

使用提示：在关键点 *P1* 和最后输入关键点之间生成一条曲线，线通过每一个输入的关键点。建议不要在环形坐标系中使用。

11. "LFILLT" 命令

GUI：Main Menu > Preprocessor > Modeling > Create > Lines > Line Fillet

使用功能：在具有公共交点的两相交线之间倒圆角。其操作对话框如图 4-23 所示。

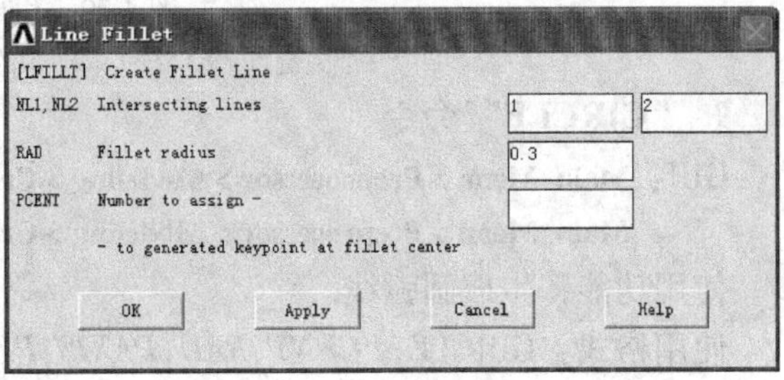

使用格式：LFILLT, *NL1*, *NL2*, *RAD*, *PCENT*

其中：

NL1, *NL2*：分别为第 1 条、第 2 条具有公共交点的相交线编号，*P1* 也可以为 P。

RAD：生成圆弧线的半径。半径应当小于 *NL1* 和 *NL2* 两条线的长度。

PCENT：在圆弧中心生成关键点的编号。若为 0 或空，不生成关键点。

使用提示：在两相交线 *NL1*(*P1 – PINT*) 和 *NL2* (*P2 – PINT*) 之间生成一条圆弧线、两个圆弧相切点 (*PTAN1* 和 *PTAN2*) 和一个圆弧中心点 (*PCENT*)。线 *P1 – PINT* 变成 *P1 – PTAN1*，*P2 – PINT* 变成 *P2 – PTAN2*，生成新的圆弧线 *PTAN1 – PTAN2*，自动生成关键点和线的编号。

操作示例：在图 4-24 中选择两相交线 L1 和 L2，指定圆角半径为 0.3，其操作命令为：

图 4-23 生成圆弧的对话框

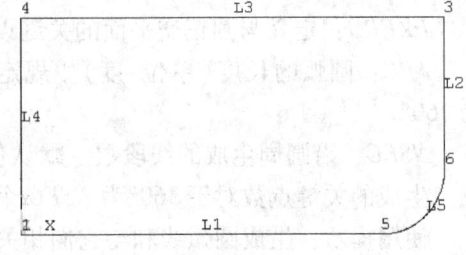

图 4-24 生成圆弧的结果

```
LFILLT,1,2,0.3,1,       !生成的倒角线为L5,如图 4-24 所示
```

4.1.3 生成面 (Areas)

ANSYS 软件能够生成任意形状的面、矩形面、圆面和正多边形面等，并可以对具有相交线的两面进行倒角等操作，其基本面素如图 4-25 所示，其中生成面的操作菜单如图 4-26 所示。

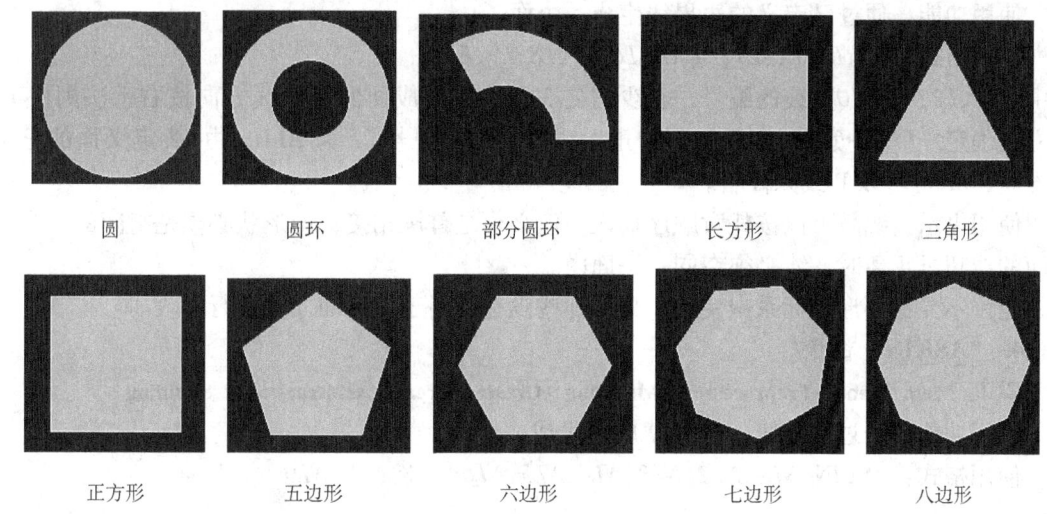

图 4-25 面素图元

1. "A" 命令

GUI：**Main Menu > Preprocessor > Modeling > Create > Areas > Arbitrary > Through KPs**

使用功能：由关键点生成任意形状的面。

使用格式：A,*P1*,*P2*,*P3*,*P4*,*P5*,*P6*,*P7*,*P8*,*P9*,*P10*,*P11*,*P12*,*P13*,*P14*,*P15*,*P16*,*P17*,*P18*

其中，*P1*,*P2*,*P3*,…,*P18*：生成面的关键点编号，最多可以输入 18 个编号，至少需要输入 3 个关键点；*P1* 也可以为 P。

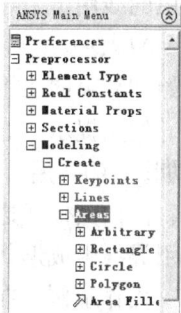

图 4-26 生成面的菜单

使用提示：关键点(*P1* 到 *P18*)必须按顺时针或逆时针顺序输入，这个顺序也根据右手法则确定了面的正法线方向。相邻关键点之间已存在的线也将被使用，在激活坐标系下可生成不可见的直线，并给线指定最小可用的编号。如果两关键点之间存在有多条线，选择最短的线。建议不要在环形坐标系中使用。只有那些没有依附于体的面才能重新指定。

2. "ASUB" 命令

GUI：**Main Menu > Preprocessor > Modeling > Create > Areas > Arbitrary > Overlaid on Area**

使用功能：通过已存在面的形状生成一个面。

使用格式：ASUB,*NA1*,*P1*,*P2*,*P3*,*P4*

其中：

NA1：指定已存在的面号，*NA1* 也可以为 P。

P1,*P2*,*P3*,*P4*：依次为定义面的第 1、第 2、第 3 和第 4 个角点的关键点编号。

使用提示：新面将覆盖旧面，当被分割的面是由复杂形状组成而不能在单一坐标系内生成时，可以使用该命令。关键点和相关的线都必须位于已存在的面内，在给定的面内生成不可见的线。忽略激活坐标系。

3. "AL" 命令

GUI：**Main Menu > Preprocessor > Modeling > Create > Areas > Arbitrary > By Lines**

使用功能：通过已定义的边界线生成一个面。

使用格式：AL,L1,L2,L3,L4,L5,L6,L7,L8,L9,L10

其中，L1,L2,…,L10：线的编号，至少需要 3 条线。生成面的正法线方向按右手法则由 L1 的方向确定。L1 为负值时表示与面的正法线方向相反，若 L1 为 ALL，由 L2 定义面的正法线方向，L1 也可以 P 或元件名。

使用提示：线号可以按任意顺序输入，但必须是首尾相接，即形状必须是封闭的。当定义面的线超过 4 条时，线必须在同一平面内。

建议不要在环形坐标系中使用。只有那些没有依附于体的面才能进行修改。

4. "ASKIN" 命令

GUI：Main Menu > Preprocessor > Modeling > Create > Areas > Arbitrary > By Skinning

使用功能：通过引导线，由"蒙皮"生成一个面。

使用格式：ASKIN,NL1,NL2,NL3,NL4,NL5,NL6,NL7,NL8,NL9

其中：

NL1：形成蒙皮面的第 1 条引导线。NL1 也可以为 P 或元件名；若 NL1 为负值，开始和结束的线用于引导其余线的蒙皮。

NL2,…,NL9：生成蒙皮面的其他引导线，最多可以输入 9 条。如为负(NL1 为负值)时，开始和结束的线将暂时相互交换生成蒙皮面。

使用提示：通过给定引导线由蒙皮生成一个面。当面"拉伸"时，这些线充当一系列"肋骨"的作用。给定第 1 条引导线(NL1)和最后一条引导线(NLn)形成面的两个相对边框架，面的其他两边框架将由所有给定引导线的端点利用样条拟合自动生成，面的内部将由内部引导线生成形状。产生的面仅有 4 条边线。

操作示例：在图 4-27a 中已定义有两条直线，利用蒙皮技术生成面，操作命令为：

    ASKIN,1,3   ! 生成的结果如图 4-27b 所示

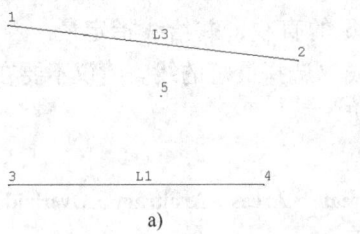
a)
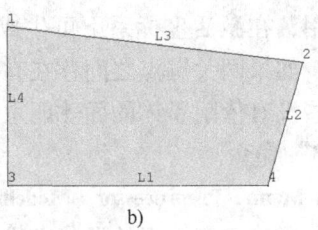
b)

图 4-27 通过蒙皮生成的面
a) 2 条直线　b) 生成的蒙皮面

5. "AOFFST" 命令

GUI：Main Menu > Preprocessor > Modeling > Create > Areas > Arbitrary > By Offset

使用功能：对面进行偏移，生成另一个面。

使用格式：AOFFST,NAREA,DIST,KINC

其中：

NAREA：指定现有面的编号。也可以使用 ALL 或 P。

DIST：指定距离。按右手法则由关键点的排列顺序确定正法线方向。

KINC：生成面上关键点的编号增量。若为 0，则利用当前最小可用的编号。

使用提示：通过偏移现存面生成一个面以及相关的关键点和线，偏移的方向将由给定面的正法线方向来确定，生成面的线端点斜率与给定面的线端点斜率相同。生成面和线的编号自动产生。

6．"BLC5"命令

GUI：**Main Menu > Preprocessor > Modeling > Create > Areas > Rectangle > By Centr&Cornr**

　　　Main Menu > Preprocessor > Modeling > Create > Volumes > Block > By Centr,Cornr,Z

使用功能：通过中心点和角点生成一个矩形面或块体。

使用格式：BLC5，*XCENTER*，*YCENTER*，*WIDTH*，*HEIGHT*，*DEPTH*

其中：

XCENTER，*YCENTER*：矩形面或块体中心的工作平面坐标值。

WIDTH：定义矩形面或块体的宽度，与 X 轴平行。

HEIGHT：定义矩形面或块体的高度，与 Y 轴平行。

DEPTH：离工作平面的垂直距离即块体深度，与 Z 轴平行。如果 *DEPTH* =0（默认），在工作平面内产生一个矩形面。

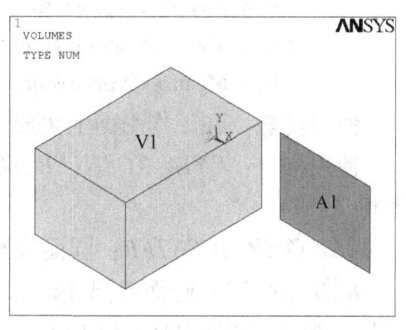

图 4-28　生成块和面的结果显示

使用提示：通过给定中心和角点，在工作平面任意位置处生成一个矩形面或含有矩形面的六面体。一个矩形有 4 个关键点和 4 条线。一个体有 8 个关键点、12 条线和 6 个面，顶部和底部面平行于工作平面。

操作示例：执行下列命令，生成的结果如图 4-28 所示。

　　　BLC5,0,0,1,0.8,1.5　　　！生成块体 V1
　　　BLC5,1.2,0,1.0,0.8,0　　！生成面 A1

7．"BLC4"命令

GUI：**Main Menu > Preprocessor > Modeling > Create > Areas > Rectangle > By 2 Corners**

　　　Main Menu > Preprocessor > Modeling > Create > Volumes > Block > By 2 Corners & Z

使用功能：通过两个角点或 Z 方向的深度产生一个矩形面或块体。

使用格式：BLC4，*XCORNER*，*YCORNER*，*WIDTH*，*HEIGHT*，*DEPTH*

其中：

XCORNER，*YCORNER*：矩形面或块体第 1 个角点在工作平面的 X 和 Y 坐标值。

WIDTH：工作平面上平行于 X 轴且离 *XCORNER* 的距离，确定第 2 个角点的 X 坐标。

HEIGHT：工作平面上平行于 Y 轴且离 *YCORNER* 的距离，确定第 2 个角点 Y 坐标。

DEPTH：离工作平面的垂直距离即块体的深度，平行于 Z 轴。如果 *DEPTH* =0（默认），在工作平面内产生一个矩形面。

使用提示：参考命令"BLC5"的说明。

8．"RECTNG"命令

GUI：**Main Menu > Preprocessor > Modeling > Create > Areas > Rectangle > By Dimensions**

使用功能：在工作平面上生成一个矩形面，其对话框如图 4-29 所示。

使用格式：RECTNG,*X1*,*X2*,*Y1*,*Y2*
其中：
X1,*X2*：矩形在工作平面 X 方向坐标值的变化范围。
Y1,*Y2*：矩形在工作平面 Y 方向坐标值的变化范围。

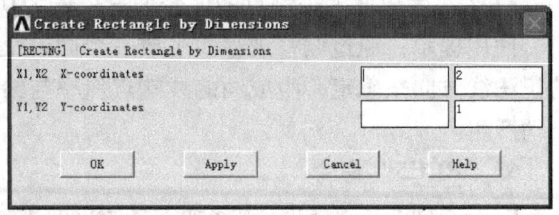

图 4-29 生成矩形的对话框

9. "CYL4" 命令

GUI：Main Menu > Preprocessor > Modeling > Create > Areas > Circle > Annulus
    Main Menu > Preprocessor > Modeling > Create > Areas > Circle > Partial Annulus
    Main Menu > Preprocessor > Modeling > Create > Areas > Circle > Solid Circle
    Main Menu > Preprocessor > Modeling > Create > Primitives > Solid Cylindr
    Main Menu > Preprocessor > Modeling > Create > Volumes > Cylinder > Hollow Cylinder
    Main Menu > Preprocessor > Modeling > Create > Volumes > Cylinder > Partial Cylinder
    Main Menu > Preprocessor > Modeling > Create > Volumes > Cylinder > Solid Cylinder

使用功能：在工作平面上生成一个圆面或圆柱体。

使用格式：CYL4,*XCENTER*,*YCENTER*,*RAD1*,*THETA1*,*RAD2*,*THETA2*,*DEPTH*

其中：
XCENTER,*YCENTER*：圆面或圆柱体中心在工作平面 X 和 Y 方向的坐标值。

RAD1,*RAD2*：圆面或圆柱体的内、外半径，可按任意顺序输入。*RAD1* 或 *RAD2* 中任一个为 0 或空，或者 *RAD1* 和 *RAD2* 两个具有相同值，将生成一个圆面或圆柱体。

THETA1,*THETA2*：圆面或圆柱体开始、结束的角度，可按任意顺序输入，常用于生成部分圆环面或部分圆柱。在几何形状上，扇形从小角度开始，向正的角度方向延伸，最后到大角度处结束。开始角默认为 0°，结束角默认为 360°。

DEPTH：离工作平面的垂直距离即圆柱高度，平行于 Z 轴。如果 *DEPTH* = 0(默认)，在工作平面内生成一个圆面。

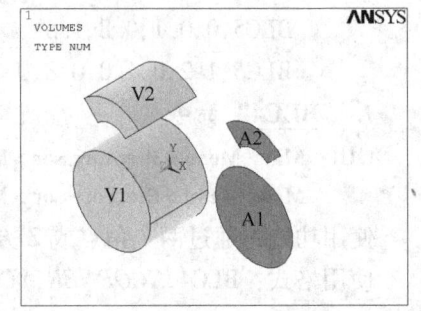

使用提示：在工作平面内指定位置处生成一个圆面或圆柱体。对于 360°的实心圆柱，顶部和底部面都是圆形面，每个面由四条线组成，它们由两个表面连接。

操作示例：执行下列命令生成的结果如图 4-30 所示。

图 4-30 生成圆面与圆柱体的示例

```
CYL4,,,0,0,1,360,1.5           ! 生成体 V1
CYL4,,1.2,0.5,45,1.0,135,1.5   ! 生成部分体 V2
CYL4,2.2,0,0,0,1,360           ! 生成面 A1
CYL4,2.2,1.0,0.5,45,1,135      ! 生成圆环 A2
```

10. "CYL5" 命令

GUI：Main Menu > Preprocessor > Modeling > Create > Areas > Circle > By End Points
    Main Menu > Preprocessor > Modeling > Create > Volumes > Cylinder > By End Pts & Z

使用功能：通过端点生成一个圆形区域或圆柱体。

第 4 章 前处理器(Preprocessor) 133

使用格式：CYL5, *XEDGE1*, *YEDGE1*, *XEDGE2*, *YEDGE2*, *DEPTH*

其中：

XEDGE1, *YEDGE1*：圆面或圆柱体直径一个端点在工作平面 X 和 Y 方向的坐标值。

XEDGE2, *YEDGE2*：圆面或圆柱体直径另一个端点在工作平面 X 和 Y 方向的坐标值。

DEPTH：Z 方向的深度，参见命令"CYL4"的说明。

使用提示：通过指定直径端点在工作平面给定位置处定义一个圆形区域或圆柱体。其余可参见命令"CYL4"的说明。

11. "PCIRC" 命令

GUI：**Main Menu > Preprocessor > Modeling > Create > Areas > Circle > By Dimensions**

使用功能：以工作平面原点为圆心生成圆形区域。操作对话框如图 4-31 所示。

使用格式：PCIRC, *RAD1*, *RAD2*, *THETA1*, *THETA2*

其中：

RAD1, *RAD2*：圆面的内、外半径，可按任意顺序输入。*RAD1* 或 *RAD2* 中任一值为 0 或空，或者 *RAD1* 和 *RAD2* 两值相同，都生成一个实心圆。

THETA1, *THETA2*：圆面开始和结束角，可按任意顺序输入。其他参见命令"CYL4"的说明。

使用提示：以工作平面原点为圆心生成一个实心圆形区域或圆扇形。对于 360° 的实心圆，圆面有 4 个关键点和 4 条线。

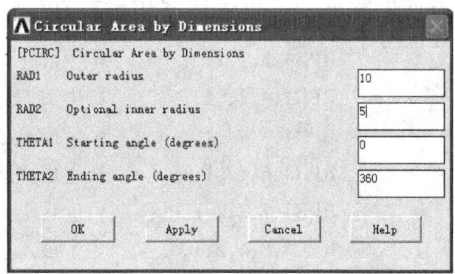

图 4-31 通过指定尺寸生成圆面

12. "RPR4" 命令

GUI：**Main Menu > Preprocessor > Modeling > Create > Areas > Polygon > Hexagon**
　　　Main Menu > Preprocessor > Modeling > Create > Areas > Polygon > Octagon
　　　Main Menu > Preprocessor > Modeling > Create > Areas > Polygon > Pentagon
　　　Main Menu > Preprocessor > Modeling > Create > Areas > Polygon > Septagon
　　　Main Menu > Preprocessor > Modeling > Create > Areas > Polygon > Square
　　　Main Menu > Preprocessor > Modeling > Create > Areas > Polygon > Triangle
　　　Main Menu > Preprocessor > Modeling > Create > Volumes > Prism > Hexagonal
　　　Main Menu > Preprocessor > Modeling > Create > Volumes > Prism > Octagonal
　　　Main Menu > Preprocessor > Modeling > Create > Volumes > Prism > Pentagonal
　　　Main Menu > Preprocessor > Modeling > Create > Volumes > Prism > Septagonal
　　　Main Menu > Preprocessor > Modeling > Create > Volumes > Prism > Square
　　　Main Menu > Preprocessor > Modeling > Create > Volumes > Prism > Triangular

使用功能：在工作平面上生成一个正多边形面或棱柱体。

使用格式：RPR4, *NSIDES*, *XCENTER*, *YCENTER*, *RADIUS*, *THETA*, *DEPTH*

其中：

NSIDES：多边形面的边数或棱柱体的面数，其值必须大于或等于 3。

XCENTER, *YCENTER*：多边形面或棱柱体中心在工作平面 X 和 Y 方向的坐标值。

RADIUS：从多边形面或棱柱体中心到其顶点的距离(主半径)。

THETA：从工作平面 X 轴到多边形面或棱柱体顶点，即生成第 1 个关键点的角度，其单

位为度。常用于确定多边形面或棱柱体的方向,默认值为 0。

DEPTH:离工作平面的垂直距离即棱柱高度,平行于 Z 轴。如果 *DEPTH* = 0(默认),则在工作平面内生成一个多边形面。

使用提示:在工作平面内指定位置处生成一个规则多边形区域或棱柱体。棱柱体的顶面和底面都是多边形面。

操作示例:图 4-32 是由该命令生成的各种多边形面,其执行的命令如下,在每个命令的后面再加上一个 Z 方向的深度,即可生成多边形棱柱体。

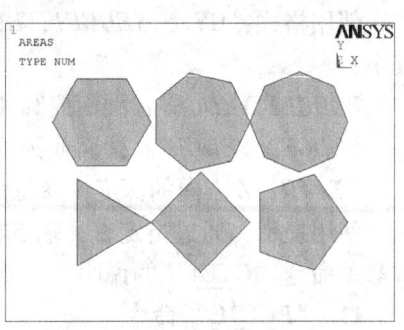

图 4-32　生成的多边形面

```
RPR4,3,,,1,        !生成三边形面
RPR4,4,2,,1,       !生成四边形面
RPR4,5,4,,1,       !生成五边形面
RPR4,6,,2,1,       !生成六边形面
RPR4,7,2,2,1,      !生在七边形面
RPR4,8,4,2,1,      !生成八边形面
```

13. "RPOLY" 命令

GUI:**Main Menu > Preprocessor > Modeling > Create > Areas > Polygon > By Circumscr Rad**
　　　Main Menu > Preprocessor > Modeling > Create > Areas > Polygon > By Inscribed Rad
　　　Main Menu > Preprocessor > Modeling > Create > Areas > Polygon > By Side Length

使用功能:以工作平面原点为中心生成一个规则多边形。其对话框如图 4-33 所示。

使用格式:RPOLY,*NSIDES*,*LSIDE*,*MAJRAD*,*MINRAD*

其中:

NSIDES:规则多边形的边数,其值必须大于 2。

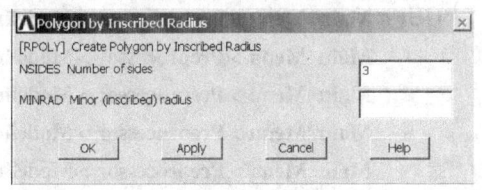

图 4-33　由内接圆生成多边形面

LSIDE:规则多边形每条边的长度。

MAJRAD:多边形外接圆的半径。若输入 *LSIDE* 的值,则不使用该项。

MINRAD:多边形内接圆的半径。如果输入 *LSIDE* 或 *MAJRAD*,则不使用这一项。

使用提示:在工作平面内生成一个规则多边形。多边形以工作平面原点为圆心,在 $\theta = 0°$ 处生成第 1 个关键点。多边形区域有 *NSIDES* 关键点和 *NSIDES* 条线。

14. "PRI2" 命令

GUI:**Main Menu > Preprocessor > Modeling > Create > Areas > Polygon > By Vertices**
　　　Main Menu > Preprocessor > Modeling > Create > Volumes > Prism > By Vertices

使用功能:由顶点生成一个多边形或棱柱体(仅在 GUI 方式下使用)。

使用格式:PRI2,*P51X*,*Z1*,*Z2*

使用提示:通过输入顶点生成一个多边形或棱柱体。该命令只能在图形用户界面(GUI)

模式下使用，而且，如果使用图形拾取方式拾取顶点，则该命令将记录在 LOG 文件中(Jobname. LOG)。尽管可在批处理或输入文件中出现，但不能在 ANSYS 命令输入行中直接输入该命令。如在 LOG 文件中出现有：

```
PRI2,P51X,0.0,0.0        ! 生成一个多边形
PRI2,P51X                ! 生成一个棱柱体
```

15. "AFILLT" 命令

GUI：**Main Menu > Preprocessor > Modeling > Create > Areas > Area Fillet**

使用功能：在具有相交线的两相交面之间生成一个倒角面，如图4-34所示。

使用格式：AFILLT,*NA1*,*NA2*,*RAD*

其中：

NA1,*NA2*：分别为第1个、第2个相交面的编号，其中 *NA1* 也可以为 P。

RAD：生成倒角面的半径。

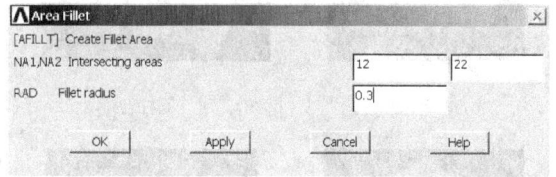

图 4-34 倒角面的对话框

使用提示：通过布尔操作在具有相交线的两相交面之间生成一个倒角面，并生成相关的线和关键点，如果两个面最初不相交于一个公共线，可以使用 "AINA" 命令。

操作示例：先生成如图4-35a所示的两个圆柱体，然后对其进行倒角，结果如图4-35所示，其相关的操作命令如下：

```
/PREP7
CYL4,,,1,,,,1            ! 生成大的圆柱体
CYL4,,,0.5,,,,1.5        ! 生成小且长的圆柱体
VOVLAP,ALL               ! 对体进行叠分操作
WPSTYLE,,,,,,,,1         ! 打开工作平面
WPROT,0,90               ! 绕工作平面的 X 轴旋转 90°
VSBW,ALL                 ! 体由工作平面剖分
AFILLT,12,22,0.3,        ! 对上半个圆面进行倒角
AFILLT,13,24,0.3         ! 对下半个圆面进行倒角
APLOT                    ! 显示面,结果如图4-35b所示
```

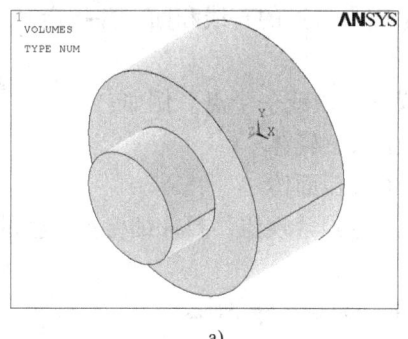
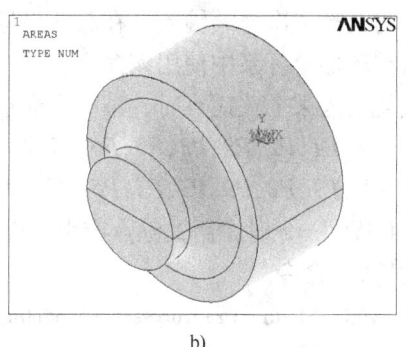

a)   b)

图 4-35 生成倒角面的示例

a) 将要生成倒角面的两圆柱 b) 生成倒角面后的结果

4.1.4 生成体(Volumes)

ANSYS 软件能够生成的体主要包括：任意形状的体、块体、圆柱体、球体、锥体、圆柱台、圆柱等基本体素，能自动生成的几何体体素如图 4-36 所示。生成体的菜单如图 4-37 所示。

图 4-36 三维图元

1. "V" 命令

GUI：Main Menu > Preprocessor > Modeling > Create > Volumes > Arbitrary > Through KPs

使用功能：通过关键点定义体。

使用格式：V,P1,P2,P3,P4,P5,P6,P7,P8

其中，P1,P2,P3,P4,P5,P6,P7,P8：定义体的第 1～第 8 个角点的关键点，P1 也可以为 P。

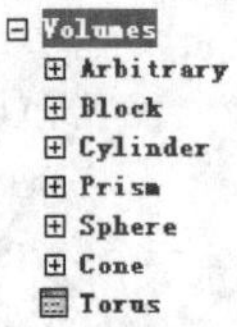

图 4-37 生成体的菜单

使用提示：通过 8 个(或小于 8 个)已存在的关键点生成一个体，以及与它相关的线和面。关键点必须按连续的顺序输入，关键点的顺序应该是首先沿体的下部依次连续输入，然后再沿体的上部依次连续输入。在激活坐标系下生成不可见的直线和面，并指定其编号。

不要在环形坐标系中使用该命令。

当重复输入某个关键点时，某一个面被压缩成一条线或一个点。例如：

　　V,P1,P2,P3,P3,P5,P6,P7,P7　　! 生成三棱体
　　V,P1,P2,P3,P3,P5,P5,P5,P5　　! 生成四面体

在 "CSYS" =2 时，用关键点产生截面可能会产生异常现象，要仔细检查产生的体。

2. "VA" 命令

GUI：Main Menu > Preprocessor > Modeling > Create > Volume by Areas
　　　Main Menu > Preprocessor > Modeling > Create > Volumes > Arbitrary > By Areas
　　　Main Menu > Preprocessor > Modeling > Geom Repair > Create Volume

使用功能：由面生成体。

使用格式：VA,*A1*,*A2*,*A3*,*A4*,*A5*,*A6*,*A7*,*A8*,*A9*,*A10*

其中，*A1*,…,*A10*：生成体的面编号，最少需要 4 个面，也可以使用 ALL、P 或元件名。

使用提示：当生成体的关键点大于 8 个时，用该命令是很方便的，面可以按任意顺序输入。由"VA"命令生成体的外表面必须是连续的，而且允许一个孔能够完整地穿透体。

3. "BLOCK" 命令

GUI：Main Menu > Preprocessor > Modeling > Create > Volumes > Block > By Dimensions

使用功能：在工作平面坐标系中产生一个块体。

使用格式：BLOCK,*X1*,*X2*,*Y1*,*Y2*,*Z1*,*Z2*

其中，*X1*,*X2*,*Y1*,*Y2*,*Z1*,*Z2*：块体分别在工作平面内的 X、Y 和 Z 坐标值的变化范围。

使用提示：在工作平面坐标系中定义一个六面体。块体的体积必须大于 0，也就是说，不能用这个命令生成面。体有 8 个关键点、12 条线和 6 个面，顶面和底面平行于工作平面。

4. "CYLIND" 命令

GUI：Main Menu > Preprocessor > Modeling > Create > Volumes > Cylinder > By Dimensions

使用功能：以工作平面原点为圆心生成圆柱体或部分圆柱体。对话框如图 4-38 所示。

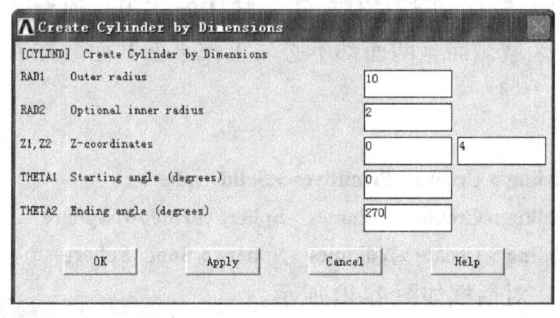
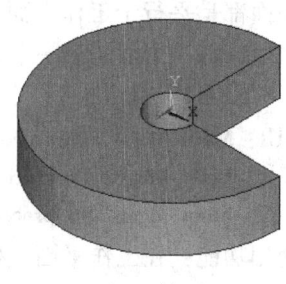

a)　　　　　　　　　　　　　　　　　　　　　b)

图 4-38　通过指定尺寸生成圆柱体
a）生成圆柱体的对话框　b）生成部分圆柱体

使用格式：CYLIND,*RAD1*,*RAD2*,*Z1*,*Z2*,*THETA1*,*THETA2*

其中：

RAD1,*RAD2*：圆柱体的内、外半径可按任意顺序输入。*RAD1* 或 *RAD2* 为 0 或为空，或者 *RAD1* 和 *RAD2* 输入相同的值都定义一个实心圆柱体。

Z1,*Z2*：圆柱体在工作平面上 Z 坐标的变化范围值。如果 *Z1* 或 *Z2* 任一为 0，那么圆柱体有一个面与工作平面共面。

THETA1,*THETA2*：圆柱体的起始、终结角，可产生部分圆柱。其他参见命令"CYL4"的说明。

使用提示：以工作平面原点为圆心定义一个圆柱体。顶面和底面平行于工作平面，圆柱体的体积必须大于 0。

5. "RPRISM" 命令

GUI：Main Menu > Preprocessor > Modeling > Create > Volumes > Prism > By Circumscr Rad
　　　Main Menu > Preprocessor > Modeling > Create > Volumes > Prism > By Inscribed Rad
　　　Main Menu > Preprocessor > Modeling > Create > Volumes > Prism > By Side Length

138 ANSYS 参数化编程与命令手册

使用功能：以工作平面原点为圆心生成一个正棱柱体。可参考图 4-39 所示的对话框。

使用格式：RPRISM,*Z1*,*Z2*,*NSIDES*,*LSIDE*,*MAJRAD*,*MINRAD*

其中，*Z1*,*Z2*：正棱柱体在工作平面上 Z 坐标的变化范围值。

其他选项可参考命令"RPOLY"的说明。

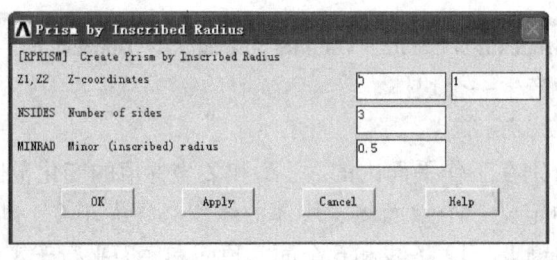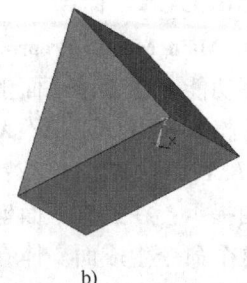

a)   b)

图 4-39 由内切圆生成正棱柱体
a) 输入数据的对话框　b) 生成的三棱柱

使用提示：以工作平面原点为圆心定义一个正棱柱体。正棱柱体的体积必须大于 0，顶面和底面都是平行于工作平面的多边形区域，而且两面都不必与工作平面共面。在 $\theta = 0°$ 的位置，生成每一个面的第一个关键点。

6. "SPH4" 命令

GUI：**Main Menu > Preprocessor > Modeling > Create > Primitives > Solid Sphere**

Main Menu > Preprocessor > Modeling > Create > Volumes > Sphere > Hollow Sphere

Main Menu > Preprocessor > Modeling > Create > Volumes > Sphere > Solid Sphere

使用功能：在工作平面上生成球体。对话框如图 4-40 所示。

使用格式：SPH4,*XCENTER*,*YCENTER*,*RAD1*,*RAD2*

其中：

XCENTER,*YCENTER*：球体中心在工作平面上 X 和 Y 的坐标值。

RAD1,*RAD2*：球体的内、外圆半径（输入顺序任意）。*RAD1* 或 *RAD2* 任一值为 0 或为空，生成一个实心球体。

使用提示：在工作平面指定位置处生成一个实心球体或空心球体。球体的体积必须大于 0。对于 360°的球体有两个区域，每一个区域包括一个半球。

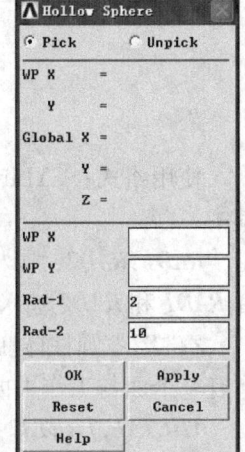

7. "SPH5" 命令

GUI：**Main Menu > Preprocessor > Modeling > Create > Volumes > Sphere > By End Points**

使用功能：由直径端点来生成实心球体。

使用格式：SPH5,*XEDGE1*,*YEDGE1*,*XEDGE2*,*YEDGE2*

图 4-40 生成空心球体

其中：

XEDGE1,*YEDGE1*：球体直径一端在工作平面上 X 和 Y 方向的坐标值。

XEDGE2,*YEDGE2*：球体直径另一端在工作平面上 X 和 Y 方向的坐标值。

使用提示：通过指定直径端点在工作平面上生成一个实心球体。球的体积必须大于 0。

8. "SPHERE"命令

GUI：**Main Menu > Preprocessor > Modeling > Create > Volumes > Sphere > By Dimensions**

使用功能：以工作平面原点为圆心产生一个球体。对话框如图 4-41 所示。

使用格式：SPHERE, *RAD1*, *RAD2*, *THETA1*, *THETA2*

其中：

RAD1, *RAD2*：球体的内、外圆半径，其余参考命令见"SPH4"的说明。

THETA1, *THETA2*：球体的起始、终结角(输入顺序任意)，可产生部分球体。其他参见命令"CYL4"的说明。

使用提示：以工作平面原点为圆心，在工作平面上生成一个实心球体、空心球体或部分球体，

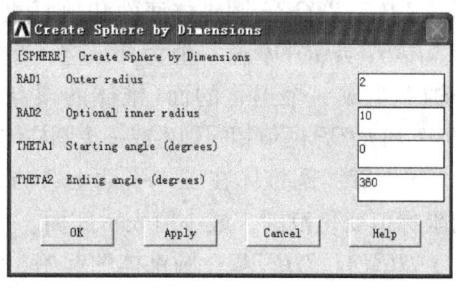

图 4-41　由指定尺寸生成球体

球体的体积必须大于 0。当创建实体的大小远小于相对坐标值时(这个比率接近或大于 1000)，可能会产生一个不精确的球体。当用户需要创建一个非常小的球体时，可以采用先生成一个较大的球体，然后再采用缩放的方式将其缩放到合适的位置。

9. "CON4"命令

GUI：**Main Menu > Preprocessor > Modeling > Create > Primitives > Cone**
　　　Main Menu > Preprocessor > Modeling > Create > Volumes > Cone > By Picking

使用功能：在工作平面上生成一个圆锥体或圆台。

使用格式：CON4, *XCENTER*, *YCENTER*, *RAD1*, *RAD2*, *DEPTH*

其中：

XCENTER, *YCENTER*：圆锥体或圆台中心轴在工作平面上 X 和 Y 的坐标值。

RAD1, *RAD2*：圆锥体或圆台两底面半径。*RAD1* 定义下底面半径值，它位于工作平面上；*RAD2* 定义上底面的半径值，它与工作平面平行。*RAD1* 或 *RAD2* 任一值为 0 或为空，在中心轴上生成一个退化的面(即锥体的顶点)。*RAD1* 和 *RAD2* 两值相同则生成一个圆柱体。

DEPTH：离工作平面的垂直距离即锥体的高度，平行于 Z 轴，*DEPTH* 值不能为 0。

使用提示：在工作平面上生成一个实心圆锥体或圆台。圆锥体的体积必须大于 0，一个底面或两底面都为圆形，并且由两个面组成。

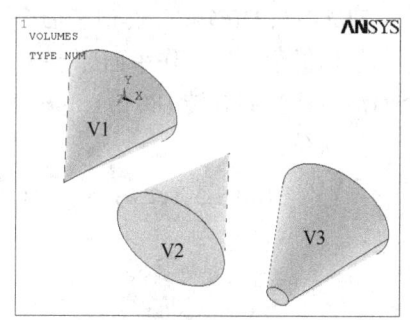

图 4-42　生成的圆锥与圆台

操作示例：执行下列命令，生成的结果如图 4-42 所示。

```
CON4,,,1,0,2      ! 生成 V1
CON4,2,,0,1,2     ! 生成 V2
CON4,4,,1,0.2,2   ! 生成 V3
```

10. "CONE"命令

GUI：**Main Menu > Preprocessor > Modeling > Create > Volumes > Cone > By Dimensions**

使用功能：以工作平面原点为圆心产生一个圆锥体。对话框可参考图 4-43。

使用格式：CONE,*RBOT*,*RTOP*,*Z1*,*Z2*,*THETA1*,*THETA2*
其中：

RBOT,*RTOP*：圆锥体底面和顶面的半径。*RBOT* 或 *RTOP* 任一值为 0 或空，在中心轴上生成一个退化的面(锥体的顶点)。*RBOT* 和 *RTOP* 两值相同则生成一个圆柱体。

Z1,*Z2*：圆锥体在工作平面上 Z 方向的坐标值变化范围，最小值表示底面。

THETA1,*THETA2*：圆锥体的起始、终结角(输入顺序任意)，可产生部分圆锥体。其他参见命令"CYL4"的说明。

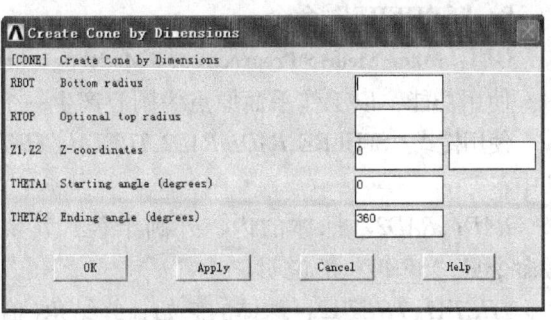

图 4-43 指定尺寸生成圆锥体对话框

使用提示：以工作坐标原点为圆心生成一个实心圆锥体。不退化的面(顶面或底面)与工作平面平行而且不必与工作平面共面，圆锥体的体积必须大于 0，参见"CON4"命令。

11."TORUS"命令

GUI：**Main Menu > Preprocessor > Modeling > Create > Volumes > Torus**

使用功能：创建一个圆环体。

使用格式：TORUS,*RAD1*,*RAD2*,*RAD3*,*THETA1*,*THETA2*

其中：

RAD1,*RAD2*,*RAD3*：生成环体的三个半径值，可按任意顺序输入。最小的值为环内径，中间值是环外径，最大值为主半径。若想生成一个实心环体，环内径指定为 0 或空，并必须位于 *RAD1* 或 *RAD2* 的位置。至少其中的两个值必须指定为正值，它们用来定义环外径和主半径。半径的表示如图 4-44 所示。

THETA1,*THETA2*：类似于命令"CYLIND"，可仿照命令"CYLIND"执行。

使用提示：以工作平面原点为圆心生成一个环体。一个 360° 的实心环体有 4 个面，每个面沿主环圆周旋转 180°。

如命令：

```
TORUS,5,1,2,0,180        ! 生成的结果如图 4-45 所示
```

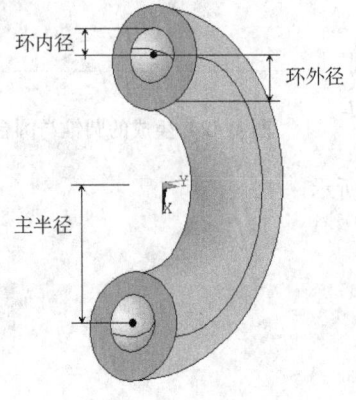

图 4-44 环形体的示意图

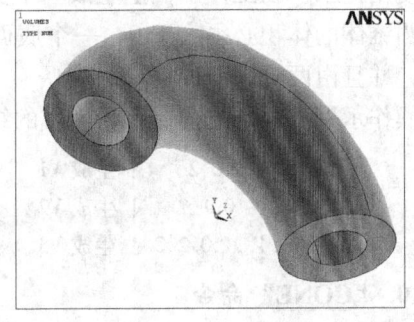

图 4-45 生成的部分环形体

其中:"1"是最小的半径,表示环内径;"2"是中间的半径,表示环外径;"5"是最大的半径,表示主半径;"0"和"180"定义环体的起始角和终结角。

4.2 实体模型的操作运算(Operate)

4.2.1 实体的延伸与旋转(Extend & Rotate)

1. "EXTOPT"命令

GUI: **Main Menu > Preprocessor > Modeling > Operate > Extrude > Elem Ext Opts**
      Main Menu > Preprocessor > Meshing > Mesh > Volume Sweep > Sweep Opts

使用功能:由面单元生成体单元的相关控制选项。对话框如图4-46所示。

使用格式:EXTOPT,*Lab*,*Val1*,*Val2*,*Val3*
其中:

Lab:识别控制选项的标签。*Val1*、*Val2*和*Val3*的含义将根据*Lab*的不同而变化。

- ON:生成的体单元与面单元具有相同的材料属性、实常数和坐标系统属性,并删除面上的网格。*Val1*、*Val2*和*Val3*无效。
- OFF:删除所有与该命令相关的设置,*Val1*、*Val2*和*Val3*无效。
- STAT:显示与该命令有关的设置,*Val1*、*Val2*和*Val3*无效。

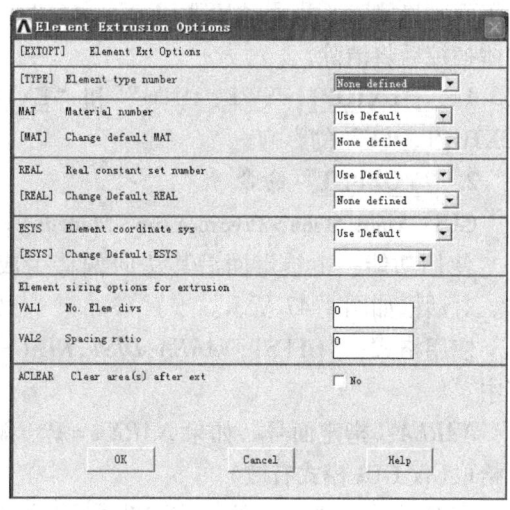

图4-46 控制属性对话框

- ATTR:设置将面单元上的特殊属性传给生成的体单元。若*Val1* =0,表示生成的体单元使用由命令"MAT"设置的材料属性;若*Val1* =1,则使用面单元的材料属性。而*Val2*是控制实常数,*Val3*控制单元坐标系,可仿照*Val1*进行。
- ESIZE:*Val1*表示在体生成或体扫掠的方向上单元分割的数量。对"VDRAG"和"VSWEEP",*Val1*的值可由"LESIZE"命令中*NDIV*的值取代。*Val2*表示在体生成或体扫掠方向上的间隔比率,可参考命令"LESIZE"对选项*SPACE*的说明。*Val3*无效。
- ACLEAR:面单元网格是否清除选项。若*Val1* =0,在体生成时保留面单元网格;若*Val1* =1,体生成时清除面单元网格。*Val2*和*Val3*无效。
- VSWE:确定*Val1*和*Val2*设置体扫掠选项。当"VSWEEP"命令下一次被调用时,使用"EXTOPT,VSWE"指定的设置项。如果*Lab* = VSWE,*Val1*成为一个标签,其值有AUTO或TETS。若*Val1* = AUTO,表示源对象和目标对象的确定方式。如果*Val2* = ON(默认设置),则自动确定"VSWEEP"命令的源对象和目标对象,扫掠的体可以有多个,如果*Val2* = OFF,由用户指定源对象和目标对象,这时只能对一个体进行扫掠。若*Val1* = TETS,确定对不可能进行体扫掠的实体所要进行的操作。如有

Val2 = OFF（默认设置），对体不划分网格；如有 *Val2* = ON，划分四面体单元。而 *Val3* 无效。

Val1,*Val2*,*Val3*：对于 *Lab* 选项的输入值。

使用提示：该命令的提示有下面几项。

1)"EXTOPT"命令控制命令"VEXT"、"VROTAT"、"VOFFST"、"VDRAG"和"VSWEEP"等由面单元生成体单元时的相关选项。

2)当用"VEXT"、"VROTAT"、"VOFFST"或"VDRAG"命令时，能够将面单元的属性传递到生成的体单元上。当用"VSWEEP"命令时，由于体已存在，在扫掠之前可用"VATT"命令指定属性。

3)当用"VEXT"、"VROTAT"、"VOFFST"或"VDRAG"命令时能够在体单元生成后将面网格删除，当用"VSWEEP"命令时，样式面(源对象)、目标面以及边面的面网格在体扫掠后将清除。

4)"EXTOPT,VSWE,AUTO"和"EXTOPT,VSWE,TETS"都不受"EXTOPT,ON"或"EXTOPT,OFF"的影响。

2."VOFFST"命令

GUI：Main Menu > Preprocessor > Modeling > Operate > Extrude > Areas > Along Normal

使用功能：由给定面沿其法向偏移生成一个体。对话框如图4-47所示。

使用格式：VOFFST,*NAREA*,*DIST*,*KINC*

其中：

NAREA：指定面号。如果 *NAREA* = P，激活图形拾取(仅 GUI 模式有效)。

DIST：沿法线方向的距离，生成体的关键点位于其上。按右手法则由关键点的顺序确定正法线方向。

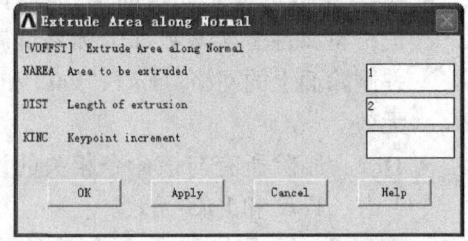

图 4-47 面沿其法向偏移对话框

KINC：关键点编号的增量。若其值为 0，由系统自动确定其编号。

使用提示：该命令由给定面沿其法向偏移生成一个体以及和它相关的关键点、线和面。偏移方向由给定面的正法线方向确定。

如果由"AATT"命令指定了面上的单元属性，那么由"VOFFST"操作生成的对应面也具有同样的单元属性，而与指定面相邻的面不具有这些属性。

如果指定面已划分了网格或依附于已划分网格的体上，那么用这个命令可以生成一个具有三维网格的体。

操作实例：对如图 4-48a 所示已划分网格的面，通过偏移来生成一个具有三维网格的体，其命令流如下，生成的结果如图 4-48b 所示。

```
/PREP7
ET,1,PLANE42        ！指定面单元
ET,2,SOLID45        ！指定体单元
RECTNG,,2,,1,       ！生成一个矩形
ESIZE,0.2,0,        ！指定单元边的长度
```

```
AMESH,1        ! 对矩形划分网格
TYPE,2         ! 设置为体单元
ESIZE,,5,      ! 指定偏移量上划分单
               ! 元的等分数
VOFFST,1,2,,   ! 指定偏移量为 2
```

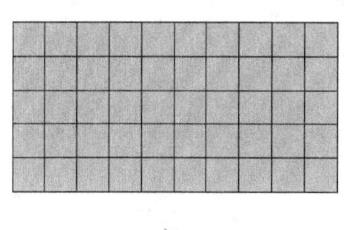
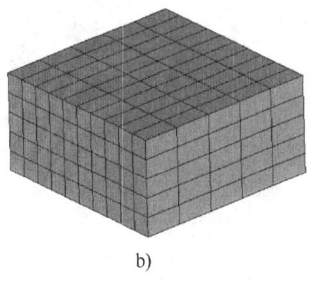

a)   b)

图 4-48 由面偏移生成体的实例

a) 已划分网格的面   b) 由面偏移生成的体

3. "VEXT" 命令

GUI：**Main Menu > Preprocessor > Modeling > Operate > Extrude > Areas > By XYZ Offset**

使用功能：通过给定偏移量由面生成体。

使用格式：VEXT,*NA1*,*NA2*,*NINC*,*DX*,*DY*,*DZ*,*RX*,*RY*,*RZ*

其中：

NA1,*NA2*,*NINC*：设置将要被拖拉面的范围，即按增量 *NINC* 从 *NA1* 增大到 *NA2*。*NA2* 的默认值为 *NA1*，*NINC* 默认值为 1。其中 *NA1* 也可以为 ALL、P 或元件名。

DX,*DY*,*DZ*：在激活坐标系中，关键点坐标值在 X、Y 和 Z 方向的增量（在圆柱坐标系中为 *DR*,*Dθ*,*DZ*；在球坐标系中为 *DR*,*Dθ*,*DΦ*）。

RX,*RY*,*RZ*：在激活坐标系中，作用于关键点坐标值在 X、Y 和 Z 方向的缩放因子（在圆柱坐标系中为 *DR*,*Dθ*,*DZ*；在球坐标系中为 *DR*,*Dθ*,*DΦ*）。注意 *Rθ* 和 *RΦ* 为角度偏移量。例如 CSYS = 1，*RX*,*RY*,*RZ* 输入（1.5,10,3）：将对半径值放大 1.5 倍，Z 方向放大 3 倍，对关键点增加 10°的偏移量。比例因子项为 0、空或负时都假定缩放因子为 1.0。角度偏移为 0 或空无效。

使用提示：在激活坐标系下通过拖拉和缩放指定面生成体以及相关的关键点、线和面。如果需要，指定面的缩放应该先完成，然后再拖拉。

在非直角坐标系中，"VEXT"命令位于基于激活坐标系中体的端面。而且拖拉是沿着端面的直线进行的。建议不要在环形坐标系中使用该命令。

警告：在非直角坐标系中使用"VEXT"命令会产生不可预料的结果。

其余可参考命令"VOFFST"的提示。

操作示例，先生成如图 4-49a 所示的两个面，然后两次使用"VEXT"给圆面和矩形面进行偏移，生成的体如图 4-49b 所示，其命令流如下：

```
CYL4,,,1              !生成圆面
RECTNG,1,2,1,1.5,     !生成矩形面
VEXT,2,,,,,2,,2,,     !对矩形面进行偏移,并对 Y 坐标放大 2 倍
VEXT,1,,,,,2,,,,      !对圆面进行偏移
```

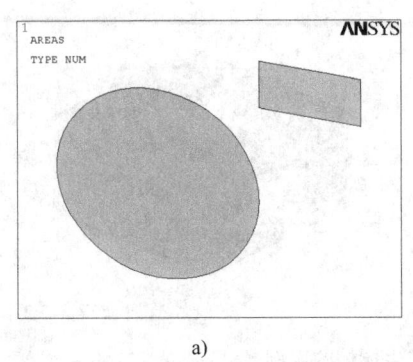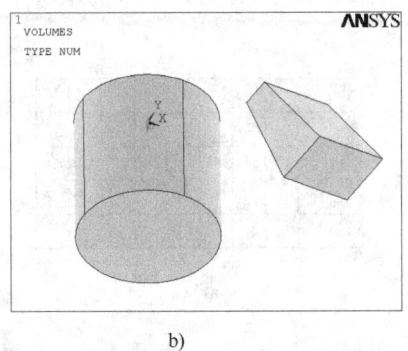

a) b)

图 4-49　指定偏移量由面生成体的实例
a) 生成的面　b) 由面生成的体

4. "VROTAT" 命令

GUI：Main Menu > Preprocessor > Modeling > Operate > Extrude > Areas > About Axis

使用功能：由面绕轴线旋转生成圆柱体。对话框如图 4-50 所示。

使用格式：VROTAT,*NA1*,*NA2*,*NA3*,*NA4*,*NA5*,*NA6*,*PAX1*,*PAX2*,*ARC*,*NSEG*

其中：

NA1,…,*NA6*：将要旋转面的编号。面必须位于旋转轴的一边,且与旋转轴共面,*NA1* 也可以为 P。

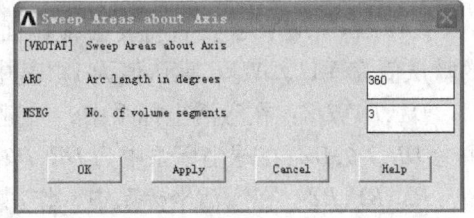

图 4-50　面绕轴线旋转生成圆柱体的对话框

PAX1,*PAX2*：旋转轴的关键点编号。

ARC：弧长(度),对 *PAX1-PAX2* 矢量按右手法则为正,默认值为 360。

NSEG：沿圆周体的个数,最多为 8 个。默认时按 90°弧划分一个体,即 360°有 4 个体、270°有 3 个体等。

使用提示：由面绕轴线旋转生成圆柱面以及与它相关的关键点、线和面。关键点、线、面和体的编号由系统确定。相邻的线共关键点,相邻的面共线,相邻的体共面。

为了用大于 180°的弧生成单一等分的体,*NSEG* 必须大于或等于 2。

其余可参考命令 "VOFFST" 的提示。

操作示例：先生成图 4-51a 所示的两个四分之一圆面和矩形面,然后执行 "VROTAT" 绕半圆面的 Y 方向轴线旋转 360°,生成的结果如图 4-51b 所示,其命令流如下：

```
/PREP7                !进入前处理器
RECTNG,1,2,1,1.5,     !生成矩形面
CYL4,,,,,1,90         !生成第 1 个四分之一圆面
```

```
CYL4,,,0,270,1,360              ! 生成第 2 个四分之一圆面
VROTAT,ALL,,,,,,8,6,360,3,      ! 绕关键点 8 和 6 构成的轴线旋转
```

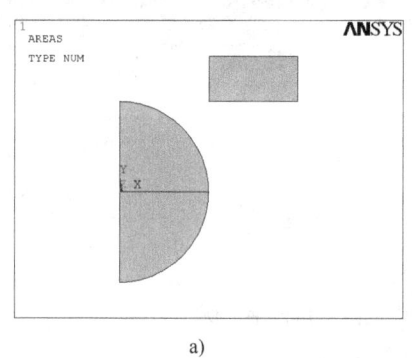 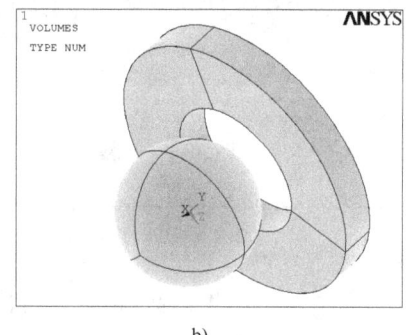

a)　　　　　　　　　　　　　　　b)

图 4-51　面绕轴线生成体的示例
a) 生成的面　b) 由面绕轴线生成的体

5. "VDRAG"命令

GUI：Main Menu > Preprocessor > Modeling > Operate > Extrude > Areas > Along Lines

使用功能：由面沿已有的线拖拉生成体。

使用格式：DRAG, *NA1*, *NA2*, *NA3*, *NA4*, *NA5*, *NA6*, *NLP1*, *NLP2*, *NLP3*, *NLP4*, *NLP5*, *NLP6*

其中：

NA1,…,*NA6*：可参考命令"VROTAT"的解释。

NLP1,…,*NLP6*：线的编号，线必须是连续的，即要求相邻的线必须共有一个关键点。

使用提示：该命令由指定面沿设定的路径拖拉生成体以及与它们相关的关键点、线和面。如果指定的路径包含有多条线，拖拉的方向由输入路径线的顺序来确定。如果拖拉路径是一条线(*NLP1*)，拖拉方向则从最靠近给定面的关键点到指定线的另一端点。

操作示例：先生成如图 4-52a 所示的内六角底面，然后沿指定的线拖拉生成图 4-52b 所示的结构图。其命令流如下：

```
/PREP7                          ! 进入前处理器
*AFUN,DEG                       ! 指定角度计算的单位
RPR4,6,,,0.01*tan(30),120       ! 生成六边形底面
K,7,,,                          ! 生成 3 个关键点
K,8,,,-0.075,
K,9,,0.2,-0.075,
LSTR,7,8                        ! 由关键点生成两条直线
LSTR,8,9
/VIEW,1,1,1,1                   ! 轴测图显示
/VUP,1,-Z                       ! 改变视角方向
LFILLT,8,7,0.01,,               ! 对生成的线进行倒圆角
VDRAG,1,,,,,,7,9,8              ! 由底面 1 沿线 7、9、8 拖拉生成体
```

6. "AROTAT"命令

GUI：Main Menu > Preprocessor > Modeling > Operate > Extrude > Lines > About Axis

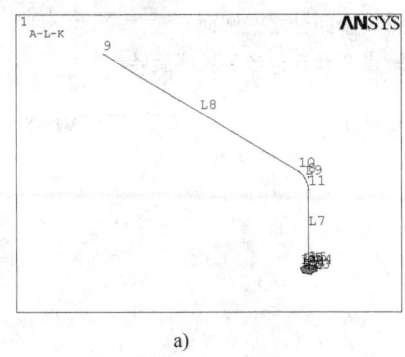
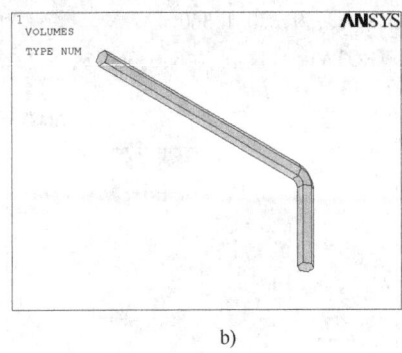

a)   b)

图 4-52 由面沿线拖拉生成内六角扳手示例
a）线及面 b）生成的体

使用功能：线绕轴线旋转生成圆弧面。

使用格式：AROTAT, *NL1*, *NL2*, *NL3*, *NL4*, *NL5*, *NL6*, *PAX1*, *PAX2*, *ARC*, *NSEG*

其中，*NL1*,…,*NL6*：将要旋转的线号，且要位于旋转轴的平面内。其中 *NL1* 也可以为 P 或元件名。

其余变量的意义可参考命令"VROTAT"。

使用提示：由线绕轴线旋转生成圆弧面，以及与它相关的关键点、线，通过沿圆周连接关键点生成弧线。关键点、线和面由系统自动编号。相邻的线共关键点，相邻的面共线。

7. "ADRAG" 命令

GUI：Main Menu > Preprocessor > Modeling > Operate > Extrude > Lines > Along Lines

使用功能：由线沿路径线拖拉生成面。

使用格式：ADRAG, *NL1*, *NL2*, *NL3*, *NL4*, *NL5*, *NL6*, *NLP1*, *NLP2*, *NLP3*, *NLP4*, *NLP5*, *NLP6*

其中：

NL1, *NL2*, *NL3*, *NL4*, *NL5*, *NL6*：可参考命令"AROTAT"的解释。

NLP1,…,*NLP6*：路径线的编号，参考命令"VDRAG"的说明。

使用提示：指定线沿已存在的路径线拖拉生成面，以及与它相关的关键点和线。关键点、线和面由系统自动编号。相邻的线共关键点，相邻的面共线。

8. "LROTAT" 命令

GUI：Main Menu > Preprocessor > Modeling > Operate > Extrude > Keypoints > About Axis

使用功能：关键点绕轴线旋转生成圆弧线。

使用格式：LROTAT, *NK1*, *NK2*, *NK3*, *NK4*, *NK5*, *NK6*, *PAX1*, *PAX2*, *ARC*, *NSEG*

其中，*NK1*,…,*NK6*：将要旋转的关键点编号，*NK1* 也可以为 P、ALL 或元件名。

其余变量的意义可参考命令"VROTAT"。

使用提示：关键点绕轴线旋转生成圆弧线，以及与它相关的关键点。关键点和线由系统自动编号。

9. "LDRAG" 命令

GUI：Main Menu > Preprocessor > Modeling > Operate > Extrude > Keypoints > Along Lines

使用功能：关键点沿已有的路径线扫掠生成线。

使用格式：LDRAG, *NK1*, *NK2*, *NK3*, *NK4*, *NK5*, *NK6*, *NL1*, *NL2*, *NL3*, *NL4*, *NL5*, *NL6*

其中：

NK1，*NK2*，*NK3*，*NK4*，*NK5*，*NK6*：可参考命令"LROTAT"的解释。

NL1，*NL2*，*NL3*，*NL4*，*NL5*，*NL6*：路径线的编号，参考命令"VDRAG"。

使用提示：关键点沿指定路径线拖拉生成线，以及与它相关的关键点，关键点和线由系统自动编号。

10．"LEXTND"命令

GUI：**Main Menu > Preprocessor > Modeling > Operate > Extend Line**

使用功能：沿已有线的方向，并在线的一个端点处延伸线的长度。对话框如图 4-53 所示。

使用格式：LEXTND，*NL1*，*NK1*，*DIST*，*KEEP*

其中：

NL1：将要延伸线的编号。若 *NL1* = P，激活图形拾取。

NK1：指定延伸线 *NL1* 上某端点的关键点编号。

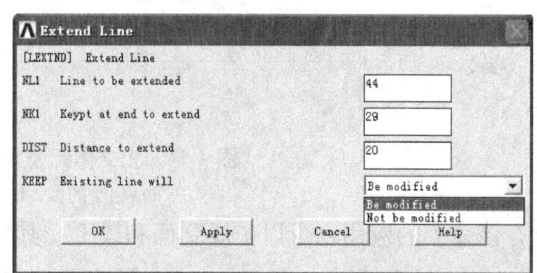

图 4-53　延伸线的对话框

DIST：线将要延伸的距离。

KEEP：确定输入实体是否保留的控制键。若为 0，表示不保留，仅生成新线（默认设置）；若为 1，保留旧线，生成新线，并且有各自的关键点。

使用提示：从已有线的某端点沿其方向延伸线的长度。只有线在没有依附于面之前才可以重新定义。建议不要在环坐标系中使用该命令。

操作示例：先定义关键点，再由关键点生成一条线，执行本命令后，在线的一端延伸且生成一条新的线，其操作命令流如下：

```
/PREP7              ! 进入前处理器
K,,,,,              ! 定义两个关键点
K,,2,5,,
LSTR,1,2            ! 由关键点生成线
LEXTND,1,2,5,0      ! 在线 L1 的第 2 个端点处进行延伸 5
```

4.2.2　实体布尔操作运算（Booleans）

1．"VINV"命令

GUI：**Main Menu > Preprocessor > Modeling > Operate > Booleans > Intersect > Common > Volumes**

使用功能：由相交体元的公共部分生成另外一个体。

使用格式：VINV，*NV1*，*NV2*，*NV3*，*NV4*，*NV5*，*NV6*，*NV7*，*NV8*，*NV9*

其中，*NV1*，…，*NV9*：相交体元的编号，其中 *NV1* 也可以为 ALL、P 或元件名。

使用提示：生成体元的公共相交体。公共相交体是由所选体元共同分享的区域。在源体元相交处新体元生成。如果相交区域为面，将生成一个新面而不是体。指定源实体的单元属性和边界条件不会转换到新生成的实体上。

操作示例：如图 4-54a 所示有三个体元相交，执行下列命令：

```
    VINV,ALL      ！生成的结果如图 4-54b 所示
```

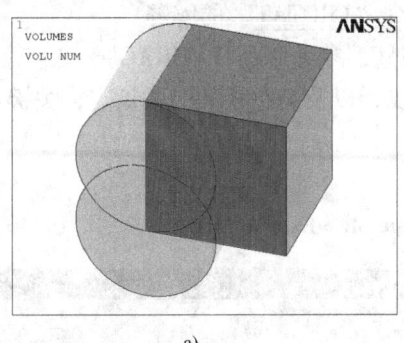
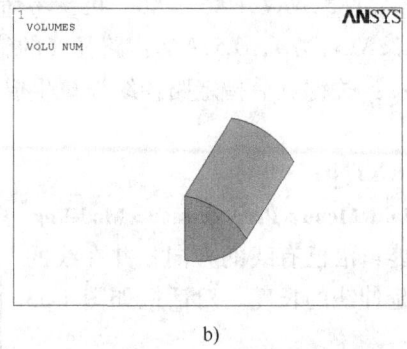

a)　　　　　　　　　　　　　　　b)

图 4-54　相交体元公共部分生成体元的示例

a）相交的体　b）体的公共部分

该命令的应用也可以扩展到面和线上，其相关的操作路径和命令使用格式为：

GUI：**Main Menu > Preprocessor > Modeling > Operate > Booleans > Intersect > Common > Areas**

使用格式：AINA,*NA1*,*NA2*,*NA3*,*NA4*,*NA5*,*NA6*,*NA7*,*NA8*,*NA9*　　　　！面相交操作

GUI：**Main Menu > Preprocessor > Modeling > Operate > Booleans > Intersect > Common > Lines**

使用格式：LINL,*NL1*,*NL2*,*NL3*,*NL4*,*NL5*,*NL6*,*NL7*,*NL8*,*NL9*　　　　！线相交操作

2．"<u>VINP</u>" 命令

GUI：**Main Menu > Preprocessor > Modeling > Operate > Booleans > Intersect > Pairwise > Volumes**

使用功能：体两两相交生成相交体或面。

使用格式：VINP,*NV1*,*NV2*,*NV3*,*NV4*,*NV5*,*NV6*,*NV7*,*NV8*,*NV9*

其中，*NV1*,…,*NV9*：两两相交体的编号。*NV1* 也可以为 ALL、P 或元件名。

使用提示：体两两相交生成相交体或面。两两相交体是指由指定的任意两个或两个以上体共同分享的区域。在源实体两两相交处生成新的实体。如果两两相交区域为面，则生成新面。指定源实体的单元属性和边界条件不会转换到新生成的实体上。

操作示例：对图 4-54a 中所示的三个相交体，执行命令：

```
    VINP,ALL      ！生成的结果如图 4-55 所示
```

相类似的命令有面与面或线与线两两相交，其相关的操作路径和命令使用格式为：

GUI：**Main Menu > Preprocessor > Modeling > Operate > Booleans > Intersect > Pairwise > Areas**

使用格式：AINP,*NA1*,*NA2*,*NA3*,*NA4*,*NA5*,*NA6*,*NA7*,*NA8*,*NA9*　　！面两两相交

图 4-55　体两两相交生成的体示例

GUI：**Main Menu > Preprocessor > Modeling > Operate > Booleans > Intersect > Pairwise > Lines**

使用格式：LINP,*NL1*,*NL2*,*NL3*,*NL4*,*NL5*,*NL6*,*NL7*,*NL8*,*NL9*　　　　！线两两相交

3．"<u>AINV</u>" 命令

GUI：**Main Menu > Preprocessor > Modeling > Operate > Booleans > Intersect > Area with Volume**

使用功能：面与体相交生成一个相交面。

使用格式：AINV,*NA*,*NV*

其中：

NA,*NV*：分别为指定面、体的编号，其中 *NA* 也可以为 P。

使用提示：面与体相交生成新面。如果相交的区域是线，则生成新线。指定源实体的单元属性和边界条件不会转换到新生成的实体上。

操作实例：先生成如图 4-56a 所示的一个圆柱体和矩形面，然后执行"AINV"命令后，生成的结果如图 4-56b 所示。其命令流如下：

```
/PREP7              ！进入到前处理器
RECTNG,-1,1,-1,1    ！生成一个正方形
WPSTYLE,,,,,,,,1    ！打开工作平面
WPOFF,0,0,-1        ！工作平面沿 Z 方向移动-1 的距离
CYL4,,,0.8,,,,2     ！生成以 0.8 为半径,高为 2 的圆柱体
AINV,1,1            ！体与面相交生成一个面，即图 4-56 中的 A6
```

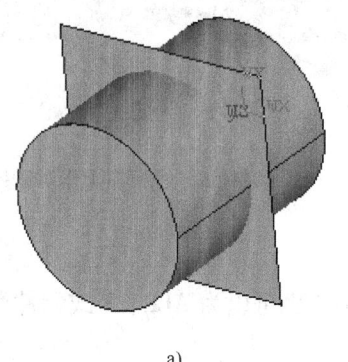

a)   b)

图 4-56 由面与体相交生成一个面的实例
a) 体与面组合 b) 生成的公共面

相类似的命令还有线与体、线与面的相交，其相关的操作路径和命令使用格式为：

GUI：**Main Menu > Preprocessor > Modeling > Operate > Booleans > Intersect > Line with Volume**

使用格式：LINV,*NL*,*NV*   ！线与体相交生成一条线

GUI：**Main Menu > Preprocessor > Modeling > Operate > Booleans > Intersect > Line with Area**

使用格式：LINA,*NL*,*NA*   ！线与面相交生成一条线

4."VADD"命令

GUI：**Main Menu > Preprocessor > Modeling > Operate > Add > Volumes**
　　Main Menu > Preprocessor > Modeling > Operate > Booleans > Add > Volumes

使用功能：多个体相加生成一个单一体。

使用格式：VADD,*NV1*,*NV2*,*NV3*,*NV4*,*NV5*,*NV6*,*NV7*,*NV8*,*NV9*

其中，*NV1*,…,*NV9*：将要相加的体编号。其中 *NV1* 也可以为 ALL、P 或元件名。

使用提示：将多个分开的体通过"加"操作生成一个新的单一体。默认情况下源实体以及与它们相关的面、线和关键点都将会删除。指定源实体的单元属性和边界条件不会转换

到新生成的实体上。包含连结（Concatenate）线或面的体不能使用该命令。

操作示例：对图 4-54a 所示的三个体再进行加操作，其命令为：

> VADD,ALL　　　　!生成的结果如图 4-57 所示

相类似的命令有面相加，其相关的操作路径和命令使用格式为：

GUI：**Main Menu > Preprocessor > Modeling > Operate > Booleans > Add > Areas**

使用格式：AADD,*NA1*,*NA2*,*NA3*,*NA4*,*NA5*,*NA6*,*NA7*,*NA8*,*NA9*　　　　!面相加操作

5. "LCOMB" 命令

GUI：**Main Menu > Preprocessor > Modeling > Operate > Booleans > Add > Lines**

使用功能：连接相邻的线为一条新线，对话框如图 4-58 所示。

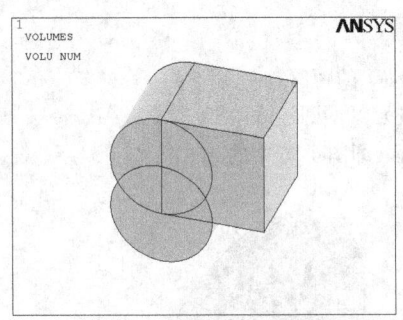

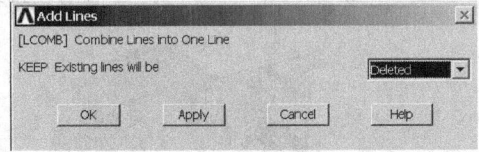

图 4-57　体相加操作示例　　　　图 4-58　线相加操作对话框

使用格式：LCOMB,*NL1*,*NL2*,*KEEP*

其中：

NL1,*NL2*：指定第 1 条线、第 2 条线的编号，*NL1* 也可以为 ALL、P 或元件名。

KEEP：指定的线是否删除控制键。

- 0：删除 *NL1* 和 *NL2* 线和它们的公共关键点。如果线已划分了网格或线已依附于其他线上，则不删除关键点。如果线已依附于不同的面上，则不删除线。
- 1：保留 *NL1* 和 *NL2* 线及它们的公共关键点，公共关键点不依附于新生成的线。

使用提示：连接相邻的线为一条新线（输出线）。依附于相同面的线也可以相连。

6. "VSBV" 命令

GUI：**Main Menu > Preprocessor > Modeling > Operate > Booleans > Subtract > Volumes**

　　　Main Menu > Preprocessor > Modeling > Operate > Booleans > Subtract > With Options > Volumes

使用功能：从体中减去另一个体，剩下的部分生成一个新体。对话框如图 4-59 所示。

使用格式：VSBV,*NV1*,*NV2*,*SEPO*,*KEEP1*,*KEEP2*

其中：

NV1：被减体的编号，不能再次应用于变量 *NV2*，*NV1* 也可以为 ALL、P 或元

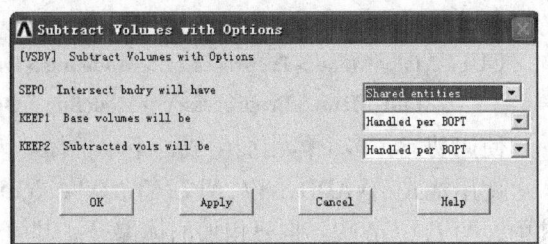

图 4-59　带选项的体相减操作对话框

件名。

NV2：减去体的编号，如果 *NV2* = ALL，是除了 *NV1* 所指定的体以外所有选取的体。可用一个元件名取代 *NV2*。

SEPO：确定 *NV1* 和 *NV2* 相交面的处理方式。若为空(blank)，生成的体与它们一起共享相交面；若为 SEPO，生成的体与相交面分开，但具有一致性。

KEEP1：确定 *NV1* 是否保留或删除控制键。

- 空(blank)：使用命令"<u>BOPTN</u>"中变量 *KEEP* 的设置。
- DELETE：删除 *NV1* 所表示的体。
- KEEP：保留 *NV1* 所表示的体。

KEEP2：确定 *NV2* 是否保留或删除控制键，参照变量 *KEEP1* 执行。

使用提示：从 *NV1* 中减去 *NV2* 后，剩下的部分生成一个新的体元，相交的部分可以是体或面。如果相交处是一个面，若 *SEPO* 为空，体 *NV1* 将在相交面处分开，生成的体相互连接，它们分享同一个相交面；若 *SEPO* 为 SEPO，生成的体将在相交面处分开，并各有自己的面。指定源实体的单元属性和边界条件不会转换到新生成的实体上。

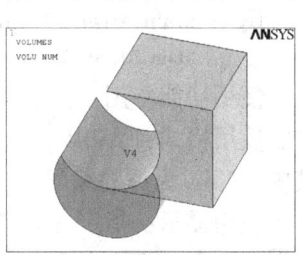

图 4-60 体相减操作示例

操作示例：对图 4-54a 中的三个体，从方块和一个圆柱体中减去另一个圆柱体，生成的结果如图 4-60 所示，执行的命令为：

```
VSEL,S,,,1          ! 选择 V1
VSEL,A,,,2          ! 再选择 V2
CM,volum,VOLU       ! 生成一个元件名
ALLSEL,ALL          ! 选择所有的实体
VSBV,volum,3        ! 从元件中减去 V3
```

7. "ASBA" 命令

GUI：**Main Menu > Preprocessor > Modeling > Operate > Booleans > Subtract > Areas**

　　　Main Menu > Preprocessor > Modeling > Operate > Booleans > Subtract > With Options > Areas

　　　Main Menu > Preprocessor > Modeling > Operate > Booleans > Divide > Area by Area

　　　Main Menu > Preprocessor > Modeling > Operate > Booleans > Divide > With Options > Area by Area

使用功能：从一个面中减去另一个面，剩余部分生成新面。

使用格式：ASBA,*NA1*,*NA2*,*SEPO*,*KEEP1*,*KEEP2*

该命令中变量的意义和使用提示见命令"<u>VSBV</u>"，并可参照执行。

8. "LSBL" 命令

GUI：**Main Menu > Preprocessor > Modeling > Operate > Booleans > Subtract > Lines**

　　　Main Menu > Preprocessor > Modeling > Operate > Booleans > Subtract > With Options > Lines

　　　Main Menu > Preprocessor > Modeling > Operate > Booleans > Divide > Line by Line

　　　Main Menu > Preprocessor > Modeling > Operate > Booleans > Divide > With Options > Line by Line

使用功能：从一条线中减去另一条线，剩余部分生成新线。

使用格式：LSBL, *NL1*, *NL2*, *SEPO*, *KEEP1*, *KEEP2*

该命令中其余变量的意义和使用提示见命令"VSBV"，并可参照执行。

9. "VSBA" 命令

GUI：**Main Menu > Preprocessor > Modeling > Operate > Booleans > Divide > Volume by Area**

　　　Main Menu > Preprocessor > Modeling > Operate > Booleans > Divide > With Options > Volume by Area

使用功能：用面来分割体。

使用格式：VSBA, *NV*, *NA*, *SEPO*, *KEEPV*, *KEEPA*

其中，*NV*, *NA*：分别为指定的体编号和面编号。

该命令中其余变量的意义和使用提示可参见命令"VSBV"。

10. "VSBW" 命令

GUI：**Main Menu > Preprocessor > Modeling > Operate > Booleans > Divide > Volu by WrkPlane**

　　　Main Menu > Preprocessor > Modeling > Operate > Booleans > Divide > With Options > Volu by WrkPlane

使用功能：用工作平面分割体。

使用格式：VSBW, *NV*, *SEPO*, *KEEP*

其中，*NV*：为体的编号。

使用提示：指定的体将由工作平面中的 XY 平面分开，并生成新体。如果在切割平面处存在关键点，也许会产生一些意想不到的结果。

该命令中其余变量的意义和提示可参见命令"VSBV"。

操作示例：如图 4-61a 所示为一个圆柱体，将工作平面移动到关键点上，工作平面绕 X 轴旋转 90°，执行分割命令后，生成的结果如图 4-61b 所示。

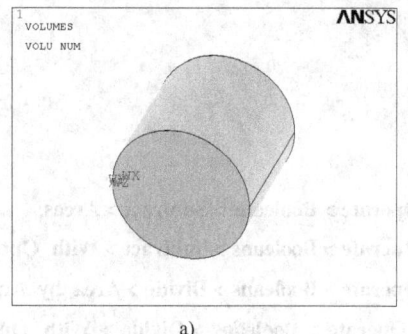 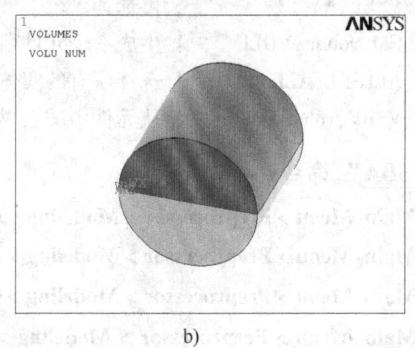

　　　　　　　　a)　　　　　　　　　　　　　　b)

图 4-61　体由工作平面分割示例

a) 生成的体　b) 体由工作平面切割的结果

其操作命令为：

/PREP7	! 进入前处理器
CYL4,,,1,,,,2	! 生成一个圆柱体
WPCSYS,-1,0	! 将工作平面与整体坐标系相对应
KWPAVE,7	! 移动工作平面到编号为 7 的关键点
WPROT,0,90	! 绕 X 轴线旋转 90°
VSBW,1	! 体由工作平面分割生成两个体
VPLOT	! 显示体如图 4-61b 所示

11. "**ASBV**" 命令

GUI：**Main Menu > Preprocessor > Modeling > Operate > Booleans > Divide > Area by Volume**
   Main Menu > Preprocessor > Modeling > Operate > Booleans > Divide > With Options > Area by Volume

使用功能：面由体来分割，并生成新面。

使用格式：ASBV,NA,NV,$SEPO$,$KEEPA$,$KEEPV$

其中，NA,NV：分别为指定面的编号和体的编号。

该命令中其余变量的意义和使用提示可参见命令"VSBV"。

12. "**ASBL**" 命令

GUI：**Main Menu > Preprocessor > Modeling > Operate > Booleans > Divide > Area by Line**
   Main Menu > Preprocessor > Modeling > Operate > Booleans > Divide > With Options > Area by Line

使用功能：面由线分割生成新面。

使用格式：ASBL,NA,NL,--,$KEEPA$,$KEEPL$

其中，NA,NL：分别为指定面的编号和线的编号。

该命令中其余变量的意义和使用提示可参见命令"VSBV"。

13. "**ASBW**" 命令

GUI：**Main Menu > Preprocessor > Modeling > Operate > Booleans > Divide > Area by WrkPlane**
   Main Menu > Preprocessor > Modeling > Operate > Booleans > Divide > With Options > Area by WrkPlane

使用功能：用工作平面分割面。

使用格式：ASBW,NA,$SEPO$,$KEEP$

该命令中变量的意义和使用提示见命令"VSBW"，并可参照执行。

14. "**LSBV**" 命令

GUI：**Main Menu > Preprocessor > Modeling > Operate > Booleans > Divide > Line by Volume**
   Main Menu > Preprocessor > Modeling > Operate > Booleans > Divide > With Options > Line by Volume

使用功能：线由体来分割并生成新线。

使用格式：LSBV,NL,NV,$SEPO$,$KEEPL$,$KEEPV$

其中，NL,NV：分别为指定线的编号和体的编号。

该命令中其余变量的意义和使用提示可参见命令"VSBV"。

15. "**LSBA**" 命令

GUI：**Main Menu > Preprocessor > Modeling > Operate > Booleans > Divide > Line by Area**
   Main Menu > Preprocessor > Modeling > Operate > Booleans > Divide > With Options > Line by Area

使用功能：线由面分割并生成新线。

使用格式：LSBA,NL,NA,$SEPO$,$KEEPL$,$KEEPA$

该命令中变量的意义和使用提示见命令"LSBV"，并可参照执行。

16. "**LSBW**" 命令

GUI：**Main Menu > Preprocessor > Modeling > Operate > Booleans > Divide > Line by WrkPlane**
   Main Menu > Preprocessor > Modeling > Operate > Booleans > Divide > With Options > Line by WrkPlane

使用功能：用工作平面分割线。

使用格式：LSBW,NL,$SEPO$,$KEEP$

该命令中变量的意义和使用提示见命令"VSBW"，并可参照执行。

17. "LDIV"命令

GUI：Main Menu > Preprocessor > Modeling > Operate > Booleans > Divide > Line into 2 Ln's
　　　Main Menu > Preprocessor > Modeling > Operate > Booleans > Divide > Line into N Ln's
　　　Main Menu > Preprocessor > Modeling > Operate > Booleans > Divide > Lines w/Options

使用功能：将一条线分成多段线。其操作对话框如图4-62所示。

使用格式：LDIV, NL1, RATIO, PDIV, NDIV, KEEP

其中：

NL1：指定线的编号。若其值为负，将按第二个端点来计算RATIO值。也可以为ALL、P或元件名。

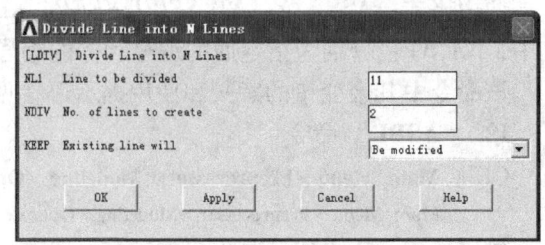

图4-62　将线分割生成多条线

RATIO：线P1-PDIV的长度与线P1-P2的长度之比，其值介于在0.0～1.0之间。如果NDIV>2，输入无效。

PDIV：在分割处生成的关键点编号，默认状态由系统自动编号。如果NL1 = ALL或NDIV>2，输入无效。如果PDIV已存在，且在NL1线上，那么线在PDIV点分割，这时有RATIO = 0.0。如果PDIV已存在，但不位于NL1线上，那么PDIV点通过投影移到线NL1上最近的位置。PDIV不能依附于其余线、面或体上。

NDIV：生成线的条数(默认值为2)。

KEEP：指定线是否保留或删除的控制键，若为0，删除旧线；若为1，保留旧线。

使用提示：将线NL1分割生成两条或两条以上的线。如果这条线依附于一个面上，那么这个面也被更新。

18. "VGLUE"命令

GUI：Main Menu > Preprocessor > Modeling > Operate > Booleans > Glue > Volumes

使用功能：体粘接。

使用格式：VGLUE, NV1, NV2, NV3, NV4, NV5, NV6, NV7, NV8, NV9

其中，NV1, …, NV9：将要粘接体的编号。其中NV1为ALL、P或元件名。

使用提示：使用"VGLUE"命令，通过粘接指定体生成新的体，只有指定体的相交边界是面时，这项操作才有效。指定源实体的单元属性和边界条件不会转换到新生成的实体上。

使用"VGLUE"命令导致在公共体边界处面、线和关键点的合并，且保留较小编号体上的面、线和关键点，这就意味着当多个"VGLUE"命令执行时，要避免任何不粘接的几何体出现，用户必须清楚体的编号。

相类似的命令有面粘接与线粘接，其相关的操作路径和命令使用格式为：

GUI：Main Menu > Preprocessor > Modeling > Operate > Booleans > Glue > Areas　　　!面粘接
使用格式：AGLUE, NA1, NA2, NA3, NA4, NA5, NA6, NA7, NA8, NA9

GUI：Main Menu > Preprocessor > Modeling > Operate > Booleans > Glue > Lines　　　!线粘接
使用格式：LGLUE, NL1, NL2, NL3, NL4, NL5, NL6, NL7, NL8, NL9

操作示例：分别生成如图4-63a所示的两个矩形面，执行命令：

```
AGLUE,1,2       ！生成的结果如图 4-63b 所示
```

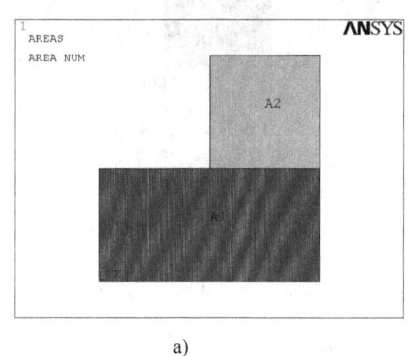
　　　　　　　a)

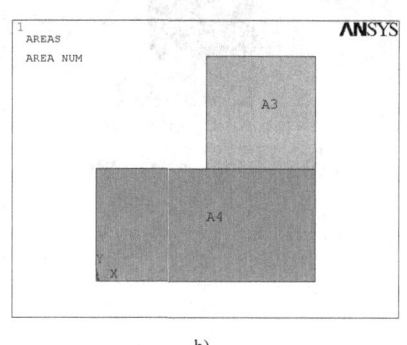
　　　　　　　b)

图 4-63　面粘贴操作示例
a) 两个面　b) 面相粘后的结果

19. "LOVLAP" 命令

GUI：**Main Menu > Preprocessor > Modeling > Operate > Booleans > Overlap > Lines**

使用功能：线搭接。

使用格式：LOVLAP, *NL1*, *NL2*, *NL3*, *NL4*, *NL5*, *NL6*, *NL7*, *NL8*, *NL9*

其中，*NL1*, …, *NL9*：搭接线的编号，其中 *NL1* 也可以为 ALL、P 或元件名。

使用提示：线搭接，生成环绕所有输入线几何体的新线。输入线的相交区域和不相交区域生成了新线。只有相交区域是线时该命令才有效。指定源实体的单元属性和边界条件不会转换到新生成的实体上。

相类似的命令有面搭接与体搭接，其相关的操作路径和命令使用格式为：

GUI：**Main Menu > Preprocessor > Modeling > Operate > Booleans > Overlap > Areas**　　！面搭接

使用格式：AOVLAP, *NA1*, *NA2*, *NA3*, *NA4*, *NA5*, *NA6*, *NA7*, *NA8*, *NA9*

GUI：**Main Menu > Preprocessor > Modeling > Operate > Booleans > Overlap > Volumes**　　！体搭接

使用格式：VOVLAP, *NV1*, *NV2*, *NV3*, *NV4*, *NV5*, *NV6*, *NV7*, *NV8*, *NV9*

操作示例：先生成如图 4-64a 所示的三个相互重叠的面，然后执行该命令后，生成了七个面，生成的结果如图 4-64b 所示，其操作命令流如下：

```
/PREP7              ！进入前处理器
RECTNG,,1,,1,       ！生成矩形面
RPR4,3,,,1,         ！生成三角形面
CYL4,0.85,-0.35,0.7 ！生成圆面
/PNUM,AREA,1        ！显示面的编号
AOVLAP,ALL          ！对所有的三个面进行搭接操作
```

20. "APTN" 命令

GUI：**Main Menu > Preprocessor > Modeling > Operate > Booleans > Partition > Areas**

使用功能：面分割。

使用格式：APTN, *NA1*, *NA2*, *NA3*, *NA4*, *NA5*, *NA6*, *NA7*, *NA8*, *NA9*

其中，*NA1*, …, *NA9*：分割面的编号，其中 *NA1* 也可以为 ALL、P 或元件名。

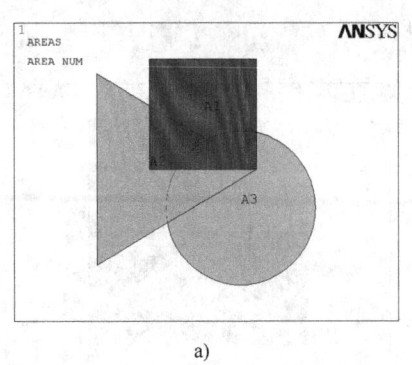
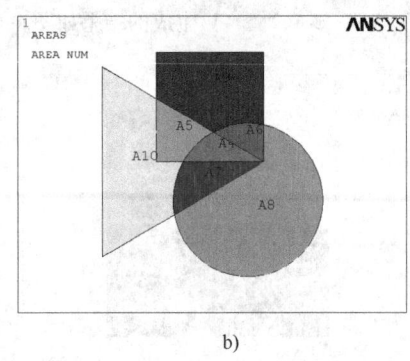

a)   b)

图 4-64 面搭接操作示例
a) 三个面重叠在一起   b) 面搭接后的结果

使用提示：分割相交面。该命令类似于命令"ASBA"和"AOVLAP"的组合功能。如果两个或两个以上的面相交区域是一个面（即共面），那么新面由输入面相交部分的边界和不相交部分的边界组成，即命令"AOVLAP"。如果两个或两个以上的面相交是一条线（即不共面），那么这些面沿相交线分割或被分开，即命令"ASBA"。在一个"APTN"操作中，两种相交的类型都可能出现，不相交的面保持不变。指定源实体的单元属性和边界条件不会转换到新生成的实体上。

相类似的命令有线分割与体分割，其相关的操作路径和命令使用格式为：

GUI：**Main Menu > Preprocessor > Modeling > Operate > Booleans > Partition > Lines**   ! 线分割

使用格式：LPTN, *NL1*, *NL2*, *NL3*, *NL4*, *NL5*, *NL6*, *NL7*, *NL8*, *NL9*

GUI：**Main Menu > Preprocessor > Modeling > Operate > Booleans > Partition > Volumes**   ! 体分割

使用格式：VPTN, *NV1*, *NV2*, *NV3*, *NV4*, *NV5*, *NV6*, *NV7*, *NV8*, *NV9*

操作示例：执行下列命令流生成如图 4-65 所示的节管连接图。

```
/PREP7                    ! 进入处理器
CYLIND,1.3,1.5,,2,,90     ! 生成大接管
WPROTA,0,-90              ! 旋转工作平面
CYLIND,0.4,0.5,,2,-90     ! 生成小接管
WPSTYLE,,,,,,,0           ! 关闭工作平面
VOVLAP,1,2                ! 体分割操作
/VIEW,,-3,-1,1            ! 改变视角方向
VPLOT                     ! 显示体
VDELE,3,4,,1              ! 删除分割的体块
```

21. "BOPTN" 命令

GUI：**Main Menu > Preprocessor > Modeling > Operate > Booleans > Settings**

使用功能：设置布尔操作选项。如图 4-66 所示。

使用格式：BOPTN, *Lab*, *Value*

其中：

Lab：它的值如下，若 *Lab* = DEFA，恢复各选项的默认值；若 *Lab* = STAT，列表输出当前的设置状态；若 *Lab* = KEEP，删除或保留输入实体选项；若 *Lab* = NUMB，输出编号的警

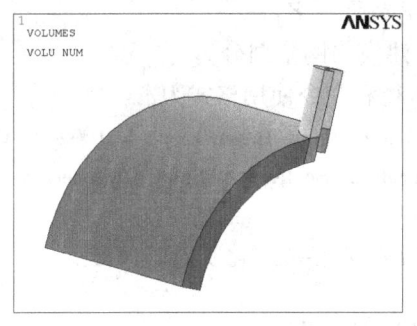

图 4-65 体分割操作生成节管

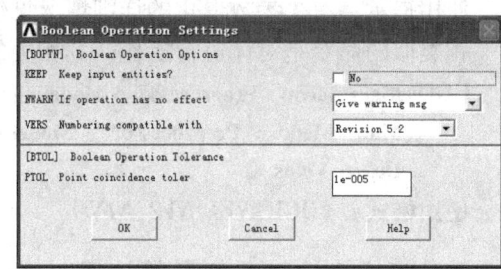

图 4-66 布尔操作设置对话框

告信息选项；若 *Lab* = NWARN，没有响应时的警告信息选项；若 *Lab* = VERSION，布尔操作兼容性选项。

Value：根据 *Lab* 有不同的值，如果 *Lab* = KEEP，若 *Value* = ON，删除输入实体（默认值），除非它已划分网格或依附于更高的实体；若 *Value* = YES，保留指定的实体。如果 *Lab* = NUMB，其值有：

- 0：如果布尔运算的输出实体是基于几何体来进行编号，则不会产生警告信息。
- 1：如果布尔运算的输出实体是基于几何体来进行编号，则会产生警告信息。如在优化设计中，使用几何编号方式，当重新输入改变尺寸的实体时，可能会产生一个不同的编号，从而引起随后的分析会产生一个无法预期的结果。

如果 *Lab* = NWARN，其值有：

- 0：布尔操作失败（默认）时产生一个警告信息。
- 1：布尔操作失败时不产生一个警告信息或错误信息。
- -1：布尔操作失败时产生一个错误信息。

如果 *Lab* = VERSION，其值有：

- RV52：激活 5.2 版本兼容性选项（默认设置）。
- RV51：激活 5.1 版本兼容性选项。

命令默认：布尔操作失败将产生一个警告信息，删除输入实体，使用 5.2 版本布尔兼容性选项。

使用提示：5.2 版本布尔操作比其前的 ANSYS 版本布尔操作对实体能够产生不同的编号方式。当运行早期的 ANSYS 版本的输入文件时，布尔操作与先前使用的版本兼容性选项相匹配。例如，如果用户运行的是 5.2 版本，而要读 5.1 版本的输入文件（/INPUT），推荐在阅读输入文件之前将 VERSION 设置为 RV51。

该命令在任何处理器中均有效。

22. "**ADGL**"命令

GUI：**Main Menu > Preprocessor > Modeling > Operate > Booleans > Show Degeneracy > List Degen Areas**

Main Menu > Preprocessor > Modeling > Check Geom > Show Degeneracy > List Degen Areas

使用功能：列出面上处于参数退化状态的关键点。

使用格式：ADGL, *NA1*, *NA2*, *NINC*

其中，*NA1*, *NA2*, *NINC*：指定面的编号范围，按 *NINC*（默认为 1）增量从 *NA1* 到 *NA2*（默认为

NA1)范围内。其中 *NA1* 也可以为 ALL(默认设置)、P 或元件名。

使用提示:有关参数退化的详细情况见《ANSYS 建模与网格划分》。

相类似的命令是对体进行操作,其相关的操作路径和命令使用格式为:

GUI:Main Menu > Preprocessor > Modeling > Check Geom > Show Degeneracy > List Degen Volus

Main Menu > Preprocessor > Modeling > Operate > Booleans > Show Degeneracy > List Degen Volus

使用格式:VDGL,*NV1*,*NV2*,*NINC*   !列出体上处于参数退化状态的关键点

4.2.3 实体缩放与几何量的计算(Scale & Calc Geom)

1. "KPSCALE" 命令

GUI:Main Menu > Preprocessor > Modeling > Operate > Scale > Keypoints

使用功能:对关键点进行缩放操作。其对话框如图 4-67 所示。

使用格式:KPSCALE,*NP1*,*NP2*,*NINC*,*RX*,*RY*,*RZ*,*KINC*,*NOELEM*,*IMOVE*

其中:

NP1,*NP2*,*NINC*:将要进行缩放的关键点编号范围,按 *NINC* 增量从 *NP1* 到 *NP2*。其中 *NP1* 也可以为 ALL、P 或元件名。

RX,*RY*,*RZ*:在激活坐标系下,施加于关键点 X、Y 和 Z 方向坐标值的比例因子。可参考命令"VEXT"的详细说明。

KINC:生成关键点的编号增量。若值为 0,由系统自动编号。

NOELEM:是否生成节点和单元的控制键,它的值如下。

- 0:如果存在节点和点单元,则按比例生成相应的节点和点单元。
- 1:不生成节点和点单元。

IMOVE:表示关键点是否被移动或重新生成:

- 0:原来的关键点不动,重新生成新的关键点。
- 1:不生成新的关键点,原来的关键点移动到新的位置,这时 *KINC* 和 *NOELEM* 无效。在其源位置处的网格和节点也被移动。

使用提示:对关键点按一定比例缩放可以生成新的关键点以及相应的网格。生成关键点的 MAT、TYPE、REAL 和 ESYS 等属性与原来的关键点相同,与当前的属性设置无关。比例缩放在当前激活坐标下进行,而关键点可以在任何坐标系中生成。建议不要在环形坐标系中使用该命令。

操作示例:如图 4-68 所示,先生成左面 1 至 10 个关键点,执行一次"KPSCALE"命令生成的关键点如图 4-68 右面所示,其编号为 12 至 21。命令流如下:

```
/PREP7                        ! 进入前处理
K,,1,,,                       ! 生成编号为 1 的关键点
K,10,1,10,,                   ! 生成编号为 10 的关键点
KFILL,1,10,8,,,1,             ! 在关键点之间生成再生成 8 个关键点
KPSCALE,1,10,1,3.6,1,1,11,0,0 ! 对编号 1 至 10 个关键点进行缩放操作,新生成编号
                              ! 为 12 至 21 的关键点
```

对线、面或体的操作也有相类似的命令,其相关的操作路径和命令使用格式为:

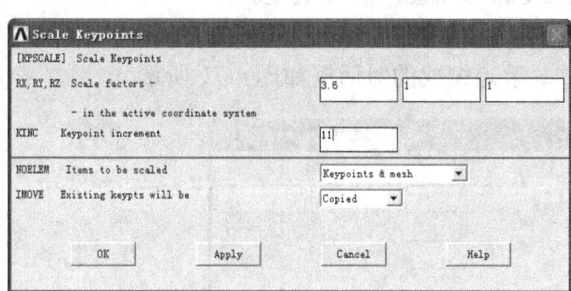
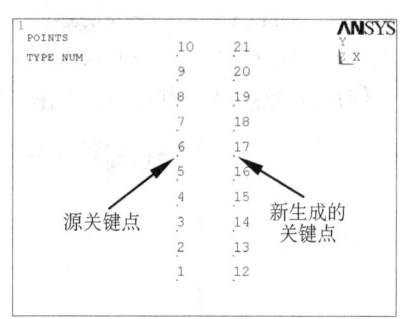

图 4-67　对关键点进行缩放的对话框　　　　图 4-68　关键点缩放示例

GUI：**Main Menu > Preprocessor > Modeling > Operate > Scale > Lines**　　！线按一定比例进行缩放

使用格式：LSSCALE,*NL1*,*NL2*,*NINC*,*RX*,*RY*,*RZ*,*KINC*,*NOELEM*,*IMOVE*

GUI：**Main Menu > Preprocessor > Modeling > Operate > Scale > Areas**　　！面按一定比例进行缩放

使用格式：ARSCALE,*NA1*,*NA2*,*NINC*,*RX*,*RY*,*RZ*,*KINC*,*NOELEM*,*IMOVE*

GUI：**Main Menu > Preprocessor > Modeling > Operate > Scale > Volumes**　　！体按一定比例进行缩放

使用格式：VLSCALE,*NV1*,*NV2*,*NINC*,*RX*,*RY*,*RZ*,*KINC*,*NOELEM*,*IMOVE*

操作示例：先生成一个基圆，然后利用缩放命令可以将基圆生成一个椭圆线或椭圆面，生成椭圆线的命令流如下：

```
/PREP7                          ! 进入前处理器
r0 = 5                          ! 定义基圆半径
CYL4,,,r0                       ! 生成基圆
LSSCALE,1,4,1,2,1,1,,0,0        ! 对基圆的 4 条线按椭圆长短轴的比率缩放
ADELE,1,,,1                     ! 删除基圆面,结果如图 4-69 所示
```

生成椭圆面的命令流如下：

```
/PREP7                          ! 进入前处理器
r0 = 5                          ! 定义基圆半径
CYL4,,,r0                       ! 生成基圆
ARSCALE,1,,,2,1,1,,0,1          ! 生成椭圆面,如图 4-70 所示
```

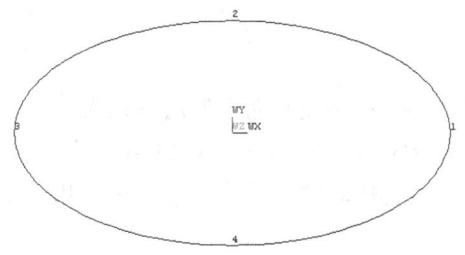

图 4-69　线的缩放操作示例　　　　图 4-70　面的缩放操作示例

2. "NSCALE" 命令

GUI：**Main Menu > Preprocessor > Modeling > Operate > Scale > Nodes > Scale & Copy**

　　　Main Menu > Preprocessor > Modeling > Operate > Scale > Nodes > Scale & Move

Main Menu > Preprocessor > Modeling > Copy > Nodes > Scale & Copy

Main Menu > Preprocessor > Modeling > Move/Modify > Nodes > Scale & Move

使用功能：对节点按一定比例进行缩放。节点缩放的对话框如图 4-71 所示。

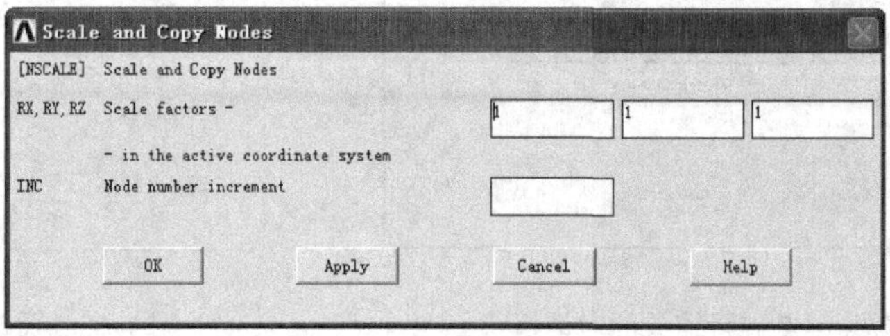

图 4-71　节点缩放的对话框

使用格式：NSCALE,*INC*,*NODE1*,*NODE2*,*NINC*,*RX*,*RY*,*RZ*

其中：

INC：每缩放一次，节点编号的增量。如果 *INC* = 0，节点将重新定义在被缩放的位置。

NODE1,*NODE2*,*NINC*：按增量 *NINC*（默认为 1）从 *NODE1* 到 *NODE2*（默认为 *NODE1*）指定要进行缩放节点的编号范围。其中 *NODE1* 也可以为 ALL、P 或元件名。

RX,*RY*,*RZ*：缩放因子，它是相对于激活坐标系的原点（对于圆柱坐标系为 RR,Rθ,RZ,对于球形坐标系或环形坐标系为 RR,Rθ,RΦ）。如果 |ratio| > 1.0，将被放大；如果 |ratio| < 1.0，将会缩小。默认值为 1.0。

使用提示：对节点按一定比例进行缩放。比例缩放在当前激活坐标下进行，而节点可以是在任何坐标系中生成的。

3. "KSUM" 命令

GUI：**Main Menu > Preprocessor > Modeling > Operate > Calc Geom Items > Of Keypoints**

使用功能：对所选的关键点计算，并输出其几何要素。

使用格式：KSUM

使用提示：对所选关键点计算，并输出其相关的几何要素，如形心位置、转动惯量等。几何要素位于整体直角坐标系中，并使用了与材料性能无关的单位密度。当模型在"KSUM"命令执行后没有修改，由"KSUM"计算的项以及由命令"*GET"或"*VGET"得到的内容是一致的。

对一个圆柱体的几何列表如图 4-72 所示。

相类似地，也可对线进行相类似的操作，其相关的操作路径和命令使用格式为：

GUI：**Main Menu > Preprocessor > Modeling > Operate > Calc Geom Items > Of Lines**

使用格式：LSUM　　　　　　　　　　　　！对所选取的线计算，并输出其几何要素

4. "ASUM" 命令

GUI：**Main Menu > Preprocessor > Modeling > Operate > Calc Geom Items > Of Areas**

使用功能：对所选取的面计算，并输出其几何要素。

使用格式：ASUM,*LAB*

其中，*LAB*：控制计算面的几何要素所使用的小方格。如果 *LAB* = DEFAULT，那么计算使用由命令"/FACET"设置的小方格的细小程度。如果 *LAB* = FINE，那么计算基于最细的小

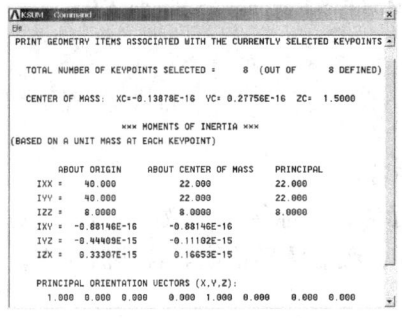
a)

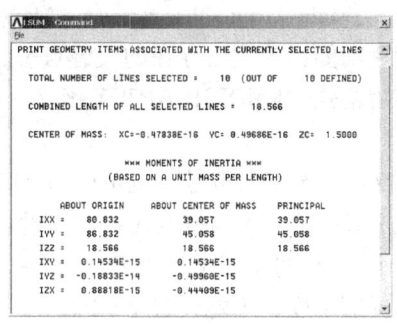
b)

图 4-72 圆柱体的几何列表
a) 关键点的几何量 b) 线的几何量列表

方格。

使用提示：计算并输出与所选面相关的几何要素，如面积、形心位置、转动惯量等。"ASUM"命令仅适用于完好平面。

几何要素在整体直角坐标系中生成，除非面已由"AATT"命令指定了相关的材料和实常数，否则使用单位密度和厚度。但对于多层壳单元，则总是使用单位密度和单位厚度。当模型在"ASUM"命令执行后没有修改，由"ASUM"命令计算的量以及由命令"*GET"或"*VGET"得到的量是一致的。

对于细长条型的面，当最小尺寸与最大尺寸的比值小于 0.01 时，该命令将会提供一个错误的面信息。为了保证计算的精确度，确定细分面时至少要使最小尺寸与最大尺寸的比值为 0.05。

相类似地，可对体进行相类似的操作，其相关的操作路径和命令使用格式为：

GUI：Main Menu > Preprocessor > Modeling > Operate > Calc Geom Items > Of Volumes

使用格式：VSUM, *LAB*　　　　　　　　！对所选取的体计算，并输出其几何要素。

5. "GSUM"命令

GUI：Main Menu > Preprocessor > Modeling > Operate > Calc Geom Items > Of Geometry

使用功能：计算并输出整个模型的所有几何要素。

使用格式：GSUM

使用提示：计算并输出与所选关键点、线、面和体相关的几何要素，如形心位置、转动惯量、长度、面积和体积等，几何要素位于整体直角坐标系中。对于体，除非由命令"VATT"定义了材料，否则将使用单位密度。对于面，除非由命令"AATT"定义了材料和实常数，否则使用单位密度和厚度。对于线和关键点，均使用单位密度。该命令是"KSUM"、"LSUM"、"ASUM"和"VSUM"命令的综合。

4.3 实体模型的修改（Modify）

4.3.1 实体模型的修改和复制（Copy & Modify）

1. "KMODIF"命令

GUI：Main Menu > Preprocessor > Modeling > Move/Modify > Keypoints > Set of KPs

Main Menu > Preprocessor > Modeling > Move/Modify > Keypoints > Single KP

使用功能：修改已存在的关键点。

使用格式：KMODIF,*NPT*,*X*,*Y*,*Z*

其中：

NPT：关键点的编号，也可以为 ALL、P 或元件名。

X,*Y*,*Z*：用输入的值取代指定关键点原来的坐标值，坐标值位于激活坐标系（对于圆柱坐标为 R,θ,Z,对于球坐标为 R,θ,φ）中。如果 *X* = P，激活图形拾取。若其值为空，保持原来的坐标值不变，不能设置 *Y* = P。

使用提示：将要修改关键点所依附的线、面和体必须要被选择，并在当前激活坐标系中重新生成，该命令不适用于环形坐标系。

警告：重新生成的实体可能从已定义的元件和部件中删除。节点和单元自动从任何重新生成的关键点、线、面或体中清除。

操作示例：执行下列命令流，结果如图 4-73 所示。

```
/PREP7
RECTNG,,1,,.5,       !生成 1 个矩形面
KMODIF,3,,1,,        !修改关键点 3 的位置
APLOT
```

2. "KMOVE" 命令

GUI：Main Menu > Preprocessor > Modeling > Move/Modify > Keypoints > To Intersect

使用功能：计算并移动一个关键点到一个相交位置，其对话框如图 4-74 所示。

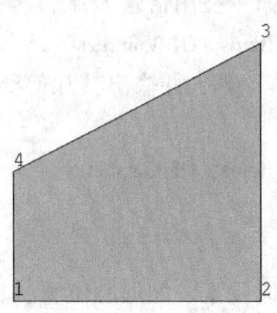
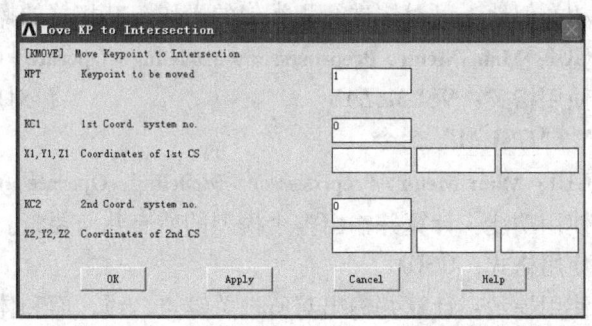

图 4-73　修改关键点　　　　　　　图 4-74　移动关键点到相交位置的对话框

使用格式：KMOVE,*NPT*,*KC1*,*X1*,*Y1*,*Z1*,*KC2*,*X2*,*Y2*,*Z2*

其中：

NPT：移动关键点的编号，*NPT* 也可以为 P 或元件名。

KC1：第一坐标系编号。默认为 0（整体直角坐标系）。

X1,*Y1*,*Z1*：输入一个或两个值指定关键点在当前坐标系中的位置。输入"U"表示将要计算坐标值，输入"E"表示使用已存在坐标值。该项对于圆柱坐标为 R1，θ1，Z1，对于球形坐标 R1，θ1，φ1。

KC2：第二坐标系编号。

X2,*Y2*,*Z2*：输入两个或一个值指定关键点在当前坐标系中的位置。输入"U"表示将

计算其坐标值,输入"E"表示使用已存在坐标值。对圆柱坐标为 R2,θ2,Z2,对球形坐标为 R2,θ2,ϕ2。

使用提示:计算并移动一个关键点到一个相交位置。关键点在以前已定义于一个近似位置,或者没有被定义(在这种情况下,关键点在内部已定义在"SOURCE"位置)。通过三个平面(在两个不同坐标系中的三个坐标常数所隐含的)的相交点计算出关键点的实际位置。建议在环形坐标系的不要使用该命令。六个常数中最容易确定的三个常数必须要输入,软件将计算未输入的另三个常数。除了 *KCI* 外,所有的值都要输入。

3. "LGEN" 命令

GUI:Main Menu > Preprocessor > Modeling > Copy > Lines
　　　Main Menu > Preprocessor > Modeling > Move/Modify > Lines

使用功能:从一条线或多条线生成另外线,其对话框如图 4-75 所示。

使用格式:LGEN,*ITIME*,*NL1*,*NL2*,*NINC*,*DX*,*DY*,*DZ*,*KINC*,*NOELEM*,*IMOVE*

其中:

ITIME:重复生成的次数,默认值为 2。

NL1,*NL2*,*NINC*:按增量 *NINC* 从 *NL1* 到 *NL2* 定义线的范围(*NINC* 和 *NL1* 默认为 1)。其中 *NL1* 也可以为 ALL、P 或元件名。

DX,*DY*,*DZ*:在当前激活坐标系中,关键点坐标值的偏移量(对于圆柱坐标为--,Dθ,DZ,对于球坐标为--,Dθ,--)。

KINC:要生成的关键点编号增量。如果其值为 0,由系统自动确定。

NOELEM,*IMOVE*:可参考命令"KPSCALE",并参照执行。

使用提示:由给定线通过复制或移动,生成另外的线以及与它们相关的关键点和网格。生成线的 MAT、TYPE、REAL 和 ESYS 等属性与原线相同,并与当前的属性设置无关,生成线在端点的斜率也与原线相同,该命令不适用于环形坐标系。

操作示例:对图 4-73 中的线 L2、L3 和 L4 进行复制和移动,执行命令:

　　　　LGEN,3,2,4,1,2,,,,0　　　!生成的结果如图 4-76 所示

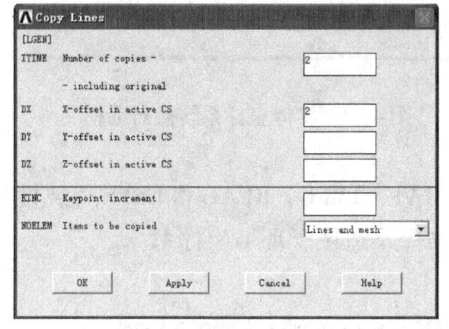
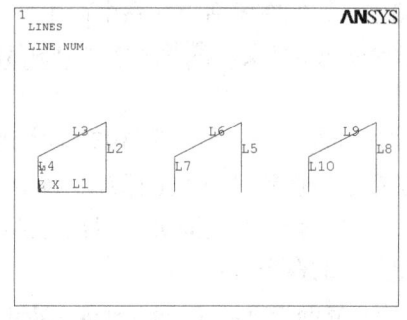

图 4-75 线复制、移动或修改的对话框　　　　图 4-76 线复制移动后的情况

相类似的命令有:

GUI:Main Menu > Preprocessor > Modeling > Copy > Areas　　　　!对面进行复制操作
　　　Main Menu > Preprocessor > Modeling > Move/Modify > Areas > Areas

使用格式:AGEN,*ITIME*,*NA1*,*NA2*,*NINC*,*DX*,*DY*,*DZ*,*KINC*,*NOELEM*,*IMOVE*

GUI：Main Menu > Preprocessor > Modeling > Copy > Volumes   ！对体进行复制操作
　　　Main Menu > Preprocessor > Modeling > Move/Modify > Volumes
使用格式：VGEN,*ITIME*,*NV1*,*NV2*,*NINC*,*DX*,*DY*,*DZ*,*KINC*,*NOELEM*,*IMOVE*
GUI：Main Menu > Preprocessor > Modeling > Copy > Keypoints   ！对关键点进行复制
使用格式：KGEN,*ITIME*,*NP1*,*NP2*,*NINC*,*DX*,*DY*,*DZ*,*KINC*,*NOELEM*,*IMOVE*

4. "ANORM" 命令

GUI：Main Menu > Preprocessor > Modeling > Move/Modify > Areas > Area Normals
使用功能：修改面的正法线方向。
使用格式：ANORM,*ANUM*,*NOEFLIP*

其中：

ANUM：面的编号，改变面的正法线方向与面的法线方向相同。

NOEFLIP：确定是否要改变重定向面上单元的正法线方向，这样可以使它们与面的正法线方向一致。若为0，改变单元的正法线方向（默认设置）；若为1，不改变已存在单元的正法线方向。

使用提示：重新改变面的方向使得它们与指定的正法线方向相同。不能用"ANORM"命令改变具有体或面载荷的任何单元的正法线方向。建议在确定单元的正法线方向合理后再施加所有的载荷。

一个单元反向可使实常数如非均匀壳厚度和带有斜度梁常数等无效。

5. "KTRAN" 命令

GUI：Main Menu > Preprocessor > Modeling > Move/Modify > Transfer Coord > Keypoints

使用功能：对一个或多个关键点的坐标系进行转换，其对话框如图4-77所示。

使用格式：KTRAN,*KCNTO*,*NP1*,*NP2*,*NINC*,*KINC*,*NOELEM*,*IMOVE*

其中：

KCNTO：被转换关键点所处的参考坐标系编号，转换在激活坐标系中产生。

其余变量的意义可参考命令"KPSCALE"的说明。

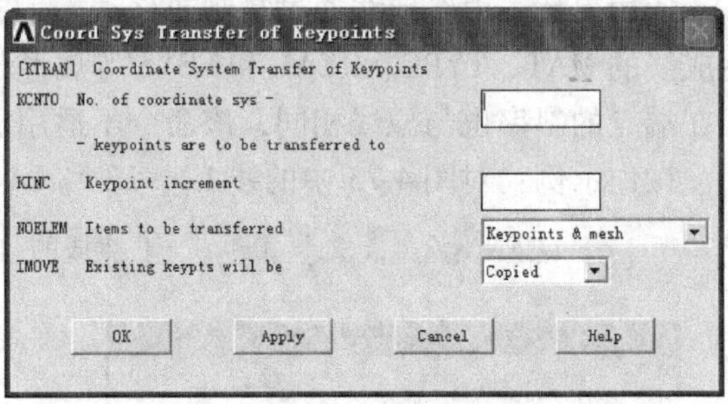

图4-77 实体坐标系转换对话框

使用提示：将关键点和相关的单元从一个坐标系转换到另一个坐标系。新生成关键点的MAT、TYPE、REAL和ESYS等属性与原关键点相同。坐标系之间可以相互转换或旋转。该命令不适用于环形坐标系。

相类似的命令有：

GUI：Main Menu > Preprocessor > Modeling > Move/Modify > Transfer Coord > Lines
　　　　　　　　　　　　　　　　　　　　　　　　　　　　　　　　　　　！对线进行转换
使用格式：LTRAN,*KCNTO*,*NL1*,*NL2*,*NINC*,*KINC*,*NOELEM*,*IMOVE*

GUI：Main Menu > Preprocessor > Modeling > Move/Modify > Transfer Coord > Areas
　　　　　　　　　　　　　　　　　　　　　　　　　　　　　　　　　　　！对面进行转换
使用格式：ATRAN,*KCNTO*,*NA1*,*NA2*,*NINC*,*KINC*,*NOELEM*,*IMOVE*

GUI：Main Menu > Preprocessor > Modeling > Move/Modify > Transfer Coord > Volumes

！对体进行转换

使用格式：VTRAN,*KCNTO*,*NV1*,*NV2*,*NINC*,*KINC*,*NOELEM*,*IMOVE*

GUI：Main Menu > Preprocessor > Modeling > Move/Modify > Transfer Coord > Nodes

！对节点进行转换

使用格式：TRANSFER,*KCNTO*,*INC*,*NODE1*,*NODE2*,*NINC*

6．"ENSYM"命令

GUI：Main Menu > Preprocessor > Modeling > Move/Modify > Reverse Normals > of Shell Elems
　　　Main Menu > Preprocessor > Modeling > Reflect > Elements > User Numbered

使用功能：通过对称镜像生成单元，其对话框如图4-78所示。

使用格式：ENSYM，*IINC*，--，*NINC*，*IEL1*，*IEL2*，*IEINC*

其中：

IINC，*NINC*：分别为单元编号增量和节点编号增量。

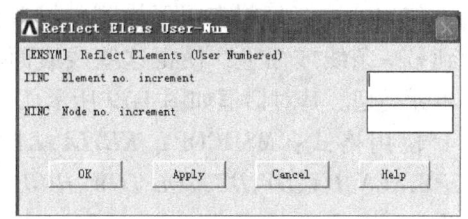

图4-78 通过用户编号对单元进行镜像

IEL1，*IEL2*，*IEINC*：按增量 *IEINC*（默认为1）从 *IEL1* 到 *IEL2*（默认 *IEL1*）将要进行镜像的单元编号的范围。其中 *IEL1* 也可以为ALL、P或元件名。

使用提示：除了可以允许显式地指定单元编号以外，它与命令"ESYM"相同。对任何具有编号的现存单元都可以重新生成。

该命令根据源单元的类型通过增加节点来生成新的单元，并保证节点的连通性。例如，对于4节点2D单元，源单元上I、J、K和L位置的节点在镜像单元其位置为J、I、L和K。对于其他类型单元也有相同的转换。对于线单元，节点位置I和J镜像后为节点位置J和I。

"ENSYM"命令也提供了一种反转壳单元法线方向的方法。如果 *IINC* 和 *NINC* 为空，那么镜像的结果是反转指定单元的外法线方向。不能用"ENSYM"命令改变具有体或面载荷的任何单元的法线方向。建议用户在确定单元正法线方向正确后再施加载荷。注意实常数如非均匀壳厚度和带有斜度梁常数在镜像时无效。

7．"LREVERSE"命令

GUI：Main Menu > Preprocessor > Modeling > Move/Modify > Reverse Normals > of Lines

使用功能：对指定线的正法线方向进行反转。

使用格式：LREVERSE,*LNUM*,*NOEFLIP*

其中：

LNUM：将要旋转正法线方向的线编号，也可以使用ALL、P或元件名。

NOEFLIP：确定是否改变线上单元的正法线方向控制键。若为0，改变线上单元的正法线方向（默认设置）；若为1，不改变已存在单元的正法线方向。

使用提示：不能用"LREVERSE"命令改变具有体或面载荷的任何单元的法线方向。建议用户在确定单元正法线方向正确后再施加载荷。实常数如非均匀壳厚度和带有斜度梁常数等在方向反转后无效。

操作示例：若线的方向为P1（第1个端点）→P2（第2个端点），执行本命令一次，则线的方向为P2→P1，再执行一次，将又恢复到原来的状态，可通过"LLIST"命令查看。

对面也可以进行相类似的操作，如下所示：

GUI：**Main Menu > Preprocessor > Modeling > Move/Modify > Reverse Normals > of Areas**

！对面操作

使用格式：AREVERSE,*ANUM*,*NOEFLIP*

8. "MSHCOPY" 命令

GUI：**Main Menu > Preprocessor > Modeling > Copy > Area Mesh**
　　　Main Menu > Preprocessor > Modeling > Copy > Line Mesh

使用功能：复制有限元模型中线单元或面单元到另一条线或面上，使得这些线或面具有相同的单元类型。其对话框如图4-79所示。

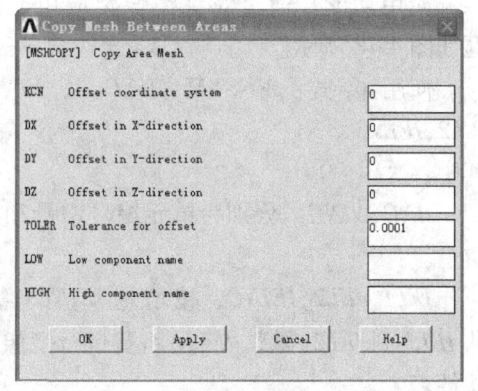

使用格式：MSHCOPY,*KEYLA*,*LAPTRN*,*LACOPY*,*KCN*,*DX*,*DY*,*DZ*,*TOL*,*LOW*,*HIGH*

其中：

KEYLA：如果其值为LINE、0或1，复制线单元网格（默认设置）；若其值为AREA或2，复制面单元网格。

LAPTRN：将要复制且已划分网格的线或面号，或者是一个元件名。如果*LAPTRN* = P，激活图形拾取。

图 4-79　复制面网格的对话框

LACOPY：将要获得复制网格且没有划分网格的线或面号，或者是一个元件名。若*LACOPY* = P，激活图形拾取的方式拾取线或面。

KCN：坐标系的编号，在坐标系*KCN*中有：*LAPTRN* + *DX* *DY* *DZ* = *LACOPY*。

DX,*DY*,*DZ*：在激活坐标系中节点位置坐标增量（对于圆柱坐标DR、Dθ、DZ；为对于球形坐标或环形坐标为DR、Dθ、DΦ）。

TOL：公差，默认为1.0×10^{-4}。

LOW,*HIGH*：分别为已定义低节点元件名、高节点元件名（可选项）。

使用提示：在循环对称、使用耦合或点对点的间隔单元的接触分析中可使用该命令。

操作示例：如图4-80a所示中只有A1面上有网格，执行命令后，将A1面的网格复制到A2上，其操作命令为：

　　MSHCOPY,AREA,1,2,0,0,0,4,0.0001,,　　！生成的结果见图4-80b

9. "NGEN" 命令

GUI：**Main Menu > Preprocessor > Modeling > Copy > Nodes > Copy**

使用功能：复制节点。其对话框如图4-81所示。

使用格式：NGEN,*ITIME*,*INC*,*NODE1*,*NODE2*,*NINC*,*DX*,*DY*,*DZ*,*SPACE*

其中：

ITIME,*INC*：分别为节点复制的总次数、节点编号的增量。*ITIME*必须大于或等于2。

NODE1,*NODE2*,*NINC*：指定将要复制节点的范围，按增量*NINC*从*NODE1*到*NODE2*。

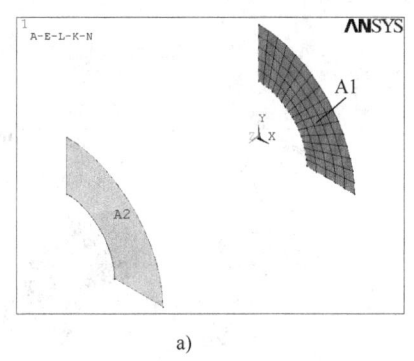
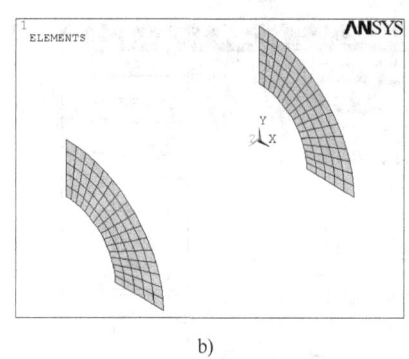

a)   b)

图 4-80 面网格复制操作示例

a) 生成的原面 b) 面网格复制的结果

其中 *NODE1* 也可以为 ALL、P 或元件名。

DX,*DY*,*DZ*：节点坐标值的偏移量，位于激活坐标系下。柱坐标为 DR、Dθ、DZ；球坐标为 DR、Dθ、Dφ。

SPACE：间隔比率，为最后一个间距大小与第 1 个间距大小相比。若 > 1.0，间距增加，若 < 1.0，间距减少。默认值为 1.0，即均匀分布。

使用提示：由已知的节点生成另外的节点，这个操作位于激活坐标系下，而已知的节点可以在任何坐标系中生成。

10．"EGEN" 命令

GUI：**Main Menu > Preprocessor > Modeling > Copy > Elements > Auto Numbered**

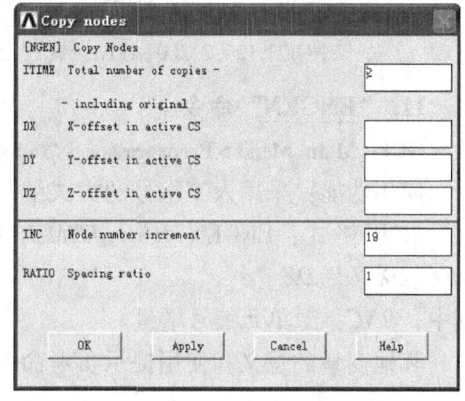

图 4-81 复制节点对话框

使用功能：采用自动编号的方式复制并生成单元。其操作对话框如图 4-82 所示。

使用格式：EGEN,*ITIME*,*NINC*,*IEL1*,*IEL2*,*IEINC*,*MINC*,*TINC*,*RINC*,*CINC*,*SINC*,*DX*,*DY*,*DZ*

其中：

ITIME,*NINC*：分别为复制单元的次数和单元编号的增量，*ITIME* 必须大于 1，*NINC* 可正、可负或为 0。

IEL1,*IEL2*,*IEINC*：指定将要复制的单元编号范围，按增量 *IEINC*（默认为 1）从 *IEL1* 到 *IEL2*（默认 *IEL1*）。如果 *IEL1* 为负，*IEL2* 和 *NINC* 无效，|*IEL1*|作为最大的单元编号进行复制。其中 *IEL1* 也可以为 ALL、P 或元件名。

MINC,*TINC*,*RINC*,*CINC*,*SINC*：分别为新生成单元材料编号（不包括原型单元的材料）、单元类型、实常数、坐标系的编号以及 ID 号的增量。

DX,*DY*,*DZ*：对于新生成单元所必需的用来定义节点 X、Y、Z 方向的坐标值增量。

使用提示：新单元的 MAT、TYPE、REAL、ESYS 和 SECNUM 等属性的设置与源单元相同，而与当前的设置无关。

操作示例：对图 4-83 中的源单元，执行下列命令后，在图 4-83 中生成复制单元。

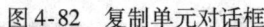

图 4-82 复制单元对话框　　　　　　　　图 4-83 复制单元操作示例

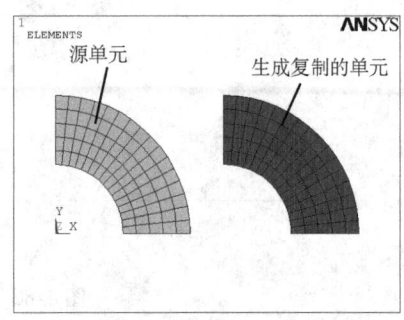

ENGEN,150,2,200,ALL,,,,,,,,2.5,,,

11. "ENGEN" 命令

GUI：Main Menu > Preprocessor > Modeling > Copy > Elements > User Numbered

使用功能：采用人工编号的方式复制并生成单元。其操作对话框如图 4-82 所示。

使用格式：ENGEN, *IINC*, *ITIME*, *NINC*, *IEL1*, *IEL2*, *IEINC*, *MINC*, *TINC*, *RINC*, *CINC*, *SINC*, *DX*, *DY*, *DZ*

其中，*IINC*：源单元编号增量。

其他变量的意义和使用提示参考命令"EGEN"。

4.3.2 实体模型的镜像与删除(Reflect & Delete)

1. "KSYMM" 命令

GUI：Main Menu > Preprocessor > Modeling > Reflect > Keypoints

使用功能：通过对坐标轴对称镜像生成关键点。如图 4-84 所示。

使用格式：KSYMM, *Ncomp*, *NP1*, *NP2*, *NINC*, *KINC*, *NOELEM*, *IMOVE*

其中：

Ncomp：对称控制选项，若 *Ncomp* = X，X(或 R)对称(默认设置)；若 *Ncomp* = Y，Y(或 θ)对称；若 *Ncomp* = Z，Z(或 Φ)对称。

NP1, *NP2*, *NINC*：按增量 *NINC*(默认为 1)从 *NP1* 到 *NP2*(默认 *NP1*)将要进行对称镜像的关键点编号范围。其中 *NP1* 也可以为 ALL、P 或元件名。

KINC：关键点编号增量。如果其值为 0，由系统自动指定。

NOELEM：是否也生成单元和节点的控制键，若为 0，如果存在相关的节点和点单元，也生成相关的节点和点单元；若为 1，不生成节点和单元。

IMOVE：表示是否重新定义已存在的关键点，若为 0，保留原来的关键点，再按 *ITIME* 变量要求生成另外的关键点；若为 1，删除原来的关键点。

使用提示：通过镜像生成关键点，新生成的关键点的属性与原来的关键点相同，而与当前的设置无关。建议不要在环形坐标系中使用该命令。

操作示例：在图 4-85 中先生成的关键点的编号为 1～9，通过对 YZ 平面镜像后生成的关键点编号为 11～19。其操作命令为：KSYMM,X,1,9,1,10,0,0

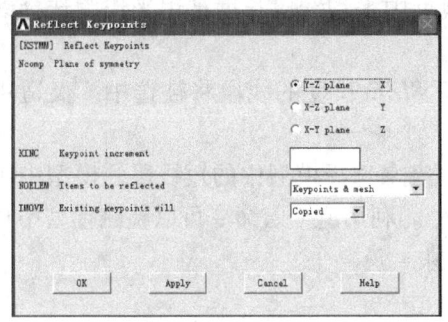

图 4-84　为镜像关键点对话框

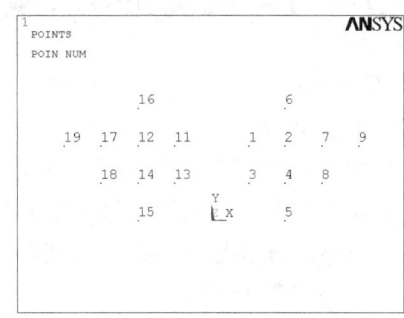

图 4-85　镜像生成的关键点

相类似操作的命令有：

GUI：**Main Menu > Preprocessor > Modeling > Reflect > Lines** 　　　　!线进行镜像操作
使用格式：LSYMM,*Ncomp*,*NL1*,*NL2*,*NINC*,*KINC*,*NOELEM*,*IMOVE*

GUI：**Main Menu > Preprocessor > Modeling > Reflect > Areas** 　　　　!面进行镜像操作
使用格式：ARSYM,*Ncomp*,*NA1*,*NA2*,*NINC*,*KINC*,*NOELEM*,*IMOVE*

GUI：**Main Menu > Preprocessor > Modeling > Reflect > Volumes** 　　　!体进行镜像操作
使用格式：VSYMM,*Ncomp*,*NV1*,*NV2*,*NINC*,*KINC*,*NOELEM*,*IMOVE*

2．"NSYM" 命令

GUI：**Main Menu > Preprocessor > Modeling > Reflect > Nodes**
使用功能：通过坐标轴对称镜像生成节点。
使用格式：NSYM,*Ncomp*,*INC*,*NODE1*,*NODE2*,*NINC*
该命令中变量的意义参考命令"KSYMM"和"NGEN"，并可仿照执行。
使用提示：通过对称镜像生成节点。在激活坐标系中通过改变坐标值的符号生成镜像节点，任何坐标系的节点都可以镜像，但不镜像节点的旋转角度。
对称镜像适用于在任何坐标系中生成的节点，也可以多次镜像。新节点编号 = 旧节点编号 + 节点编号增量。在圆柱坐标系中，R 镜像是通过改变相应的直角坐标（直角坐标与圆柱坐标原点相同）X 和 Y 坐标值的符号来生成一个镜像的半径位置。在球形坐标系中 R 镜像是通过改变相应的直角坐标 X、Y 和 Z 坐标值的符号来生成一个镜像的半径位置。不镜像节点坐标系的旋转角度。

3．"ESYM" 命令

GUI：**Main Menu > Preprocessor > Modeling > Reflect > Elements > Auto Numbered**
使用功能：采用自动编号方式，从现存有限元模型单元通过镜像生成另外的单元。
使用格式：ESYM,--,*NINC*,*IEL1*,*IEL2*,*IEINC*
该命令中变量的意义和使用提示参考命令"ENSYM"。

4．"SSLN" 命令

GUI：**Main Menu > Preprocessor > Modeling > Check Geom > Sel Small Lines**
使用功能：选择并显示出几何模型中的短线段。

使用格式：SSLN, *FACT*, *SIZE*

其中：

FACT：用于确定短线段的系数，该系数乘以模型中平均线段长度被用来作为选择线段的极限长度。

SIZE：用来选择线段的极限长度，小于或等于 *SIZE* 长度的线段将被选中。仅适用于 *FACT* 项为空的情况。

使用提示："SSLN"命令调用预定义的 ANSYS 宏来选择模型中的短线段。模型中小于或等于指定极限长度的线段将被选中并显示线的编号。利用这个宏命令可以检测模型中很小的线段，这些线段在划分网格中可能会引起某些问题。

5. "KDIST"命令

GUI：Main Menu > Preprocessor > Modeling > Check Geom > KP distances

使用功能：计算并输出两关键点之间的距离。

使用格式：KDIST, *KP1*, *KP2*

其中，*KP1*, *KP2*：分别为第 1 个、第 2 个关键点的编号，其中 *KP1* 也可以为 P。

使用提示：列出关键点 *KP1* 和 *KP2* 之间的距离，也列出当前坐标系中从 *KP1* 到 *KP2* 的偏移量，偏移量的确定是由 *KP2* 的 X、Y、Z 坐标值分别减去 *KP1* 的 X、Y、Z 坐标值。该命令不适用于环形坐标系。

它返回一个含有距离值的变量 "_RETURN"，用户可以将这个数值用在不同的场合。

操作示例：对图 4-85 中关键点 5 和 6 之间的距离如图 4-86 所示。

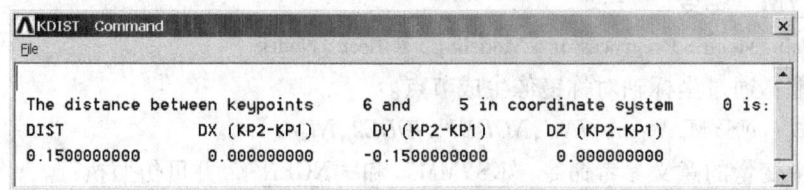

图 4-86 关键点 5 和 6 之间的距离

相类似操作的命令有：

GUI：Main Menu > Preprocessor > Modeling > Check Geom > ND distances ！计算两个节点的距离

使用格式：NDIST, *ND1*, *ND2*

6. "KDELE"命令

GUI：Main Menu > Preprocessor > Modeling > Delete > Keypoints

使用功能：删除没有划网格的关键点。

使用格式：KDELE, *NP1*, *NP2*, *NINC*

其中，*NP1*, *NP2*, *NINC*：确定将要删除的关键点范围。按增量 *NINC* 从 *NP1* 到 *NP2*。其中 *NP1* 也可以为 ALL、P 或元件名。

使用提示：删除所选的关键点，附在线上的关键点不能被删除，除非这条线在删除关键点之前被删除。

7. "HPTDELETE"命令

GUI：Main Menu > Preprocessor > Modeling > Delete > Hard Points

使用功能：删除所选择的硬点。

使用格式：HPTDELETE, *NP1*, *NP2*, *NINC*

该命令中变量的意义参考命令"KDELE"，可参照执行。

使用提示：删除指定硬点以及所有附在其上的属性。如果任何实体被附在指定硬点上，该命令将会把实体与硬点分开，这时会出现一个警告信息。

8. "LDELE" 命令

GUI：Main Menu > Preprocessor > Modeling > Delete > Lines Only
　　　Main Menu > Preprocessor > Modeling > Delete > Line and Below
　　　Main Menu > Preprocessor > Modeling > Delete > Del Concats > Lines
　　　Main Menu > Preprocessor > Meshing > Mesh > Volumes > Mapped > Del Concats > Lines
　　　Main Menu > Preprocessor > Meshing > Mesh > Areas > Mapped > Del Concats > Lines
　　　Main Menu > Preprocessor > Meshing > Concatenate > Del Concats > Lines

使用功能：仅删除没有划网格的线段。

使用格式：LDELE, *NL1*, *NL2*, *NINC*, *KSWP*

其中：

NL1, *NL2*, *NINC*：可仿照命令"KDELE"执行。

KSWP：表示是否关键点也被删除。若为 *KSWP* = 0，仅删除线；若为 *KSWP* = 1，删除线及附在该线上而不依附于其他实体上的关键点。

使用提示：附在面上的线不能被删除，除非在删除线之前已删除这个面。

相类似操作的命令有：

GUI：Main Menu > Preprocessor > Modeling > Delete > Area and Below　　！删除面及其下面的图元
　　　Main Menu > Preprocessor > Modeling > Delete > Areas Only　　　！仅删除面

使用格式：ADELE, *NA1*, *NA2*, *NINC*, *KSWP*

GUI：Main Menu > Preprocessor > Modeling > Delete > Volume and Below　！删除体及其下面的图元
　　　Main Menu > Preprocessor > Modeling > Delete > Volumes Only　　　！仅删除体

使用格式：VDELE, *NV1*, *NV2*, *NINC*, *KSWP*

9. "NDELE" 命令

GUI：Main Menu > Preprocessor > Modeling > Delete > Nodes

使用功能：删除所选择的节点。

使用格式：NDELE, *NODE1*, *NODE2*, *NINC*

该命令变量的意义参考命令"KDELE"，可参照执行。

使用提示：删除所选择且与单元无关的节点。节点可以不删除而被重新定义。节点上的边界条件如位移、力等以及耦合或约束方程也将被删除。

10. "EDELE" 命令

GUI：Main Menu > Preprocessor > Modeling > Delete > Elements
　　　Main Menu > Preprocessor > Modeling > Delete > Pre-tens Elemnts

使用功能：删除所选择的单元。

使用格式：EDELE, *IEL1*, *IEL2*, *INC*

该命令中变量的意义参考命令"KDELE"，可参照执行。

使用提示：被删除的单元可以用零或"空"单元来替代，"空"单元仅用来保留单元编号,这样模型中单元的编号序列不会因为删除单元而发生改变,空单元也可以用命令"NUMCMP"移去。如果与单元相关的数据如力也要删除,在删除单元之前先删除这些相关数据,该命令仅删除纯单元,即删除没有附着任何关联要素的单元。

4.3.3 其他相关的命令(Other)

1. "CYCLIC"命令

GUI: Main Menu > Preprocessor > Modeling > Cyclic Sector > Cyclic Model > Auto Defined
　　　Main Menu > Preprocessor > Modeling > Cyclic Sector > Cyclic Model > Status
　　　Main Menu > Preprocessor > Modeling > Cyclic Sector > Cyclic Model > User Defined
　　　Main Menu > Preprocessor > Modeling > Cyclic Sector > Del Dupl Sector
　　　Main Menu > Preprocessor > Modeling > Cyclic Sector > Reset(OFF)

使用功能:指定一个循环对称分析,如图4-87所示。

使用格式:CYCLIC, *NSECTOR*, *ANGLE*, *KCN*, *Name*, *USRCOMP*

其中:

NSECTOR:360°范围内扇区的个数或下列选项之一:

- STATUS:显示当前循环状态。
- OFF:恢复模型到正常状态即非循环状态,并且移去复制的扇区。该项也自动删除检测到的边缘要素(当 USRCOMP = 0 时生成的边)。

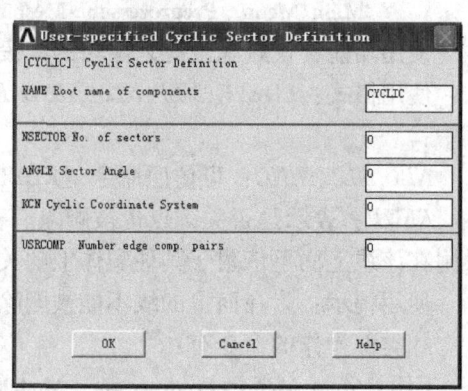

图 4-87　循环扇区的定义对话框

- UNDOUBLE:删除在模型循环对称分析的求解阶段生成的复制扇区。

注意:复制扇区对于后处理过程中显示循环对称分析结果是必需的(/POST1)。

如果指定了 STATUS、OFF 或 UNDOUBLE 的值,所有其他的命令项无效。

ANGLE:扇区角度(度)。

KCN:循环坐标系的参考编号,默认为0。

Name:扇区低边元件和高边元件(即线、面或节点的元件名)的名称。默认的名称为"CYCLIC"(当 *USRCOMP* = 0 时),不能超过 11 个字符。

对于低和高边元件对的命令约定是下列之一:

　　　　若为匹配节点:*name* _ m*xx*l, *name* _ m*xx*h
　　　　若为不匹配节点:*name* _ u*xx*l, *name* _ u*xx*h

name 默认为"CYCLIC"或指定的名称。*xx* 是每一对边缘元件的 ID 号,从 01 开始按顺序给出。

USRCOMP:用户指定每一对循环扇区低和高边界元件的编号。默认为 0 表示自动给出扇区边;然而自动设置在大多数情况下无效。

默认命令:"CYCLIC"命令(即不指定没有任何变量)能够对已存在的实体模型或有限元模型检测扇区的个数(*NSECTOR*)、扇区的角度(*ANGLE*)和坐标系(*KCN*)。在大多数情况下也能检测扇区低和高边界元件以及给这些边界元件指定默认的名称"CYCLIC"。

使用提示：用户可以自己输入 NSECTOR、ANGLE 或 KCN 的值，在运行之前这个命令会验证这些变量值。

如果用户在执行命令"CYCLIC"之前，使用命令"CYCOPT, TOLER"对边界元件对设置了误差精度，则命令"CYCLIC"将使用指定的误差来自动完成边界元件对的检测。对于 2D 模型，自动检测并不考虑指定的坐标系即"CSYS,5"或"CSYS,6"，对 180°模型的自动检测也不允许，除非模型中存在一个中心孔。

在可能的情况下，"CYCLIC"命令设置参数值和选项是为了用面单元"AMESH"或体单元"VMESH"在低和高边用匹配的节点和单元模式来划分扇区。

如果 USRCOMP = 0（默认），"CYCLIC"命令自动检测由线、面或体单元任意联合组成模型的低和高边界元件。然而如果实体模型存在，该命令仅用线、面或体确定低和高边界元件，单元无效。

2. "/CYCEXPAND"命令

GUI：Main Menu > Preprocessor > Modeling > Cyclic Sector > Cyc Expansion
　　　Main Menu > General Postproc > Cyclic Analysis > Cyc Expansion

使用功能：扩展循环对称模型中的位移、应力和应变。如图 4-88 所示。

使用格式：/CYCEXPAND, WN, OPTION, Value1, Value2

其中：

WN：图形输出的视窗编号，有效值为 1~5，默认为 1。仅为选项 AMOUNT 使用。

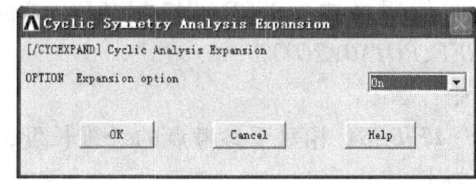

图 4-88　循环对称分析扩展

OPTION：这下列选项之一。

- ON：用以前的设置激活循环扩展，否则使用默认值。
- DEFAULT：恢复循环扩展的默认值。
- OFF：不激活循环扩展，该项为默认设置。
- STATUS：列表输出当前循环扩展设置。
- AMOUNT：循环次数或角度。当 Value1 = NREPEAT，Value2 为循环次数，默认值为 360°范围内扇区的总数。若 Value1 = ANGLE，Value2 为角度值，默认值为 360°。
- WHAT：指定模型中的一部分或子集进行扩展。Value1 表示将要扩展的单元元件名，默认为所有选择的元件。
- EDGE：扇区边缘显示控制键。若为 -1，表示压缩扇区之间的边缘显示，即使在激活窗口之间的循环次数有所不同；若为 0 或 OFF，沿扇区边界对应力或应变进行平均（默认设置）；若为 1 或 ON，在显示输出时对应力或应变不进行平均。
- PHASEANG：相位角转换，Value1 表示相位角（度）。有效范围为 0~360°。默认为 0，特别地该值是由"CYCPHASE"命令获得的相位角。

使用提示：在前处理过程中，"/CYCEXPAND"命令可以通过部分或 360°图形扩展来验证循环对称模型。对于后处理输出节点结果如"PLNSOL"命令操作时，该命令通过组合结果的实部（源节点和单元）和虚部（复制节点和单元）可以部分地或在整个 360°范围内，图形扩展循环对称模型的位移、应力和应变。

在输出节点结果"PRNSOL"操作中,该命令将扇区之间的位移或应力扩展显示输出。

使用"/CYCEXPAND"命令并不改变源数据,不修改几何体、节点位移或单元应力,仅影响单元和结果的输出。该命令除了显示单元解"PLESOL"、节点解"PLNSOL"和输出节点解"PRNSOL"以外,对其他操作无影响。

如果用户设置"/CYCEXPAND,,OFF"命令,就不能简单地用另一个"/CYCEXPAND"命令扩展模型。在这种情况下,应当事先指定"/CYCEXPAND,,ON",然后再激活扩展项。

"/CYCEXPAND"命令与 PGR 文件不能同时出现,也与命令"/ESHAPE,1"或"/ESHAPE,FAC"不兼容。当循环扩展处于激活状态时,不能使用命令"/PBC"来显示边界条件。如果要显示边界条件,则要关闭循环扩展。

该命令要求增强图形。使用"/GRAPHICS,POWER"命令,激活增强图形。

3. "GSGDATA"命令

GUI:Main Menu > Preprocessor > Modeling > Genl plane strn

使用功能:对于平面应变单元项的纤维方向指定参考点和几何体。如图 4-89 所示。

使用格式:GSGDATA,LFIBER,XREF,YREF,ROTX0,ROTY0

其中:

LFIBER:相对于参考点的纤维长度,默认为 1。

XREF,YREF:参考点的 X、Y 坐标,默认分别为 0。

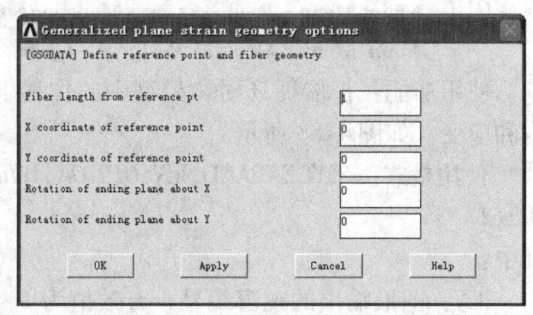

图 4-89 生成平面应变几何选项

ROTX0,ROTY0:端面分别绕 X 轴、Y 轴的旋转角(弧度),默认为 0。

使用提示:端点由开始点和几何体输入自动确定,所有输入均在直角坐标系中。

4. "UPGEOM"命令

GUI:Main Menu > Preprocessor > Modeling > Update Geom

使用功能:将分析所得的位移加到有限元模型的节点上,并更新有限元模型的几何形状。

使用格式:UPGEOM,FACTOR,LSTEP,SBSTEP,Fname,Ext,--

其中:

FACTOR:节点位移因子,默认为 1.0,即将真实位移加到有限元几何体上。

LSTEP:结果数据的载荷步编号,默认值为最后一个载荷步。

SBSTEP:结果数据的子步编号,默认值为最后子步。

Fname:结果文件名必须输入(默认),即"Jobname.rst"。对话框如图 4-90 所示。

使用提示:该命令将以前分析所得的位移加到有限元模型的几何体上,并生成一个已变形的几何形状。该命令作用在所有节点上(默认设置)或选择的节点上。如果该命令重复操作,那么累加更新有限元模型几何体。该命令不更新实体模型几何体。

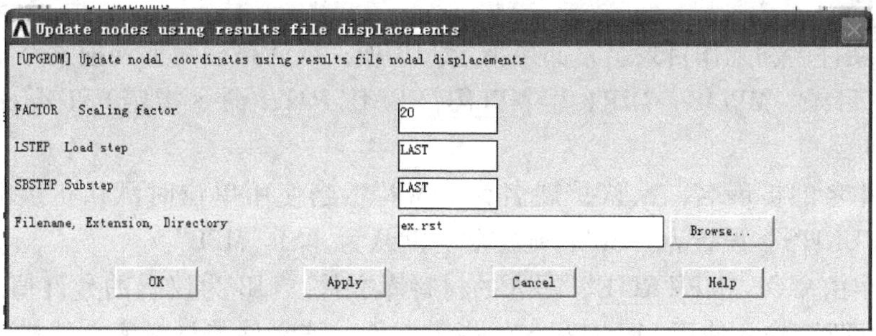

图 4-90　更新几何变形模型对话框

4.4　材料属性与实常数

4.4.1　设置材料属性（Material Attribute）

1．"/MPLIB"命令

GUI：Main Menu > Preprocessor > Material Props > Material Library > Lib Path Status

使用功能：设置材料库读写的默认路径。如图 4-91 所示。

使用格式：/MPLIB, *R-W_opt*, *PATH*

其中：

R-W_opt：确定路径操作的方式。若为 READ，读路径；若为 WRITE，写路径；若为 STAT，显示当前路径的状态。

图 4-91　材料库路径设置对话框

PATH：材料库文件所在的工作目录路径。

使用提示：命令"/MPLIB"为"MPREAD"和"MPWRITE"命令设置了材料库的两个路径。

对于"MPREAD"命令，当使用了 *LIB* 项和材料库文件的读目录路径为空时，则系统会自动在下列路径中进行搜索：当前工作路径、用户主目录、用户指定的材料库路径目录"/MPLIB, READ, *PATH*"以及 *ansys_dir*/matlib。

对于"MPWRITE"命令，当使用了 *LIB* 项和写材料库文件的目录路径为空时，则系统会自动将材料库文件写到由"/MPLIB, WRITE, *PATH*"指定的目录中。如果该路径没有设置，默认值为当前工作目录。

2．"MPREAD"命令

GUI：Main Menu > Preprocessor > Material Props > Material Library > Export Library
　　　Main Menu > Preprocessor > Material Props > Material Library > Import Library
　　　Main Menu > Preprocessor > Material Props > Material Library > Select Units
　　　Main Menu > Preprocessor > Material Props > Read from File

使用功能：从当前材料库中读材料库文件。

使用格式：MPREAD, *Fname*, *Ext*, --, LIB

其中：

Fname：文件名和工作目录名，如果指定 LIB 项，默认路径为下列搜索路径：当前工作路径、用户主目录、MPLIB _ DIR（由 MPLIB, READ, PATH 命令指定）和/ansys _ dir/matlib（安装时定义）。

Ext：文件名的扩展名，默认扩展名为"MP"。当使用单位时默认扩展名为"units _ MPL"，如"/UNITS"设置为"SI"，则扩展名默认为"SI _ MPL"。

LIB：读出由命令"MPWRITE"写入的材料库文件。LIB 为仅有的允许值。LIB 域显示出由"MPWRITE"命令使用 LIB 时写入的指定文件。该文件与材料库文件格式一致。当执行"MPREAD"命令时，ANSYS 程序在指定的文件中读入材料性能到当前的工作数据库中。"MPREAD"和"MPWRITE"命令的 LIB 项支持线性和非线性性能。

使用提示：没有用 LIB 项写到文件中的材料性能不支持非线性性能。如果使用省略了"LIB"选项的"MPREAD"，那么它仅支持线性材料性能。

材料编号是硬性的，如果用户在写入材料文件时没有指定 LIB 选项，而在使用命令"MPREAD"时又使用了 LIB 选项，ANSYS 系统不会将材料文件写入一个新材料编号，而是将其写入一个"旧"的材料编号中。

3. "MPWRITE" 命令

GUI：Main Menu > Preprocessor > Material Props > Material Library > Export Library
　　　Main Menu > Preprocessor > Material Props > Material Library > Import Library
　　　Main Menu > Preprocessor > Material Props > Material Library > Select Units
　　　Main Menu > Preprocessor > Material Props > Write to File

使用功能：将数据库中的材料线性或非线性属性写入到一个文件中。如图 4-92 所示。

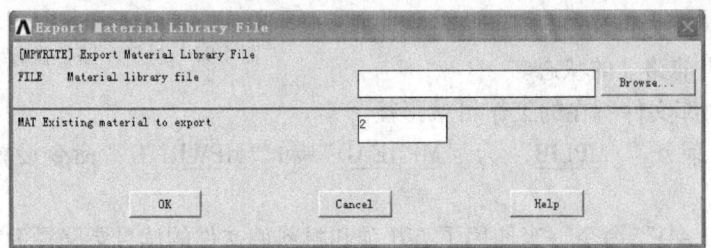

图 4-92　生成材料库文件路径名

使用格式：MPWRITE, *Fname*, *Ext*, --, LIB, *MAT*

其中：

MAT：表示写入指定材料库文件的材料，没有默认设置，必须指定一种材料或者省略 *MAT* 变量。即使用户指定了 *MAT* 值，但如果该命令没有指定 LIB 选项，ANSYS 也不会接受它。

其他变量的意义参考命令"MPREAD"。

使用提示：该命令将当前数据中的线性材料性能写入到一个文件中，该文件在写后被替代。

4. "/UNITS" 命令

使用功能：指定单位制。如图 4-93 所示。

使用格式：/UNTIS, *Label*, *LENFACT*, *MASSFACT*, *TIMEFACT*, *TEMPFACT*, *TOFFSET*, *CHARGE-*

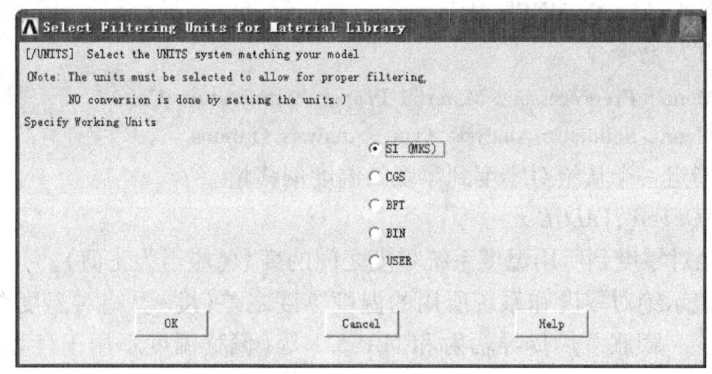

图 4-93 设置单位对话框

FACT,FORCEFACT,HEATFACT

其中：

　　Label：指定所用单位制标签，有：
- USER：用户自定义单位系统(默认设置)。
- SI：国际单位系统，即米制单位 SI，使用 m、kg、s、K 等。
- MKS：MKS 系统，即使用 m、kg、s、℃ 等。
- uMKS：μMKS 系统，即使用 μm、kg、s、℃ 等。
- CGS：CGS 单位系统，即使用 cm、g、s、℃ 等。
- MPA：MPA 单位系统，即使用 mm、Mg、s、℃ 等。
- BFT：用英尺的英制单位系统，即使用 ft、slug、s、℉ 等。
- BIN：用英寸的英制单位系统，即使用 in、lbf * s^2/in、s、℉ 等。

　　若 *Label* = USER，所有其余项可以输入转换因子，以便与用户定义单位系统相对应。

　　LENFACT：米(m)的转换系数，默认为 1。

　　MASSFACT：千克(kg)的转换系数，默认为 1。

　　TIMEFACT：秒(s)的转换系数，默认为 1。

　　TEMPFACT：Kelvin 温度(°K)，即绝对温度的转换系数，默认为 1。

　　TOFFSET：与 Kelvin 绝对零度(度)的温度偏移值，默认为 0。

　　CHARGEFACT：库仑的转换系数，默认为 1。

　　FORCEFACT：牛顿(N)的转换系数，默认为 1。

　　HEATFACT：焦尔(J)的转换系数，默认为 1。

　　使用提示：允许用户在数据库中设置单位制，设置内容可以用"/STATUS"命令显示。该命令的标签名和转换因子仅为了用户方便，并不会影响分析或数据。也就是说，"/UNTIS"命令仅是从一个单位制系统转换到另一个单位制系统并不转换数据。用户要使用统一的单位制计算结果。

　　如果用"ANSYS ADAMS"界面输出模型信息到 ADAMS 程序，"/UNITS"命令可以保证 ANSYS 和 ADAMS 之间数据的正确转换。用户可以选择预先定义的单位制系统(*Label* = SI,CGS 等)标记或选择用户定义单位制系统(*Label* = USER)，并输入相关的转换系数(*LENFACT,MASSFACT,TIMEFACT* 和 *FORCEFACT*)。为了正确生成载荷，转换系数写入

ADAMS 输入文件 "Jobname. MNF" 中。

5. "TOFFST" 命令

GUI：**Main Menu > Preprocessor > Material Props > Temperature Units**
　　Main Menu > Solution > Analysis Type > Analysis Options

使用功能：指定一个从绝对零度到零度的温度偏移量。

使用格式：TOFFST, *VALUE*

其中，*VALUE*：绝对零度到所用温度系统零度之间的度数(应当为正值)。

使用提示：表示绝对零度和系统所用的温度零度之差(度)。绝对温度在计算某些表达式时需要，如蠕变、膨胀、热传导辐射和 MASS71 等(偏移温度不用于计算发射率)。如对华氏时为 460°，而对摄氏时为 273°。温度偏移主要包含于单元计算中，但不影响温度的输入或输出。如果要在 SOLUTION 中使用，仅在第一个载荷步中有效。

6. "MPDATA" 命令

GUI：**Main Menu > Preprocessor > Material Props > Material Models**
　　Main Menu > Solution > Load Step Opts > Other > Change Mat Props > Material Models

使用功能：指定与温度相对应的材料性能数据，如图 4-94 所示。

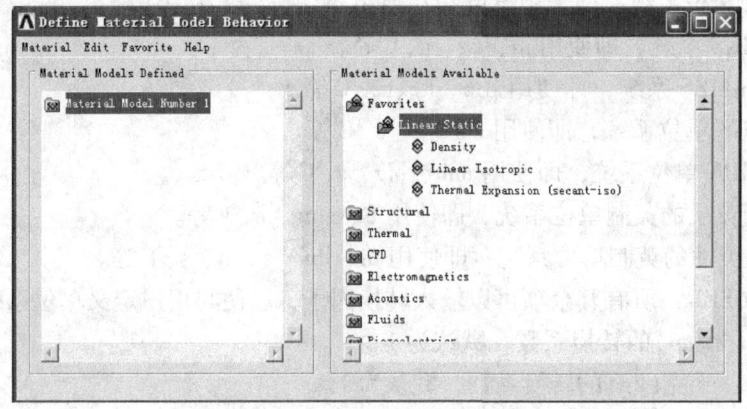

图 4-94　定义材料属性对话框

使用格式：MPDATA, *Lab*, *MAT*, *STLOC*, *C1*, *C2*, *C3*, *C4*, *C5*, *C6*

其中：

Lab：有效材料性能标签，其值可以是下列标签之一。

- EX：弹性模量(也可以是 EY、EZ)。
- ALPX：热膨胀系数(也可以是 ALPY、ALPZ)。
- CTEX：热膨胀的瞬态系数(也可以是 CTEY、CTEZ)。
- THSX：热应变(也可以是 THSY、THSZ)。
- REFT：参考温度。
- PRXY：主泊松比(也可以是 PRYZ、PRXZ)。
- NUXY：次泊松比(也可以是 NUYZ、NUXZ)。
- GXY：剪切模量(也可以是 GYZ、GXZ)。
- DAMP：用于阻尼的 K 矩阵乘子。

- DMPR：不变的材料阻尼系数。
- MU：摩擦因数。
- DENS：质量密度。
- C：比热容。
- ENTH：焓。
- KXX：热传导系数(也可以是 KYY、KZZ)。
- HF：表面传热系数。
- EMIS：发射率。
- QRATE：热生成率。
- VISC：粘度。
- SONC：声速。
- RSVX：电阻率(也可以是 RSVY、RSVZ)。
- PERX：介电常数(也可以是 PERY、PERZ)。
- MURX：磁渗透系数(MURY、MURZ)。
- MGXX：磁力系数(MGYY、MGZZ)。
- LSST：介质损耗系数。
- SBKX：热电系数(也可以是 SBKY、SBKZ)。

MPDATA 命令也可以用于 FLOTRAN CFD 分析中，对流体可输入"FLUID141"和"FLUID142"单元与温度相关的材料性能，其标签有：
- DENS：流体的密度，该项与"FLDATA"命令中指定的固体密度标签相同。
- C：流体的指定温度。与"FLDATA"命令指定的传导率 SPHT 标签相当。
- KXXX：流体的热传导系数。
- VISC：流体的粘度。该项与"FLDATA"命令中指定的动态速度标签相同。

MAT：材料参考编号，若为 0 或空，默认为 1。

STLOC：生成数据表的起始位置。若 *STLOC* = 1，在 *C1* 项输入数据为表中第一个常数；若 *STLOC* = 7，*C1* 项输入数据为表中第七个数据。默认值为最后位置加 1。

C1,*C2*,*C3*,*C4*,*C5*,*C6*：从 *STLOC* 位置开始指定 6 个位置的材料性能数据值。如果一个值已经在该位置，其值重新定义。*C1* 为 0 或空，在 *STLOC* 位置重新设置当前值为 0，仅 *C1* 可以指定为 0。若 *C2* 到 *C6* 为 0，则保持先前值不变。

使用提示：生成与温度相对应的材料性能数据表。重复"MPDATA"命令，可以生成另外的数据表，最多为 100 个。必须先用"MPTEMP"命令定义温度。

7. "MPAMOD"命令

GUI：Main Menu > Preprocessor > Material Props > Convert ALPx
   Main Menu > Solution > Load Step Opts > Other > Change Mat Props > Convert ALPx

使用功能：修改与热膨胀系数相关的温度，如图 4-95 所示。

使用格式：MPAMOD,*MAT*,*DEFTEMP*

其中：

MAT：热膨胀系数的材料参考编号，默认为 1。

DEFTEMP：将要修改热膨胀系数所对应的温度。默认为 0。

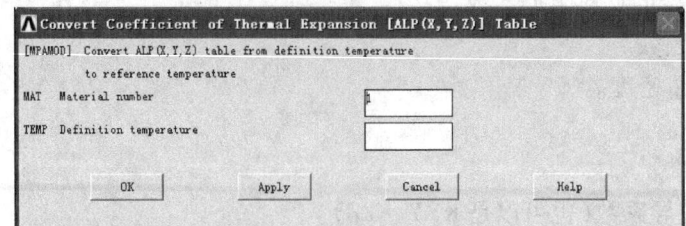

图 4-95 改变热膨胀系数

使用提示：该命令将用户定义温度（*DEFTEMP*）的热膨胀系数转换到由"MP,REFT"或"TREF"定义的参考温度上。如果"MP,REFT"和"TREF"两个命令都使用，参考温度由"MP,REFT"定义。

8. "MPCHG"命令

GUI：Main Menu > Preprocessor > Material Props > Change Mat Num
　　　Main Menu > Solution > Load Step Opts > Other > Change Mat Props > Change Mat Num

使用功能：改变所指定单元的材料参考号。

使用格式：MPCHG,*MAT*,*ELEM*

其中：

MAT：指定材料参考号，它由材料性能命令"MP"定义。

ELEM：单元编号。如果为 ALL，改变所有选择单元的材料属性。

使用提示：改变指定单元的材料号。在求解器中的载荷步之间，材料性能不能从线性更改为非线性或从非线性改为另一种非线性。如果从一个 MKIN 模型改变到另外一个 MKIN 模型，则在不同 MKIN 模型中必须有一个相同编号的数据点。

9. "MP"命令

GUI：Main Menu > Solution > Load Step Opts > Other > Change Mat Props > Material Models
　　　Main Menu > Preprocessor > Material Props > Material Models

使用功能：指定一个与温度相关的线性材料性能或常数。

使用格式：MP,*Lab*,*MAT*,*C0*,*C1*,*C2*,*C3*,*C4*

其中：

Lab,*MAT*：可参考命令"MPDATA"的说明。

C0：材料性能值，如果定义一个性能与温度的多项式，则它为多项式的常数项。

C1,*C2*,*C3*,*C4*：在多项式中，分别为一次、二次、三次和四次项的系数，如果为零，则输入一个常数的材料性能。

使用提示：该命令定义一个关于材料与温度的线性 4 次多项式或常数。若要定义非线性材料性能，可使用命令"TB"。一般单载荷步求解使用线性材料性能，多载荷步求解则使用非线性材料属性。如果输入了 $C1 \sim C4$，则其多项式可表示为：

$$\text{Property} = C0 + C1(T) + C2(T)^2 + C3(T)^3 + C4(T)^4$$

其值可通过对离散温度点进行线性插值而求得。为二次或更高次的性能指定适宜的温度步时，必须要使用命令"MPTEMP"或"MPTGEN"。在默认时，一次性能使用两个离散点（$\pm 9999°$），对于 *Lab* = DAMP，或在显式动力学计算中，忽略 *C1*、*C2*、*C3* 和 *C4*。

10. "MPTEMP"命令

GUI：**Main Menu > Preprocessor > Material Props > Material Models**

Main Menu > Solution > Load Step Opts > Other > Change Mat Props > Material Models

使用功能：为材料属性定义一个温度表。

使用格式：MPTEMP,*STLOC*,*T1*,*T2*,*T3*,*T4*,*T5*,*T6*

其中：

STLOC：确定输入温度的起始位置，默认值为最后填充值再加1。

T1,*T2*,*T3*,*T4*,*T5*,*T6*：指定从 *STLOC* 开始将要赋给6个位置的温度值。如果某位置的值已存在，将会被覆盖。若 *T1* = 0，则 *STLOC* 位置处的值将为零；若 *T2* ~ *T6* = 0，则使相对应位置的值不变。

使用提示：定义一个与命令"MPDATA"生成的性能数据表相对应的温度表。这些温度值也可以在材料性能多项式中使用，温度必须按升序的顺序定义，执行命令"MATER 或 STAT"可以列表出当前的温度表，重复执行"MPTEMP"可以定义其他的温度表，最多可以定义100个，如果所有的选项为空，则删除温度表。

11. "MPTGEN"命令

GUI：**Main Menu > Preprocessor > Material Props > Generate Temp**

Main Menu > Solution > Other > Change Mat Props > Generate Temp

使用功能：通过计算将温度值添加到温度表中。

使用格式：MPTGEN,*STLOC*,*NUM*,*TSTRT*,*TINC*

其中：

STLOC：计算温度将要填充在表中的开始位置，默认值为最后填充的位置 + 1。

NUM：将要生成的温度个数。

TSTRT：赋给 *STLOC* 位置的温度值。

TINC：将要赋给下一个位置的温度增量，直到 *NUM* 个位置被填充。

使用提示：通过计算将温度值添加到温度表中，可以与命令"MPTEMP"结合使用。

4.4.2 设置实常数(Real)

1. "R"命令

GUI：**Main Menu > Preprocessor > Real Constants > Add/Edit/Delete**

Main Menu > Solution > Load Step Opts > Other > Real Constants > Add/Edit/Delete

使用功能：定义单元的实常数，如图 4-96 所示。

使用格式：R,*NSET*,*R1*,*R2*,*R3*,*R4*,*R5*,*R6*

其中：

NSET：设置实常数的编号，如果与原来设置的编号相同，则这个编号的内容重新定义，它必须与定义的单元相对应，在 GUI 方式下会生动生成一个编号。

R1,…,*R6*：实常数的值或为表格边界条件输入的表格名称，如果实常数的值超过6个，可以使用命令"RMORE"输入。

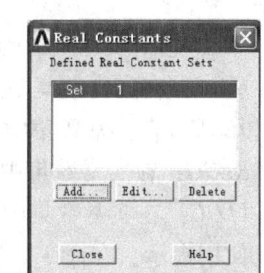

图 4-96 定义实常数对话框

使用提示：该命令定义单元实常数值。通常每个单元有不同的实常数，而有些单元没有实常数，实常数必须按单元所要求的顺序输入。如果输入的实常数超过了单元所需要的，则仅使用这些需要的值，如果输入的实常数小于单元所需要的，则用零值取代那些没有输入的实常数。

也可以输入一个用百分号"%"括起来的表格名。如 %tabname%。

如果使用复制实常数方式生成一个新的实常数号时，建议使用命令输入，不要采用 GUI 方式，因为 GUI 方式仅复制前 6 个值，其后的值不会复制。

2. "RMORE" 命令

GUI：Main Menu > Preprocessor > Modeling > Create > Circuit > Edit Real Cnst

使用功能：添加实常数到一个实常数集里。

使用格式：RMORE,*R7*,*R8*,*R9*,*R10*,*R11*,*R12*

其中，*R7*,*R8*,*R9*,*R10*,*R11*,*R12*：添加 7 至 12 个实常数到最新定义的实常数集中。

使用提示：添加 6 个以上的实常数到最近定义的实常数集中，重复执行这个命令可以添加 13 至 18 个，总之，每重复执行一次，就可以添加 6 个实常数值。其他可参考命令"R"。

3. "RTHICK" 命令

GUI：Main Menu > Preprocessor > Real Constants > Thickness Func

　　　　Main Menu > Solution > Load Step Opts > Other > Real Constants > Thickness Func

使用功能：为壳单元的节点定义变化的厚度，如图 4-97 所示。

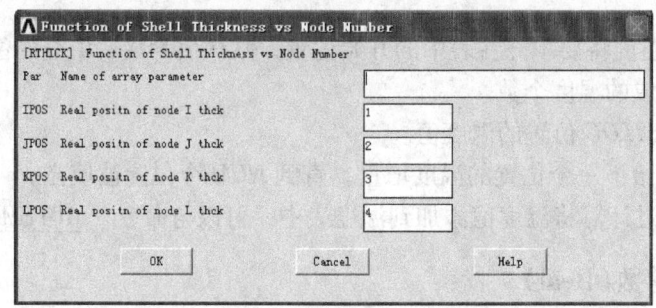

图 4-97　指定壳单元的厚度

使用格式：RTHICK,*Par*,*ILOC*,*JLOC*,*KLOC*,*LLOC*

其中：

Par：用来表示映射函数的数组参数名，如 func(17)，表示在节点 17 的壳体厚度。

ILOC：在实常数集中的位置，确定单元 I 节点的厚度，默认值为 1。

JLOC：在实常数集中的位置，确定单元 J 节点的厚度，默认值为 2。

KLOC：在实常数集中的位置，确定单元 K 节点的厚度，默认值为 3。

LLOC：在实常数集中的位置，确定单元 L 节点的厚度，默认值为 4。

使用提示：在命令"RTHICK"之后，每个选择的单元都将有与单元编号相匹配的实常数，如：R(*ILOC*) = func(I NODE)、R(*JLOC*) = func(J NODE)等。以前定义在实常数集中的任何其他实常数都将会保留不变，这个命令不适用于梁单元。

4.5 单元设置与网格划分

4.5.1 设置单元属性(Element Attribute)

1. "TYPE"命令

GUI：**Main Menu > Preprocessor > Meshing > Mesh Attributes > Default Attribs**
　　　Main Menu > Preprocessor > Modeling > Create > Elements > Elem Attributes
　　　Main Menu > Preprocessor > Modeling > Operate > Extrude > Elem Ext Opts

使用功能：设置单元类型属性指示器，如图 4-98 所示。

使用格式：TYPE,*ITYPE*

其中，*ITYPE*：指定单元类型号(默认为1)。

使用提示：给随后生成的单元激活一个单元类型号。该编号是"ET"命令定义的单元类型号(*ITYPE*)，单元类型号可由"/PNUM"命令显示。

2. "MAT"命令

GUI：**Main Menu > Preprocessor > Meshing > Mesh Attributes > Default Attribs**
　　　Main Menu > Preprocessor > Modeling > Create > Elements > Elem Attributes

使用功能：设置单元材料属性指示器，如图 4-98 所示。

使用格式：MAT,*MAT*

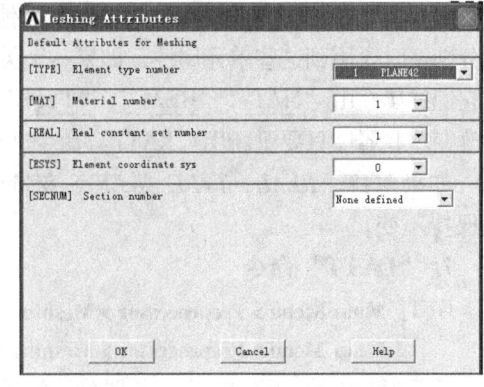

图 4-98　为生成的单元指定属性

其中，*MAT*：给随后生成的单元指定材料编号，默认为1。

使用提示：给随后生成的单元指定材料编号，该编号引用材料性能"MP"中定义的材料号 *MAT*。材料编号可由"/PNUM"命令显示。

3. "REAL"命令

GUI：与命令"MAT"相同。

使用功能：单元实常数属性指示器。

使用格式：REAL,*NSET*

其中，*NSET*：给随后生成的单元指定实常数编号，默认为1。

使用提示：给随后生成的单元指定实常数编号。该编号引用实常数"R"命令中定义的实常数设置编号 *NSET*。实常数设置编号可用"/PNUM"命令显示，如果单元类型没有实常数，该输入项无效。不同类型单元不要引用相同的实常数设置。

4. "ESYS"命令

GUI：与本节的命令"MAT"相同。

使用功能：设置单元坐标系统属性指示器，如图 4-98 所示。

使用格式：ESYS,*KCN*

其中，*KCN*：坐标系编号，它的值为：

● 0：使用为单元定义的坐标系方向(默认设置)。

- N：使用平行于局部坐标系 N(N 必须大于10)的单元坐标系方向。对于整体坐标系0、1 或 2，定义一个局部系统 N 平行于由"LOCAL"或"CS"命令定义的系统。

使用提示：该命令给随后生成的单元指定一个单元坐标系，仅用于面单元和体单元。该命令引用"LOCAL"命令定义的坐标系参考号 KCN。单元坐标系编号可用"/PNUM"显示。

5. "SECNUM"命令

GUI：与本节的命令"MAT"相同。

使用功能：设置单元剖面属性指示器，如图 4-98 所示。

使用格式：SECNUM, SECID

其中，SECID：给随后用"LMESH"、"E"和"EN"命令生成的单元指定剖面 ID 号。默认值为1。

6. "KATT"命令

GUI：Main Menu > Preprocessor > Meshing > Mesh Attributes > All Keypoints
    Main Menu > Preprocessor > Meshing > Mesh Attributes > Picked KPs

使用功能：给所有选择且未划分网格的关键点指定属性，可参考图 4-98。

使用格式：KATT, MAT, REAL, TYPE, ESYS

其中 MAT, REAL, TYPE, ESYS：给所有选择且未划分网格的关键点指定材料号、实常数设置号、单元类型号和坐标系编号。

使用提示：由这些关键点通过复制或其他命令生成的关键点也具有相同的属性。当对关键点划分网格时要用到这些单元属性，如果一个关键点在划分网格时没有利用这个命令设置属性，那么它们的属性由"MAT"、"REAL"、"TYPE"和"ESYS"命令进行设置。在关键点划分网格前要改变这些属性只要重新用"KATT"命令进行设置即可。变量为0或空将删除相关的联系。

如果 MAT、REAL、TYPE 或 ESYS 变量中任意一个定义为 -1，那么该值在所选择的设置中保持不变。

7. "LATT"命令

GUI：Main Menu > Preprocessor > Meshing > Mesh Attributes > All Lines
    Main Menu > Preprocessor > Meshing > Mesh Attributes > Picked Lines

使用功能：给所有选择且未划分网格的线设置划分单元的属性，可参考图 4-98。

使用格式：LATT, MAT, REAL, TYPE, --, KB, KE, SECNUM

其中：

MAT, REAL, TYPE：给所选择且未划分网格的线指定材料号、实常数号、单元类型号。

KB, KE：所选没有划分网格线的开始和末端关键点方向。ANSYS 使用这些关键点的位置确定梁划分网格时梁截面的方向。通过仅指定一个方向点即 KB，沿着线能够生成一个具有恒值方向的梁单元；通过选择线上各端点且具有不同方向的关键点，能够生成一个预扭曲的梁。

SECNUM：与所选择未划分网格线相关的剖面标识符。

使用提示：由 KB 和 KE 指定的值仅用于所选择的线。也就是说，由这些线通过复制或其他命令生成的线不具有这些属性，且 KB 和 KE 的值只能通过命令"LATT"在划分网格前指定。其他可参考"KATT"命令。

8. "AATT"命令

GUI：Main Menu > Preprocessor > Meshing > Mesh Attributes > All Areas

第 4 章　前处理器(Preprocessor)　185

   Main Menu > Preprocessor > Meshing > Mesh Attributes > Picked Areas

使用功能：给所选择的面设置划分网格单元属性，可参考图4-98。

使用格式：AATT,*MAT*,*REAL*,*TYPE*,*ESYS*,*SECN*

其中，*SECN*：与所选面相关的剖面号。

该命令的其他变量和使用提示参考"KATT"命令。

9. "VATT" 命令

GUI：**Main Menu > Preprocessor > Meshing > Mesh Attributes > All Volumes**
   Main Menu > Preprocessor > Meshing > Mesh Attributes > Picked Volumes

使用功能：给所选择的体设置划分网格单元属性，可参考图4-98。

使用格式：VATT,*MAT*,*REAL*,*TYPE*,*ESYS*

该命令中变量的意义和使用提示参考命令"KATT"。

4.5.2　选择单元类型与网格大小设置(Element Type & Size)

1. "ET" 命令

GUI：**Main Menu > Preprocessor > Element Type > Add/Edit/Delete**

使用功能：从单元库中定义一个单元类型，如图4-99所示。

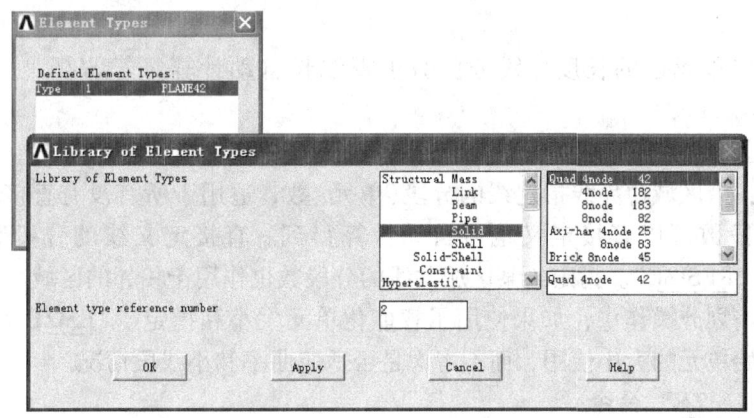

图 4-99　定义单元类型对话框

使用格式：ET,*ITYPE*,*Ename*,*KOP1*,*KOP2*,*KOP3*,*KOP4*,*KOP5*,*KOP6*,*INOPR*

其中：

ITYPE：单元类型参考号，默认为当前最大单元类型号加1。

Ename：单元库中给定的单元名或编号，它由一个类别前缀和一个数字编号组成，例如BEAM3。类别前缀(BEAM)可以省略，但为了清楚起见，一般在输出时显示其全名。如果*Ename*＝0，单元由一个空单元定义。

KOP1,…,*KOP6*：描述单元的选项。

INOPR：若其值为1，压缩该单元的所有结果输出。

使用提示：从单元库中选择单元类型，这个信息将用于后续的命令中，因此"ET"命令应先输入。比如若需要定义一个二维四边形结构单元，*Ename* 应当定义为"PLANE42"或"42"。

KOPn 为单元项开关。主要包括刚度公式项、打印输出控制以及各种各样的其他单元

项。如果需要 *KEYOPT*(7) 或更大的数，用"KEYOPT"命令输入它们的值。

"ET"命令仅为用户的模型局部指定了单元类型，在划分网格前，"TYPE"命令或相类似的命令也必须要用来指定所预期的局部单元类型。

2. "ESIZE"命令

GUI：Main Menu > Preprocessor > Meshing > Size Cntrls > ManualSize > Global > Size
　　　Main Menu > Preprocessor > Meshing > Size Cntrls > SmartSize > Adv Opts

使用功能：指定将要划分单元的边长或线的分段数，如图 4-100 所示。

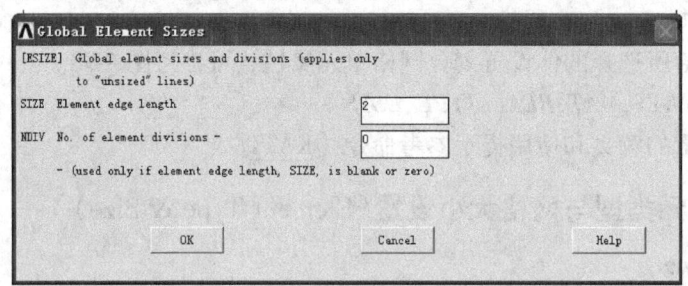

图 4-100　设置默认的单元边大小对话框

使用格式：ESIZE, *SIZE*, *NDIV*

其中：

SIZE：设置单元边的长度，线分段数根据线长自动计算。若 *SIZE* 为 0 或空，使用 *NDIV*。

NDIV：设置线上划分单元的等分数，如果输入了 *SIZE*，则该项无效。

使用提示：沿区域边界线指定线的分段(单元)数，适用于所有没有直接指定网格划分属性的线。分段数可以直接定义也可自动计算得到。直接定义线的分段数可使用命令"LESIZE"或"KESIZE"。指定给某区域共线的分段数也作用于相邻的区域。

在自由网格划分操作中，如果使用了智能化单元大小和指定了"ESIZE, *SIZE*"，则 *SIZE* 将作为一个开始单元的大小使用，而不考虑是否适应曲率和小线段情况。

3. "SMRTSIZE"命令

GUI：Main Menu > Preprocessor > Meshing > Size Cntrls > SmartSize > Adv Opts
　　　Main Menu > Preprocessor > Meshing > Size Cntrls > SmartSize > Basic
　　　Main Menu > Preprocessor > Meshing > Size Cntrls > SmartSize > Status

使用功能：智能化网格划分参数设置，如图 4-101 所示。

使用格式：SMRTSIZE, *SIZLVL*, *FAC*, *EXPND*, *TRANS*, *ANGL*, *ANGH*, *GRATIO*, *SMHLC*, *SMANC*, *MXITR*, *SPRX*

其中：

SIZLVL：设置整个网格划分时单元大小的等级值，该值控制单元的最小值。若该项有输入值时，其他变量无效。其有效的输入值为：

- n：激活智能化网格划分并且设置尺寸等级为 n。该值必须为 1(细网格)到 10(粗网格)的整数，这时其他变量无效。操作结果比较如图 4-102 所示。
- STAT：列表输出"SMRTSIZE"命令当前的设置。

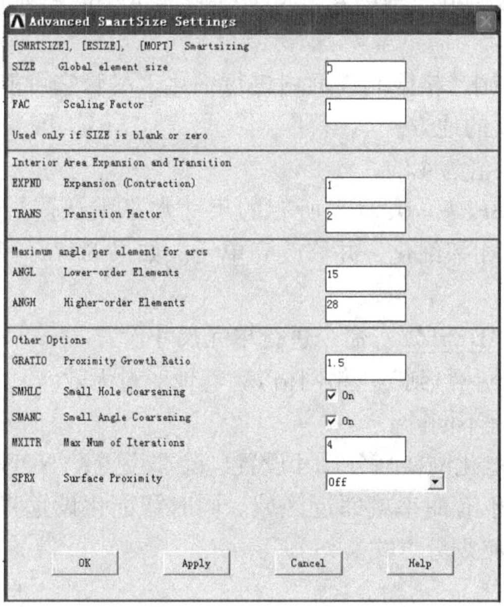

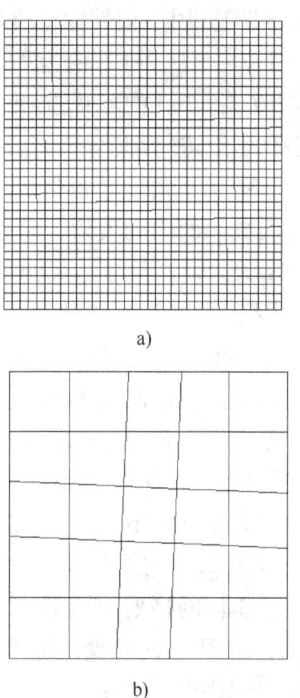

图 4-101　智能化网格划分设置对话框

图 4-102　智能化网格划分实例
a) $SIZLVL = 1$　b) $SIZLVL = 7$

- DEFA：恢复"SMRTSIZE"设置到其默认值。
- OFF：关闭智能化网格划分。使用"DESIZE"命令为当前设置。

FAC：用于计算默认网格尺寸的缩放因子。对于 h-单元（等组为 6）即中等状态，默认值为 1。*FAC* 的设定范围为 0.2 ~ 5.0。

EXPND：网格扩展因子，等同于"MOPT,EXPND,*Value*"。基于面的边界单元尺寸，利用 *EXPND* 对面的内部单元进行尺寸设置。例如，在一个面划分网格之前激活 SMRTSIZE,,,2，表示容许面的边界单元尺寸大约是内部的两倍。若 *EXPND* 小于 1，则表示面的内部容许更小的单元。*EXPND* 的设定范围为 0.5 ~ 4。对于 h-单元，不允许对面的内部单元进行缩放。若 *EXPND* 设置为 0，则系统默认为 1。内单元的实际尺寸也依赖于 *TRANS* 项和"AESIZE"或"ESIZE"命令的尺寸设置。

TRANS：网格过渡因子，等同于"MOPT,TRANS,*Value*"，用于控制面网格从面的边界到面内部所允许的尺寸变化程度。对于 h-单元，*TRANS* 默认为 2.0，即允许一个单元的尺寸大约是靠近面内部相邻单元的两倍，如果 *TRANS* 设置为 0，系统默认为 2.0。*TRANS* 必须大于 1 小于 4。内单元的实际尺寸也依赖于 *EXPND* 项和"AESIZE"或"ESIZE"命令的尺寸设置。

ANGL：设置曲线上低阶单元的最大跨角，不同于"DESIZE,,,,ANGL"中的设置，默认值为 22.5°。如果网格划分器遇到一些小的特征，如孔、内圆角等，则可能会超过这个角度限度。这个选项不适用于 p-单元的网格划分。

ANGH：设置曲线上高阶单元的最大跨角，不同于"DESIZE,,,,ANGL"中的设置，默认值为 30°。如果网格划分器遇到一些小的特征，如孔、内圆角等，则可能会超过这个角度限度。

188 ANSYS 参数化编程与命令手册

GRATIO：用于相邻性检查的许可增长率。对于 h-单元，默认值为 1.5。*GRATIO* 的设置范围是 1.2 ~ 5.0，推荐值为 1.5 ~ 2.0。

SMHLC：小孔的粗化选项，若为 ON，则强迫曲率细化，从而导致非常小的单元边界，即在小孔附近进行细化。

SMANC：小角度的粗化选项，若为 ON，则严格限制在面内进行细化，尽管它可能是一个病态区域如面内的尖角，特别是角度趋于 0 的地方。

MXITR：设置尺寸迭代的最大次数，默认值为 4。

SPRX：面相邻细化选项，其值有 OFF(*SPRX* = 0，对于所有的尺寸水平默认值) 或 ON (*SPRX* = 1 或 *SPRX* = 2)。如果 *SPRX* = 1，面相邻细化，并修改壳单元。如果 *SPRX* = 2，面相邻细化，但不修改壳单元。

命令默认：智能化网格划分为 OFF，用"DESIZE"命令进行单元尺寸设置。

使用提示：*SIZLVL* 的有效输入值为 1(细网格)到 10(粗网格)，其他变量无效。

对于 h-单元和 p-单元，这些选项的设置是不同的。

"LESIZE"的线分段和间隔指定先于智能化网格划分尺寸设置，除非设置 KYNDIV = 1，允许用智能化网格划分覆盖它们，一般适用于有曲率或邻近区域。同时智能化设置将忽略"ESIZE,,NDIV"的设置，也不适用于映射网格划分方式。

4. "MOPT"命令

GUI：**Main Menu > Preprocessor > Meshing > Mesher Opts**

　　　Main Menu > Preprocessor > Meshing > Size Cntrls > ManualSize > Global > Area Cntrls

　　　Main Menu > Preprocessor > Meshing > Size Cntrls > ManualSize > Global > Volu Cntrls

使用功能：设置网格划分选项，如图 4-103 所示。

使用格式：MOPT,*Lab*,*Value*

其中：

Lab：指定网格划分选项，它的值为下列标签之一。

- AORDER：按面尺寸从小到大顺序划分网格。设置 *Value* 为 ON，首先将较小的面划分网格。该项可用于体之间临界面的细化网格；也可用于"SMRTSIZE"命令不能划分网格的情况。默认为 OFF。
- EXPND：面网格扩展选项，参见"SMRTSIZE"命令。
- TETEXPND：四面体网格缩放选项，用来控制体内部和边界上单元尺寸的大小，对应的值 *VALUE* 为扩展因子，类似于 EXPND 选项值，只是本选项将用于体网格的划分。

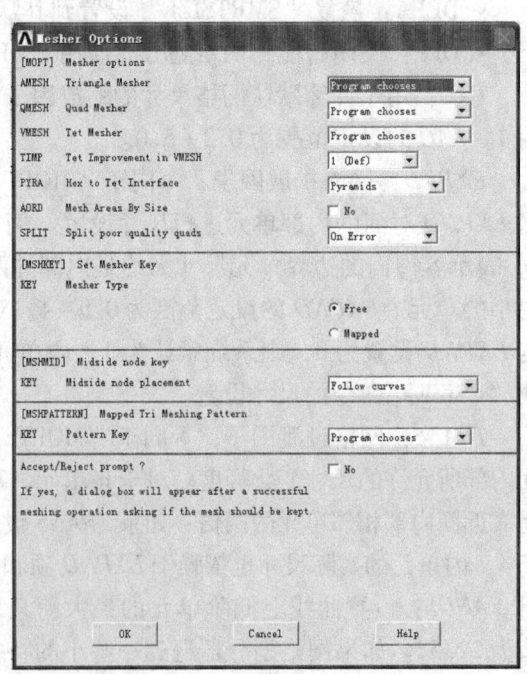

图 4-103　网格选项设置对话框

- TRANS：参见"SMRTSIZE"命令。
- AMESH：三角形网格划分选项。若 Value = DEFAULT，由系统选择三角网格划分器，一般为黎曼空间网格器，如果划分失败，再换一种生成器；若 Value = MAIN，使用主三角形网格生成器，即黎曼空间网格生成器，如果失败，不调用其他的生成器，适用于大多数情况；若 Value = ALTERNATE，使用第一备用三角形网格生成器(3D 三角形网格生成器)，如果失败，则不调用其他的生成器；若 Value = ALT2，使用第二备用三角形网格生成器(2D 参数空间网格生成器)。
- QMESH：四边形网格划分选项。若 Value = DEFAULT，由系统选择，一般为主四边形网格生成器，即 Q-Morph 网格生成器，如果失败会调用其他的网格生成器；若 Value = MAIN，使用 Q-Morph 网格器，即使失败也不会调用其他的网格生成器；若 Value = ALTERNATE，使用备用四边形网格器，或者也可设置为"MOPT,AMESH,ALTERNATE"或"MOPT,AMESH,ALT2"。
- VMESH：四面体单元划分网格选项。若 Value = DEFAULT，由系统选择网格生成器，对于 P-单元，一般选择备用四面体网格生成器，否则使用主四面体网格生成器；若 Value = MAIN，使用 Delaunay 技术网格生成器，即主网格生成器；若 Value = ALTERNATE，选用备用四面体网格生成器。
- SPLIT：对于自由网格划分时的四边形分割选项。若 Value = 1、ON 或 ERR，将超过形状误差极限的四边形单元划分成三角形单元（默认设置）；若 Value = 2 或 WARN，将超过形状误差或警告极限的四边形单元划分成三角形单元；若 Value = OFF，不管单元质量如何，不进行分割。
- LSMO：线光滑化选项，若 Value = ON，在划分网格的光滑化过程中，对面边界上的节点进行光滑化处理，在这个过程中，节点的位置被调整到具有更好单元的位置；若 Value = OFF（默认设置），在面边界上不进行光滑化操作。
- CLEAR：该选项在删除网格后会影响单元和节点编号。若 Value = ON（默认设置），在节点和单元被删除后，其开始节点和单元使用最小可用的编号。若 Value = OFF，在节点和单元被删除后，节点和单元编号不再重新设置。
- PYRA：过渡金字塔单元选项，若 Value = ON（默认设置），ANSYS 自动生成过渡金字塔单元。金字塔可能在四面体和六面体的内表面或直接由四边形单元生成。为了生成金字塔单元，事先必须要执行命令"MSHAPE,1,3D"（退化三维单元）。如果 Value = OFF，ANSYS 不生成过渡金字塔单元。
- TIMP：当初始化下一个自由体划分网格操作时，指定改进四面体质量的执行水平。对于 2~5 水平，四面体改进主要通过面交换和节点光滑技术来生成。Value 的有效输入值依次为 0（质量差）~6（质量好）。
- STAT：显示 MOPT 设置状态，其他变量均无效。
- DEFA：恢复所有 MOPT 选项到其默认值，其他变量均无效。

Value：对应每个不同 Lab 选项的值。

5. "DESIZE"命令

GUI：Main Menu > Preprocessor > Meshing > Size Cntrls > ManualSize > Global > Other

使用功能：控制默认时的单元大小，适用于映射网格，如图 4-104 所示。

使用格式：DESIZE，*MINL*，*MINH*，*MXEL*，*ANGL*，*ANGH*，*EDGMN*，*EDGMX*，*ADJF*，*ADJM*
其中：

MINL：当使用低阶单元时，设置每条线上的最少单元数，默认值为 3。若 *MINL* = DEFA，使用默认值；若 *MINL* = STAT，列表输出命令的状态；若 *MINL* = OFF，关闭默认的单元尺寸设置；如果 *MINL* = ON，激活默认的单元尺寸设置。

MINH：当使用高阶单元时，设置每条线上的最少单元数，默认值为 2。

MXEL：设置线上最多的单元数，不管是低阶或高阶单元。对于 h-单元，每条线的默认值为 15；对于 p-单元，每条线上的默认值为 6。

ANGL：设置曲线上低阶单元的最大跨角，默认值为 15°。

ANGH：设置曲线上高阶单元的最大跨角，默认值为 28°。

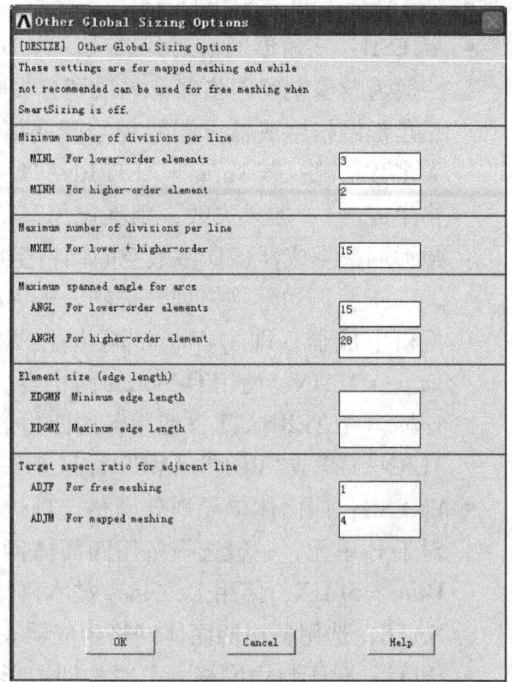

图 4-104　网格大小控制的其他选项对话框

EDGMN：设置最小的单元边长值，默认值为空。*MINL* 和 *MINH* 值能够覆盖这个值。

EDGMX：设置最大的单元边长值，默认值为空。*MINL* 和 *MINH* 值能够覆盖这个值。

ADJF：设置邻近线上最终的纵横比，只在自由网格划分时使用，当要生成一个等边的 h-单元时，默认值为 1.0，对于 p-单元为 4.0。

ADJM：设置邻近线上最终的纵横比，只在映射网格划分时使用，当要生成一个矩形的 h-单元时，默认值为 4.0，对于 p-单元为 6.0。

使用提示："DESIZE"命令设置常用于映射网格划分单元。当执行"SMRTSIZE，OFF"时也用于自由网格划分（默认）。即使智能化网格划分打开，一些"DESIZE"设置（如最大和最小单元边长）仍对自由网格密度有影响。"DESIZE"命令的默认设置只在没有用"KESIZE"，"LESIZE"，"ESIZE"命令对线指定单元尺寸时使用。

6．"AESIZE"命令

GUI：**Main Menu > Preprocessor > Meshing > Size Cntrls > ManualSize > Areas > All Areas**
　　　Main Menu > Preprocessor > Meshing > Size Cntrls > ManualSize > Areas > Clr Size
　　　Main Menu > Preprocessor > Meshing > Size Cntrls > ManualSize > Areas > Picked Areas

使用功能：对所选择的面设置单元尺寸大小，对话框如图 4-105 所示。

使用格式：AESIZE，*ANUM*，*SIZE*，
其中：

ANUM：面的编号。也可以为 ALL、P 或元件名。

SIZE：单元尺寸值。

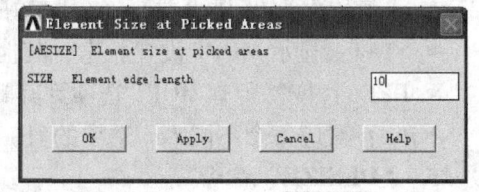

图 4-105　对面设置单元大小对话框

使用提示：允许对任意区域或体上的面控制划分网格单元尺寸。SIZE 控制面内的单元尺寸。对于没有指定单元尺寸的线和关键点，该命令也可用于线的单元尺寸设置，只要相邻面没有较小的尺寸。若 "AESIZE" 控制边界以及智能化网格划分尺寸设置为 ON，对于曲率或过渡地方边界尺寸可能会出现细化。

7. "LESIZE" 命令

GUI：Main Menu > Preprocessor > Meshing > Size Cntrls > ManualSize > Layers > Clr Layers
　　　Main Menu > Preprocessor > Meshing > Size Cntrls > ManualSize > Layers > Picked Lines
　　　Main Menu > Preprocessor > Meshing > Size Cntrls > ManualSize > Lines > All Lines
　　　Main Menu > Preprocessor > Meshing > Size Cntrls > ManualSize > Lines > Clr Size
　　　Main Menu > Preprocessor > Meshing > Size Cntrls > ManualSize > Lines > Copy Divs
　　　Main Menu > Preprocessor > Meshing > Size Cntrls > ManualSize > Lines > Flip Bias
　　　Main Menu > Preprocessor > Meshing > Size Cntrls > ManualSize > Lines > Picked Lines

使用功能：对所选择的线设置网格单元大小，如图 4-106 所示。

使用格式：LESIZE, NL1, SIZE, ANGSIZ, NDIV, SPACE, KFORC, LAYER1, LAYER2, KYNDIV

其中：

NL1：线的编号，也可以为 ALL、P 或元件名。

SIZE：若 *NDIV* 为空，*SIZE* 指单元边长。分段数将根据线长自动计算，圆整得到。

ANGSIZ：将曲线分割成许多角度，角度在曲线上的跨度即是网格单元的边长。分割数是系统根据所设定的角度值自动沿着线长

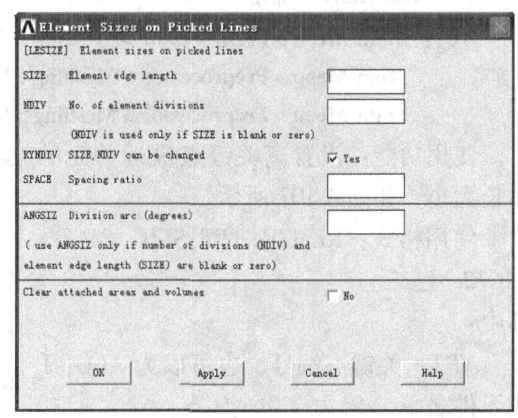

图 4-106　对线指定单元大小对话框

进行计算，并分割成整数份。该选项只在 *SIZE* 或 *NDIV* 选项为 0 或空时使用。

NDIV：若为正，*NDIV* 表示每条线的分段数。若为 −1（以及 *KFORC* = 1），*NDIV* 表示每条线的单元分段数为零。刚性单元用 "TARGE169" 时，*NDIV* 选项无效，而且总是对每条线用一个单元划分。

SPACE：表示分割线段的间隔比率。若为正，表示线段尾端间距与首端间距之比（如果 *SPACE* > 1.0，则从首端到尾端间距增大；否则将减小）；若为负，则 |*SPACE*| 表示线段中部间距与两端间距之比。*SPACE* 默认值为 1.0 即为均匀间距。对于层网格，通常取 *SPACE* = 1.0。如果 *SPACE* = FREE（自由网格），则步长比率由其他因素决定。

KFORC：*KFORC* 0-3 仅用于 *NL1* = ALL 的情况，用来确定将要修改的选择线：

- 0：仅修改那些没有指定分割段的选择线。
- 1：修改所有已选择线。
- 2：仅修改那些所选，且其分割段数小于本命令指定值的线。
- 3：仅修改那些所选，且其分割段数大于本命令指定值的线。
- 4：仅修改 *SIZE*、*ANGSIZ*、*NDIV*、*SPACE*、*LAYER1* 和 *LAYER2* 不为 0 设置的线。如果 *KFORC* = 4,0 或空，设置保持不变。

LAYER1：层网格控制参数，用来指定内层网格的厚度。该层网格的单元尺寸均一，其边长等于已经在线上设置好的单元尺寸。如果 *LAYER1* 设定值为正，表示绝对长度；如果其设定值为负，表示为已指定单元大小的倍数。总之，内层网格的最终厚度应该大于或等于已在线上设置好的单元尺寸。如果 *LAYER1* = OFF，则层网格控制参数将从已选线中删除。*LAYER1* 的默认值为 0。

LAYER2：层网格控制参数，用于设置外层网格厚度。该层网格的单元尺寸是内层单元尺寸到整体单元尺寸的过渡。若 *LAYER2* 为正，表示绝对长度；若其值为负，表示网格过渡因子。若 *LAYER2* = -2，表示外层网格厚度是内层的两倍。*LAYER2* 的默认值为 0。

KYNDIV：当 *KYNDIV* 为 0、No 或 Off 时，表示智能化网格划分无效，如果等分不匹配，映射网格失败。当 *KYNDIV* 为 1、Yes 或 On 时，对于大曲率或邻接区域，智能化网格优先使用。

使用提示：给选择的线定义划分单元的段数和间距比率，以前已设置的线可以被修改。

8. "KESIZE" 命令

GUI：Main Menu > Preprocessor > Meshing > Size Cntrls > ManualSize > Keypoints > All KPs
　　　Main Menu > Preprocessor > Meshing > Size Cntrls > ManualSize > Keypoints > Clr Size
　　　Main Menu > Preprocessor > Meshing > Size Cntrls > ManualSize > Keypoints > Picked KPs

使用功能：设置离关键点最近单元的边长大小，如图 4-107 所示。

使用格式：KESIZE, *NPT*, *SIZE*, *FACT1*, *FACT2*

其中：

NPT：关键点编号，也可以为 ALL、P 或元件名。

SIZE：沿线接近关键点 *NPT* 的单元边长值（覆盖任何其他尺寸）。*SIZE* 为 0 或空，使用 *FACT1* 或 *FACT2* 选项。

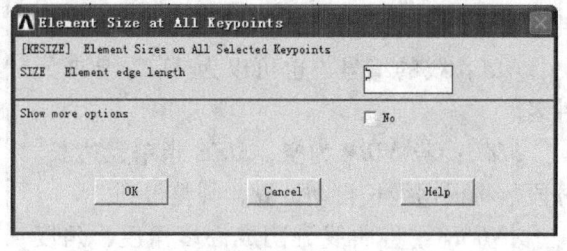

图 4-107　设置关键点单元尺寸的对话框

FACT1：比例因子，作用于以前指定的 *SIZE* 上。该选项只在 *SIZE* 为 0 时使用。

FACT2：比例因子，作用于与关键点 *NPT* 相连线上指定的最小单元分段数。适用于自适应网格细分，仅在 *SIZE* 和 *FACT1* 输入值为 0 或空时使用。

使用提示：仅影响到线上与关键点相邻部分线的分割，而剩余部分的分割数将由线的另一端关键点来确定。如果在 "SMRTSIZE" 命令中设置了智能化单元尺寸，对于大曲率或邻接区域的 "KESIZE" 指定无效。

4.5.3　网格划分 (Meshing)

1. "LCCAT" 命令

GUI：Main Menu > Preprocessor > Meshing > Mesh > Areas > Mapped > Concatenate > Lines
　　　Main Menu > Preprocessor > Meshing > Mesh > Volumes > Mapped > Concatenate > Lines

使用功能：由多条线连成一条连接线，以便于面的映射网格划分。

使用格式：LCCAT, *NL1*, *NL2*

其中，*NL1*, *NL2*：要连结的线号，也可以为 ALL、P 或元件名。

使用提示：对一个形状不规则且包含的边界线多于 4 条的面，在没有进行任何处理之前,是不能采用映射网格划分的。但如果在进行映射网格划分之前,用该命令将某些相邻的线连结起来,就可以选择映射网格划分方式对该面进行映射网格划分。该命令所连结的线仅用于网格的划分,不能用于其他任何目的。特别是,所连结的线或包含所连结线的面不能参与实体模型中任何其他操作命令。连结线将继承被连结前线上单元大小的设置,而不能直接对其进行单元大小设置。在连结线生成后,被连结的线将继续保留。

操作示例:图 4-108a 为一个有 5 条边界线的面,不符合映射网格的规则,使用连结"LCCAT"命令,将其中的 2 条线连结在一起,生成的结果如图 4-108b 所示。其操作命令为:

　　LCCAT,2,3　　！生成连结线的编号为 L1

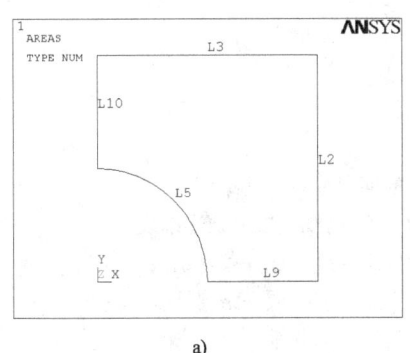 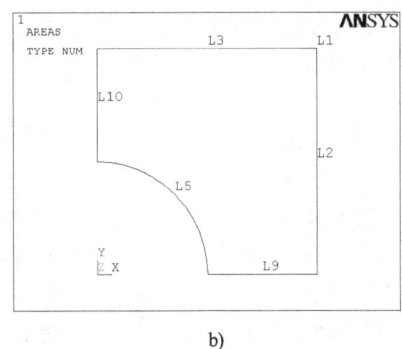

　　　　　　　a)　　　　　　　　　　　　　　　　　b)

图 4-108　线连结操作示例

2. "ACCAT" 命令

GUI：**Main Menu > Preprocessor > Meshing > Mesh > Volumes > Mapped > Concatenate > Areas**

使用功能:由多个面连结生成一个面,以便于体的映射网格划分。

使用格式:ACCAT,*NA1*,*NA2*

该命令中变量的意义和使用提示参考"LCCAT"命令,可仿照执行。

操作示例:先生成如图 4-109a 所示的三维块体,该块体不满足映射网格划分方式,必须要利用命令"ACCAT"和"LCCAT"来生成连结面和连结线,然后再采用映射网格划分方式来划分规则六面体单元,生成的网格结果如图 4-109b 所示。

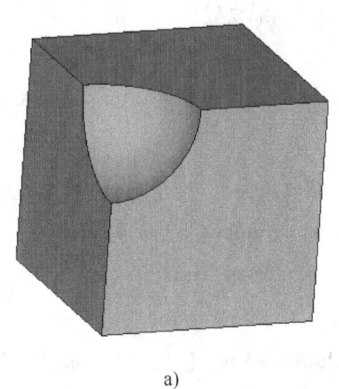 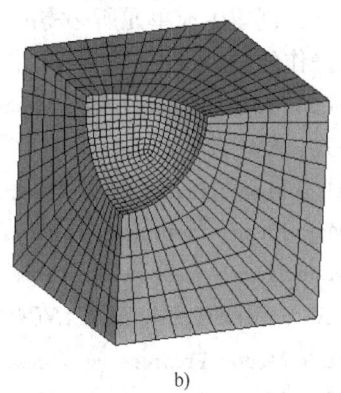

　　　　　a)　　　　　　　　　　　　　　　　　b)

图 4-109　不规则体块采用映射网格划分示例

a) 不规则的体块　b) 生成规则体网格

完成上述操作的命令流如下:

/PREP7	!进入前处理器
ET,1,SOLID45	!指定单元类型
BLOCK,,1,,1,,1,	!生成块体
KWPAVE, 8	!将工作平面移动到编号为8的关键点上
SPH4,,,0.4	!以0.4为半径生成一个实心球体
/VIEW,1,1,1,1	!选择视图方向
VSBV, 1, 2	!从块体中减去球体
WPSTYLE,,,,,,,0	!关闭工作平面
ESIZE,0.1,0,	!指定单元边的长度
FLST,2,3,5,ORDE,3	!选择面号为1、3、6的面
FITEM,2,1	
FITEM,2,3	
FITEM,2,6	
ACCAT,P51X	!由所选择的面生成一个连结面
LCCAT,2,11	!由编号为2、11的线生成一条连结线
LCCAT,1,9	!由编号为1、9的线生成一条连结线
LCCAT,5,6	!由编号为5、6的线生成一条连结线
MSHAPE,0,3d	!指定网格的形状为3维
MSHKEY,1	!采用映射方式划分网格
VMESH,3	!对编号为3的体划分网格
EPLOT	!显示单元

3. "KMESH" 命令

GUI：Main Menu > Preprocessor > Meshing > Mesh > Keypoints

使用功能：在关键点上生成节点和点单元。

使用格式：KMESH,*NP1*,*NP2*,*NINC*

其中，*NP1*，*NP2*，*NINC*：指定的关键点编号范围，按增量 *NINC*（默认为1）从关键点 *NP1* 到 *NP2*（默认为 *NP1*）划分网格单元。其中 *NP1* 也可以为 ALL、P 或元件名。

使用提示：创建生成单元所必需的节点，并自动给节点编号。

相类似操作的命令有：

GUI：Main Menu > Preprocessor > Meshing > Mesh > Lines　　　　!在线上生成节点和单元

使用格式：LMESH,*NL1*,*NL2*,*NIN*

GUI：Main Menu > Preprocessor > Meshing > Mesh > Areas > Free　　!在面上生成节点的单元
　　　Main Menu > Preprocessor > Meshing > Mesh > Areas > Mapped > 3 or 4 sided
　　　Main Menu > Preprocessor > Meshing > Mesh > Areas > Target Surf

使用格式：AMESH,*NA1*,*NA2*,*NINC*

GUI：Main Menu > Preprocessor > Meshing > Mesh > Volumes > Free　!在体上生成节点和单元
　　　Main Menu > Preprocessor > Meshing > Mesh > Volumes > Mapped > 4 to 6 sided

使用格式：VMESH,*NV1*,*NV2*,*NINC*

4. "AMAP" 命令

GUI：Main Menu > Preprocessor > Meshing > Mesh > Areas > Mapped > By Corners

使用功能：根据面上指定的角点生成一个二维映射网格。

使用格式：AMAP,*AREA*,*KP1*,*KP2*,*KP3*,*KP4*

其中：

AREA：面的编号。若 *AREA* = P，激活图形拾取（仅限于 GUI 模式）。

KP1,*KP2*,*KP3*,*KP4*：定义映射网格的角点。可以指定三个或四个角点，顺序任意。

使用提示：使用该命令时，一次只能选择一个面进行操作。程序内部在指定的关键点间用线连接起来，并用四边形单元对其进行网格划分。如果已经设置好线的分割等份，则网格划分遵循映射网格划分的规律。如果被网格化的面内有被连接的线，则系统将提示用户是否要将这些线移开。创建生成单元所需节点并自动对节点编号。如果由于映射网格与线分割或单元形状不匹配，则网格划分操作失败。

操作示例：对于图 4-108a 所示的面，当采用不同的角点，生成的网格是不一样的。如执行下列命令，生成的结果如图 4-110 所示。

```
AMAP,5,13,2,4,14        ! 生成图 4-110a
AMAP,5,13,2,3,14        ! 生成图 4-110b
```

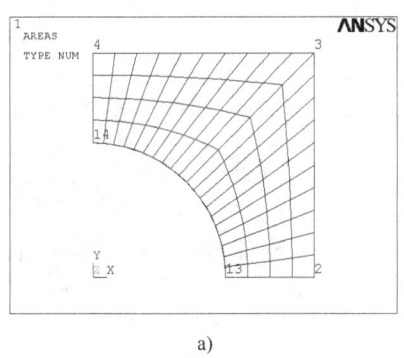 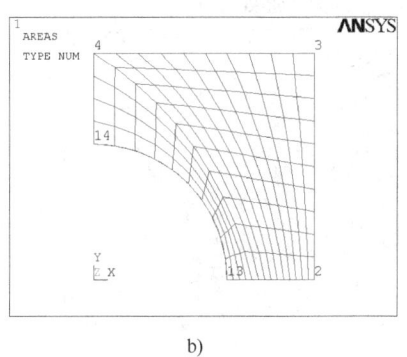

a)　　　　　　　　　　　　　　　　b)

图 4-110　由角点生成网格的示例

a）按 13,2,4,14 的顺序　b）按 13,2,3,14 的顺序

5. "VSWEEP" 命令

GUI：**Main Menu > Preprocessor > Meshing > Mesh > Volume Sweep > Sweep**

使用功能：利用与体邻近的面单元采用扫掠方式对体进行网格划分。

使用格式：VSWEEP,*VNUM*,*SRCA*,*TRGA*,*LSMO*

其中：

VNUM：体的编号。若为 P，激活图形拾取，也可以采用命令"EXTOPT,VSWE,AUTO"的设置选择体。该选项是必须有的，若为 ALL，扫掠所有选择的体，那些不能扫掠的体不划分网格或根据"EXTOPT,VSWE,TETS"命令用四面体划分网格。

SRCA：源面的编号，它为体单元的扫掠提供样式。如果在体扫掠前该面还没有划分网格，那么 ANSYS 系统内部会先对其划分网格，然后再扫掠体。ANSYS 扫掠是通过体上的面单元来生成体单元网格。*SRCA* 不能用元件名取代，该选项为可选项。若 *VNUM* = ALL 或为包含多个体的元件名时，*SRCA* 无效。如果不指定 *SRCA* 或 *SRCA* 无效，"VSWEEP" 命令自动决定目标面。

TRGA：目标面的编号，是 *SRCA* 的相对面。*TRGA* 不能用元件名取代，该选项为可选项。若 *VNUM* = ALL 或为包含多个体的元件名时，*TRGA* 无效。如果不指定 *TRGA* 或 *TRGA* 无效，"VSWEEP"命令自动决定目标面。

LSMO：在体扫掠时，确定 ANSYS 是否进行线光滑化的的控制键，该选项为可选项。
- 0：不对线进行光滑化，默认设置。
- 1：对线进行光滑化处理，由于速度的考虑，对大模型不推荐使用。

使用提示：若源网格是由四边形单元组成，那么 ANSYS 用六面体单元填充体。若源网格是由三角形单元组成，那么 ANSYS 用楔单元填充体。如果源网格是由四边形单元和三角形单元共同组成，那么 ANSYS 用六面体单元和楔单元共同填充体。

用户可以用命令"VROTAT"、"VEXT"、"VOFFST"和"VDRAG"拉伸一个面单元来生成体单元，这些命令在生成体的同时也生成体单元。相反，"VSWEEP"命令是在体已存在的情况下由面单元生成体单元。这在输入的实体模型已由其他程序建立而在 ANSYS 中只对它划分网格时很有用。

操作示例：如图 4-111 所示为一个块，采用体网格扫掠生成一个规则的六面体网格如图 4-112 所示。其命令流如下：

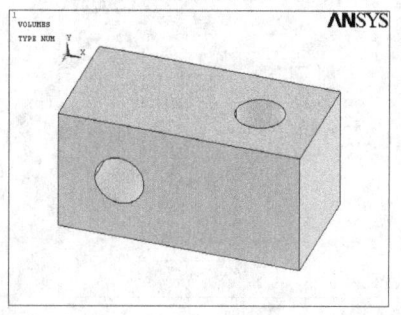 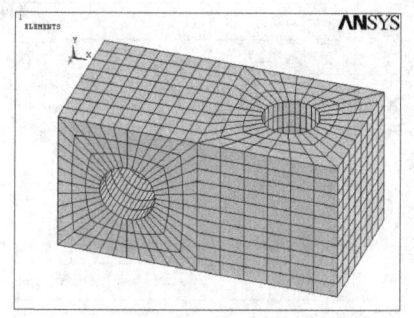

图 4-111 具有两个圆孔的块模型　　　　　图 4-112 体网格扫掠生成的规则网格

```
/CLEAR              ! 清除数据库重新开始一个新的分析
/PREP7
ET,1,PLANE42        ! 指定面单元类型
ET,2,SOLID45        ! 指定体单元类型
BLOCK,,2,,1,,1,     ! 生成一个块
/VIEW,1,1,1,1       ! 设置视角方向为等轴测图
WPSTYLE,,,,,,,,1    ! 打开工作平面
WPOFF,0.5,0.5       ! 移动工作平面
CYL4,,,0.2,,,,1     ! 生成一个圆柱体
WPOFF,1.0,0.5,0.5
WPROT,0,90          ! 绕 X 轴旋转 90°
CYL4,,,0.2,,,,1     ! 生成第 2 个圆柱体
VSBV,1,2            ! 圆柱体相减操作
VSBV,4,3
WPROT,0,0,90        ! 绕 Y 轴旋转 90°
VSBW,   1           ! 体 1 由工作平面分割生成 2 个体
```

```
WPOFF,0,0,-0.5
VSBW,   3                    ! 体 3 由工作平面分割生成 2 个体
WPOFF,0,0,-0.5
VSBW,   1                    ! 体由工作平面分割
WPROT,0,0,90
KWPAVE,   15                 ! 移动工作平面到关键点 15
VSBW,ALL                     ! 对所有的体进行分割操作
/PLOPTS,DATE,0               ! 关闭时间和日期显示
/TRIAD,LTOP                  ! 移动坐标三角符号到左上角
KWPAVE,   19                 ! 移动工作平面到关键点 19
WPROT,0,90                   ! 旋转工作平面
VSBW,ALL                     ! 对所有的体进行分割
ESIZE,0.1,0,                 ! 设置单元边长的大小
MSHKEY,1                     ! 采用映射网格划分
AMESH,90,102,6               ! 对面划分网格
AMESH,106
WPSTYLE,,,,,,,0              ! 关闭工作平面显示
VSEL,S,LOC,X,1,2             ! 选择 X 坐标介于 1~2 之间的体
ACCAT,58,104                 ! 由两个面连接生成一个面,利于网格划分
ACCAT,50,89
ACCAT,57,101
ACCAT,49,93
ACCAT,64,80
ACCAT,69,88
ACCAT,68,84
ACCAT,63,75
TYPE,2                       ! 指定单元类型,即六面体单元
VSWEEP,ALL                   ! 对所有选择的体进行扫掠生成体网格
VSEL,S,LOC,X,0,1             ! 选择 X 坐标介于 0~1 之间的体
AMAP,38,14,36,38,15          ! 对面通过所选角点生成映射网格
AMAP,10,15,38,34,16
AMAP,42,16,34,40,13
AMAP,45,13,40,36,14
VSWEEP,ALL                   ! 对所有选择的体进行扫掠,生成体网格
SAVE                         ! 保存,生成的结果如图 4-112 所示
```

6. "FVMESH" 命令

GUI: **Main Menu > Preprocessor > Meshing > Mesh > Tet Mesh From > Area Elements**

使用功能：从分离的外部面单元生成节点和四面体单元。

使用格式：FVMESH, *KEEP*

其中, *KEEP*: 指定在完成四面体网格划分操作后是否保留面单元。若为 0, 则表示删除面单元(默认设置); 若为 1, 则保留面单元。

使用提示："FVMESH"命令从一组被选中且分离的外部面单元生成四面体网格单元，其中分离单元是指不与实体相联结的单元。面单元可以是三角形、四边形或两者的混合体。

"FVMESH"命令与需要输入体的"VMESH"命令是相反的。

主四面体网格生成器"MOPT,VMESH,MAIN"是唯一支持"FVMESH"命令的四面体网格生成器。MESH200也不支持"FVMESH"命令。

三角形或四边形单元可用于"FVMESH"命令。在使用四边形单元的地方，当指定适当的单元类型后，在边界上的默认形式是生成金字塔形单元。见"MOPT,PYRA"命令。

"FVMESH"命令不支持多个体操作。如果在模型中有几个体，首先为一个体选择面单元，同时确信其他体的面单元没有选中，然后第一个体生成网格，连续使用该命令，每次选择一个体并划分网格，一直到所有体都划分完网格为止。

如果在划分网格操作中产生错误，即使 KEEP=0，面单元也将被保留。

7. "MSHKEY"命令

GUI：Main Menu > Preprocessor > Meshing > Mesh > Areas > Mapped > 3 or 4 sided
　　　Main Menu > Preprocessor > Meshing > Mesh > Areas > Target Surf
　　　Main Menu > Preprocessor > Meshing > Mesh > Volumes > Mapped > 4 to 6 sided
　　　Main Menu > Preprocessor > Meshing > Mesher Opts

使用功能：选择采用自由划分还是采用映射划分方式，对话框如图4-103所示。

使用格式：MSHKEY,KEY

其中，KEY：确定网格划分方式的控制键。若为0，表示为自由网格划分（默认设置）；若为1，采用映射网格划分方式；若为2，如果可能则采用映射网格，否则采用自由网格，如果设置了这个选项，即使是对一个不能用映射网格划分的面采用了自由网格划分，也不会激活智能化网格。

使用提示：由命令"MSHKEY"、"MSHAPE"和"MSHMID"命令已取代了ANSYS5.3及较早版本的"ESHAPE"命令。

8. "MSHAPE"命令

GUI：Main Menu > Preprocessor > Meshing > Mesh > Volumes > Mapped > 4 to 6 sided
　　　Main Menu > Preprocessor > Meshing > Mesher Opts

使用功能：指定划分单元的形状。

使用格式：MSHAPE,KEY,Dimension

其中：

KEY：确定将要划分单元的形状。其值有：

- 0：当 Dimension=2D，生成四边形单元；当 Dimension=3D，生成六面体单元。
- 1：当 Dimension=2D，生成三角形单元；当 Dimension=3D，生成四面体单元。

Dimension：指定将要划分网格模型的维数，其值有2D和3D。

命令默认：由于命令"MSHAPE"和"MSHKEY"是非常关联的，ANSYS划分网格主要依靠这两个命令设置值的组合。

使用提示：如果没有指定 Dimension 的值，则根据 KEY 的值来确定网格的划分形状。若执行命令"MSHAPE,0"，则使用四边形和六面体单元。

9. "MSHMID"命令

GUI：**Main Menu > Preprocessor > Meshing > Mesher Opts**

使用功能：指定单元边上中节点的位置，对话框如图4-103所示。

使用格式：MSHMID,*KEY*

其中 *KEY*：指定边中节点安放位置控制键。其值有：

- 0：区域边界上单元的边中节点与区域线或面的曲率保持一致（默认设置）。
- 1：指定所有单元的边中节点，这样单元边是直的。允许沿曲线生成粗大单元。
- 2：不生成边中节点。

10. "MSHPATTERN" 命令

GUI：**Main Menu > Preprocessor > Meshing > Mesher Opts**

使用功能：对映射三角形网格指定一种样式，对话框如图4-103所示。

使用格式：MSHPATTERN,*KEY*

其中，*KEY*：指定三角形样式的控制键，若为0，由 ANSYS 选择样式（默认设置），ANSYS 将最大化三角形中的最小角；若为1，在节点 I 处单向分割；若为2，在节点 J 处单向分割。如图4-113所示。

使用提示：映射三角形网格反映了 ANSYS 软件有能力对一个满足映射条件的面生成三角形单元，这个能力对于涉及到刚性接触单元划分的分析是非常有用的。在执行这个命令前，必须先执行"MSHAPE,1,2D"和"MSHKEY,1"。

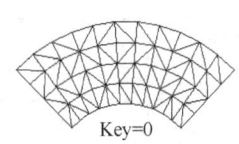
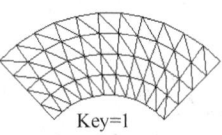
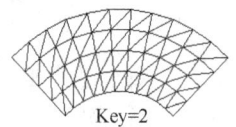

图 4-113　三角形网格映射的形式选择

4.5.4　网格细化修改与删除(Refine & Clear)

1. "NREFINE" 命令

GUI：**Main Menu > Preprocessor > Meshing > Modify Mesh > Refine At > Nodes**

使用功能：对指定节点周围的网格进行细化，如图4-114所示。

使用格式：NREFINE,*NN1*,*NN2*,*NINC*,*LEVEL*,*DEPTH*,*POST*,*RETAIN*

其中：

NN1,*NN2*,*NINC*：指定节点编号的范围，按增量 *NINC* 从节点 *NN1* 到 *NN2* 节点。*NN2* 默认为 *NN1*，*NINC* 默认为1。其中 *NN1* 也可以为 ALL、P 或元件名。

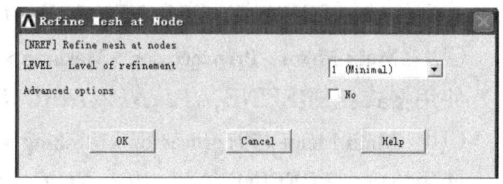

图 4-114　对节点周围的单元进行细化对话框

LEVEL：细化的等级。它的范围为1（大网格）~5（小网格）。默认值为1。

DEPTH：从指定节点向外，根据单元数设置网格细化的深度，默认值为1。

POST：单元细化后，为提高单元质量，设置后处理的类型。若为 OFF，不进行后处理；若为 SMOOTH，进行光滑化处理，这样可能会改变节点的位置；若为 CLEAN，进行光滑化处理并刷新，可能会删除存在的单元，节点位置也可能变化（默认）。

RETAIN：所有单元都是四边形网格在细化时是否也获得四边形单元的标记设定。该项

对于其他网格单元无效。
- ON：细化网格不管单元质量如何必须是四边形网格（默认）。
- OFF：细化网格为了保证单元质量的转换可以包含有三角形单元。

使用提示：该命令对指定节点周围单元进行局部网格细化。在默认情况下，用源单元边长的 1/2 来进行细化，并生成新单元，即 LEVEL =1。

该命令可以对所有与指定节点相邻的面单元和四面体单元进行细化，其他的体单元如六面体、楔单元和金字塔单元等不能细化。

该命令不能用于下列节点周围网格细化：在实体模型上含有初始条件的节点，耦合节点，作用有约束方程、边界条件或载荷的节点或单元。

操作示例：已生成了图 4-115a 所示的网格，对其中的节点 63 周围的单元进行细化，执行命令为：　　　　　NREFINE,63,,,2,1.2,1,1　　　　　! 生成的结果如图 4-115b 所示

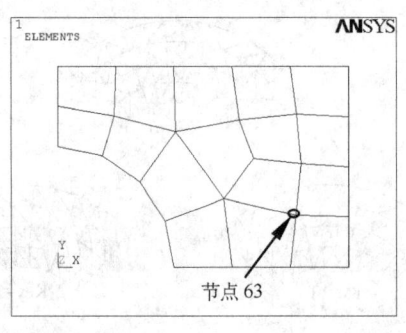
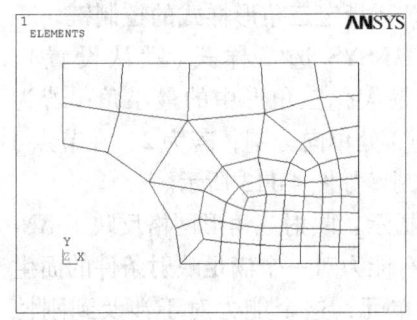

a)　　　　　　　　　　　　　　b)

图 4-115　在节点周围单元细化操作示例

a) 初始网格　b) 细化后的结果

相类似地，用户也可以对单元、关键点、线或面周围进行网格细化，并可参照命令"NREFINE"执行，其各自的 GUI 方式和使用格式如下：

GUI：**Main Menu > Preprocessor > Meshing > Modify Mesh > Refine At > All**　　! 对单元操作
　　　Main Menu > Preprocessor > Meshing > Modify Mesh > Refine At > Elements

使用格式：EREFINE,*NE1*,*NE2*,*NINC*,*LEVEL*,*DEPTH*,*POST*,*RETAIN*

GUI：**Main Menu > Preprocessor > Meshing > Modify Mesh > Refine At > Keypoints**　　! 对关键点操作

使用格式：KREFINE,*NP1*,*NP2*,*NINC*,*LEVEL*,*DEPTH*,*POST*,*RETAIN*

GUI：**Main Menu > Preprocessor > Meshing > Modify Mesh > Refine At > Lines**　　! 对线操作

使用格式：LREFINE,*NL1*,*NL2*,*NINC*,*LEVEL*,*DEPTH*,*POST*,*RETAIN*

GUI：**Main Menu > Preprocessor > Meshing > Modify Mesh > Refine At > Areas**　　! 对面操作

使用格式：AREFINE,*NA1*,*NA2*,*NINC*,*LEVEL*,*DEPTH*,*POST*,*RETAIN*

2. "VIMP" 命令

GUI：**Main Menu > Preprocessor > Meshing > Modify Mesh > Improve Tets > Volumes**

使用功能：改善所选体上四面体单元的品质，如图 4-116 所示。

使用格式：VIMP,*VOL*,*CHGBND*,*IMPLEVEL*

其中：

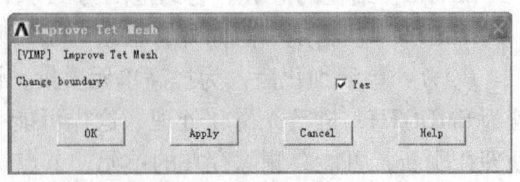

图 4-116　改进四面体单元的对话框

VOL：体的编号，也可以为 ALL（默认值）、P 或元件名。

CHGBND：是否对体的边界进行修改控制键。它包括更改边界单元表面和其他边界节点的连通性。若为0，表示不对边界进行修改；若为1，对边界进行修改（默认设置）。

IMPLEVEL：对单元设置将要改进的等级，主要通过面交换和节点光滑化技术来实现。其范围为0（品质最低）~3（品质最高）（默认设置）。

使用提示：该命令用于进一步改善由"VMESH"命令所生成体单元的品质，特别是二次四面体单元网格。它通过减小形状不好的四面体单元个数来提高给定四面体网格的品质。

3. "TIMP"命令

GUI：**Main Menu > Preprocessor > Meshing > Modify Mesh > Improve Tets > Detached Elems**

使用功能：改善与体不一致的四面体单元品质。

使用格式：TIMP，*ELEM*，*CHGBND*，*IMPLEVEL*

其中，*ELEM*：需改善品质的四面体单元编号，也可以为 ALL（默认设置）、P 或元件名。

其他变量的意义和使用说明参考"VIMP"命令。

4. "TCHG"命令

GUI：**Main Menu > Preprocessor > Meshing > Modify Mesh > Change Tets**

使用功能：由20节点退化的四面体单元转变成与之相对应的10节点单元，如图4-117所示。

使用格式：TCHG，*ELEM1*，*ELEM2*，*ETYPE2*

其中：

ELEM1：被转换的20节点四面体单元的名称或编号，为必选项。

ELEM2：期望转换的10节点四面体单元的名称或编号，为必选项。

ETYPE2：*ELEM2* 的单元类型号。

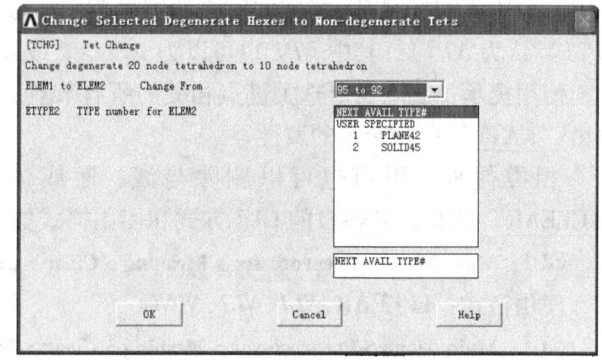

图4-117 改变退化单元类型对话框

若 *ETYPE2* 为0或不指定，ANSYS 选择 *ELEM2* 设置的单元类型号。为可选项。

使用提示：该命令允许将任意20节点块体单元转换成任意10节点四面体单元。但不是所有转换都有意义。

该命令也在使用"MOPT，PYRA"命令时使用，用于20节点金字塔形单元与相同体积的10节点四面体单元之间的转换。

执行转换后，在一个体中可能会有多个单元类型。

5. "CHECK"命令

GUI：**Main Menu > Preprocessor > Meshing > Check Mesh > Individual Elm > Select Warning/Error Elements**

使用功能：检测当前数据项的完整性，如图4-118所示。

使用格式：CHECK，*Sele*，*Levl*

其中：

Sele：指定要检测的单元。若为空(blank)，检测所有的数据；若为 ESEL，仅检测已选择的单元，没有选择的单元则不能生成几何检测信息。

Levl：仅适用于 *Sele* = ESEL 时，其值有 WARN(对选择的单元生成警告和错误信息)和 ERR(对选择的单元仅生成错误信息——默认设置)。

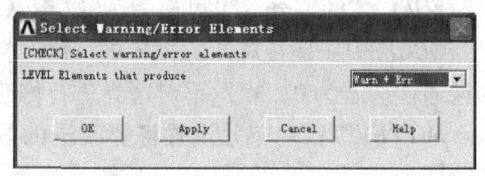

图 4-118　单元检查对话框

使用提示：如果设置了"SHPP,OFF"，则该命令不会工作。在求解开始之前对所有数据都要进行类似的自动检测。如果通过 GUI 方式调用"检测单元"，那么命令"CHECK,ESEL"将用下列方式显示单元：好的单元用蓝色显示，有警告信息的单元用黄色显示，坏单元(有错误信息单元)用红色显示。

6. "KCLEAR"命令

GUI：**Main Menu > Preprocessor > Meshing > Clear > Keypoints**

使用功能：删除与所选关键点相关的节点和点单元。

使用格式：KCLEAR,*NP1*,*NP2*,*NINC*

其中，*NP1*,*NP2*,*NINC*：指定关键点的编号范围，按增量 *NINC*(默认为1)从关键点 *NP1* 到 *NP2*(默认为 *NP1*)，其中 *NP1* 也可以为 ALL、P 或元件名。

使用提示：删除与所选关键点相关的所有节点和点单元，不是点单元的节点不删除。保留由"KATT"命令指定的属性。

相类似地，用户也可以删除与线、面或体相关的节点和单元，并可参照命令"KCLEAR"执行，其各自的 GUI 方式和使用格式如下：

GUI：**Main Menu > Preprocessor > Meshing > Clear > Lines**　　! 对线操作

使用格式：LCLEAR,*NL1*,*NL2*,*NINC*

GUI：**Main Menu > Preprocessor > Meshing > Clear > Areas**　　! 对面操作

使用格式：ACLEAR,*NA1*,*NA2*,*NINC*

GUI：**Main Menu > Preprocessor > Meshing > Clear > Volumes**　! 对体操作

使用格式：VCLEAR,*NV1*,*NV2*,*NINC*

但要注意，不能对已划分单元的关键点、线、面和体直接进行删除操作，必须要先删除实体上的网格单元，才能对实体进行删除操作。

4.6　直接生成有限元模型

4.6.1　生成节点(Node)

1. "N"命令

GUI：**Main Menu > Preprocessor > Modeling > Create > Nodes > In Active CS**

　　　Main Menu > Preprocessor > Modeling > Create > Nodes > On Working Plane

使用功能：生成一个节点，如图 4-119 所示。

使用格式：N, *NODE*, *X*, *Y*, *Z*, *THXY*, *THYZ*, *THZX*

其中：

NODE：节点的编号。当指定的节点编号与图形中已有的编号相同时，该命令将更新该节点编号的位置。默认节点号为当前最大节点编号 +1。

X, *Y*, *Z*：节点在激活坐标系中的坐标

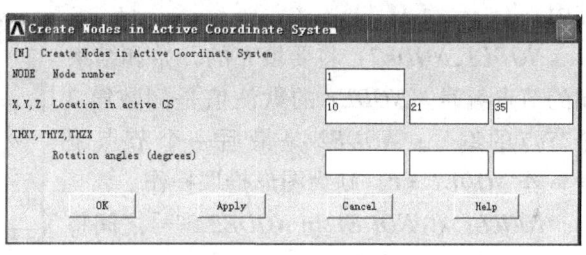

图 4-119 生成节点对话框

值（对于圆柱坐标为 R,θ,Z,对于球坐标或环形坐标为 R,θ,Φ）。若 $X = P$，激活图形拾取操作。

THXY, *THYZ*, *THZX*：分别绕 Z 轴、X 轴和 Y 轴的旋转角度，其正向由右手法则确定。

使用提示：在激活坐标系中生成一个节点，节点坐标系与直角坐标系平行，旋转角度单位为度，且设定的旋转角度重新定义已有的旋转角度。

2. "CENTER" 命令

GUI：**Main Menu > Preprocessor > Modeling > Create > Nodes > At Curvature Ctr**

使用功能：在弧线的曲率中心定义一个节点，如图 4-120 所示。

使用格式：CENTER, *NODE*, *NODE1*, *NODE2*, *NODE3*, *RADIUS*

其中：

NODE：新生成节点的编号，默认值为已有最大节点编号数加 1。

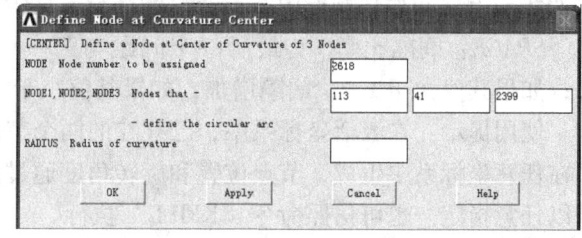

图 4-120 在曲率中心生成节点的对话框

NODE1, *NODE2*, *NODE3*：用于计算曲率中心的三个节点，曲率大小由 *RADIUS* 决定。

RADIUS：曲率半径。

- 0：*NODE1*、*NODE2* 和 *NODE3* 位于一个圆弧上，自动计算曲率中心（默认）。
- ≠0：*NODE1* 和 *NODE2* 是圆弧的两端点，*RADIUS* 是曲率半径，根据 *NODE3* 来确定曲线中心的位置。如果 *RADIUS* > 0，生成的节点与 *NODE3* 位于同一侧；如果 *RADIUS* < 0，生成的新节点与 *NODE3* 位于异侧。

3. "NKPT" 命令

GUI：**Main Menu > Preprocessor > Modeling > Create > Nodes > On Keypoint**

使用功能：在已有关键点的位置生成节点。

使用格式：NKPT, *NODE*, *NPT*

其中：

NODE：新节点的编号，若为 0 或空，默认为最大节点编号加 1。

NPT：关键点的编号，也可以为 ALL、P 或元件名。

4. "FILL" 命令

GUI：**Main Menu > Preprocessor > Modeling > Create > Nodes > Fill between Nds**

使用功能：在已有两节点之间的连线上生成节点，如图 4-121 所示。

使用格式：FILL, *NODE1*, *NODE2*, *NFILL*, *NSTRT*, *NINC*, *ITIME*, *INC*, *SPACE*

其中：

  NODE1, *NODE2*：将要填充的开始和结束端的节点编号。*NODE1* 的默认值是倒数第 2 个节点的编号；*NODE2* 是最后一个节点编号。若 *NODE1* = P，则为图形拾取操作。

  NFILL：在 *NODE1* 与 *NODE2* 编号之间将要填充关键点的个数，它的值必须是正的，默认值为：|*NODE2* - *NODE1*| - 1。

  NSTRT：新生成节点的起始编号，默认值为：*NODE1* + *NINC*。

  NINC：将要生成的节点编号增量，可为正或负，默认值为：(*NODE2* - *NODE1*) / (*NFILL* + 1)，若输入为 0，则 *NINC* 为 1。

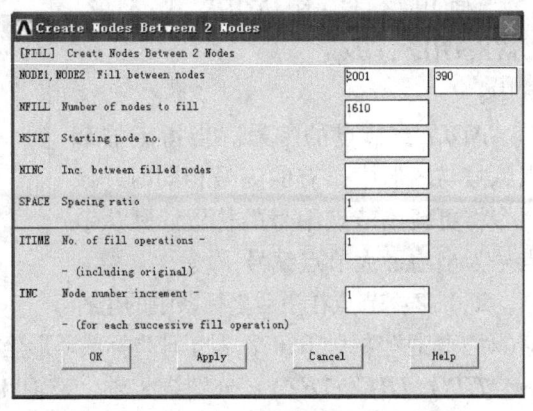

图 4-121 在节点之间生成节点对话框

  ITIME, *INC*：*ITIME* 为生成节点的循环次数。*INC* 为除第一次以外在 *NODE1*、*NODE2* 和 *NSTRT* 节点之间循环操作中节点编号的增量。*ITIME* 和 *INC* 默认值为 1。

  SPACE：间隔比率，为最后一个间距与第一个间距相比。其默认值为 1.0，即均匀分布；如果其值大于 1.0，间隔增加；如果其值小于 1.0，间隔减少。

  使用提示：在激活坐标系中，已存在的两个节点之间的连线上生成节点。两个节点可以是在任意坐标系中生成，节点位置和旋转角度通过插值来确定。生成节点的个数和编号顺序可以任意指定。也可仿照命令"KFILL"执行。

5. "QUAD" 命令

  GUI：Main Menu > Preprocessor > Modeling > Create > Nodes > Quadratic Fill

  使用功能：在由 3 节点构成的二次曲线上生成节点，如图 4-122 所示。

  使用格式：QUAD, *NODE1*, *NINTR*, *NODE2*, *NFILL*, *NSTRT*, *NINC*, *PKFAC*

其中：

  NINTR：中间节点或引导节点，二次曲线将通过该节点，可以是任意节点号和任意位置。如果二次曲线生成一个具有相同编号的节点，引导节点的位置会被替换掉。

  PKFAC：峰值位置的系数。如果 *PKFAC* = 0.5，

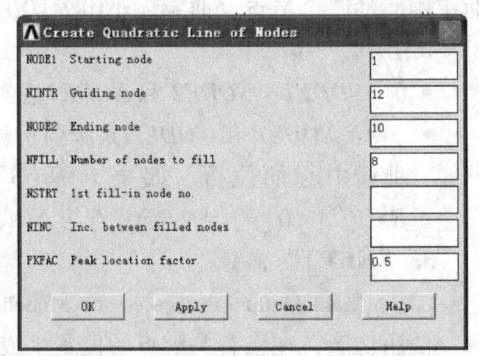

图 4-122 在二次曲线上生成节点对话框

二次曲线的峰值位置在引导节点上。如果 0.0 < *PKFAC* < 0.5，二次曲线的峰值位置处于 *NODE2* 和 *NINTR* 之间。如果 0.5 < *PKFAC* < 1.0，二次曲线峰值位置处于 *NINTR* 和 *NODE1* 之间。

  其他变量的意义可参考命令"FILL"。

  使用提示：在激活坐标系下，在由 3 个节点生成的二次曲线上生成节点。生成节点的个数和编号顺序可以任意指定。曲线通过三个节点，由 *NODE1* 开始，通过 *NINTR* 最后指向 *NODE2*。生成的节点也将具有二次空间。如果引导节点编号在生成的节点内，它将根据二次间距被更新位置。

二次曲线峰点确定系数用于决定如何通过三点拟合二次曲线。不同的峰点确定系数和引导节点位置联合可以获得各种各样的节点序列。如果引导节点处于开始节点和终止节点之间的中间范围，峰点确定系数在 0.293 ~ 0.707 之间可保证所有生成节点落在开始节点和终止节点范围内。

操作示例：先生成如图 4-123a 所示的三个节点，执行命令"QUAD,1,12,10,8,,,0.5,"后（对话框如图 4-122），生成的结果如图 4-123b 所示，生成的节点均位于二次曲线上。

图 4-123　"QUAD"命令操作示例
a）已知三个节点　b）在二次曲线上生成的节点

6. "NROTAT"命令

GUI：**Main Menu > Preprocessor > Modeling > Create > Nodes > To Active CS**
　　Main Menu > Preprocessor > Modeling > Move/Modify > Nodes > To Active CS

使用功能：旋转节点坐标系，使之与激活坐标系平行。

使用格式：NROTAT, *NODE1*, *NODE2*, *NINC*

其中，*NODE1*, *NODE2*, *NINC*：指定将要旋转的节点编号范围。

使用提示：旋转节点坐标系到激活坐标系。下列情况节点坐标系可自动旋转到激活坐标系：在直角坐标系中，节点坐标的 X 轴方向将平行于直角坐标的 X 方向。在圆柱坐标系、球形坐标系和环形坐标系中，节点坐标的 X 轴方向将平行于 R 方向。位于零半径或接近零半径位置的节点不旋转。节点坐标系的方向可用命令"/PSYMB"显示，如果节点坐标系旋转，在显示时节点力和约束也将旋转。对于 FLOTRAN 分析，节点坐标系旋转仅限于平行于直角坐标系。

ANSYS LS-DYNA（显式动力学分析）不支持"NROTAT"命令。

7. "NMODIF"命令

GUI：**Main Menu > Preprocessor > Modeling > Create > Nodes > By Angles**
　　Main Menu > Preprocessor > Modeling > Move/Modify > Nodes > By Angles
　　Main Menu > Preprocessor > Modeling > Move/Modify > Nodes > Set of Nodes
　　Main Menu > Preprocessor > Modeling > Move/Modify > Nodes > Single Node

使用功能：修改已存在节点的位置，如图 4-124 所示。

使用格式：NMODIF, *NODE*, *X*, *Y*, *Z*, *THXY*, *THYZ*, *THZX*

其中：

NODE：要修改的节点编号。也可以为 ALL、P 或元件名。

X, *Y*, *Z*：用该坐标值取代指定节点原来的坐标值，位于

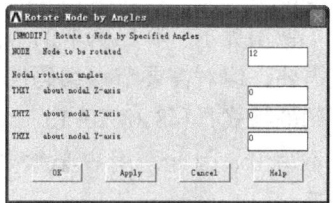

图 4-124　修改节点的位置

激活坐标系中(对于圆柱坐标为 R,θ,Z；对于球形坐标或环形坐标为 R,θ,Φ)。其值为空，则保留先前值。

THXY,THYZ,THZX：分别绕 Z 轴、X 轴和 Y 轴的旋转角度，正向由右手法则确定。

使用提示：修改已存在节点，节点坐标系旋转角度单位为度，重新定义任意已存在节点的旋转角度。节点也可用"N"命令重新定义。

8. "NANG"命令

GUI：**Main Menu > Preprocessor > Modeling > Create > Nodes > By Vectors**
　　　Main Menu > Preprocessor > Modeling > Move/Modify > Nodes > By Vectors

使用功能：按方向余弦旋转节点坐标系，如图 4-125 所示。

使用格式：NANG,*NODE,X1,X2,X3,Y1,Y2,Y3,Z1,Z2,Z3*

其中：

NODE：节点的编号。

X1,X2,X3：新节点 X 方向的单位矢量在整体坐标系中的 X、Y 和 Z 分量。

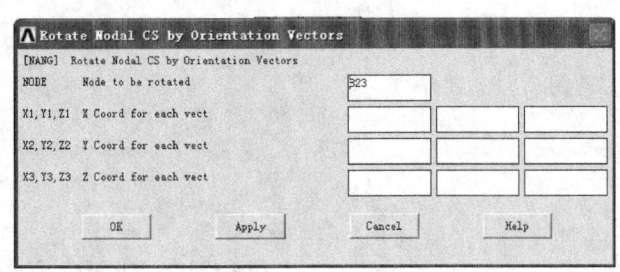

图 4-125　利用方向余弦来旋转节点的对话框

Y1,Y2,Y3：新节点 Y 方向的单位矢量在整体坐标系中的 X、Y 和 Z 分量。

Z1,Z2,Z3：新节点 Z 方向的单位矢量在整体坐标系中的 X、Y 和 Z 分量。

使用提示：旋转节点坐标系到由 X、Y 和 Z 方向余弦所指定的方向。节点已存在的旋转方向被重新定义。如果仅指定三个矢量中的两个，那么第三个矢量根据右手法则确定。用户要保证输入的方向余弦与右手坐标系正交。

9. "NWRITE"命令

GUI：**Main Menu > Preprocessor > Modeling > Create > Nodes > Write Node File**

使用功能：写节点数据到一个文件中，如图 4-126 所示。

使用格式：NWRITE,*Fname,Ext,--,KAPPND*

其中：

Ext：如果 *Fname* 为空，默认的扩展名为"NODE"。

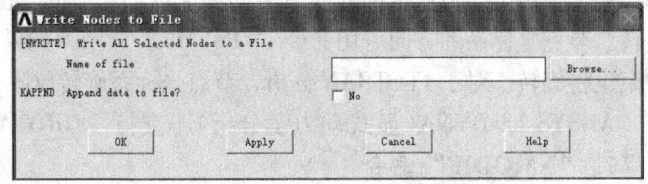

图 4-126　写节点数据到文件中对话框

KAPPND：数据添加控制键，若为 0，覆盖已存在文件；若为 1，添加到已存在文件的末尾。

使用提示：将已选取的节点数据写入到一个文件中，写操作在标准 ANSYS 运行时不一定需要，但对需要节点编码信息的用户来说是非常方便的。数据按 ASCII 代码格式输出，其所用的格式是(I8,6G20.13)，输出为"*NODE,X,Y,Z,THXY,THYZ,THZX*"，若最后数据为 0，则不写出。因此，用户必须要使用相应格式来阅读和处理这些文件，坐标值为直角坐标系。

10. "NREAD"命令

GUI：Main Menu > Preprocessor > Modeling > Create > Nodes > Read Node File

使用功能：从文件中读节点数据到系统内，如图 4-127 所示。

使用格式：NREAD,Fname,Ext,--

其他 Fname,Ext 两项定义和使用提示见参考命令"NWRITE"。

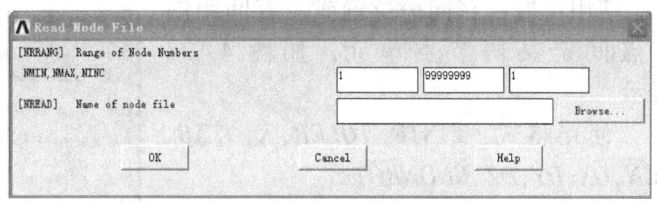

图 4-127　从文件中读取节点到数据库中

使用提示：文件必须具有与"NWRITE"相同的格式，在节点文件读入之前，必须要定义好单元，这样文件才能正确地读入。只有那些位于由命令"NRRANG"指定范围之内的节点才能从文件中读入，在数据库中复制的节点将会被覆盖，在读前后，文件将自动倒回，读操作直到文件结束为止。

4.6.2　生成单元(Element)

1. "TSHAP"命令

GUI：Main Menu > Preprocessor > Modeling > Create > Elements > Elem Attributes

使用功能：为目标单元 TARGE169 和 TARGE170 指定 2D 和 3D 几何表面。

使用格式：TSHAP,Shape

其中：

Shape：为目标单元"TARGE169"和"TARGE170"指定几何形状。其有效的形状有：LINE(2D、3D 直线,默认为 2D)、PARA(2D、3D 抛物线)、ARC(2D 顺时针圆弧)、CARC(2D 逆时针圆弧)、CIRC(2D 圆)、TRIA(3D 三节点三角形——默认)、TRI6(3D 六节点三角形)、QUAD(3D 四节点四边形)、QUA8(3D 八节点四边形)、CYLI(3D 圆柱)、CONE(3D 圆锥)、SPHE(3D 球)、PILO(2D 或 3D 引导节点)。

使用提示：使用该命令可以生成面与面接触时的刚性目标面，对于 2D 是"TARGE169"、"CONTA171"和"CONTA172"，对于 3D 是"TARGE170"、"CONTA173"和"CONTA174"。执行该命令后，其后生成的单元都具有同样的形状，直到用另一个形状来代替。

2. "E"命令

GUI：Main Menu > Preprocessor > Modeling > Create > Elements > Auto Numbered > Thru Nodes

使用功能：通过节点相连生成一个单元。

使用格式：E,I,J,K,L,M,N,O,P

其中：

I：指定第 1 个节点的编号。如果 I = P，激活图形拾取(仅在 GUI 方式下有效)。

J,K,L,M,N,O,P：指定第 2 至第 8 个节点的编号。

使用提示：通过节点和属性定义一个单元，单元编号自动生成。用"E"命令最多可以指定 8 个节点，如果单元多于 8 个节点，要用"EMORE"命令。要注意每个单元类型所需的节点数和节点顺序。当前默认的 MAT、TYPE、REAL、SECNUM 和 ESYS 等属性也将赋给生成的单元。

3. "EINTF"命令

GUI：Main Menu > Preprocessor > Modeling > Create > Elements > Auto Numbered > At Coincid Nd

Main Menu > Preprocessor > Modeling > Create > Elements > Auto Numbered > Offset Nodes

使用功能：在同一位置或具有间距的节点间定义两节点单元，如图 4-128 所示。

使用格式：EINTF, TOLER, K, TLAB, KCN, DX, DY, DZ, KNONROT

其中：

TOLER：确定为同一位置节点的偏差，默认值为 0.0001，只有在这个范围之内的节点才被认为是处于同一位置。

K：只有当要生成单元的类型是"PRETS179"时才使用，是将要生成预拉

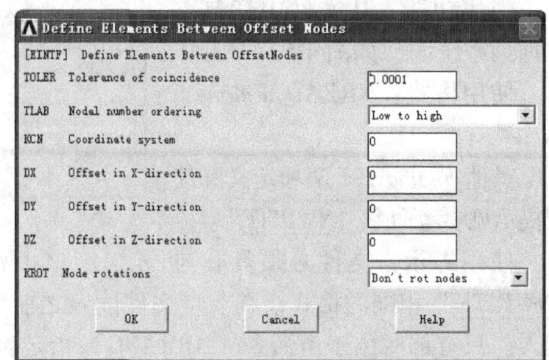

图 4-128　在偏移节点之间生成单元

伸面所公共的预拉伸节点编号。如果没有指定，ANSYS 将会自动生成并指定一个节点编号。如果指定了 *K* 但不存在，ANSYS 将按指定的编号生成一个节点。但该节点不能与任何单元相连接。

TLAB：节点编号的排序。它的值有。

- LOW：表示从编号小的节点向编号大的方向生成一个 2 点单元。
- HIGH：表示从编号大的节点向编号小的方向生成一个 2 点单元。
- REVE：对选择的 2 点单元进行反向。

KCN：坐标系参考号，单元将在节点 1 和节点 2 之间生成。

DX, DY, DZ：在激活坐标系中，定义节点偏移量的节点位置增量。对于柱坐标系，为 DR、Dθ、DZ，对球形或环形坐标系，为 DR、Dθ、DΦ。

KNONROT：当 *KNONROT* =0，属于生成单元的节点将旋转到坐标系 *KCN* 中；当 *KNON-ROT* =1，节点坐标系并不旋转。

使用提示：对处于同一个位置或间距的节点之间生成一个 2 点单元，如间隙单元等，当接缝是由一系列节点对组成时，可能要用到这个命令。要执行这个命令之前，必须要用命令"ET"指定 2 点单元类型。

4. "ESURF" 命令

GUI：Main Menu > Preprocessor > Modeling > Create > Elements > Surf/Contact > Inf Acoustic
　　Main Menu > Preprocessor > Modeling > Create > Elements > Surf/Contact > Node to Surf
　　Main Menu > Preprocessor > Modeling > Create > Elements > Surf/Contact > Surf to Surf

使用功能：在存在已选择单元的自由面上生成重叠单元，如图 4-129 所示。

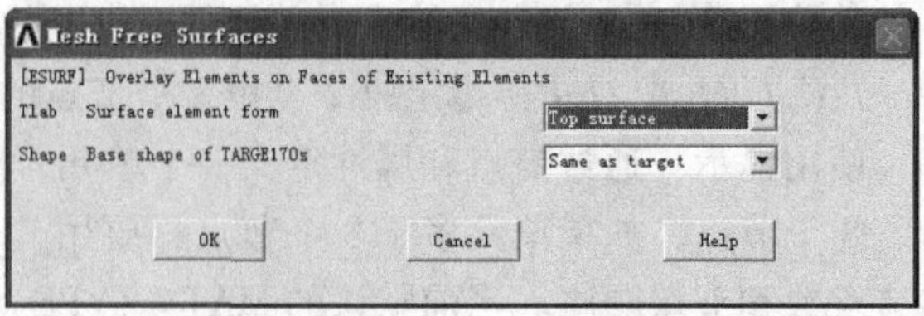

使用格式：ESURF, *XNODE*, *Tlab*, *Shape*

其中：

XNODE：仅适用于生成单元

图 4-129　在自由面上划分网格

"SURF151" 和 "SURF152"，且有 KEYOPT(5)=1，这时它是一个单一特殊的节点编号

(ID)，只能与上述指定单元一起使用，没有默认值。如果为 P，则激活图形拾取（仅限于 GUI 模式下），可用一个参数或参数表达式来取代 *XNODE*。

Tlab：用来在法线的合适方向生成目标和接触单元，这个选项仅使用于单元"TARGE169"、"TARGE170"、"CONTA171"、"CONTA172"、"CONTA173"和"CONTA174"。
- TOP：在梁和壳单元的上面生成沿法线方向相同的目标和接触单元（默认设置）。
- BOTTOM：在梁和壳单元的上面生成沿法线方向相反的目标和接触单元。
- REVERSE：对已存在且为所选目标和接触单元的法向进行反向。

Shape：用来指定目标单元"TARGE170"的单元形状。
- 空（blank）：目标单元的形状与其下单元的外表面形状相同（默认设置）。
- TRI：生成三角面的目标单元。

使用提示：在已存在单元的自由面上生成当前已激活单元类型的单元，并重叠在其存在的单元上，如表面单元"SURF151"等可以在实体单元"PLANE55"上重叠生成。单元面由选择的节点集和单元类型的载荷面来确定，对将要使用的面来说，其上所有的节点必须都要选择。对于壳单元，只有一个单元面。如果节点由相邻选择单元面所共享，那么这个面不是自由的，没有单元生成。除了生成单元的方向，生成的单元都应该仔细检查。生成的单元使用已存在节点和当前激活 MAT、TYPE、REAL 和 ESYS 的属性。

如果其下是实体单元，那么 *Tlab* = TOP 或 BOTTOM 没有影响。在默认方式下，生成目标单元的形状与其下的单元形状相同。根据其下所选择实体单元的节点元件名，该命令也可以生成 2D 或 3D 点对面的单元"CONTA175"。当用来生成"CONTA175"时，"ESURF"命令所有的选项都可以忽略。也可以用 GUI 方式来生成，即"Main Menu > Preprocessor > Modeling > Create > Elements > Node-to-Surf"

5. **"SWGEN"命令**

GUI：Main Menu > Preprocessor > Modeling > Create > Elements > SpotWeld > Add More Surfaces > By Node Component

Main Menu > Preprocessor > Modeling > Create > Elements > SpotWeld > Create New Set > By Area

Main Menu > Preprocessor > Modeling > Create > Elements > SpotWeld > Create New Set > By Node Component

使用功能：生成一个新的点焊集，如图 4-130 所示。

使用格式：SWGEN, *Ecomp*, *SWRD*, *NCM1*, *NCM2*, *SND1*, *SND2*, *SHRD*, *DIRX*, *DIRY*, *DIRZ*, *ITTY*, *ICTY*

其中：

Ecomp：指定为新点焊集的名称，这个名称将作为单元元件，它包含着生成点焊集的新接触、目标和梁单元。

SWRD：点焊半径。

NCM1, *NCM2*：元件名或已划分网格的面号，分别包含着位于第 1、第 2 个点焊表面。

SND1, *SND2*：分别位于第一和第二个面上的第 1 个和第 2 个点焊节点的编号，如果没有指定 *SND2*，则 ANSYS 将生成一个。

SHRD：搜索半径，它是点焊半径的 4 倍。

DIRX，*DIRY*，*DIRZ*：根据 X、Y 和 Z 分量的法线所确定的点焊的投影方向。

ITTY，*ICTY*：分别为目标和接触单元类型 ID。

使用提示：该命令创建一个新的点焊集。在执行命令"SWGEN"后，可以使用命令"SWADD"添加更多的面到点焊集中，但包括作为初始集的 2 个面在内，每个点焊集所包含的面数最大不能超过 11 个。

其中"*Ecomp*，*SWRD*，*NCM1*，*NCM2*，*SND1*"必须要指定，其后的其他变量是可选项。如果第二个点焊节点被指定，那么该节点被用来确定

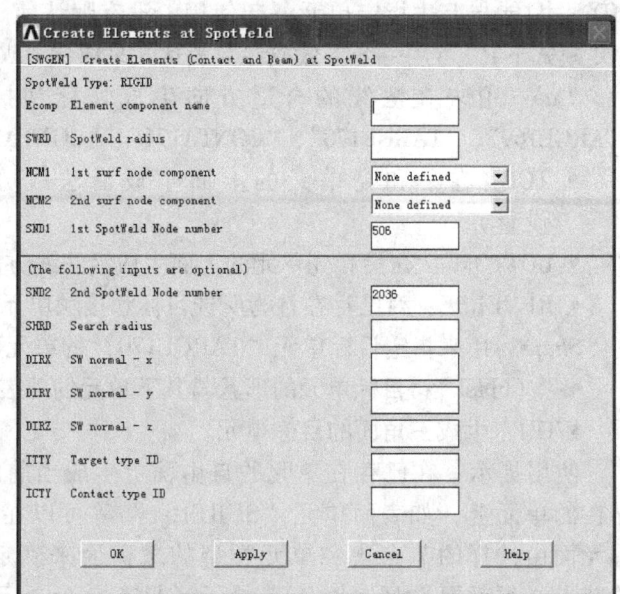

图 4-130 生成点焊的对话框

投影方向。如果指定了 *ITTY* 的值，那相关目标单元必须要设置为"KEYOPT(5) = 4"；如果指定了 *ICTY* 的值，则接触单元也要设置为"KEYOPT(2) = 2，KEYOPT(12) = 5"。使用命令"SWLIST"和"SWDEL"可以列表或删除点焊。

6. "SWADD" 命令

GUI：**Main Menu > Preprocessor > Modeling > Create > Elements > SpotWeld > Add More Surfaces > By Areas**

使用功能：添加更多的面到已存在的点焊集中，如图 4-131 所示。

使用格式：**SWADD**，*Ecomp*，*SHRD*，*NCM1*，*NCM2*，*NCM3*，*NCM4*，*NCM5*，*NCM6*，*NCM7*，*NCM8*，*NCM9*

其中：

Ecomp：已存在的点焊集的名称，它由命令"SWGEN"生成。

SHED：搜索半径，它是在点焊集中已定义的点焊半径的 4 倍。

NCM1，…，*NCM9*：将要添加到点焊集中的面号，每个面将作为预定义的节点元件或已划分网格的面号输入。

使用提示：该命令添加面到由命令"SWGEN"创建的点焊集中。可以通过重复执行"SWADD"命令，来添加另外的面，但最大面的个数不能超过 11 个，但其中已有 2 个被定义为初始集了。

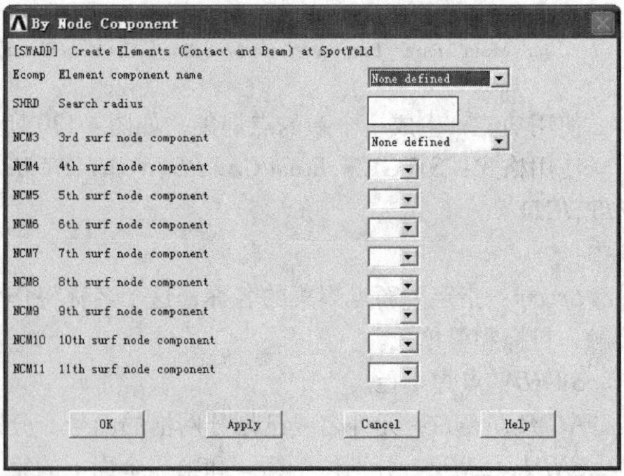

图 4-131 添加点焊集的对话框

7. "SWLIST" 命令

GUI：**Main Menu > Preprocessor > Modeling > Create > Elements > SpotWeld > List**

Utility Menu > List > Results > SpotWeld Solution

Main Menu > General Postproc > List Results > SpotWeld Solution

使用功能：列表出已定义的点焊集，如图 4-132 所示。

使用格式：SWLIST,*Ecomp*

其中：

Ecomp：已存在的点焊集的名称，它由命令 "SWGEN" 生成。如果为 ALL，则列表出所有的点焊集。

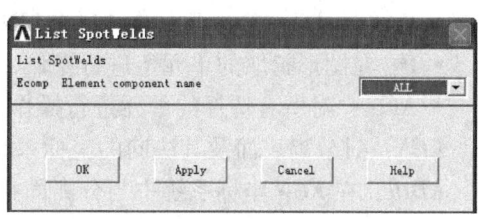

图 4-132 列表点焊集的对话框

使用提示：列表出指定或所有已定义点焊集中的点焊节点、梁和接触对的相关信息。当 "SWLIST" 命令在 POST1 下执行时，将输出梁力和矩。对于一个已变形的点焊来说，在梁局部坐标下的应力也将被输出。

8. "SWDEL" 命令

GUI：**Main Menu > Preprocessor > Modeling > Create > Elements > SpotWeld > Delete**

使用功能：删除已定义的点焊集。

使用格式：SWDEL,*Ecomp*

其中，*Ecomp*：已存在的点焊集的名称，它由命令 "SWGEN" 生成。如果为 ALL，则删除所有的点焊集。

9. "PSMESH" 命令

GUI：**Main Menu > Preprocessor > Sections > Pretension > Pretensn Mesh > Elements in Area**

Main Menu > Preprocessor > Sections > Pretension > Pretensn Mesh > Elements in Line

Main Menu > Preprocessor > Sections > Pretension > Pretensn Mesh > Elements in Volu

Main Menu > Preprocessor > Sections > Pretension > Pretensn Mesh > Picked Elements

Main Menu > Preprocessor > Sections > Pretension > Pretensn Mesh > Selected Element

使用功能：生成预拉伸剖面网格，如图 4-133 所示。

使用格式：PSMESH,*SECID*,*Name*,*P0*,*Egroup*,*NUM*,*KCN*,*KDIR*,*VALUE*,*NDPLANE*,*PSTOL*,*PSTYPE*,*ECOMP*,*NCOMP*

其中：

SECID：唯一的剖面编号，并确定没有被指定给某个剖面。

Name：唯一的不超过 8 个字符的描述性名称。

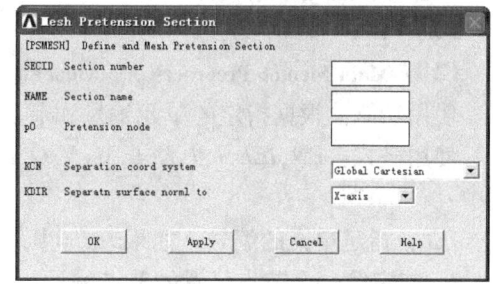

图 4-133 划分预拉伸剖面

P0：预拉伸节点编号，如果不存在，将生成一个，默认的编号是最大节点编号 +1。

Egroup,*NUM*：命令 "PSMESH" 将要处理的单元组，若 *Egroup* = P，激活图形拾取，并忽略 *NUM*。它的值有：

- L 或 LINE：对由 *NUM* 指定线上的所有单元进行处理，新的预拉伸节点将与 *NUM* 相对应或为其下的实体。随后的面删除操作会删除掉由命令"PSMESH"生成的单元和节点。
- A 或 AREA：参考上面的"L 或 LINE"的说明，将"线"换成"面"。
- V 或 VOLU：参考上面的"L 或 LINE"的说明，将"线"换成"体"。
- P：在图形拾取的单元上进行操作，并忽略 *NUM*。
- ALL：对所有选择的单元进行操作，并忽略 *NUM*。

KCN：对分离表面及其法向的坐标系参考编号。

KDIR：在 *KCN* 坐标系统中与分离面相垂直的方向(x、y 或 z)。如果 *KCN* 是直角坐标系，预拉伸面的法向将平行于 *KDIR* 的轴线。如果不是直角坐标系，预拉伸面的法向则与 *KDIR* 方向相一致。

VALUE：沿 *KDIR* 轴线的点，用于分离表面的定位。如果给定了 *NDPLANE*，则忽略。

NDPLANE：用来确定分离表面且已存在的节点编号。如果指定了 *NDPLANE*，分离表面的位置将由 *NDPLANE* 中的 *KDIR* 坐标值确定。

PSTOL：用于 *VALUE* 的绝对误差，即允许节点可在分离处的某个范围内出现。

PSTYPE：预拉伸单元的类型号，必须是"PRETS179"。

ECOMP：由新的预拉伸单元和由命令"PSMESH"修改的已存在单元组成的元件名。

NCOMP：由新预拉伸单元面上的节点组成的元件名。

使用提示：该命令通过沿已存在的单元边界在由 *VALUE* 或 *NDPLANE* 指定的节点处切割网格，并插入"PRETS179"单元，生成一个与预拉伸载荷垂直的预拉伸面，并且证实其单元类型必须是"PRETS179"。

如果将要施加预位伸载荷的单元已经用两种类型被网格化，那么"PSMESH"不能插入预拉伸单元，必须使用"EINIF"命令。

命令"PSMESH"能够复制定义在源节点上的节点温度到新生成的位于同一位置的节点上，但位移、力和其他的边界条件将不能进行复制。

该命令仅适用于结构分析中。

10. "EN"命令

GUI：Main Menu > Preprocessor > Modeling > Create > Elements > User Numbered > Thru Nodes

使用功能：根据指定的单元编号和节点生成单元。

使用格式：EN,*IEL*,*I*,*J*,*K*,*L*,*M*,*N*,*O*,*P*

其中：

IEL：指定单元的编号。如果 *IEL* = P，激活图形拾取(仅限于 GUI 模式下有效)。

I：指定第一个节点位置的节点编号。

J,*K*,*L*,*M*,*N*,*O*,*P*：按某种顺序，根据需要指定第二个至第八个节点的编号。

使用提示：通过节点和属性定义一个单元。与"E"命令不同的是，"EN"命令能够由用户指定单元号，单元号不必连续。与指定单元号相同的单元被重新定义。

11. "EWRITE"命令

GUI：Main Menu > Preprocessor > Modeling > Create > Elements > Write Elem File

使用功能：将单元数据写到一个单元文件中，参考图 4-126。

使用格式：EWRITE,*Fname*,*Ext*,--,*KAPPND*,*Format*

其中，*Format*：文件格式控制项，若为 SHORT，使用 I6；若为 LONG，表示使用 I8。

其他变量的意义可参考命令"NWRITE"。

使用提示：在标准的 ANSYS 分析中可以不使用该命令，但对那些想要单元文件编码信息的用户却是非常方便的。数据采用 ASCII 格式，每个记录的描述是"I,J,K,L,M,N,O,P,MAT,TYPE,REAL,SECNUM,ESYS,IEL"，其中"MAT、TYPE、REAL、ESYS"是单元属性号，"SECNUM"是梁截面号，"IEL"是单元编号。

12. "ERRANG"命令

GUI：**Main Menu > Preprocessor > Modeling > Create > Elements > Read Elem File**

使用功能：指定将要从文件中读出的单元范围，参考图 4-127。

使用格式：ERRANG,*EMIN*,*EMAX*,*EINC*

其中，*EMIN*,*EMAX*,*EINC*：指定读取单元的范围，按增量 *EINC*（默认为 1）从单元号 *EMIN*（默认为 1）到 *EMAX*（默认为 99999999）的单元。

使用提示：指定从单元文件中将要读出的单元编号范围，如果范围也由"NRRANG"命令指定，那么只有同时满足这两个范围的单元数据才被读出。

13. "EREAD"命令

GUI：**Main Menu > Preprocessor > Modeling > Create > Elements > Read Elem File**

使用功能：从单元文件中读出单元到系统内，参考图 4-127。

使用格式：EREAD,*Fname*,*Ext*,--

其中变量的意义可参考命令"NWRITE"。

使用提示：在标准的 ANSYS 软件中，不会使用该命令，但却能够为用户想要从其他地方读入单元数据提供了一种非常方便的途径。读出的单元格式必须与用命令"EWRITE"写入的格式相同。在读出之前，必须定义与单元数据文件相对应的单元类型，否则会出错；同时，其节点首先要定义，否则也不能生成单元。

4.6.3 节点与单元的修改（Modify）

1. "MOVE"命令

GUI：**Main Menu > Preprocessor > Modeling > Move/Modify > Nodes > To Intersect**

使用功能：计算并移动节点到一个相交位置。

使用格式：MOVE,*NODE*,*KC1*,*X1*,*Y1*,*Z1*,*KC2*,*X2*,*Y2*,*Z2*

其中变量的意义和使用提示与命令"KMOVE"相似，可仿照执行。

2. "NORA"命令

GUI：**Main Menu > Preprocessor > Modeling > Move/Modify > Nodes > To Surf Norm > On Areas**

使用功能：旋转节点坐标系到面的正法线方向，如图 4-134 所示。

使用格式：NORA,*AREA*,*NDIR*

其中：

AREA：指定面的编号，也可以为 ALL 或 P。

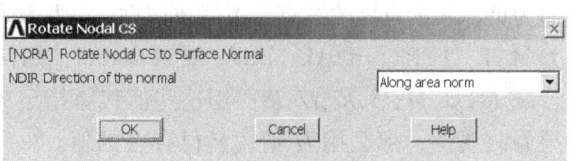

图 4-134 旋转节点坐标系

NDIR：正法线方向。若 *NDIR* = -1，节点坐标系旋转到与面的正法线方向相反的方向，默认值与面的正法线方向相同。

使用提示："NORA"命令是旋转节点坐标系的 X 轴到面的正法线方向。旋转节点坐标系可用 "/PSYMB"命令显示。在选择多个面的情况下，在边界上会有冲突。如果一个节点属于具有不同正法线方向的两个面时，其节点坐标系被旋转到具有较小编号面的正法线方向。用户也可用命令 "AREVERSE"和 "ANORM"旋转面的正法线方向到适当的方向。当使用 "NORA"命令，记住下列事项：

- 如果节点坐标系平行于整体直角坐标，不能用"/PSYMB"命令显示。
- 所选节点原来指定的旋转将被覆盖。

3. "NORL"命令

GUI：Main Menu > Preprocessor > Modeling > Move/Modify > Nodes > To Surf Norm > On Lines

Main Menu > Preprocessor > Modeling > Move/Modify > Nodes > To Surf Norm > with Area

使用功能：旋转节点坐标系与线的法线方向垂直。

使用格式：NORL, *LINE*, *AREA*, *NDIR*

其中：

LINE：指定线的编号。若值为 ALL，为所有选择的线；若为 P，激活图形拾取。

AREA：容纳所选线的面编号，所选线的正法线方向位于这个面上，默认为包含所选线并具有最小编号的面。

NDIR：参考命令 "NORA"的说明。

使用提示：参与 "NORA"命令。

4. "EMODIF"命令

GUI：Main Menu > Preprocessor > Modeling > Move/Modify > Elements > Modify Attrib

Main Menu > Preprocessor > Modeling > Move/Modify > Elements > Modify Nodes

使用功能：对已存在的单元进行修改，如图 4-135 所示。

使用格式：EMODIF, *IEL*, *STLOC*, *I1*, *I2*, *I3*, *I4*, *I5*, *I6*, *I7*, *I8*

其中：

IEL：单元编号，也可以为 ALL、P 或元件名。

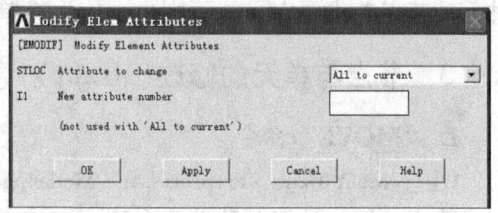

图 4-135 修改单元的属性

STLOC：将要修改的第 1 个节点序号或属性标签。如果该值为 *n*，修改单元节点位置为 *n*、*n*+1、……等，其中 *n* = 1~20。例如：如果 *STLOC* = 1，*I1* 为第 1 个节点，*I2* 为第 2 个节点等。如果 *STLOC* = 9，*I1* 指第 9 个节点，*I2* 为第 10 个节点等。属性也可按当前的指定值修改。如果该值为负，表示只修改节点号不修改属性。如果该值为 0，将属性修改到当前指定的设置。如果为 MAT、TYPE、REAL、ESYS 或 SECNUM，则仅修改指定属性到 *I1* 的值。

I1, *I2*, *I3*, *I4*, *I5*, *I6*, *I7*, *I8*：用这些值代替指定单元节点号。若为空，表示保留原值不变。如果修改属性，那么用 *I1* 值代替已存在的值。

使用提示：对已存在的单元节点号或单元属性"MAT、TYPE、REAL、ESYS"或"SECNUM"进行修改。

5. "EMID" 命令

GUI：**Main Menu > Preprocessor > Modeling > Move/Modify > Elements > Add Mid Nodes**
　　　Main Menu > Preprocessor > Modeling > Move/Modify > Elements > Remove Mid Nd

使用功能：增加或删除指定单元的边中节点，如图 4-136 所示。

使用格式：EMID,*Key*,*Edges*

其中：

Key：增加或删除控制键，若为 ADD，在单元中添加边中节点（默认设置）；若为 REMOVE，删除指定单元的边中节点。

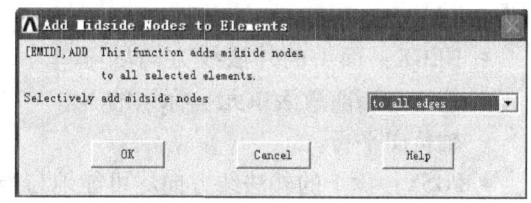

图 4-136　在单元边上添加节点对话框

Edges：单元位置控制键。它的值为

- ALL，在所选单元的所有边上增加或删除中间节点（默认设置）。
- EITHER，仅对其中有一个角点被选中的单元边增加或删除中间节点。
- BOTH：对有两个角点被选择的单元边增加一个中间节点。

使用提示：该命令是对所选择的单元边增加或删除中间节点。为了增加或删除中间节点，激活的单元类型必须要具有中间节点能力，而且有限元模型和实体模型必须首先用"MODMSH"命令强制分离。该命令可以用于具有相同角节点关联的线性单元转换为二次单元，也可用于转换为其他软件可用的单元。节点通过在两个角点之间的线性插值来确定中间位置，其旋转角度也采用线性值。

6. "ENORM" 命令

GUI：**Main Menu > Preprocessor > Modeling > Move/Modify > Elements > Shell Normals**

使用功能：重新设置壳单元的正法线方向。

使用格式：ENORM,*ENUM*

其中，*ENUM*：单元编号，若为 P，激活图形拾取（仅限于 GUI 方式下有效）。

使用提示：对壳单元重定向的目的可以使他们的外法线方向与指定单元的法线方向一致。通过对节点的连通属性进行反转和转换，实现单元的重定向操作。例如对于 4 节点壳单元，节点源位置 I,J,K 和 L 重定向后，节点位置为 J,I,L 和 K。所有三维壳单元都可以进行重定向操作，而且单元重定向操作只能进行一次。仅与侧面相邻的壳单元才可以重定向。

对任何已施加了体力和面力的单元，不能更改其法线方向；若要改，则必须在施加体力和面力之前进行。实常数值不能进行重定向，并且由于单元的反向而变得无效。

7. "EORIENT" 命令

GUI：**Main Menu > Preprocessor > Modeling > Move/Modify > Elements > Orient Normal**

使用功能：对实体单元的法线方向进行重定向，如图 4-137 所示。

使用格式：EORIENT,*Etype*,*Dir*,*TOLER*

其中：

Etype：指定对哪类实体单元进行重定向。若为 LYSL，表示对具有"KEYOPT(1) = 1"的实体单元"SOLID46"和"SOLID95"、具有"KEYOPT(3) = 1"的"SOLID185"和"SOLID186"、分层实体单元"SOLSH190"与"SOLID186"以及"SOLID191"进行重定向（默认设置）。

Dir：重定向的轴线和方向或单元编号。若为正 n，那么所有符合条件的单元都尽可能地接近单元 n 的方向。其值为

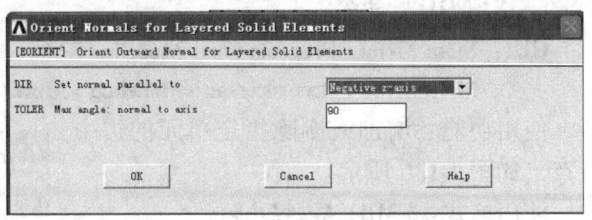

- NEGX：面 1 的外法线方向尽可能地与当前激活单元坐标系的 X 轴负向平行。

图 4-137　旋转层实体单元的法向

- POSX：面 1 的外法线方向尽可能地与当前激活单元坐标系的 X 轴正向平行。
- NEGY：面 1 的外法线方向尽可能地与当前激活单元坐标系的 Y 轴负向平行。
- POSY：面 1 的外法线方向尽可能地与当前激活单元坐标系的 Y 轴正向平行。
- NEGZ：面 1 的外法线方向尽可能地与当前激活单元坐标系的 Z 轴负向平行（默认设置）。
- POSZ：面 1 的外法线方向尽可能地与当前激活单元坐标系的 Z 轴正向平行。

TOLER：外法线面和目标轴之间的最大角（度）。默认为 90°。太小的角度值会减少单元重定向的面数。

使用提示：该命令对单元重新编号，并使面 1 尽可能与单元坐标系的 XY 平面平行。计算每个面的外法线方向，并对其单元的节点重新编号，目的是使与正法线平行且与目标轴线同向的面为面 1。由 *Dir* 定义的目标轴无论是正还是负，它指出了单元面 1 的轴线或外法线方向。所有的分层实体单元"SOLID46"和"SOLID191"、具有"KEYOPT(1) = 1"的"SOLID95"、分层实体单元"SOLID185"和"SOLID186"以及"SOLID190"可以进行重定向。在单元重定向后，可以用命令"/ESHAPE"显示和浏览结果。对已施加了体力和面力的任何单元，不能更改其法线方向，若要改，则必须在施加体力和面力之前进行。

8. "MODMSH" 命令

GUI：**Main Menu > Preprocessor > Checking Ctrls > Model Checking**

使用功能：控制实体模型与有限元模型之间的关系，如图 4-138 所示。

使用格式：MODMSH, *Lab*

其中，*Lab*：关系控制选项，它的值如下所示。

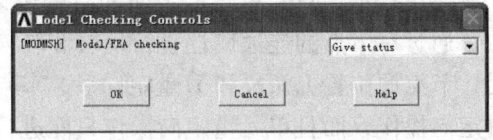

- STAT：显示该命令的当前状态（默认设置），仅用于 CHECK 选项。

图 4-138　模型检查控制对话框

- NOCHECK：关闭实体模型和有限元模型的检查。允许直接修改用划分网格命令生成的单元和节点。同时也关闭了实体模型的分级检查，这样附加在体上的面也可以被删除。但其使用将会使随后操作破坏实体模型数据库。
- CHECK：激活对实体模型的检测。
- DETACH：释放当前实体模型和有限元模型之间的所有联系。ANSYS 软件将删除通过默认设置被指定影响实体模型实体的任何单元属性，然而那些直接施加在实体模型实体上的属性并没有被删除。但要注意，一旦使用这个命令，就不能通过释放的实体模型去选择或定义有限元模型或者清除网格。

使用提示：该命令会影响到实体模型和有限元模型之间的关系。

9. "SHPP" 命令

GUI：**Main Menu > Preprocessor > Checking Ctrls > Shape Checking**

Main Menu > Preprocessor > Checking Ctrls > Toggle Checks

使用功能：控制单元形状检查，如图 4-139 所示。

使用格式：SHPP, *Lab*, *VALUE1*, *VALUE2*

其中：

Lab：形状检查选项，当 *Lab* = SUMMARY、WARN、STATUS 或 DEFAULT 时，其后的变量无效。其值如下所示。

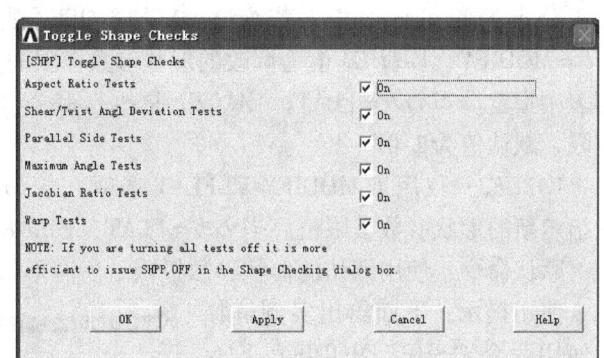

图 4-139 激发形状检查对话框

- ON：激活单元形状检查。
- WARN：激活单元形状检查。与 "SHPP,ON" 不同的是当公差超过误差极限时不会引起网格划分或单元存贮失败，而是提示用户一个警告信息。该选项不改变当前形状参数极限。使用这个选项生成的单元网格极有可能成为一个非常奇异的形状。
- OFF：关闭单元形状检查。这个选项并不会改变当前形状参数的极限，使用这个选项是非常危险的。通过设置 *VALUE1* 的值来关闭单个单元的形状测试。如果不设置 *VALUE1* 的值，所有单元的形状测试都被关闭。
- SILENT：确定单元形状检查是否以无记录的模式运行。在这种模式中，除了求解运行中的警告外，ANSYS 检查单元不会给出其他运行警告。使用该项，也可以指定一个 *VALUE1* 值。
- STATUS：除了列表输出单元形状的检查信息外，还可列表出当前有效的形状参数极限。
- SUMMARY：对所选择的单元，列表出单元形状测试结果的概要。
- DEFAULT：恢复单元形状参数极限的默认值。即便是单个测试被关闭，也可以将它们打开。
- OBJECT：确定单元形状测试结果数据是否存贮在内存中。
- LSTET：对于雅可比率测试，确定是否在积分点或角节点取样。使用该项，必须要为 *VALUE1* 变量指定一个值。
- MODIFY：重新设置一个形状参数极限。使用该选项，必须指定 *VALUE1* 和 *VALUE2* 变量值。
- FLAT：确定可以显示非零或非常数 Z 坐标的测试单元的警告和误差极限值。使用该选项，必须指定 *VALUE1* 和 *VALUE2* 变量值。

VALUE1：仅对 ON、OFF、SILENT、OBJECT、LSTET、MODIFY 或 FLAT 选项有效。当 *Lab* = ON 或 OFF，*VALUE1* 用来控制指定单元的形状检查，可以是 ANGD（"SHELL28" 单元角度偏差测试）、ASPECT（比率测试）、PARAL（相对边平行度测试偏差）、MAXANG（最大角度测试）、JACRAT（雅可比率测试）、WARP（扭曲因子测试）或 ALL（所有测试）。当

Lab = SILENT 时，*VALUE1* 值为 ON 或 OFF。当 *Lab* = OBJECT，*VALUE1* 值可以是 1、YES 或 ON，用于打开单元形状数据的存贮（默认设置）；若为 0、NO 或 OFF，用于关闭存贮单元形状测试数据（删除数据并重新计算）。当 *Lab* = LSTET 时，*VALUE1* 值为 1、YES 或 ON，即选择积分点的雅可比取样；若为 0、NO 或 OFF（默认），表示选择节点雅可比取样。当 *Lab* = MODIFY，*VALUE1* 值为修改的形状参数极限的数据位置，该位置在单元形状检查状态列表中指定。当 *Lab* = FLAT，*VALUE1* 是执行命令"CHECK"或"SOLVE"时设置的警告极限，默认值为 1.0E – 8。

VALUE2：仅用于 MODIFY 和 FLAT 选项。当 *Lab* = MODIFY，为 *VALUE1* 变量指定的位置指定新的形状参数极限值。当 *Lab* = FLAT，*VALUE2* 是误差极限，默认值为 1.0E – 2。

默认命令：使用默认的形状参数极限，所有形状检查测试都打开。

使用提示：下面给出实例解释如何用命令"SHPP, MODIFY, *VALUE1*, *VALUE2*"来重新指定形状参数极限。假设已执行"SHPP, STATUS"命令，输出窗口如图 4-140 所示的信息：

注意在输出实例中，比率的警告公差设置为 20。现在假设用户想放松对形状参数极限以便于较小的限制。为了允许比率达到 500 的单元不产生警告信息，用户可以指定下面命令：

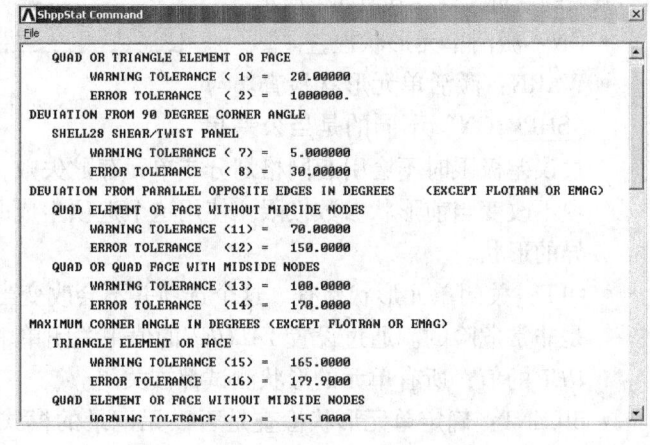

图 4-140 显示当前单元形状检查的状态

SHPP, MODIFY, 1, 500

注意到在形状参数极限数列中，每一个形状参数的数据位置出现在圆括号内。例如比率形状参数的数据位置（对于警告公差）为 1，这就是说为什么在上面的实例中 1 被指定给 *VALUE1* 变量。

注意到实例输出表明任何内角大于 179.9°的三角形单元产生一个错误信息。假设用户想减小这个形状参数极限以便要求更严格的限制。为了使任何内角大于 170°的三角形单元或四边形单元产生一个错误信息，用户可以设置下面的命令：

SHPP, MODIFY, 16, 170。

注意模型中畸变形状单元的存在，可能会造成某一计算错误，从而使 ANSYS 的求解终止。

4.6.4 编号控制（Numbering Control）

1. "NUMMRG"命令

GUI：**Main Menu > Preprocessor > Numbering Ctrls > Merge Items**

使用功能：对实体进行合并，如图 4-141 所示。

使用格式：NUMMRG, *Label*, *TOLER*, *GTOLER*, *Action*, *Switch*

其中：

Label：合并操作选项，它有值：NODE（节点）、ELEM（单元）、KP（关键点）、MAT（材料编

号)、TYPE(单元类型)、REAL(实常数)、CP(耦合)、CE(约束方程)或 ALL(包括上述提到的所有项)。

TOLER：确定相吻合的范围，对于 *Label* = NODE 或 KP，默认值为 1.0E – 4；对于 *Label* = MAT、REAL 和 CE，默认值为 1.0E – 7。仅在这个范围内的项才能合并。

GTOLER：全局实体模型公差，仅适用于依附于线上关键点的合并。如果设置了该项，其值将覆盖内部相对实体模型的公差值。

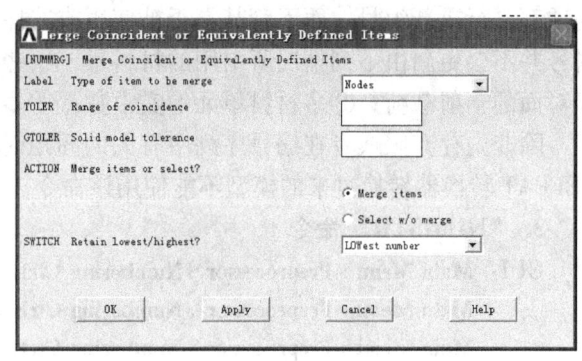

图 4-141　实体合并对话框

Action：确定是合并所在项还是仅选择所在项，若为 SELE，表示只选择但不合并，仅适用于节点。若为空(Blank)，则为合并所在项(默认设置)。

Switch：确定在合并操作后，是保留低编号项还是高编号项，这个选项不适用于关键点。对于关键点，总是保留低编号项。若为 LOW，表示保留低编号项(默认设置)；若为 HIGH，表示保留高编号项。

使用提示：执行该命令后，面和体的大小可能会有稍微的变化。为了得到与以前同样的结果，可以使用命令 "/FACET"、"/NORMAL" 和 "ASUM"、"/VSUM"。合并操作有助于将模型中分开但处于同一位置的项连接在一起，如果不是所有项都要合并，可以使用选择命令去选择项，对节点、关键点和单元来说，只有已选项才能被包含在合并操作里。

在默认方式下，合并操作将保留低编号的所在项，而将高编号的项删除。对删除项的关联性也要进行检查，如果发现有相关联的项，则用保留的低编号项取代高编号项。

如果一个载荷施加在合并的节点之间，那么载荷值将会保留并施加在保留的节点上。如果载荷不是唯一的，则只有在低编号节点(如果 *Switch* = HIGH，则为高编号节点)上的值才能保留(这种方式不推荐使用)，除非"力"的值将要求和。

如果连接两个已经划分好网格的区域，则需要执行三次单独的合并操作，即①合并节点，②合并单元，③合并所有的实体模型。这个顺序不能更改。否则在合并之后有些节点会变成孤立点。

2．"NUMCMP"命令

GUI：**Main Menu > Preprocessor > Numbering Ctrls > Compress Numbers**

使用功能：压缩所定义项的编号，如图 4-142 所示。

使用格式：NUMCMP,*Label*

其中变量的意义可参考命令"NUMMRG"。

使用提示：该命令能有效地通过重新编号方式对没有使用实体的编号进行压缩，其编号从 1 开始一直连续到整个模型，编号顺序还是与初始编号的顺序相同，所有已定义

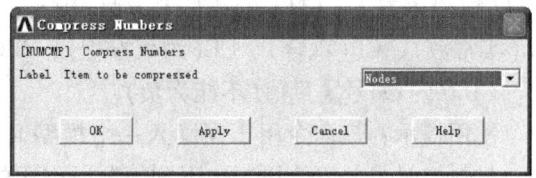

图 4-142　压缩编号对话框

的项都进行重新编号,而不管其是否被使用或选择,编号后的关联性也将得到检测,压缩材料号并不会更新由下列情况所引用的材料号,这些情况主要包括:①与温度相关的对流或者面对面的辐射载荷;②多材料单元的实常数;③多材料梁的横截面。

除非内存有限或者在编号序列中有大的间距时,才使用压缩功能。对从 IGES 文件通过 DEFEAT 转换器转换过来的模型不能使用该命令。

3. "NUMSTR" 命令

GUI:**Main Menu > Preprocessor > Numbering Ctrls > Reset Start Num**
　　　Main Menu > Preprocessor > Numbering Ctrls > Set Start Number
　　　Main Menu > Preprocessor > Numbering Ctrls > Start Num Status

使用功能:对自动编号系统指定一个开始号,如图 4-143 所示。

使用格式:NUMSTR,*Label*,*VALUE*

其中:

Label:对下列实体项设置起始编号。

- NODE、ELEM:分别对节点、单元指定起始编号,默认值为模型中已有节点或单元的最大编号再加 1,用户指定的值不能小于默认值。
- KP、LINE、AREA、VOLU:分别对关键点、线、面和体指定起始编号,默认值为 1。只有没有定义的编号才能使用,已存在的实体不会被覆盖。
- DEFA:默认项,按所有项的默认值设置起始编号。

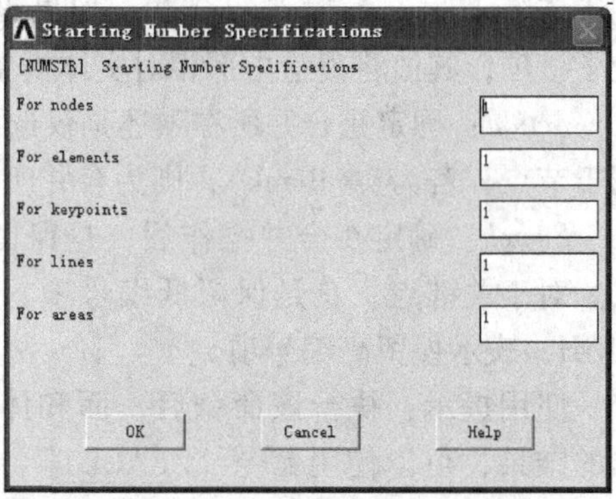

图 4-143 重新设置实体编号对话框

VALUE:用户指定的起始编号值。

使用提示:在网格删除操作后,自动将节点和单元编号置于高的没有使用的编号,如果希望指定一个起始节点和单元的编号,则在删除操作后,执行该命令。

4. "NUMOFF" 命令

GUI:**Main Menu > Preprocessor > Numbering Ctrls > Add Num Offset**

使用功能:给新生成的实体指定一个编号增量,如图 4-144 所示。

使用格式:NUMOFF,*Label*,*VALUE*

其中:

Label:确定实体项,它的值有:NODE(节点)、ELEM(单元)、KP(关键点)、MAT(材料编号)、TYPE(单元类型)、REAL(实常数)、CP(耦合)、CE(约束方程)、SECN(剖面号)和 CSYS(坐标系参考号)。

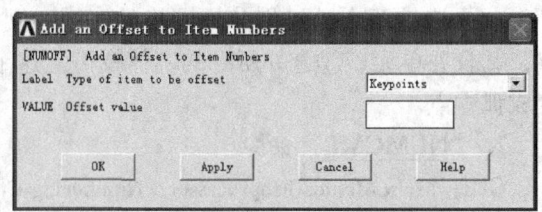

图 4-144 指定编号增量对话框

VALUE:编号增量值(不能为负)。

使用提示:该命令用于当读入一个模型时,避免覆盖现有模型中的数据而设置一个增量。材料增量号并不会更新由下列情况所引用的材料号,这些情况主要包括:①与温度相关的对流或者面对面的辐射载荷;②多材料单元的实常数(如 PIPE17、SOLID46、SOLID65、

SHELL91、SHELL99、SOLID191)，这时会造成材料定义和材料编号之间的不匹配。

5. "WFRONT" 命令

GUI：**Main Menu > Preprocessor > Numbering Ctrls > Element Reorder > Est. Wavefront**

使用功能：按当前排序对模型的波前数进行估计，如图 4-145 所示。

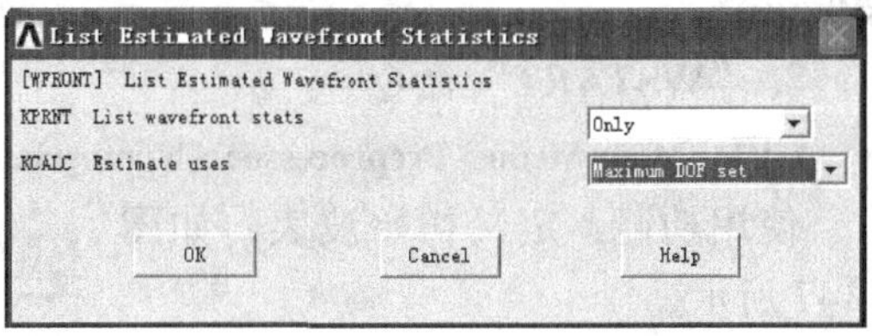

使用格式：WFRONT, *KPRNT*, *KCALC*

其中：

KPRNT：波前法过程输出控制键。

- 0：输出当前波前数。
- 1：除输出当前的波前统计量之外，还输出波前过程。其中单元按照重排序方式输出。

图 4-145 列表出波前数对话框

KCALC：波前数计算方式选项。

- 0：波前数估计假定在每个节点处具有最大的 DOF 模型，但不包括主自由度和指定位移约束的影响。
- 1：波前数估计使用每个节点处实际的 DOF 模型，并不包括主自由度和指定位移约束的影响。它会花费更多的时间。该选项对 *KPRNT* = 1 无效。

6. "NOORDER" 命令

GUI：**Main Menu > Preprocessor > Numbering Ctrls > Element Reorder > Reset Elem Order**

使用功能：设置单元重排序。

使用格式：NOORDER, *Lab*

使用提示：如果 *Lab* = ON 或空 (blank)，原来的单元顺序重新建立，在求解过程的开始阶段不会再发生重排序。如果 *Lab* = OFF，仅删除一个重排序命令所产生的结果，这个命令仅影响到执行这个命令之前所生成的单元。

7. "WSORT" 命令

GUI：**Main Menu > Preprocessor > Numbering Ctrls > Element Reorder > Reorder by XYZ**

使用功能：按几何量的分类开始对单元重排序，如图 4-146 所示。

使用格式：WSORT, *Lab*, *KORD*, --, *Wopt*, *OLDMAX*, *OLDRMS*

其中：

Lab：按单元质心的坐标位置进行排序。其有效标签为 X、Y、Z 和 ALL。若为 ALL (默认设置)，则使用所有的 3 个方向，并且与最小的 MAX 或 RMS 波前相对应的排序将会保留。用户也可以选择其中某个方向进行。

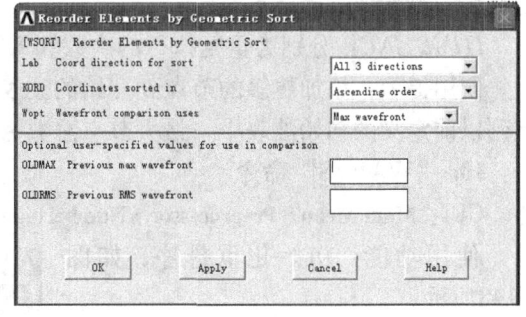

图 4-146 对单元重排序操作

KORD：排序次序。若为 0，按坐标值增大排序；若为 1，按坐标值减小排序。

Wopt：用于比较的选项。若为 MAX，选用最大的波前值进行比较 (默认方式)；若为 RMS，则使用 RMS 波前值。

OLDMAX, *OLDRMS*：使用模型中的 MAX 和 RMS 波前值来取代旧的值。*OLDRMS* 默认

为 *OLDMAX*，反之亦然。如果两个都没指定，默认值为计算的旧值。

使用提示：按单元中心位置的几何量对单元重排序。重排序仅对求解阶段的单元顺序有影响而不影响单元编号。如果新的最大或 RMS 波前值小于它原来的值时，这种新的排序将被保留。

8. "WSTART" 命令

GUI：**Main Menu > Preprocessor > Numbering Ctrls > Element Reorder > Define Wave List**

使用功能：定义初始波表，如图4-147 所示。

使用格式：WSTART, *NODE1*, *NODE2*, *NINC*, *ITIME*, *INC*

其中：

NODE1, *NODE2*, *NINC*：指定节点的编号范围，在开始波表中按增量

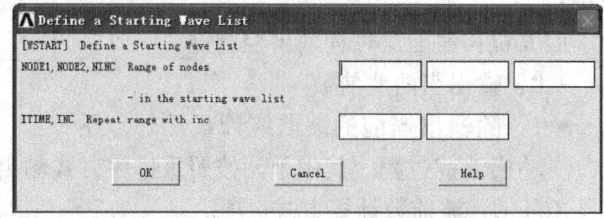

图4-147 定义一个初始波前列表

NINC（默认为 1）从 *NODE1* 到 *NODE2*（默认为 *NODE1*）定义一系列节点。如果 *NODE1* = ALL，使用所有选择的节点。

ITIME, *INC*：分别为重复执行的次数和每次重复后节点的增量。

使用提示：为执行命令"WAVES"的重排序，定义一个初始波表选项。重复"WSTART"命令可以定义其他的初始波表，最多可以重复 20 次。

9. "WMORE" 命令

GUI：**Main Menu > Preprocessor > Numbering Ctrls > Element Reorder > Extend Wave List**

使用功能：将更多的节点添加到初始波表中参考图4-147。

使用格式：WMORE, *NODE1*, *NODE2*, *NINC*, *ITIME*, *INC*

其中：

NODE1, *NODE2*, *NINC*：添加另外的节点集到以前开始的波表中。按增量 *NINC*（默认为 1）从 *NODE1* 到 *NODE2*（默认为 *NODE1*）指定节点编号范围。如果 *NODE1* 为负，从开始的波表中删除掉这些节点。

ITIME, *INC*：分别为重复执行的次数和每次重复后节点的增量。

使用提示：添加更多的节点到开始的波表中。重复"WMORE"命令可以添加更多的节点到以前定义的初始波表中，最大节点总数为 10000 个。

10. "WAVES" 命令

GUI：**Main Menu > Preprocessor > Numbering Ctrls > Element Reorder > Reorder by List**

使用功能：初始化重排序，如图 4-148所示。

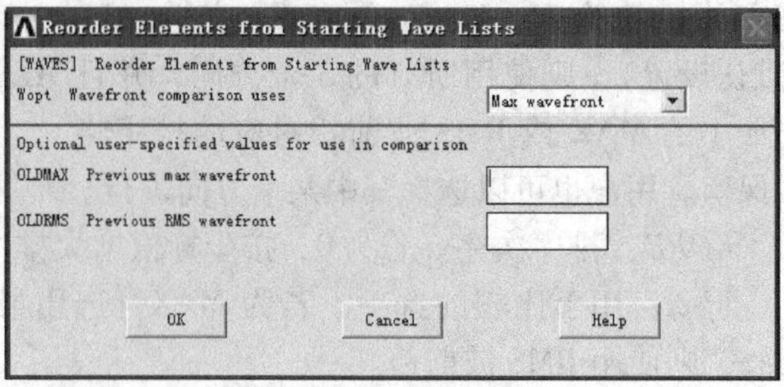

使用格式：WAVES, *Wopt*, *OLDMAX*, *OLDRMS*

其中：

Wopt：用于比较的选项。若为 MAX，选用最大的波前值进行比较（默认方式）；若为 RMS，则使用 RMS 波

图4-148 初始化重排序对话框

前值。

OLDMAX,*OLDRMS*：使用模型中的 MAX 和 RMS 波前值来取代旧的值。*OLDRMS* 默认为 *OLDMAX*，反之亦然。如果两个都没指定，默认值为计算的旧值。

使用提示：在前面已定义初始波表的基础上开始单元的重排序。重排序仅影响到求解阶段的单元排序，对单元的编号并没有影响，并且只有在新计算的最大波前值或 RMS 值小于原来的值时，新的排序才会保留。

4.7 耦合与约束方程

在用户创建模型时，一般可以指定单元上节点自由度之间的关系。但当需要建立用单元不能足够描述的某些特殊的情况时，如刚性区域、销的联接、滑动对称边界、周期性条件以及其他某些内部节点联系时，可以通过采用耦合（Coupling）或约束方程（Constraints Quations——CEs）的方式来建立节点自由度之间的特殊联系。

4.7.1 建立节点之间的耦合（Coupling）

当需要强迫 2 个或更多的自由度具有同一个值时，可以将这些节点耦合在一起。在一个耦合的自由度集中，存在一个第一（prime）自由度和一个或多个其他的自由度。耦合将仅保留第一自由度在分析的矩阵方程中，耦合集中的其他自由度将会被删除，在计算完成后，第一自由度的计算值将被赋给同一耦合集中的其他自由度。使用耦合自由度的方式主要可以应用于下列场所：

- 在分开模型中保持对称性。
- 在两个处于同一位置的节点之间形成销、铰链、万能和滑动联接。
- 强迫模型中的某部分为刚体。

同时要注意：在耦合节点自由度时，必须要保证节点自由度处在同一个节点坐标系内。一个节点的同一个自由度只能包含在一个耦合集里，对于使用命令"D"或其他约束赋值的自由度不能包含在耦合集里。在结构分析中，通过耦合自由度生成的刚性区域会造成平衡的歧义。

1. "CP"命令

GUI：**Main Menu > Preprocessor > Coupling/Ceqn > Couple DOFs**

　　　　Main Menu > Preprocessor > Coupling/Ceqn > Cupl DOFs w/Mstr

使用功能：指定或修改一个耦合自由度集，对话框如图 4-149 所示。

使用格式：CP,*NSET*,*Lab*,*NODE1*,*NODE2*, *NODE3*,*NODE4*,*NODE5*,*NODE6*,*NODE7*,*NODE8*, *NODE9*,*NODE10*,*NODE11*,*NODE12*,*NODE13*, *NODE14*,*NODE15*,*NODE16*,*NODE17*

其中：

　　NSET：设置耦合自由度集的编号。

- n：任意指定的编号。
- HIGH：使用已指定的最高耦合集的编号（默认方式），这个选项仅适用于要添加节点

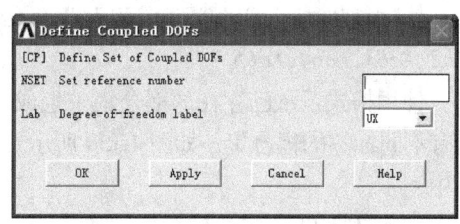

图 4-149　生成耦合自由度集的对话框

到一个已存在的耦合集中。
- NEXT：使用已指定的最高耦合集编号再加1，这个选项是一个自由编号过程，以保证已存在的耦合集不会被修改。

Lab：指定将要耦合的自由度标签。默认方式是前一个已存在 NSET 的所设置的标签。其中有效的标签主要是各种分析类型的自由度，如在结构分析中有：UX、UY、UZ、ROTX、ROTY 和 ROTZ；在温度场分析中有：TEMP、TBOT、TE2、TE3、…和 TTOP；在流场中有：PRES、VX、VY 和 VZ 等。自由度集主要由所定义的单元类型和"DOF"命令来决定。如果为"ALL"，该标签仅适用于 FLOTRAN 分析中。

NODE1，…，NODE17：将要包含在耦合集中的节点编号，重复的节点编号被忽略。如果一个节点编号以负数的方式输入，则表示从当前耦合集中删除这个节点。在耦合集中的第一个节点为第一自由度节点，如果 = ALL，则其后的所有节点编号无效，且将所选择的全部节点都包含在该耦合集中。NODE1 也可为 P 或元件名。

使用提示：不要将同一个节点且同样的自由度包含在不同的耦合集中。将一组节点耦合在一起，会引起该耦合集中节点的自由度计算结果与某个节点的自由度计算结果相同。耦合能够模拟各种各样的连接和铰接，耦合的一般形式也可以采用约束方程（CE）来完成。对于结构分析，耦合的结果是该耦合集中的节点具有指定节点坐标系中的位移值，当然这个值在未完成分析之前是未知的。不在同一位置或耦合位移方向线上的耦合节点会产生一个不在反作用力中出现的力矩。某个节点的自由度主要取决于所指定的单元类型，如在标量值的分析中，该命令仅能耦合节点的温度、压力、电压等。在一个显式分析中，由于旋转自由度（ROTX、ROTY 和 ROTZ）不允许使用，它们不能够被 CP 命令族使用来模拟涉及到旋转的刚体特性。

不在同一位置或耦合位移方向线上的耦合节点会产生一个人为的力矩约束，如果结构旋转，在耦合集中会产生一个以力耦合形式出现的力矩。这个力矩将添加到反作用力中，从而引起由施加作用力和反作用力所产生的力矩平衡不能满足。

施加在耦合集节点上的力将被叠加，然后施加到第一自由度上，输出力也将叠加到第一自由度上。具有特殊自由度的节点不应该包含在耦合集中。

如果为耦合集指定了主（master）自由度，则第一自由度也就是主自由度。建立耦合集会减少波前数，但会增大整体刚度矩阵集成的时间。

2. "CPLGEN"命令

GUI：Main Menu > Preprocessor > Coupling / Ceqn > Gen w/Same Nodes

使用功能：CPLGEN, *NSETF*, *Lab1*, *Lab2*, *Lab3*, *Lab4*, *Lab5*

使用格式：从已存在的耦合集中生成一组具有不同标签的耦合集，如图 4-150 所示。

其中：

NSETF：已存在的耦合集。

Lab1，…，*Lab5*：生成耦合集的标签名，有效的标签名可参见命令"CP"。生成耦合集的编号为已存在的耦合集编号再加1。

使用提示：从已存在的耦合集中生成具有

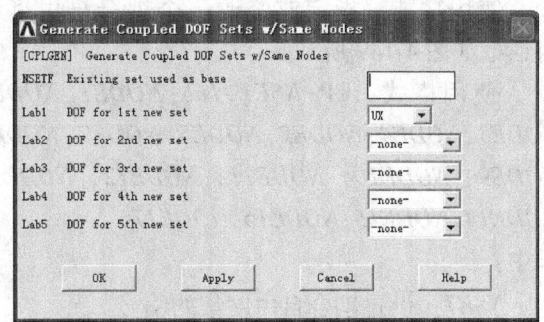

图 4-150 重新生成不同标签耦合集的对话框

不同标签的耦合集，相同的节点编号被包含在生成的耦合集中。如果所有的节点标签都被耦合，并且这些节点均处在相同的位置，则要使用"NUMMRG"命令来重新定义节点编号。

3. "CPSGEN"命令

GUI：**Main Menu > Preprocessor > Coupling/Ceqn > Gen w/Same DOF**

使用功能：从已存在的耦合集中生成一组具有相同标签且节点编号均匀增加的耦合集，如图4-151所示。

使用格式：CPSGEN, *ITIME*, *INC*, *NSET1*, *NSET2*, *NINC*

其中：

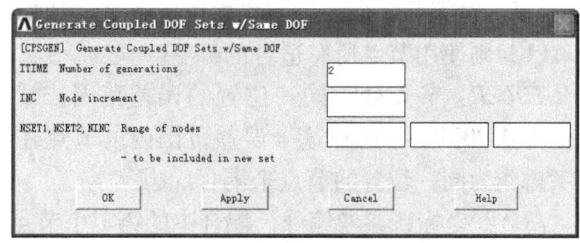

图4-151 生成具有相同标签且节点不同的耦合集

ITIME, *INC*：完成重新生成耦合集的次数，其中已存在耦合集中所有节点的增量由 *INC* 确定，且 *ITIME* 的值必须要大于1。

NSET1, *NSET2*, *NINC*：重新生成耦合集的编号，从 *NSET1* 按增量 *NINC* 变化到 *NSET2*，若 *NSET1* 的值为负，则 *NSET2* 和 *NINC* 无效，最后一个 |*NSET1*| 被用来作为重复的耦合集编号。

使用提示：从已存在的耦合集的节点生成具有相同标签的耦合集，其中耦合集之间的节点编号将均匀增加。

4. "CPINTF"命令

GUI：**Main Menu > Preprocessor > Coupling/Ceqn > Coincident Nodes**

使用功能：在一个界面上指定耦合的自由度，如图4-152所示。

使用格式：CPINTF, *Lab*, *TOLER*

其中：

Lab：耦合节点在节点坐标系中的自由度标签。如果为 ALL，则指所有适合的标

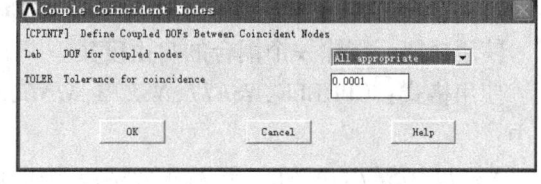

图4-152 指定耦合自由度的对话框

签，如在结构分析中有：UX、UY、UZ、ROTX、ROTY 和 ROTZ；在温度场分析中有：TEMP、TBOT、TE2、TE3、…和TTOP；在流场中有：PRES、VX、VY 和 VZ 等。

TOLER：节点处于同一位置的误差范围，默认值为 0.0001，只有在这个误差范围内的节点才被考虑作为同一位置的节点来耦合。

使用提示：指定处于同一位置误差内的节点的耦合自由度，比如当接缝是由一系列节点对组成时，可使用该命令将接缝上的单元界面"扣住"，对每个节点对的每个选择的自由度要生成一个节点耦合集。当某节点串的节点个数超过2个时，则将具有最小节点编号的节点再与其他每个节点各生成一个耦合集，此时耦合集仅在串内部生成，而不是在串与串之间生成。生成耦合集的编号将由最大已存在编号自动叠加。只有具有相同节点坐标系方向的节点才能被包含。可以使用命令"CEINTF"用约束方程来替代耦合，也可使用命令"EINIF"用生成线单元的方式取代耦合。

5. "CPCYC"命令

GUI：**Main Menu > Preprocessor > Coupling/Ceqn > Offset Nodes**

使用功能：为在每个片断上施加相同的载荷，耦合循环对称模型中的两个边界面，如图

4-153 所示。

使用格式：CPCYC, *Lab*, *TOLER*, *KCN*, *DX*, *DY*, *DZ*, *KNONROT*

其中：

Lab：对将要耦合的节点自由度标签名，如果为 ALL，则使用节点所有适合的标签。

TOLER：节点处于同一位置的误差范围，默认值为 0.0001，只有在这个误差范围内的节点才被考虑作为同一位置的节点来耦合。

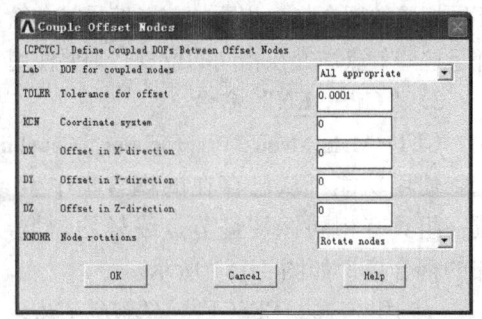

图 4-153　耦合循环对称模型中的两个边面

KCN：坐标系参考编号，耦合中的第 1 个节点 + *DX*, *DY*, *DZ* = 第 2 个节点。

DX, *DY*, *DZ*：在激活坐标系中，节点坐标值在 X、Y 和 Z 方向的增量（在圆柱坐标系中为 DR, Dθ, DZ；在球坐标系中为 DR, Dθ, DΦ）。

KNONROT：当 *KNONROT* = 0 时，在耦合集中节点将被旋转到由 *KCN* 指定的坐标系中；当 *KNONROT* = 1 时，节点不发生旋转，但用户必须要肯定耦合节点自由度方向是正确的。

使用提示：循环耦合需要确定位于高与低扇形边界上的节点和单元特征，使用命令"MSHCOPY"可以非常方便地确定节点和单元的特征。同时该命令可以在其他需要使用的地方使用。

6．"CPDELE"命令

GUI：**Main Menu > Preprocessor > Coupling/Ceqn > Del Coupled Sets**

　　　Main Menu > Preprocessor > Modeling > Create > Circuit > Delete Elements

使用功能：删除一个耦合的自由度集。

使用格式：CPDELE, *NSET1*, *NSET2*, *NINC*, *Nsel*

其中：

NSET1, *NSET2*, *NINC*：删除从 *NSET1* 按增量 *NINC* 变化到 *NSET2* 的耦合自由度集，如果为 *NSET1* = ALL，则删除所有耦合自由度集。

Nsel：附加节点的选择控制，有下列选择。

● ANY：如果所选择节点中的任何一个位于耦合集中，则删除该耦合集（默认）。

● ALL：只有当选择节点全部位于耦合集中时，才删除该耦合集。

使用提示：对于从一个耦合集中删除单个节点的方法可参考命令"CP"。

7．"CPLIST"命令

GUI：**Utility Menu > List > Other > Coupled Sets > All CP nodes selected**

　　　Utility Menu > List > Other > Coupled Sets > Any CP node selected

使用功能：列表出耦合自由度集。

使用格式：CPLIST, *NSET1*, *NSET2*, *NINC*, *Nsel*

其中：

NSET1, *NSET2*, *NINC*：列表出从 *NSET1* 按增量 *NINC* 变化到 *NSET2* 的耦合自由度集，如果为 *NSET1* = ALL，则列表所有耦合自由度集。

Nsel：附加节点的选择控制，有下列选择。

● ANY：如果所选择节点中的任何一个位于耦合集中，则列表出该耦合集（默认）。

- ALL：仅选择节点全部位于耦合集中时，才列表出该耦合集。

8. "CPNGEN"命令

使用功能：定义、修改或添加一组耦合的自由集。

使用格式：CPNGEN,*NSET*,*Lab*,*NODE1*,*NODE2*,*NINC*

其中：

NSET：耦合集的编号。

Lab：自由度的标签名。

NODE1,*NODE2*,*NINC*：节点编号从 *NODE1* 按增量 *NINC* 变化到 *NODE2* 都包含在一个耦合集里，如果 *NODE1* 为负，则指定在耦合集中删除的节点范围，*NODE1* 也可以是 P 或元件名。

4.7.2 生成约束方程(Constraint Eqn)

使用线性约束方程比一个简单的耦合能够提供具有意义的自由度值之间的关系，约束方程具有下列的形式：

$$\text{Constant} = \sum_{i=1}^{N} (\text{Coneffficient}(i) \times U(i))$$

式中，$U(i)$ 表示第 i 项的自由度，N 表示方程中项的个数。

所有的约束方程是基于小旋转理论，当使用在大旋转分析时，约束方程仅限于当包含在约束方程中的自由度的方向没有明显变化时。约束方程的出现会产生一些无法预测的反作用力和节点力。

1. "CE"命令

GUI：**Main Menu > Preprocessor > Coupling/Ceqn > Constraint Eqn**

使用功能：生成一个与自由度相关的约束方程，如图 4-154 所示。

使用格式：CE,*NEQN*,*CONST*,*NODE1*,*Lab1*,*C1*,*NODE2*,*Lab2*,*C2*,*NODE3*,*Lab3*,*C3*

其中：

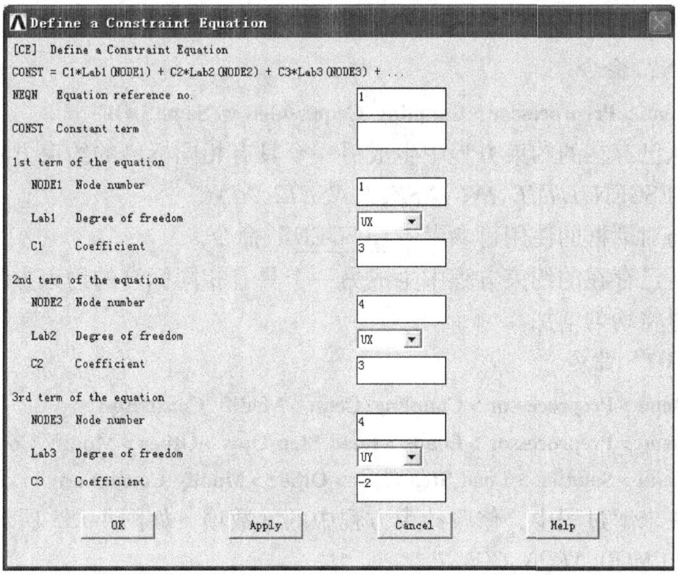

图 4-154 生成约束方程的对话框

NEQN：设置的约束方程编号，有下列选项。
- n：用户指定的编号。
- HIGH：指定的最大约束方程编号，当需要对已存在的约束方程添加节点时可使用这个选项。
- NEXT：指定的最大约束方程编号再加1，这个选项自动对耦合集进行编号，从而不会影响到已建立的约束方程。

CONST：约束方程中的常数项。
NODE1：对于约束方程中第1项的节点编号，如果为负，则该项从方程中删除。
Lab1：对方程第1项自由度标签，如在结构分析中有：UX、UY、UZ、ROTX、ROTY、ROTZ；对于温度的标签有：TEMP、TBOT、TE2、TE3、TTOP等。
C1：方程中第1个节点项的系数，如果为0，则该项无效。
NODE2,*Lab2*,*C2*：对应方程中第2项的节点、标签和系数。
NODE3,*Lab3*,*C3*：对应方程中第3项的节点、标签和系数。

使用提示：重复"CE"命令可以添加其他项到同一个约束方程中，如果仅需要修改常数项，则在重复该命令时不指定节点项即可。同时在求解中，只能对常数项进行修改，这时可使用命令"CECMOD"。

下面的实例设置了两个约束方程：

$$0.0 = 3.0 \times (1UX) + 3.0 \times (4UX) + (-2.0) \times (4UY)$$
$$2.0 = 6.0 \times (2UX) + 10.0 \times (4UY) + 1.0 \times (3UZ)$$

生成上述2个约束方程的命令流分别如下：

```
CE,1,,1,UX,3.0,4,UX,3.0,4,UY,-2.0,   !生成第1个约束方程,如图4-156所示
CE,2,,2,UX,6.0,4,UY,10.0,3,UZ,1.0,   !生成第2个约束方向
```

同样的自由度可以在多个约束方向中出现，但要记住不要出现过约束的现象。在方程中指定的自由度必须要包含在模型中，即自由度由所定义的单元类型决定，同时方程中的每个节点都要有依附的单元。

2. "CESGEN"命令

GUI：**Main Menu > Preprocessor > Coupling/Ceqn > Gen w/Same DOF**

使用功能：从已存在的约束方程中生成另一个具有相同标签的约束方程。

使用格式：CESGEN,*ITIME*,*INC*,*NSET1*,*NSET2*,*NINC*

其中变量的说明与对话框的使用可参考"CPSGEN"命令。

使用提示：从已存在的约束方程中生成另一个具有相同标签的约束方程，其中在约束方程之间的节点编号将均匀增加。

3. "CECMOD"命令

GUI：**Main Menu > Preprocessor > Coupling/Ceqn > Modify ConstrEqn**

Main Menu > Preprocessor > Loads > Load Step Opts > Other > Modify ConstrEqn

Main Menu > Solution > Load Step Opts > Other > Modify ConstrEqn

使用功能：在求解过程中，修改约束方程中的常数项，如图4-155所示。

使用格式：CECMOD,*NEQN*,*CONST*

其中：

NEQN：约束方程的编号。

CONST：约束方程中常数项的新值。

使用提示：在求解阶段，约束方程的其他项不能修改，但可在求解之前，在前处理器(/PREP7)中可修改或指定。

4．"CEINTF"命令

GUI：**Main Menu > Preprocessor > Coupling/Ceqn > Adjacent Regions**

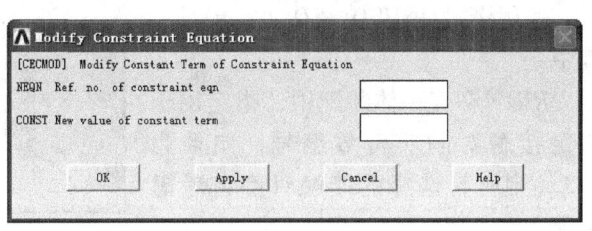

图4-155　修改约束方程常数项的对话框

使用功能：在一个界面上生成约束方程，如图4-156所示。

使用格式：CEINTF，*TOLER*，*DOF1*，*DOF2*，*DOF3*，*DOF4*，*DOF5*，*DOF6*，*MoveTol*

其中：

TOLER：与所选择单元的误差值，其值的大小是基于单元尺寸的百分数，默认值为0.25，即25%，位于单元之外且不超过这个误差值的节点将被认为位于界面上。

DOF1，…，*DOF6*：将要写入约束方

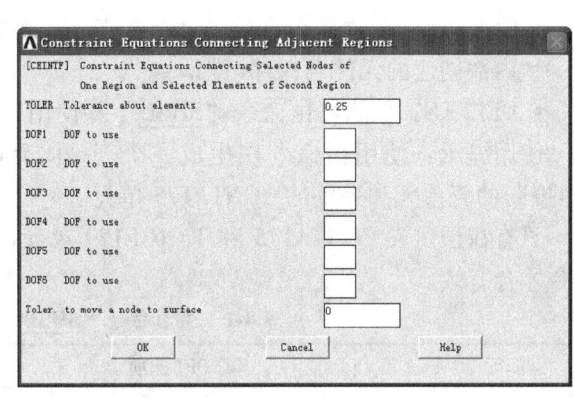

图4-156　界面上生成约束方程的对话框

程的自由度，默认值为所有合适的自由度，且 *DOF1* 也可 ALL。

MoveTol：节点许可的移动量，这个距离按照单元坐标系来确定(-1.0到1.0)，一个典型的值是0.05，默认值为0，即不移动。同时该值必须要小于或等于 *TOLER* 的值。

使用提示：该命令通过生成约束方程将两个具有不同网格特征的区域连接起来，其中一个区域所选择的节点将与另一区域所选择的单元连在一起。在两个区域之间的界面上，所选择的节点应该来自于更密的网格区域，即 A 面，而所选择的单元则可以是较粗大的网格，即 B 面，位于 A 面节点的自由度将通过 B 面单元的形函数对 B 面节点的相对应自由度进行插值，从而得到界面 A 和 B 区域节点的约束方程。

当 A 面节点位于 B 面单元的区域内或外时，*MoveTol* 的值可以使这些节点能够轻微地改变坐标。坐标的变化可以让 A 面节点能够与 B 面的单元处在相同的面上，从而保证界面区域两个面上的节点能够生成约束方程。

具有6个自由度的实体单元仅与其他也具有6个自由度的单元生成界面，A 面的节点要尽可能接近 B 面的单元，基于 B 面单元尺寸最小值的位置误差可以由用户设置。通过界面的应力可以不连续，在界面区域的节点不可以指定约束。

另外可以使用命令"CPINTF"通过耦合方式，或命令"EINTF"通过线单元方式来连接节点。同时也可以使用接触单元和内部多点插值算法将具有不同网格的两个区域连接在一起。

5．"SHSD"命令

GUI：**Main Menu > Preprocessor > Coupling/Ceqn > Shell/Solid Interface**

使用功能：生成或删除一个在壳—体装配中使用的壳—体界面，如图4-157所示。

使用格式：SHSD, *RID*, *Action*

其中：

RID：在壳—体装配中，指定用于确定接触对的实常数编号，如果为 ALL，则所有选择的接触对都将考虑装配。

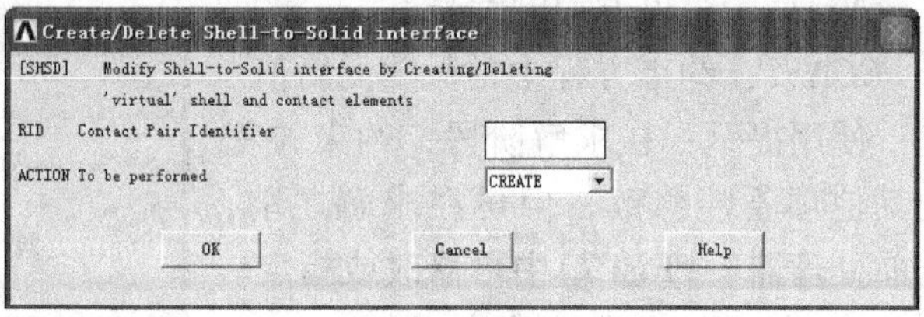

Action：确定该命令操作关键字，有下列选项。

图 4-157　生成壳—体界面的对话框

- CREATE：建立一个新的，且将在壳—体装配中使用的壳和接触单元，新单元将作为内部创建的元件名保存（默认）。
- DELETE：删除已由命令"SHSD"并使用 *RID* 所创建的节点和单元。

使用提示：使用该命令在生成一个壳—体界面时，将在由 *RID* 指定的接触对处生成"虚拟"的壳单元和另外的 CONTA175 单元。

只有在预定义 CONTA175 和 TARGE179 单元的相关选项（如表 4-1 所示）后，"SHSD"命令才会有效。

表 4-1　激活命令"SHSD"的相关单元选项

单元类型	KEYOPT 选项	详细说明
CONTA175	KEYOPT(2) = 2	（MPC）多点约束算法
	KEYOPT(12) = 5, 6	绑定接触
	KEYOPT(4) = 0	垂直于目标面的法向接触
TARGE170	KEYOPT(5) = 1, 2	1：体—体约束，2：壳—壳约束

但要注意，若要删除已定义的壳—体界面，不能采用重新命名或手工的方式来删除，必须要采用命令"SHSD"来进行。

操作实例：如图 4-158 所示的梁，一端采用实体单元，另一端采用壳单元，通过命令"SHSD"将两端连接起来，其操作过程和命令流如下：

```
/FINISH              !退出当前处理器
/CLEAR,START         !重新开始一个新的分析
/TRIAD,OFF           !关闭直角坐标的三角符号
/PREP7               !进入到前处理器
ET,1,45              !指定实体单元为 SOLID45
ET,2,63              !指定壳体单元 SHELL63
R,1,1,,,,,           !对壳体单元指定实常数
BLOCK,0,5,-0.5,0.5,-0.5,0.5   !生成一个块体
WPROT,,-90           !工作平面 Z 轴向 Y 轴旋转 90°
RECT,5,10,-.5,.5     !在块的中心位置生成一个壳面
ESIZE,.25            !指定划分网格时单元的长度
VMESH,ALL            !对体划分网格
```

```
TYPE,2                  ! 对面指定单元类型,即壳单元
REAL,1                  ! 对面指定实常数
AMESH,7                 ! 对编号为 7 的面划分网格,结果如图 4-159 所示
ET,3,TARGE170           ! 设置目标单元
KEYOPT,3,5,2            ! 设置目标单元实常数为壳—壳约束
ET,4,CONTA175           ! 设置接触单元
KEYOPT,4,2,2            ! 设置接触单元为 MPC 算法
KEYOPT,4,12,5           ! 设置接触类型为绑定接触
KEYOPT,4,5,0            ! 自动检测约束类型
KEYOPT,4,11,1           ! 包含壳单元的厚度效应
R,3                     ! 为接触对设置实常数
NSLV,S,1                ! 选择依附于体的所有节点
NSEL,R,LOC,X,5          ! 在上述所选节点中重新选择 X=5 的节点
TYPE,3                  ! 指定目标单元的类型
REAL,3                  ! 指定目标单元的实常数
ESURF                   ! 生成目标单元,如图 4-159 所示
ESEL,S,TYPE,,2          ! 选择单元属性为 2 的所有单元,即壳单元
NSLE,S                  ! 选择依附于所选单元的节点
NSEL,R,LOC,X,5          ! 在所选节点中重新选择 X=5 的节点
TYPE,4                  ! 指定接触单元类型
REAL,3                  ! 指定接触对的实常数编号
ESURF                   ! 生成接触单元
ALLSEL
/PSYMB,ESYS,1           ! 显示单元坐标系
/VIEW,1,1,1,1           ! 轴测图显示所建模型
SHSD,3,CREATE           ! 对编号为 3 的接触对,生成壳—实体的接触界面
FINISH
```

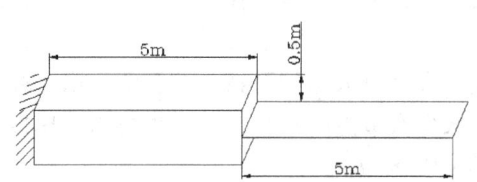

图 4-158　梁的分析模型　　　　　图 4-159　生成的网格模型

6. "CERIG" 命令

GUI：Main Menu > Preprocessor > Coupling/Ceqn > Rigid Region

使用功能：生成一个刚性区域,如图 4-160 所示。

使用格式：CERIG, *MASTE*, *SLAVE*, *Ldof*, *Ldof2*, *Ldof3*, *Ldof4*, *Ldof5*

其中：

MASTE：对于刚性区域所保留的节点或主节点。也可以采用拾取方式，这时第1个拾取的节点编号为主节点，随后拾取的节点为随动(slave)节点。

SLAVE：对于刚性区域需要移去的节点或次节点，如果为 ALL，则选择所有节点。

Ldof：与方程相关的自由度标签，有下列选项。

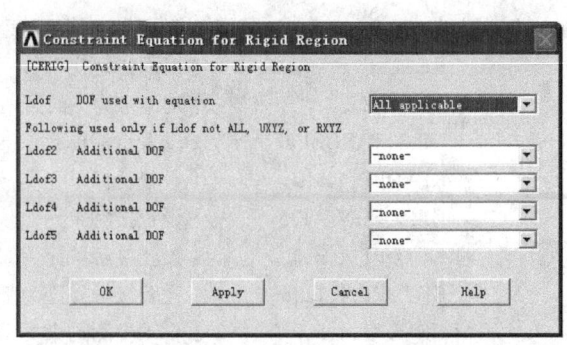

图 4-160 生成刚性区域的对话框

- ALL(默认)：则为所有可适用的自由度。对于 3D，基于 UX、UY、UZ、ROTX、ROTY、ROTZ 生成 6 个方程；对于 2D，基于 UX、UY、ROTZ 生成 3 个方程。
- UXYZ：移动自由度。对于 3D，基于次节点的 UX、UY、UZ 和主节点的 UX、UY、UZ、ROTX、ROTY、ROTZ 生成 3 个方程；对于 2D，基于次节点的 UX、UY 和主节点的 UX、UY、ROTZ 生成 2 个方程。
- RXYZ：旋转自由度。对于 3D，基于 ROTX、ROTY、ROTZ 生成 3 个方程；对于 2D，基于 ROTZ 生成 1 个方程。
- UX、UY、UZ、ROTX、ROTY、ROTZ：分别仅为次节点的移动自由度 UX、UY、UZ 和旋转 ROTX、ROTY、ROTZ。

Ldof2,*Ldof3*,*Ldof4*,*Ldof5*：另外的自由度。仅适用当需要更多的自由度时才使用，且 *Ldof* 不能为 ALL、UXYZ 和 RXYZ。

使用提示：在区域里的相关节点通过自动生成约束方程的方式来指定一个刚性区域(可以是杆、面或体)。在使用该命令之前，必须要为刚性区域的节点指定一个几何位置，且节点必须要与单元相连并有所需要的自由度，生成的约束方程是基于小变形理论。生成约束方程的编号是当前存在最大编号再加 1，方程一旦生成就可以根据需要对其进行列表和修改操作。重复执行这个命令可以生成更多的约束方程。

在 2D 或 3D 空间里，使用该命令可以采用约束方程的方式生成刚性线。具有一个公共点的多条刚性线可以定义一个刚性面和刚性体。约束方程的个数表示在直角坐标系中刚性运动的个数。

在许多次节点上使用这个命令，将会导致约束方程具有大量的系数，这会明显增大存储的内存空间，如果实际内存和虚拟内存不够，则可减少次节点的数目。同时也可以使用接触单元和内部多点约束(MPC)算法来定义一个相同的刚性区域。

7. "CEDELE" 命令

GUI：Main Menu > Preprocessor > Coupling/Ceqn > Del Constr Eqn

使用功能：删除约束方程。

使用格式：CEDELE, *NEQN1*, *NEQN2*, *NINC*, *Nsel*

其中：

NSET1,*NSET2*,*NINC*：删除从 *NSET1* 按增量 *NINC* 变化到 *NSET2* 的约束，如果为 *NSET1* = ALL，则删除所有已定义的约束方程。

Nsel：附加节点的选择控制，有下列选择。
- ANY：如果所选择节点中的任何一个位于方程集中，则删除该方程集（默认）。
- ALL：只有当所选择的节点全部位于耦合集中时，才删除该耦合集。

8. "RBE3"命令

GUI：**Main Menu > Preprocessor > Coupling/Ceqn > Dist F/M at Mstr**

使用功能：考虑到次节点的几何形状和加权因子，将施加在主节点上的力与力矩分布到一系列的次节点上，如图 4-161 所示。

使用格式：RBE3，*Master*，*DOF*，*Slaves*，*Wtfact*

其中：

Master：施加了力或力矩的主节点编号，它必须包含在 DOF 方程中，且与单元相连。

DOF：将要出现在约束方程中的主节点自由度标签，有效的标签为：UX、UY、UZ、ROTX、ROTY、ROTZ、UXYZ、RXYZ 和 ALL。

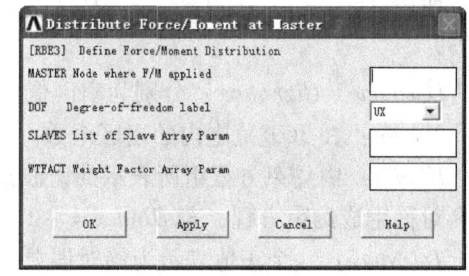

图 4-161 将主节点上的作用力分布到次节点上

Slaves：包含相关次节点的数组参数名，并且要指定数组的下标植。若为 ALL，则为当前所选择的所有次节点，且次节点不能共线。

Wtfact：包含上述所提每个次节点加权因子的数组参数名，且要指定数组参数的下标值。如果没有指定 *Wtfact*，则每个次节点的加权因子的默认值为 1。

使用提示：集中力将按照加权因子成比例加到次节点上；力矩将作为集中力载荷施加到次节点上，且力的大小将与次节点重心的距离成正比再乘上加权因子。只有次节点的移动自由度可用来构建约束方程，在求解时，约束方程被转变为力或力矩，分布到次节点上。

命令"RBE3"生成一个约束方程，使得主节点的运动量为次节点的平均值。若为旋转，则在次节点的移动上使用最小二乘法来指定施加在主节点上的"平均旋转"。如果次节点共线，那么平行于共线方向的主节点旋转中的一个是不能利用次节点的移动量来确定的，因此作用在主节点该方向上的力矩就不能进行传递，如果出现这种情况，则会出现一个警告信息，且由命令"RBE3"所创建的约束方程无效。其他可参考"CERIG"命令的说明。

9. "CECHECK"命令

使用功能：对于刚体运动检查约束方程和耦合。

使用格式：CECHECK，*ItemLab*，*Tolerance*，*DOF*

其中：

ItemLab：确定需要检查的项，有下列选择。
- CE：仅检查约束方程。
- CP：仅检查耦合。
- ALL：检查耦合和约束方程。

Tolerance：对于约束方程和耦合的许可量，默认值为 1.0E－6，它也是一个非常好的值。

DOF：需要检查所指定的自由度标签。默认值为 RIGID，其他为单个的自由度，如 UX、ROTZ 或 THREM 等，THREM 选项是指对自由热膨胀检查约束方程和耦合；如果为 ALL，则检查 RIGID 和 THERM。

使用提示：该命令通过约束方程和耦合将刚性运动施加在相对应的节点上，同时不会产生内部作用力。若刚性运动产生内力则意味着所指定方程出现了错误(也许是由于节点坐标旋转)。

10. "CECYC"命令

使用功能：对循环对称分析生成约束方程。

使用格式：CECYC, *Lowname*, *Highname*, *Nsector*, *HIndex*, *Tolerance*, *Kmove*, *Kpairs*

其中：

Lowname, *Highname*：分别为扇区低、高角度面节点的元件名，要用单引号括起。

Nsector：在360°范围内的扇区个数。

HIndex：由约束方程组所表示的谐波指数(Harmonic index)，若 *HIndex* = -1，则为静态循环对称生成约束方程；若 *HIndex* = -2，则为静态循环反对称生成约束方程。

Tolerance：一个正值表示为绝对误差(长度单位)，一个负值是相对于局部单元大小的误差值。

Kmove：若为0，表示节点不移动；若为1，高角度面的节点将移动，并与低角度面的节点精确匹配。

Kpairs：若为0，不显示配对的节点；若为1，显示出配对节点的表格。

使用提示：分析可以是模态循环对称或静态循环对称，生成约束方程的配对节点也可以使用命令"CSYS,1"旋转到柱坐标系下。

第 5 章 加载与求解(Solution)

本章主要介绍分析类型的选择、边界条件和载荷的指定、载荷步的确定、选择求解器以及 FSI 分析等方面的命令和操作路径。其操作菜单如图 5-1 所示。

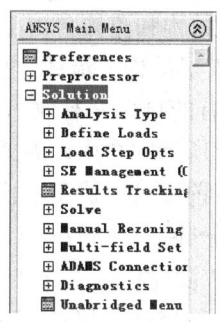

图 5-1 加载与求解菜单

进入求解器的命令有：
GUI：**Main Menu > Solution**
使用格式：/SOLU

5.1 指定分析类型

指定分析类型的菜单如图 5-2 所示，其中大多数命令也可以在前处理器中使用。

5.1.1 指定分析类型及重启动(Analysis Type & Restart)

1. "ANTYPE" 命令

GUI：**Main Menu > Solution > Analysis Type > New Analysis**
　　　Main Menu > Solution > Analysis Type > Restart
　　　Main Menu > Solution > Analysis Type > Sol'n Controls > Basic

使用功能：指定一种分析类型和重启动的状态，如图 5-3 所示。

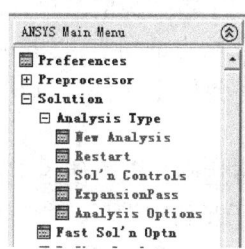

图 5-2 指定分析类型

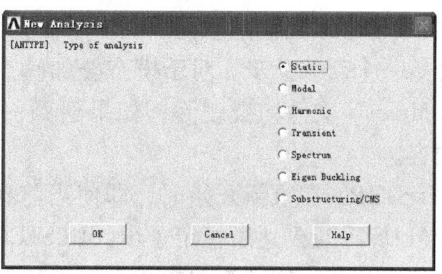

图 5-3 重新分析对话框

使用格式：ANTYPE,*Antype*,*Status*,*LDSTEP*,*SUBSTEP*,*Action*

其中：

Antype：分析类型，默认值为上一次指定的分析类型，若没有指定，则为静态（STATIC）分析。它有下列选项：

- STATIC 或 0：静态分析，适合于所有的自由度。
- BUCKLE 或 1：稳定性分析，意味着前面已完成了一次带有预应力效应计算的静态分析，仅对结构自由度有效。
- MODAL 或 2：模态分析，仅对结构和流体自由度分析有效。
- HARMIC 或 3：谐响应分析，仅对结构、流体、磁场和电场的自由度有效。
- TRANS 或 4：瞬态分析，对所有的自由度有效。
- SUBSTR 或 7：子结构分析，对所有的自由度有效。
- SPECTR 或 8：谱分析，意味着前面已完成了一次模态分析，仅对结构自由度有效。

Status：指定分析的状态，它有下列两个选择：

- NEW：指定一次新的分析（默认设置）。
- REST：指定为前一次分析的重新启动。仅适宜于静态分析、二维磁场的谐分析、完全与模态叠加瞬态分析、子结构分析。对于完全瞬态和非线性静态结构分析或热分析来说，其默认值为多点重启动，使用命令"RESCONTROL"可以对多点重启动进行设置或取消。对于模态叠加瞬态分析，默认值是单点重启动。这个选项将恢复在求解开始时所建立的".rdb"文件，如果边界条件在求解过程中被删除，则在执行这个命令后，边界条件将再次被删除。
- VIREST：指定一个已完成 VT 加速器分析的重启动，仅对 *Antype* = STATIC、HARMIC、TRANS 有效。

LDSTEP：在开始多点重启动之前指定载荷步，对于完全瞬态和非线性静态结构分析或热分析来说，默认值是在当前工作目录下，在以当前工作文件名命名的载荷步文件"Jobname.R*nnn*"中找到的最高载荷步数，不适宜于单点重启动；对于模态叠加瞬态分析，没有默认值。

SUBSTEP：在开始多点重启动之前指定载荷子步数，对于完全瞬态和非线性静态结构分析或热分析来说，默认值是在载荷步文件"Jobname.R*nnn*"中找到的由 *LDSTEP* 指定的最高载荷子步数，不适宜于单点重启动；对于模态叠加瞬态分析，没有默认值。

Action：指定多点重启动的方式，不适宜于一般的重启动。它有下列选项：

- CONTINUE：将根据由 *LDSTEP* 和 *SUBSTEP* 所指定的方式继续进行分析（默认值选项），并继续当前的载荷步。如果在文件".R*nnn*"中遇到了载荷步的结束标志，则开始一个新载荷步。对于模态叠加瞬态分析，超过重新开始点的所有".R*nnn*"或".M*nnn*"文件均被删除；如果遇到一个新的载荷步，将会更新文件".LDHI"的内容。
- ENDSTEP：在重新开始时，即使当前载荷步的末端还没有达到，也迫使指定的载荷步（LDSTEP）到达所指定子步（SUBSTEP）的末端。在指定子步的末端后，所有的载荷都将缩放到当前结束端的状态，并保存到文件".LDHI"中。跟随选项 ENDSTEP 之后的运行将在一个新载荷步处开始，这个特征允许用户在载荷步的中间改变载荷的大小。对于模态叠加瞬态分析,超过 ENDSTEP 点的所有".Rnnn"或".Mnnn"文件均被删除,并更新文件".LDHI"的内容。
- RSTCREATE:在重新开始时,对于所指定的载荷步和子步来说,取出其信息并写入到结果文件中。肯定使用了命令"OUTRES",将结果写入到文件".RST"中。它不影响到文件".LDHI"和".Rnnn"。超过了"RSTCREATE"点并贮存在文件".RST"中的内容将会被删除。这个选项不适用于模态叠加瞬态分析的重新开始。

使用提示:如果是重新启动运行,分析类型"Antype"不能改动。在做一次重新启动之前,记住要保存参数。多点重启动仅适宜于非线性静态分析、完全瞬态结构分析、热分析、热—结构分析和模态叠加分析,对于线性静态分析,仅能使用单点重启动。

在多点重启动中,要注意以下几点:
- LDSTEP、SUBSTEP 和 Action 选项仅适宜于多点重启动。
- 为了将多点重启动转换成单点重启动,必须要删除目录中的".RDB"、".LDHI"和".Rnnn"等文件,输入"ANTYPE,,REST"命令,使用".DB"、".ESAV"、".OSAV"、".EMAT"文件。
- 由于载荷步在重新开始之前已经被指定,当开始一个多点重启动时,在命令"TIME"中指定的新值将是无效的。

2. "TRNOPT" 命令

GUI:**Main Menu > Solution > Analysis Type > Analysis Options**
　　　Main Menu > Solution > Analysis Type > New Analysis
　　　Main Menu > Solution > Analysis Type > Sol'n Controls > Transient

使用功能:指定瞬态分析选项,如图5-4所示。

使用格式:TRNOPT,*Method*,*MAXMODE*,*Dmpkey*,*MINMODE*,*MCout*,*TINTOPT*

其中:

Method:瞬态分析的求解方法。其值为:FULL(完全法)(默认方式);REDUC(缩减法);MSUP(模态重叠法);VT(变更技术法)。

MAXMODE:当 *Method* = MSUP,用来计

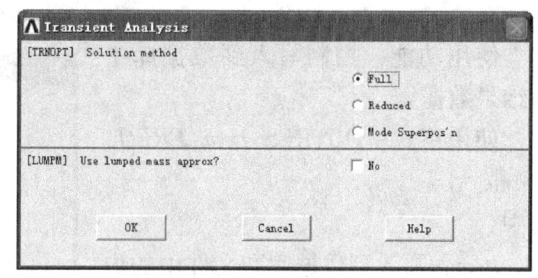

图 5-4　设置瞬态分析对话框

算响应的最大模态数,默认方式为上一次模态分析中计算的最大模态数。

Dmpkey:阻尼选项,适宜于 *Method* = REDUC。其值有:DAMP(包含阻尼效应)(默认方式);NODAMP(即使出现了阻尼,也不考虑阻尼效应)。

MINMODE:对于 *Method* = MSUP 使用的最小模态数,默认值为1。

MCout:模态坐标输出控制键,仅适用于 *Method* = REDUC。若为 NO,则不输出模态坐标(默认);若为 YES,输出模态坐标到文本文件"jobname.MCF"。

TINTOPT:适用于瞬态分析的时间积分法。
- NMK 或 0:Newmark 算法(默认)。
- HHT 或 1:HHT 算法,仅适用于完成瞬态法。

使用提示:指定瞬态分析的选项,如果是在 SOLUTION 中使用,该命令仅适用于在第1

个载荷步中使用。使用命令"TINTP"可以设置瞬态积分参数。VT 选项可在 ANSYS 授权的机械高性能计算(HPC)中使用，可适用于结构和热分析，其目的是尽力减少迭代的总次数，它是一个完全瞬态求解过程。

另外"TRNOPT"命令不适用于 ANSYS 的专业版(Professional)。在 ANSYS 专业版本中，对于纯热瞬态分析将自动使用 FULL 选项，而对于瞬态分析则使用 MSUP 选项。

3. "LUMPM" 命令

GUI：**Main Menu > Solution > Analysis Type > Analysis Options**

Main Menu > Solution > Analysis Type > New Analysis

使用功能：指定一个集中质量矩阵公式。

使用格式：LUMPM, *Key*

其中，*Key*：指定质量矩阵公式计算的选项，若为 OFF，使用与单元相关的质量矩阵公式(默认值)；若为 ON，使用集中质量公式。

命令默认值：使用单元质量矩阵。

使用提示：如果在"SOLUTION"中使用，本命令只能出现在第 1 个载荷步里。

5.1.2 求解控制(Solution Control)

求解控制的对话框如图 5-5 所示，它分别有 5 个不同的对话框。

其中的命令介绍如下：

1. "OUTRES" 命令

GUI：**Main Menu > Solution > Analysis Type > Sol'n Controls > Basic**

Main Menu > Solution > Load Step Opts > Output Ctrls > DB/Results File

使用功能：控制写入到数据库中的结果数据。

使用格式：OUTRES, *Item*, *FREQ*, *Cname*

其中：

Item：写入到数据库和文件中的内容控制，它的值有下列选项。

- ALL：写入除了 SVAR 和 LOCI 记录以外的所有内容(默认设置)。
- CINT：J 积分结果。
- ERASE：恢复命令的默认设置。
- STAT：列表出命令的当前设置。
- BASIC：将 NSOL、RSOL、NLOAD、STRS、FGRAD 和 FFLUX 记录写入到结果文件和数据库里。
- NSOL：节点的 DOF 结果。
- RSOL：节点反作用载荷。
- V：节点速度。

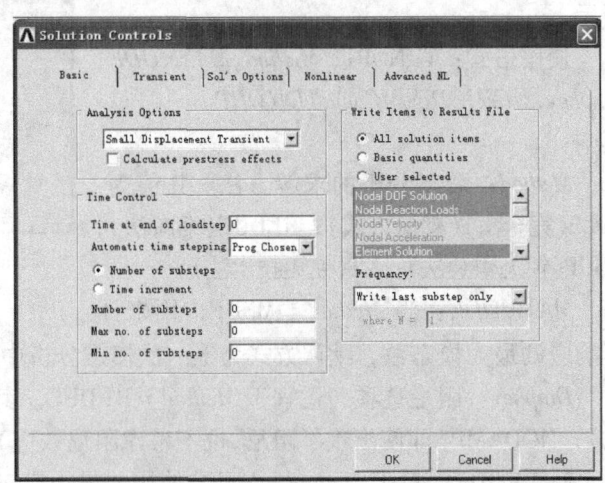

图 5-5　求解控制的对话框

- A：节点加速度。
- ESOL：单元结果，包含有 NLOAD、STRS、EPEL、EPTH、EPPL、EPCR、FGRAD、FFLUX、LOCI、SVAR（状态变量，仅适用于 USERMAT）、MISC。

FREQ：写入内容的频率。它有下列选项：
- *FREQ* = n：将载荷步中每隔 n 个子步的内容写入到数据库或文件中。
- *FREQ* = -n：对于自动载入时，将第 n 个载荷步的内容写入到数据库或文件中。
- *FREQ* = NONE：禁止写入这个载荷步的任何内容。
- *FREQ* = ALL：写入每个子步的内容，当执行命令"ANTYPE,HARMIC"和"EXPASS,ON"时，为默认状态。
- *FREQ* = LAST：写入每个载荷步的最后一个子步内容，对于命令"ANTYPE,STATIC 或 TRANS"，是默认设置。
- *FREQ* = %array%：其中 array 是一个 n×1×1 大小的数组参数名，定义了 n 个主要时间，对于指定内容的数据按照这些主要时间进行写入。在数组中定义的关键次数必须要按升序排列。时间值必须要介于载荷步的开始和结束时间之间，对于多载荷步问题，必须要改变参数值使其落在载荷步的开始和结束时间之间。如果没有利用命令"TSRES"来指定与主要时间相关的时间点，时间步长大小就没有必要重新设置。

Cname：为"CM"命令创建的元件名，用来存放所选单元或节点。如果为空（blank），为所有的实体，若 Item = ALL、BASIC 或 RSOL 等标签，不能使用元件名。

命令默认：对于静态"STATIC"或瞬态"TRANS"，其默认设置是将每个载荷步的最后一个子步的内容写入；对于谐响应"HARMIC"和任何模态扩展，其默认设置是写入每个子步的内容；对于缩减或模态重叠瞬态，其默认设置为每隔 4 个子步写入缩减的位移，然而如果区间条件存在，则写入每个子步的内容。

使用提示：按照给定的频率，控制将要写入到数据库内的结果内容。这些内容是与节点或单元相关联的，操作将按照输入的顺序在每个子步上进行。如果一个"OUTRES"被同样地指定了两次，则输出将按照最后一次"OUTRES"指定进行。对于"FREQ"选项输入的一个主要时间数组参数不能够与其他的"FREQ"选项混合使用。对于"OUTPR"和"OUTRES"命令的组合，最多可以指定 50 个操作。

使用命令"OUTRES"可以有选择地限制结果数据的输出，或者先限制写入所有的结束数据，然后使用命令"OUTRES"有选择地打开数据结果，并将其写入。

只有当节点或者反作用载荷被写入时，边界条件包括约束和力载荷才能够被写入到结果文件中。

对于模态分析来说，对于 *FREQ* 的值只有"NONE"和"ALL"可用。

2."OUTPR"命令

GUI：**Main Menu > Solution > Load Step Opts > Output Ctrls > Solu Printout**

使用功能：控制结果的输出。

使用格式：OUTPR,*Item*,*FREQ*,*Cname*

其中，*Item*：用于输出的控制内容，它的值有：BASIC（基本量）（默认设置）、NSOL、RSOL、ESOL、NLOAD、VENG、ALL（为上述的所有结果）。

其他参数及使用提示均可参考命令"OUTRES",并可参照执行。

3. "NLGEOM" 命令

GUI：**Main Menu > Solution > Analysis Type > Analysis Options**

Main Menu > Solution > Analysis Type > Sol'n Controls > Basic

使用功能：在静态或完全瞬态分析中包含大变形效应。

使用格式：NLGEOM,Key

其中,Key：大变形选项,若为 OFF,忽略大变形效应(默认设置)；若为 ON,包含大变形效应,根据单元类型可以是大变形、大旋度或大应变。

使用提示：根据单元类型,大变形效应可以分成大变形、大旋度或者是大应变。在《ANSYS 参考手册》中,对于每个单元类型来说,其输入数据表的"特殊性能"中已列出了大变形效应。如果在 SOLUTION 中使用,这个命令仅适宜于在第 1 个载荷步中使用。

由于旋转角加速度引起的陀螺矩阵不支持大变形效应,其理论公式仅考虑小变形。在 ANSYS 的专业版本中,如果使用 2D 或 3D 实体单元,则大变形效应不能打开。

4. "PSTRES" 命令

GUI：**Main Menu > Solution > Analysis Type > Analysis Options**

Main Menu > Solution > Analysis Type > Sol'n Controls > Basic

使用功能：确定预应力效应是否被计算或包含。

使用格式：PSTRES,Key

其中,Key：预应力效应的选项,若为 OFF,不计算或不包含预应力效应(默认设置)；若为 ON,则包含预应力效应。

使用提示：指定是否要计算预应力效应。对于包含静态和瞬态分析的稳定性分析、模态分析、谐分析、瞬态分析或子结构分析来说,要计算预应力效应。如果在 SOLUTION 中使用,这个命令仅适宜于在第 1 个载荷步中使用。

如果在一个非线性静态或瞬态分析中考虑预应力效应,可以在静态分析中执行命令"SSTIF,ON",而不是"PSTRES,ON"。

如果在一个计算预应力效应的静态分析中使用了热体力,那么在接下来的完全谐响应分析中,不应删除热体力,否则在谐响应分析中将不会包含预应力效应。用来定义热预应力的温度载荷也可以在完全谐响应分析中使用,它就像一个时间与温度载荷的正弦变化。

5. "AUTOTS" 命令

GUI：**Main Menu > Solution > Analysis Type > Sol'n Controls > Basic**

Main Menu > Solution > Load Step Opts > Time/Frequenc > Time - Time Step

Main Menu > Solution > Load Step Opts > Time/Frequenc > Time and Substps

使用功能：指定是否使用自动时间步长跟踪或载荷步跟踪。

使用格式：AUTOTS,Key

其中,Key：自动时间步长跟踪选项,若为 OFF,不使用自动时间步长跟踪；若为 ON,使用自动时间步长跟踪。

命令默认：当使用"SOLCONTROL,ON"时,ANSYS 确定时间步长跟踪；当使用"SOLCONTROL,OFF"时,不进行自动时间跟踪。

使用提示：在载荷步上是否使用自动时间跟踪或载荷跟踪。如果 Key = ON，则时间步长预测和时间步长的二分法（bisection）都将被使用。

当使用"SOLCONTROL，ON"时，但并没有执行命令"AUTOTS"，ANSYS 将选择是否要执行自动时间跟踪，程序选择的选项将用"AUTOTS，-1"记录在 LOG 文件中。

不能将自动时间跟踪、线性搜索或 DOF 结果预测与弧长法（arc-length）一起使用，否则系统将会给出一个警告信息，并可能使自动时间跟踪、线搜索或者 DOF 结果预测的设置无效。

6. "DELTIM" 命令

GUI：**Main Menu > Solution > Analysis Type > Sol'n Controls > Basic**
　　　Main Menu > Solution > Load Step Opts > Time/Frequenc > Time - Time Step

使用功能：在本载荷步中指定时间步长大小。

使用格式：DELTIM, *DTIME*, *DTMIN*, *DTMAX*, *Carry*

其中：

DTIME：时间步长值。若使用了自动时间跟踪，*DTIME* 就是子步的开始时间。若执行了"SOLCONTROL，ON"，并使用了接触单元，根据问题的物理性能，默认值是 1 或为整个载荷步时间间距的二十分之一。若执行"SOLCONTROL，ON"，但没有使用接触单元，默认值为载荷步间距的 1 倍。若使用"SOLCONTROL，OFF"，默认值为以前所定义的值。

DTMIN：如果使用自动时间跟踪，则为最小的时间步长，其默认值的设置可参考选项 *DTIME* 的说明。

DTMAX：如果使用自动时间跟踪，则为最大的时间步长。其默认值的设置可参考选项 *DTIME* 的说明。若以前没有指定值，则为载荷步的时间间隔。

Carry：时间步长继续选项。若为 OFF，使用 *DTIME* 作为每个载荷步开始的时间步长；若为 ON，如果使用了自动时间跟踪，则将从以前载荷步中得到的最后时间步长作为时间步长的开始。

使用提示：对于变更输入可参考命令"NSUBST"的说明。对于 *DTIME* 和 *TIME* 来说，使用的值是一致的。如：*DTIME* = 0.9 和 *TIME* = 1.0，将生成一个时间步长，因为 1.0 除以 0.9 其值最多等于 1。如果想要按 10 个增量以 1.0 的时间间隔来加载，那么就要使 *DTIME* = 0.1 和 *TIME* = 1.0。为了得到一个有效的结果，建议本命令的所有输入域都要指定。

7. "TIME" 命令

GUI：**Main Menu > Solution > Analysis Type > Sol'n Controls > Basic**
　　　Main Menu > Solution > Load Step Opts > Time/Frequenc > Time - Time Step
　　　Main Menu > Solution > Load Step Opts > Time/Frequenc > Time and Substps
　　　Main Menu > Solution > Time Controls > Solution Time

使用功能：为载荷步设置时间。

使用格式：TIME, *TIME*

其中，*TIME*：指定载荷步结束的时间，其默认值为已使用的 *TIME* + 1.0。

使用提示：将一个特定的 *TIME* 值赋给载荷步结束的边界条件，其中 *TIME* 的值必须是一个正的、非零的、沿着输入过程单调增加的量。时间的单位应与其他所使用物理量的单位相一致。一般来说，对于第1个载荷步其默认为1。然而，对于一个缩减瞬态分析或模态叠加瞬态分析的第1个载荷步来说，命令"TIME"的设置无效，静态求解将在 TIME = 0 时完成。对于完全瞬态分析，命令"TIME"的默认方式将会被忽略，用户必须要为每个载荷步指定一个时间，并且该时间值要大于前一个载荷步的时间。

命令"TIME"也不适用于模态分析、谐响应分析或子结构分析。

8. "NSUBST" 命令

GUI：Main Menu > Solution > Analysis Type > Sol'n Controls > Basic

Main Menu > Solution > Load Step Opts > Time/Frequenc > Freq and Substps

Main Menu > Solution > Load Step Opts > Time/Frequenc > Time and Substps

使用功能：指定载荷步中所需要的子步数。

使用格式：NSUBST, *NSBSTP*, *NSBMX*, *NSBMN*, *Carry*

NSBSTP：在载荷步中使用的子步数(如时间步长的大小或频率数)。若使用了自动时间跟踪，*NSBSTP* 就是第1子步的大小。若执行了"SOLCONTROL, ON"，并使用了接触单元，根据分析的问题，默认值是1或20个子步。若"SOLCONTROL, ON"，但没有使用接触单元，默认值为1子步。若"SOLCONTROL, OFF"，默认值为以前所定义的值。

NSBMX：如果使用自动时间跟踪，则为最大的子步数。若"SOLCONTROL, ON"，ANSYS将根据分析问题的类型来确定其默认值；若"SOLCONTROL, OFF"，默认值为以前所定义的值，若前面没有指定，则为 *NSBSTP*。

NSBMN：如果使用自动时间跟踪，则为最小的子步数。若"SOLCONTROL, ON"，ANSYS 将根据分析问题的类型来确定其默认值；若"SOLCONTROL, OFF"，默认值为以前所定义的值，若前面没有指定，则为1。

Carry：时间步长继续选项。若为 OFF，使用 *NSBSTP* 作为每个载荷步开始的时间步长；若为 ON，如果使用了自动时间跟踪，则将从以前载荷步中得到的最后时间步长作为时间步长的开始。

使用提示：在使用时，该命令中的所有变量都要指定，将有利于求解的效率和稳定性。

9. "KBC" 命令

GUI：Main Menu > Solution > Analysis Type > Sol'n Controls > Transient

Main Menu > Solution > Load Step Opts > Time/Frequenc > Freq and Substps

Main Menu > Solution > Load Step Opts > Time/Frequenc > Time - Time Step

Main Menu > Solution > Load Step Opts > Time/Frequenc > Time and Substps

使用功能：指定载荷步为阶跃方式还是递增方式。

使用格式：KBC, *KEY*

其中，*KEY*：递增载荷关键词，它有：

- 0：每个子步的值是通过对前一个载荷步的值到本载荷步的值之间进行线性插值而得到，即用递增的方式。
- 1：从载荷步的第1个子步起，载荷阶跃地变化着直到载荷步的指定值。适用于随比率而变化的性能(如蠕变、粘塑性等)或瞬态载荷步，即用阶跃方式。

命令默认：若"SOLCONTROL, ON"，且有"ANTYPE, STATIC"或"ANTYPE,

TRANS"，以及"TIMINT,OFF"时，ANSYS 按递增方式进行；若"ANTYPE,TRANS"，且"TIMINT,ON"时，ANSYS 用阶跃的方式进行。若"SOLCONTROL,OFF"，对所有类型的瞬态和非线性分析来说，都使用递增载荷。

使用提示：在载荷步中，指定中间子步载荷增加的方式是阶跃型还是递增型。适用于当命令"DELTIM"中 DTIME 的值小于时间间隔，或者在命令"NBSUBST"中 NSBSTP 的值大于1，其默认值为阶跃方式。

对于递增载荷，当一个载荷第 1 次被施加时，它来自于从零到当前载荷步之间的插值，不是初始条件或前一个载荷步的 DOF 值。表格型边界条件并不支持递增方式，相反是施加全值，而忽略"KBC"的设置。

忽视了"KBC"的设置后，载荷往往是非阶跃型的。有时在非线性瞬态问题中利用阶跃载荷很难得到一个收敛的结果，如果出现了发散，要检查是否使用了阶跃加载的默认方式，并确定这种方式对分析是否可靠。

若"SOLCONTROL,ON"时，但没有执行"KBC"命令，系统确定加载方式，并将用"KBC,-1"方式记录在 LOG 文件中。

10. "TREF"命令

GUI：Main Menu > Solution > Define Loads > Settings > Reference Temp
　　　Main Menu > Solution > Load Step Opts > Other > Reference Temp
　　　Main Menu > Solution > Loading Options > Reference Temp

使用功能：为热应变计算指定参考温度。

使用格式：TREF,*TREF*

其中，*TREF*：用于热膨胀的参考温度，若没有用命令"TUNIF"指定均布温度，该值也可作为均布温度使用，其默认值为 0.0°。

使用提示：为在结构和显式动力学分析中的热应变计算指定一个参考温度，热应变将按公式"$\alpha*(T-TREF)$"进行计算，其中 α 是热膨胀系数，T 是单元温度。若 α 的值与温度有关，则 *TREF* 的值应该处于由命令"MPTEMP"所定义的温度范围内。

参考温度也可以在材料性能命令"MP"中通过标号"REFT"来对每种材料进行输入，如：MP,REFT,*MAT*,*C0*，它必须是一个常数。在命令"TREF"中输入的值将施加到所有没有指定材料性能的材料上。

11. "KUSE"命令

GUI：Main Menu > Solution > Load Step Opts > Other > Reuse Tri Matrix

使用功能：指定是否重新使用三角化矩阵。

使用格式：KUSE,*KEY*

其中，*KEY*：重新使用三角化矩阵的控制键，它有：

- 0：由程序确定是否再使用以前用过的三角化刚度矩阵（默认方式）。
- 1：迫使以前用过的三角化刚度矩阵重新使用，其使用主要是在一个重启动分析中。强迫使用三角化刚度矩阵是一种非标准的程序调用，在使用过程中要小心。如使用这个选项，然后又改变了单元数、自由度类型或个数，都将会引起程序终止。
- -1：所有的单元矩阵被重新生成，并用来形成一个新的三角化刚度矩阵。

使用提示：在载荷的每个子步中确定是否要重新使用以前的三角化刚度矩阵。如果频率在连续载荷步中没有改变,这个选项仅适用于静态、完全瞬态分析和完全谐响应分析。对于完全谐响应分析,只有 KEY = 1 或 KEY = 0 是有效的。

12. "MODE" 命令

GUI:**Main Menu > Solution > Load Step Opts > Other > For Harmonic Ele**

使用功能:在载荷步中指定谐载荷项。

使用格式:MODE,*MODE*,*ISYM*

其中:

MODE:谐载荷项沿周边的谐波数,默认值为 0。

ISYM:谐载荷项的对称条件,当 *MODE* = 0 时不使用。它有:

- 1:对称(默认方式),UX、UY、ROTZ、TEMP 项使用余弦,UZ 使用正弦。
- −1:反对称,UX、UY、ROTZ、TEMP 项使用正弦,UZ 使用余弦。

使用提示:与具有非轴对称载荷性能的轴对称单元一起使用,如单元 PLANE25、SHELL61 等。当分析类型为"MODAL、HARMIC、TRANS 或 SUBSTR"时,这个项必须要在第 1 个载荷步中定义,在随后的载荷步中该项不能改变。

13. "NUMEXP" 命令

GUI:**Main Menu > Solution > Load Step Opts > ExpansionPass > Single Expand > Range of Solu's**

使用功能:在缩减分析中指定一个结果来进行扩展。

使用格式:NUMEXP,*NUM*,*BEGRNG*,*ENDRNG*,*Elcalc*

其中:

NUM:在载荷步中将要扩展结果的个数,这个结果必须要指定,有下列选项。

- NUM:将要扩展结果的个数。
- ALL:扩展介于 *BEGRNG* 与 *ENDRNG* 之间的所有子步,如果没有指定 *BEGRNG* 和 *ENDRNG*,则扩展所有载荷步中的所有子步。

BEGRNG,*ENDRNG*:为扩展结果指定开始和结束的时间或频率范围,默认值均为 0。

Elcalc:单元计算控制键,若为 YES(默认值),计算单元结果、节点载荷和反作用载荷;若为 NO,不计算上述各项。

使用提示:在缩减法或模态重叠法分析中指定一个将要扩展的结果范围。对于"ANTYPE,TRANS",在开始 *BEGRNG* 到结束 *ENDRNG* 时间内,*NUM* 个均匀间隔的结果将被扩展。对于"ANTYPE,HARMIC",在开始 *BEGRNG* 到结束 *ENDRNG* 频率内,*NUM* 个均匀间隔的结果将被扩展。在多数情况下,第 1 个扩展发生在 *BEGRNG* 之后的第 1 个点,即在 *BEGRNG* + (*ENDRNG* − *BEGRNG*)/*NUM* 处。当结果没有均匀的间隔时,无论是结果的单次扩展或多重扩展都不能使用这个命令,而使用一个或多个命令"EXPSOL"会更好些。

14. "EXPSOL" 命令

GUI:**Main Menu > Solution > Load Step Opts > ExpansionPass > Single Expand > By Load Step**

Main Menu > Solution > Load Step Opts > ExpansionPass > Single Expand > By Time/Freq

使用功能:对缩减法指定结果进行扩展。

使用格式:EXPSOL,*LSTEP*,*SBSTEP*,*TIMFRQ*,*Elcalc*

其中:

LSTEP,*SBSTEP*：扩展由载荷步 *LSTEP* 和子步 *SBSTEP* 确定的结果。

TIMFRQ：指定扩展的另一种方式，扩展在靠近于时间值 *TIMFRQ* 和频率值 *TIMFRQ* 的结果，并且 *LSTEP* 和 *SBSTEP* 必须为空。

Elcalc：单元计算控制键，若为 YES（默认值），计算单元结果、节点载荷和反作用载荷；若为 NO，不计算上述各项。

使用提示：在缩减法或模态重叠法分析中，指定将要扩展的结果，使用命令"NUMEXP"可以扩展一组结果。

15. "TIMINT" 命令

GUI：**Main Menu > Solution > Analysis Type > Sol'n Controls > Transient**

Main Menu > Solution > Load Step Opts > Time/Frequenc > Time Integration > Amplitude Decay

Main Menu > Solution > Load Step Opts > Time/Frequenc > Time Integration > Newmark Parameters

使用功能：打开瞬态效应。

使用格式：TIMINT,*Key*,*Lab*

其中：

Key：瞬态效应开关，若为 OFF，不使用瞬态效应（即为静态或稳态）；若为 ON，包含瞬态（质量或惯性）效应。

Lab：自由度标签，它有：

- ALL：将瞬态效应应用于所有适合的标签（默认方式）。
- STRUC：仅适用于结构分析的自由度。
- THERM：仅适用于热分析的自由度。
- ELECT：仅适用于电场的自由度。
- MAG：仅适用于磁场的自由度。
- FLUID：仅适用于流体自由度。

命令默认：如果有"ANTYPE,TRANS"则包含瞬态效应；如果有 ANTYPE,STATIC，则不包含瞬态效应。

使用提示：在一个完全瞬态分析的载荷步中，确定是否要使用时间积分，也就是是否要包含瞬态效应（如结构惯性、热容量等），或者对于确定的 DOF，它是否是一个静态的载荷步。当 *Key* = ON，瞬态的初始条件被引入到载荷步里，初始条件由前两个子步来确定，如果前面没有子步，则假定初始速度和加速度均为零。

16. "ALPHAD" 命令

GUI：**Main Menu > Solution > Analysis Type > Sol'n Controls > Transient**

Main Menu > Solution > Load Step Opts > Time/Frequenc > Damping

使用功能：为阻尼定义一个质量矩阵乘子。

使用格式：ALPHAD,*VALUE*

其中，*VALUE*：用于阻尼的质量矩阵乘数。

使用提示：为阻尼定义一个质量矩阵乘数，即 α。粘性阻尼矩阵的公式为：

$$C = \alpha M + \beta K$$

式中，M 是质量矩阵，K 是刚度矩阵。阻尼不能在静态或稳定性分析中使用。

17. "BETAD" 命令

GUI：**Main Menu > Solution > Analysis Type > Sol'n Controls > Transient**

　　　　Main Menu > Solution > Load Step Opts > Time/Frequenc > Damping

使用功能：为阻尼定义一个刚度矩阵乘数。

使用格式：BETAD, *VALUE*

其中，*VALUE*：阻尼指定的刚度矩阵乘数。

使用提示：该命令定义一个刚度矩阵乘数，即 β。它也可以在命令"MP"中使用标签 DAMP 作为材料性能输入。可参考命令"ALPHAD"中的公式及说明。

18. "TINTP" 命令

GUI：**Main Menu > Solution > Analysis Type > Sol'n Controls > Transient**

　　　　Main Menu > Solution > Load Step Opts > Time/Frequenc > Time Integration > Amplitude Decay

　　　　Main Menu > Solution > Load Step Opts > Time/Frequenc > Time Integration > Newmark Parameters

使用功能：指定瞬态积分参数。

使用格式：TINTP, *GAMMA*, *ALPHA*, *DELTA*, *THETA*, *OSLM*, *TOL*, --, --, *AVSMOOTH*

其中：

GAMMA：二阶瞬态积分的振幅衰减系数，默认值为 0.005。

ALPHA：二阶瞬态积分参数，仅适用于当 *GAMMA* 为空时使用，默认值为 0.2525。

DELTA：二阶瞬态积分参数，仅适用于当 *GAMMA* 为空时使用，默认值为 0.5020。

THETA：一阶瞬态（如热瞬态）积分参数，默认值为 1.0。

OSLM：为一阶瞬态的自动时间步长指定扰动极限准则，默认值为误差 *TOL* 的 0.5。

TOL：为 *OSLM* 指定一个误差限，默认值为 0.0。

AVSMOOTH：光滑选项，若为 0，包含初始速度（一阶系统）或初始加速度（二阶系统）的光滑化。（默认值）；若为 1，不光滑化处理。

使用提示：对于结构瞬态分析，可以选择 Newmark 和 HHT 时间积分法。在这种情况下，输入 *GAMMA* 值，而积分参数 *ALPHA*、*DELTA*、*THETA* 和 *ALPHAM* 为空，程序将自动计算积分参数。同时也可以利用该命令直接输入这些值。但不管怎样，对于时间积分的二阶精度和非条件稳定来说，这些参数值应该满足某个特定的关系。

在瞬态压电分析中，对这个命令需要输入：

$$ALPHA = 0.25,\ DELTA = 0.5,\ THETA = 0.5$$

对于耦合的电磁电路瞬态分析，要使用 *THETA* = 1.0（默认方式），来指定一个向后欧拉法。

该命令的默认值是在"SOLCONTROL, ON"条件下给出的。

19. "EQSLV" 命令

GUI：**Main Menu > Solution > Analysis Type > Analysis Options**

　　　　Main Menu > Solution > Analysis Type > Sol'n Controls > Sol'n Options

　　　　Main Menu > Solution > Fast Sol'n Optn

使用功能：指定一个方程求解器，如图 5-6 所示。

使用格式：EQSLV, *Lab*, *TOLER*, *MULT*

其中：

Lab：方程求解器的类型，它有：

- FRONT：直接波前法求解器。
- SPARSE：稀疏矩阵直接法，适用于实对称和非对称的矩阵。可在 STATIC、HARMIC（仅完全法）、TRANS（仅完全法）、SUBSTR 和 PSD 谱分析类型中使用；也可以求解线性和非线性分析，特别是经常遇到不确定矩阵的非线性分析；更适合于接触状态会改变网格拓扑时的接触分析；其他适合使用的场合有：①由壳/梁或者是壳/梁与实体单元组成的模型；②有一个多分支的结构，如汽车的排气、一个涡轮片等。这是一种可供选择的

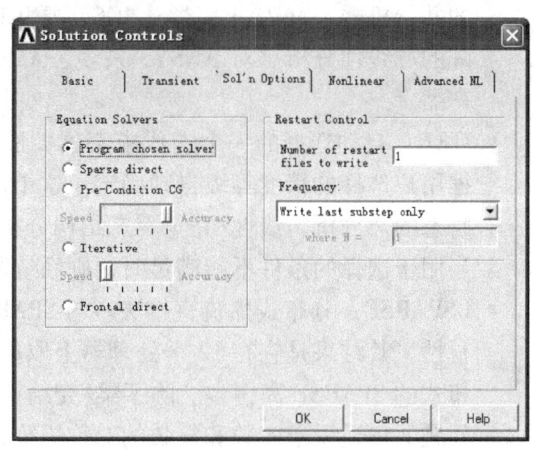

图 5-6　方程求解器设置对话框

迭代求解器，并具有较好的速度和可靠性。它比波前法需要更多的内存，但在内存的需要上比得上 PCG 求解器。当内存有限时，求解器将在内存的外外局部工作，而不会增加 CPU 时间。
- JCG：雅可比共轭梯度迭代求解器。适用于 STATIC、HARMIC（仅完全法）和 TRANS（仅完全法）分析类型，也可以适用于结构和多物理场，可用来求解对称和非对称矩阵、复矩阵、正定与非正定矩阵。建议应用于结构和多物理场中的 3D 谐分析，对于热转换、电磁、压电和声场问题也非常有效。
- ICCG：不完全的 Cholesky 共轭梯度迭代求解器，适用于 STATIC、HARMIC（仅完全法）和 TRANS（仅完全法）分析类型，也可以适用于结构和多物理场，可用来求解对称和非对称矩阵、复矩阵、正定与非正定矩阵。与 JCG 相比，需要更多的内存，对于病态矩阵，它比 JCG 更加稳定。
- QMR：拟最小残余迭代求解器。适用于 HARMIC 分析类型，可在高频电磁场中使用，求解对称矩阵、复矩阵、正定与非正定矩阵。比 ICCG 求解器更加稳定。
- PCG：预条件共轭梯度迭代求解器，与 FRONT 或 SPARSE 相比，需要更少的磁盘空间，对大模型来说，计算又更快。适合于板、壳、3D 模型、大的 2D 模型、P-方法分析和其他具有对称、稀疏、正定或不正定矩阵的非线性问题，其需要的内存是 JCG 的两倍。仅适用于 STATIC、TRANS（仅完全法）或 MODAL（仅适用于 Lanczos 选项）分析类型，它能够求解一些带有刚性约束或耦合的方程。通过提高处理难点的水平（参见命令"PCGOPT"），PCG 能够处理病态问题，这个病态问题主要是由于单元边长比过大、接触或塑性所引起的。
- AMG：代数多重网格迭代方程求解器，适用于 STATIC 和 TRANS 分析。AMG 求解器可适用于对称矩阵，不能在子结构分析或包含 P 单元的模型中使用。对于求解单物理场的结构分析是非常有效的，而对于求解单物理场的热分析却效率很低。推荐应用于无论是在单或多处理器环境下，用 ICCG 求解器很难收敛的病态问题。在 CPU 时间方面，当是单处理环境时，AMG 求解器对于病态问题比 ICCG 求解器要完成得更好些，对于平常的问题，它也能够达到同样的性能。在多处理器环境下，对于共享内存

的并行机器，AMG 求解器比 ICCG 要共享得更好一些。也可以用于处理具有不正定矩阵的非线性分析。对 ANSYS 来说，AMG 是其并行性能的一部分，它是单个授权的产品。

- ITER：自动选择的一个迭代求解器，适合于各类物理问题。迭代求解器的误差会根据用户选择的精度等级自动确定。这个求解器适用于没有超单元的静电分析、稳态或瞬态的热分析、线性/完全瞬态结构分析。如果执行了自动迭代求解器选择命令，但当用于选择的条件不能满足时，则系统默认方式下会选择波前法求解器。

- DSPARSE：分布式稀疏直接法。与 SPARSE 相类似，但它对于分布式内存机构具有并行性，其结果是它在 12 个处理器上取得 6 倍的加速，在整体内存利用方面要比非分布式的 SPARSE 高得多。除了梁/壳结构以外，它能够更加适用于处理病态的非线性问题。仅适用于实数和复数的对称矩阵，系统的设置会影响到这个求解器性能。这个求解器仅在分布式 ANSYS 系统中使用，并需要一个 HPC 的授权。

TOLER：迭代求解的误差值。可在 JCG、ICCG、PCG、QMR 和 AMG 求解器中使用。对于 PCG，默认值是 1.0E-8，在大多数情况下 1.0E-5 也可以接受；当在 PCG Lanczos 模态提取法中使用时，默认值是 1.0E-4；对于具有对称矩阵的 JCG 和 ICCG，以及 AMG 求解器，默认值是 1.0E-8；对于具有非对称矩阵的 JCG 和 ICCG，以及 QMR 求解器，默认值是 1.0E-6；当残余的 SRSS 范数小于施加载荷向量范数的 *TOLER* 倍时，迭代继续。对于在线性静态分析中的 PCG 求解器来说，使用 3 个误差范数，如果误差范数中的一个小于 *TOLER* 和残余的 SRSS 范数小于 1.0E-2 时，则求解收敛。当在 PCG 求解器中使用时，可以在载荷步之间修改 *TOLER* 的值。如果在 ITER 中使用，可以指定一个从 1 至 5 的整数值，它表示自动选择迭代求解器的收敛等级，1 表示最快的等级，5 表示精度最高的等级。如果在命令"PCGOPT"中设置 $Lev\_Diff = 5$，则 *TOLER* 的值不会影响到 PCG 的求解精度。

MULT：在收敛计算中，用来控制所完成最大迭代次数的乘数，当求解控制打开时，其默认值为 2.0，当求解控制关闭时，默认值为 1.0，仅用于 PCG 求解器中。最大的迭代次数等于该乘数再乘以自由度的个数。除非达到了最大的迭代次数或收敛，否则迭代将会继续下去。一般来说，默认值对于达到收敛是足够的，但对于病态矩阵，为了达到收敛，利用 *MULT* 可以增加迭代的最大次数。建议乘数的范围是：$1.0 \leq MULT \leq 3.0$，一般来说大于 3.0 的值对于收敛已没有进一步的提高，仅仅是增加时间罢了。如果在 $1.0 \leq MULT \leq 3.0$ 范围内，没有达到收敛，这时应该对模型作进一步的检查，也可以在命令"PCGOPT"中增大难度等级。

命令默认：除了具有"CIRCU124"单元的电磁分析，包含 P-单元和约束方程的分析、谱分析和子结构分析以外，对所有分析来说，稀疏直接法是其默认设置。

使用提示：求解器的选择将会影响到求解的速度和精度。如果使用"MODOPT,LANB"或"BUCOPT,LANB"，内部使用的求解器是 SPARSE；如果使用"MODOPT,LANPCG"，则内部使用的求解器是 PCG。只能在第一个载荷步指定求解器的类型，但对于迭代算法可以在载荷步之间修改求解的误差值。

20. "RESCONTROL" 命令

GUI：Main Menu > Solution > Load Step Opts > Nonlinear > Restart Control

使用功能：对于多点重启动控制文件的写入。
使用格式：RESCONTROL, *Action*, *Ldstep*, *Frequency*, *MAXFILES*
其中：

Action：指定命令动作。它有：
- DEFINE：对一个载荷步，指定". R*nnn*"重启动文件被写入的频率。
- FILE_SUMMARY：在当前工作目录下，以当前工作文件显示出所有文件". R*nnn*"中的子步和载荷步的信息，且忽略其他的变量选项。
- STATUS：以表格的形式列表出重启动控制的当前状态。
- NORESTART：执行这个命令将在分布式 ANSYS 运行时不允许生成重启动文件，因此在运行结束时，对远程处理器就不会有如". ESAV、. OSAV、. RST、. x000"的文件存在于当前目录下，主机也不会产生如". ESAV、. OSAV、. x000、. RDB、. LDHI"的文件。

Ldstep：指定写入". R*nnn*"文件的方式，它有：
- ALL：对所有的载荷步，按相同的频率写入到文件". R*nnn*"中。
- LAST：仅写入最后一个载荷步到文件". R*nnn*"中，对于非线性静态和完全瞬态分析是默认值。
- N：仅写入第 N 个载荷步到文件". R*nnn*"中，其他的载荷步将按默认的频率或者是早期由"RESCONTROL, DEFINE, ALL, *Frequency*"命令指定的频率写入。
- NONE：没有多点重启动文件(. RDB、LDHI 和. R*nnn*)生成。忽略其他变量。对于模态叠加瞬态分析，这个选项允许使用 RDSP 和 DB 文件中最后点处重新开始，且为其默认值。

Frequency：指定写入文件". R*nnn*"的频率，它有：
- NONE：在该载荷步中，不写入任何内容。为模态叠加瞬态分析的默认设置。
- LAST：仅写入该载荷步中的最后一个子步到文件". R*nnn*"中。为非线性静态和完全瞬态分析的默认设置。
- N：如果 N 为正，对载荷步中每隔 N 个子步写入到文件". R*nnn*"中；如果为负，则在载荷步中写入 N 个子步到文件". R*nnn*"中，并且只有在"AUTOTS, ON"时才有效。

MAXFILES：*Ldstep* 保存文件". R*nnn*"的最大个数，它有：
- 0：不要覆盖任何存在的". R*nnn*"文件(默认设置)，". R*nnn*"文件最大个数在一次运行中为 999，如果在分析完成之前已达到了这个数，ANSYS 将继续运行，但不再写任何". R*nnn*"文件。
- *N*：每个载荷步将要保存文件". R*nnn*"的最大个数。对一个载荷步，当写了 *N* 个". R*nnn*"文件时，ANSYS 将在这个载荷步中接下来的子步里覆盖第 1 个". R*nnn*"文件。

命令默认：如果在一个结构分析中，没有执行命令"RESCONTROL"，那么". RDB"和". LDHI"文件将按照《ANSYS 基本分析指南》所描述的方式生成。对于非线性静态和完全瞬态分析，默认方式是多点重启动，". R*nnn*"文件将按最后一个载荷步的最后一个子步的方式写入。如果使用了一个"Jobname. ABT"文件，或者在没有达到收敛或某些其他结果错误所导致的工作终止情况下，". R*nnn*"文件也可能在先于运行终止点的迭代中写入。对一个失败的子步将没有任何信息写入到文件". R*nnn*"中。对于模态叠加瞬态分析，默认方式是单点重启动，没有". M*nnn*、. LDHI、. RDB"文件写入。

使用提示：这个命令设置一个多点重启动的重启动参数，这样可以允许用户从文件". R*nnn*"中的任何一个载荷步和子步重启动一个分析。多点重启动仅适合于非线性静态分析和完全瞬态结构分析。

如果每个载荷步中有许多子步，它们经常被写入到". X*nnn*"文件中，用户可以通过使用变量"*MAXFILES*"来限制写入". R*nnn*"文件的个数，因为这些文件很快就会将硬盘填充。对单个载荷步，可以指定变量"*MAXFILES*"和"*Frequency*"，否则它们将会按默认的方式来写入。用户最多可执行命令"RESCONTROL"10次。

21. "CUTCONTROL"命令

GUI：Main Menu > Solution > Analysis Type > Sol'n Controls > Nonlinear

　　　Main Menu > Solution > Load Step Opts > Nonlinear > Cutback Control

使用功能：在一个非线性求解中，控制时间步长的重构。

使用格式：CUTCONTROL,*Lab*,*VALUE*,*Option*

其中：

Lab：指定引起一个重构的准则，它的选项有：

- PLSLIMIT：在一个时间步长（子步）里允许的最大当量塑性应变。如果计算的值超过了 *VALUE*，则 ANSYS 完成一个重构（对分），该值的默认设置为 15%。
- CRPLIMIT：在一个时间步长（子步）里允许的最大当量蠕变比。如果计算的值超过了 *VALUE*，则 ANSYS 完成一个重构（对分）。隐式蠕变分析，*VALUE* 的默认值为 0，用户也可以指定任何值；显式蠕变分析，*VALUE* 的默认值为 0.1，其最大的许可值是 0.25。
- DSPLIMIT：在时间步长的结果域里，最大的位移增量。如果计算的值超过了 *VALUE*，则 ANSYS 完成一个重构（对分），该值的默认设置为 $1.0E+7$。
- NPOINT：对二阶动力学方程，在一次循环中的点数可用来控制自动时间步长。如果每次循环结果点的个数超过了 *VALUE*，则 ANSYS 完成一个重构（对分），该值的默认设置为 13。
- NOITERPREDICT：如果 *VALUE* 为 0（默认值），一个内部的自动时间步长规划将预测非线性收敛的迭代次数，并在早于由命令"NEQIT"指定的迭代次数之前完成重构。这是一个推荐的选项，如果 *VALUE* 为 1，在引入重构之前，结果必须要迭代到由命令"NEQIT"指定的迭代次数，有时候适用于不收敛的问题，但一般很少用。
- CUTBACKFACTOR：为二分法改变重构值，默认是 0.5。*VALUE* 值必须要大于 0.0，小于 1.0，且在命令"AUTUTS,ON"下有效。

VALUE：指定重构准则的数值。

Option：蠕变分析的类型，仅对 *Lab* = CRPLIMIT 有效，若为 0 或 ON，则为隐式蠕变分析；若为 1 或 OFF，则是显式蠕变分析。

使用提示：该命令所给出的默认值是假定命令"SOLCONTROL"处于打开的状态。在非线性分析中，当结果的误差太大，或者结果不能收敛时，重构就是一种自动减小时间步长大小的方法。如果遇到收敛失败，ANSYS 将自动减小时间间隔到原先大小的部分，并从最后成功收敛的点重新开始求解。如果再次失败，则 ANSYS 再次发生重构，如此下去，直到收敛或达到最小指定的时间步长值为止。

命令"CRPLIM"在功能上与 Lab = CRPLIMIT 相当。

22．"LNSRCH"命令

GUI：Main Menu > Solution > Analysis Type > Sol'n Controls > Nonlinear

Main Menu > Solution > Load Step Opts > Nonlinear > Line Search

使用功能：激活一个线性搜索与 Newton-Raphson 一起使用。

使用格式：LNSRCH,Key

其中，Key：线性搜索控制键，若为 OFF，不使用线性搜索；若为 ON，使用线性搜索，但要注意，当"LNSRCH"打开时，自适应下降将被禁止；若为 AUTO，ANSYS 将根据载荷步中子步之间的需要来自动打开或关闭线性搜索(推荐项)。

命令默认：关闭线性搜索，除非出现了接触单元。

使用提示：这个命令的默认值是假定命令"SOLCONTROL"处于打开状态。激活一个线性搜索与 Newton-Raphson 法一起使用。对自适应下降来说，线性搜索是一个可选择的方法。"LNSRCH,AUTO"是非常有效的，它能够根据某些子步的需要自动打开或关闭线性搜索。

弧长法不能与线性搜索、自动时间跟踪或者 DOF 结果预测一起使用。否则将会出现一个警告信息，若继续选择弧长法，会导致它们的设置无效。

23．"NEQIT"命令

GUI：Main Menu > Solution > Analysis Type > Sol'n Controls > Nonlinear

Main Menu > Solution > Load Step Opts > Nonlinear > Equilibrium Iter

使用功能：在非线性分析中指定平衡迭代的最大次数。

使用格式：NEQIT,$NEQIT$

其中，$NEQIT$：在每个子步中允许平衡迭代的最大次数。

命令默认：当"SOLCONTROL,ON"时，根据问题的物理环境，$NEQIT$ 的值可以在 15～26 之间；若"SOLCONTROL,OFF"时，对所有的情况，$NEQIT$ 的值为 25。

24．"PRED"命令

GUI：Main Menu > Solution > Analysis Type > Sol'n Controls > Nonlinear

Main Menu > Solution > Load Step Opts > Nonlinear > Predictor

使用功能：在非线性分析中激活一个预测器。

使用格式：PRED,$Sskey$,--,$Lskey$

其中：

$Sskey$：子步预测器控制键，若为 OFF，不进行预测；若为 ON(默认设置)，在第 1 个子步后的所有子步上使用预测。

$Lskey$：载荷步预测控制键，若为 OFF，在整个载荷步中不使用预测(默认值)；若为 ON，从载荷步的第 1 个子步起开始使用预测，但 $Sskey$ 必须为 ON。

命令默认：该命令的默认设置是使用预测。但如果出现了转角 DOF、使用了 SOLID65 和在再分区时将变量映射到一个新的网格上等一个或多个状态时，预测将不会发生。

使用提示：在非线性分析中，根据每个子步中第 1 次平衡迭代所得的 DOF 结果激活一个预测器，其默认值是处于"SOLCONTROL,ON"时。

其他用法可参考命令"LNSRCH"（第 247 页）的说明。

25. "NCNV" 命令

GUI：Main Menu > Solution > Analysis Type > Sol'n Controls > Advanced NL
　　　Main Menu > Solution > Load Step Opts > Nonlinear > Criteria to Stop

使用功能：设置一个值来终止分析。

使用格式：NCNV,KSTOP,DLIM,ITLIM,ETLIM,CPLIM

其中：

KSTOP：求解不收敛时程序的动作。若为 0，不终止分析继续运行；若为 1，终止分析和程序执行（默认设置）；若为 2，终止分析，但并不终止程序执行。

DLIM：如果节点 DOF 结果的最大值超过这个限制，将终止程序的执行。除了 MAG、A 和 FLOTRAN 的自由度以外，对所有的其他 DOF，其默认值为：1.0E6。对于 MAG 和 A，其默认值为 1.0E10，对于 FLOTRAN 的 VX、VY、VZ、PRES 和 TEMP 自由度来说，其默认值为：1.0E20，不适用于 FLOTRAN 的 ENKE 和 ENDS 自由度。

ITLIM：累加的迭代次数超过了这个极限则终止程序执行，默认值为无穷大。

ETLIM：如果共享的时间（单位为：s）超过了这个极限，则终止程序执行，默认值为无穷大。

CPLIM：如果 CPU 的时间超过了这个限制，则终止程序执行（默认值是无穷大）。

使用提示：在非线性和完全瞬态分析中如果没有收敛，或者有下列限制：DOF 累加迭代次数、共享时间和 CPU 时间被超过，设置一个键来终止分析。仅适用于静态、瞬态和 FLOTRAN 等分析，时间限制检查是在每个平衡迭代结束后进行，在优化运行中这个命令不能使用。

5.1.3 模态扩展（Mode Expansion）

模态扩展的对话框如图 5-7 所示，其相关的命令介绍如下：

1. "RMRESUME" 命令

GUI：Main Menu > Solution > Analysis Type > New Analysis
　　　Main Menu > Solution > Analysis Type > Analysis Options
　　　Main Menu > Solution > Analysis Type > ExpansionPass

使用功能：从文件中恢复 ROM 数据。

使用格式：RMRESUME,Fname,Ext,--

其中，*Fname*：ROM 数据文件的目录和名称，最大不能超过 248 个字符，默认值为 Jobname。

Ext：ROM 数据文件的扩展名，默认值为". rom"。

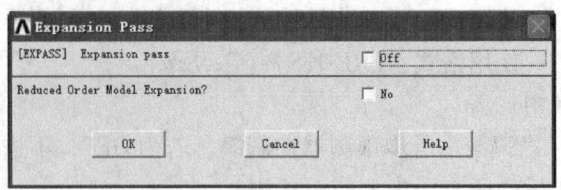

图 5-7　是否进行模态扩展的对话框

2. "RMUSE" 命令

GUI：Main Menu > Solution > Analysis Type > Analysis Options

Main Menu > Solution > Analysis Type > ExpansionPass
Main Menu > Solution > Analysis Type > New Analysis

使用功能：对 ROM 单元激活 ROM 使用通道。

使用格式：RMUSE, *Option*, *Usefil*

其中：

Option：将要显示的数据类型。若为 1 或 ON，表示激活 ROM 使用通道；若为 0 或 OFF，关闭 ROM 使用通道。

Usefil：由 ROM 使用通道生成的缩减位移文件名".rdsp"，仅适用于扩展通道所需要的域。

3. "EXPASS"命令

GUI：**Main Menu > Solution > Analysis Type > ExpansionPass**

使用功能：为分析指定扩展通道。

使用格式：EXPASS, *Key*

其中，*Key*：扩展通道键。若为 OFF，没有扩展通道(默认方式)；若为 ON，指定一个扩展通道。

使用提示：为将要进行的模态、子结构、屈曲、瞬态或谐分析指定一个扩展通道。这种分离结果通道在前一次分析完成后需要执行一次命令"FINISH"，然后再重新进入到 SOLOUTION 处理器中。

5.1.4 分析选项(Analysis Option)

分析选项的对话框如图 5-8 所示，其相关的命令介绍如下：

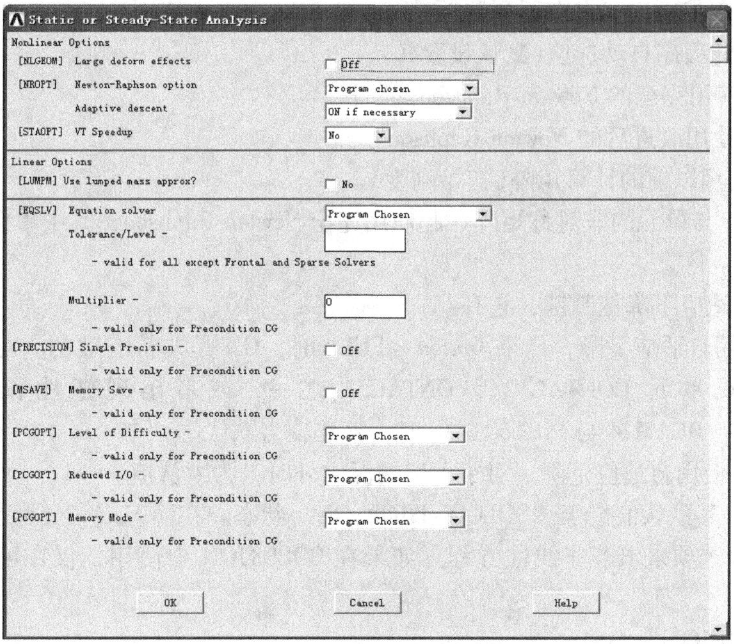

图 5-8 分析选项对话框

1. "SSTIF" 命令

GUI：**Main Menu > Solution > Analysis Type > Analysis Options**

使用功能：在非线性分析中，激活应力刚度效应。

使用格式：SSTIF, *Key*

其中，*Key*：应力刚度效应控制键。若为 OFF，不包含应力刚度效应；若为 ON，包含应力刚度效应。

命令默认：如果有"NLGEOM,ON"，则"SSTIF"将打开，否则为关闭状态。

使用提示：在一个非线性分析中激活应力刚度效应。如果在 SOLUTION 中使用，这个命令仅在第 1 个载荷步中有效。由于命令"PSTRES"也能够控制应力刚度矩阵的生成，因此它不应该与命令"SSTIF"一起使用。

当命令"SOLCONTROL"和"NLGEOM"为 ON 时，命令"SSTIF"的默认值也是 ON。在正常情况下，它形成了所有相容的切向矩阵。然而对于某些特殊的非线性情况，由于某些单元不能提供完备的相容切向矩阵，这将会导致发散，在这种情况下，建议通过设置命令"SSTIF"为 OFF，才可能取得收敛。对于 18x 单元族，当命令"NLGEOM"处于打开状态时，设置为"SSTIF,OFF"也没有影响，因为应力刚度效应总是包含在内。其默认值位于"SOLCONTROL,ON"状态。

2. "NROPT" 命令

GUI：**Main Menu > Solution > Analysis Type > Analysis Options**

使用功能：在静态或完全瞬态分析中，指定 Newton-Raphson 选项。

使用格式：NROPT, *Option*, --, *Adptky*

其中：

Option：选项控制键，它有下列选项：

- AUTO：让程序自动选项（默认设置）。
- FULL：使用完全的 Newton-Raphson。
- MODI：使用改进后的 Newton-Raphson。
- INIT：使用以前的计算矩阵（初始刚度）。
- UNSYM：与单元的非对称矩阵一起使用完全 Newton-Raphson，其中单元中存在非对称选项。

Adptky：自适应下降控制键，它有：

- ON：使用自适应下降，如果 *Option* = FULL 时，ON 是非常有效的。对于存在摩擦接触，出现单元 CONTAC12、CONTAC52 之一，或者出现塑性和单元 PIPE20、BEAM23、BEAM24 与 PIPE60 之一时，该选项为默认值。
- OFF：不使用自适应下降，对于上述情况之外时，为默认值。

使用提示：其默认值位于"SOLCONTROL,ON"状态。在静态或完全瞬态分析中，利用 Newton-Raphson 选项来求解非线性方程。如果在 SOLUTION 中使用，仅在第 1 个载荷步中有效。

3. "PRECISION" 命令

GUI：**Main Menu > Solution > Analysis Type > Analysis Options**

使用功能：对求解器指定机器的精度，当前仅对 PCG 求解器有效。

使用格式：PRECISION,*LABEL*

其中，*LABEL*：为求解器指定的机器精度。
- 0 或 DOUBL：指定双精度(默认设置)。
- 1 或 SINGLE：指定单精度。

使用提示：当用命令"EQSLV"指定 PCG 求解器时，就可以用这个命令为求解器指定单精度。若使用单精度，PCG 求解器可以节省 30% 的内存。然而当问题是病态的时，PCG 使用单精度可能会造成不收敛。双精度是默认值，对于 PCG，建议使用双精度。

4."MSAVE"命令

GUI：Main Menu > Solution > Analysis Type > Analysis Options

使用功能：设置求解器内存节省选项，仅适用于 PCG 求解器。

使用格式：MSAVE,*Key*

其中，*Key*：激活键。
- 0 或 OFF：对整个模型的刚度矩阵使用总体组装(默认设置)。
- 1 或 ON：在求解时为了节省内存可以使用单元—单元的方法。在这种情况下，整体刚度矩阵并不组装，在迭代中单元刚度矩阵重新生成。

使用提示：节省内存的功能仅适用于使用具有线材料性能的单元如 SOLID92、SOLID95、SOLID186 和 SOLID187 的部分模型，同时下列条件必须要成立。
- 指定为 PCG 求解器。
- 静态分析，且不支持拓扑优化。
- 假定为小应变。
- 没有预应力效应或当处于小应变状态时，也没有应力刚化效应。
- 支撑单元类型的所有节点必须指定，不能使用命令"EMID"将中间节点移去。
- 对于取决于与温度相关的材料性能单元，"MSAVE,ON"仅适用于具有均匀温度分布的单元。
- 必须要使用其默认的单元坐标系，对单元 SOLID95，要设置 KEYOPT(1) = 0。

如果在输入文件中强制使用命令"MSAVE,ON"，则模型需要包含下列的附加选项。
- 可以是使用 PCG Lanczos 法的模态分析。
- 仅对单元 SOLID45、SOLID92 和 SOLID95 可以使用大变形效应。
- 可以包含 SOLID45 单元，且 KEYOPT(2) = 0。
- 可以包含 SOLID185 单元，且 KRYOPT(2) = 3。

对不满足上述准则的所有其他类型单元或模型中的其他部分，将使用整体组装来求解。对于满足上述条件的部分模型，与整体组装相比，这个命令可以节省 70% 的内存。根据处理器的速度和计算机的性能，当使用这个特征时，可能会导致计算时间的增加或减少。

当使用多个处理器时，内存节省的特色也是平行的。当命令"MSAVE,ON"和命令"PCGOPT"一起使用时，要注意：①对于静态和模态分析，命令"PCGOPT"中的变量 *Lew_Diff* 为 2；②对于模态分析，命令"PCGOPT"中的变量 *Strmck* 设置为 OFF。同时，在模态分析中使用"MSAVE,ON"，将没有".FULL"文件生成，若要生成该文件，使用命令"WRFULL"重新运行模态分析。

5.2 施加载荷和边界条件

施加载荷和边界条件的操作菜单如图 5-9 所示。

5.2.1 施加载荷的设置(Setting)

施加载荷的设置菜单如图 5-10 所示,其相关的操作命令介绍如下:

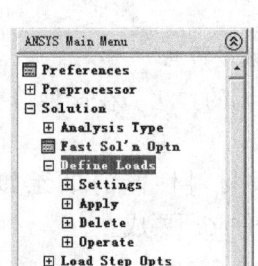

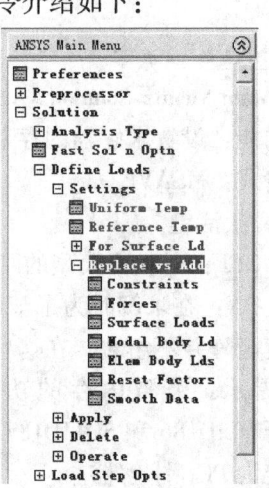

图 5-9 施加载荷和边界
条件的操作菜单

图 5-10 施加载荷设置
的菜单

1. "TUNIF" 命令

GUI: **Main Menu > Solution > Define Loads > Settings > Uniform Temp**
Main Menu > Solution > Define Loads > Apply > Structural > Temperature > Uniform Temp
Main Menu > Solution > Define Loads > Apply > Thermal > Temperature > Uniform Temp
Main Menu > Solution > Loading Options > Uniform Temp

使用功能:对所有的节点指定一个均布温度,如图 5-11 所示。

使用格式:TUNIF,*TEMP*

其中,*TEMP*:给节点指定的均布温度。如果为空(blank),则均布温度为零。

命令默认:用参考温度(reference temperature)来替代均布温度(uniform temperature)。

使用提示:在瞬态或非线性热分析中,在求

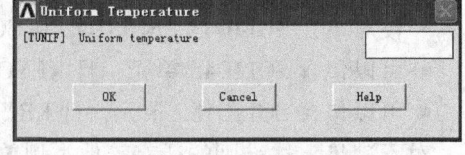

图 5-11 均布温度施加对话框

解的第 1 个迭代期间,均布温度可用来作为起始的节点温度(除非其中温度被明确指定)或计算出与温度相关的材料性能。

在结构分析或显式动力学分析中,均布温度可用来作为热应变计算和材料性能计算的默认温度。除非其中的体载荷温度用命令"BF"、"BFE"、"BFK"和"LDREAD"来指定。在其他的分析中,均布温度被用来求取材料性能值。

由于命令"TUNIF"是使用阶跃式施加方式作用在第 1 次迭代中,当需要采用递增式施加均布温度载荷，应该使用命令"BF,ALL,TEMP,*Value*"。

当命令"TUNIF"在显式动力学分析中使用时，不能使用"EDLOAD,,*TEMP*"来施加温度载荷。也就是说，由命令定义的温度载荷不能采用命令"EDLOAD"来进行列表或删除。

命令"TUNIF"是命令"BFUNIF"的更一般形式。

2. "SFGRAD" 命令

GUI：**Main Menu > Solution > Define Loads > Settings > For Surface Ld > Gradient**

使用功能：为表面载荷指定一个梯度（斜率），如图 5-12 所示。

使用格式：SFGRAD,*Lab*,*SLKCN*,*Sldir*,*SLZER*,*SLOPE*

其中：

Lab：有效的表面载荷标签。如 PRES（压力）、CONV（对流）、HFLUX（热流量）、CHRGS（表面电荷密度），其中 CONV 和 HFLUX 是相互排斥。

SLKCN：斜率坐标系的编号，默认值为 0，即整体直角坐标系。

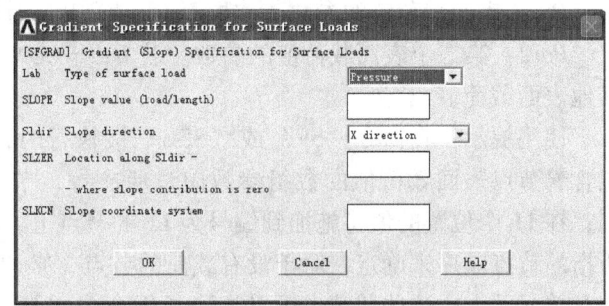

图 5-12 给表面载荷指定斜率

Sldir：坐标系中斜率的方向，它有：

- X：沿 X 方向的斜率（默认值），对于非直角坐标系则为 R 方向。
- Y：沿 Y 方向的斜率，对于非直角坐标系则为 θ 方向。
- Z：沿 Z 方向的斜率，对于球形或环形坐标系则为 Φ 方向。

SLZER：斜率基值为零的坐标位置（若输入角度，其单位为度）。允许斜率基值沿斜率方向进行转换。对于输入的角度，如果奇点在 180°，则 *SLZER* 在 ±180°之间，若奇点在 0°，则 *SLZER* 应该在 0°~360°之间。

SLOPE：斜率值，即每单位长度或每角度的载荷值。

使用提示：为表面载荷指定一个梯度（斜率）。当这个选项被激活时，用命令"SF"、"SFE"、"SFL"或"SFA"命令施加的表面载荷都将有一个施加的梯度值，每个节点处的载荷值将按下式来计算：

$$CVALUE = VALUE + (SLOPE \ X(COORD - SLZER))$$

其中，*VALUE* 是由命令"SF"、"SFE"、"SFL"或"SFA"中指定的值，COORD 是节点的坐标值。每次仅有一个"SFGRAD"设置能够被激活，若执行了多个，则前面的将会被后来的替代。执行一个没有指定值的"SFGRAD"命令，将会取消这个命令的设置。执行命令"SFGRAD,STAT"可以显示当前该命令的状态。若执行了命令"LSREAD"，命令"SFGRAD"的设置被取消。

不能对单元 PIPE16、PIPE17、PIPE18、PIPE20 和 PIPE60 施加锥形压力，仅可施加常压。命令"SFGRAD"不能以表格形式来施加边界条件。

3. "SFFUN" 命令

GUI：**Main Menu > Solution > Define Loads > Settings > For Surface Ld > Node Function**

使用功能：生成可变化的表面载荷，如图 5-13 所示。

使用格式：SFFUN,Lab,Par,Par2
其中：

Lab：有效的表面载荷标签。如 PRES（压力）、CONV（对流）、HFLUX（热流量）、CHRGS（表面电荷密度）。标签 CONV 和 HFLUX 是互相排斥。

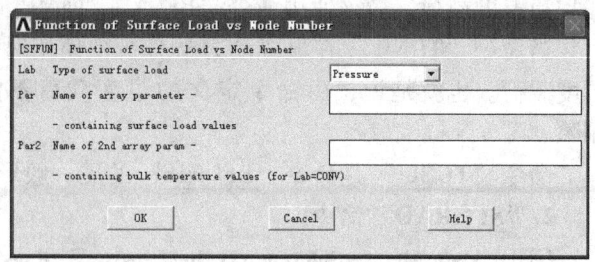

图 5-13　表面载荷的函数

Par：表面载荷值的参数。如果 Lab = CONV，则它是膜系数，而 Par2 则是 bulk 温度。

Par2：第二个表面载荷值的参数。若 Lab = CONV，则 Par2 是一个 bulk 温度，不适用于其他表面载荷。

使用提示：在命令"SF"或"SFE"被执行时，指定一个表面载荷函数。函数由一个包含着节点表面载荷值的数组参数向量所支撑，节点编号来自于数组参数中的顺序编号。如：在 11 个位置的值将施加到编号为 11 的节点上，单元面由执行命令"SF"或"SFE"时所指的节点顺序来确定，对于没有载荷的节点，必须要施加一个 0 值。一个锥形载荷也可施加在单元面上，这些载荷也可以是除了用命令"SF"或"SFE"指定的载荷之外的任何载荷。执行一个没有赋值的命令"SFFUN"，将取消这个命令的设置；执行命令"SFFUN，STATUS"可以列表出当前命令的设置。

数组单元的起始标号必须要指定，如：SFFUN,CONV,A(1,1),A(1,2)，表示从数组的第 1 列和第 2 列中读出数据并赋给相关的节点，这个赋值过程继续，直到该列的最后一个元素赋完为止。命令"SFFUN"不能以表格形式来施加边界条件。

操作示例：下面是使用命令"SFFUN"来施加节点可变载荷的实例。其命令流如下：

```
*DIM,NODEPRES,ARRAY,2      ！生成一个 2×1 的数组
NODEPRES(1) = 11,12        ！给数组赋初值
/PREP7                     ！进入到前处理器
ET,1,42                    ！设置 PLANE42 号单元
N,1                        ！在 0,0 处生成第 1 个节点
N,2,1
N,3,1,1
N,4,,1
E,1,2,3,4                  ！由生成的 4 个节点生成 1 个单元
SFE,1,1,PRES,1,3           ！在生成的单元上施加面力即 3
SFELIST                    ！列表出单元面上的载荷,结果如图 5-14a
                           ！所示
SFEDEL,ALL,PRES,ALL        ！删除单元上的所有载荷
SFFUN,PRES,NODEPRES(1)     ！为节点 1 和 2 施加一个可变的载荷
SFE,1,1,PRES,1,5           ！给单元施加 1 个面载荷即 5
SFELIST                    ！列表出单元面上的载荷,结果如图 5-14b 所示
FINI
```

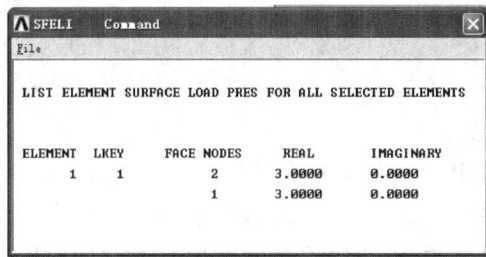 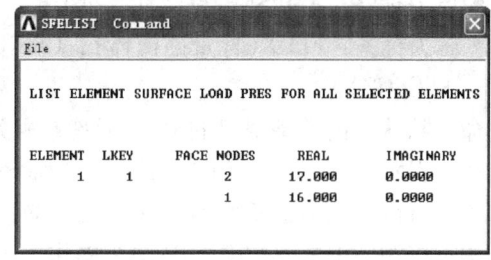

a)　　　　　　　　　　　　　　　b)

图 5-14　命令"SFFUN"的操作结果

a）未使用命令的结果　b）使用命令后的结果

4. "DOFSEL"命令

GUI：**Main Menu > Solution > Define Loads > Operate > Scale FE Loads > Constraints**
　　　Main Menu > Solution > Define Loads > Operate > Scale FE Loads > Forces
　　　Main Menu > Solution > Define Loads > Settings > Replace vs Add > Constraints
　　　Main Menu > Solution > Define Loads > Settings > Replace vs Add > Forces

使用功能：选择一个 DOF 标签为其他命令使用，如图 5-15 所示。

使用格式：DOFSEL, *Type*, *Dof1*, *Dof2*, *Dof3*, *Dof4*, *Dof5*, *Dof6*

其中：

Type：确定要选择 DOF 类型的标签。其值可为：S（选择一组标签）、A（添加标签到当前选择中）、U（从当前的选择里移去标签）、ALL（恢复所有的标签）、STAT（显示出当前标签的状态）。

Dof1,…,*Dof6*：仅当 *Type* = S、A 或 U 时，可使用下列选项。

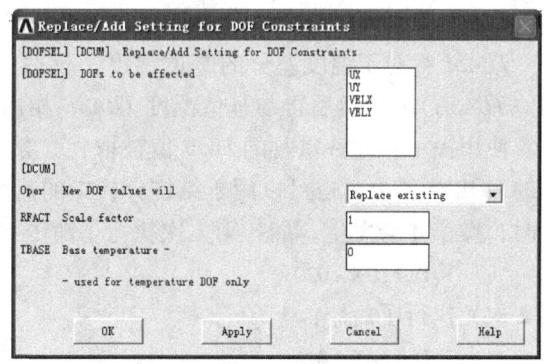

图 5-15　DOF 设置对话框

- 结构标签：UX、UY 或 UZ（位移）；U（UX、UY 和 UZ）；ROTX、ROTY 或 ROTZ（转角）；ROT（ROTX、ROTY 和 ROTZ）；DISP（U 和 ROT）。
- 热分析标签：TEMP, TBOT, TE2, TE3, …, TTOP（温度）。
- 流体流动标签：PRES（压力）；VX、VY 或 VZ（流体速度）；V（VX、VY 和 VZ）；ENKE、ENDS（湍流动能、湍流能耗）；EN（ENKE 和 ENDS 湍流能）（FLOTRAN）。
- 电场标签：VOLT（电压）；EMF（电动势电压降）；CURR（电流）。
- 磁场标签：MAG（标量磁势）；AX、AY 或 AZ（矢量磁势）；A（AX、AY 和 AZ）；CURR（电流）。
- 结构力标签：FX、FY 或 FZ（集中载荷）；F（FX、FY 和 FZ）；MX、MY 或 MZ（力矩）；M（MX、MY 和 MZ）；FORC（F 和 M）。
- 热量载荷标签：HEAT, HBOT, HE2, HE3, …, HTOP（热流）。
- 流体流动载荷：FLOW（流体流动）。

- 电力标签：AMPS（电流流动）、CHRG（电荷）。
- 磁力标签：FLUX（标量磁流体）；CSGX、CSGY 或 CSGZ（磁流段）、CSG（CSGX、CSGY 和 CSGZ）。

命令默认：由模型确定的 DOF 标签或相关的力。

使用提示：选择一个 DOF 标签为其他命令使用。如果在自由度标签域输入或暗指 ALL，则标签集可以由当前的某些命令所使用。激活的标签对 DOF 的结果没有影响。指定一个在模型中没有激活的标签将会忽略这个操作。为了方便，与 DOF 标签相对应的力的标签也可以被选择。如：选择 UX 也许会引起 FX 被选择。

5. "DCUM" 命令

GUI：Main Menu > Solution > Define Loads > Settings > Replace vs Add > Constraints

使用功能：指定 DOF 值是否被累加，可参考图 5-15。

使用格式：DCUM, *Oper*, *RFACT*, *IFACT*, *TBASE*

其中：

Oper：累加控制键，若为 REPL，后来指定的值替代前面的值（默认设置）；若为 ADD，后来指定的值加到前面的值上；若为 INGO，后来指定的值被忽略。

RFACT, *IFACT*：分别为实数、虚数的缩放系数。输入"0"或空，其默认值为 1.0，若缩放系数为 0，可以指定一个非常小的数来替代。

TBASE：对于温度差分的基值温度，仅适用于温度 DOF。缩放系数首先加到温度差分 ($T - TBASE$) 上，然后再与基值温度 *TBASE* 相加，其中 T 是当前温度。

使用提示：允许重复的 DOF 值被取代、累加或忽略，运算仅应用到所选择的节点或选择的 DOF 标签上，也可以用于结构分析中的速度和加速度上。当下一次 DOF 约束的值被定义时，操作才会发生。如：第 1 次执行了命令：

    D,1,UX,.020

第 2 次又执行了命令：

    D,1,UX,.025

若使用了"累加"操作后，则在节点 1 上 X 方向的位移是 0.045；若使用了"取代"操作后，则节点 1 上 X 方向的位移为 0.025；若使用了"忽略"操作后，则节点 1 上 X 方向的位移为 0.020。

也可以使用缩放系数，它将在被累加或取代操作之前与第 2 个值相乘。若缩放系数为 2.0，对于上述的例子，若采用"累加"操作，则节点 1 上 X 方向的位移为 0.07。即使没有前面施加的值，也可以使用缩放系数。使用"DCUM,STAT"可以显示当前的标签、操作和缩放系数。实体模型的边界条件并不受这个命令的影响，但在有限元模型上的边界条件将受到影响。

如果使用了边界条件的转换操作，有限元模型的边界条件将会由实体模型边界条件所覆盖。命令"DCUM"不适用于锥形边界条件的施加。

6. "FCUM" 命令

GUI：Main Menu > Solution > Define Loads > Settings > Replace vs Add > Forces

使用功能：指定集中力是否被累加，可参考如图 5-15 所示。

使用格式：FCUM, *Oper*, *RFACT*, *IFACT*

其中各变量的意义和使用提示可参考命令"DCUM",并仿照执行。

7."SFCUM"命令

GUI：**Main Menu > Solution > Define Loads > Settings > Replace vs Add > Surface Loads**

使用功能：指定表面载荷是否被累加,如图 5-16 所示。

使用格式：SFCUM,*Lab*,*Oper*,*FACT*,*FACT2*

其中：

Lab：表面载荷标签,若为 ALL,则使用所有合适的标签。也可以是 PRES(压力)、CONV(对流)、HFLUX(热流量)、CHRGS(表面电荷密度)、SELV(载荷向量数)、MXWF(麦克斯韦力)。标签 CONV 和 HFLUX 互相排斥。

Oper：累加控制键,若为 REPL,后来指定的值替代前面的值(默认设置);若为 ADD,后来指定的值加到前面的值上;若为 INGO,后来指定的值被忽略。

FACT,*FACT2*：分别为第 1 个、第 2 个表面载荷的缩放系数,输入 0 或空,其默认为 1.0。

使用提示：可参考命令"DCUM",并仿照执行。

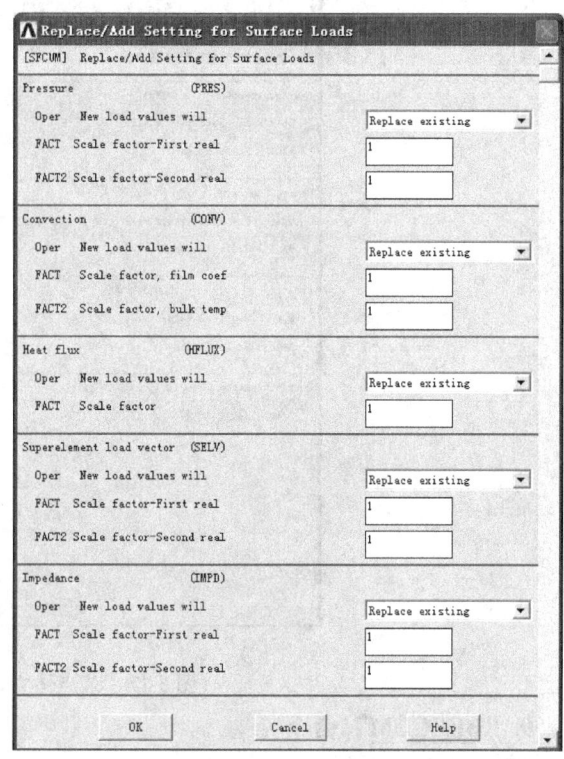

图 5-16 表面载荷设置对话框

8."BFCUM"命令

GUI：**Main Menu > Solution > Define Loads > Settings > Replace vs Add > Nodal Body Ld**

使用功能：指定节点的体力是否被累加,如图 5-17 所示。

使用格式：BFCUM,*Lab*,*Oper*,*FACT*,*TBASE*

其中：

Lab：有效的节点体力标签,若为 ALL,表示当前合适的标签。也可以是 TEMP(温度)、FLUE(流量密度)、HGEN(热生成率)、JS(电流密度)、MVDI(磁虚位移)、CHRGD(电荷密度)。

Oper：其意义可参看上一页命令"DCUM"中相对应变量的说明。

FACT：节点体力值的缩放系数,输入"0"或空,其默认值为 1.0,若缩放系数为 0,可以指定一个非常小的数来替代,它不适合于体力的相位角。

TBASE：在"累加"或"替代"操作中,用来计算温度,仅适宜于 *Lab* = TEMP 的状态。其计算公式为：Temperature = $TBASE + FACT * (T - TBASE)$,其中 T 是由随后命令"BF"指定的值,其默认值为 0。

使用提示：允许重复输入的节点体力被取代、累加或忽略,节点的体力值由命令"BF"指定,命令"BFLIST"可列表当前的节点体力,其他的操作提示与命令"DCUM"相类似。

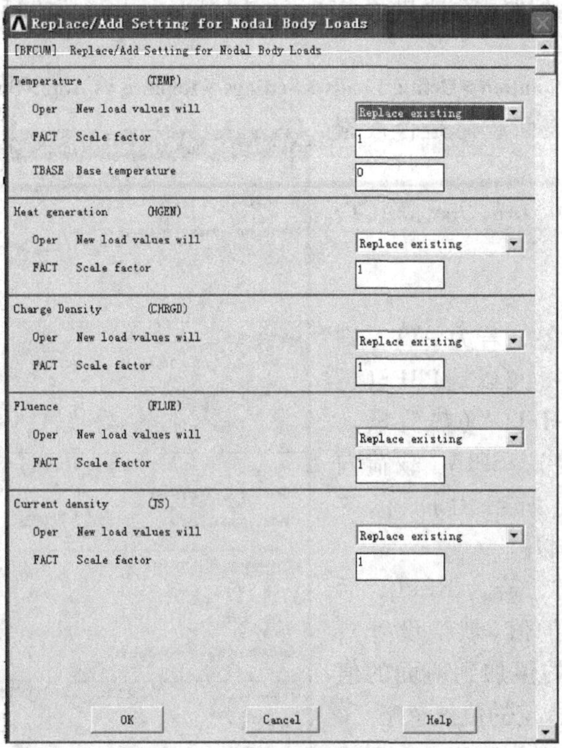

图 5-17 节点体力设置对话框

9. "BFECUM" 命令

GUI：**Main Menu > Solution > Define Loads > Settings > Replace vs Add > Elem Body Lds**

使用功能：指定是否要忽略后来输入的单元体力载荷，可参考图 5-17 所示。

使用格式：BFECUM, *Lab*, *Oper*, *FACT*, *TBASE*

其中：

Oper：累加或忽视控制键，若为 REPL，后来指定的值替代前面的值（默认设置）；若为 INGO，后来指定的值被忽略。

其他变量的意义可参看命令"BFCUM"相对应变量的说明。

使用提示：允许重复输入的单元体力载荷被取代或忽略，单元体力载荷由命令"BFE"来指定，可以使用命令"BFELIST"来列表当前的单元体力载荷。其他的操作提示与命令"DCUM"相类。

10. "LSCLEAR" 命令

GUI：**Main Menu > Solution > Define Loads > Delete > All Load Data > All F. E. Loads**

Main Menu > Solution > Define Loads > Delete > All Load Data > All Inertia Lds

Main Menu > Solution > Define Loads > Delete > All Load Data > All Loads & Opts

Main Menu > Solution > Define Loads > Delete > All Load Data > All SolidMod Lds

Main Menu > Solution > Define Loads > Settings > Replace vs Add > Reset Factors

Main Menu > Solution > Load Step Opts > Reset Options

使用功能：从数据库中清除载荷和载荷步选项，如图 5-18 所示。

使用格式：LSCLEAR, *Lab*

其中：

Lab：确定将要删除的载荷标签。它的值有：SOLID（仅删除实体模型上的载荷）、FE（仅删除有限元模型上的载荷）、INER（仅删除惯性载荷）、LFACT（仅初始化在命令"DCUM"、"FCUM"、"SFCUM"等上指定的载荷缩放系数）、LSOPT（仅初始化载荷步选项）、ALL（删除所有的载荷,初始化所有的载荷步选项和缩放系数）。

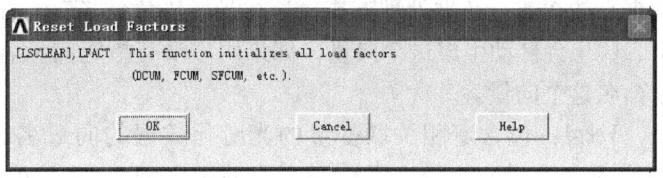

图 5-18　重置载荷缩放系数的对话框

使用提示：载荷被删除，载荷步和缩放系数返回到它们的默认值。

11. "SMOOTH" 命令

GUI：**Main Menu > Solution > Define Loads > Settings > Replace vs Add > Smooth Data**
　　　Main Menu > Solution > Loading Options > Smooth Data
　　　Main Menu > TimeHist Postpro > Smooth Data

使用功能：对杂乱的数据进行平滑化,并用图形来表示数据,如图 5-19 所示。

使用格式：SMOOTH, *Vect1*, *Vect2*, *DATAP*, *FITPT*, *Vect3*, *Vect4*, *DISP*

其中：

Vect1：包含杂乱数据的第 1 个向量名（如独立变量）,在执行这个命令之前,该向量必须存在,并已用数据填充。

Vect2：包含相关联数据的第 2 个向量名,在执行这个命令之前,该向量必须存在,并已用数据填充,并与第 1 个向量有相同的大小。

DATAP：从向量的起始点开始,将要拟合数据点的个数。如果为空,则整个向量都将拟合。数据点的最大个数是 100000,根据计算机的内存也可以更大一些。

FITPT：将要拟合曲线的阶数,这个阶数必须小于或等于数据点的个数,默认值是数据点个数的一半,最大拟合的阶数是 50。根据这个数,光滑化曲线将是下面的一条：

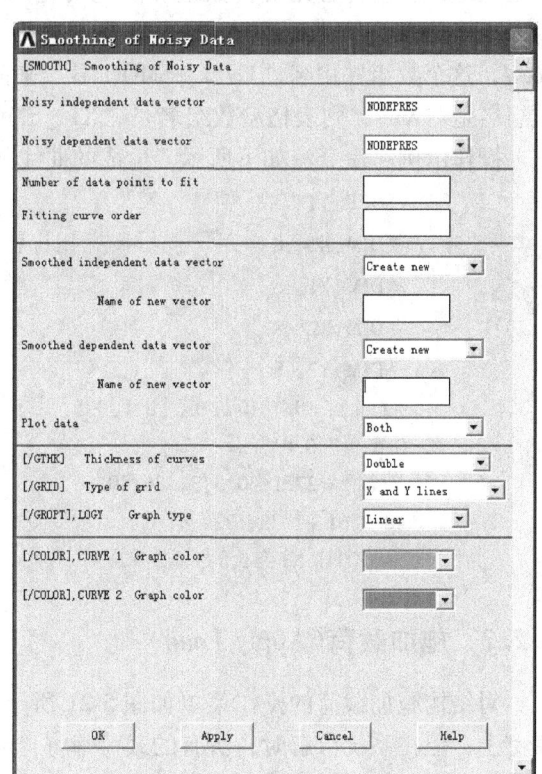

图 5-19　数据拟合对话框

- 1：是所有数据点的绝对平均曲线,即直线。
- 2：所有数据点的最小二次平均曲线,即二次曲线。
- 3 或更大：是一条 n – 1 阶的多项式曲线,其中 n 是拟合曲线的阶数。

Vect3：包含着独立变量的光滑化数据的向量名。该向量的长度应该等于或大于光滑化

数据点的次数,在批处理方式,执行光滑化命令之前,必须要先定义这个向量;在交互模式下,GUI 会自动生成这个向量,如果用户没有指定向量名,GUI 方式下将会以"smth_ind"来命名这个向量。

Vect4:包含着相关联变量的光滑化数据的向量名。必须与 *Vect3* 有同样的长度。在批处理方式下,执行光滑化命令之前,必须要先定义这个向量;在交互模式下,GUI 会自动生成这个向量,如果用户没有指定向量名,GUI 方式下将会以"smth_dep"来命名这个向量。

DISP:指定怎样显示这些数据,没有默认值,其值可为 1,仅显示没有光滑化的数据;若为 2,仅显示光滑化的数据;若为 3,光滑化和没有光滑化的数据都显示。

使用提示:可以使用 ANSYS 来控制图形的属性。如果在 GUI 方式下,这些命令将出现在对话框上,用户可以很方便地使用。但在进行拟合之前,必须要先定义 *Vect1* 和 *Vect2* 向量,并用数据填充,同时 ANSYS 也会自动生成 *Vect3* 和 *Vect4*,并自动将它们填充。如果是在批处理下即命令流方式,在执行命令"SMOOTH"之前,必须要用命令"*DIM"先定义 *Vect3* 和 *Vect4* 向量,然后再由 ANSYS 自动进行填充。另外,ANSYS 会创建一个附加的表格类型数组,它包含着光滑化数组和非光滑化的数据,并允许随后用命令"*VPLOT"来显示,表格数组的第 1 列包含着向量 *Vect1*、第 2 列包含着向量 *Vect2*、第 3 列包含着向量 *Vect4*,这个数组并用名"*Vect3*_SMOOTH"来命名,名称字符的个数最大可达到 32 个,如数组名是"X1",则表格型数组名是"X1_SMOOTH"。

操作示例:命令流如下所示,生成的曲线如图 5-20 所示。

```
/SOLU
*DIM,X1,,8
*DIM,Y1,,8
*DIM,X2,,8
*DIM,Y2,,8
X1(1) = 0.1,0.2,0.3,0.4,0.5,
0.6,0.7,0.8
Y1(1) = 27.1,30.5,34.86,40.66,
48.8,61,81.33,122
SMOOTH,X1,Y1,8,3,X2,Y2,3
```

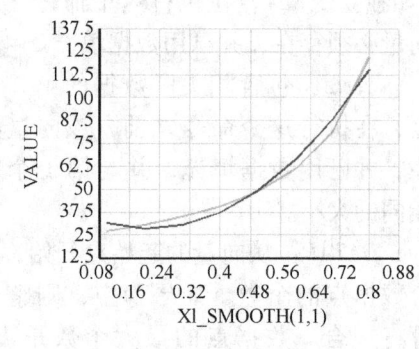

图 5-20 生成的拟合曲线

5.2.2 施加载荷(Apply Load)

对结构施加载荷的操作菜单如图 5-21 所示。用户能够将载荷施加在实体模型或有限元模型上,但在系统求解时,所有的载荷都将自动转换到有限元模型上。将载荷施加在实体模型上具有下列优势和缺点:

- 加在实体模型上的载荷与有限元网格无关。也就是说,当用户改变网格时不会影响到所施加的载荷,从而允许用户在对网格进行修改或开展网格的灵敏度研究时,不必每次重新施加载荷。
- 实体模型的个数与有限元模型相比要少得多,从而采用图形拾取方式来选择实体并施加载荷时要容易得多。

- 由系统命令生成的单元均处于当前激活的单元坐标系中，而节点却由位于直角坐标系下的网格命令生成，因此实体模型和有限元模型也许存在不同的坐标系和载荷方向。
- 实体模型载荷对于缩减分析来说是非常不方便的，因为这时载荷要求施加在主自由度上。而主自由度只能定义在节点上，而不能是关键点上。
- 不能显示所有实体模型载荷。

如果将有限元模型载荷、耦合、约束方程与实体模型载荷混合使用，这时要意识到是否会引起冲突。转换实体模型载荷将会取代已存在的节点或单元载荷，并不考虑载荷的施加顺序；删除实体模型载荷也会删除任何相对应实体上的有限元模型载荷；线或面上的对称或非对称条件会引起节点旋转，这样也许会影响到线或面上节点的约束、节点力、耦合和约束方程。

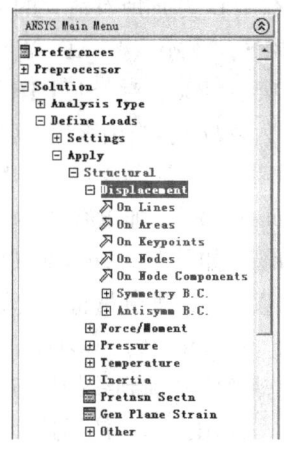

图 5-21 施加载荷操作菜单

当载荷施加到有限元模型上时，具有下列优势和缺点：
- 可直接应用于缩减分析中。
- 不必担心约束扩展，可以直接将约束施加在所选择的节点上。
- 任何单元的修改都将使施加的载荷无效，要求用户删除在修改前的载荷，并在修改后重新施加载荷。
- 采用图形拾取方式来施加载荷是非常不方便的。

对结构施加载荷的操作命令介绍如下：

1. "DL"命令

GUI：Main Menu > Solution > Define Loads > Apply > Structural > Displacement > On Lines
　　　Main Menu > Solution > Define Loads > Apply > Electric > Boundary > On Lines
　　　Main Menu > Solution > Define Loads > Apply > Magnetic > Boundary > On Lines
　　　Main Menu > Solution > Define Loads > Apply > Thermal > Temperature > On Lines
　　　……

使用功能：在线上施加自由度(DOF)约束，如图 5-22 所示。

使用格式：DL, *LINE*, *AREA*, *Lab*, *Value1*, *Value2*

其中：

LINE：将要施加自由度(DOF)约束的线编号，也可以为 ALL、P 或元件名。

AREA：包含线的面号。垂直于对称与反对称面，并假定位于这个面内，默认值是包含线号的所选面的最小编号。

Lab：有效的标签名。对称标签有：SYMM、ASYM(参考使用提示)；自由度标签有：UX、UY、UZ、ROTX、ROTY、ROTZ、WARP、TEMP、TBOT、TE2、TE3、…、TTOP、VOLT、AX、AY、

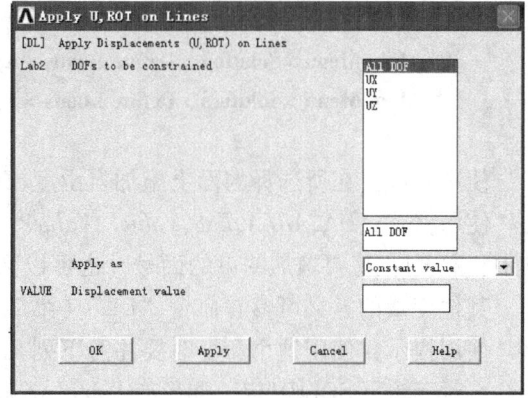

图 5-22 在关键点上施加约束对话框

AZ、ALL(施加所有适宜的 DOF 约束);对于标准的 FLOTRAN 的 DOF 标签有:VX、VY、VZ、PRES、TEMP、ENKE、ENDS;对于特定的 FLOTRAN 标签有:SP01、SP02、SP03、SP04、SP05、SP06;对于 FLOTRAN 任意 Lagrangian 欧拉公式网格位移标签来说有:UX、UY、UZ。

Value1:自由度值(实数部分)或线上的表格名称。对于所有的 DOF 标签均有效,表格要用"*DIM"命令定义,其表格名要用符号"%"括起来,如:"DL,*LINE*,*AREA*,TEMP,%*tabname*%"。如果有 *Lab* = ENKE 和 *Value1* = -1,表示一个 FLOTRAN 标志用来指定为可移动的墙;如果有:*Lab* = ENDS 和 *Value1* = -1,则 FLOTRAN 施加一个对称条件,若 ALE 公式没有激活,速度分量将与对称面相切。若 ALE 公式被激活,与网格速度相等。

Value2:为 FLOTRAN 自由度,当为"0"时,值将施加到线的内节点上;当为"1"时,值将施加到线的端点和内节点上。对于 VOLT 选项,则为 DOF 值的虚部。

使用提示:使用这个命令时要注意下列几条。
- 可以使用命令"DTRAN"和"SBCTRAN",将线上的约束转换到节点上。
- 对称和反对称约束将按命令"DSYM"的方式生成。
- 对于速度 DOF(VX、VY、VZ),一个 0 值将会取代在两条线相交点的非 0 值。
- 可以使用命令"MSSPEC"改变 FLOTRAN 特定的标签为用户自定义标签,当要在命令"DL"上使用这些自定义标签之前,必须先用命令"MSSPEC"对它们进行定义。
- 设置 Lab = VOLT 和 Value1 = 0,并施加到 J-法向边界条件,由于这是一个自然边界条件,其 J-切向条件不要输入。
- 表格边界条件(VALUE = %tabname%)仅适宜于下列 DOF 标签。电场为(VOLT);FLOTRAN 有:(UX,UY,UZ,PRES,VX,VY,VZ,ENKE,ENDS,TEMP,SP01,SP02,SP03,SP04,SP05,and SP06);结构有:(UX,UY,UZ,ROTX,ROTY,ROTZ)和温度有:(TEMP,TBOT,TE2,TE3,…,TTOP)。
- 由"DL"命令定义的约束可能与其他指定的约束发生冲突。

2. "DA"命令

GUI:**Main Menu > Solution > Define Loads > Apply > Structural > Displacement > On Areas**
　　　　Main Menu > Solution > Define Loads > Apply > Electric > Boundary > On Areas
　　　　Main Menu > Solution > Define Loads > Apply > Magnetic > Boundary > On Areas
　　　　Main Menu > Solution > Define Loads > Apply > Thermal > Temperature > On Areas
　　　　……

使用功能:在所选择的面上施加自由度(DOF)约束,其对话框可参考图 5-22。

使用格式:DA,*AREA*,*Lab*,*Value1*,*Value2*

其中,*AREA*:将要施加约束的面号,也可以为 AL、P 或元件名。

其他变量的意义可参看命令"DL"(第 265 页),并可仿照执行。

使用提示:使用这个命令时要注意下列几条。
- 对于单元 SOLID117,如果有 Lab = AZ 和 Value1 = 0,这将为边缘公式设置平行流通量条件。不要使用命令"DA"将边缘流通量 DOF 中的"AZ"设置为一个非零值。
- 如果当 Lab = MAG 和 Value1 = 0 时,这将为磁标势公式设置一个法向通量条件。
- 如果当 Lab = VOLT 和 Value1 = 0 时,J-法向条件被设置。

- 对于单元 HF119、HF120 来说，当在一个高频电磁分析中使用时，自由度 AX 并不是一个矢量势的 X 分量，而是在单元边和面 E(电场域)的切向分量。为了得到一个电墙(Electric Wall)的条件，可以设置 AX =0。
- 使用命令"DTRAN"和"SBCTRAN"，可以将约束从面上转换到节点上。

其他的提示说明可参看命令"DL"。

3. "DK"命令

GUI：Main Menu > Solution > Define Loads > Apply > Structural > Displacement > On Keypoints
Main Menu > Solution > Define Loads > Apply > Electric > Boundary > On Keypoints
Main Menu > Solution > Define Loads > Apply > Magnetic > Boundary > On Keypoints
Main Menu > Solution > Define Loads > Apply > Structural > Spectrum > On Keypoints
Main Menu > Solution > Define Loads > Apply > Thermal > Temperature > On Keypoints
……

使用功能：在关键点上施加 DOF 约束，其对话框可参考图 5-22。

使用格式：DK, *KPOI*, *Lab*, *VALUE*, *VALUE2*, *KEXPND*, *Lab2*, *Lab3*, *Lab4*, *Lab5*, *Lab6*

其中：

KPOI：将要施加约束的关键点号，也可以为 ALL、P 或元件名。

Lab：有效的 DOF 标签，如果为 ALL，则为所有适宜的标签名。结构标签有：UX、UY 或 UZ(位移)，ROTX、ROTY 或 ROTZ(转角)，WARP(扭曲)；热分析标签有：TEMP, TBOT, TE2, TE3, …, TTOP(温度)；电场标签：VOLT(电压)；磁场标签有：MAG(标磁势)和 AX、AY 或 AZ(矢磁势)。

VALUE：DOF 的值或为表格型边界条件的表格名称，表格名必须用符号"%"括起来，如："DK, NODE, TEMP, %*tabname*%"。

VALUE2：第 2 个自由度值，如果分析类型和自由度允许一个复数输入，则 *VALUE* 为实数部分，而 *VALUE2* 为虚数部分。

KEXPND：扩展键，若为 0，则仅施加约束到位于关键点上的节点；若为 1，则扩展到关键点之间的所有节点，也包括位于关键点上的节点，如图 5-23 所示。

Lab2, *Lab3*, *Lab4*, *Lab5*, *Lab6*：另外的 DOF 标签，对这些标签，同样的值也将施加到关键点上。

使用提示：使用 *KEXPND* 选项，可以将约束施加到附加在实体上关键点之间的节点上。使用命令"DTRAN"和"SBCTRAN"，可以将约束从关键点上转换到节点上。扩展利用插值的方式将约束施加到位于标记关键点之间连线的节点上，如果一个面或体上的所有关键点都标记上，且其约束值相同，约束将施加到该区域内所有节点上。

表格型边界条件仅适宜于下列 DOF 标签：VOLT、UX、UY、UZ、ROTX、ROTY、ROTZ、TEMP, TBOT, TE2, TE3, …, TTOP。

由"DK"命令定义的约束可能与其他指定的约束发生冲突。

操作示例：如图 5-23a 所示，先将约束施加到编号分别为 6 和 4 的关键点上，当关键点约束向节点置换时，根据命令"DK"中变量 *KEXPND* 的设置不同会有不一样的结果，当 *KEXPND* = 0 时的置换结果如图 5-23b 所示，只有位于关键点同一位置的节点 458 和 692 具有约束，而当 *KEXPND* = 1 的结果如图 5-23c 所示，除位于与关键点同一位置的节点具有约束外,在它们之间的节点也都具有相同的约束。

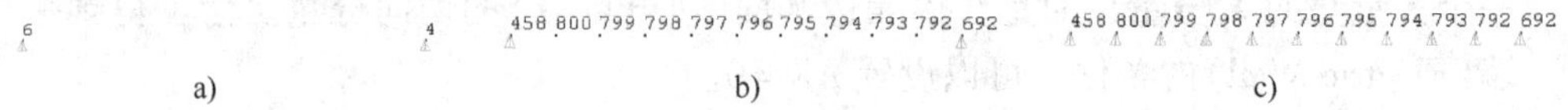

```
    6              4      458 800 799 798 797 796 795 794 793 792 692    458 800 799 798 797 796 795 794 793 792 692
         a)                            b)                                              c)
```

图 5-23 施加约束到节点的示例
a) 施加节点到关键点上 b) KEXPND = 0 的结果 c) KEXPND = 1 的结果

4. "D" 命令

GUI：**Main Menu > Solution > Define Loads > Apply > Structural > Displacement > On Nodes**
　　　Main Menu > Solution > Define Loads > Apply > Electric > Boundary > On Nodes
　　　Main Menu > Solution > Define Loads > Apply > Magnetic > Boundary > On Nodes
　　　Main Menu > Solution > Define Loads > Apply > Thermal > Temperature > On Nodes
　　　……

使用功能：在节点上施加 DOF 约束,参考图 5-22。

使用格式：D,*NODE*,*Lab*,*VALUE*,*VALUE2*,*NEND*,*NINC*,*Lab2*,*Lab3*,*Lab4*,*Lab5*,*Lab6*

其中：

NODE：将要施加约束的节点号,也可以为 ALL、P 或元件名。

Lab,*VALUE*,*VALUE2*：可参考命令 "DK" 中的说明,并可仿照执行。

NEND,*NINC*：对按增量 *NINC*(默认值为 1)从 *NODE* 增大到 *NEND*(默认值为 *NODE*)的节点指定同样的约束值。

Lab2,*Lab3*,*Lab4*,*Lab5*,*Lab6*：参看命令 "DK" 中的说明。

使用提示：自由度用节点坐标系定义,结构旋转和平移的正向与节点坐标轴的正向相同,结构的转角应输入弧度,节点和自由度标签应该被选择。

在结构分析中,只能沿自由度施加一次载荷,如位移、速度和加速度等,如果施加了多次,则最后施加的载荷将覆盖前一次的施加。

对于单元 HF119、HF120 来说,当在一个高频电磁分析中使用时,自由度 AX 并不是一个矢量势的 X 分量,而是在单元边和面 E(电场域)的切向分量。为了得到一个电墙(Electric Wall)的条件,可以设置 AX = 0。

对于单元 SOLID117,若在静态和低频电磁分析中使用,自由度 AX 并不是一个矢量势的 Z 分量,而是在单元边的流通量。为了指定一个平行流通量条件,可以设置 AZ = 0。

在一个显式动力学分析中,"D" 命令仅用来固定模型中的节点,自由度值必须为零,其他任何值均是无效的。可以使用命令 "EDLOAD" 在一个显式动力学分析中施加一个非零位移。

表格型边界条件可用来施加下列标签的自由度：电场(VOLT);FLOTRAN (UX,UY,UZ, PRES,VX,VY,VZ,ENKE,ENDS,TEMP,SP01,SP02,SP03,SP04,SP05,and SP06);结构(UX, UY,UZ,ROTX,ROTY,ROTZ)和温度 (TEMP,TBOT,TE2,TE3,…,TTOP)。所有的标签可在静态分析和完全瞬态分析中使用。

%_FIX% 是一个 ANSYS 保留的表格名称,当 *VALUE* 为%_FIX%时,ANSYS 将指定 DOF 为 "当前的" 位移值。在大多数情况下,对所有的结构自由度来说,%_FIX%是有效的,可以推荐使用的。

5. "DSYM" 命令

GUI：**Main Menu > Solution > Define Loads > Apply > Magnetic > Boundary > Flux Normal > On Nodes**

Main Menu > Solution > Define Loads > Apply > Magnetic > Boundary > Flux Parl > On Nodes

Main Menu > Solution > Define Loads > Apply > Structural > Displacement > Antisymm B. C. > On Nodes

Main Menu > Solution > Define Loads > Apply > Structural > Displacement > Symmetry B. C. > On Nodes

使用功能：在节点上施加对称或反对称约束。

使用格式：DSYM,*Lab*,*Normal*,*KCN*

其中，*Lab*：对称标签。若为 SYMM，生成对称约束；若为 ASYM，生成反对称约束。

Normal：确定约束的表面方向标签。表面一般假定与 *KCN* 坐标系中的坐标方向垂直。它有：

- X：表面与 X 方向的坐标垂直（默认设置），对非直角坐标系则为 R 方向。
- Y：表面与 Y 方向的坐标垂直，对非直角坐标系则为 θ 方向。
- Z：表面与 Z 方向的坐标垂直，对球形和环形坐标则为 Φ 方向。

KCN：用来定义表面方向的整体或局部坐标系的参考号。

使用提示：在所选择的节点上施加对称或反对称 DOF 约束。首先，节点自动旋转到 *KCN* 指定的坐标系，然后在所选择的 DOF（仅限于位移、速度和磁的自由度）集中生成一个 0 值约束，约束就被施加在节点坐标系上。

对称和反对称约束主要是根据模型上有效自由度的情况而生成约束，即单元上节点的自由度。在生成器中使用的自由度标签主要是取决于 *Normal* 标签。

对于位移自由度，生成的约束如表 5-1 所示。

表 5-1 对称与反对称边界条件下生成的位移约束

法向	对称边界条件		反对称边界条件	
	二 维	三 维	二 维	三 维
X	UX,ROTZ	UX,ROTZ,ROTY	UY	UY,UZ,ROTX
Y	UY,ROTZ	UY,ROTZ,ROTX	UX	UX,UZ,ROTY
Z	—	UZ,ROTX,ROTY	—	UX,UY,ROTZ

对于速度自由度，生成的约束如表 5-2 所示。

表 5-2 对称与反对称边界条件下生成的速度约束

法向	对称边界条件		反对称边界条件	
	二 维	三 维	二 维	三 维
X	VX	VX	VY	VY,VZ
Y	VY	VY	VX	VX,VZ
Z	—	VZ	—	VX,VY

对于磁自由度，对称标签"SYMM"生成一个流通量法向条件，即与表面垂直的流通量

流动。当流通量法向条件是"自然"满足时,将没有约束生成。反对称标签"ASYM"生成的是流通量平行条件,即与表面平行的流通量流动,其生成的约束情况如表 5-3 所示。

表 5-3 对称与反对称边界条件下生成的磁自由度约束

法向	对称边界条件		反对称边界条件	
	二维	三维	二维	三维
X	—	AX	AZ	AY, AZ
Y	—	AY	AZ	AX, AZ
Z	—	AZ	—	AX, AY

操作示例:如图 5-24 所示为对称与非对称的结构示意图,及施加对称与非对称约束的结果。

图 5-24 对称与非对称结构示意图
a) 对称结构 b) 非对称结构

6. "FK" 命令

GUI:**Main Menu > Solution > Define Loads > Apply > Structural > Force/Moment > On Keypoints**
　　　Main Menu > Solution > Define Loads > Apply > Magnetic > Other > On Keypoints
　　　Main Menu > Solution > Define Loads > Apply > Structural > Spectrum > On Keypoints
　　　Main Menu > Solution > Define Loads > Apply > Thermal > Heat Flow > On Keypoints
　　　……

使用功能:在关键点施加集中载荷,如图 5-25 所示。

使用格式:FK,*KPOI*,*Lab*,*VALUE*,*VALUE*2

其中:

KPOI:集中载荷将要施加的关键点编号,也可以为 ALL、P 或元件名。

Lab:有效的集中载荷标签。结构标签有:FX、FY 或 FZ(集中力);MX、MY 或 MZ(力矩);热标签有:HEAT、HBOT、HE2、HE3、…、HTOP(热量流动);流体标签有:FLOW(流体流动);电标签有:AMPS(电流流动)、CHRG(电荷);磁标签有:LUX(磁通量);C SGX、CSGY 或 CSGZ(磁流段)。

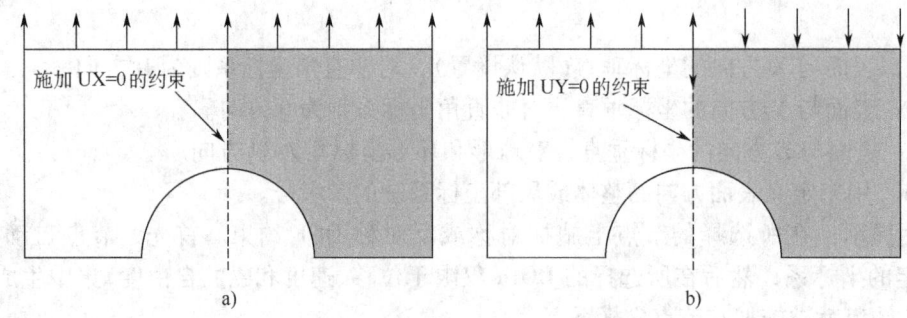

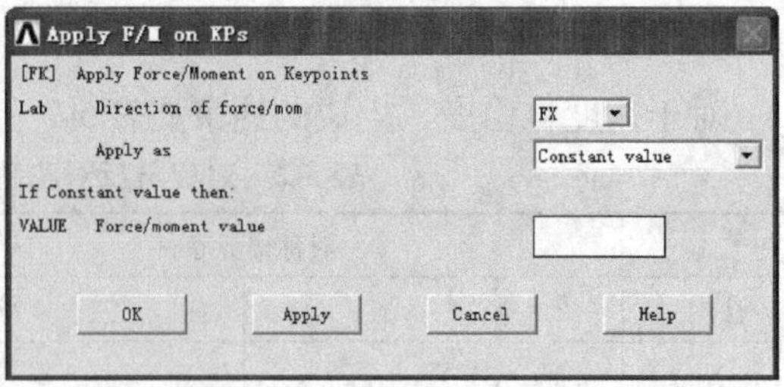

图 5-25 在关键点施加集中力的对话框

VALUE:输入力的数值或指定表格型边界条件的表格名称,表格名必须要用符号"%"

括起来，如："FK,*KPOI*,HEAT,%*tabname*%"。

VALUE2：如果需要的话，是第 2 个力值。如果分析类型和集中力允许使用复数表示，则 *VALUE* 输入的是复数的实部，*VALUE2* 为复数的虚部。

使用提示：使用命令"FTRAN"或"SBCTRAN"可以将作用关键点上的集中载荷转换到其对应的节点上。

表格型边界条件仅适宜于下列标签：FLOW、AMPS、FX、FY、FZ、MX、MY、MZ、HEAT、HBOT、HE2、HE3、…、HTOP。

7. "F"命令

GUI：**Main Menu > Solution > Define Loads > Apply > Structural > Force/Moment > On Nodes**
Main Menu > Solution > Define Loads > Apply > Magnetic > Other > On Nodes
Main Menu > Solution > Define Loads > Apply > Structural > Force/Moment > On Node Components
Main Menu > Solution > Define Loads > Apply > Structural > Spectrum > On Nodes
Main Menu > Solution > Define Loads > Apply > Thermal > Heat Flow > On Nodes
……

使用功能：在节点上施加集中载荷，如图 5-25 所示。

使用格式：F,*NODE*,*Lab*,*VALUE*,*VALUE2*,*NEND*,*NINC*

其中：

NODE：将要施加集中载荷的节点编号，也可以为 ALL、P 或元件名。

Lab：可参看命令"FK"中同变量的说明，另外再加上 FLOTRAN 标签有：FX、FY 或 FZ(力)。

VALUE,*VALUE2*：可参看命令"FK"中相同变量的说明。

NEND,*NINC*：在按增量 *NINC*(默认值为 1) 从 *NODE* 增大到 *NEND*(默认值为 *NODE*)的节点上指定同样的集中载荷值。

使用提示：如果一个力和一个 DOF 约束同时施加在同一个节点上，则约束优先。力将定义在节点坐标系上。结构力和力矩的正向与沿着或绕节点轴向的正向相同。与力相关的节点和 DOF 标签也可以被选择。

表格型边界条件(*VALUE* = %*tabname*%)仅适宜于下列标签：FLOW、AMPS、FX、FY、FZ、MX、MY、MZ、HEAT、HBOT、HE2、HE3、…、HTOP。且仅在静态分析、完全法和模态叠加法的瞬态分析中有效。

8. "LDREAD"命令

GUI：**Main Menu > Solution > Define Loads > Apply > Structural > Force/Moment > From Reactions**
Main Menu > Solution > Define Loads > Apply > Structural > Pressure > From Fluid Analy
……
Main Menu > Solution > Loading Options > Temp From ANSYS

使用功能：从结果文件中读出数据并作为载荷施加到实体上，如图 5-26 所示。

使用格式：LDREAD,*Lab*,*LSTEP*,*SBSTEP*,*TIME*,*KIMG*,*Fname*,*Ext*,--

其中：

Lab：有效的载荷标签。

- TEMP：热分析的温度，它可以在结构分析、显式动力学分析或其他类型的分析中作为体力载荷施加，也能够作为节点载荷和初始条件进行施加。如果热分析使用了单元

SHELL131、SHELL132，温度将作为体力单元载荷进行施加，且只有顶层和低层的温度可由结构壳单元所利用，任何内点的温度都会忽略。对于使用分片输入的单元 SHELL181 和 SHELL91 来说，所有的温度都将使用，因此在热模型中生成的

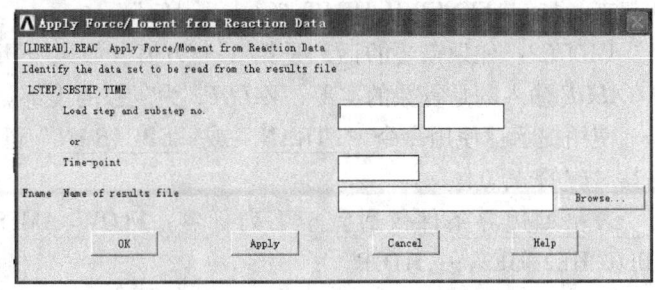

图 5-26 读出数据并作为载荷施加的对话框

作用在每个节点上的温度点的个数必须要与在结构分析中对每个节点所需要的温度点个数相同。

- FORC：电磁分析中的集中力，将在结构分析或 FLOTRAN 分析中作为力载荷被施加。对一个完全谐磁分析来说，FORC 表示为平均时间的力，对于集中载荷来说，它的值位于节点坐标系。
- HGEN：磁分析中生成的热生成率，将在热或 FLOTRAN 分析中作为体力载荷施加。对完全谐分析来说，HGEN 表示一个平均时间的生成热。
- HFLU：FLOTRAN 分析中的热通量，将在热分析中作为表面载荷施加。
- EHFLU：高频电磁分析中的表面损耗，将在热分析中作为平均的表面热通量施加。
- JS：电流传导分析中的电流密度，将作为体力载荷施加，其值位于直角坐标系统中。
- EF：静电场分析中生成的电场单元质心值，将在磁场分析中作为体力进行施加。
- PRES：FLOTRAN 分析中的压力，将在结构分析中作为表面载荷施加。对于壳单元，使用变量 KIMG 参数建立一个将要施加压力的面。
- REAC：已完成分析中的反作用载荷，将在其他分析中作为集中载荷施加。其值位于节点坐标系。
- HFLM：FLOTRAN 预测的膜系数将作为表载荷施加在热分析中。FLOTRAN 膜系数根据热转换的方向可以是正数或负数，但 ANSYS 的热分析需要一个正的膜系数。如果 FLOTRAN 膜系数是一个负的，命令"LDREAD"将调节平均温度到壁温与平均温度之差的两倍。调节后的平均温度和现在为正的膜系数使热转换的方向和数量都与 FLOTRAN 分析一致。
- H：在磁发电机静态分析得到的节点磁场的值，将作为体力载荷施加在高频电磁场分析中。

LSTEP：将要读入的载荷步数据，默认值为 1。如果为 LAST，读出最后一步的数据。
SBSTEP：在 *LSTEP* 之内的子步数，若为 0 或空，*LSTEP* 表示载荷步的最后一个子步。
TIME：确定将要读出数据的时间点，仅当 *LSTEP* 和 *SBSTEP* 为 0 或空时使用。如果 *TIME* 介于结果文件中两个求解时间点之间，则将在这两个点之间进行线性插值，如果 *TIME* 超过了文件中最后一个时间点，则使用最后时间点的数据。
KIMG：当使用来自于谐分析中的结果时，*KIMG* 确定将要读入的数据，若为 0，读入结果的实部，对于 *Lab* = EHFLU，读入平均时间热通量；若为 1，读入结果的虚部；若为 2，且 *Lab* = HGEN 或 FORC，计算并读入平均时间的整数部分。

当在使用 PRES 标签时，KIMG 表示的是将要施加压力的壳单元面。如 KIMG = 1 则表示对表面 1 施加压力载荷，如 KIMG = 2 则表示对表面 2 施加压力载荷。

当在使用 TEMP 标签中，KIMG 表示温度将怎样施加。在一个显式动力学分析中，KIMG = 0 是施加温度载荷仅有的一个选项。KIMG = 0 则表示将温度作为体力载荷施加，KIMG = 1 则将温度作为节点载荷施加，KIMG = 2 则将温度作为初始条件施加。

Ext：如果"Fname"是空的，则默认的扩展名是"RST"。

使用提示：从结果文件中读出结果数据，并将它们作为载荷施加。使用命令"LDREAD"读出来自于与物理环境所定义的分析相关的结果，并作为载荷施加到另一个物理环境的分析中。作为载荷施加的值具有耦合效应，节点载荷仅施加到所选择的节点上，单元载荷也仅施加到所选择的单元上，其中该面上的所有节点均要被选择。另外，为了保证面载荷的合理分布，仅选择将要施加面载荷的单元面上的节点。随着载荷被读出，也可以使用比例缩放和累加操作。该命令不适用于表格型边界条件或施加到显式动力学分析中的温度载荷。使用适当的列表命令可以列表出当前的结果，如"BFLIST"适合于体力载荷，"SFELIST"适合于表面载荷等。使用一个不同的载荷步和子步或时间值，可以再次执行命令"LDREAD"读出数据来重新定义载荷值。

当在显式动力学分析中使用命令"LDREAD"读出温度时，不能使用命令"EDLOAD,,TEMP"来施加温度载荷。

9. "SFL" 命令

GUI：**Main Menu > Solution > Define Loads > Apply > Structural > Pressure > On Lines**
   Main Menu > Solution > Define Loads > Apply > Electric > Excitation > On Lines
   ……
   Main Menu > Solution > Define Loads > Apply > Magnetic > Other > On Lines

使用功能：在一个面的线上施加面载荷，如图 5-27 所示。

使用格式：SFL, *LINE*, *Lab*, *VALI*, *VALJ*, *VAL2I*, *VAL2J*

其中：

LINE：将在施加面载荷的线编号，也可以是 ALL、P 或元件名。

Lab：有效的面载荷标签。如有：PRES（压力）、CONV（对流）、HFLUX（热通量）、RAD（辐射）、RDSF（面—面辐射）、FSI、VFRC（对于 VOF 法的容积率）、IMPD（电阻）、MXWF（麦克斯韦力或静电力）、CHRGS（面电荷密度）、INF（对于"INFIN110"和"INFIN111"

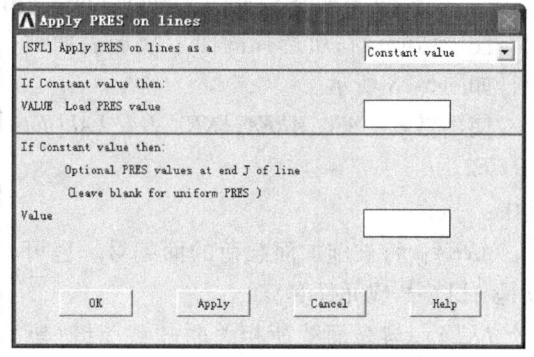

图 5-27 在线上施加面载荷对话框

单元的外表面特征）、FSIN（液—固界面数）。注意 CONV 和 HFLUX 是互相排斥的。

VALI, *VALJ*：分别为线上第 1 个点（*VALI*）和第 2 个点（*VALJ*）的表面载荷值，或者是指定表格型边界条件的表格名。若 *VALJ* 为空，则其默认值就是 *VALI*；若 *VALJ* = 0，则这个 0 值将要使用。如果 *Lab* = CONV，*VALI* 和 *VALJ* 是膜系数，*VAL2I* 和 *VAL2J* 是平均温度，也可以指定一个用"%"括起来的表格名如：%*tabname*%。如果 *Lab* = CONV 和 *VALI* = −*N*，则膜

系数可以是温度的函数,并且由材料 N 的 HF 性能表所确定。如果 Lab = RAD,VALI 和 VALJ 是表面发射率,VAL2I 和 VAL2J 是环境温度,用来求出膜系数的温度常常是介于平均和壁温之间的平均值,但对某些单元也可以是用户指定。如果 Lab = RDSF,VALI 是发射率值,若 VALI = – N,则发射率可以是一个温度的函数,并将由材料 N 的 EMISS 性能表确定。如果 Lab = VFRC,VALI 是边界值(默认值为 1)。如果 Lab = FSIN,VALI 是界面数,VALJ、VAL2I 和 VAL2J 并不使用。

VAL2I,VAL2J:如果需要为第 2 个表面载荷值。如果 Lab = CONV,VAL2I 和 VAL2J 是平均温度。如果 Lab = RAD,VAL2I 和 VAL2J 是周围环境温度。如果 Lab = RDSF,VAL2I 是围栏数(enclosure number)。辐射将在具有相同围栏数标记的面之间发生。如果围栏是打开的,辐射将对周围环境发生。围栏数的负值仅适用于单元"FLUID141"和"FLUID142",模拟的辐射将在流体区域内部表面之间发生。VAL2I 和 VAL2J 并不适用于其它的表面载荷标签。若 VAL2J 为空,其默认值将是 VAL2I。若为 0,则 0 值将使用。也可以指定一个用"%"括起来的表格名如:%tabname%。

使用提示:在面区域所选择的线上施加一个表面载荷。线可以是面积单元的边界,或者是轴对称壳单元本身。使用命令"SFTRAN"或"SBCTRAN"可以将面载荷从线转换到单元上,这个命令输入的载荷可以是锥形的。

表格名称仅适用于下列载荷标签:PRES、CONV、HFLUX、VFRC、RAD,并且 VALJ 和 VAL2J 将无效。

10."SFA"命令

GUI:**Main Menu > Solution > Define Loads > Apply > Structural > Pressure > On Areas**
　　　Main Menu > Solution > Define Loads > Apply > Electric > Excitation > On Areas
　　　Main Menu > Solution > Define Loads > Apply > Thermal > Convection > On Areas
　　　……
　　　Main Menu > Solution > Define Loads > Apply > Magnetic > Other > On Areas

使用功能:在所选择的面上载加表面载荷,如图 5-28 所示。

使用格式:SFA,AREA,LKEY,Lab,VALUE,VALUE2

其中:

AREA:将被施加面载荷的面编号。也可以是 ALL、P 或元件名。

LKEY:与表面载荷相关联的载荷键(默认为 1),可以是 1、2、…。如果面是在用体单元划分网格的体区域表面上时,LKEY 将被忽略。

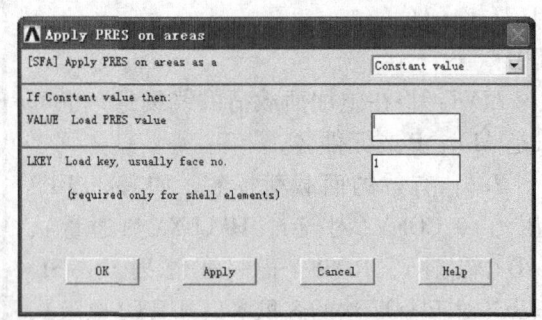

图 5-28　在面上施加表面载荷的对话框

Lab:有效的面载荷标签名,除了在命令"SFL"中已说明了的面载荷标签外,还有:MCI(磁路界面)、SHLD(表面的屏蔽性能)和 PORT。

VALUE:表面载荷值,也可以是一个表格名称。如果 Lab = MCI,则 VALUE 表示电流方向(– 1 表示电流进入单元面, + 1 表示电流流出单元面)。如果 Lab = PORT,则 VALUE 必须是介于 1～50 之间的整数。如果 Lab = SHLD，则 VALUE 是表面电导率。其余可参看命令"SFL"对该变量的说明。

VALUE2：该值不适用于 PORT，如果 Lab = SHLD，则 VALUE2 是相对渗透性（默认值为 1.0），其余说明与命令"SFL"中对应变量的说明相同。

使用提示：可参看命令"SFL"的使用提示说明。

11."SF"命令

GUI：**Main Menu > Solution > Define Loads > Apply > Structural > Pressure > On Nodes**
Main Menu > Solution > Define Loads > Apply > Electric > Excitation > On Nodes
Main Menu > Solution > Define Loads > Apply > Thermal > Convection > On Nodes
……
Main Menu > Solution > Define Loads > Apply > Magnetic > Other > On Nodes

使用功能：在节点上施加面载荷，如图 5-29 所示。

使用格式：SF, Nlist, Lab, VALUE, VALUE2

其中：

Nlist：施加面载荷所需要确定一个面的多个节点，可以使用 ALL、P 或者元件名。

Lab：可参考命令"SFA"对该变量的说明。

VALUE：有效的表面载荷标签或表格名称。若有 Lab = PRES，则 VALUE 为压力载荷的实数部分，其他说明可参看命令"SFA"对该变量的说明。

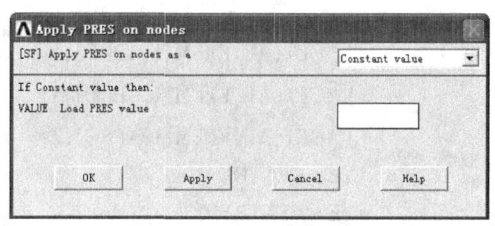

图 5-29　在节点上施加面载荷对话框

VALUE2：如果需要，则为第 2 个表面载荷值。若有 Lab = PRES，则 VALUE2 为压力载荷的虚数部分。其他说明可参看命令"SFA"对该变量的说明。

使用提示：单个节点不能使用这个命令。列出的节点将要确定一个表面，在 Nlist 域里必须要包含用来定义一个单元面所需要的节点数。载荷将贮存在由指定节点定义的单元面上，一个单元面上的所有节点必须全部指定，单元必须被选择。如果有多个单元共享同一个节点，则在执行命令"SF"之前，要先确定所需要的单元类型。命令"SF"仅适用于面单元和体单元，对于壳单元，如果指定的节点包含在随同其他面一起的面内时，仅该面可以使用（常常是低面）。如果定义面的所有节点都与其他所选择单元的相邻面所共享，则该面是不自由的，就不能施加载荷。如果面不能由节点唯一确定，或面也不能完全描述载荷的应用，这时可使用命令"SFE"。如果面的确定不唯一，这时可使用载荷控制键 1，即在第 1 个面上使用第 1 个载荷条件，均匀的载荷值将施加在单元面上。

表格边界条件（VALUE = %tabname%）仅对下列载荷标签有效。它们是：PRES、CONV、HFLUX、VFRC、RAD。

操作示例：可在节点上施加任意坐标方向面载荷的命令流文件如下，在执行下列命令流时，要先选择将要施加载荷的面，主要适用于壳单元类型，施加的结果如图 5-30 所示。

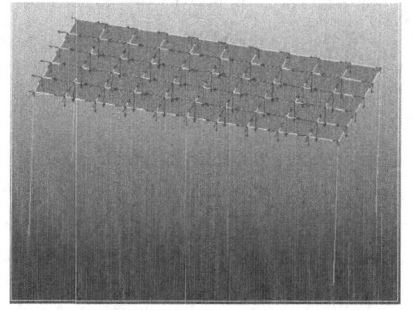

图 5-30　任意方向面载荷的施加结果

```
/SOLU
PRESS = 100
ESLA,S
NSLA,S,1
        ! 如果载荷的反向是一个特殊坐标系的方向,可在此建立局部坐标系,并将所有节点
        ! 坐标系旋转到局部坐标系下
*GET,ENMAX,ELEM,,NUM,MAX
DOFSEL,S,FX,FY,FZ
FCUM,ADD                    ! 将力的施加方式设置为"累加"
*DO,I,1,ENMAX
*IF,ESEL(I),EQ,1,THEN
*GET,AE,ELEM,I,AREA         ! 此命令用单元真实面积,如用投影面积为
                            ! 如下几条命令
!*GET,AE,ELEM,I,APROJ,X     ! 此命令用单元 X 投影面积
!*GET,AE,ELEM,I,APROJ,Y     ! 此命令用单元 Y 投影面积
!*GET,AE,ELEM,I,APROJ,Z     ! 此命令用单元 Z 投影面积
XE = CENTRX                 ! 单元中心 X 坐标(用于求解压力值)
YE = CENTRY                 ! 单元中心 Y 坐标(用于求解压力值)
!ZE = CENTRZ                ! 单元中心 Z 坐标(用于求解压力值)
! 下面输入压力随坐标变化的公式,本例的压力随 X 和 Y 坐标线性变化
P_E = (XE-10)*PRESS + (YE-5)*PRESS
F_TOT = P_E*AE
ESEL,S,ELEM,,I
NSLE,S,CORNER
*GET,NN,NODE,,COUNT
F_N = F_TOT/NN
*DO,J,1,NN
F,NELEM(I,J),FX,F_N         ! 压力的作用方向为 X 方向
F,NELEM(I,J),FY,F_N         ! 压力的作用方向为 Y 方向
F,NELEM(I,J),FZ,F_N         ! 压力的作用方向为 Z 方向
*ENDDO
*ENDIF
ESLA,S
*ENDDO
!ACLEAR,ALL
FCUM,REPL                   ! 将力的施加方式还原为默认的"替代"
DOFSEL,ALL
ALLSEL
```

12. "SFE" 命令

GUI：Main Menu > Solution > Define Loads > Apply > Structural > Pressure > On Elements

Main Menu > Solution > Define Loads > Apply > Electric > Excitation > On Elements
Main Menu > Solution > Define Loads > Apply > Thermal > Convection > On Elements
……
Main Menu > Solution > Define Loads > Apply > Magnetic > Other > On Elements

使用功能：在单元上施加面载荷，如图 5-31 所示。

使用格式：SFE, *ELEM*, *LKEY*, *Lab*, *KVAL*, *VAL1*, *VAL2*, *VAL3*, *VAL4*

其中：

ELEM：面载荷将要施加的单元编号，也可以为 ALL、P 或者元件名。

LKEY：与面载荷相关联的载荷控制键。参看《ANSYS 单元参考》。

Lab：可参考命令"SFA"对该变量的说明。

KVAL：对于不同的面载荷标签，它有不同的解释。如：

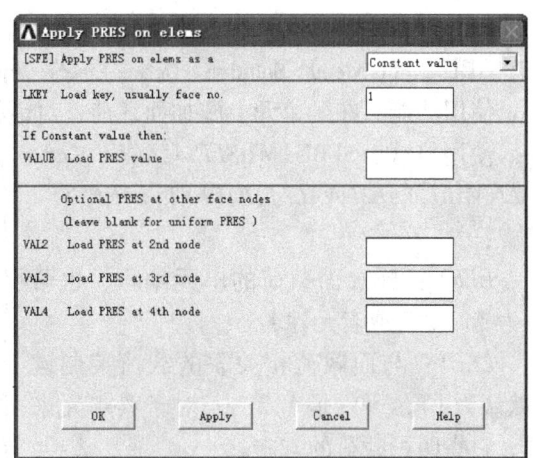

图 5-31　在单元上施加面载荷对话框

- *Lab* = PRES：0 或 1 表示 *VAL1* 至 *VAL4* 作为压力的实部；2 表示 *VAL1* 至 *VAL4* 为压力的虚部。
- *Lab* = CONV：0 或 1 表示 *VAL1* 至 *VAL4* 作为膜系数；2 表示 *VAL1* 至 *VAL4* 作为平均温度。
- *Lab* = SHLD：0 或 1 表示 *VAL1* 至 *VAL4* 作为电传导率；2 表示 *VAL1* 至 *VAL4* 作为相对渗透性。
- *Lab* = RAD：0 或 1 表示 *VAL1* 至 *VAL4* 作为发射率；2 表示 *VAL1* 至 *VAL4* 作为周围环境温度。
- *Lab* = RDSF：0 或 1 表示 *VAL1* 作为发射率介于 0 与 1 之间；2 表示 *VAL1* 作为围栏数。
- *Lab* = SELV：0 或 1 表示 *VAL1* 是实载荷向量 *LKEY* 的乘子；1 表示 *VAL1* 是虚载荷向量 *LKEY* 的乘子。
- *Lab* = VFRC：0 或 1 表示 *VAL1* 作为边界载荷值，其默认值为 1；2 表示 *VAL1* 作为湿润状态，其默认值为 0。

如果仅指定了一组数中的一部分值，则这组数中其他域的默认值为原来已指定过的值，如果原来并没有指定，则为 0。

VAL1：第 1 个面载荷值，特别是指位于面上的第 1 个节点上，或为表格名。面上的节点按照某种已给定的顺序进行排列。如单元 SOLID45，它拥有 1-JILK 的方式，即 *LKEY* = 1 与节点 JILK 的顺序相连，因此面载荷的值 *VAL1* 将施加在面 1 的节点 J 上，*VAL2* 值与施加在节点 I 上，如此下去。也可以指定一个用符号"%"括起来的表格名如%*tabname*%（*Lab* = CONV）。

VAL2, *VAL3*, *VAL4*：如果需要，将是面上节点的第 2、第 3 和第 4 个面载荷值。如果这三个值域均为空，则其默认值为 *VAL1*，即给定一个常数，一个 0 值或其他的空值都将为 0，也可以指定一个用符号"%"括起来的表格名如%*tabname*%（*Lab* = CONV）。

使用提示：在选择的单元上施加面载荷。但如果事先不知道单元面的方向，则不能使用"SFE"命令对单元 INFIN110 或 INFIN111 施加面载荷。也可以使用锥形载荷施加在大多数单元的面上。对于管状单元(PIPE)只能施加常压载荷。对于梁单元可以施加侧面面载荷。表格边界条件(*VALUE* = % *tabname*%) 仅对下列载荷标签有效。它们是：PRES、CONV、HFLUX、VFRC、RAD、VFRC。

13. "SFBEAM" 命令

GUI：**Main Menu > Solution > Define Loads > Apply > Structural > Pressure > On Beams**

使用功能：在梁单元上施加面载荷，对话框如图 5-32 所示。

使用格式：SFBEAM, *ELEM*, *LKEY*, *Lab*, *VALI*, *VALJ*, *VAL2I*, *VAL2J*, *IOFFST*, *JOFFST*

其中：

ELEM：施加面载荷的单元编号，也可以为 ALL、P 或者元件名。

LKEY：与面载荷相关联的载荷控制键（默认为1），可以是 1、2、…，对于梁单元来说，它指明了载荷的方向。

Lab：有效的面荷标签，参看《ANSYS 单元手册》。

VALI, *VALJ*：在节点 I 和 J 处的面载荷值，如果 *VALJ* 为空，其默认值为 *VALI*，如果 *VALJ* 为 0，则 0 将要施加在到 J 处。

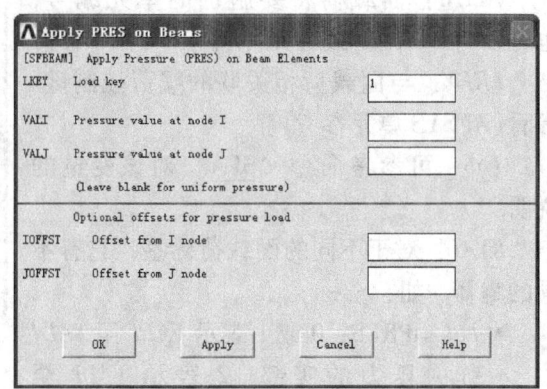

图 5-32 在梁上施加面载荷对话框

VAL2I, *VAL2J*：在节点 I 和 J 处的第 2 个面载荷值。

IOFFST：*VALI* 施加在偏离节点 I 的距离值处。

JOFFST：*VALI* 施加在偏离节点 J 的距离值处。偏离仅适宜有选项 KEYOPT(10) 的线单元的侧面，如果没有指定偏离值，载荷施加在整个单元的长度上。值也可以是长度的百分数，它取决于选项 KEYOPT(10) 的设置。如：一个线的长度为 5，则 *IOFFST* 的距离是 2.0 或 *IOFFST* 的百分数是 0.4，它们都可表示在同一个位置。若 *JOFFST* = -1，则 *VALI* 假定是用 *IOFFST* 指定位置的点载荷值，而 *VALJ* 则被忽略。

使用提示：在选择的梁单元上施加面载荷。使用命令"SFELIST"和命令"SFEDELE"来列表出和删除用这个命令施加的面载荷。使用命令"SFCUM"可以累加由命令"SFBEAM"所施加的面载荷，但 *IOFFST* 和 *JOFFST* 必须要与前一次命令"SFBEAM"的设置相同，否则载荷将不会进行累加，若 *IOFFST* 和 *JOFFST* 为空，则会使用前一次所使用的值。偏移量不适合于单元 BEAM188、BEAM189。对于单元 PIPE16、PIPE17、PIPE18、PIPE20 和 PIPE60 只能适用于常压面载荷。

14. "BFL" 命令

GUI：**Main Menu > Solution > Define Loads > Apply > Electric > Boundary > Temperature > On Lines**
　　　Main Menu > Solution > Define Loads > Apply > Electric > Excitation > On Lines
　　　Main Menu > Solution > Define Loads > Apply > Magnetic > Boundary > Temperature > On Lines
　　　Main Menu > Solution > Define Loads > Apply > Magnetic > Excitation > On Lines

Main Menu > Solution > Define Loads > Apply > Structural > Other > On Lines
Main Menu > Solution > Define Loads > Apply > Thermal > Heat Generat > On Lines

使用功能：在线上施加体载荷，如图 5-33 所示。

使用格式：BFL, *LINE*, *Lab*, *VAL1*, *VAL2*, *VAL3*, *PHASE*

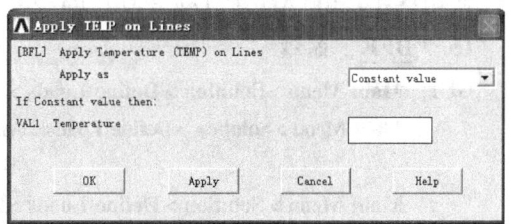

图 5-33 在线上施加温度体载荷对话框

其中：

LINE：将要施加体载荷的线号，也可以为 ALL、元件名。

Lab：有效的体载荷标签。如：TEMP（温度）、FLUE（流通量）、HGEN（热生成率）、CHRGD（电荷密度）、JS（电流密度）、EF（电场）、FORC（体力密度）。

VAL1, *VAL2*, *VAL3*：与 *Lab* 项相对应的输入数值或是一个表格名。对于 TEMP、FLUE、HGEN 和 CHRGD 标签仅使用 VAL1。而对于标签 JS、EF 和 FORC 的 X、Y 和 Z 分量则分别用 *VAL1*、*VAL2* 和 *VAL3* 表示，也可以指定一个用符号"%"括起来的表格名，如%*tabname*%。

PHASE：与 JS 和 EF 相关联的相位角，用度表示。

使用提示：在线上指定一个体力载荷，如在结构分析中的温度、在热分析中的热生成率等。使用命令"BFTRAN"或"SBCTRAN"可以将体载荷从线上转换到线单元或节点上。

也可以使用表格名，但它仅适用于下列标签。即：TEMP、HGEN。如果使用 TEMP 时，必须要定义一个一维的表格，它的值将随时间而变化。在定义这个表格时，时间将作为主变量，其他的变量都是无效的。

用"BFL"命令施加的体载荷会与其他指定的体载荷相冲突，图形拾取只能通过列表菜单路径。

相类似操作的命令有：

GUI：Main Menu > Solution > Define Loads > Apply > Electric > Boundary > Temperature > On Areas
……
Main Menu > Solution > Define Loads > Apply > Thermal > Heat Generat > On Areas
Main Menu > Solution > Define Loads > Apply > Structural > Other > On Areas

使用格式：BFA, *AREA*, *Lab*, *VAL1*, *VAL2*, *VAL3*, *PHASE*   ！在面上施加体力载荷

GUI：Main Menu > Solution > Define Loads > Apply > Structural > Other > On Volumes
Main Menu > Solution > Define Loads > Apply > Electric > Boundary > Temperature > On Volumes
……
Main Menu > Solution > Define Loads > Apply > Thermal > Heat Generat > On Volumes

使用格式：BFV, *VOLU*, *Lab*, *VAL1*, *VAL2*, *VAL3*, *PHASE*   ！在体上施加体力载荷

GUI：Main Menu > Solution > Define Loads > Apply > Structural > Other > On Keypoints
Main Menu > Solution > Define Loads > Apply > Electric > Boundary > Temperature > On Keypoints
……
Main Menu > Solution > Define Loads > Apply > Thermal > Heat Generat > On Keypoints

使用格式：BFK, *KPOI*, *Lab*, *VAL1*, *VAL2*, *VAL3*, *PHASE*   ！在关键点上施加体力载荷

GUI：Main Menu > Solution > Define Loads > Apply > Structural > Other > On Nodes

Main Menu > Solution > Define Loads > Apply > Electric > Boundary > Temperature > On Nodes
……
Main Menu > Solution > Define Loads > Apply > Thermal > Heat Generat > On Nodes

使用格式：BF, *NODE*, *Lab*, *VAL1*, *VAL2*, *VAL3*, *PHASE*　　！在节点上施加体力载荷

15. "BFE" 命令

GUI：Main Menu > Solution > Define Loads > Apply > Structural > Other > On Elements
Main Menu > Solution > Define Loads > Apply > Electric > Boundary > Temperature > On Elements
……
Main Menu > Solution > Define Loads > Apply > Thermal > Heat Generat > On Elements

使用功能：在一个单元上施加体力载荷，如图 5-34 所示。

使用格式：BFE, *ELEM*, *Lab*, *STLOC*, *VAL1*, *VAL2*, *VAL3*, *VAL4*

其中：

ELEM：将要施加体载荷的单元号，也可以为 ALL 或元件名。

Lab：有效的体载荷标签。如：TEMP（温度）、FLUE（流通量）、HGEN（热生成率）、JS（电流密度）、VLTG（电压降）、MVDI（磁虚位移标记）、CHRGD（电荷密度）。

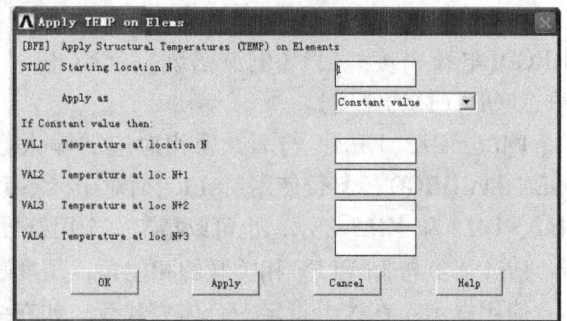

图 5-34　在单元上施加体载荷对话框

STLOC：为输入的数据 *VAL* 指定一个开始进入的位置。如果 *STLOC* = 1，则在 *VAL1* 域中输入的数据将施加到对于单元类型可利用的第 1 个单元体载荷项上，*VAL2* 施加到第 2 个单元项上，如此下去。如果 *STLOC* = 5，则 *VAL1* 施加到第 5 个单元项上，其默认值为 1。

VAL1, *VAL2*, *VAL3*, *VAL4*：对于 *Lab* = TEMP、FLUE、HGEN 或 CHRGD 来说，*VAL1* ~ *VAL4* 分别表示在单元的开始位置和随后位置的体载荷值。*VAL1* 也可以表示为一个表格名。若单元上是均布体载荷，则只要输入 *VAL1* 即可。若为非均布载荷，其值要按单元类型的输入表中所规定的顺序进行输入。除了 CHRGD 标签的默认值为 0 外，其他默认值则是由命令 "BFUNIF" 指定。在随后的赋值中，空（blank）将保持原来的值不发生改变，如果前面没有指定值，则默认值将按《ANSYS 单元参考》中所描述的方式进行。对于 *Lab* = JS 和 *STLOC* = 1，*VAL1*、*VAL2* 和 *VAL3* 是单元坐标系中电流密度的 X、Y 和 Z 的分量，则 *VAL4* 是相位角。对于 *Lab* = VLTG 和 *STLOC* = 1，*VAL1* 是电压降，*VAL2* 是相位角。可以是一个用 "%" 括起来的表格名，如："BFE, *ELEM*, *Lab*, *STLOC*, %tabname%"。

使用提示：在一个单元上施加体力载荷。当 "BF" 和 "BFE" 命令同时施加体力载荷到一个单元时，"BFE" 命令优先。

其他说明与命令 "BFL" 完全相似，可仿照执行。

16. "OMEGA" 命令

GUI：**Main Menu > Solution > Define Loads > Apply > Structural > Inertia > Angular Velocity > Global**

Main Menu > Solution > Define Loads > Delete > Structural > Inertia > Angular Veloc > Global

使用功能：施加一个角速度，如图 5-35 所示。

使用格式：OMEGA, *OMEGX*, *OMEGY*, *OMEGZ*, *KSPIN*

其中：

OMEGX, *OMEGY*, *OMEGZ*：绕整体直角坐标 X、Y 和 Z 轴的角速度。

KSPIN：旋转软化控制键；0 表示不要修改刚度矩阵。1 表示由于旋转要减小径向刚度即要考虑旋转软化效应。

使用提示：对结构施加绕整体直角坐标 X、Y 和 Z 轴旋转的角速度，其方向符合右手准则。角速度可以在分析类型 STATIC、HARMIC（完全法或模态叠加法）、TRANS（完全法或模态叠加法）或 SUBSTR 中使用。它将

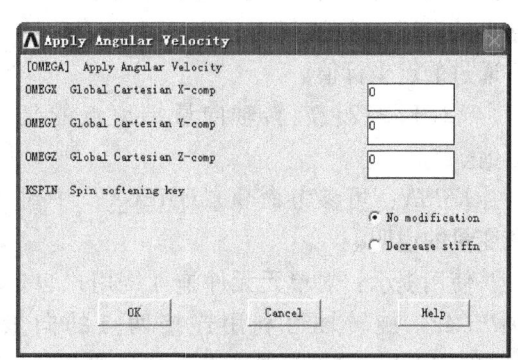

图 5-35 施加角速度的对话框

与单元质量矩阵组合生成一个体载荷向量。角速度的单位为：弧度/时间。

对于动态质量效应，*KSPIN* 选项允许调节旋转体的刚度矩阵，这个调节可称为旋转软化（spin-softening），其默认值并不包含旋转软化，除非在动力学分析中已经施加了 Coriolis 效应，即"CORIOLIS,ON"。在一个小变形分析中，由于大变形的圆周振动，调节近似于几何变化的效果。在大变形中不应该使用这个选项，它也常常与预应力一起使用。

在模态谐分析和瞬态分析中，必须要在分析的模态部分施加这个载荷，ANSYS 系统将计算一个载荷向量，并将其写入到模态文件里。

若命令"OMEGA"参数在两个子步之间发生了变化，则整体刚度矩阵不能再次使用。

17. "CMOMEGA" 命令

GUI：**Main Menu > Solution > Define Loads > Apply > Structural > Inertia > Angular Velocity > On Components > By Axis**

Main Menu > Solution > Define Loads > Apply > Structural > Inertia > Angular Velocity > On Components > By origin

Main Menu > Solution > Define Loads > Apply > Structural > Inertia > Angular Velocity > On Components > Pick Kpt

Main Menu > Solution > Define Loads > Apply > Structural > Inertia > Angular Velocity > On Components > Pick Node

使用功能：在一个单元元件上施加一个绕用户定义旋转轴的角速度，如图 5-36 所示。

使用格式：CMOMEGA, *CM _ NAME*, *OMEGAX*, *OMEGAY*, *OMEGAZ*, *X1*, *Y1*, *Z1*, *X2*, *Y2*, *Z2*, *KSPIN*

其中：

CM _ NAME：单元元件名，其长度不能超过 8 个字符。

OMEGAX, *OMEGAY*, *OMEGAZ*：如果 *X2*、*Y2*、*Z2* 域没有输入值，则 *OMEGAX*、*OMEGAY* 和 *OMEGAZ* 表示角速度向量在整体直角 X、Y 和 Z 方向的分量；如果 *X2*、*Y2*、*Z2* 域有输入

值，则只要使用 OMEGAX，它表示绕旋转轴的标量角速度，OMEGAX 的旋转方向可以指定为正或负，并按右手准则来确定。

X1, Y1, Z1：如果 *X2*、*Y2*、*Z2* 域有输入值，则 *X1*、*Y1*、*Z1* 定义了旋转轴向量开始点的坐标。否则，*X1*、*Y1*、*Z1* 是旋转轴将通过的点坐标值。

X2, Y2, Z2：旋转轴向量结束点的坐标值。

KSPIN：可参考命令"OMEGA"中对该变量的说明。

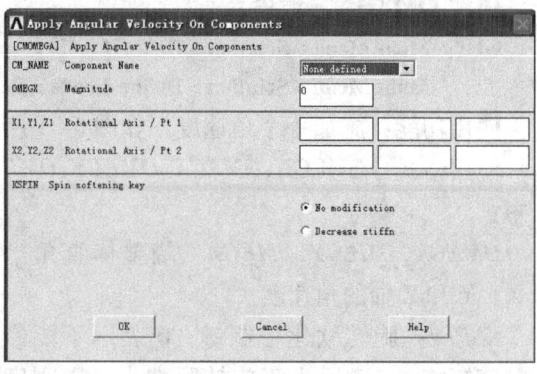

图 5-36 在单元上施加角速度对话框

使用提示：对单元元件施加绕用户自定义旋转轴的角速度分量 *OMEGAX*、*OMEGAY* 和 *OMEGAZ*。旋转轴可利用连接两点的向量或通过一个点的向量来定义。也可以使用"CMOMEGA"命令来施加基于速度的载荷，最大可达到 100 旋转单元元件。

在 STATIC、HARMIC、TRANS 或 SUBSTR 分析类型中，可以使用命令"CMOMEGA"来定义角速度和旋转轴。角速度与单元质量矩阵一起可以形成一个体力载荷向量。角速度的单位为：弧度/时间。

命令"CMOMEGA"可以与下列两组命令中的任一组相结合使用，但不能同时使用。① 命令"OMEGA"和"DOMEGA"；② 命令"CGOMGA"、"DCGOMG"和"CGLOC"。将要施加旋转载荷的元件名只能由单元组成，使用的单元也不能是其他元件的一部分，单元上的节点也不能与其他的单元元件共享。

其他说明可以参考"OMEGA"命令。

18. "DOMEGA" 命令

GUI：**Main Menu > Solution > Define Loads > Apply > Structural > Inertia > Angular Accel > Global**
Main Menu > Solution > Define Loads > Delete > Structural > Inertia > Angular Accel > Global

使用功能：定义结构的角加速度，如图 5-37 所示。

使用格式：DOMEGA,*DOMGX*,*DOMGY*,*DOMGZ*
其中，*DOMGX*,*DOMGY*,*DOMGZ*：绕整体直角坐标 X、Y、Z 轴的角加速度。

使用提示：定义绕结构整体直角坐标轴线的角加速度，可在 STATIC、HARMIC、TRANS、SUBSTR 的分析类型中使用，角加速度的单位为：弧度/时间^2。

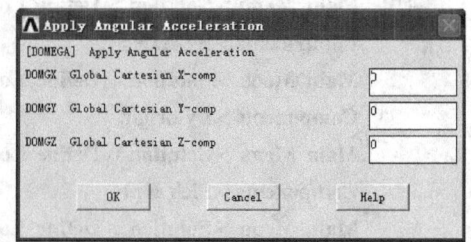

图 5-37 施加角加速度对话框

19. "CMDOMEGA" 命令

GUI：**Main Menu > Solution > Define Loads > Apply > Structural > Inertia > Angular Accel > On Components > By Axis**
Main Menu > Solution > Define Loads > Apply > Structural > Inertia > Angular Accel > On Components > By origin

Main Menu > Solution > Define Loads > Apply > Structural > Inertia > Angular Accel > On Components > Pick Kpt

Main Menu > Solution > Define Loads > Apply > Structural > Inertia > Angular Accel > On Components > Pick Node

Main Menu > Solution > Define Loads > Delete > Structural > Inertia > Angular Accel > On Component

使用功能：在一个单元元件上施加一个绕用户定义旋转轴的角加速度。

使用格式：CMDOMEGA, *CM _ NAME*, *DOMEGAX*, *DOMEGAY*, *DOMEGAZ*, *X1*, *Y1*, *Z1*, *X2*, *Y2*, *Z2*

各变量的意义以及使用提示均可仿照命令"CMOGEMA"进行。

20. "CORIOLIS" 命令

使用功能：在旋转结构中施加 Coriolis(科里奥利)效应，如图 5-38 所示。

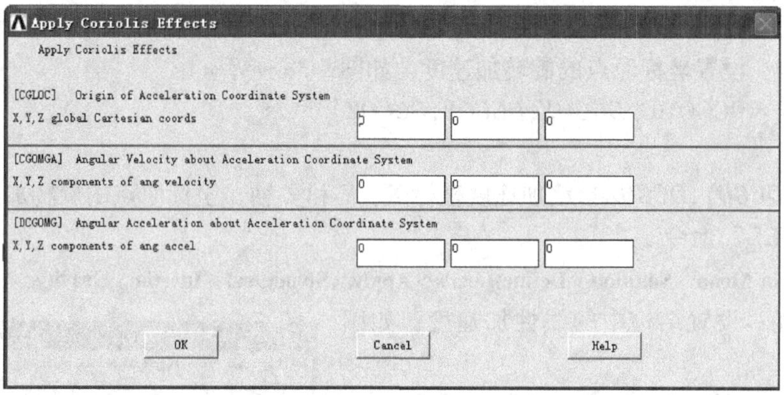

图 5-38 激活 Coriolis 效应的对话框

使用格式：CORIOLIS, *Option*, --, --, *RefFrame*

其中：

Option：是否激活 Coriolis 效应的控制键。若为 1(ON 或 YES)，激活 Coriolis 效应(默认值)；若为 0(OFF 或 NO)，不激活。

RefFrame：是否激活一个静态参考系。若为 1(ON 或 YES)，激活；若为 0(OFF 或 NO)，不激活(默认值)。

使用提示：在结构上施加旋转速度时，使用命令"CORIOLIS"来指定 Coriolis 效应。在 STATIC、MODAL、HARMICT TRANS 分析中，使用命令"CORIOLIS"来指定 Coriolis 力。其适用的单元主要包括：MASS21、SHELL181、PLANE182、PLANE183、SOLID185 ~ 187、BEAM188、BEAM189、SOLSH190、SHELL281、PLANE223、SOLID226、SOLID227。

在一个多载荷步的分析中，即使没有指定旋转速度，要激活 Coriolis 效应则该命令只能出现在第一个载荷步中。

21. "CGLOC" 命令

GUI：Main Menu > Solution > Define Loads > Apply > Structural > Inertia > Coriolis Effects

使用功能：指定加速度坐标系的原点位置，如图 5-38 所示。

使用格式：CGLOC, *XLOC*, *YLOC*, *ZLOC*

其中：

XLOC,*YLOC*,*ZLOC*：加速度坐标系统原点的直角坐标 X、Y 和 Z 的值。

使用提示：加速度坐标系的轴线与整体直角坐标轴平行。

22. "CGOMGA" 命令

GUI：**Main Menu > Solution > Define Loads > Apply > Structural > Inertia > Coriolis Effects**

使用功能：设置坐标原点的旋转速度，如图 5-38 所示。

使用格式：CGOMGA,*CGOMX*,*CGOMY*,*CGOMZ*

其中：

CGOMX,*CGOMY*,*CGOMZ*：绕加速度坐标 X、Y 和 Z 轴，坐标原点的旋转速度。

使用提示：加速度坐标系的位置采用命令"CGCOL"来指定，可适用于 STATIC、HARMIC、TRANS、SUBSTR 的分析类型中。

23. "DCGOMG" 命令

GUI：**Main Menu > Solution > Define Loads > Apply > Structural > Inertia > Coriolis Effects**

使用功能：设置坐标原点的旋转加速度，如图 5-38 所示。

使用格式：DCGOMG,*DCGOX*,*DCGOY*,*DCGOZ*

其中：

DCGOX,*DCGOY*,*DCGOZ*：绕加速度坐标 X、Y 和 Z 轴，坐标原点的旋转加速度。

24. "ACEL" 命令

GUI：**Main Menu > Solution > Define Loads > Apply > Structural > Inertia > Gravity > Global**

使用功能：设置结构中的线性加速度，如图 5-39 所示。

使用格式：ACEL,*ACEL_X*,*ACEL_Y*,*ACEL_Z*

其中：

ACEL_X,*ACEL_Y*,*ACEL_Z*：分别表示在整体直角坐标系中 X、Y 和 Z 方向的线性加速度。

使用提示：该命令沿整体直角坐标轴方向设置一个线性加速度值。通过使用惯性力的方式来

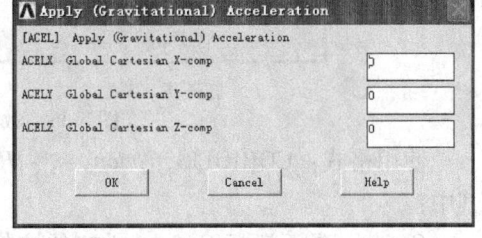

图 5-39 设置线性加速度的对话框

模拟重力，则加速度的方向与重力方向要相反。如输入一个正 *ACEL_Y* 的值，则可模拟结构的自重作用。可适用于 STATIC、HARMIC、TRANS、SUBSTR 的分析类型。

除了缩减瞬态动力学分析外，在其他的瞬态分析中，加速度与单元质量矩阵一起形成一个重力载荷向量。单元质量矩阵根据单元类型可以通过一个质量常数或非零的密度来形成。在谐分析中，加速度假定是一个实部，而虚部为零。加速度和质量的单位必须要与力的单位一致，也可以采用表格的方式来输入，即可以是一个时间的函数。

25. "CMACEL" 命令

GUI：**Main Menu > Solution > Define Loads > Apply > Structural > Inertia > Gravity > On Components**

使用功能：设置单元元件的移动加速度，如图 5-40 所示。

使用格式：CMACEL,*CM_NAME*,*CMACEL_X*,*CMACEL_Y*,*CMACEL_Z*

其中：

CM_NAME：单元元件的名称，不能超过 8 个字符。

CMACEL_X, *CMACEL_Y*, *CMACEL_Z*：分别位于整体直角坐标 X、Y 和 Z 轴方向，单元元件的移动加速度。

使用提示：该命令为单元元件设置一个在每个整体直角坐标 X、Y 和 Z 轴方向的移动加速度。基于加速度的单元元件个数不能超过 100 个。单元元件只能由单元组成，使用的单元也不能是其他元件的一部分，单元上的节点也不能与其他的单元元件共享。

该命令不能在单元 FLUID79~81、PIPE59 中使用。其他使用可参考命令"<u>ACEL</u>"。

26. "<u>IRLF</u>" 命令

GUI：**Main Menu > Solution > Define Loads > Apply > Structural > Inertia > Inertia Relief**

使用功能：设置是否需要计算惯性释放(inertia relief)，如图 5-41 所示。

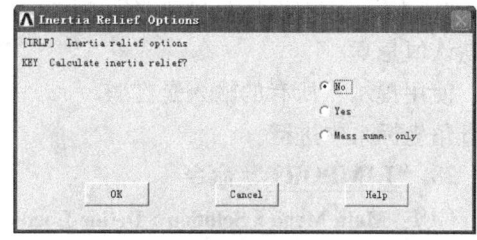

图 5-40 设置单元元件的移动加速度的对话框　　图 5-41 设置惯性释放计算的对话框

使用格式：IRLF,*KEY*

其中：

KEY：计算控制键，若为 0，不计算惯性释放；若为 1，计算与惯性释放力相对的平衡载荷；若为 -1，仅为汇总输出预计算质量即没有惯性释放。默认值是没有惯性释放。

使用提示：命令设置系统为平衡所施加的载荷来计算加速度，即惯性释放。结构上的位移约束仅用来阻止产生刚体运动（即对于 2D 仅需要 3 个约束、3D 需要 6 个约束）。在约束位置的反作用力总和为零，加速度由单元质量矩阵和所施加的载荷确定，需要计算质量的数据如密度必须要输入，移动和旋转加速度都可以计算。

这个命令仅适用于静态分析，非线性、对称或平面应变单元不能使用本命令，建议不要在具有 2D 和 3D 单元类型的模型中使用。载荷可以是常数，位移和应力也像平常一样进行计算。使用命令"<u>IRLIST</u>"可以列表惯性释放计算的结果。

如果惯性释放计算是在第二个或最后一个载荷步中完成，则必须在第一个载荷步中设置"<u>EMATWRITE</u>,YES"，以便于计算单元矩阵。

27. "<u>GSBDATA</u>" 命令

GUI：**Main Menu > Solution > Define Loads > Apply > Structural > Gen Plane Strain**

使用功能：对于有效平面应变选项在结束点施加约束或载荷，如图 5-42 所示。

使用格式：GSBDATA,*LabZ*,*VALUEZ*,*LabX*,*VALUEX*,*LabY*,*VALUEY*

其中：

LabZ：在纤维轴 Z 向端点上的约束或载荷。若为 F，在纤维方向施加一个力（默认方式）；若为 LFIBER，在纤维方向定义一个长度的变化。

VALUEZ：对应于 *LabZ* 的值，其默认值是 0。

LabX：绕 X 轴旋转的约束或载荷。若为 MX，施加一个力矩，引起端面绕 X 轴旋转（默

认设置);若为 ROTX,端面绕 X 轴的旋转角度(用弧度)。

VALUEX:对应于 LabX 的值,其默认值是 0。

LabY:绕 Y 轴旋转的约束或载荷。若为 MY,施加一个力矩,引起端面绕 X 轴旋转(默认设置);若为 ROTY,端面绕 Y 轴的旋转角度(用弧度)。

VALUEY:对应于 LabY 的值,其默认值是 0。

使用提示:所有的输入是在整体直角坐标系中进行。

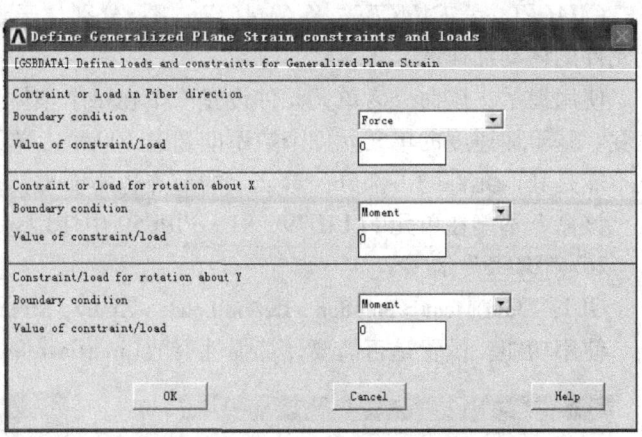

图 5-42 定义平面应变或约束对话框

28. "RIMPORT"命令

GUI:**Main Menu > Solution > Define Loads > Apply > Structural > Other > Import Stress**

使用功能:将显式动力学分析中的初始应力引入到 ANSYS 中,如图 5-43 所示。

使用格式:RIMPORT, *Source*, *Type*, *Loc*, *LSTEP*, *SBSTEP*, *Fname*, *Ext*, --, *SPSCALE*, *MSCALE*

其中:

Source:指定引入应力的分析类型,若为 OFF,忽略初始应力;若为 DYNA,从一个显式动力学(ANSYS LS-DYNA)分析中取得初始应力(默认设置)。

Type:输入数据的类型,只能是 STRESS。

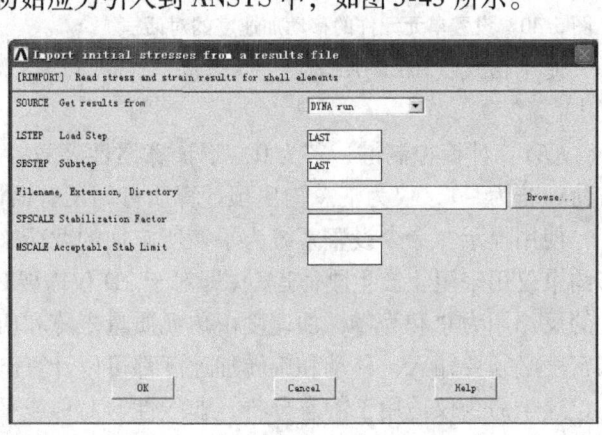

图 5-43 施加初始应力的对话框

Loc:数据输入的位置,只能是 ELEM。

LSTEP:将要输入数据的载荷步,默认值是最后载荷步。

SBSTEP:将要输入数据的子步数,默认值是最后一个子步。

Fname:文件名和目录路径,字符具数不能超过 248 个,没有默认值,用户必须要指定一个名称,但绝对不能是当前的工作文件名即 Jobname。

Ext:文件扩展名,不能超过 8 个字符,其默认扩展名是"RST"。

SPSCALE:稳定因子。这个因子将在回弹分析中使用,用来测量施加弹簧的初始刚度(上或下)。没有默认值,如果想要激活稳定性,就要输入一个值,如果为空,则没有激活稳定性。

MSCALE:可接受的稳定性刚度(默认值是 1.0×10^{-4}),在一个回弹分析中,如果施加的弹簧刚度降低到这个值之下,则迭代就停止。如果 *SPSCALE* 为空,则 *MSCALE* 不能使用。

使用提示：该命令将显式动力学分析（ANSYS LS-DYNA）运行得到的初始应力又输入到 ANSYS 里。来自分析中单元 SHELL163 和 SOLID164 的应力被引入到相关的隐式单元 SHELL181 和 SOLID185 上。对于壳单元，当前壳单元的厚度也必须要输入。这个命令只有在隐式分析的第 1 个命令"SOLVE"之前才能使用，否则将会被忽略。命令"RIMPORT"非常适用于薄板成形的回弹分析，建议在显式分析中使用 SHELL163 单元，在整个厚度上定义 3 至 5 个积分点。这可以保证整个板厚上的应力分布能够精确地转换到单元 SHELL181 上。如果指定的积分点超过 5 个，ANSYS 将输入合力（力和力矩）给 SHELL181 单元，并显示在 SHELL181 单元上，整个厚度上的应力分布将要进行线性化处理。对于实体单元，在单元 SOLID164 质心上的应力将被转换到单元 SOLID185 的质心上。如果单元使用了完全积分，则应力首先要进行平均化，然后再进行转换。

如果指定了 SPSCALE 的值，就施加了一个拥有指数衰减刚度（作为迭代函数）的人工弹簧。当某些情况出现收敛较困难时，可以推荐使用这个技巧。一般来说，首先要尝试着使用没有稳定因子 SPSCALE 和 MSCALE 的回弹分析。

当执行命令"CDWRITE"时，该命令并不写入到文件"Jobname.CDB"中。进一步说，命令"RIMPORT"的信息将不保存到数据库，因此，如果数据库被恢复时，这个命令必须要重新执行。

29. "BFUNIF" 命令

GUI：**Main Menu > Solution > Define Loads > Apply > Structural > Other > Fluent > Uniform Fluen**
　　　Main Menu > Solution > Define Loads > Apply > Thermal > Heat Generat > Uniform Heat Gen

使用功能：对所有的节点指定一个均匀体力载荷，如图 5-44 所示。

使用格式：BFUNIF,*Lab*,*VALUE*

其中：

Lab：有效的体力载荷标签。如果为 ALL，则使用所有适当的标签。其标签有：TEMP（温度）、FLUE（流通量）、HGEN（热生成率）。

VALUE：与 *Lab* 项相关的恒值或表格名。表格名必须用符号"%"括起来如："BFUNIF,*Lab*,%*tabname*%"。

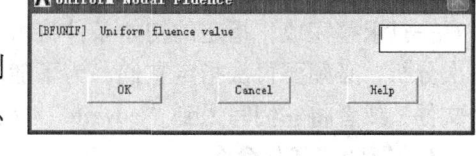

图 5-44　施加节点恒温对话框

命令默认：设定 TEMP 为参考温度，FLUE 和 HGEN 为 0。

使用提示：在一个瞬态或非线性热分析中，在求解的第 1 次迭代期间，恒温将作为下列之一：①节点的开始温度；②求出取决于温度的材料性能。在结构分析或显式动力学分析中，恒温将作为热应变计算和材料性能计算的默认温度。在其他的标量分析中，恒温也可作为材料性能的求值所用。

当在一个显式动力学分析中使用了命令"BFUNIF,TEMP"时，用户不能够再使用命令"EDLOAD,TEMP"来施加温度载荷。即由"BFUNIF"施加的任何温度载荷都不能用命令"EDLOAD"进行列表或删除。

另外命令"TUNIF"也可以取代命令"BFUNIF,TEMP"用来设置恒温。对于标签 TEMP 和 HGEN 可以使用表格名，但表格型边界条件不适用于显式动力学分析。

30. "IC" 命令

GUI：**Main Menu > Solution > Define Loads > Apply > Initial Condit'n > Define**

使用功能：在节点上指定初始条件，如图5-45所示。

使用格式：IC,*NODE*,*Lab*,*VALUE*,*VALUE2*,*NEND*,*NINC*

其中：

NODE：将要施加初始条件的节点号。可以为ALL、P或元件名。

Lab：施加初始条件的DOF标签。可参见"DK"命令的说明。

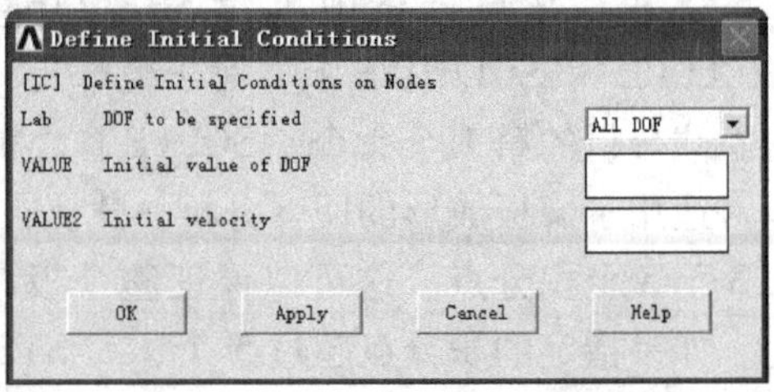

VALUE：自由度的初始值，其默认值由*Lab*选择的类型确定，如结构分析中为0.0。值位于节点坐标系，对于转角DOF，其单位为弧度。

图5-45 定义初始条件的对话框

VALUE2：二阶DOF值，主要用来指定结构的初始速度。其默认值由程序来指定。值位于节点坐标系，对于转角DOF，其单位为弧度。

NEND,*NINC*：对按增量*NINC*（默认值为1）从*NODE*到*NEND*（默认值为*NODE*）的节点上指定同样的集中载荷值。

使用提示："IC"命令用来指定初始条件，即指定DOF的初始值，仅适用于静态分析和完全法瞬态分析中的第1个载荷步里。初始条件应该是阶跃式施加，而不是递增式。如果约束和初始条件施加在相同的节点上，那么约束施加将会被覆盖。

对于热分析，命令"TUNIF"的任何设置应该在命令"IC"之前进行，否则"TUNIF"命令设置将无效。但要注意：不要定义不一致的初始条件。在大多数情况下，模型中没有约束的自由度都可以施加初始条件。

一旦求解完成，指定的初始条件将由实际的结果覆盖，而不再使用。如果想要重新完成一次分析，必须要再次指定它们。为了随后的再次利用，在求解之前，可以将它们保存为一个文件，或者将它们写入到"cdwrite"文件中。

31."ICLIST"命令

GUI：**Main Menu > Solution > Define Loads > Apply > Initial Conditn > List Picked**
　　　Utility Menu > List > Loads > Initial Conditions > On Picked Nodes

使用功能：列表出初始条件，如图5-46所示。

使用格式：ICLIST,*NODE1*,*NODE2*,*NINC*,*Lab*

其中：

NODE1,*NODE2*,*NINC*：指定节点的范围。

Lab：速度控制键，若为DISP，1阶DOF的指定值（如位移、温度等）（默认方式）；若为VELO，2阶DOF的指定值，如速度等。

使用提示：列表出由命令"IC"所指定的初始条件，它包括所有选择施加的节点和

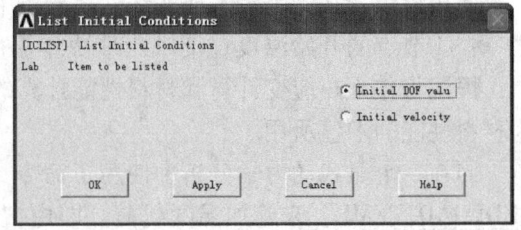

图5-46 列出初始条件的对话框

DOF标签。它与命令"DLIST"不一样，它能够列出施加在选择节点上包括默认条件在内的所有初始条件。

对于FLOTRAN分析的初始条件是主自由度，因此要用"DISP"选项进行列表。

32. "SLOAD" 命令

GUI：**Main Menu > Solution > Define Loads > Apply > Structural > Pretnsn Sectn**

Main Menu > Solution > Define Loads > Delete > All Load Data > All Section Lds

使用功能：给一个预拉伸截面加载。

使用格式：SLOAD,*SECID*,*PLNLAB*,*KINIT*,*KFD*,*FDVALUE*,*LSLOAD*,*LSLOCK*

其中：

SECID：截面号，并已经指定给一个预拉伸截面。

PLNLAB：表示预拉伸载荷序列号的标签，其格式为"PL*nn*"，其中 *nn* 是从 01 到 99 的整数，如果 *PLNLAB* = DELETE，则删除所有施加在预拉伸截面上的载荷，这时其他的变量的设置均无效。

KINIT：对预拉伸载荷 PL01 的初反应控制键，对大于 PL02 的预拉伸载荷，将省略这个变量。它有三种可能性：

- LOCK：约束（连接）切割平面到预拉伸截面（默认设置）。
- SLID：不约束（不连接）切割平面到预拉伸截面。
- TINY：在期望载荷施加之前，施加一个非常小的预拉伸载荷（为 *FDVALUE* 的 0.1%），当期望载荷在第一个载荷步还没有建立时，这个小的载荷可以防止收敛发生，这个设置仅对 *KFD* = FORC 有效。

KFD：力或位移的控制键。若为 FORC，施加一个集中力在指定的预拉伸面上（默认设置）；若为 DISP，施加一个位移在指定的预拉伸面上。

FDVALUE：预位伸载荷值，若 *KFD* = FORC，表示为一个预拉伸力；若 *KFD* = DISP，则表示一个预拉伸位移。

LSLOAD：在施加 *FDVALUE* 时的载荷步。

LSLOCK：由预拉伸力所引起的位移值被锁定时的载荷步，仅对 *KFD* = FORC 有效。

命令默认：默认的预拉伸载荷 *FDVALUE* 的值为 0，一个正值使预拉伸单元受拉。*LSLOAD* 没有默认值，在施加 *FDVALUE* 时必须要指定一个载荷步的值。*LSLOCK* 也没有默认值，在锁定 *FDVALUE* 时必须要指定一个载荷步的值。

使用提示：命令"<u>SLOAD</u>"能够将一个预拉伸载荷施加到一个预拉伸的截面，且截面是由命令"<u>PSMESH</u>"生成。如果预拉伸载荷是力，则为递增式施加即"<u>KBC</u> = 0"，若为位移则是阶跃式施加，即有"<u>KBC</u> = 1"。

可以将载荷值锁定在某个指定的载荷步，当锁定发生时，载荷将从一个力变化成一个位移，ANSYS 系统在随后的载荷步中将用一个常位移值来作为载荷施加。在施加其他的载荷时，锁定方式经常被采用，其他的载荷能够改变初始载荷值的影响，但由于锁定会使载荷转变为一个位移，从而使初始载荷的效应得到保护。

下面的命令显示了如何在预拉伸面上建立一个载荷值：

```
SLOAD,1,PL01,TINY,FORC,5000,2,3
```

其中，载荷被施加在预拉伸剖面 1 上，序列从初始作用控制键开始。TINY 表示一个非常小（0.1% *5000 = 5）的稳定载荷作用在第一个载荷步，在第二个载荷步开始之前实际的预拉伸力还没有被施加，后面的四个变量设置了实际的载荷。同时后面的四个变量也可以被用来定义其他的载荷。

命令"SLOAD"也可以用来对已存在的预拉伸面的载荷进行编辑,对应的命令方式如下:

```
SLOAD,1,PL01,,,6000,2,3
```

其中,作用在第 1 个预拉伸剖面的载荷从 5000 改变为 6000,其他没有设置的变量将使用前一次的指定,若前一次没有指定,则使用命令"SLOAD"的默认值。

若要删除作用在预拉伸剖面上的所有载荷,其命令方式为:

```
SLOAD,1,DELETE
```

若要锁定一个预拉伸单元,其命令方式为:

```
SLOAD,1,PL01,LOCK,DISP,0,1,2
```

同时命令"SLOAD"也可以施加多个载荷,对任何给定的预拉伸面最多可以添加 15 次载荷。其命令流如下:

```
SLOAD,2,PL01,LOCK,FORC,25,2,3
SLOAD,2,PL02,,FORC,50,7,8
SLOAD,2,PL03,,FORC,75,12,13
```

上述命令流建立了一个预拉伸的载荷序列,第一行表示在剖面 2 上施加了一个 25 的力,且位于第 2 个载荷步,并锁定第 3 至 6 个载荷步;第二行表示在剖面 2 上施加了一个 50 的力,且位于第 7 个载荷步,并锁定在第 8 至 11 个载荷步;第三行表示在剖面 2 上施加了一个 75 的力,且位于第 12 个载荷步,并锁定在第 13 至后面的载荷步。

5.2.3 删除载荷(Delete Load)

1. "DKDELE" 命令

GUI:Main Menu > Solution > Constraints > Delete > On Keypoints

　　　Main Menu > Solution > Define Loads > Delete > All Load Data > All Constraint > On All KPs

　　　Main Menu > Solution > Define Loads > Delete > Structural > Displacement > On Keypoints

　　　……

使用功能:删除关键点上的约束,如图 5-47 所示。

使用格式:DKDELE,*KPOI*,*Lab*

其中:

KPOI:将要删除约束的关键点编号,可以为 ALL、P 或元件名。

Lab:自由度标签,可参考"DL"命令对该变量的说明。

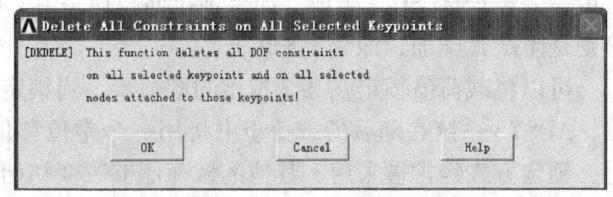

图 5-47 删除关键点上的约束对话框

使用提示:删除作用在关键点上的自由度约束和所有相关的有限元约束。

相类似操作的命令格式有:

GUI:Main Menu > Solution > Constraints > Delete > On Lines

                    Main Menu > Solution > Define Loads > Delete > All Load Data > All Constraint > On All Lines
                    ……
                    Main Menu > Solution > Define Loads > Delete > Structural > Displacement > On Lines
   使用格式：DLDELE,*LINE*,*Lab*   ！删除在线上的自由度约束
   GUI：Main Menu > Solution > Constraints > Delete > On Areas
                    Main Menu > Solution > Define Loads > Delete > All Load Data > All Constraint > On All Areas
                    ……
                    Main Menu > Solution > Define Loads > Delete > Structural > Displacement > On Areas
   使用格式：DADELE,*AREA*,*Lab*   ！删除作用在面上的约束
   GUI：Main Menu > Solution > Define Loads > Delete > Structural > Displacement > On Nodes
                    ……
                    Main Menu > Solution > Define Loads > Delete > All Load Data > All Constraint > On All Nodes
   使用格式：DDELE,*NODE*,*Lab*,*NEND*,*NINC*   ！删除作用在节点上的约束

2. "FKDELE" 命令

   GUI：Main Menu > Solution > Define Loads > Delete > All Load Data > All Forces > On All KPs
        Main Menu > Solution > Define Loads > Delete > Electric > Excitation > On Keypoints
        Main Menu > Solution > Define Loads > Delete > Fluid/ANSYS > Flow > On Keypoints
        Main Menu > Solution > Define Loads > Delete > Magnetic > Other > On Keypoints
        Main Menu > Solution > Define Loads > Delete > Structural > Force/Moment > On Keypoints
        Main Menu > Solution > Define Loads > Delete > Structural > Spectrum > On Keypoints
        Main Menu > Solution > Define Loads > Delete > Thermal > Heat Flow > On Keypoints
   使用功能：删除作用在关键点上的集中载荷，参考图 5-47。
   使用格式：FKDELE,*KPOI*,*Lab*

其中：

   KPOI：将要删除载荷的关键点编号，可以为 ALL、P 或元件名。
   Lab：可参考命令"FK"对该变量的说明。
   使用提示：删除作用在关键点上的集中载荷。

3. "FDELE" 命令

   GUI：Main Menu > Solution > Define Loads > Delete > Structural > Force/Moment > On Node Components

   其余可参考命令"FKDELE"的 GUI 操作路径，只要用"Nodes"取代"Key points"即可。
   使用功能：删除作用在节点上的集中载荷，参考图 5-47。
   使用格式：FDELE,*NODE*,*Lab*,*NEND*,*NINC*

其中：

   NODE：将要删除载荷的节点编号，可以为 ALL、P 或元件名。
   Lab：可参考命令"FK"对该变量的说明。
   NEND,*NINC*：指定的节点范围。
   使用提示：删除作用在节点上的集中载荷，与集中载荷相关的节点和自由度标签必须要选中。

4. "SFLDELE" 命令

GUI：**Main Menu > Solution > Define Loads > Delete > All Load Data > All Surface Ld > On All Lines**
Main Menu > Solution > Define Loads > Delete > Electric > Excitation > On Lines
Main Menu > Solution > Define Loads > Delete > Field Surface Intr > On Lines
Main Menu > Solution > Define Loads > Delete > Fluid/CFD > Volume Fract > Bound Loads > On Lines
Main Menu > Solution > Define Loads > Delete > Magnetic > Flag > App Infinite > On Lines
Main Menu > Solution > Define Loads > Delete > Structural > Pressure > On Lines
……
Main Menu > Solution > Define Loads > Delete > Thermal > Surface Rad > On Lines

使用功能：从所选择的线上删除表面载荷，参考图 5-47。

使用格式：SFLDELE,*LINE*,*Lab*

其变量的意义可参考命令"SFL"的说明。

使用提示：从选择的线上删除面载荷和相关的有限元载荷。

5. "SFADELE" 命令

GUI：可参考命令"SFLDELE"的 GUI 操作路径，只要用"Areas"取代"Lines"即可。

使用功能：删除作用在面上的面载荷，参考图 5-47。

使用格式：SFADELE,*AREA*,*LKEY*,*Lab*

其变量的意义可参考命令"SFA"的说明。

使用提示：从选择的面上删除面载荷和相关的有限元载荷。

6. "SFEDELE" 命令

GUI：**Main Menu > Solution > Define Loads > Delete > Structural > Pressure > On Element Components**

其余可参考命令"SFLDELE"的 GUI 操作路径，只要用"Element"取代"Lines"即可。

使用功能：从所选择的单元上删除面载荷，参考图 5-47。

使用格式：SFEDELE,*ELEM*,*LKEY*,*Lab*

其变量的意义可参考命令"SFE"的说明。

使用提示：从选择的单元上删除面载荷和相关的有限元载荷。

7. "BFLDELE" 命令

GUI：**Main Menu > Solution > Define Loads > Delete > All Load Data > All Body Loads > On All Lines**
Main Menu > Solution > Define Loads > Delete > Electric > Boundary > Temperature > On Lines
Main Menu > Solution > Define Loads > Delete > Electric > Excitation > App Char Dens > On Lines
Main Menu > Solution > Define Loads > Delete > Magnetic > Boundary > Temperature > On Lines
Main Menu > Solution > Define Loads > Delete > Magnetic > Excitation > Del Carr Dens > On Lines
Main Menu > Solution > Define Loads > Delete > Structural > Other > Fluence > On Lines
Main Menu > Solution > Define Loads > Delete > Structural > Temperature > On Lines
Main Menu > Solution > Define Loads > Delete > Thermal > Heat Generat > On Lines

使用功能：删除作用在线上的体载荷，参考图 5-47。

使用格式：BFLDELE,*LINE*,*Lab*

其变量的意义可参考命令"BFL"的说明。

使用提示：从选择的线上删除体载荷与相关的有限元载荷及标签，体载荷可以使用命令"BFL"来定义，图形拾取必须要通过所列出的操作菜单来进行。

相类似操作的命令格式有：

GUI：Main Menu > Solution > Define Loads > Delete > Fluid/CFD > Heat Generat > On Areas

其余可参考命令"BFLDELE"的 GUI 操作路径，只要用"Areas"取代"Lines"即可。

使用格式：BFADELE,*AREA*,*Lab*　　　　! 删除作用在面上的体载荷

GUI：可参考命令"BFADELE"的 GUI 操作路径，只要用"Volumes"取代"Areas"即可。

使用格式：BFVDELE,*VOLU*,*Lab*　　　　! 删除作用在体上的体载荷

GUI：Main Menu > Solution > Define Loads > Delete > Fluid/ANSYS > Heat Generat > On Keypoints
　　　Main Menu > Solution > Define Loads > Delete > Magnetic > Boundary > Temperature > On Keypoints

其余可参考命令"BFLDELE"的 GUI 操作路径，只要用"Key points"取代"Lines"即可。

使用功能：删除作用在关键点上的体载荷，参考图 5-47。

使用格式：BFKDELE,*KPOI*,*Lab*　　　　! 删除作用在关键点上的体载荷

GUI：Main Menu > Solution > Define Loads > Delete > Structural > Temperature > On Element Components

其余参考命令"BFKDELE"的 GUI 操作路径，只要用"Elements"取代"Key points"即可。

使用格式：BFEDELE,*ELEM*,*Lab*　　　　! 删除作用在单元上的体载荷

8. "ICDELE" 命令

GUI：Main Menu > Solution > Define Loads > Delete > Initial Condit'n

使用功能：删除作用在节点上的初始条件，参考图 5-47。

使用格式：ICDELE

使用提示：删除已由命令"IC"施加在所有节点上的初始条件。

5.2.4 载荷的运算(Operating)

1. "DSCALE" 命令

GUI：Main Menu > Solution > Define Loads > Operate > Scale FE Loads > Constraints

使用功能：对 DOF 约束的值进行缩放，如图 5-48 所示。

使用格式：DSCALE,*RFACT*,*IFACT*,*TBASE*

其中：

RFACT,*IFACT*：分别为约束实部、虚部的缩放系数，0 或空的默认值为 1.0，对于 0 值的缩放因子可以输入一个非常小的数来替代。

TBASE：对于温度差分的基值温度，仅适用于温度 DOF。缩放系数首先加到温度差分($T - TBASE$)上，然后再与基值温度 *TBASE* 相加，其中 T 是当前温度。

使用提示：对数据库中的 DOF 值(如位移、温度等)进行缩放，如果速度和加速度边界条件也被施加在结构分析中，它们也可以使用这个命令进行缩放；实体模型边界条件不能够采用这个命令来进行缩放，但作用在有限元模型上的边界条件则可以缩放。

但要注意：如果发生一序列的边界条件的转换，则经过缩放的有限元条件有可能被没有缩放的实体模型边界条件所取代。

缩放操作将施加到所选择节点上已有的约束值和 DOF 标签。执行命令"DLIST"可以浏览已施加的结果，该命令不适宜于表格型边界条件。

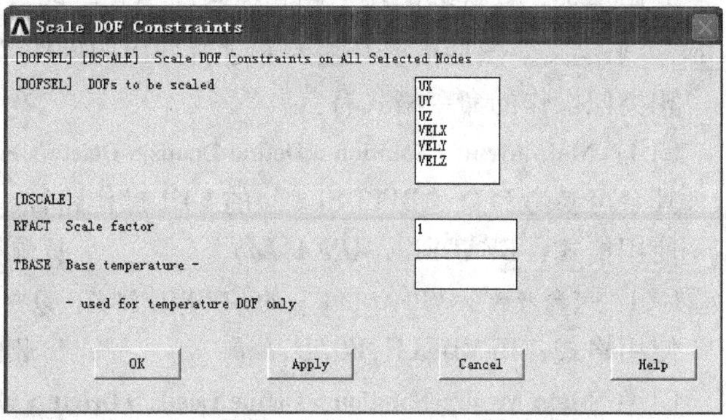

2. "FSCALE" 命令

GUI：**Main Menu > Solution > Define Loads > Operate > Scale FE Loads > Forces**

图 5-48　对 DOF 进行缩放的对话框

使用功能：对有限元模型上的集中载荷值进行缩放，可参考图 5-48。

使用格式：FSCALE,*RFACT*,*IFACT*

其中，*RFACT*,*IFACT*：可参考命令"DSCALE"的解释。

使用提示：对数据库中的集中载荷（如集中力、热流动等）进行缩放，其他说明与命令"DSCALE"相类似，可仿照执行。

3. "SFSCALE" 命令

GUI：**Main Menu > Solution > Define Loads > Operate > Scale FE Loads > Surface Loads**

使用功能：对单元上的面载荷进行缩放，如图 5-49 所示。

使用格式：SFSCALE,*Lab*,*FACT*,*FACT2*

其中：

Lab：有效的面载荷标签，如果为 ALL，则为所有适宜的标签。有：PRES、CONV、HFLUX、SELV、CHRGS，其中 CONV 和 HFLUX 是互相排斥的。

FACT,*FACT2*：分别对第 1 个、第 2 个面载荷值的缩放系数，0 或空的默认

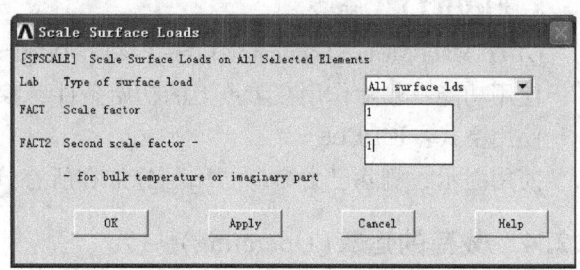

图 5-49　面载荷缩放的对话框

值为 1.0，对于 0 值的缩放因子可以输入一个非常小的数来替代。

使用提示：对数据库中所选择单元上的面载荷进行缩放，面载荷可以由命令"SF"、"SFE"或"SFEEAM"进行施加，也可执行命令"SFELIST"来列表出所有的面载荷。其他说明与命令"DSCALE"相类似，可仿照执行。

4. "BFSCALE" 命令

GUI：**Main Menu > Solution > Define Loads > Operate > Scale FE Loads > Nodal Body Ld**

使用功能：对节点上的体力载荷进行缩放，如图 5-50 所示。

使用格式：BFSCALE,*Lab*,*FACT*,*TBASE*

其中：

Lab：有效的体力载荷标签，如果为 ALL，则为所有适宜的体载荷。这些标签有：TEMP、

FLUE、HGEN、JS、MVDI、CHRGD。

FACT：节点体载荷的缩放系数，0或空的默认值为 1.0，对于 0 值的缩放因子可以输入一个非常小的数来替代。

TBASE：可参考命令"DSCALE"的解释。

使用提示：对所选节点上的体载荷进行缩放操作，命令"BFLIST"可列出当前节点的体载荷。其他说明与命令"DSCALE"相类似，并可仿照命令执行。

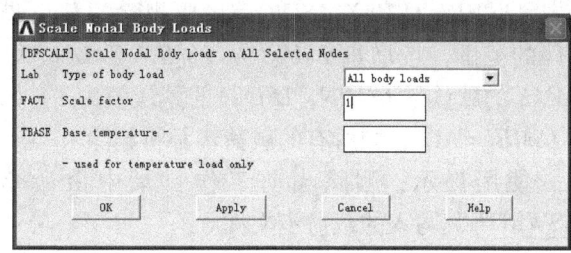

图 5-50 节点上体载荷缩放对话框

相类似操作的命令格式有：

GUI：**Main Menu > Solution > Define Loads > Operate > Scale FE Loads > Elem Body Lds**

使用格式：BFESCAL, *Lab*, *FACT*, *TBASE*　　　　！对单元上的体载荷进行缩放操作

5. "SBCTRAN" 命令

GUI：**Main Menu > Solution > Define Loads > Operate > Transfer to FE > All Solid Lds**

使用功能：将实体模型上的载荷和边界条件转换到有限元模型上，如图 5-51 所示。

使用格式：SBCTRAN

使用提示：将实体模型上的载荷和边界条件采用人工方式转换到有限元模型上。作用在没有选择的关键点、

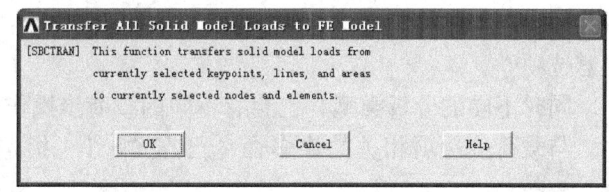

图 5-51 载荷和边界条件进行转换的对话框

线、面或体上的载荷和边界条件并不转换，边界条件和载荷也不转换到没有选择的节点和单元上。事实上，在执行命令"SOLVE"，即对有限元模型进行求解计算时，这个转换操作"SBCTRAN"也会自动完成。

相类似操作的命令格式有：

GUI：**Main Menu > Solution > Define Loads > Operate > Transfer to FE > Constraints**　！转换 DOF
　　！约束

使用格式：DTRAN

GUI：**Main Menu > Solution > Define Loads > Operate > Transfer to FE > Forces**　！转换集中
　　　　　　　　　　　　　　　　　　　　　　　　　　　　　　　　　　　！载荷

使用格式：FTRAN

GUI：**Main Menu > Solution > Define Loads > Operate > Transfer to FE > Surface Loads**　！转换面载荷

使用格式：SFTRAN

GUI：**Main Menu > Solution > Define Loads > Operate > Transfer to FE > Body Loads**　！转换体载荷

使用格式：BFTRAN

6. "LSDELE" 命令

GUI：**Main Menu > Solution > Define Loads > Operate > Delete LS Files**

使用功能：删除载荷步文件，如图 5-52 所示。

使用格式：LSDELE,*LSMIN*,*LSMAX*,*LSINC*

其中，*LSMIN*,*LSMAX*,*LSINC*：将要删除的载荷步文件的范围，按增量 *LSINC* 从 *LSMIN* 到 *LSMAX*。*LSMAX* 的默认是 *LSMIN*，*LSINC* 的默认值为 1。如果 *LSMIN* = ALL，则所有的载荷步都将删除。

使用提示：删除当前工作目录中由命令"LSWRITE"写入的载荷步文件。

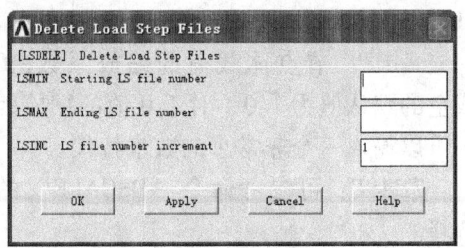

图 5-52　删除载荷步文件对话框

5.3　载荷步设置选项

在线性静态或稳态分析中，可以使用不同的载荷步对分析模型施加不同的载荷组合；在瞬态分析中，可以将载荷历程曲线不同区段的载荷用多个载荷步表示，并施加到分析模型上。载荷步根据需要又可以分成若干个子步，这样可以提高分析的精确度，进一步保证分析计算结果的收敛。

载荷步选项会随着分析的不同而有所差别，在 ANSYS 软件中共有六种类型的载荷步选项，即①通用选项；②动力学选项；③非线性选项；④输出控制选项；⑤Biot-Savart 选项；⑥谱选项。

同时不同的分析类型，也会有不同的载荷步操作菜单，如图 5-53 所示。

与载荷步选项相关的许多命令已在"5.1　指定分析类型"中有所介绍，下面结合图

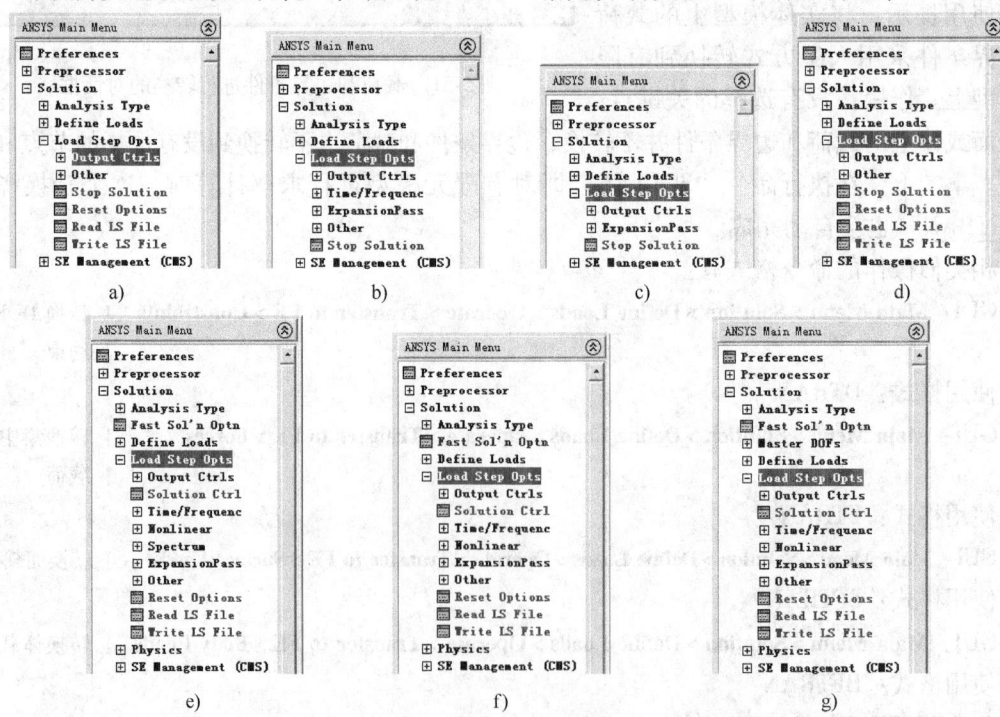

图 5-53　不同分析类型下载荷步选项的操作菜单
a) 静态分析　b) 模态分析　c) 屈曲分析　d) 完全法的瞬态分析　e) 谱分析　f) 谐分析　g) 子结构分析

5-53e 的操作菜单对没有介绍的常用命令进行讲解。

5.3.1 输出与求解控制(Output & Solu Ctrls)

1. "/GST"命令

GUI：**Main Menu > Solution > Load Step Opts > Output Ctrls > Grph Solu Track**

使用功能：打开或关闭图形求解跟踪器，对话框如图 5-54 所示。

使用格式：/GST,Lab,Lab2

其中，Lab：确定图形求解跟踪器是否激活。如果为 ON，激活 GST；若为 OFF，关闭 GST。

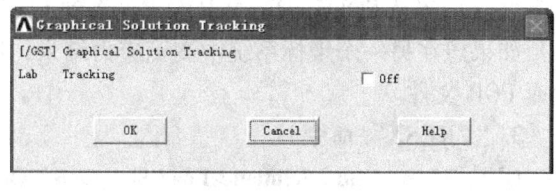

图 5-54 GST 设置对话框

Lab2：激活界面和场收敛文件的生成(仅适用于 ANSYS MFX 分析)。

使用提示：在 GUI 模式下，ANSYS 直接将 GST 送到用户的图形屏幕上；若在批处理方式即命令流方式下，GST 图形将会保存在文件 "Jobname.GST" 中。GST 方式仅适用于非线性结构、热、电场、磁场、流体或 CFD 模拟。

它也可用于有 p 单元的静电场分析，对于具有 p 单元静电场优先选择设置的交互式会话方式，ANSYS 将直接把 GST 图形送到屏幕上。

2. "PGWRITE"命令

GUI：**Main Menu > Soution > Output Ctrls > PGR File**

Main Menu > General Postproc > Write PGR File

使用功能：将选择的结果数据写入到 PGR 文件中，如图 5-55 所示。

使用格式：PGWRITE,Label,Fname,Fext,--,DataType,InteriorKey,Append

其中：

Label：控制 PGR 文件写入操作的开关键，若为 OFF，在求解过程中不生成 PGR 文件；若为 ON，生成 PGR 文件(默认方式)；若为 STAT，显示当前 PGR 文件的设置状态。

DataType：生成的数据类型。这个指定适用于不连续的结果数据如应力、应变等。

- 0：仅适宜于命令 "PLNSOL"，用来保存节点的平均数据(默认设置)。
- 1：保留。
- 2：适宜于命令 "PLESOL" 和 "PLNSOL"，保存节点的平均和不平均数据。

InteriorKey：用来控制内部模型数据是否要保存到 PGR 文件中。在数据显示中，为了对图形限幅、加引线、向量显示或等轴侧显示，必须要使用到内部模型数据。内部数据也是命令 "AVRES,FULL" 选项所需要的。

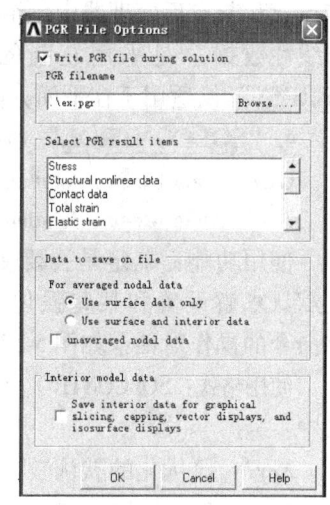

图 5-55 PGR 文件对话框

- 0：仅保存外表面数据(默认设置)。
- 1：保存外部和内部数据。

Append：对指定文件是进行添加还是覆盖操作。
- 0：添加数据到指定文件(默认设置)。但在写操作之间，几何模型不能发生变化。
- 1：覆盖已存在的文件。

使用提示：在交互模式下，当命令"PGWRITE"被激活时，不能读入 PGR 文件。当在 SOLUTION 中求解模型，并想要显示模型时，必须要使用命令"PGWRITE, OFF"来关闭 PGR 文件。当从 SOLUTION 中退出或进入到 POST1 后，PGR 文件也会自动关闭。

如果想在另一个坐标系中浏览应力结果，则必须要在那个坐标系中，由结果文件来生成 PGR 文件。

3. "ERESX" 命令

GUI：**Main Menu > Solution > Load Step Opts > Output Ctrls > Integration Pt**

使用功能：对积分点的结果确定采用外插法，如图 5-56 所示。

使用格式：ERESX, *Key*

其中，*Key*：外插法控制键，它有：
- DEFA：除了具有塑性、蠕变或膨胀等非线性特性的单元以外，将积分点的结果进行外插扩展到所有单元的节点上(默认设置)。
- YES：将积分点的结果进行外插扩展到所有单元的节点上，仅将线性结果数据通过外插法扩展到这些具有塑性、蠕变或膨胀非线性特性的单元上。

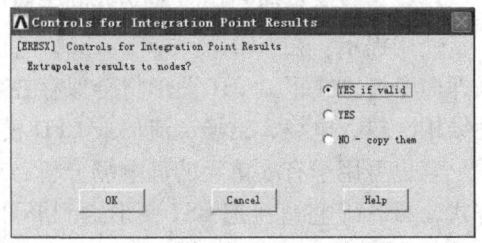

图 5-56 控制积分点结果的对话框

- NO：将积分点上的结果复制(而不是外插)到所有单元的节点上。

使用提示：确定单元积分点的求解结果数据是采用外插法还是复制的方式扩展到单元的节点上和节点后处理器中。结构应力、弹性和热应变、域梯度以及流通量等要受到影响。而非线性数据总是采用复制的方式扩展到节点上，而不是外插法。对于壳单元，命令"ERESX"仅适用于在平面方向积分点的结果。

4. "SOLCONTROL" 命令

GUI：**Main Menu > Solution > Load Step Opts > Nonlinear > Mixed U-P Toler**
Main Menu > Solution > Load Step Opts > Solution Ctrl

使用功能：确定是否要使用已优化的非线性默认求解设置和某些强化的内部求解算法。该命令的操作对话框如图 5-57 所示。

使用格式：SOLCONTROL, *Key1*, *Key2*, *Key3*, *Vtol*

其中：

Key1：已优化的默认激活键，它有：

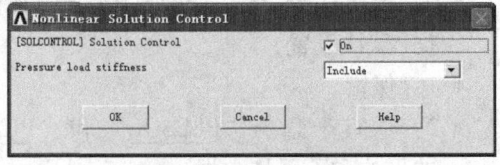

图 5-57 非线性结果控制对话框

- ON 或 1：对于一系列应用于非线性求解的命令使用已优化的默认设置。
- OFF 或 0：恢复默认值到 ANSYS5.4 版本以前的值，内部求解算法就像是在 ANSYS5.4 以前的版本一样工作。

Key2：检查接触状态的选项。这个选项只能在已优化的默认设置已激活时，以及在模型中出现了接触或非线性状态单元时才可使用。当检查接触状态是激活时，ANSYS 将会以所

有接触单元的 *KEYOPT*(7)选项指定的时间步长大小为基础,其中使用接触中的 *KEYOPT*(7)选项可以保证时间步长的间隔可以满足接触状态的变化。同时当 *Key2* = ON 时,ANSYS 保证将用足够小的时间步长来满足非线性单元状态的变化。它的值有:

- ON 或 1:由单元选项 *KEYOPT*(7)的设置或非线性状态激活时间步长的预测。
- OFF 或 0:时间步长预测并不以接触状态或非线性单元状态为基础(默认设置)。

Key3:压应力的刚性化选项。一般情况下,使用默认设置,只有当收敛困难时,才使用非默认设置。当在屈曲失稳分析中自动地包含了压应力的刚性化过程。类似于使用了 *Key3* = INCP 设置。对于其他类型的分析,其选项有:

- NOPL:对任何单元并不包括抗压应力刚性化。
- 空(默认设置):对于单元 SURF153、SURF154、SHELL181、PLANE182~183、SOLID185~187、BEAM188~189,使用抗压应力的刚性化;对于单元 PLANE2、PLANE42、SOLID45~46、SOLID64~65、PLANE82、VISCO88~89、SOLID92、SOLID95 和 SOLID191 不使用抗压应力的刚性化。
- INCP:对于单元 PLANE2、PLANE42、SOLID45~46、SOLID64~65、PLANE82、VISCO88~89、SOLID92、SOLID95、SURF153~154、SHELL181、PLANE182、PLANE183、SOLID185~187、BEAM188~189 和 SOLID191 使用压应力的刚性化。

Vtol:当使用 U-P 公式时,在 18x 平面和实体单元(即 PLANE182~183、SOLID185~187)中进行体积兼容性检查的公差,默认值为 1.0×10^{-5}。其值可在 0.0~1.0 之间变化,但建议在 $1.0 \times 10^{-5} \sim 1.0 \times 10^{-2}$ 之间取值较好。

使用提示:对于单物理场和完全结构非线性、完全瞬态分析或者是热分析来说,"SOLCONTROL"命令可用来提供可靠、有效的求解设置,但不适用于缩减法瞬态分析。已优化的默认设置和高级的内部求解算法可以在最小的用户干涉下完成对结构/热、非线性/瞬态等问题的分析求解。在默认方式下,"SOLCONTROL"命令处于打开状态。在大多数情况下,为了成功地求解某个问题,用户仅需要指定下列设置:

1) 对于大位移/应变分析,要选择"NLGEOM,ON"。
2) 使用"NROPT,UNSYM"可以进行非对称的压应力刚性化、材料刚化、摩擦性能等分析。
3) 通过命令"NSUBST"和"DELTIM"可以提供一个初始步长大小。

如果达到了上述要求,命令"SOLCONTROL"将可以为 ANSYS 内的一组命令提供更好的默认设置和已优化的内部求解算法。

ANSYS 执行的默认值命令将会以"COMMAND,-1(如 KBC,-1)"方式写入到如 LOG 文件或载荷步文件中。但要注意,命令"SOLCONTROL"的状态并不由命令"CDWRITE"或"LSWRITE"写入到文件中,并且在载荷步之间也要保持命令"SOLCONTROL"的一致性。

执行一次"SOLCONTROL"命令,对所有命令已设置的值都会重新返回到其默认值。

当处于"SOLCONTROL,ON(默认设置)"时,要小心地处理由命令"CDWRITE"生成的文本数据文件".CDB"和由命令"LSWRITE"生成的载荷步文件".S*nn*",因为这些文件中有时候包含一些并不是用户想要执行的控制命令,这些特定的命令会覆盖由命令"SOLCONTROL"指定的默认设置。为了使用文件".CDB"时,不覆盖由命令"SOLCONTROL"指定的设置，可以使用下列步骤：

1) 将文件".CDB"读入到 ANSYS。
2) 进入到求解器。
3) 执行命令："SOLCONTROL,ON"。
4) 根据需要执行所期望的控制命令来覆盖命令"SOLCONTROL"的默认设置。

为了适当地使用文件".Snn"，在执行命令"LSSOLVE"之前，用户应该浏览和编辑这些文件，删除掉一些不需要的求解命令。

5.3.2 时间与频率(Time & Frequence)

1."DMPRAT"命令

GUI：Main Menu > Solution > Load Step Opts > Time/Frequenc > Damping

使用功能：设置一个常阻尼比率，如图 5-58 所示。

使用格式：DMPRAT,RATIO

其中，RATIO：阻尼比率，若为2%，则输入 0.02。

使用提示：为谐响应分析、模态重叠分析和谱分析，指定一个常阻尼比率。对具有多种材料的结构来说，在完全和模态谱分析中也可以使用命令"MP,DMPR"来指定常阻尼系数，但命令"MP,DMPR"不适用瞬态和谱分析。

2."MDAMP"命令

GUI：Main Menu > Solution > Load Step Opts > Time/Frequenc > Damping

使用功能：将阻尼比率指定一个模态函数。

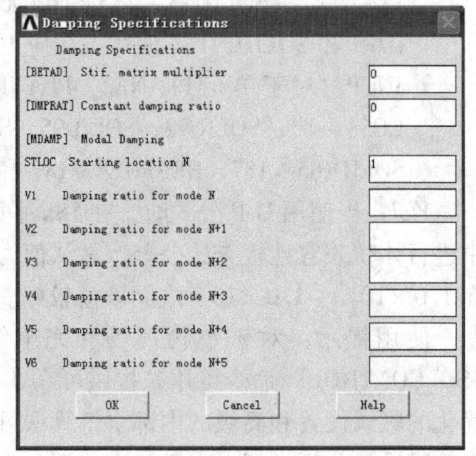

图 5-58 常阻尼设置对话框

使用格式：MDAMP,STLOC,V1,V2,V3,V4,V5,V6

其中：

STLOC：在表格中输入数据的起始位置。若 STLOC = 7，在 V1 域内输入的数据将作为第 7 个常数放在表格中，默认值为前次填充的最后位置 +1。

V1,…,V6：数据将填充在从 STLOC 起始的 6 个位置内。如果一个值已经填充在这个位置，它将被重新赋值，若 V2 至 V6 为空(blank)，则保留为原来的值不变。

使用提示：将阻尼比率定义为一个模态函数，模态数与表格的位置相对应。对于命令"DMPRAT"来说，没有默认的比率，使用"STAT"选项可以列表出当前的状态。适用于模态重叠谐响应分析、模态重叠线瞬态动力学分析、谱分析。重复执行命令"MDAMP"可定义其他的常数，最多可以定义 1000 个。

3."HARFRQ"命令

GUI：Main Menu > Solution > Load Step Opts > Time/Frequenc > Freq and Substps

使用功能：在谐响应分析中指定频率范围，如图 5-59 所示。

使用格式：HARFRQ,FREQB,FREQE

其中：

FREQB：从 *FREQB* 到 *FREQE* 范围起始处的频率（单位：Hz），如果 *FREQE* 为空，则仅在频率 *FREQB* 处求解。

FREQE：给定频率范围的结束频率。求解将以（*FREQE* − *FREQB*）/ *NSBSTP* 为间隔进行，直到 *FREQE* 为止，在频率的起始处将不进行求解。其中 *NSBSTP* 是在命令"NSUBST"中输入的变量。

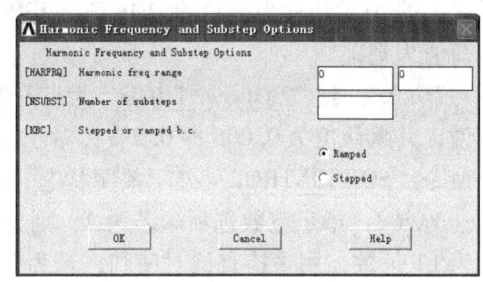

图 5-59 指定频率范围对话框

使用提示：在谐响应分析中，对载荷指定一个频率范围。

5.3.3 非线性选项（NonLinear）

1. "CNVTOL"命令

GUI：**Main Menu > Solution > Analysis Type > Sol'n Controls > Nonlinear**
　　　Main Menu > Solution > Load Step Opts > Nonlinear > Convergence Crit
　　　Main Menu > Solution > Load Step Opts > Nonlinear > Harmonic
　　　Main Menu > Solution > Load Step Opts > Nonlinear > Static
　　　Main Menu > Solution > Load Step Opts > Nonlinear > Transient

使用功能：为非线性分析设置收敛值，如图 5-60 所示。

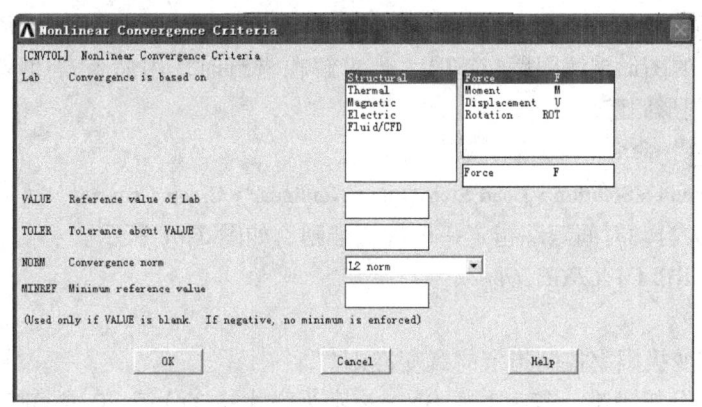

图 5-60 指定收敛值对话框

使用格式：CNVTOL,*Lab*,*VALUE*,*TOLER*,*NORM*,*MINREF*

其中：

Lab：有效的收敛标签，如果为 STAT，则列表出当前指定准则的状态。其标签有：U（位移）、ROT（转角）、F（力）、M（力矩）；TEMP（温度）、HEAT（热流量）；PRES（压力）、V（速度）、FLOW（流体流动）、VF（流体力）；VOLT（电压）、EMF（电动势）、CURR（电流）、AMPS、CURT；MAG（标磁势）、A（矢磁势）、CURR（电流）、FLUX（标磁通量）、CSG（磁流段）、VLTG（电压降）。

VALUE：对于某个分析 *Lab* 所指定标签的均值。如果为负，则删除已指定的收敛值，但它并不会删除其默认值。默认值是程序计算依据的最大值或 *MINREF*。对于 DOF，其依据是

以选择的 NORM 和当前总的 DOF 值为基础；对力载荷，其依据是以选择的 NORM 和施加的载荷值为基础。

TOLER：当"SOLCONTROL"为打开状态时，它就是值 VALUE 的误差。对于力和力矩来说，其默认值为 0.005 即 0.5%；对于没有转角自由度的 DOF，其默认值为 0.05 即 5%，若命令"SOLCONTROL"处于关闭状态，对于力和力矩来说，其默认值为 0.001 即 0.1%。

NORM：指定范数选项。若为 2，则为 L2 范数（默认设置），用于检查 SRSS 值；若为 1，则为 L1 范数，用来检查绝对值和；若为 0，则为无穷范数，分别用来检查 DOF 值。

MINREF：系统计算依据所允可的最小值。如果为负，则没有最小值，仅当 VALUE 为空（blank）时使用。对于力和力矩收敛来说，其默认值为 0.01；对于热流来说是 1.0E - 6；对于 VOLT 和 AMPS 来说是 1.0E - 12；其他的均为 0.0。当"SOLCONTROL"处于关闭状态时，对于力和力矩是 1.0，对于热流是 1.0E - 6；VOTL 和 AMPS 是 1.0E - 12，其他的值则要根据命令"SOLCONTROL"的设置来定。

命令默认：对于静态或瞬态分析来说，使用 VALUE、TOLER、NORM 和 MINREF 的默认值来对任何激活的 DOF 检查失稳的平衡载荷，对某些问题也检查位移的收敛情况。对于谐磁分析，用来检查 DOF 的失稳。

使用提示：这个命令的默认值是假定命令"SOLCONTROL"处于打开状态时设置的。对于相关的力，值可设置为 DOF 和（或）失稳的载荷。在 GUI 模式下，对一个非线性收敛准则对话框中的一个删除操作，系统将把这个命令写入到 LOG 文件，在 LOG 文件中用户可看到：Lab 为空、VALUE = -1、TOLER 是一个整数。在这种情况下，GUI 根据所选收敛标签的位置为 TOLER 指定一个值，这并不是用户在 ANSYS 会话框中为 TOLER 指定的值。

使用 ANSYS 的图形求解跟踪（GST），当求解在进行时，用命令"CNVTOL"指定的收敛范围可以进行图形跟踪。

2. "CRPLIM" 命令

GUI：Main Menu > Solution > Load Step Opts > Nonlinear > Creep Criterion

使用功能：为自动时间跟踪指定一个蠕变准则，如图 5-61 所示。

使用格式：CRPLIM, CRCR, Option

其中：

CRCR：为蠕变极限率控制指定的蠕变准则。

Option：蠕变分析类型。若为 1 或 ON，表示为隐式蠕变分析；0 或 OFF，则表示为显式蠕变分析。

使用提示：蠕变率控制可以同时在隐式蠕变和显式蠕变分析中使用。对于隐式蠕变分析，其 CRCR 的默认为 0，即没有蠕变极限控制，用户可以指定任何值。对于显式蠕变分析，其 CRCR 的默认值为 0.1，许可的最大值为 0.25。当"SOLCONTROL, ON"时，命令"CUTCONTROL"也可以达到同样的目的，并且是一个优先的命令。

3. "RATE" 命令

GUI：Main Menu > Solution > Analysis Type > Sol'n Controls > Nonlinear
　　　Main Menu > Solution > Load Step Opts > Nonlinear > Strn Rate Effect

使用功能：确定在载荷步的求解中，是否要使用蠕变应变率效应，如图 5-62 所示。

使用格式：RATE, Option

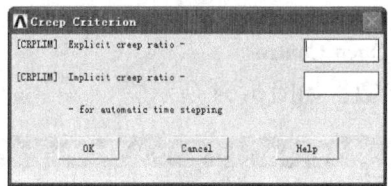
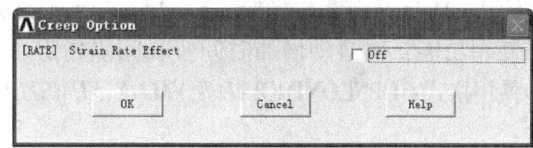

图 5-61　指定蠕变收敛准则的对话框　　　　图 5-62　蠕变选项设置对话框

其中，*Option*：隐式蠕变分析打开与关闭选项。若为 0 或 OFF，关闭蠕变分析（默认设置）；若为 1 或 ON，为打开。

使用提示：必须要设置 *Option* = ON 时才能完成一个隐式蠕变分析。对于粘塑性/蠕变分析，确定在一个载荷步的求解过程中是否要包含蠕变计算。如果 *Option* = ON，ANSYS 完成一个蠕变计算，使用 "TIME，*TIME*"，对求解这个载荷步设置一个适当的值。

该命令仅适用于具有 Mises 或 Hill 势能的隐式蠕变分析。当要模拟具有 Mises 势能的隐式蠕变时，可使用的单元有：LINK180、SHELL181、PLANE182～183、SOLID185～187、SOLSH190、BEAM188～189、SHELL208～209、SHELL281；当要模拟具有各向异性的蠕变时，可使用的单元有：PLANE42、SOLID45、PLANE82、SOLID92、SOLID95、LINK180、SHELL181、SOLSH190、PLANE182～183、SOLID185187、BEAM188～189、SHELL208～209、SHELL281。

4. "MONITOR" 命令

GUI：**Main Menu > Solution > Load Step Opts > Nonlinear > Monitor**

使用功能：在一个非线性求解控制文件中控制三个变量域的内容，如图 5-63 所示。

使用格式：MONITOR，*VAR*，*Node*，*Lab*

其中：

VAR：在监控文件中三个变量域编号之一，其内容能够利用 *Lab* 标签进行指定。有效的值是整数 1、2 或 3。

Node：在指定域 *VAR* 中将要进行监控的节点编号。在 GUI 模式下，如果为 P，则激活图形拾取操作，如果为空（blank），则对于整个结构，监控文件列表出由 *Lab* 所指定标签相对应的最大值。

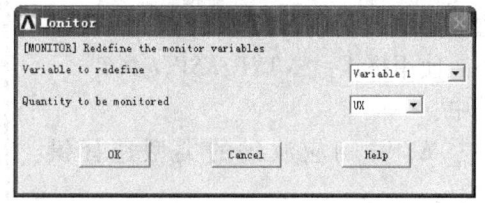

图 5-63　监控器设置对话框

Lab：在指定 *VAR* 域将要监控的求解标签。其有效的标签有：UX、UY 和 UZ（位移）；ROTX、ROTY 和 ROTZ（转角）；TEMP（温度）；FX、FY 和 FZ（集中力）；MX、MY 和 MZ（结构力矩）和 HEAT。

使用提示：这个命令的默认值是假定命令 "SOLCONTROL" 处于打开状态时设置的，此时，监控文件将自动创建和保存为一个 ASCII 文本文件，其扩展名为 ".mntr"。

当需要对每个载荷步中特定的节点进行监控时，对于每次求解必须要执行命令 "MONITOR" 一次。在一个线性分析中不能监控一个反作用力，通过在载荷步中执行这个命令，变量域的内容可以重新指定。监控量也可以添加到每个载荷步的文件中。

5. "OPNCONTROL" 命令

GUI：Main Menu > Solution > Load Step Opts > Nonlinear > Open Control

使用功能：对自动增加时间步长间隔指定一个确定参数，如图 5-64 所示。

使用格式：OPNCONTROL,*Lab*,*VALUE*,*NUMSTEP*

其中：

Lab：有下列选项。

- DOF：DOF 标签名，当前可利用的只能是 TEMP。
- OPENUPFACTOR：增大时间步长间隔的因子。当命令"AUTOS,ON"被使用时，且 *Lab* = OPENUPFACTOR，并设置 *VALUE* 的值大于 1.0，默认值是 1.5，其上限是 10.0，但建议不要超过 3.0。

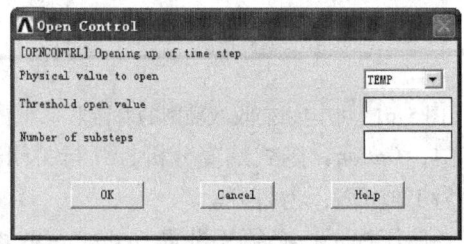

图 5-64 时间步长间隔设置对话框

VALUE,*NUMSTEP*：在算法中使用的两个值，它用来确定时间步长间隔是否增加。如果增量结果的最大绝对值小于由 *NUMSTEP* 指定的 *VALUE* 值时，时间步长间隔将增加，默认值对 *VALUE* 来说是 0.1，对 *NUMSTEP* 来说是 3。*NUMSTEP* 仅适用于 *Lab* = DOF 的状态。

使用提示：当"SOLCONTROL,ON"时，它仅适用于非线性或瞬态分析。

5.3.4 谱分析选项(Spectrum)

1. "SVTYP" 命令

GUI：Main Menu > Solution > Load Step Opts > Spectrum > Settings

使用功能：指定单点响应波谱的类型，如图 5-65 所示。

使用格式：SVTYP,*KSV*,*FACT*

其中：

KSV：响应波谱的类型选择键。它有：

- 0：地震速度响应波谱，其中 SV 的值为速度，单位为：长度/时间。
- 1：力响应波谱，其中 SV 的值将表示力的振幅因子。
- 2：地震加速度响应波谱，其中 SV 的值表示加速度，其单位为：长度/时间^2。

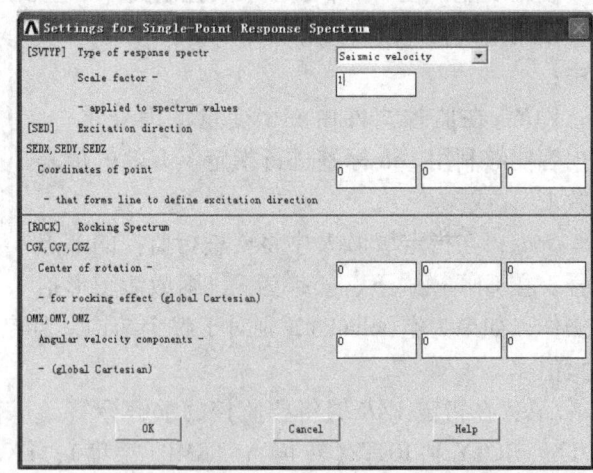

图 5-65 单点响应高水平波谱的设置对话框

- 3：地震位移响应波谱，其中 SV 表示为位移。
- 4：PSD 载荷，其中 SV 表示为 $(in/sec^2)^2/Hz$，最好不用这个选项。

FACT：应用于频谱的缩放因子，默认值为 1。当求解开始时，这个值才进行缩放，而数据库中的值维持不变。

命令默认：地震速度响应波谱。

使用提示：指定单点响应波谱的类型，地震的激发方向用命令"SED"来指定。

2. "SED"命令

GUI：**Main Menu > Solution > Load Step Opts > Spectrum > Singlept > Settings**
　　　Main Menu > Solution > Load Step Opts > Spectrum > DDAM Options

使用功能：为单点响应波谱指定激发方向，参考图 5-65。

使用格式：SED,*SEDX*,*SEDY*,*SEDZ*

其中，*SEDX*,*SEDY*,*SEDZ*：一个点的整体直角坐标值，通过原点和该点的直线确定了激发的方向。如：0.0,1.0,0.0，则定义 Y 轴为谱的激发方向，谱值不会对这个输入进行缩放。

3. "ROCK"命令

GUI：**Main Menu > Solution > Load Step Opts > Spectrum > Singlept > Settings**

使用功能：指定一个摆动的响应波谱，参考图 5-65。

使用格式：ROCK,*CGX*,*CGY*,*CGZ*,*OMX*,*OMY*,*OMZ*

其中：

CGX,*CGY*,*CGZ*：当发生摆动时，旋转中心点位于整体直角坐标中的 X、Y 和 Z 值。

OMX,*OMY*,*OMZ*：与摆动相关，位于整体直角坐标的角速度分量。

使用提示：在谱分析中指定一个摆动的响应波谱效应。

4. "FREQ"命令

GUI：**Main Menu > Solution > Load Step Opts > Spectrum > Singlept > Erase Table**
　　　Main Menu > Solution > Load Step Opts > Spectrum > Singlept > Freq Table

使用功能：为 SV 与 FREQ 表格指定频率值。

使用格式：FREQ,*FREQ1*,*FREQ2*,*FREQ3*,*FREQ4*,*FREQ5*,*FREQ6*,*FREQ7*,*FREQ8*,*FREQ9*

其中，*FREQ1*,…,*FREQ9*：SV 与 FREQ 表格的频率值，频率值要按照升序的方式排列，频率点之间可以使用对数插值，应该大于 0，单位是 Hz。

使用提示：对于其他的频率点可以重复执行这个命令，最多可以定义 20 个点。在最后一个非零频率后，值将会累加。如果所有的域(*FREQ1*,…,*FREQ9*)是空的，则删除 SV 与 FREQ 表格。

频率值必须要按升序的方式排列，使用"STAT"命令可以列表当前的频率点。用命令"SV"输入的频谱值，将由命令"SVTYP"来说明。

5. "SV"命令

GUI：**Main Menu > Solution > Load Step Opts > Spectrum > Singlept > Spectr Values**

使用功能：指定与频率点相对应的频谱值，如图 5-66 所示。

使用格式：SV,*DAMP*,*SV1*,*SV2*,*SV3*,*SV4*,*SV5*,*SV6*,*SV7*,*SV8*,*SV9*

其中：

DAMP：为响应频谱曲线指定的阻尼比率。如果与以前定义的曲线相同，则 SV 值将加到原有曲线上，最多可定义四条不同的曲线，每条都有一个不同阻尼的比率，阻尼比率必须要按升序的方式排列。

SV1,…,*SV9*：与频率点相对应的频谱值。值将

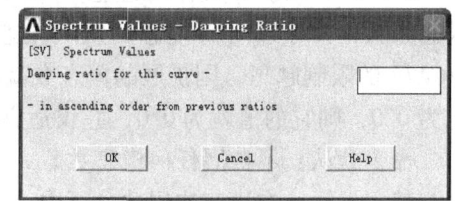

图 5-66　指定阻尼值对话框

按照命令"SVTYP"指定的类型具有不同的意义，曲线之间可以使用 LOG-LOG 插值，SV 的值不能为 0，在频率范围之外所需要的值将用最后一个输入值来取代。

使用提示：指定一个与先前定义的频率点相对应的频谱值，仅适宜于单点响应波谱，阻尼对频率的求解没有影响，阻尼值仅用来确定模态组合计算时的 SV 曲线，仅拥有最低阻尼值的曲线才在开始模态系数计算中使用，使用命令"STAT"可以列表出当前的频谱曲线值。

重复执行"SV"命令可以给其他的 SV 点赋值，每一个 DAMP，最多可以定义 20 个点。

6. "SPTOPT" 命令

GUI：**Main Menu > Solution > Load Step Opts > Spectrum > Singlept > Show Status**

   Utility Menu > List > Status > Solution > Spectrum Options

使用功能：指定"频谱分析选项"作为随后的状态主题。

使用格式：SPTOPT

使用提示：这是一个状态标题命令，它由 GUI 方式生成，并出现在 LOG 文件中，如果在执行命令"Utility Menu > List > Status"，需要询问某些项的状态时，这个命令将会跟随在"STAT"命令之后进行，并报告指定主题的状态。

如果直接进入系统，则"STAT"命令应该紧跟随在这个命令之后出现。

7. "MXPAND" 命令

GUI：**Main Menu > Solution > Analysis Type > Analysis Options**

   Main Menu > Solution > Load Step Opts > ExpansionPass > Single Expand > Expand Modes

使用功能：对于模态和屈曲分析，指定将要扩展和写入的模态数，如图 5-67 所示。

使用格式：MXPAND，*NMODE*，*FREQB*，*FREQE*，*Elcalc*，*SIGNIF*

其中：

NMODE：扩展和写入的模态数。如果为空(blank)，则在指定的频率范围内对所有的模态进行扩展和写入。

FREQB：对感兴趣频率范围的起始或最低频率。如果 *FREQB* 和 *FREQE* 都为空，则扩展或写入与频率范围无关的模态数，默认值为整个频率。

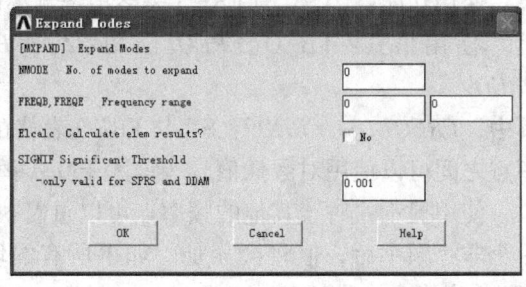

图 5-67 扩展模态数设置对话框

FREQE：对感兴趣频率范围的结束或最高频率。

Elcalc：单元计算控制键。若为 NO，则表示不计算单元结果和反作用力(默认设置)；若为 YES，则与节点 DOF 结果一样，计算单元结果和反作用力。

SIGNIF：仅扩展其等级超过了 *SIGNIF* 极限的模态数。模态的等级可以用来作为模态的模态系数，并除以所有模态的最大模态数。任何等级小于 *SIGNIF* 的模态都不进行扩展。*SIGNIF* 的限制越高，则扩展的模态数就越小。*SIGNIF* 的默认值是 0.001，如果 *SIGNIF* 被指定为 0.0，则它的值就为 0.0，它仅适宜于在单点或 DDAM 响应分析中使用。

命令默认：不扩展任何模态数。

使用提示：在模态或屈曲分析中，一个频率范围内将要扩展和写入的模态数。对于缩减法分析，需要进行模态扩展。若在 SOLUTION 中使用，它仅可在第 1 个载荷步中使用。

5.3.5 其他选项(Other Option)

1. "EALIVE"命令

GUI：**Main Menu > Solution > Load Step Opts > Other > Birth & Death > Activate Elem**

使用功能：激活一个"具有生和死能力"的单元。

使用格式：EALIVE,*ELEM*

其中，*ELEM*：将要重新激活的单元编号，也可以为 ALL、P 或元件名。

使用提示：激活具有生死能力的指定单元，该单元必须要在"EKILL"命令杀死后才能被激活，被激活的单元具有一个零的应变状态。

2. "EKILL"命令

GUI：**Main Menu > Solution > Load Step Opts > Other > Birth & Death > Kill Elements**

使用功能：杀死一个"具有生死能力"的单元。

使用格式：EKILL,*ELEM*

其中，*ELEM*：将要被"杀死"的单元编号，也可以为 ALL、P 或元件名。

使用提示：杀死具有生死能力的单元，被杀死的单元继续保存在模型中，但对整体矩阵来说，其刚性则为 0，对整体质量矩阵也不起作用，它可以用命令"EALIVE"重新激活。

3. "ESTIF"命令

GUI：**Main Menu > Solution > Load Step Opts > Other > Birth & Death > StiffnessMult**

使用功能：对杀死的单元指定一个矩阵因子。

使用格式：ESTIF,*KMULT*

其中，*KMULT*：对于杀死的单元指定一个刚度矩阵因子，默认值为 1.0E-6。

使用提示：对由命令"EKILL"杀死的单元设置一个刚度矩阵因子。对话框如图 5-68 所示。

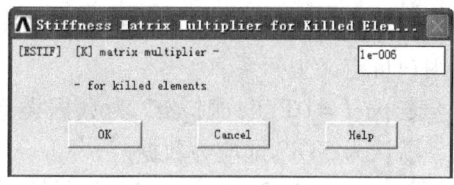

图 5-68 指定刚度矩阵因子的对话框

4. "UPCOORD"命令

GUI：**Main Menu > Solution > Load Step Opts > Other > Updt Node Coord**

使用功能：根据当前的位移，修改当前激活节点的坐标。

使用格式：UPCOORD,*FACTOR*,*Key*

其中：

FACTOR：将要累加到节点坐标上的位移缩放因子，若 *FACTOR* = 1.0，位移按实际值累加到每个节点的坐标上；若 *FACTOR* = -1，从每个节点的坐标上减去位移值。

Key：对数据库中位移值清零的控制键，若为 OFF，对位移不作清零处理(默认设置)；若为 ON，对位移值进行清零操作。

使用提示：命令"UPCOORD"仅适用于保存在 ANSYS 数据库中的位移，不是那些保存在结果文件"Jobname.rst"中的位移。命令每执行一次，则节点坐标就更新一次，如果为 *Key* = ON，则在更新后，节点位移和转角都会置零值。

对具有更新网格的结构求解过程来说，其系数矩阵必须要重新生成。可以使用命令"KUSE,-1"来生成。

对于一个多物理场模拟，其中 CFD 或电磁场将与承受大位移的结构进行耦合，周围环境域的所有或部分网格可能会参与结构求解,并移动到置换的结构。通过使用新计算出来的位移,可以使用将带有一个合适变量值 FACTOR 的"UPCOORD"命令来更新节点的坐标值。网格也会与置换的结构保持一致,所有保存的位移是相对于原来的网格位置。这个命令并不是有意想要取代大位移或生死属性。

5. "INISTATE"命令

使用功能:指定初始状态的数据和参数。

使用格式:**INISTATE**,*Action*,*par1*,*par2*,*par3*,*par4*,*par5*,*par6*,*par7*,*par8*,*par9*

其中:

Action:定义或控制初始状态数据的选项。

- SET:指定初始状态的坐标系、数据类型和材料类型参数。
- DEFINE:指定实际的应力和应变值,以及相关的单元、积分点和层的信息。
- WRITE:当命令"SOLVE"执行时,将初始状态的值写入到一个文件里。
- READ:从一个文件中读入初始状态的值。
- LIST:列表出当前初始状态的数据。
- DELETE:从选择的单元中删除掉初始状态的数据。

上述选项的使用实例如下。

INISTATE,SET,*par1*,*par2*

若 *par1* = CSYS,则 *par2* 为坐标系的类型,*par2* = -2 为单元坐标系,*par2* = -1 为材料坐标系,*par2* = 0 为整体直角坐标系,*par2* = 0~10 为 ANSYS 系统定义的坐标系,*par2* ≥ 11 为用户自定义坐标系。

若 *par1* = DTYP,则 *par2* 为数据类型,它是由命令"INISTATE,DEFI"定义的数据类型,默认为 STRS 即应力数据。

若 *par1* = MAT,则 *par2* 为材料类型,即材料的 ID 编号,使用 *par2* = -1,则使所有基于材料的数据类型无效,并激活基于初始状态数据积分点。

使用 *Action* = SET 来指定和修改环境,使用户能够在随后执行"INISTATE,DEFINE"命令时来定义初始状态数据。如果没有执行"*Action* = SET"选项,随后的命令"INISTATE,DEFINE"将在整体直角坐标系里输入初始应力数据。

INISTATE,DEFINE,*Elid*,*Eint*,*Klayer*,*Parmint*,*Sx*,*Sy*,*Sz*,*Sxy*,*Syz*,*Sxz*

其中:

Elid:单元编号,如果为空或默认,即为当前所选择的单元。

Ein:Gauss 积分点(默认为"ALL"),对基于材料的初始状态数据无效。

Klayer:对于分层实体/壳单元的层数或对于梁单元的单元(cell)数,如果为空,则没有分层和梁单元,对基于材料的初始状态数据无效。

Parmint:在一层里剖面积分点或对于梁单元的单元积分点(典型的是 4 个积分点,默认为 ALL),对基于材料的初始状态数据无效。

Sx,*Sy*,*Sz*,*Sxy*,*Syz*,*Sxz*:应力值。

可以多次重复执行命令"INISTATE"来指定多个初始状态数据,初始状态数据也可以根据单元、层和积分点来指定。当初始状态数据是按照材料来指定时(即"INISTATE,SET,

MAT,MATID"),ID 指定单元编号,所有其他的变量均无效。

$$\text{INISTATE,WRITE},\mathit{flag},,,,\mathit{CSID}$$

其中:
flag:$\mathit{flag}=1$,生成初始应力文件;$\mathit{flag}=0$,阻止初始应力文件生成。
CSID:确定将要写初始应力的坐标系。
- 0(默认):对实体单元在整体直角坐标系里写入。
- -1 或 MAT:在材料坐标系里写入。
- -2 或 ELEM:对杆单元、梁单元和分层单元,在单元坐标系里写入。

$$\text{INISTATE,READ},\mathit{fname},\mathit{ext},\mathit{path}$$

其意义是从一个指定路径且指定文件名里读入初始状态数据。使用这个选项可以将复杂的初始数据读入到各种单元、cell、分层、剖面和积分点上。

$$\text{INISTATE,LIST},\mathit{ELID}$$

其意义是列表出 ID = ELID 单元的初始状态数据,如果为空,则列表所有选择单元的所有初始状态数据。

$$\text{INISTATE,DELE},\mathit{ELID}$$

其意义是删除 ID = ELID 单元的初始状态数据,如果为空,则删除所有选择单元的所有初始状态数据。

命令"INISTATE"将取代以前版本的命令,即"ISFILE"、"ISWRITE"、"ISTRESS"。且该命令只能从命令行或命令流文件中输入,没有图形拾取操作即 GUI 方式。

5.3.6 载荷步文件操作(Load Step)

1. "LSREAD"命令

GUI:**Main Menu > Solution > Load Step Opts > Read LS File**

使用功能:读入载荷和载荷步信息到数据库,如图 5-69 所示。

使用格式:LSREAD,LSNUM

其中,LSNUM:将要读入载荷步文件的编号,默认值为当前对话框中读入数据的最大编号 +1。命令"LSREAD,STAT"可以列表出当前的 LSNUM 值,命令"LSREAD,INIT"可以将 LSNUM 设置为 1。载荷步文件是用"Jobname.Sn"命名,其中 n 由命令"LSWRITE"指定,当 LSNUM 的值大于 99 时,后缀名中的"S"会去掉。

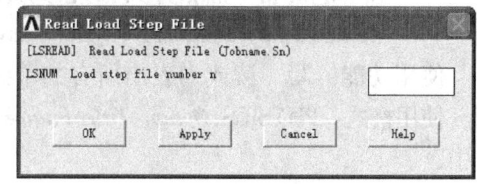

图 5-69 读载荷步文件对话框

使用提示:从载荷步文件中读入载荷和载荷步信息到数据库,"LSREAD"命令不会删除数据库中的所有载荷,因此,如果由命令"LSREAD"指定了一个载荷,那么它将覆盖已存在的载荷,使用命令"LSDELE"可以删除载荷步文件,命令"LSREAD"可以移去命令"SFGRAD"已存在的设置。

2. "LSWRITE"命令

GUI:**Main Menu > Solution > Load Step Opts > Write LS File**

使用功能：写载荷和载荷步信息数据到指定的文件。

使用格式：LSWRITE, *LSNUM*

其中，*LSNUM*：赋给载荷步文件名的编号，其默认值是在当前对话框中使用的 *LSNUM* 最大编号 + 1。执行命令"LSWRITE, STAT"可以列表出当前的 *LSNUM* 值，执行命令"LSWRITE, INIT"可以将 *LSNUM* 设置为 1。载荷步文件用"Jobname.S*n*"来命名，其中 *n* 是由 *LSNUM* 所指定的编号，当 *LSNUM* 的值大于 99 时，后缀名中的"S"会去掉。

命令默认：当执行"SOLCONTROL, ON"时，"LSWRITE"并不写入由求解控制所影响的命令默认值；相反则写入求解控制所影响的命令默认值。

使用提示：对选择的模型，将所有的载荷和载荷步选项写入文件里，为以后使用。"LSWRITE"命令并不能记录实常数和材料属性的变化，如果模型没有划分网格，则实体模型上的载荷也不能被保存，因此，实体模型上的载荷必须要转换到有限元模型上。执行命令"LSCLEAR, FE"可以删除有限元模型上的载荷，每个载荷步必须要写入一个文件，使用"LSREAD"可读入一个载荷步，使用命令"LSDELE"可以删除载荷步文件，使用"LSSOLVE"可以依次读入载荷步并求解载荷步。

"LSWRITE"命令不能适用于生死单元的选项，也不支持命令"DJ"、"GSBDATA"、"FJ"、"GSGDATA"，这些命令不会写入到载荷步文件里。

5.4 物理环境与有限元求解操作

5.4.1 物理环境（Environment）

1. "PHYSICS"命令

GUI：Main Menu > Solution > Physics > Environment > Clear
　　　Main Menu > Solution > Physics > Environment > Delete
　　　Main Menu > Solution > Physics > Environment > List
　　　Main Menu > Solution > Physics > Environment > Read
　　　Main Menu > Solution > Physics > Environment > Status
　　　Main Menu > Solution > Physics > Environment > Write

使用功能：写、读或列表出所有的单元信息，如图 5-70 所示。

使用格式：PHYSICS, *Option*, *Title*, *Fname*, *Ext*, --

其中：

Option：确定对单元信息的操作方式，它的值有：

- WRITE：将所有单元类型、主要选项、实常数、材料性能、求解分析选项、载荷步选项、约束方程、耦合点、所定义的组件和 GUI 的优先设置等信息写入到由 *Fname* 和 *Ext* 指定的文件中。

- READ：删除所有求解信息，然后由 *Fname*

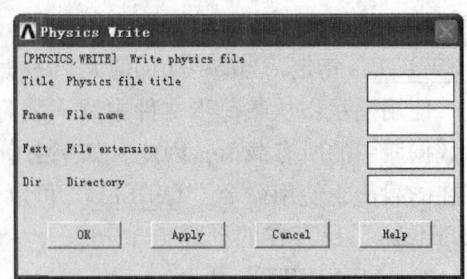

图 5-70　生成物理环境文件对话框

和 *Ext* 所指定的位置读入所有信息到ANSYS的数据库里。
- LIST：列出当前所定义的物理文件和它们的标题。
- DELETE：从数据库中删除一个指定的物理文件和它的标题。
- CLEAR：从数据库中删除所有的材料性能、求解分析选项、载荷步选项、约束方程、耦合点、所定义的组件和GUI的优先设置等信息。
- STATUS：显示出所有激活单元和设置的信息。

Title：一个用户定义能够快速确定一组物理设置的标题，最多不能超过64个字符。

Ext：不超过8个字符的扩展文件名，默认值为"PH*n*"，如果 *Fname* 为空，则 *n* 是介于 1~9 之间的一个数，这取决于用户执行命令"PHYSICS"的次数。如果执行的次数超过9次，则ANSYS要求删除已存在的文件。

使用提示：由于不能同时求解两个分析，当要完成一个涉及到两个不同学科（如CFD和结构分析）的多物理场分析时，可以使用该命令。一旦为两个分析设置了物理环境，就可以使用命令"PHYSICS,READ"在所定义的物理环境之间进行切换。

命令"PHYSICS"也可以输出所有的求解信息，包括分析选项到文件"Jobname.PH*n*"中，尽管它也输出组件，但它并不输出如节点、单元、线等实体。

"PHYSICS,WRITE"命令将覆盖已存在且具用相同标题的物理文件。

2. "ESSOLV"命令

GUI：**Main Menu > Solution > Physics > Coupled Solvers > Elec/struc**

使用功能：完成一个静电场与结构的耦合分析，如图5-71所示。

使用格式：ESSOLV, *Electit*, *Strutit*, *DIMN*, *MORPHOPT*, *Mcomp*, *Xcomp*, *ELECTOL*, *STRU-TOL*, *MXLOOP*, --, *RUSEKY*, *RESTKY*, *EISCOMP*

其中：

Electit：由命令"PHYSICS"指定的静电场物理文件的标题。

Strutit：由命令"PHYSICS"指定的结构物理文件的标题。

DIMN：模型的维数，没有默认值。其中2表示2D模型；3表示3D模型。

MORPHOPT：网格转型及重新划分网格控制选项。

- <0：表示不进行网格的转换或重新划分网格。
- 0：在每次递归循环中，如果网格转型失败，对非结构区域重新划分网格（默认设置）。
- 1：不进行网格转型，在每次递归循环中对非结构区域重新划分网格。
- 2：仅进行网格转型，不对任何非结构区域重新划分网格。

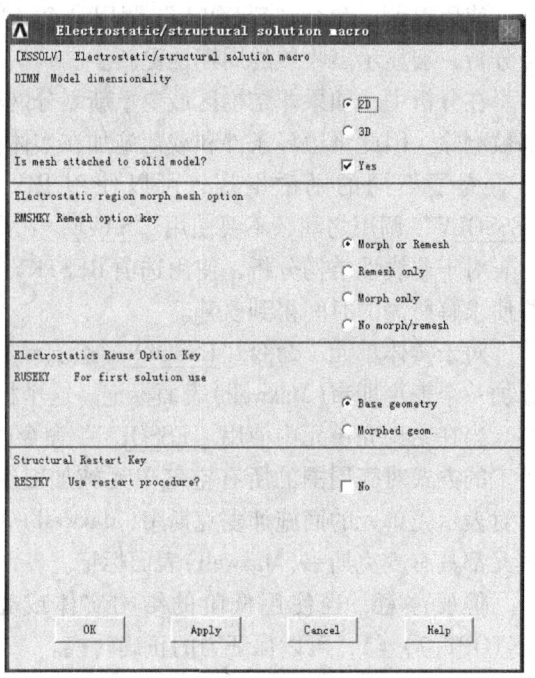

图5-71 调用静电场与结构耦合分析的对话框

Mcomp：将要转型区域的元件名。对于 2D 模型，元件可以是单元或面；对于 3D 模型，元件可以是单元或体。一个元件名必须要指定，在命令行中，用单引号将元件名括起来。

Xcomp：不进行转型的实体元件名。在 2D 状态下，不包含变体的线元件名；在 3D 状态下，不包含变体的面元件名。默认值位于共享的实体之外。在命令行中，用单引号将元件名括起来。

ELECTOL：静电能收敛的误差值，默认值是先前迭代计算值的 0.005，即 0.5%，如果小于 0，基于静电场分析结果的收敛准则将关闭。

STRUTOL：结构最大位移收敛误差，默认值是先前迭代计算值的 0.005，即 0.5%，如果小于 0，基于结构分析结果的收敛准则将关闭。

MXLOOP：许可求解递归循环的最大次数，默认值为 100。分别经过静电场和结构分析构成一次循环。

RUSEKY：重新使用的标记选项。它有：
- ≤1：对于第 1 次静电场求解，假定使用基本几何模型开始命令"ESSOLV"的运行。
- >1：设想命令"ESSOLV"的运行是前一次命令"ESSOLV"运行的继续。其中对于开始的静电场模拟，使用变形的几何形状。

RESTKY：结构重新开始的选项，若为 0，对结构求解使用静态求解方法；若为 1，对结构求解使用重新开始求解的选项。

EISCOMP：包括保存在文件"jobname.ist"中初始应力的单元元件名，在执行命令"ESSOLV"之前必须要定义好初始应力数据。

使用提示：命令"ESSOLV"调用一个 ANSYS 的宏，自动完成一个静电场与结构的耦合分析，宏显示出收敛的周期性更新。

在分析中，如果非结构区域要重新划分网格，施加在节点和单元上的边界条件和载荷均都被删除。因此将边界条件和载荷施加在实体模型上是最好的方法。

为了不同的励磁电压，可以使用 RUSEKY > 1 来求解多个"ESSLOV"模拟，在"ESSOLV"调用之间，不要使用"SAVE"命令来保存数据。

对于非线性结构分析，使用选项 RESTKY = 1，可以从先前收敛的结构结果处重新开始，并使求解所需的时间得到改善。

对于实体单元，命令"ESSOLV"会自动检查出空气—结构的界面，并在静电场单元上施加一个麦克斯韦(Maxwell)表面标记。这个标记将用来对载荷从静电场区域到结构开始转换。当在结构壳单元中使用"ESSOLV"命令时，在写最后静电场物理文件之前，必须采用手工的方式对壳周围的所有空气单元施加麦克斯韦(Maxwell)表面标记，使用命令"SFA"可对表示壳单元的面施加麦克斯韦(Maxwell)表面标记，这可以保证靠近壳单元两边的空气单元都具有麦克斯韦(Maxwell)表面标记。

但要注意，当使用低阶的结构实体或壳单元时，对于静电场单元类型，设置选项 KEYOPT(7) = 1，可以保证力的正确转换。

5.4.2 有限元求解运算(Solve)

1. "SOLVE"命令

GUI：Main Menu > Solution > Solve > Current LS

Main Menu > Solution > Run FLOTRAN

Main Menu > Solution > Solve

使用功能：开始一个求解运算。

使用格式：SOLVE

使用提示：根据当前的分析类型和选项设置，按求解顺序中的载荷步开始求解计算。

2. "LSSOLVE" 命令

GUI：Main Menu > Solution > Solve > From LS Files

使用功能：读入并求解多个载荷步，如图 5-72 所示。

使用格式：LSSOLVE,LSMIN,LSMAX,LSINC

其中，LSMIN,LSMAX,LSINC：指定读入和求解的载荷步范围，按增量 LSINC 从 LSMIN 开始至 LSMAX 结束。LSMAX 的默认值是 LSMIN，LSINC 的默认值是 1。如果为空，将显示一个简要的命令描述。

使用提示：命令"LSSOLVE"调用 ANSYS 宏来读入和求解多个载荷步文件，宏通过一系列由命令"LSWRITE"写入的载荷步文件进行循环。由命令"LSSOLVE"调用的宏名是"LSSOLVE. MAC"。它不能在具有生死单元选项中运行，不支持重新启动分析，也不能在 FLOTRAN 中使用。

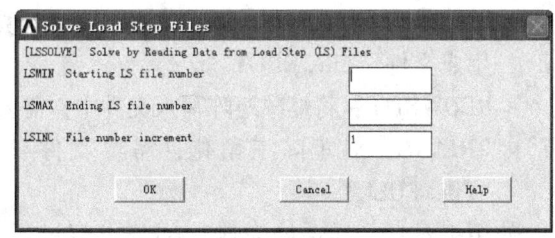

图 5-72　求解载荷步对话框

3. "PSOLVE" 命令

GUI：Main Menu > Solution > Solve > Partial Solu

使用功能：指引系统完成一个部分求解，如图 5-73 所示。

使用格式：PSOLVE,Lab

其中：

Lab：指定求解步的有效标签。需要所有的字符，它的值有：

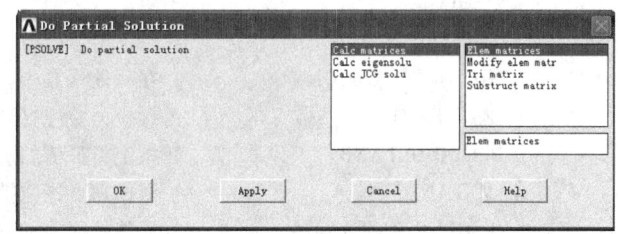

图 5-73　进行部分求解的对话框

- CGSOL：使用雅可比共轭梯度求解器计算自由度的结果，需要文件"File. FULL"，位移会更新。
- EIGDAMP：使用阻尼特征求解器计算特征值和特征向量，从命令"MODOPT, UNSYM"或"MODOPT, DAMP"选项中需要文件"File. FULL"，并生成文件"File. MODE"。
- EIGQRDA：使用 QR 阻尼特征求解器计算特征值和特征向量，从"MODOPT, QRDAMP"选项中需要文件"File. EMAT"，并生成文件"File. MODE"。
- EIGEXP：扩展特征向量结果，需要文件"File. MODE"，并生成文件"File. RST"。
- EIGFULL：使用完全子空间计算特征值和特征向量，从命令"MODOPT,SUBSP"的选项中需要文件"File. FULL"，并生成文件"File. MODE"。
- EIGLANB：使用块 Lanczos 方法计算特征值和特征向量，执行命令"MODOPT,

LANB",生成文件"File. MODE"。
- EIGLANPCG：使用 PCG Lanczos 方法计算特征值和特征向量，执行命令"MODOPT，LANPCG"，生成文件"File. MODE"。
- EIGREDUC：使用 Householder 方法计算特征值和特征向量，需要文件"File. REDM"，并生成文件"File. MODE"。
- EIGUNSYM：使用非对称特征求解器计算特征值和特征向量，从命令"MODOPT，UNSYM"或"MODOPT，DAMP"选项中需要文件"File. EMAT"，并生成文件"File. MODE"。
- ELFORM：计算单元矩阵，生成文件"File. EMAT"和"File. ESAV"。
- ELPREP：对于求解，修改单元矩阵，计算惯性释放量，需要文件"File. EMAT"，并生成文件"File. EROT"。
- REDWRITE：将缩减矩阵写入文件中，需要文件"File. REDM"，并生成"File. SUB"。
- TRIANG：对矩阵三角化，需要文件"File. EMAT"，并生成文件"File. TRI"或"File. FULL"。

使用提示：指导系统完成一部分求解过程。预定义的分析类型按预定义的顺序来完成指定的一部分求解步骤。可以使用这个选项重复一个分析中的某些步骤或重新开始分析。

将不是所有的载荷步对所有的分析类型都有效。载荷步的顺序可以根据用户需要的结果进行变化。

在单个的载荷步中可以执行一系列的"PSOLVE"命令，并按一个分离载荷步的方式出现。如下所示：

```
/SOLU
ANTYPE,MODAL            ! 指定模态分析
UPCOORD,1.0,ON          ! 在后处理器中显示与变形几何相关的模态形状
PSTRES,ON               ! 预应力效应打开
MODOPT,LANB             ! 指定特征值的求解器
MXPAND,…                ! 根据需要指定扩展的模态数
PSOLVE,EIGLAB           ! 计算特征值和特征向量
FINI
/SOLU
EXPASS,ON
PSOLVE,EIGEXP           ! 扩展特征向量求解的结果
FINI
```

在一个循环对称分析中，命令"PSOLVE,EIGLANB"或"PSOLVE,EIGLANPCG"可以在一个多载荷步中完成模态分析，其中对每个节点半径通过命令"CYCOPT"指定一个载荷步。另外，特征值向量被扩展到每个节点半径结果上，消除对一个分离扩展通道的需要。

如果要使用雅可比共轭梯度求解器来执行命令"PSOLVE,ELFORM"和"PSOLVE,ELPREP"，则必须要在执行命令"PSOLVE,CGSOL"之后，否则会发生一些意想不到的结果。

尽管该命令通过验证可以很好的工作，但在一个迭代求解器中使用命令"PSOLVE"并不可能减少求解过程的时间。

如果需要文件"File. EMAT"，在分析运行之前先执行"EMATWRITE, YES"，以保证文件"File. EMAT"被生成。

在一个预应力模态分析中，在命令"PSOLVE, EIGDAMP"或"PSOLVE, EIGREDUC"之前要先执行命令"PSOLVE, TRIANG"，以保证 ANSYS 能够生成一个适当的". FULL"文件。命令"PSOLVE, EIGUNSYM"、"PSOLVE, EIGFULL"、"PSOLVE, EIGLANB"、"PSOLVE, EIGQRDA"和"PSOLVE, EIGLANPCG"在执行之前，并不需要执行命令"PSOLVE, TRIANG"。

4. "ADAPT" 命令

GUI：Main Menu > Solution > Solve > Adaptive Mesh

使用功能：对一个模型采用自适应网格并求解，如图 5-74 所示。

使用格式：ADAPT, *NSOLN*, *STARGT*, *TTARGT*, *FACMN*, *FACMX*, *KYKPS*, *KYMAC*

其中：

NSOLN：许可的求解编号，1 或更大的数，默认值为 5。

STARGT：能量范数中结构百分比误差的目标百分数(SEPC)，默认值是 5，如果为 -1，则不使用目标值。

TTARGT：能量范数热量百分误差的目标百分数(TEPC)，默认值是 1，如果为 -1，则不使用目标值。

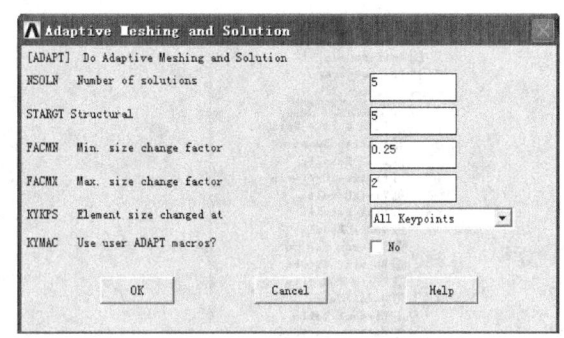

图 5-74　自适应网格和求解对话框

FACMN：关键点单元大小变化的最小因子(默认值为 0.25)。

FACMX：关键点单元大小变化的最大因子(默认值为 2.0)。

KYKPS：指定单元大小是否在选择关键点处进行修改。若为 0：修改单元大小而忽视所选择关键点(默认设置)；若为 1，仅在关键点处修改单元大小。

KYMAC：确定是否使用由用户生成的辅助宏文件。若为 0：不使用用户编写的辅助宏文件(默认设置)；若为 1：使用用户编写的宏文件。使用宏文件"ADAPTMSH. MAC"替代默认的网格命令序列，使用"ADAPTSOL. MAC"替代默认的求解命令序列。

使用提示：命令"ADAPT"调用一个预定义的 ANSYS 宏进行自适应网格和求解。宏将根据能量范数中的百分比误差，在具有网格密度细化的 ANSYS 程序中反复执行 PREP7、SOLUTION 和 POST1。在完成了自适应网格划分后，"ADAPT"宏自动地将单元形状检查打开。

第 6 章　后处理操作（Postprocessor）

ANSYS 软件中后处理器有两个，其一是通用后处理器，即 POST1，它只能浏览整个模型在某一时刻的结果，操作菜单如图 6-1 所示。进入通用后处理器的命令有：

GUI：**Main Menu > General Postproc**

使用格式：/POST1

其二是时间—历程后处理器，即 POST26，可浏览模型在不同时间段或子步历程上的结果，其操作菜单如图 6-2 所示，进入时间历程后处理器的命令有：

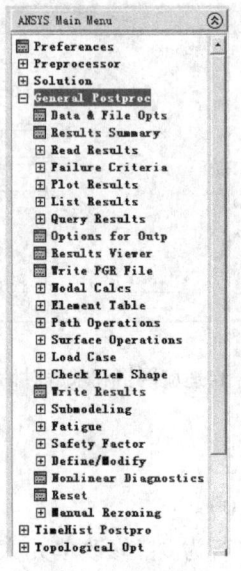

图 6-1　POST1 菜单

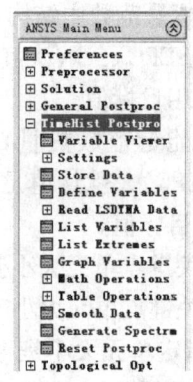

图 6-2　POST26 菜单

GUI：**Main Menu > TimeHist Postpro**

使用格式：/POST26

后处理器中使用的数据主要来自于前处理(模型数据)和求解阶段(结果数据)，若求解没有完成，则在后处理阶段将看不出任何结果显示。对于求解的结果数据，它又可以分为基本数据即有限元分析直接计算出来的数据(如结构分析中的节点位移)和导出数据(如节点的应力结果)。对于不同的分析类型，其基本数据和导出数据如表 6-1 所示。

表 6-1　基本数据和导出数据

分析类型	基本数据	导出数据
结构分析	Displacement	Stress, Strain, Reaction, etc.
热分析	Temperature	Thermal Flux, Thermal gradient, etc.
磁场分析	Magnetic Potential	Magnetic flux, Current density, etc.

分析类型	基本数据	导出数据
电场分析	Electric Scalar Potential	Electric filed, flux density, etc.
流体	Velocity, Pressure	Pressure gradient, heat flux, etc.

6.1 结果数据的显示与列表

6.1.1 读入结果数据(Read)

1. "INRES"命令

GUI：**Main Menu > General Postproc > Data & File Opts**

使用功能：从结果文件中读出指定类型的数据，如图6-3所示。

使用格式：INRES, *Item1*, *Item2*, *Item3*, *Item4*, *Item5*, *Item6*, *Item7*, *Item8*

其中，*Item1*, …, *Item8*：从结果文件中将指定类型的数据读出并存入到ANSYS数据库里，它们可以是下列标签的组合。若为ALL，则读出所有的数据(默认设置)；若为BASIC，则读出NSOL、RSOL、NLOAD、STRS、FGRAD和FFLUX项的基本数据；也可以是下列标签之一，即NSOL(节点DOF结果)、RSOL(节点反作用载荷)、ESOL(单元结果，也包括以下的所有标签)、NLOAD(单元节点载荷)、STRS(单元节点应力)、EPEL(单元弹性应变)、EPTH (单元热、初始和膨胀应变)、EPPL(单元塑性应变)、EPCR(单元蠕变应变)、FGRAD(单元节点梯度)、FFLUX(单元节点流通量)、MISC(单元的其他数据)。

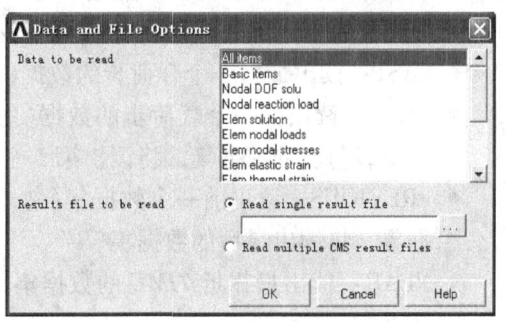

图6-3 读出数据对话框

使用提示：从结果文件中读出指定类型的数据，并通过"SET"、"SUBSET"和"APPEND"等命令将其安置在ANSYS的数据库里。它与命令"OUTRES"是一对相配合的命令。由于命令"INRES"仅对已经写入到数据文件的数据进行标记，因此在使用命令"OUTRES"时应该注意包含所有将来在后处理器要使用的数据。

2. "FILE"命令

GUI：**Main Menu > General Postproc > Data & File Opts**
　　Main Menu > TimeHist Postpro > Settings > File

使用功能：指定结果将要读入的数据文件，参考图6-3。

使用格式：FILE, *Fname*, *Ext*, --

其中，*Ext*：不超过8个字符的扩展名。如果 *Fname* 为空，其扩展名的默认值将依据不同的分析类型分别为"RST(结构、流体或耦合场)"、"RTH(热或电分析)"、"RMG(磁场分析)"或"RFL(FLOTRAN分析)"。在POST26中的缩减结构分析中，对于瞬态动力学分析的位移数据，使用"RDSP"的扩展名；对于谐波响应分析，使用"RFRQ"的扩展名。

命令默认：使用工作文件名 Jobname 和与分析类型相对应的扩展名。

使用提示：在后处理中，指定将要读出的结果数据文件。

3. "SET" 命令

GUI：**Main Menu > General Postproc > List Results > Detailed Summary**

Main Menu > General Postproc > Read Results > By Load Step

Main Menu > General Postproc > Read Results > By Pick

Main Menu > General Postproc > Read Results > First Set

Main Menu > General Postproc > Read Results > Last Set

Main Menu > General Postproc > Read Results > Next Set

Main Menu > General Postproc > Read Results > Previous Set

Main Menu > General Postproc > Results Summary

使用功能：从结果文件中读出所指定的数据集。

使用格式：SET，*Lstep*，*SBsetp*，*Fact*，*KIMG*，*TIME*，*ANGLE*，*NSET*，ORDER

其中：

Lstep：将要读出数据的载荷步数，默认值为1。它的值有

- N：读出第 N 个载荷步的数据。
- FIRST：读出第1个载荷步的数据（忽略 *SBSTEP* 和 *TIME* 变量）。
- LAST：读出最后一个载荷步的数据（忽略 *SBSTEP* 和 *TIME* 变量）。
- NEXT：读出下一个载荷步的数据（忽略 *SBSTEP* 和 *TIME* 变量），如果已经到了最后一个载荷步的数据集，将读出第1个数据集。
- PREVIOUS：读出前一个数据集（忽略 *SBSTEP* 和 *TIME* 变量），如果当前为第1个数据集，将读出最后的数据集。
- NEAR：读出最靠近 *TIME* 的数据集（忽略 *SBSTEP* 变量），如果为空，则读出第1个数据集。
- LIST：浏览结果文件，列表出载荷步的汇总（忽略 *FACT*、*KIMG*、*TIME* 和 *ANGLE* 变量），如图6-4所示。

SBstep：在 *Lstep* 内的子步数，对于模态分析或屈曲分析来说，子步数即为模态数。它的默认值是载荷步的最后一个子步。如果 *Lstep* = LIST，*SBSTEP* = 0 或 1，则列表出基本载荷步的信息，但 *SBSTEP* = 2，很有可能列表出载荷步的标题和标签数据（若存在）。

Fact：施加到从文件中读出数据的缩放因子，若为0或空，其默认值为1。一个非零的因子，将不考虑不能求和的项。谐速度或加速度也可能通过对模态分析或谐响应分析的位移结果进行计算得到。如果 *Fact* = VELO，则谐速度的计算公式为 $v = 2\pi fd$，如果 *Fact* = ACEL，则谐加速度的计算公式为 $v = (2\pi f)^2 d$，其中 f 为频率，d 为位移。

KIMG：仅使用从复数分析中得到的结果。若为0，贮存复数结果的实部；若为1，贮存

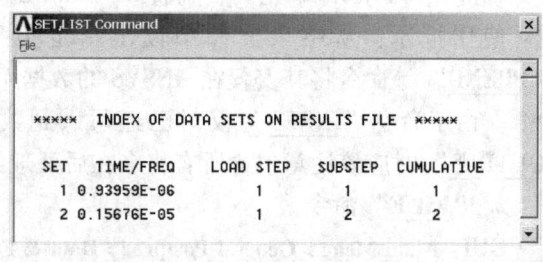

图6-4 浏览的结果文件

复数结果的虚部。但对于阻尼模态结果，特征值的虚部表示为系统的频率。

TIME：确定数据将要读出的时间值。对于谐波响应分析，时间就是频率；对于屈曲分析，时间相当于负载系数。如果 *Lstep* = NEAR，读出最靠近指定时间 *TIME* 的数据；如果 *Lstep* 和 *SBSTEP* 是零，读出在时间 *TIME* 上的数据集。在求解中使用了弧长法时，不要使用 *TIME* 来指定读出的数据集；如果 *TIME* 介于两个时间点之间，则通过线性插值来取出数据。如果时间超出了文件中的最后时间点，则将用最后的数据来替代。

ANGLE：圆周的位置(0.0~360°)。对于谐分析计算，当从结果文件中读出数据时，要指定圆周位置。基于圆周角度的谐因子将施加在载荷步的谐单元上。如果 *ANGLE* = NONE，所有的谐因子都置为1，默认值为0.0。

NSET：将要读出的数据集编号。如果输入一个负值，则 *Lstep*、*SBSTEP*、*KIMG* 和 *TIME* 都将忽略，利用数据集的编号可由命令"<u>SET</u>,LIST"来确定。

ORDER：按特征频率或屈曲载荷乘子的升序方式对谐波指数结果进行排序。这个值仅应用于循环对称屈曲分析和模态分析，当 *Lstep* = FIRST、LAST、NEXT、PREVIOUS、NEAR 或 LIST 也有效。

使用提示：从结果文件中将指定的数据集读入到数据库里，在读操作时可以完成不同的操作。读出的数据集必须要有相对应的几何模型。在数据库中所施加的约束和载荷值将会由它们在结果文件中相对应的值所取代。在一个单载荷步分析中，除了来自于谐单元的结果以外，各种读操作的结果均相同。在"rezoning（再分区）"期间，*Lstep* 的值不能使用 NEXT、PREVIOUS 和 NEAR。

6.1.2 图形显示结果数据(Plot Result)

1."PLDISP"命令

GUI：**Main Menu > General Postproc > Plot Results > Deformed Shape**

使用功能：显示结构的变形形状，如图6-5所示。

使用格式：PLDISP,*KUND*

其中，*KUND*：显示结构位移形状的控制键，若为0，仅显示结构的位移形状即变形的形状；若为1，重叠显示结构变形前后的形状；若为2，重叠显示结果变形前后的形状，只是变形前的形状仅为几何模型的边界。

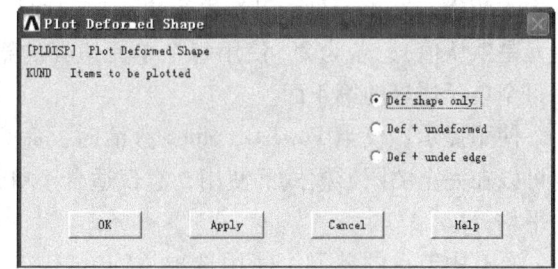

图6-5 显示结构变形形状对话框

使用提示：对于所选择单元显示结构的变形情况。为了显示一个真实的情况，在显示之前先执行命令"<u>/DSCALE</u>,,1.0"。

2."PLNSOL"命令

GUI：**Main Menu > Drop Test > Animate Results**
　　　Main Menu > General Postproc > Plot Results > Contour Plot > Nodal Solu

使用功能：用等值线或云图的方式显示节点计算结果，如图6-6所示。

使用格式：PLNSOL,*Item*,*Comp*,*KUND*,*Fact*,*FileID*

其中：

Item,*Comp*：分别为将要显示结果的标签或组合项的标签名（某些数据的显示可能需要）。标签的具体意义可参看附录 B。

KUND：可参考命令"PLDISP"中相同变量的说明。

Fact：对于接触数据，2D 显示的缩放因子，默认值为 1，一个负的缩放因子可用来反相显示。

FileID：由命令"NLDLAG, NRRE, ON"得到的文件索引号，仅适用于 *Item* = NRRE 的情况。

使用提示：对所有选择的单元和节点，在单元边界上显示结果数据的等值

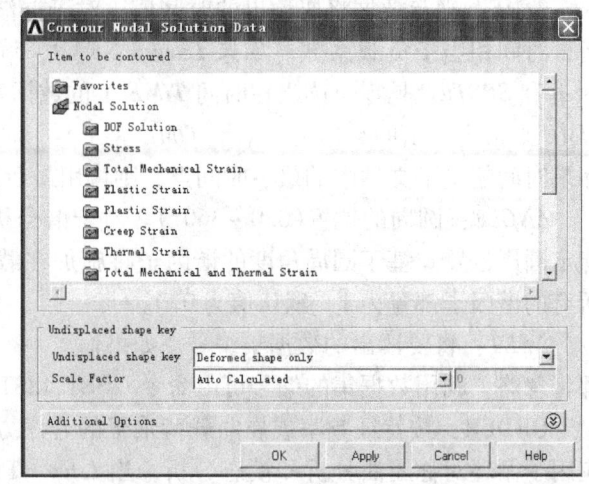

图 6-6 显示节点计算结果的对话框

线或云图。如："PLNSOL,S,X,"则显示应力的 X 分量值即 SX 应力分量。各种单元结果取决于重新计算的方法和所选择结果的位置，通过对每个单元内节点结果值进行线性插值来确定等值线，其中，当两个或更多个单元连接到相同的节点上时，则取其平均值，而对于 FMAG 来说，是在节点上求和。为了要显示中节点的值，则必须要执行命令"/EFACET,2"。

3. "/EFACET" 命令

GUI：**Main Menu > General Postproc > Options for Outp**

Main Menu > General Postproc > Plot Results > Contour Plot > Nodal Solu

使用功能：对 PowerGraphic 显示时，指定每个单元边界的面号，参考图 6-6。

使用格式：/EFACET,*NUM*

其中，*NUM*：在单元显示时，每个单元边的面号，若为 1，使用每个边界的第 1 面（对于 H 单元是默认值）；若为 2，使用每个单元边界的第 2 面（对于 P 单元是默认值）；若为 4，使用每个单元边界的第 4 面。

使用提示：仅当 PowerGraphics 激活时，命令"/EFACET"才有效，对单元 CONTA174 也可以在完全的图形模式下使用，它仅适合于单元类型显示。"/EFACET"将会影响到结果的平均。

具有中节点的单元，使用选项 *NUM* = 2。若使用选项 *NUM* = 1，没有中节点的信息输出。对于没有中节点的单元，要使用 *NUM* = 1。该命令在任何处理器里都有效。

4. "AVPRIN" 命令

GUI：**Main Menu > General Postproc > Element Table > Define Table**

Main Menu > General Postproc > List Results > Nodal Solution

Main Menu > General Postproc > Options for Outp

Main Menu > General Postproc > Path Operations > Map onto Path

Main Menu > General Postproc > Path Operations > Map onto Path > FE Results

Main Menu > General Postproc > Plot Results > Contour Plot > Element Solu

> Main Menu > General Postproc > Plot Results > Contour Plot > Nodal Solu
>
> Utility Menu > List > Results > Nodal Solution

使用功能：确定计算向量和及其主轴的方法，参考图6-6。

使用格式：AVPRIN,*KEY*,*EFFNU*

其中：

KEY：平均控制键。它有：

- 0：在公共节点上对来自于相关单元的分量值进行平均，然后再用平均值来计算向量和或其主轴（默认设置）。
- 1：在每个单元基上计算主轴或向量和，然后在公共节点上对来自于相关单元的值进行平均。

EFFNU：计算 Von Mises 当量应变的泊松比。这个选项仅适宜于线性单元使用。

命令默认：在主轴或向量和计算之前，先对公共节点上的分量进行平均。

使用提示：当两个或更多个单元在一个公共节点上相连时，为某些导出数据结果选择计算分量的方法。这个方法仅适用于对导出的节点主应力、主应变以及用于选择、排序和输出的向量和计算。

该命令也确定用于计算当量应变的有效泊松比，即变量（*EFFNU*），若设置了 *EFFNU*，则下列适用于所有单元的默认泊松比将会被覆盖，使用命令"RESET"可以恢复到默认设置。

1）来自于用户对 *EPEL* 和 *EPTH* 的输入。

2）将0.5赋给变量 *EPEL* 和 *EPTH*。

3）如果材料是超弹性的，则赋值为0.5。

4）对于线单元和循环对称分析，则赋值为0.0。

5. "PLESOL" 命令

GUI：**Main Menu > General Postproc > Plot Results > Contour Plot > Element Solu**

Utility Menu > Plot > Results > Contour Plot > Elem Solution

使用功能：用不连续的等值线方式显示单元的求解结果，参考图6-6。

使用格式：PLESOL,*Item*,*Comp*,*KUND*,*Fact*

其中变量的意义可参考命令"PLNSOL"的说明，并可参照执行。

使用提示：对选择的单元，沿着单元边界用不连续的单元等值线来显示求解的结果。如："PLESOL,S,X"，显示应力的 X 分量即 SX。在每个单元内等值线是通过线性插值而得到的，并且它不受周围单元的影响。相邻单元等值线的不连续说明了单元之间梯度的变化。分量结果是在激活的结果坐标系中显示（默认是在整体直角坐标系中）。

6. "PLETAB" 命令

GUI：**Main Menu > General Postproc > Element Table > Plot Elem Table**

Main Menu > General Postproc > Plot Results > Contour Plot > Elem Table

使用功能：显示单元表格的内容，如图6-7a所示。

使用格式：PLETAB,*Itlab*,*Avglab*

其中：

Itlab：将要显示其内容的用户自定义标签，该标签由命令"ETABLE"创建。

Avglab：平均运算操作。若为 NOAV，对公共节点上的单元内容不进行平均（默认值）；

若为 AVG，对公共节点上的单元内容进行平均。

使用提示：对所选择的单元，显示贮存在由"ETABLE"命令创建的单元表内的数据。为了显示的需要，同时假定单元上的数据是常数，并已赋给了单元上的每个节点，等值线是通过对每个单元上的节点值进行线性插值而得到，这些节点值可以使用平均或不平均的选项。相邻单元等值线的不连续说明了单元之间梯度的变化，如图 6-7b 所示。

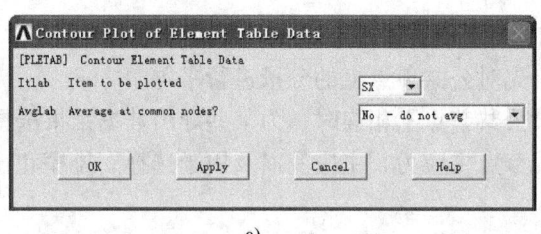

a)   b)

图 6-7 显示单元表数据的对话框及实例
a) 显示单元表数据的对话框 b) 单元表结果显示的实例

7. "PLLS" 命令

GUI：Main Menu > General Postproc > Plot Results > Contour Plot > Line Elem Res

使用功能：沿单元用等值面来显示单元表的内容，如图 6-8 所示。

使用格式：PLLS,*LabI*,*LabJ*,*Fact*,*KUND*

其中：

LabI,*LabJ*：分别为节点 I、J，其单元表内容的标签。

Fact：显示的缩放因子，默认值为 1。负的缩放因子将用来进行反相显示。

KUND：显示几何形状的控制键，若为 0，在没有变形的模型上显示所选择的内容；若为 1，在变形的模型上显示所选择的内容。

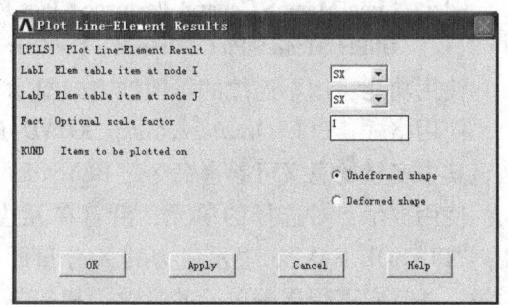

图 6-8 显示线单元的结果对话框

使用提示：沿线单元和 2D 轴对称壳单元，用一个等值面（梯形）的方式来显示所选择的内容（如剪切力和力矩等）。梯形的三边由单元边（一条边）与在节点 I、J 处的线所组成，节点 I、J 处线的长度与数据的大小成比例，显示方向垂直于单元和视图方向。

8. "PLVECT" 命令

GUI：Main Menu > General Postproc > Plot Results > Vector Plot > Predefined
　　　Main Menu > General Postproc > Plot Results > Vector Plot > User-defined
　　　Utility Menu > Plot > Results > Vector Plot

使用功能：用矢量的方式显示结果，如图 6-9a 所示。

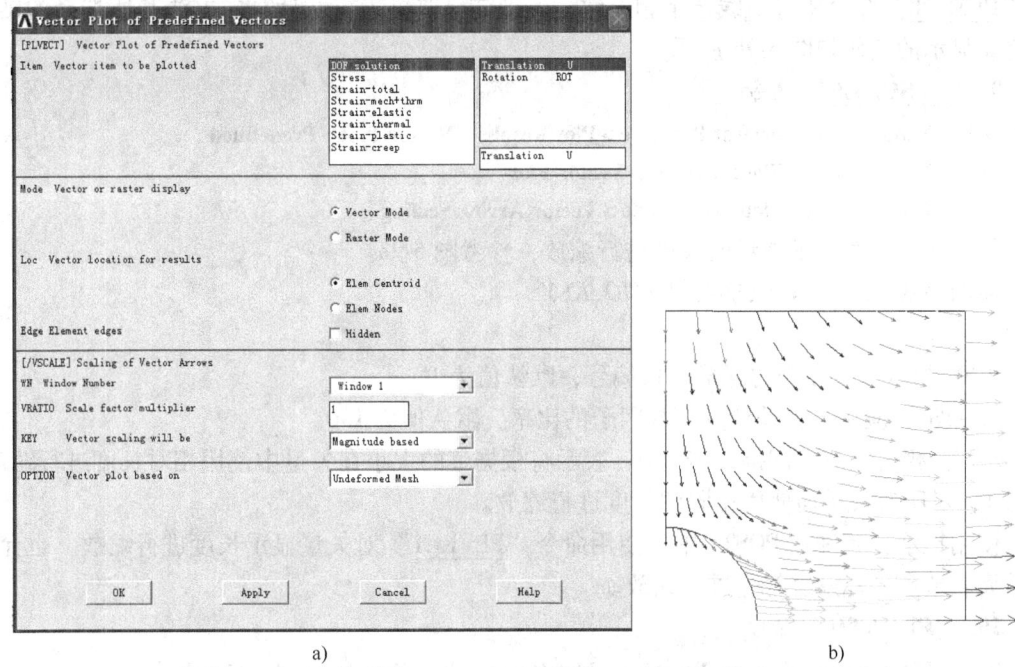

图 6-9 以矢量形式显示计算结果的对话框及显示实例
a) 对话框 b) 显示位移矢量的结果

使用格式：PLVECT, *Item*, *Lab2*, *Lab3*, *LabP*, *Mode*, *Loc*, *Edge*, *KUND*

其中：

Item：ANSYS 预定义的矢量标签，或者是确定用户自定义矢量的 I 分量标签。

Lab2：用户自定义矢量的 J 分量标签，若 *Item* 为预定义的矢量标签，则必须为空。

Lab3：用户自定义矢量的 K 分量标签，若 *Item* 为预定义的矢量标签或为 2D 用户定义矢量，则必须为空。

LabP：赋给合成矢量并用来显示的标签，其默认值由 *Item* 指定。

Mode：确定显示的方式。如为空，使用命令"/DEVICE"中 *KEY* 的设置；若为 RAST，用光栅的模式来显示；若为 VECT，用矢量模式来显示。

Loc：显示单元结果的矢量位置。若为 ELEM，在单元的质心位置处显示（默认设置）；若为 NODE，在单元的节点上显示。

Edge：单元边界的显示方式。若为空，使用命令"/EDGE"中 *Key* 的设置；若为 OFF，表示不显示单元边界；若为 ON，显示单元边界。

KUND：显示几何形状的控制键，若为 0，在没有变形的模型或网格上显示矢量；若为 1，在变形的模型或网格上显示矢量。

使用提示：对所选择的节点或单元，用矢量（箭头）的方式显示各种求解的结果。如：

PLVECT, U   ！对所选择的节点显示位移矢量

对于剖面显示，则矢量仅显示在剖面上。在模型的切口处不能使用命令"PLVECT"来显示主应力和主应变。结果输出是在所选单元上显示矢量，而不是在分开的面上。矢量大小

与"PLNSOL"命令中等值线显示相一致,各种结果取决于重新计算的方法和所选择的结果位置。显示的实例如图6-9b所示。

9. "/VSCALE" 命令

GUI：**Main Menu > General Postproc > Plot Results > Vector Plot > Predefined**

　　　Utility Menu > Plot > Results > Vector Plot

　　　Utility Menu > PlotCtrls > Style > Vector Arrow Scaling

使用功能：对显示向量的长度进行缩放,参考图6-9a。

使用格式：/VSCALE,*WN*,*VRATIO*,*KEY*

其中：

WN：执行显示命令的屏幕窗口编号,默认值为1。

VRATIO：应用于自动计算缩放因子的比率,默认值为1.0。

KEY：相对缩放控制键,若为0,表示将根据值的大小在矢量中使用相对长度进行缩放;若为1,对所有矢量均使用相同的长度进行缩放。

使用提示：允许在POST1中,使用命令"PLVECT"对矢量显示长度进行缩放。也允许对单元和节点坐标系统符号进行缩放。

10. "PLPATH" 命令

GUI：**Main Menu > General Postproc > Plot Results > Plot Path Item > On Graph**

　　　Main Menu > General Postproc > Path Operations > Plot Path Item > On Graph

　　　Utility Menu > Plot > Results > Path Plot

使用功能：在图形窗口显示路径上所指定的数据,如图6-10a所示。

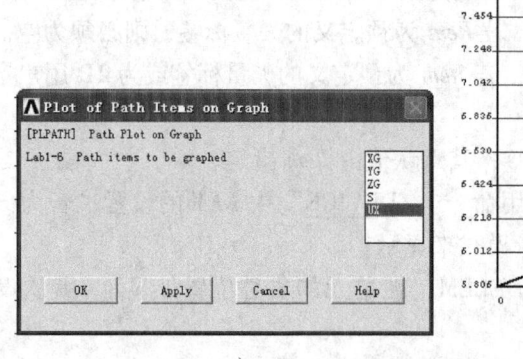
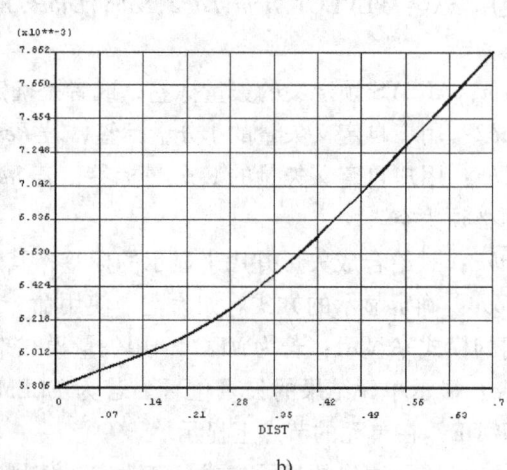

a)　　　　　　　　　　　　　　　　　b)

图6-10　路径内容的图形显示

a) 对话框　b) 位移显示的结果

使用格式：PLPATH,*Lab1*,*Lab2*,*Lab3*,*Lab4*,*Lab5*,*Lab6*

其中,*Lab1*,…,*Lab6*：指定路径上将要显示的内容标签名。每次最多可以显示6个标签。ANSYS预定义的内容即XG、YG、ZG和S也可以显示。

使用提示：路径使用命令"PATH"和"PPATH"来指定,路径内容和它们的标签通过命令"PDEF"、"HFNEAR"、"PVECT"、"PCALC"、"PDOT"和"PCROSS"来指定。路径内容通过命令"PRPATH"来列表,图形缩放可以使用命令"/XRANGE"、"/YRANGE"和"PRANGE"来控制。该命令名称不能采用简化输入。显示的结果如图6-10b所示。

11. "PLPAGM"命令

GUI：Main Menu > General Postproc > Path Operations > Plot Path Item > On Geometry
　　　Main Menu > General Postproc > Plot Results > Plot Path Item > On Geometry

使用功能：沿路径几何形状以图形方式显示路径上的内容,如图6-11a所示。

使用格式：PLPAGM, Item, Gscale, Nopt

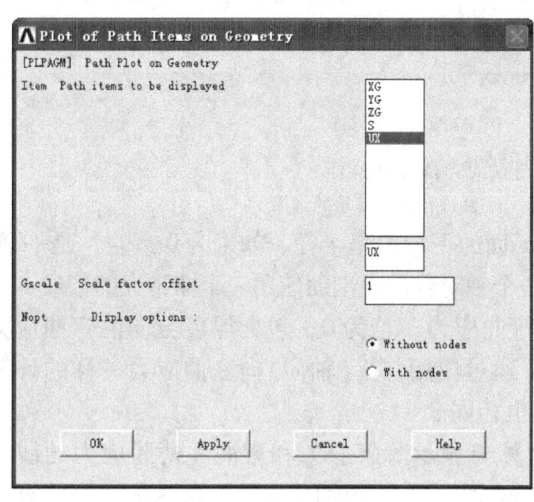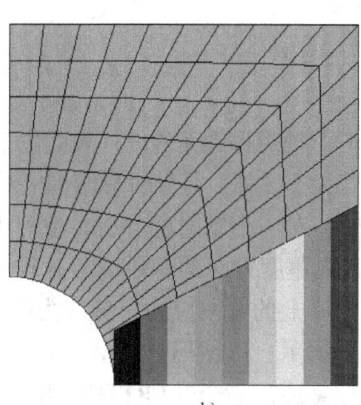

a)　　　　　　　　　　　　　　　　　　b)

图6-11　在几何模型上显示路径内容
a) 操作对话框　b) 位移在几何模型上的显示结果

其中：

Item：在命令"PATH"定义的路径上显示该路径上的数据内容。

Gscale：对路径数据显示内容偏离路径的缩放因子即图形显示的缩放,默认值为1.0。

Nopt：确定数据显示的方式。若为空,不显示节点,缩放显示则以当前选择的节点集为依据(默认方式);若为NODE,沿当前选择的节点显示路径数据内容,显示的几何体与选择的节点成比例。

使用提示：可以使用 *Gscale* 变量对显示的图形进行缩放,该命令名称不能采用简化输入。显示结果如图6-11b所示(网格是为了清晰加上去的,实际执行这个命令时是没有的)。

12. "PLSECT"命令

GUI：Main Menu > General Postproc > Path Operations > Linearized Strs
　　　Main Menu > General Postproc > Plot Results > Plot Path Item > Lineariz Strs

使用功能：显示薄膜和薄膜+弯曲的线性化应力,如图6-12a所示。

使用格式：PLSECT, Item, Comp, RHO, KBR

其中：

Item, Comp：将要处理的指定内容标签或组合标签(如果需要的话),有效的标签有 SX、SY、SZ、SXY、SYZ 和 SXZ(应力分量);S1、S2 和 S3(主应力);SINT(应力强度);SEQV(当量应力)。

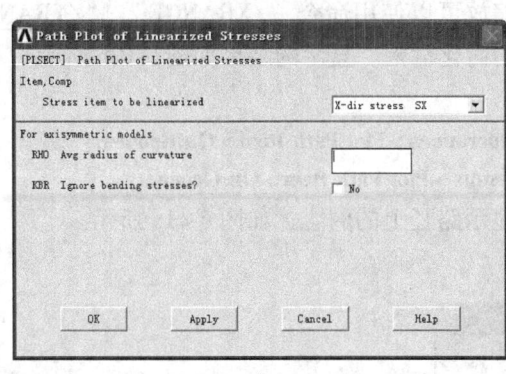
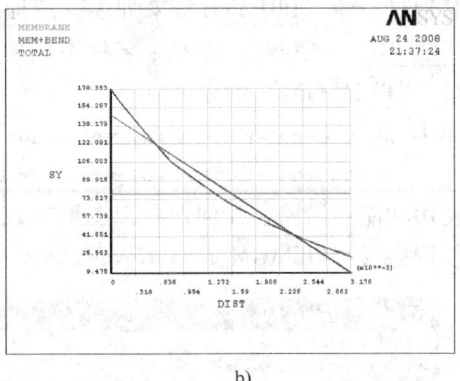

　　　　　　　　　　a)　　　　　　　　　　　　　　　　　　b)

图 6-12　路径应力线性化操作
a) 操作的对话框　b) 线性化应力显示的结果

　　RHO：轴对称剖面的内外表面位于 X-Y 面的平均曲率半径。如果为 0 或空，是平面或 3D 结构；若为非零值，是轴对称结构。对于一个轴对称的直剖面使用一个非常大的数或 −1。

　　KBR：对一个轴对称分析，壁厚上的弯曲应力。若为 0，包含厚度方向的弯曲应力；若为 1，忽视厚度方向的弯曲应力；若为 2，通过使用与 Y（轴向）向变曲应力一样的计算公式来包含壁厚上的弯曲应力，剪应力的计算也相同。

　　使用提示：以图形方式沿路径剖面计算与显示薄膜应力和弯曲 + 薄膜应力的线性化结果。路径是通过命令"**PPATH**"用指定的两个节点来创建的，对于线性化应力计算，必须使用节点来定义路径，总应力也将会显示在图形上，该命令总是将路径分为 48 个等份，而忽视在命令"**PATH**"中所指定的等份数。显示的结果如图 6-12b 所示。

13. "PLCRACK" 命令

GUI：**Main Menu > General Postproc > Plot Results > Conc Plot > Crack/Crush**

使用功能：在 SOLID65 单元上显示具有裂纹或破碎的位置，如图 6-13 所示。

使用格式：PLCRACK, *LOC*, *NUM*

其中：

　　LOC：符号将要显示的位置。若为 0：则在积分点处显示符号（默认设置）；若为 1：则在单元质心处显示符号（平均值）。

　　NUM：裂纹显示的顺序。若为 0：则显示所有的裂纹（默认设置）；

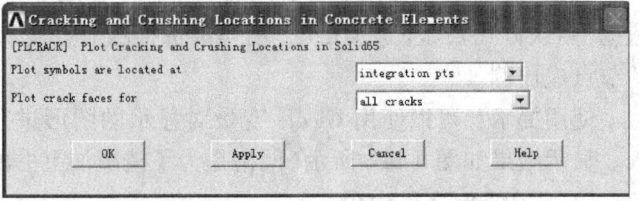

图 6-13　在混凝土单元上显示裂纹或破碎的位置对话框

若为 1：则仅显示第 1 条裂纹；若为 2，则仅显示第 2 条裂纹；若为 3，则仅显示第 3 条裂纹。

　　使用提示：命令"**PLCRACK**"将在混凝土单元的裂纹或破碎处显示一个圆圈。裂纹将在其平面里用一个圆圈轮廓来显示，破碎将用一个八面体轮廓来显示。如果裂纹已经开裂，然后又闭合，那么圆圈轮廓里将有一个叉（类似于⊗）的标记。每个积分点最多可以用三个不同的平面来显示开裂，在积分点的第 1 条裂纹用一个红色圆圈轮廓来显示，第 2 条裂纹用一个绿色圆圈,第 3 条裂纹用一个兰色的圆圈表示。

显示在单元质心的符号是以单元所有积分点的状态来确定。如果单元中任何积分点已破碎,那么破碎的符号将显示在质心;如果单元中任何积分点已开裂或开裂又闭合,那么开裂的符号将显示在单元质心。若至少有 5 个积分点已经开裂和闭合,那开裂和闭合符号将显示在单元的质心,最后,如果还有一个以上的积分点开裂,则在单元质心处的圆圈轮廓显示出在那个单元上所有开裂平面的平均方位。

6.1.3 结果数据的列表(List Result)

1. "PRITER" 命令

GUI:Main Menu > General Postproc > List Results > Iteration Summry
　　　Utility Menu > List > Results > Iteration Summry

使用功能:列表出结果的汇总数据。

使用格式:PRITER

使用提示:对一个静态或完全瞬态分析,列表出其结果,汇总数据,如时间步长大小、平衡迭代次数、收敛值等,对于其他的分析类型,则输出为零。

2. "PRERR" 命令

GUI:Main Menu > General Postproc > List Results > Percent Error

使用功能:显示出结构能量范数或热能量范数的百分比误差。

使用格式:PRERR

使用提示:显示出结构能量范数(SEPC)或热能量范数(TEPC)的百分比误差。对于有结构和热 DOF 的分析,与求解结果相一致的网格离散误差的近似值也被计算。

3. "NSORT" 命令

GUI:Main Menu > General Postproc > List Results > Sorted Listing > Sort Nodes

使用功能:对节点数据进行排序,如图 6-14 所示。

使用格式:NSORT,*Item*,*Comp*,*ORDER*,*KABS*,*NUMB*,*SEL*

其中:

Item,*Comp*:将要排序的内容标签或组合标签名(如果需要)。

ORDER:排序操作的方式。若为 0,按降序的方式排列;若为 1,按升序的方式排列。

KABS:绝对值控制键,若为 0,按代数值排序;若为 1,按绝对值排序。

NUMB:按升序或降序方式将要排序的节点数据记录个数(默认值为所有节点)。

SEL:在已排序的域内允许节

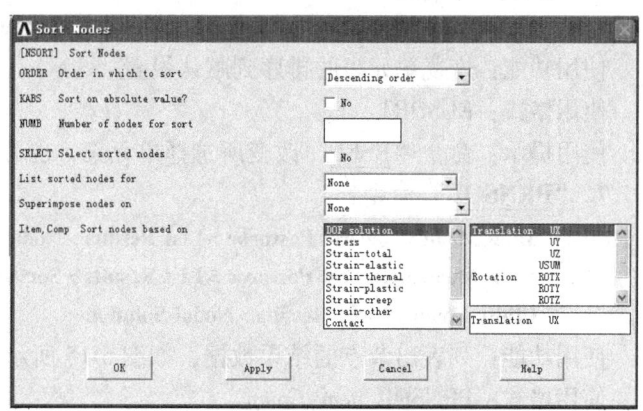

图 6-14 节点结果排序对话框

点的选择。若为空,表示不能选择(默认方式);若为 SELECT,在已排序的列表中选择节点。

  命令默认：按升序的节点编号方式排列。

  使用提示：参加排序项目的值位于当前激活的坐标系内，不同单元的结果也取决于重新计算的方法和所选择的结果位置，如果存在有多个载荷工况，从其中某个载荷工况形成的最后的排序序列将作用到所有的载荷工况上。命令"NUSORT"可以恢复到原来的排序方式。但该命令不支持 PowerGraphics 状态。

  4. "NUSORT" 命令

  GUI：**Main Menu > General Postproc > List Results > Sorted Listing > Unsort Nodes**

  使用功能：对于节点数据恢复其原来的排序方式。

  使用格式：NUSORT

  使用提示：在执行"NSORT"命令之后，该命令将已排序的节点结果恢复到其默认的排序方式，即以升序的方式并按照节点的编号排序。命令"NSEL"改变选择节点集也可以将其恢复到原来的节点排序方式。

  5. "ESORT" 命令

  GUI：**Main Menu > General Postproc > List Results > Sorted Listing > Sort Elems**

  使用功能：对单元表进行排序，参考图 6-14。

  使用格式：ESORT,*Item*,*Lab*,*ORDER*,*KABS*,*NUMB*

其中：

  Item：用于确定内容的标签，即 ETAB。

  Lab：单元表标签。在命令"ETABLE"中，由用户自定义的标签。

  ORDER,*KABS*：分别为排序的方式和绝对值的使用，参考命令"NSORT"。

  NUMB：按升序或降序方式将要排序的单元个数(默认值为所有的单元)。

  命令默认：按升序的单元编号方式排列。

  使用提示：单元表中的行将根据包含 *Lab* 值的列进行排序。命令"EUSORT"可以恢复到默认的排序方式。

  6. "EUSORT" 命令

  GUI：**Main Menu > General Postproc > List Results > Sorted Listing > Unsort Elems**

  使用功能：恢复单元表的排序到默认设置。

  使用格式：EUSORT

  使用提示：命令"ESEL"改变所选择单元集，也可以将其恢复到原来的单元排序方式。

  7. "PRNSOL" 命令

  GUI：**Main Menu > General Postproc > List Results > Nodal Solution**

     Main Menu > General Postproc > List Results > Sorted Listing > Sort Nodes

     Utility Menu > List > Results > Nodal Solution

  使用功能：列表出节点的结果数据，如图 6-15 所示。

  使用格式：PRNSOL,*Item*,*Comp*

其中，*Item*,*Comp*：确定列表内容的标签或组合标签(根据需要)，*Comp* 默认值为 COMP。

  使用提示：对选择的节点，按排序的方式列表出节点结果。如："PRNSOL,U,X"（打印出位移向量 U 的 X 分量，即 UX 自由度），除非采用了转换，否则分量的结果位于整体直角坐标方向。不同单元的结果取决于重新计算方法和所选择的结果位置。如果执行了"LAYER"命令，那么结果输出将用完全的图形模式(即"/GRAPHICS,FULL")进行列表。利用命令"FORCE"来指定将要使用的节点载荷分量。PowerGraphics 能够影响到节点结果的列表。

8. "PRESOL"命令

GUI：**Main Menu > General Postproc > List Results > Element Solution**

Utility Menu > List > Results > Element Solution

使用功能：列表出单元上的计算结果，参考图 6-15。

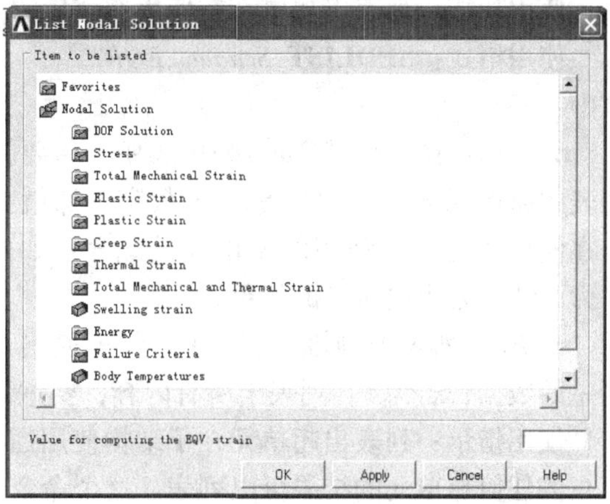

图 6-15 节点结果列表对话框

使用格式：PRESOL,*Item*,*Comp*

其中，*Item*,*Comp*：列表内容的标签或组合标签(根据需要,参考附录 B)。

使用提示：按排序方式，列表出所选择单元的求解结果。如："PRESOL,S"(列表出单元上节点的 6 个应力分量)，除非采用了转换，分量的结果位于整体直角坐标方向。壳单元首先是单元顶面的值、然后才是底面的值。当单元 SHELL93、SHELL181、SHELL208、SHELL209 或 SHELL281 的 KEYOPT(8)=2，或 SHELL63 的 KEYOPT(11)=2 时，其结果将按照 TOP(顶面)、BOT(底面)和 MID(中面)的顺序列表，MID 的值是一个实际值并将被写入到结果文件中。内容将按照表格的列与单元编号相对应进行列表。

9. "PRSSOL"命令

GUI：**Main Menu > General Postproc > List Results > Section Solution**

Utility Menu > List > Results > Section Solution

使用功能：列表出单元 BEAM188 和 BEAM189 剖面的结果，如图 6-16 所示。

使用格式：PRSSOL,*Item*,*Comp*

其中，*Item*,*Comp*：列表内容的标签或组合标签(根据需要)。

使用提示：该命令显示单元 BEAM188 和 BEAM189 剖面节点和剖面积分点的结果，应力和应变显示在剖面节点上，塑性应变、塑性功和蠕应变显示在剖面的积分点上。如：

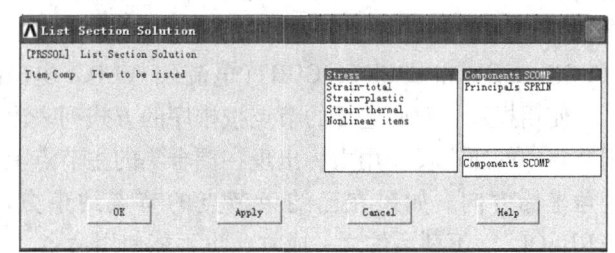

图 6-16 列表剖面结果的对话框

"PRSSOL,S,COMP"，显示 X、XZ 和 YZ 应力分量在剖面节点上。使用命令"SLIST"将显示剖面节点和积分点的坐标列表。

10. "SEDLIST"命令

GUI：**Main Menu > General Postproc > List Results > Superelem DOF**

Utility Menu > List > Results > Superelem DOF Solu

使用功能：列表出超单元在使用通道后的 DOF 结果，如图 6-17 所示。

使用格式：**SEDLIST**,*Sename*,*KOPT*

其中：

Sename：在文件"File.DSUB"中，将要列表的超单元名称。如果是一个数字，那就是在使用通道中所利用的超单元的编号；如果为 ALL，列表出所有的超单元。

KOPT：列表控制键。若为 0，仅列表出汇总的数据；若为 1，列表出所有内容，要意识到列表的内容也许是很大的。

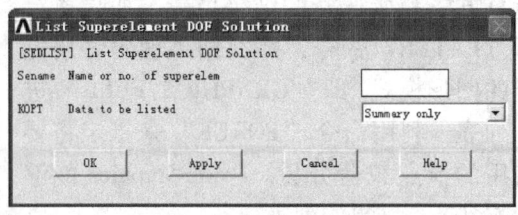

图 6-17 列表出超单元结果的对话框

使用指示：列表出超单元在子结构使用通道后的自由度结果，在文件"File.DSUB"中存在的任何超单元的结果可以列表。这个命令在任何处理器中有效。

11. "PRRSOL"命令

GUI：**Main Menu > General Postproc > List Results > Reaction Solu**

Utility Menu > List > Results > Reaction Solution

使用功能：列表出约束节点的反作用力，如图 6-18 所示。

使用格式：PRRSOL,*Lab*

其中，*Lab*：节点反作用载荷类型。如果为空，使用可以利用的前 10 个标签。其有效的标签有：结构分析为 FX、FY 或 FZ(力)；F(FX,FY 和 FZ)；MX、MY 或 MZ(力矩)；M(MX,MY 和 MZ)；BMOM(复合力矩)。热分析有 HEAT、HBOT、HE2、HE3、…、HTOP(热流通)。流体分析有 FLOW(流体流动)；VFX、VFY 和 VFZ(流体"力")、VF(VFX,VFY 和 VFZ)。电场分析有 AMPS(电流)；CHRG(电荷)；CURT(电流)；VLTG(电压降)。磁场分析有 FLUX(磁通)；CSGX、CSGY、CSGZ（磁流段）；CSG

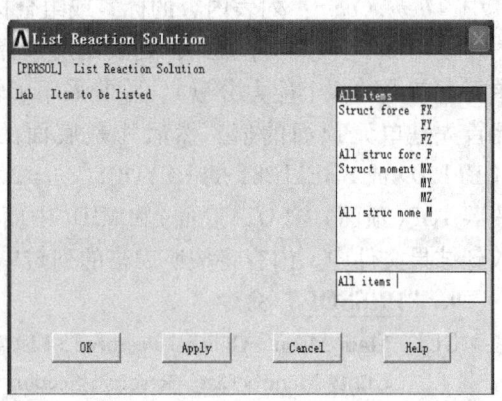

图 6-18 列表出节点反使用力对话框

(CSGX、CSGY 和 CSGZ)；CURT(电流)、VLTG(电压降)。

使用提示：对所选择的节点按排序的方式列表出约束点的反作用力。对于耦合节点，在耦合集中的所有反作用力将出现在耦合集的主节点上。除非采用了转换，否则结果位于整体直角坐标方向。如果在已约束节点的节点约束方向施加了任何载荷，则不能使用命令"PRRSOL"。下列条件之一成立，也不能使用命令"PRRSOL"，这些条件是：

1) 使用了命令"LCOPER"。
2) 使用命令"LCASE"从一个载荷工况文件进行了读入操作。
3) 在数据库中施加的载荷和约束并没有一个被用来生成将要处理的结果数据。

与命令"FORCE"一起使用命令"PRRFOR"可以取代命令"PRRSOL"。

12. "PRNLD"命令

GUI：**Main Menu > General Postproc > List Results > Nodal Loads**

Utility Menu > List > Results > Nodal Loads

使用功能：列表出汇总的单元节点载荷，如图6-19所示。

使用格式：PRNLD,*Lab*,*TOL*,*Item*

其中：

Lab：参考命令"PRRSOL"对该变量的说明。

TOL：相对于零的误差值，在这个范围之内的载荷将不列表。默认值是所选节点上最大载荷绝对值的1.0E-9倍，若为零，显示所有节点的载荷。

ITEM：选择的节点集。若为空，对所有选择节点列表出汇总的单元节点载荷（默认设置）；若为CONT，仅对接触节点列表出其汇总的单元节点载荷；若为BOTH，列出所有节点也包括接触节点的单元节点载荷。

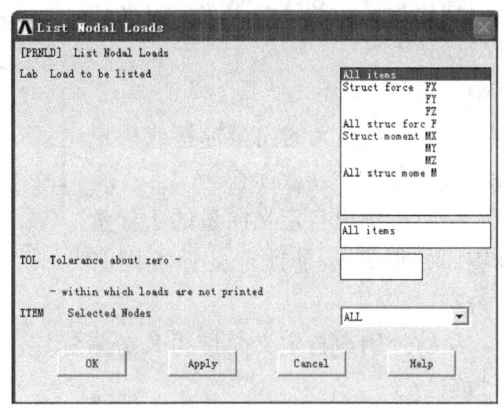

图6-19 列表节点载荷的对话框

使用提示：对所选择的节点，按排序的方式，列表出汇总的单元节点载荷。除非采用了转换，否则结果位于整体直角坐标方向。在误差范围之内的载荷值或零值将不会列表，也不包括施加在约束自由度方向的载荷，利用命令"FORCE"来指定将要使用的节点载荷分量。

在默认方式，命令"PRNLD"并不包括TARGE169至CONTA175之间的单元。命令"PRNLD,,,CONT"也仅对所选择接触单元CONTA171至CONTA175的节点力。"PRNLD,,,BOTH"将列表出所选择节点，也包括接触节点的节点力。

13. "PRETAB"命令

GUI：Main Menu > General Postproc > Element Table > List Elem Table

Main Menu > General Postproc > List Results > Elem Table Data

Utility Menu > List > Results > Element Table Data

使用功能：列表出单元表的内容，如图6-20所示。

使用格式：PRETAB,*Lab1*,*Lab2*,*Lab3*,*Lab4*,*Lab5*,*Lab6*,*Lab7*,*Lab8*,*Lab9*

其中，*Lab1*,…,*Lab9*：列表出所选择的内容。有效的标签可以为空（blank）或用命令"ETABLE"创建的标签。对于*Lab1*来说，比较方便的标签是选择一组标签（最大可达到10个）：GRP1是首先贮存的前10个内容，GRP2是11~20的内容，如此往下类推。命令"ETABLE,STAT"可以列表出贮存内容的顺序，如果所有的标签都为空，列表出前10个贮存的内容。

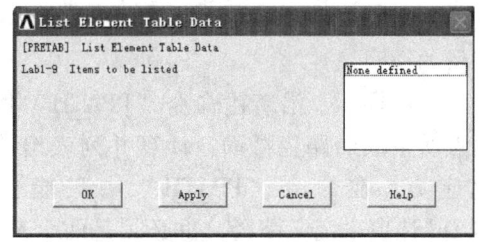

图6-20 列表出单元表内容的对话框

使用提示：列表出由命令"ETABLE"创建并贮存在表格中的内容，对于所选单元按排序的方式列表出其内容。

14. "PRVECT"命令

GUI：Main Menu > General Postproc > List Results > Vector Data

Utility Menu > List > Results > Vector Data

使用功能：列表出结果的向量大小和其方向余弦，如图 6-21 所示。

使用格式：PRVECT, *Item*, *Lab2*, *Lab3*, *LabP*

其中：

Item：预定义的向量标签或用户自定义向量的 I 分量标签。

Lab2：用户自定义向量的 J 分量标签。如果 *Item* 是预定义标签则必须为空。

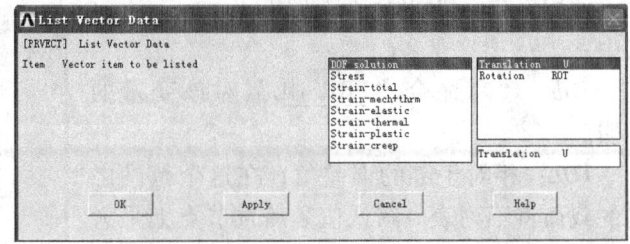

图 6-21 列表出向量结果的对话框

Lab3：用户自定义向量的 K 分量标签。如果 *Item* 是预定义标签或 2D 用户定义向量也必须为空。

LabP：显示输出赋给复合向量的标签，其默认值为 *Item*。

使用提示：为所选节点或单元列表出各种求解结果向量的大小和其方向余弦。如："PRVECT, U"列表出所选择节点上位移的大小和其方向余弦。对节点自由度的向量结果，方向余弦是与结果坐标系 RSYS 相关的。对于单元结果，方向余弦是与整体直角坐标系相关。标签内容的分量可以用命令"PRNSOL"列表出来。

该命令也可以单独列出主应力(*Item* = S)或主应变(*Item* = EP*xx*)，这时 *Lab2* 的值可分别为 1、2 或 3。如：

```
PRVECT,S,1,,,VECT,ELEM,ON,0      ！列表出单元上节点的主应力
PRVECT,EPEL,3,,,VECT,NODE,ON,0   ！列表出节点的主应变
```

15. "PRSECT"命令

GUI：**Main Menu > General Postproc > List Results > Linearized Strs**

Main Menu > General Postproc > Path Operations > List Linearized

Utility Menu > List > Results > Linearized Stresses

使用功能：沿路径截面计算并列表出线性化应力，如图 6-22 所示。

使用格式：PRSECT, *RHO*, *KBR*

其中，*RHO*，*KBR*：参考命令"PLSECT"对变量的说明。

使用提示：沿着由命令"PPATH"指定两点所生成的路径截面，计算并列表出线性化应力。在命令"PPATH"中只能使用 NODE 选项来定义路径，也必须是两个节点，路径上没有数据保留。通过线性化处理，可以将路径上的应力分成薄膜应力、弯曲应力、薄膜应力 + 弯曲应力、峰值应力和总应力。

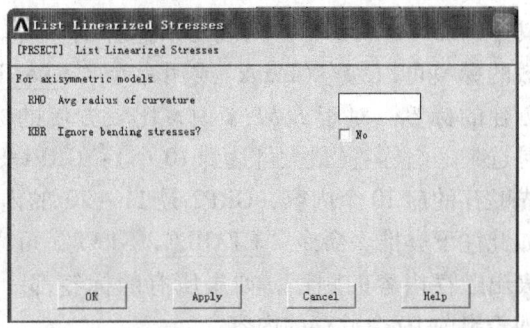

图 6-22 列表出线性化应力结果对话框

命令"PRPATH"可以列表出路径中间点的总应力，轴对称结构应力将按照坐标剖面进行输出；平面和 3D 结构，按激活的坐标系统输出。主应力是通过对应力分量重新计算得到的，它与坐标系统无关。使用命令"PLSECT"可以图形方式显示应力。

6.1.4 结果输出的选项(Options for Outp)

1. "RSYS"命令

GUI：**Main Menu > General Postproc > Options for Outp**

Utility Menu > List > Results > Options

使用功能：为结果数据的输出或显示激活一个坐标系统，如图 6-23 所示。

使用格式：RSYS,*KCN*

其中 *KCN*：坐标系统的编号。其值可为：

- 0：直角坐标系(默认值)。
- 1：柱坐标系。
- 2：球坐标系。
- >10：任何已存在的局部坐标系。
- SOLU：结果坐标系。对于单元量，每个单元有一个单元坐标系；对于节点量，有一个节点坐标系，如果单元或节点坐标系没有定义，系统将使用整体直角坐标系。如果执行了命令"LAYER,*N*"，则结果出现在层坐标系上。
- LSYS：层坐标系。对于分层的壳或实单元，结果将出现在它们相应的

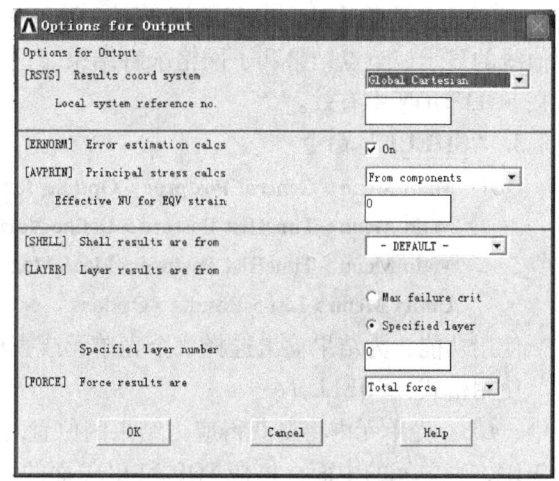

图 6-23 输出控制对话框

层坐标系统上。对于某个感兴趣的层，可以使用命令"LAYER,*N*"。如果模型中既有分层单元也有不分层的单元，这时可以同时使用命令"RSYS,SOLU"和"RSYS,LSYS"。为了 LSYS 选项的效应进行反向，可以使用命令"RSYS,0"。

命令默认：激活的整体直角坐标系。即 *KCN* = 0。

使用提示：对于结果数据的输出或显示激活一个坐标系，在输出、显示或单元表操作时，结果数据将旋转到这个坐标系上。如果执行带有一个 *KCN* > 10 选项的"RSYS"命令，指定的系统随后就会重新定义，为了使结果能够旋转到重新定义的系统上，这时必须要重新执行命令"RSYS"。PowerGraphics 并不支持"RSYS,SOLU"。命令"RSYS"对梁单元没有影响，它总是显示在单元坐标系上。

2. "AVRES"命令

GUI：**Main Menu > General Postproc > Options for Outp**

Utility Menu > List > Results > Options

使用功能：当 PowerGraphics 激活时，指定结果数据是否要平均，如图 6-23 所示。

使用格式：AVRES,*KEY*,*Opt*

其中：

KEY：数据平均控制键，其值有：

- 1：对所有公共子网格位置的结果进行平均。
- 2：除了存在材料类型不连续的位置以外，对其他所有公共子网格位置的结果进行平

均,该选项为默认设置。
- 3:除了存在实常数不连续的位置以外,对其他所有公共子网格位置的结果进行平均。
- 4:除了存在实常数或材料类型不连续的位置以外,对其他所有公共子网格位置的结果进行平均。

Opt:确定结果数据平均方式的选项。若为空(blank),仅对外单元面的结果数据进行平均;若为FULL,对内外单元表面的数据进行平均。

使用提示:该命令对由两个或更多个单元公共的子网格的结果数据进行平均,仅适用于PowerGraphics是激活时。在GUI模式下,通过快速访问结果函数,这个命令会影响到结果等值线的显示、节点结果和子网格求解结果。这个命令对节点的自由度值没有影响。该命令仅在SOLUTION中有效。

3. "SHELL"命令

GUI:Main Menu > General Postproc > Options for Outp
　　　Main Menu > TimeHist Postpro > Define Variables
　　　Main Menu > TimeHist Postpro > Elec&Mag > Circuit > Define Variables
　　　Utility Menu > List > Results > Options

使用功能:为结果输出选择一个壳单元或壳单元层位置,参考图6-23。

使用格式:SHELL,Loc

其中,Loc:壳单元内将要获得应力结果的位置。若为TOP,壳单元的顶面(默认设置);若为MID,壳单元的中面,将是TOP和BOT面的平均;若为BOT,壳单元的底面。

使用提示:在壳单元内选择一个位置用于结果输出。在POST1处理器中用于选择、排充和输出,在POST26处理器中用于存储。如命令"SHELL,TOP",会引起在POST1处理器中输出(执行"PRNSOL"命令)壳单元顶面的应力,或在POST26处理器中将壳单元顶面的应力保存(执行"ESOL"命令)到结果文件中。对于分层的壳单元,可以使用POST1中命令"LAYER"或POST26中命令"LAYER26"来选择层。"SHELL"命令并不支持分层的热壳单元SHELL131和SHELL132。当PowerGraphics被激活时,当命令"SHELL"同时列表和显示顶层和底层时,命令"SHELL,MID"会影响到列表输出和显示的结果。

在POST26中,命令"ESOL"贮存数据是根据数据保存时命令"SHELL"的当前设置进行的,当需要对不同的设置保存数据时,在每个新的设置之前执行命令"STORE"。

4. "LAYER"命令

GUI:Main Menu > General Postproc > Options for Outp
　　　Utility Menu > List > Results > Options

使用功能:指定数据将要处理的单元层号,参考图6-23。

使用格式:LAYER,NUM

其中,NUM:层单元类型的层数,具体的单元类型将出现在使用提示中。
- N:将要处理的层号,默认为0。
- FCMAX:利用最大的失效准则来处理层。

命令默认:整个单元被看成是默认的"层",因此,结果数据将来自于底层的底面和顶层的顶面。

使用提示:指定单元层,使该层上的数据能够用于列表、显示或其他处理。对于具有

KEYOPT（1）= 1 的层单元 SOLID46、SHELL91、SOLID95 和 SHELL99、SHELL163、SHELL181、SHELL281、SOLID185-186、SOLSH190、SOLID191、SHELL208-209 和 REINF265，可以施加应力和应变数据；对于单元 SHELL131 和 SHELL132 可以施加热流通和热梯度；对于 SHELL91 和 SOLID191 可以施加体载荷温度。

该命令可用来指定一个单元层里的位置用于输出。对于 MID 面的横剪力是从 TOP 面和 BOP 面的线性平均，并不能反映一个抛物线分布。对单元 SHELL181、SHELL281、SHELL208、SHELL209，设置 KEYOPT（8）= 2，可以将 MID 面的值直接写入到结果文件里，能够产生一个比线性平均更加精确的值。

该命令不能用于能量的输出。对单元 SOLID46、SHELL91、SHELL99、SHELL181、SOLID185-186、SOLSH190、SOLID191、SHELL208-209、SHELL281，要使用命令"LAYER"时，必须要将选项"KEYOPT（8）"设置为 1，对单元 SHELL181、SHELL281、SHELL208、SHELL209 设置为 2，才能贮存所有层的数据。该命令与命令"RSYS,LSYS"一起使用，可以显示结果在层坐标系中的某一层上。

当 *NUM* = FCMAX 时，必须要输入失效准则。如果使用命令"FC"输入，系统将处理所有的结构单元；如果仅使用命令"TB,FAIL"输入，则仅对具有 KEYOPT（1）= 1 的单元 SOLID46、SHELL91、SOLID95，以及单元 SHELL90 和 SOLID191 有效。

在 ANSYS 的 LS-DYNA 产品模块中，对于单元 SHELL163，在求解阶段必须要首先使用命令"EDINT"定义将要输出数据的积分点。

5. "FORCE" 命令

GUI：**Main Menu > General Postproc > Options for Outp**

　　　Main Menu > TimeHist Postpro > Define Variables

　　　Main Menu > TimeHist Postpro > Elec&Mag > Circuit > Define Variables

　　　Utility Menu > List > Results > Options

使用功能：选择用于输出的单元节点力类型，参考图 6-23。

使用格式：FORCE,*Lab*

其中，*Lab*：与集中载荷相一致的力类型。若为 TOTAL，为所有集中力的类型（包括静态、阻尼和惯性力等）（默认设置）；若为 STATIC，静态载荷；若为 DAMP，阻尼力；若为 INERT，惯性力。

使用提示：该命令用于选择单元节点力类型，并用于 POST1 和 POST26 中的相关命令来输出，阻尼力和惯性力仅适用于完全瞬态分析和谐分析类型。

命令"PRRSOL"并不支持命令"FORCE"，这时可使用命令"PRRFOR"，它具有与命令"PRRSOL"相同的功能。

6. "PGSAVE" 命令

GUI：**Main Menu > Soution > Output Ctrls > PGR File**

　　　Main Menu > General Postproc > Write PGR File

使用功能：根据结果数据生成一个 PGR 文件，参考命令"PGWRITE"。

使用格式：PGSAVE,*Fname*,*Fext*,--,*DataType*,*InteriorKey*,*Append*

其中：

DataType：生成的数据类型，这个设置仅适用于不连续的结果数据如应力、应变和场的

数据等。
- 0：保存节点的平均结果（默认值），仅适用于"PLNSOL"命令。
- 1：为 ANSYS 保留，没有使用。
- 2：保存节点平均和没有平均的数据，仅适用于命令"PLESOL"和"PLNSOL"。

InteriorKey：用来控制内部模型数据是否要保存到 PGR 文件中。在数据显示中，为了对图形限幅、加引线、向量显示或等轴侧显示，必须要使用到内部模型数据。内部数据也是命令"AVRES,FULL"选项所需要的。
- 0：仅保存外表面数据（默认设置）。
- 1：保存外部和内部数据。

Append：对指定文件是进行添加还是覆盖操作。
- 0：添加数据到指定文件（默认设置）。但在写操作之间，几何模型不能发生变化。
- 1：覆盖已存在的文件。

使用提示：用户可以选择按照指定的顺序将结果写入到 PGR 文件中。在保存文件之前必须要完成相关的设置，GUI 方式允许用户写入当前的设置，或来自于结果文件中的设置。仅支持接触分析中的 flex-flex 分析。

7. "ERNORM"命令

GUI：Main Menu > General Postproc > Options for Outp
　　　Utility Menu > List > Results > Options

使用功能：控制误差估计的计算。

使用格式：ERNORM,*Key*

其中，*Key*：控制键。若为 ON，完成误差估计（默认设置），这个选项并不支持 PowerGraphics；若为 OFF，不进行误差估计。

使用提示：对于热分析来说，如果误差估计被禁止，则程序运行速度会增加，因此只有当需要进行误差估计时才可使用这个选项。命令"ERNORM"的设置并不保存到"file.db"里，如果通过恢复即"RESUME"命令后，期望再次禁止误差估计，则必须要重新运行命令"ERNORM"。

6.2 结果数据的操作

6.2.1 节点计算（Node Calculation）

1. "FSUM"命令

GUI：Main Menu > General Postproc > Nodal Calcs > Total Force Sum

使用功能：对单元上的节点力和力矩求和，如图 6-24 所示。

使用格式：FSUM,*LAB*,*ITEM*

其中：

LAB：完成求和的坐标系。若为空（blank），则在整体直角坐标系对所有节点力进行求和（默认设置）；若为 RSYS，则在当前激活的 RSYS 坐标系下对所有的节点力进行求和。

ITEM：选择节点控制。它的值有：
- 空（blank）：除了接触单元以外，对所有选择节点的节点力求和。
- CONT：仅适用于接触节点，对接触节点的节点力求和。

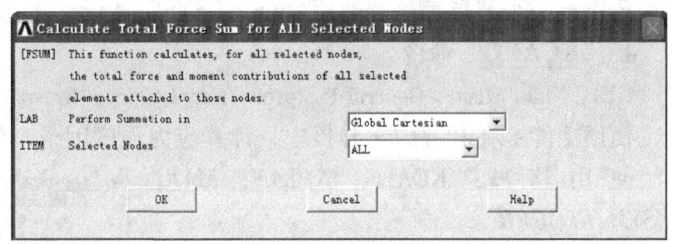

图 6-24　对单元上的节点力和力矩求和对话框

- BOTH：对包含接触单元在内的所有选择节点的节点力求和。

2. "NFORCE" 命令

GUI：**Main Menu > General Postproc > Nodal Calcs > Sum @ Each Node**

使用功能：对依附于节点上的单元节点力和力矩求和，如图 6-25 所示。

使用格式：NFORCE,*ITEM*

其中，*ITEM*：对于接触单元，指定所选择节点用于力和力矩的求和。它的值有：

- 空（blank）：除了接触单元（单元参考号为 169 至 174）以外，对所有选择节点的单元节点力求和。

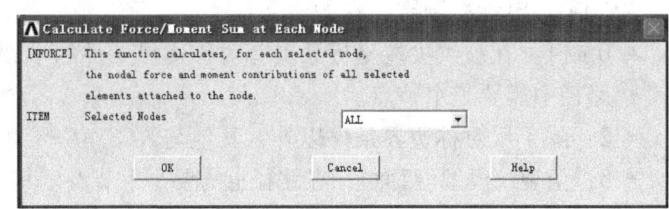

图 6-25　计算节点上的力和力矩对话框

- CONT：仅适用于接触节点，对单元节点力求和。
- BOTH：对包含接触单元在内的所有选择节点的单元的节点力求和。

使用提示：在每个选择的节点分量方向上，对分布在选择单元上的节点力和力矩求和并输出。如果所有单元都选择，除了约束或载荷施加的位置外，其和为零。节点力和力矩可以被显示，在单元—单元基上可以使用命令"PRESOL"来显示节点力和力矩。

向量求和将在整体直角坐标系内进行，除非使用命令"SPOINT"指定了一个点，否则力矩的和将围绕整体原点进行。除非进行了转换操作，否则每个节点的和都将显示在整体直角坐标上。该命令不适用于轴对称模型。

选择一组单元，然后执行该命令，将会得到为保持那组单元的平衡所需要的力和力矩。节点耦合和约束方程的效应被忽视。该命令也包含了命令"FSUM"的功能。

3. "SPOINT" 命令

GUI：**Main Menu > General Postproc > Nodal Calcs > Summation Pt > At Node**
　　　Main Menu > General Postproc > Nodal Calcs > Summation Pt > At XYZ Loc

使用功能：为力矩的求和指定一个点。

使用格式：SPOINT,*NODE*,*X*,*Y*,*Z*

其中：

NODE：期望位置的节点编号，如果为 0，则使用下面的 *X*、*Y*、*Z* 来指定。

X,*Y*,*Z*：期望求和位置的整体直角坐标，如果 *NODE* 是 0，其默认值为：(0,0,0)。

使用提示：指定一个力矩求和的点的位置，如果希望求和不是沿整体直角坐标方向，则必须要指定一个节点编号，或用命令"RSYS"激活一个坐标系。

4. "KCALC"命令

GUI：Main Menu > General Postproc > Nodal Calcs > Stress Int Factr

使用功能：在断裂力学分析中，计算应力强度因子，如图6-26所示。

使用格式：KCALC, *KPLAN*, *MAT*, *KCSYM*, *KLOCPR*

其中：

KPLAN：将平面应力转换成平面应变应力强度因子的控制键。若为0，结果不进行修改；若为1，则进行转换。

MAT：在外插法中使用的材料号，默认值为1。

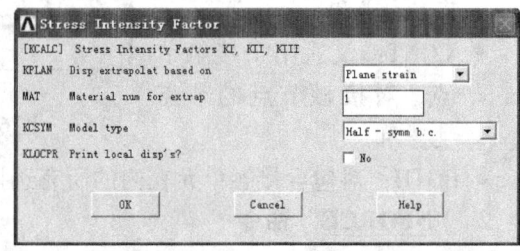

图6-26 应力强度因子计算对话框

KCSYM：对称控制键。它的值为：

- 0或1：在裂纹尖端坐标系具有对称边界条件的半裂纹模型，$K_{II} = K_{III} = 0$，在路径中需要三个节点。
- 2：除了反对称边界条件以外，其他与*KCSYM*=1相同，即$K_I = 0$。
- 3：全裂纹模型（双面），在路径上需要5个节点。其中1个在尖端，其他每个面有2个。

KLOCPR：局部位移输出控制键。若为0，不输出局部裂纹尖端位移；若为1，在外插基础上输出局部位移。

使用提示：计算与均质各向同性的线弹性断裂力学相关的应力强度因子。即K_I、K_{II}和K_{III}，在计算中使用了位移外插法。这个方法假定位移是处于平面应变状态，如果使用了平面应力状态完成了位移的计算，应力强度因子的计算通过利用*KPLAN*=1的设置转换到平面应变状态。系统使用最小的泊松比来进行计算，因此必须要利用命令"MP"来输入泊松比。必须使用命令"PATH"和"PPATH"并用裂纹面上的节点来定义一条路径，其中*NODE1*在裂纹尖端，*NODE2*和*NODE3*在一个面上，而*NODE4*和*NODE5*在另一个面上。一个裂纹尖端坐标系，其中让X与裂纹面平行，Y与裂纹面垂直，必须在执行命令"KCALC"命令之前用命令"RSYS"和"CSYS"来激活。

5. "INTSRF"命令

GUI：Main Menu > General Postproc > Nodal Calcs > Surface Integral

使用功能：在外表面对节点结果进行积分，如图6-27所示。

使用格式：INTSRF, *Lab*

其中，*Lab*：确定将要积分的自由度标签。若为PRES，为压力；若为TAUW，为壁面剪切应力；若为BOTH，为压力和壁面剪切应力。

使用提示：在一个表面上对节点结果进行积分。通过选择节点来确定在积分过程中的单元面的表面，一个面也可以通过未选择的单元来生成，

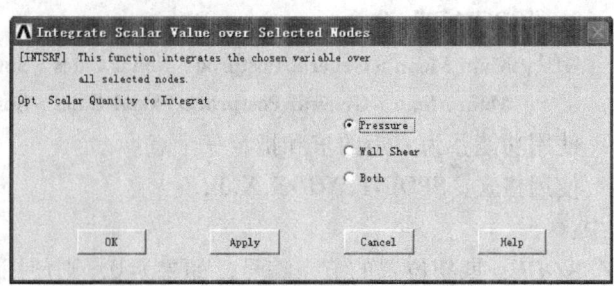

图6-27 对选择的节点结果进行积分的对话框

依附于所选择节点的单元面将会自动确定,对于一个将要使用的面,其上的节点必须全部选择。若选择单元相邻公共面上的节点,其积分结果将会取消。

积分结果位于当前激活的坐标系中,结果坐标系的类型必须要与分析中使用的类型相匹配。但也可以根据需要对力和力矩进行转换和旋转,使用"*SET"命令可以取出这个结果。

6.2.2 单元表操作(Element Table)

1. "ETABLE"命令

GUI:**Main Menu > General Postproc > Element Table > Define Table**
　　Main Menu > General Postproc > Element Table > Erase Table

使用功能:生成一个单元表,并用数据填充以便于进一步的使用,如图 6-28 所示。

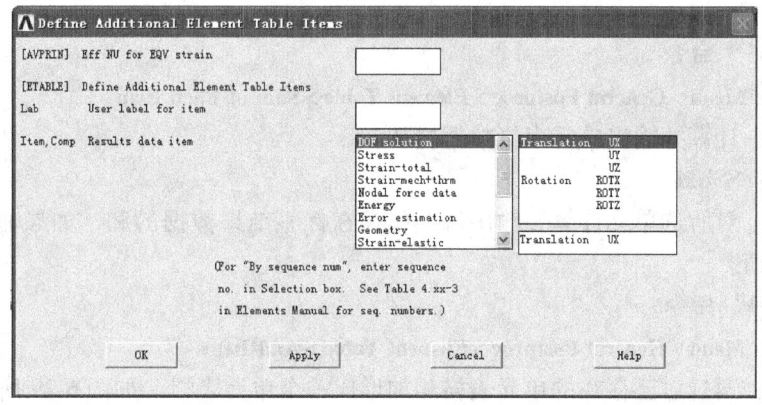

图 6-28 生成单元表的对话框

使用格式:ETABLE,*Lab*,*Item*,*Comp*

其中:

Lab:用户指定的单元表名称,不能超过 8 个字符,它是唯一的并可在随后的命令中使用。默认方式将分别由 *Item* 和 *Comp* 标签的前 4 个字符连接而成。如果与前面已定义的标签相同,将覆盖以前定义的标签,最多可以定义 200 个具有不同标签名的单元表。ANSYS 预定义标签有:REFL、STAT 和 ERAS。若 *Lab* = REFL,则按照最近的"ETABLE"命令,指定重新填充由以前的"ETABLE"命令定义的所有单元表,对于载荷已经改变后,重新填充一个表格是很方便的。若 *Lab* = STAT,显示已贮存的表格值;若 *Lab* = ERAS,删除整个单元表。

Item,*Comp*:确定项目的标签或组合标签名(根据需要),也可以使用字符参数名,若 *Item* = ERAS,删除一个 *Lab* 列。

使用提示:每个单元定义一个表格值即单元表,用于进一步的处理。单元表就像一个工作表一样使用,其中行代表所有选择的单元,列则由结果项目组成,结果项目是由命令"ETABLE"填充这个单元表的内容。数据的每一列可用一个用户自定义的标签来确定,以利于列表和显示。

当数据进入到单元表后,可以无限制地列表或显示这些数据,对这些数据可以完成许多的操作，比如加或乘、为安全计算定义许可应力、或者与另一个单元的列相乘等。

某些单元表格的数据是位于结果坐标系统里，这包括所有的分量结果。当执行命令"ETABLE"时，这些结果在被贮存到单元表格之前，会被转换到结果坐标系中。默认的坐标系统是整体直角坐标系。从数据库中取出的所有其他数据在没有进行坐标转换就贮存到了单元表格里。

2. "SABS" 命令

GUI：**Main Menu > General Postproc > Element Table > Abs Value Option**

使用功能：对单元表操作指定绝对值。

使用格式：SABS,*KEY*

其中，*KEY*：绝对值控制键，若为 0，操作中使用代数值；若为 1，操作中使用绝对值。

使用提示：绝对值可以在命令"SADD"、"SMULT"、"SMAX"、"SMIN"和"SSUM"中使用。

3. "SSUM" 命令

GUI：**Main Menu > General Postproc > Element Table > Sum of Each Item**

使用功能：计算并输出单元表格数据之和。

使用格式：SSUM

使用提示：对所选单元计算并输出每个已存在标签结果数据的和，如果需要绝对值时，可以使用绝对值。

4. "SADD" 命令

GUI：**Main Menu > General Postproc > Element Table > Add Items**

使用功能：通过对已存在的单元表格相加形成一个单元表格，如图 6-29 所示。

使用格式：SADD,*LabR*,*Lab1*,*Lab2*,*FACT1*,*FACT2*,*CONST*

其中：

LabR：赋给生成单元表结果的标签。若这个标签已存在，已存在的值将会被覆盖。

Lab1，*Lab2*：在运算中分别为第 1 个、第 2 个数据项标签。其中，*Lab2* 也可以为空。

FACT1，*FACT2*：分别施加到标签 *Lab1*、*Lab2* 上的缩放因子，若为空或 0，默认值为 1。

CONST：常数值。

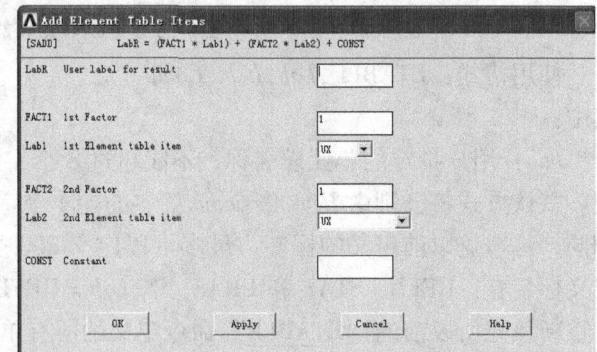

图 6-29 单元表加运算对话框

使用提示：对所有选择的单元，按照下列公式对两个已存在的数据标签进行加运算，并生成一个新的单元表格：

$$LabR = (FACT1 \times Lab1) + (FACT2 \times Lab2) + CONST$$

也可以用于对单个已存在的单元表标签进行缩放，对 *Lab1* 和 *Lab2* 也可以使用绝对值。

相类似操作的命令格式及计算公式有：

GUI：**Main Menu > General Postproc > Element Table > Multiply**　　！单元表相乘
使用格式：SMULT,*LabR*,*Lab1*,*Lab2*,*EXP1*,*EXP2*
$$LabR = (FACT1 \times Lab1) \times (FACT2 \times Lab2)$$

GUI：**Main Menu > General Postproc > Element Table > Find Maximum**　　！对单元表取最大值
使用格式：SMAX,*LabR*,*Lab1*,*Lab2*,*EXP1*,*EXP2*
$$LabR = (FACT1 \times Lab1)\,\mathrm{cmx}\,(FACT2 \times Lab2)$$

GUI：**Main Menu > General Postproc > Element Table > Find Minimum**　　！对单元表取最小值
使用格式：SMIN,*LabR*,*Lab1*,*Lab2*,*EXP1*,*EXP2*
$$LabR = (FACT1 \times Lab1)\,\mathrm{cmn}\,(FACT2 \times Lab2)$$

GUI：**Main Menu > General Postproc > Element Table > Exponentiate**　　！对单元表进行幂运算
使用格式：SEXP,*LabR*,*Lab1*,*Lab2*,*EXP1*,*EXP2*
$$LabR = (|Lab1|^{EXP1}) \times (|Lab2|^{EXP2})$$

5. "VCROSS" 命令

GUI：**Main Menu > General Postproc > Element Table > Cross Product**
使用功能：对两个向量进行叉积新生成一个单元表，如图 6-30 所示。

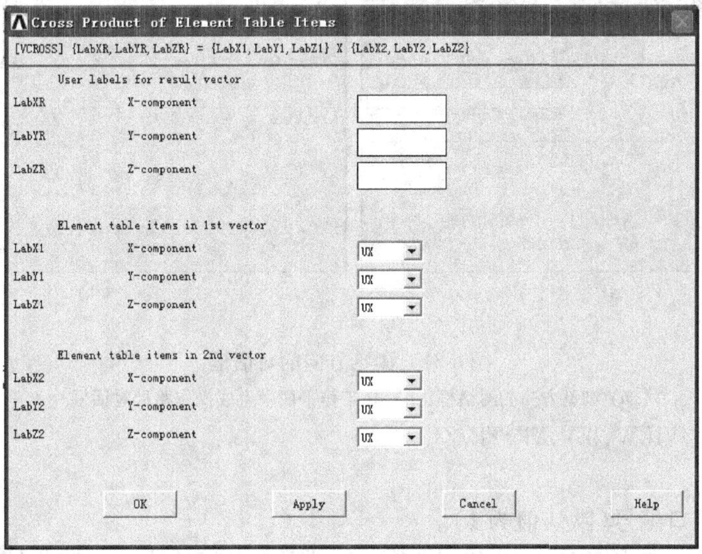

图 6-30　向量叉积操作对话框

使用格式：VCROSS,*LabXR*,*LabYR*,*LabZR*,*LabX1*,*LabY1*,*LabZ1*,*LabX2*,*LabY2*,*LabZ2*
其中：

LabXR,*LabYR*,*LabZR*：赋给合成向量的 X、Y 和 Z 向量的标签名。
LabX1,*LabY1*,*LabZ1*：第 1 个向量标签的 X、Y 和 Z 分量。
LabX2,*LabY2*,*LabZ2*：第 2 个向量标签的 X、Y 和 Z 分量。
使用提示：两个向量的叉积形成另一个单元表，其计算公式为：
$$\{LabXR, LabYR, LabZR\} = \{LabX1, LabY1, LabZ1\} \times \{LabX2, LabY2, LabZ2\}$$
数据必须要在同一个坐标系下，标签名称也要与命令 "ETABLE" 相对应。

6. "VDOT" 命令

GUI：**Main Menu > General Postproc > Element Table > Dot Product**

使用功能：对两个向量进行点积，新生成一个单元表，参考图 6-30。

使用格式：VDOT, *LabR*, *LabX1*, *LabY1*, *LabZ1*, *LabX2*, *LabY2*, *LabZ2*

其中，*LabR*：赋给点积的结果标签名。

其他变量的意义可参考命令"VCROSS"的说明。

使用提示：其操作过程与命令"VCROSS"相类似，其计算公式为：
$$LabR = \{LabX1, LabY1, LabZ1\} \cdot \{LabX2, LabY2, LabZ2\}$$

6.2.3 路径操作（Path Operation）

1. "/VIEW"命令

GUI：**Utility Menu > PlotCtrls > View Settings > Viewing Direction**
　　Main Menu > General Postproc > Path Operations > Define Path > On Working Plane

使用功能：为显示指定一个浏览方向，如图 6-31a 所示。

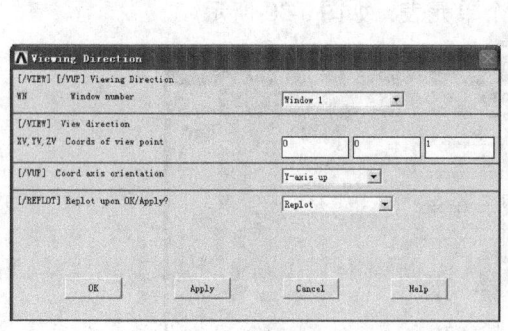
a)

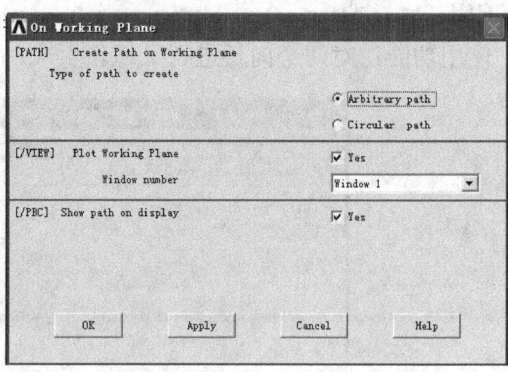
b)

图 6-31　浏览方向的对话框
a) 浏览方向的对话框　b) 在工作平面上生成操作路径对话框

使用格式：/VIEW, *WN*, *XV*, *YV*, *ZV*

其中：

WN：图形窗口编号（默认值为 1）。

XV, *YV*, *ZV*：沿着点 *XV*, *YV*, *ZV* 到整体坐标原点之间的线来浏览物体，对于截面显示时，切割平面假定与这条线垂直，若 *XV* = WP，修改浏览方向与当前定义的工作平面垂直。默认值为 (0, 0, 1)。

使用提示：浏览线总是与屏幕垂直，通过定义一点来选择游览方向，该点与整体直角坐标原点定义了浏览物体的线，当沿着线看向原点时，就可以浏览物体。可以使用沿浏览方向线上的任何点，如 (1, 1, 1) 和 (2, 2, 2) 给出了相同的浏览方向。显示的方向可以按照期望值进行改变，显示的坐标系也可以改变。该命令可以在任何处理器里工作。

2. "/PBC"命令

GUI：**Main Menu > General Postproc > Path Operations > Define Path > On Working Plane**
　　Main Menu > General Postproc > Path Operations > Plot Paths
　　Utility Menu > PlotCtrls > Symbols

使用功能：显示边界条件符号和它的值，参考图 6-31b。

使用格式：/PBC，*Item*，--，*KEY*，*MIN*，*MAX*，*ABS*

其中：

Item：确定显示数据内容的标签。有：U、ROT、TEMP、PRES、V、SP0*n*、ENKE、ENDS、VOLT、MAG、A、CHRG、F 或 FORC、M 或 MOME、HEAT、FLOW、AMPS、FLUX、CSG、MAST、CP、CE、NFOR、NMOM、RFOR、RMOM、PATH、ACEL、OMEG、WELD、ALL。其具体的意义可参考附录 B。

KEY：符号控制键，若为 0，不显示符号；若为 1，显示符号；若为 2，在符号的附近显示其值。

MIN，*MAX*：将要在屏幕上显示值范围的最小值、最大值。

ABS：绝对值号。若有 *KEY* = 2 和 *ABS* = 0。则介于 *MIN* 和 *MAX* 之间的值将显示。如果没有指定，则其默认值为 0；若有 *KEY* = 2 和 *ABS* = 1，介于 *MIN* 和 *MAX* 之间的绝对值将显示。*ABS* = 1 可以删除其绝对值小于许可误差值的数值显示。

命令默认：没有符号显示。

使用提示：在显示时，显示出自由度、力载荷和其他的符号。符号仅施加到所选择的节点上，所有的箭头和箭头状的符号都位于节点坐标系里，介于两个相互垂直的平面之间。力的箭头与其大小按比例进行缩放，对于标量值，指定的符号分量方向没有任何意义。但其正和负向却表示为正值或负值。使用命令"/PSTATUS"或"/PBC, STAT"可以显示其状态。使用命令"/PBC, DEFA"可以使其所有的设置返回到其默认值。执行命令"/PBC, PATH, , 1"可以显示出所有定义的路径。

3. "PATH" 命令

GUI：Main Menu > General Postproc > Path Operations > Define Path > By Nodes

Main Menu > General Postproc > Path Operations > Define Path > By Location

Main Menu > General Postproc > Path Operations > Define Path > On Working Plane

Main Menu > General Postproc > Path Operations > Define Path > Path Status > Defined Paths

Main Menu > General Postproc > Path Operations > Recall Path

Utility Menu > List > Status > General Postproc > Path Operations

使用功能：定义一个路径名，并为路径建立参数，如图 6-32 所示。

使用格式：PATH，*NAME*，*nPts*，*nSets*，*nDiv*

其中：

NAME：不超过 8 个字符的路径名。若 *nPts* 为空，将当前定义的路径取代具有相同名称的路径；若 *nPts* 大于 0，用该名称生成一个路径；若拥有这个名称的路径已存在，用这个新的路径取代它；若为 STATUS，则显示路径设置的状态。

nPts：定义路径的点数，最小是 2 个，最大是 1000 个，默认值为 2。

nSets：能够映射到路径上的数据集个数，至少要指定 4 个即有 X、Y、Z 和 S，默认为 30 个数据集。

nDiv：相邻点之间的等份数，默认值是 20，没有最大数限制。

使用提示：该命令用来为建立一个路径指定参数。路径的几何结构可以用命令 "PPATH" 来生成，可以生成多条路径，但对于数据操作和数据插值时只有一条路径可以被

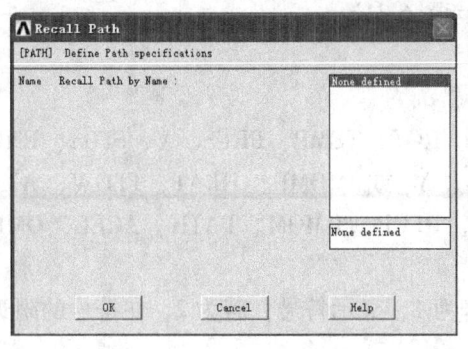
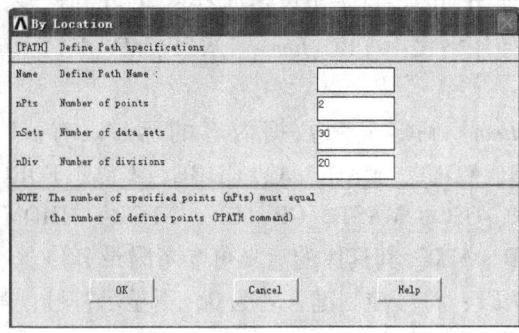

a)   b)

图 6-32 路径操作对话框
a) 列表出路径设置参数的对话框 b) 定义路径的对话框

激活。当在 POST1 时，路径的几何点和数据都贮存在内存，但一旦离开了 POST1，路径数据将被删除。通过使用命令"PASAVE"可以将路径的几何结构和数据保存在一个归档文件里，执行命令"PARESU"可以将路径的信息恢复到 ANSYS 内存中。

对于重叠的节点，则将节点的最小编号赋给路径。用 $nDiv$ 定义的等份数并不影响到由命令"PLSECT"和"PRSECT"确定的等份数。

4. "PPATH"命令

GUI：**Main Menu > General Postproc > Path Operations > Define Path > By Location**
　　　　Main Menu > General Postproc > Path Operations > Define Path > By Nodes
　　　　Main Menu > General Postproc > Path Operations > Define Path > Modify Path
　　　　Main Menu > General Postproc > Path Operations > Define Path > On Working Plane

使用功能：通过指定或拾取节点、或指定在当前坐标系中的位置、或进入一个指定的坐标位置，来生成一个路径，如图 6-33 所示。

图 6-33 利用位置定义路径有对话框

使用格式：PPATH,*POINT*,*NODE*,*X*,*Y*,*Z*,*CS*

其中：

POINT：路径上点的个数。若没有激活图形拾取，必须要大于 0 且小于或等于在命令 "PATH" 中指定的 *nPts* 值。

NODE：节点的编号，若为空，使用 X、Y、Z 坐标值来定义这个点。一个有效的节点编号可以覆盖 X、Y、Z 坐标的值；若为 PICK，拾取节点。

X,Y,Z：在整体直角坐标系里，指定点位置的 X、Y、Z 坐标值。只有当 *NODE* 值为空时，才能使用这个设置。若为 PICK，为拾取点。

CS：用于指定路径上进行插值的坐标系，若使用当前激活的坐标系，则可省略这个设置。如果两个相邻点的坐标系是不同时，后面点的 CS 值必须要使用。

使用提示：对于线性化应力计算，路径必须要用节点来定义。对于命令行操作，可以使用 "PPATH，P" 命令通过拾取节点生成路径。

5. "PMAP" 命令

GUI：**Main Menu > General Postproc > Path Operations > Define Path > Path Options**

使用功能：通过指定路径插值等分点生成一个路径结构的映象，如图 6-34 所示。

使用格式：PMAP,*FORM*,*DISCON*

其中：

FORM：指定映象的方法。若为 UNIFORM，在指定点之间，生成均匀等分（默认设置）；若为 ACCURATE，在每段的开始和结束处使用一个小的等分来生成几何结构。为了生成一个非均匀等份，命令 "PATH" 中变量 *nDiv* 的值必须要 2。

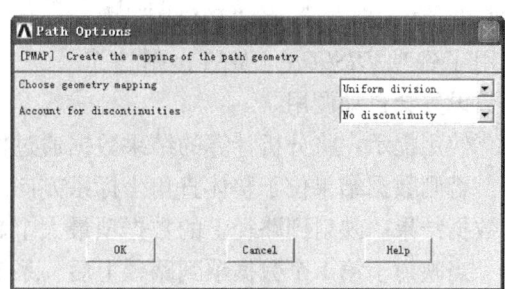

图 6-34 路径的选项对话框

DISCON：对于域中的不连续设置映像。为了在不连续点的前后指定一个点，可以修改等份数。其默认是不连续，对于材料的不连续，其有效的标签是 MAT。不连续的映像也涉及到命令 "PDEF" 中的 NOAV 选项。

6. "PADELE" 命令

GUI：**Main Menu > General Postproc > Path Operations > Archive Path > Retrieve > Path from array**
　　　Main Menu > General Postproc > Path Operations > Delete Path > All Paths
　　　Main Menu > General Postproc > Path Operations > Delete Path > By Name

使用功能：删除一个已定义的路径。

使用格式：PADELE,*DELOPT*

其中，*DELOPT*：路径删除选项。若为 ALL，删除所有已定义的路径；若为 NAME，删除一个指定路径。

命令默认：删除当前激活的路径。

使用提示：每条路径都有唯一的路径名，使用命令 "PATH,STATUS" 可以游览当前所定义的路径。

7. "PDEF" 命令

GUI：**Main Menu > General Postproc > Path Operations > Map onto Path**
　　　Main Menu > General Postproc > Path Operations > Map onto Path > FE Results

使用功能：将分析计算的结果数据通过插值映射到已定义的路径上，如图 6-35 所示。

使用格式：PDEF, *Lab*, *Item*, *Comp*, *Avglab*

其中：

Lab：路径上将要显示数据的标签，不能超过 8 个字符，也可用于其他的路径命令操作。

Item，*Comp*：确定插值内容的标签名或组合标签（根据需要），已由 ANSYS 预定义。

Avglab：沿单元边界是否要平均的选项。若为 AVG，在单元上平均单元结果（默认方式）；若为 NOAV，不进行平均。若在命令"PMAP"中，使用了选项 *DISCON* = MAT，则这个参数设置会自动调用。

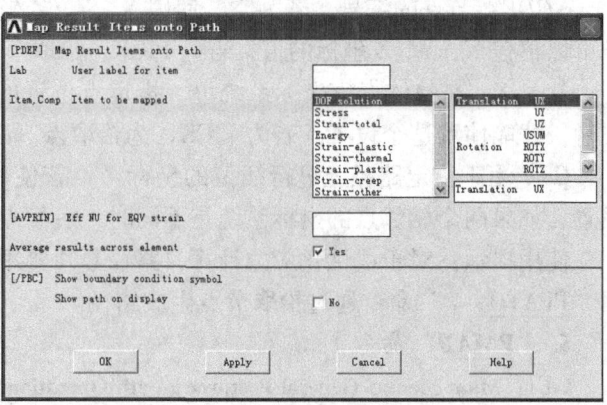

图 6-35 数据映射到路径上的对话框

使用提示：将分析计算的结果数据通过插值映射到已定义的路径上。除非进行了坐标转换，否则数据结果位于整体直角坐标系方向。在用其他路径操作命令之前，必须要先指定这些数据结果。映射到路径上的数据项最大个数由命令"PATH"的选项 *nSets* 来确定。

当映射了第 1 个数据项到路径上后，系统自动会将用来描述路径几何形状的 4 个路径数据项映射到路径上，即 XG、YG、ZG 和 S，它们表示插值点在直角坐标系中的位置和路径的长度，也可以被显示或列表。

路径上插值点的个数由命令"PATH"中的选项 *nDiv* 来确定。使用命令"PDEF, STAT"可以列表出路径上已设置的数据项标签。使用命令"PDEF, CLEAR"可以删除除了路径几何结构体之外的所有标签路径项。

8. "PRPATH" 命令

GUI：Main Menu > General Postproc > Path Operations > Plot Path Item > List Path Items

Utility Menu > List > Results > Path Data

使用功能：沿几何路径列表输出路径上的数据项，如图 6-36 所示。

使用格式：PRPATH, *Lab1*, *Lab2*, *Lab3*, *Lab4*, *Lab5*, *Lab6*

其中，*Lab1*，…，*Lab6*：指定将要输出的结果数据项，一次最多可以输出 6 个数据项，预定义的路径几何形状项即 XG、YG、ZG 和 S 也可以输出。

使用提示：输出与几何路径相关的计算结果数据项。在输出之前，这些数据项和它们的标签都必须要存在，即要预先定义好。

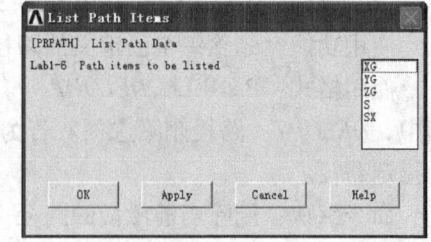

图 6-36 输出路径上的数据对话框

9. "PRANGE" 命令

GUI：Main Menu > General Postproc > Path Operations > Plot Path Item > Path Range

使用功能：指定路径长度的范围，以控制其显示或列表的结果数据，如图 6-37 所示。

使用格式：PRANGE,*LINC*,*VMIN*,*VMAX*,*XVAR*

其中：

LINC,*VMIN*,*VMAX*：用于列表或显示表格位置的范围，其显示内容介于路径长度 *VMIN* 和 *VMAX* 之间，其间隔增量为 *LINC*（默认值为 1），第 1 个位置在 *VMIN* 处开始。

XVAR：用来作为 X 轴显示变量的路径变量项，由命令"PDEF"确定的任何有效的路径变量标签均可使用。默认值为路径距离 S。

命令默认：包含每个插值点和整个路径距离。

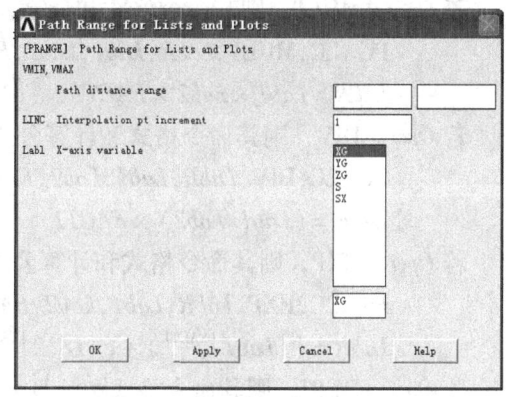

图 6-37 指定路径距离的范围

使用提示：确定路径的距离范围，以便于命令"PRPATH"和"PLPATH"的使用。

10. "PCALC"命令

GUI：**Main Menu > General Postproc > Path Operations > Add**
　　　Main Menu > General Postproc > Path Operations > ArcCosine
　　　Main Menu > General Postproc > Path Operations > ArcSine
　　　Main Menu > General Postproc > Path Operations > Cosine
　　　Main Menu > General Postproc > Path Operations > Differentiate
　　　Main Menu > General Postproc > Path Operations > Divide
　　　Main Menu > General Postproc > Path Operations > Exponentiate
　　　Main Menu > General Postproc > Path Operations > Integrate
　　　Main Menu > General Postproc > Path Operations > Multiply
　　　Main Menu > General Postproc > Path Operations > Natural Log
　　　Main Menu > General Postproc > Path Operations > Sine

使用功能：对已存在的路径数据项进行运算，生成另外一个路径数据项。

使用格式：PCALC,*Oper*,*LabR*,*Lab1*,*Lab2*,*FACT1*,*FACT2*,*CONST*

其中：

Oper：将要完成的运算符号。有 ADD（加）、MULT（乘）、DIV（除）、EXP（幂运算）、DERI（求导）、INTG（积分）、SIN（正弦）、COS（余弦）、ASIN（反正弦）、ACOS（反余弦）、LOG（自然对数）。

LabR：赋给路径数据运算结果的标签名。

Lab1,*Lab2*：参与运算的第 1 个、第 2 个路径数据项。但对于运算 MULT、DIV、DERI 和 INTG 时，它 *Lab2* 必须要为空。

FACT1,*FACT2*：分别施加到 *Lab1*、*Lab2* 的系数，若为空或 0，其值均为 1。

CONST：常量，其默认值为 0.0。

使用提示：对于不同运算的命令格式和计算公式如下。

若 *Oper* = ADD，则其命令格式和计算公式分别为

　　　PCALC,ADD,*LabR*,*Lab1*,*Lab2*,*FACT1*,*FACT2*,*CONST*　　！命令格式
　　　LabR = (*FACT1* × *Lab1*) + (*FACT2* × *Lab2*) + *CONST*　　！计算公式

若 $Oper = \text{MULT}$，则其命令格式和计算公式分别为

  PCALC,MULT,$LabR$,$Lab1$,$Lab2$,$FACT1$ ！命令格式
  $LabR = Lab1 \times Lab2 \times FACT1$ ！计算公式

若 $Oper = \text{DIV}$，则其命令格式和计算公式分别为

  PCALC,DIV,$LabR$,$Lab1$,$Lab2$,$FACT1$ ！命令格式
  $LabR = (Lab1/Lab2) \times FACT1$ ！计算公式

若 $Oper = \text{EXP}$，则其命令格式和计算公式分别为

  PCALC,EXP,$LabR$,$Lab1$,$Lab2$,$FACT1$,$FACT2$ ！命令格式
  $LabR = (|Lab1|^{FACT1}) + (|Lab2|^{FACT2})$ ！计算公式

若 $Oper = \text{DERI}$，则其命令格式和计算公式分别为

  PCALC,DERI,$LabR$,$Lab1$,$Lab2$,$FACT1$ ！命令格式
  $LabR = FACT1 \times \mathrm{d}(Lab1)/\mathrm{d}(Lab2)$ ！计算公式

若 $Oper = \text{INTG}$，则其命令格式和计算公式分别为

  PCALC,INTG,$LabR$,$Lab1$,$Lab2$,$FACT1$ ！命令格式
  $LabR = FACT1 \int_S Lab1 \, \mathrm{d}(Lab2)$ ！计算公式

若 $Oper = \text{SIN}$、COS、ASIN、ACOS 或 LOG，则其命令格式和计算公式分别为

  PCALC,$Oper$,$LabR$,$Lab1$,,$FACT1$,$CONST$ ！命令格式
  $LabR = FACT2 \times \sin(FACT1 \times Lab1) + CONST$ ！计算公式
  $LabR = FACT2 \times \cos(FACT1 \times Lab1) + CONST$
  $LabR = FACT2 \times \sin^{-1}(FACT1 \times Lab1) + CONST$
  $LabR = FACT2 \times \cos^{-1}(FACT1 \times Lab1) + CONST$
  $LabR = FACT2 \times \log(FACT1 \times Lab1) + CONST$

11. "PCROSS" 命令

GUI：**Main Menu > General Postproc > Path Operations > Cross Product**

使用功能：对当前路径上的两个向量进行叉积。

使用格式：PCROSS,$LabXR$,$LabYR$,$LabZR$,$LabX1$,$LabY1$,$LabZ1$,$LabX2$,$LabY2$,$LabZ2$

可参考"VCROSS"命令的说明。

12. "PDOT" 命令

GUI：**Main Menu > General Postproc > Path Operations > Dot Product**

使用功能：对当前路径上的两个向量进行点积。

使用格式：PDOT,$LabR$,$LabX1$,$LabY1$,$LabZ1$,$LabX2$,$LabY2$,$LabZ2$

可参考"VCROSS"命令的说明。

13. "PVECT" 命令

GUI：**Main Menu > General Postproc > Path Operations > Unit Vector**

使用功能：在路径上插入一组数据，如图 3-38 所示。

使用格式：PVECT,$Oper$,$LabXR$,$LabYR$,$LabZR$

其中：

 $Oper$：对几何运算来说，沿路径的有效运算有：

- NORM：在每个插值点生成一个单位法向量，其方向由路径的切向量和 Z 轴的叉积生成，生成的结果向量位于激活的直角坐标系中。
- TANG：在每个插值点位置生成一个与路径相切的单元向量。生成的结果向量位于激活的直角坐标系中。
- RADI：在路径的插值点位置处生成一个偏离直角坐标系中心的方向向量。

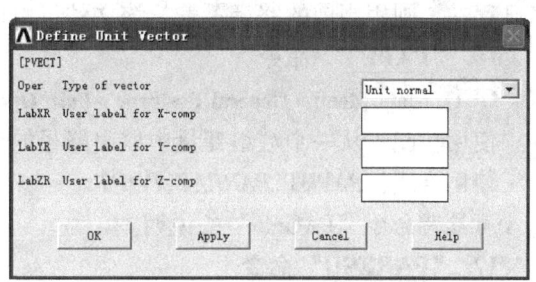

图 6-38　定义单位向量对话框

LabXR，*LabYR*，*LabZR*：赋给结果向量的 X、Y、Z 分量标签，不能超过 8 个字符。

使用提示：沿预定义的路径，定义并插入一组路径数据项，并在这些路径数据上完成各种几何运算。路径数据在被其他路径运算使用之前必须要定义好。

14. "PAGET" 命令

GUI：Main Menu > General Postproc > Path Operations > Archive Path > Store > Path in array

使用功能：将当前的路径信息写入一个数组变量中，如图 6-39 所示。

使用格式：PAGET, *PARRAY*, *POPT*

其中：

PARRAY：ANSYS 软件生成的用来贮存路径信息的数组参数名，如果这个名称已经存在，则用当前的路径信息来取代。

POPT：确定哪些数据贮存在 *PARRAY* 中，若为 POINTS，贮存路径的点、节点和坐标系统；若为 TABLE，贮存路径上的数据内容；若为 LABEL，贮存路径上的数据标签。

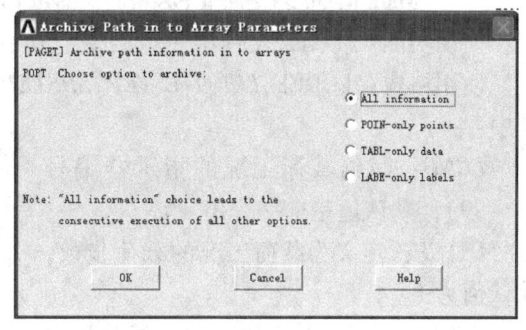

图 6-39　贮存数据到数组中的对话框

使用提示：将命令"PAGET"和"PAPUT"一起用来贮存和取出数组变量中的路径数据。当取出路径信息时，首先恢复的是路径的点，然后是路径数据，再后就是路径标签。

15. "PASAVE" 命令

GUI：Main Menu > General Postproc > Path Operations > Archive Path > Store > Paths in file

使用功能：将所选择的路径保存到一个外部文件，如图 6-40 所示。

使用格式：PASAVE, *Lab*, *Fname*, *Ext*, --,

其中，*Lab*：写操作的控制键，若为 S，仅保存选择的路径；若为 ALL，保存所有的路径(默认设置)；若为 Pname，保存一个指定路径名的路径。

使用提示：保存用命令"PSEL"选择的路径到文件里(默认为:Jobname.path)。若该文件

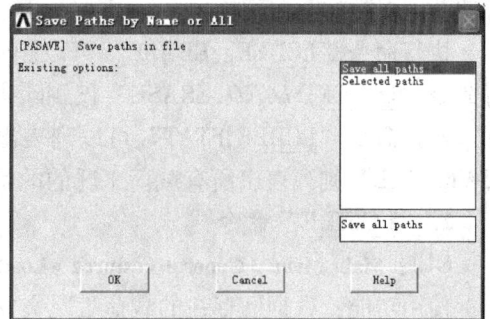

图 6-40　保存路径的对话框

名已存在，则用当前的路径覆盖，该文件可以用命令"PARESU"读入。

16. "PAPUT"命令

GUI：**Main Menu > General Postproc > Path Operations > Archive Path > Retrieve > Path from array**

使用功能：从一个数组变量中取出路径的信息。

使用格式：PAPUT,*PARRAY*,*POPT*

可参考命令"PAGET"的说明。

17. "PARESU"命令

GUI：**Main Menu > General Postproc > Path Operations > Archive Path > Retrieve > Paths from file**

使用功能：从一个外部文件中取出以前保存的路径信息。

使用格式：PARESU,*Lab*,*Fname*,*Ext*,--

可参考命令"PASAVE"的说明。

6.2.4 载荷工况组合(Load Case)

1. "LCDEF"命令

GUI：**Main Menu > General Postproc > Load Case > Create Load Case**
　　　Main Menu > General Postproc > Load Case > Erase Load Case
　　　Main Menu > General Postproc > Load Case > List Load Cases

使用功能：将结果文件中一组结果生成一个载荷工况，如图6-41所示。

使用格式：LCDEF,*LCNO*,*LSTEP*,*SBSTEP*,*KIMG*

其中：

LCNO：赋给载荷工况的指示器编号(1~99)，默认值是前一个值+1。

LSTEP：定义为载荷工况的载荷步数，默认值为1。

SBSTEP：子步数，默认值为载荷步的最后一个子步。

KIMG：仅与复数分析的结果相关，若为0，使用复数结果的实部；若为1，使用虚部。

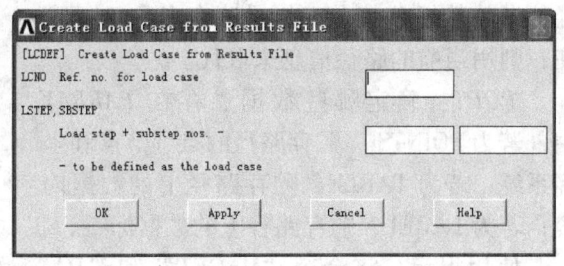

图6-41　生成载荷工况对话框

使用提示：通过建立一个指示器，指向结果文件中的一组结果，用来生成一个载荷工况，该结果文件是在求解阶段写入的。命令"LCASE"和"LCOPER"使用这个指示器，读入载荷工况数据到数据库。

执行命令"LCDEF,,ERASE"可以删除所有的载荷工况指示器和所有的载荷文件。执行命令"LCDEF,*LCNO*,ERASE"仅删除指定的载荷工况批示器*LCNO*及对应的载荷工况文件。执行命令"LCDEF,STAT"可以列表出所有选择载荷工况的状态；执行命令"LCDEF,STAT,ALL"则列表出所有载荷工况的的状态。

2. "LCFILE"命令

GUI：**Main Menu > General Postproc > Load Case > Create Load Case**

使用功能：根据已存在的载荷工况文件生成一个载荷工况，如图6-42所示。

使用格式：LCFILE,*LCNO*,*Fname*,*Ext*,--

其中:

LCNO: 赋给这个载荷工况的指示器编号(1~99)。

Ext: 文件扩展名,不能超过 8 个字符,其默认值为 L 或 L0 + *LCNO* 组合而成。

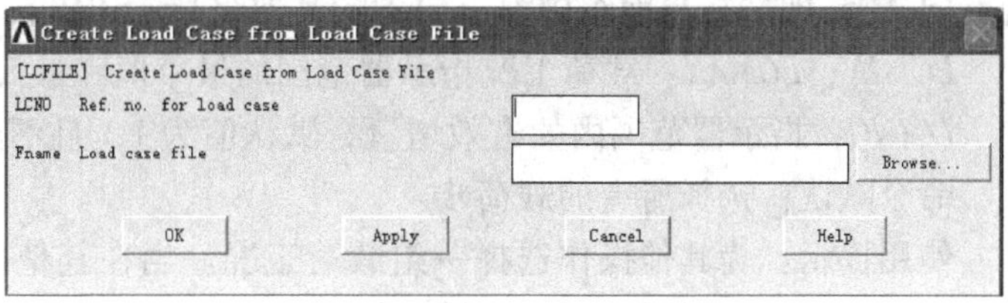

使用提示: 通过建立一个

图 6-42 从载荷工况生成另一个载荷工况的对话框

指示器指向一个已存在的载荷工况文件来生成一个载荷工况。在一个新的 ANSYS 对话框中,可以使用这个命令重新建立一个载荷工况指示器,或者使用多个指示器来指向一个载荷工况,对于载荷工况的删除和列表可参看命令"LCDEF"。

3. "LCASE" 命令

GUI: **Main Menu > General Postproc > Load Case > Read Load Case**

使用功能: 将载荷工况数据读入到 ANSYS 系统。

使用格式: LCASE,*LCNO*

其中,*LCNO*: 载荷工况指示器,默认值为 1。

使用提示: 读一个载荷工况数据到 ANSYS 系统里。在读入载荷工况数据之前,系统中的结果部分、施加的力和位移会被清除。在读入操作中也可以使用缩放系数和绝对值。

4. "LCWRITE" 命令

GUI: **Main Menu > General Postproc > Load Case > Write Load Case**

使用功能: 通过将结果写入到一个载荷工况文件来生成一个载荷工况。

使用格式: LCWRITE,*LCNO*,*Fname*,*Ext*,--

其中各变量的意义可参考"LCFILE"命令的说明。

使用提示: 通过将数据库中的结果数据写入到一个载荷工况文件来生成一个载荷工况。执行命令后,数据库中的数据并没有发生改变,载荷工况文件中的一个指示器用来指向这一组结果。在默认方式下,只有可以求和的结果数据,如位移、应力、弹性应变和常量结果数据可写入到载荷工况文件中;非求和的结果数据,如塑性应变、应变能等,以及边界条件和节点载荷不能写入到载荷工况文件中。载荷工况文件可以使用默认或手工命名,重写入一个相同的文件将会覆盖已存在的数据。

5. "LCSEL" 命令

GUI: **Main Menu > General Postproc > Load Case > Calc Options > Sele Ld Cases**

使用功能: 选择一组载荷工况,如图 6-43 所示。

使用格式: LCSEL,*Type*,*LCMIN*,*LCMAX*,*LCINC*

其中:

Type: 确定选择方式的标签,可以为 S(选择一组新的)、R(从当前选择集中重新选择一组)、A(另外选择一组并添加到当前组里)、U(从当前的组集中去掉所选择的组,即不包含在当前组中)、ALL、NONE、INVE(对当前组进

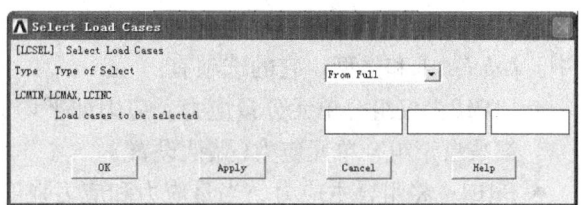

图 6-43 选择载荷工况对话框

行反向选择,即选择当前组中没有包含的其他组)或 STAT。

LCMIN, *LCMAX*: 载荷工况指示器范围的最小值和最大值, *LCMAX* 的默认值为 *LCMIN*。

LCINC: 指示器范围内的有效增量,默认值为1,且不能为负数。

命令默认: 选择所有的载荷步。

使用提示: 为其他操作选择一组载荷工况。当在其他的命令中使用了 ALL 选项时,可以使用子集,载荷工况将标记为被选择和没有选择的状态。

6. "LCABS" 命令

GUI: **Main Menu > General Postproc > Load Case > Calc Options > Absolut Value**

使用功能: 为载荷工况操作指定绝对值。

使用格式: LCABS,*LCNO*,*KABS*

其中:

LCNO: 载荷工况指示器编号,如果为 ALL,应用到所有选择的载荷工况上。

KABS: 绝对值使用控制键。若为0,用代数值参加运算;若为1,用绝对值参与运算。

命令默认: 使用代数值参与运算。

使用提示: 对在载荷工况中运算的值施加一个绝对值。绝对值将优先于载荷工况系数,仅赋给已定义的载荷工况。

7. "LCFACT" 命令

GUI: **Main Menu > General Postproc > Load Case > Calc Options > Scale Factor**

使用功能: 为载荷工况操作定义一个缩放系数,如图 6-44 所示。

使用格式: LCFACT,*LCNO*,*FACT*

其中:

LCNO: 载荷工况指示器编号,如果为 ALL,应用到所有选择的载荷工况上。

FACT: 施加到载荷工况指示器 *LCNO* 上的缩放系数,0 或空,其默认值为 1.0,使用一个非常小的数来取代缩放系数的 0 值。

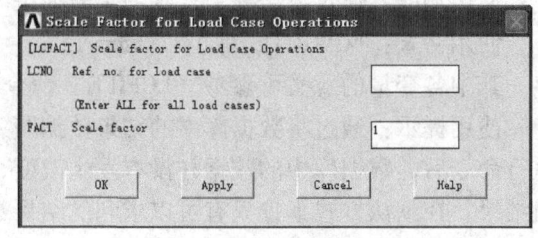

图 6-44 施加缩放系数对话框

命令默认: 缩放系数均为 1.0。

使用提示: 在载荷工况操作中指定一个缩放系数,缩放系数在绝对值操作后进行,并仅赋给已定义的载荷工况。

8. "SUMTYPE" 命令

GUI: **Main Menu > General Postproc > Load Case > Calc Options > Stress Options**

使用功能: 为随后的载荷工况操作设置求和类型。

使用格式: SUMTYPE,*Label*

其中, *Label*: 求和类型。它的选项有:

- COMP: 仅组合单元分量应力。应力如平均节点应力、主应力、当量应力和应力强度都来自于组合单元应力(默认设置)。
- PRIN: 将组合主应力、当量应力和应力强度直接贮存在结果文件中,这个选项并不使用分量应力。

使用提示: 当需要载荷工况操作是在主应力或当量应力上起作用时,可以执行命令

"SUMTYPE,PRIN"。梁单元 BEAM189 根据需要计算主应力、当量应力和应力强度的值,而不是将其贮存在结果文件里,而命令"SUMTYPE,PRIN"并不适用于梁单元 BEAM189。

9. "LCOPER"命令

GUI:Main Menu > General Postproc > Load Case > Add
  Main Menu > General Postproc > Load Case > Line Elem Stress
  Main Menu > General Postproc > Load Case > Min & Max
  Main Menu > General Postproc > Load Case > Square
  Main Menu > General Postproc > Load Case > Square Root
  Main Menu > General Postproc > Load Case > SRSS
  Main Menu > General Postproc > Load Case > Subtract

使用功能:完成载荷工况运算。

使用格式:LCOPER,*Oper*,*LCASE1*,*Oper2*,*LCASE2*

其中:

Oper:有效的运算符。

- ZERO:对数据库的结果部分清零(忽略变量 *LCASE1*)。
- SQUA:对数据求其平方值(忽略变量 *LCASE1*)。
- SQRT:对数据的绝对值开平方(忽略变量 *LCASE1*)。
- LPRIN:重新计算线单元的主应力(忽略变量 *LCASE1*)。
- ADD:将 *LCASE1* 加到数据上。
- SUB:从数据中减去 *LCASE1*。
- SRSS:数据与 *LCASE1* 的平方和再开平方。
- MIN:比较数据与 *LCASE1* 的代数最小值,并保存到数据库里。
- MAX:比较数据与 *LCASE1* 的代数最大值,并保存到数据库里。
- ABMN:比较数据与 *LCASE1* 的绝对值最小值,并保存到数据库里,再根据大小施加相关的符号。
- ABMX:比较数据与 *LCASE1* 的绝对值最大值,并保存到数据库里,再根据大小施加相关的符号。

LCASE1:运算中的第 1 个载荷工况,如果为 ALL,对所有选择的载荷工况重复运算。

Oper2:有效的运算符为 MULT,表示为 *LCASE1* * *LCASE2*。

LCASE2:第 2 个载荷工况,仅当使用了运算符 *Oper2* 后才使用。

使用提示:该命令按照下列的公式对数据库和第 1 个或第 2 个载荷工况进行运算。

  Database = Database o (*LCASE1* o2 *LCASE2*)

其中符号"o"表示(*Oper*)上述介绍的运算符,"o2"则表示(*Oper2*)。在运算之前也可以使用缩放系数和绝对值运算。如果没有指定 *LCASE2*,则在当前数据库里只能使用"o"运算符。如果指定了 *LCASE2*,则在"o"运算之前可以使用运算符"o2",否则将忽略"o2"。在载荷工况运算中,没有包含数据库或应用载荷工况中的结果项将会导致一个空的数据项。从结果文件载荷工况中读入的谐单元数据将在 0°进行处理。所有的载荷工况组合都是在结果坐标系里完成的,来自于载荷工况组合的数据将保存在结果坐标系里,当要进行列表或显示里,合成的数据然后被转换到激活的坐标系统里。

10. "LCZERO"命令

GUI：**Main Menu > General Postproc > Load Case > Zero Load Case**

使用功能：对数据库中的结果部分清零。

使用格式：LCZERO

使用提示：常在命令"LCOPER"之先使用。与命令"LCOPER，ZERO"的作用相同。

6.3 其他相关操作命令

6.3.1 安全系数(Safety Factor)

1. "SALLOW"命令

GUI：**Main Menu > General Postproc > Safety Factor > Allowable Strs > Constant**
　　　Main Menu > General Postproc > Safety Factor > Allowable Strs > Reset Stress
　　　Main Menu > General Postproc > Safety Factor > Allowable Strs > Temp-depend

使用功能：为安全系数计算定义许用应力，如图6-45所示。

使用格式：SALLOW，*STRS1*，*STRS2*，*STRS3*，*STRS4*，*STRS5*，*STRS6*

其中，*STRS1*，*STRS2*，…，*STRS6*：输入与温度点相对应的6个许用应力值。

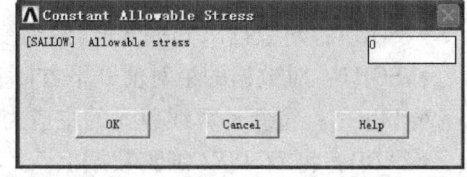

图6-45 定义与温度相关的许用应力对话框

使用提示：为计算安全系数定义许用应力。使用命令"STAT"可以列表出许用应力，重复执行命令"SALLOW"可以对表格清零，并重复赋值。

命令PowerGraphics并不支持计算安全系数，但对于完全模态图形显示方法激活时，必须要使用"SALLOW"和"TALLOW"。

2. "TALLOW"命令

GUI：**Main Menu > General Postproc > Safety Factor > Allowable Strs > Reset Temps**
　　　Main Menu > General Postproc > Safety Factor > Allowable Strs > Temp-depend

使用功能：为计算安全系数定义温度表，如图6-46所示。

使用格式：TALLOW，*TEMP1*，*TEMP2*，*TEMP3*，*TEMP4*，*TEMP5*，*TEMP6*

其中，*TEMP1*，*TEMP2*，…，*TEMP6*：最多可以输入6个覆盖节点温度范围的温度值，必须要按升序排列。

使用提示：为计算安全系数定义温度表，其他可参照"SALLOW"执行。

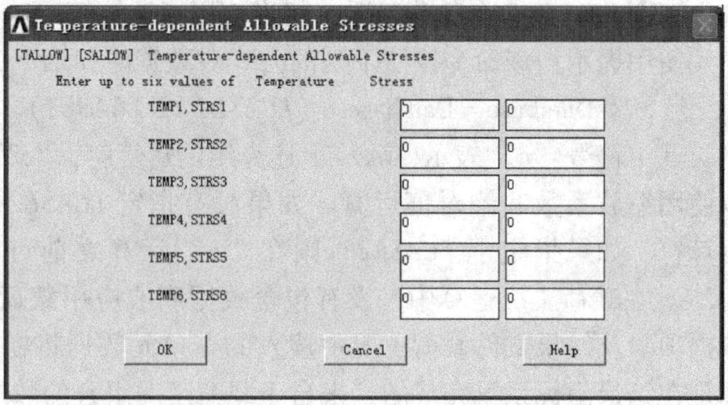

3. "**"命令**

图6-46 输入基于温度的许角应力对话框

GUI：Main Menu > General Postproc > Safety Factor > Restore NodeStrs
　　　Main Menu > General Postproc > Safety Factor > SF for Node Strs

使用功能：将要生成的许可安全系数或安全系数裕量，如图6-47所示。

使用格式：SFACT,*TYPE*

其中，*TYPE*：计算的类型，若为0，不计算节点安全系数或安全裕量；若为1，计算并贮存安全系数以取代节点应力；若为2，计算并贮存安全裕量以取代节点应力。

命令默认：不计算节点安全系数或完全裕量。

使用提示：按照下列公式，对于平均节点应力计算许可安全系数或完全裕量。

SF = SALLOW/|Stress|

MS = (SALLOW/|Stress|)-1.0

4．"SFCALC"命令

GUI：Main Menu > General Postproc > Safety Factor > SF for ElemTable

使用功能：计算安全系数或安全裕量，如图6-48所示。

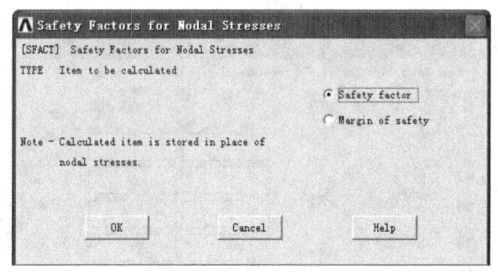 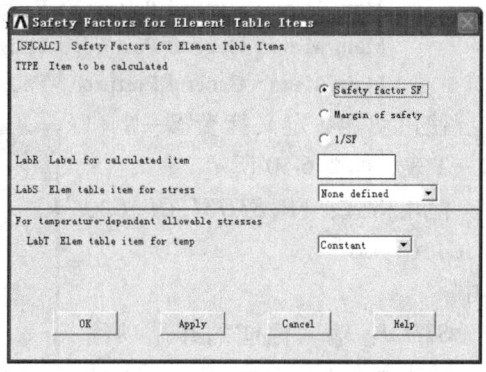

图6-47　生成安全系数或安全裕量对话框　　图6-48　计算单元表的安全系数或安全裕量对话框

使用格式：SFCALC,*LabR*,*LabS*,*LabT*,*TYPE*

其中：

LabR：赋给计算结果的标签。如果与已存在的标签相同，则采用覆盖的方式处理。

LabS，*LabT*：分别与单元应力、单元温度相关的已标签的结果项。

TYPE：计算的类型。若为0或1，表示计算安全系数(SF)；若为2，表示计算安全裕量(MF)；若为3，计算1/SF。

使用提示：对于所选择的单元就像命令"SFACT"所描述的一样计算其安全系数或安全裕量。使用命令"PRETAB"或"PLETAB"可以显示其计算结果，许用单元应力将由SALLOW-TALLOW表来确定。

6.3.2　疲劳分析(Fatigue Analysis)

1．"FTSIZE"命令

GUI：Main Menu > General Postproc > Fatigue > Size Settings

使用功能：指定疲劳数据贮存数组，如图6-49所示。

使用格式：FTSIZE,*MXLOC*,*MXEV*,*MXLOD*

其中：

MXLOC：疲劳位置的最大值，默认值为 5。
MXEV：疲劳事件的最大值，默认值为 10。
MXLOD：在每个事件中载荷的最大个数，默认值为 3。

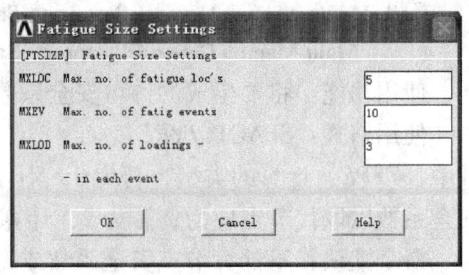

图 6-49 疲劳数据大小设置对话框

使用提示：对于疲劳数据贮存数组来说，指定其大小，删除其应力条件。一个应力条件是指对应着一个特定事件在一个特定位置（节点）的载荷（应力）。大小将根据位置、事件和载荷的最大值来确定。一旦数据存贮开始，数组的大小不能改变，如果需要改变其大小，可参考命令"**FTWRITE**"。

2. "FP" 命令

GUI：**Main Menu > General Postproc > Fatigue > Property Table > Elas-plas Par**
　　　Main Menu > General Postproc > Fatigue > Property Table > Erase Tables
　　　Main Menu > General Postproc > Fatigue > Property Table > S-N Table
　　　Main Menu > General Postproc > Fatigue > Property Table > Sm_T Table

使用功能：定义疲劳 S—N 和 Sm—T 表，如图 6-50 所示。

使用格式：FP，*STITM*，*C1*，*C2*，*C3*，*C4*，*C5*，*C6*

其中：

STITM：输入性能的开始项编号，默认值为 1。若为 7，在 C1 域中输入的数据与列表中的第 7 项相对应。若是一个负值，*C1 ~ C6* 被忽略，项目的内容被删除，若为 ALL，表格被删除，栏中的内容如下所示：

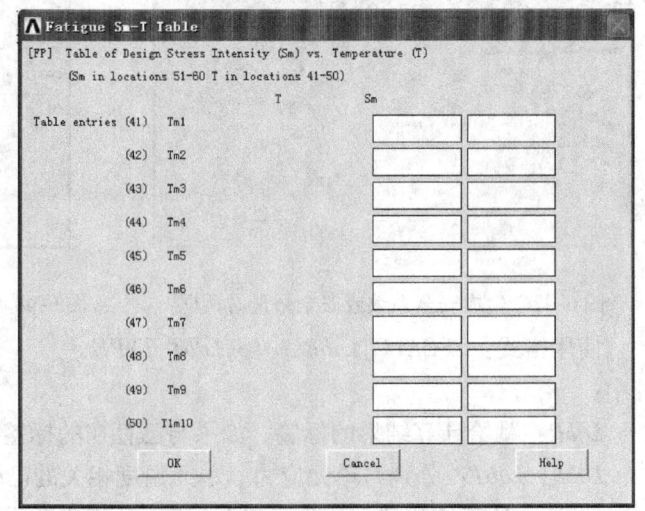

图 6-50 输入 Sm—T 表格的对话框

- 1，2，…20：输入 20 个循环次数，按升序排列，即 N1，N2，…N20。
- 21，22，…40：输入 20 个与循环次数相对应的疲劳交变应力，即 S1，S2，…S20。
- 41，42，…50：输入 10 个温度值，按升序排列，即 T1，T2，…T10。
- 51，52，…60：输入与 10 个温度相对应的设计应力强度值，即 Sm1，Sm2，…Sm10。
- 61：M 即第 1 个弹塑性材料参数。
- 62：N 即第 2 个弹塑性材料参数。

C1，*C2*，…，*C6*：从 *STITM* 处开始，将数据连续插入到这 6 个位置，如果这些位置已存在有值，将会重新定义，空（blank）则保留原来的值不变。

使用提示：该命令定义 S—N 和 Sm—T 的表格值。也可以用来对原来贮存的数据进行修改。在 S—N 表格中也可以使用 LOG—LOG 插值,在 Sm—T 表格中可以使用线性插值,循环次数和温度必须要按升序排列,S 和 Sm 的值是降序的。表格值必须要成对出现,每条曲线并不是所有的性能对都要出现。如果没有定义 S—N 表,则疲劳计算将不进行。

3. "FL" 命令

GUI:**Main Menu > General Postproc > Fatigue > Stress Locations**

使用功能:定义一组疲劳位置参数,如图 6-51 所示。

使用格式:FL,*NLOC*,*NODE*,*SCFX*,*SCFY*,*SCFZ*,*Title*

其中:

NLOC:位置的参考编号(在 *MXLOC* 里),当指定了一个新的位置时,默认值是最低没有使用的位置,如果指定的 *NODE* 已经与一个位置与对应,则 *NLOC* 的默认值就是那个已存在的位置。

NODE:与位置相对应的节点号(必须是唯一的),当要与一个新位置相对应,或查找一个已存在的位置时,才使用该选项。如果 *NODE* = -1,删除该位置的所有参数和疲劳应力。

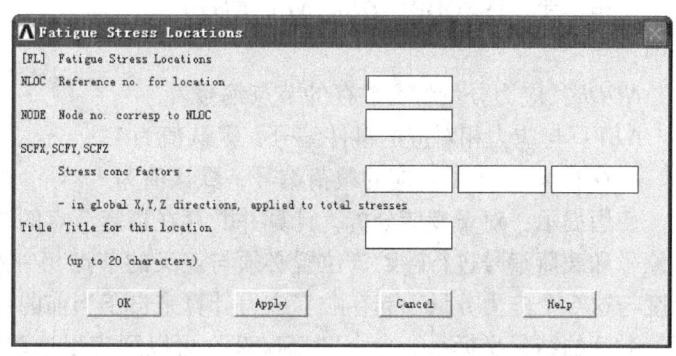

图 6-51 疲劳应力位置定义对话框

SCFX,*SCFY*,*SCFZ*:施加到总应力的应力集中因子,除非在 "FSSECT" 命令中使用了轴对称选项,因子将施加在整体 X、Y 和 Z 方向,否则将施加在 X、Y 和 Z 剖面(即径向、轴向和环向)上。

Title:用于该位置的用户自定义标签,最多不能超过 20 个字符。

使用提示:重复执行这个命令可以定义另外的位置参数(个数不能超过 *MXLOC*)、重新定义位置参数或删除位置应力条件。

对每个感兴趣的节点可以定义一个位置,并且一个节点只能与一个位置相对应。执行命令 "FSSECT"、"FSNODE" 或 "FS",位置将自动与没有指定位置的节点相对应,自动定义的位置将赋给最小可以利用的位置编号、单元应力集中因子,没有标签。

4. "FLLIST" 命令

GUI:**Main Menu > General Postproc > Fatigue > List Stress Loc**

使用功能:列表出疲劳位置参数,如图 6-52 所示。

使用格式:FLLIST,*NLOC1*,*NLOC2*,*NINC*

其中,*NLOC1*,*NLOC2*,*NINC*:按增量 *NINC*(默认值为 1),从 *NLOC1*(默认值为 1)到 *NLOC2*(默认值为 *NLOC1*)列表出位置参数,如果为 *NLOC1* = ALL,忽略其后的变量,所有的位置都列表出来。

5. "FSNODE" 命令

GUI:**Main Menu > General Postproc > Fatigue > Store Stresses > From rst File**

使用功能:计算并贮存在节点的应力分量,如图 6-53 所示。

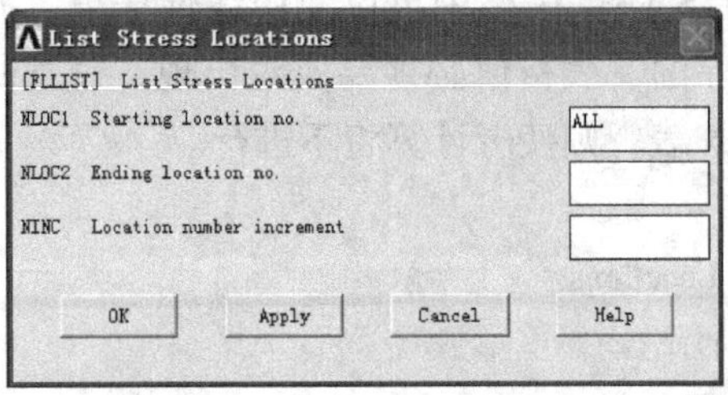

图 6-52　列表应力位置对话框 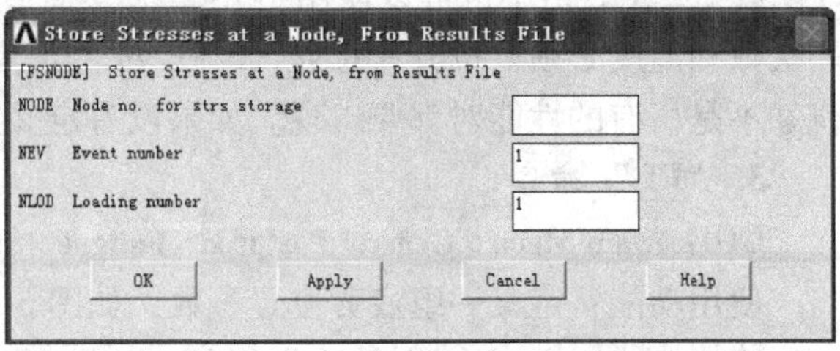　　　　图 6-53　贮存节点应力对话框

使用格式：FSNODE,*NODE*,*NEV*,*NLOD*

其中：

NODE：应力分量将要贮存的节点编号。

NEV：与应力相对应的事件编号，默认值为 1。

NLOD：与应力相对应的载荷编号，默认值为 1。

使用提示：对于疲劳分析，计算并贮存在指定节点的总体应力分量。应力按照指定的事件编号和载荷编号进行存贮，位置必须与定义的节点相一致，应力将按 6 个分量进行存贮，温度与这 6 个应力分量一起存贮。应力计算来自于当前的数据库，并位于总体坐标系中，而不管激活的结果坐系。命令"FSLIST"可以列表出这些应力，命令"FS"可以对这些应力进行修改。

6. "FS" 命令

GUI：Main Menu > General Postproc > Fatigue > Store Stresses > Specified Val

使用功能：存储节点上的疲劳应力分量，如图 6-54 所示。

使用格式：**FS**,*NODE*,*NEV*,*NLOD*,*STITM*,*C1*,*C2*,*C3*,*C4*,*C5*,*C6*

其中：

NODE：与位置相对应的节点编号。当要与一个新位置相对应，或查找一个已存在的位置时，才使用该选项。

NEV,*NLOD*：参考命令"FSNODE"的说明。

STITM：输入应力的开始项编号，默认值为 1。若为 7，在 C1 域中输入的数据与列表中的第 7 项相对应。若为 1~6，即为

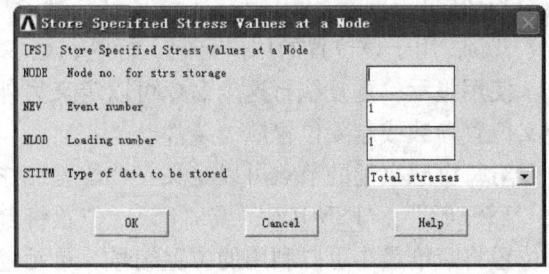

图 6-54　存储节点上的疲劳应力分量对话框

SX,SY,SZ,SXY,SYZ,SXZ 6 个总体应力分量；若为 7，为温度；若为 8~13，即为 SX,SY,SZ,SXY,SYZ,SXZ 薄膜 + 弯曲应力分量。

C1,*C2*,…,*C6*：将应力插入从 *STITM* 开始的 6 个位置，如果这些位置已存在有值，将会重新定义，若为空（blank），则保留原来的值不变。

7. "FSSECT" 命令

GUI：Main Menu > General Postproc > Fatigue > Store Stresses > At Cross Sect

使用功能：计算并存储总应力的线性化分量，如图 6-55 所示。

使用格式：FSSECT,*RHO*,*NEV*,*NLOD*,*KBR*

其中：

RHO，*KBR*：可以参考命令"PLSECT"对该变量的说明。

NEV，*NLOD*：可以参考命令"FSNODE"对该变量的说明。

使用提示：计算并贮存在剖面路径端点总应力的线性化分量。路径必须位于所选择的单元内。应力将按照指定的疲劳事件数和载荷数进行存贮，位置与

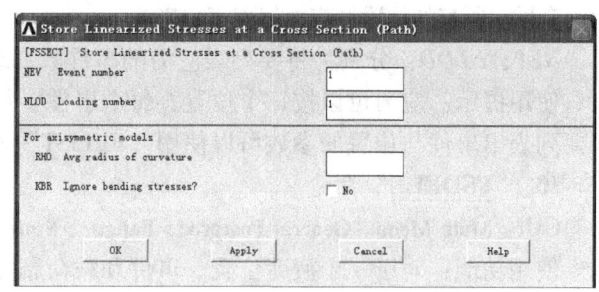

图 6-55　贮存线性化应力对话框

它们定义时的节点相对应，应力被分成 6 个总体应力分量和 6 个薄膜 + 弯曲应力分量。每个端点的温度与总体应力一起进行存贮，计算来自于当前数据库中的应力，如果为轴对称情况，则应力将贮存在截面坐标系中，否则为整体直角坐标分量，而忽略了激活的结果坐标系统。

8. "FSPLOT"命令

GUI：**Main Menu > General Postproc > Fatigue > Store Stresses > Plot Stresses**

使用功能：为一个疲劳位置和事件显示疲劳应力，如图 6-56 所示。

使用格式：FSPLOT，*NLOC*，*NEV*，*ITEM*

其中：

NLOC，*NEV*：分别显示与位置 *NLOC*、事件 *NEV* 相关的应力。

ITEM：显示与项数 *ITEM* 相关的应力，若为 1~6，即为 SX，SY，SZ，SXY，SYZ，SXZ 6 个总体应力分量；若为 7，为温度；若为 8~13，即为 SX，SY，SZ，SXY，SYZ，SXZ 薄膜 + 弯曲应力分量。

使用提示：对于一个特定的疲劳位置和事件，显示疲劳应力作为载荷个数的函数。

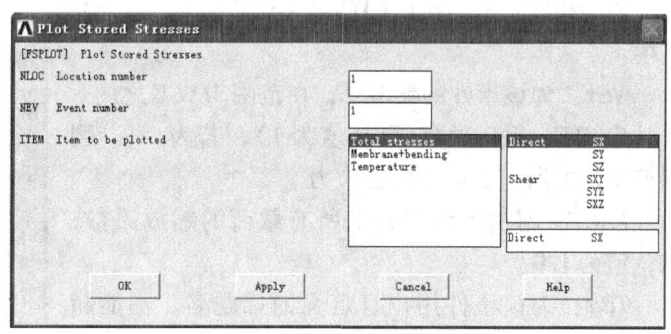

图 6-56　显示疲劳应力对话框

9. "FSLIST"命令

GUI：**Main Menu > General Postproc > Fatigue > Store Stresses > List Stresses**

使用功能：对疲劳计算列表出贮存的应力，如图 6-57 所示。

使用格式：FSLIST，*NLOC1*，*NLOC2*，*NINC*，*NEV*，*NLOD*

其中：

NLOC1，*NLOC2*，*NINC*：按增量 *NINC*（默认值为 1），从 *NLOC1*（默认值为 1）到 *NLOC2*（默认值为 *NLOC1*）列表应力，若 *NLOC1* = ALL，忽略其

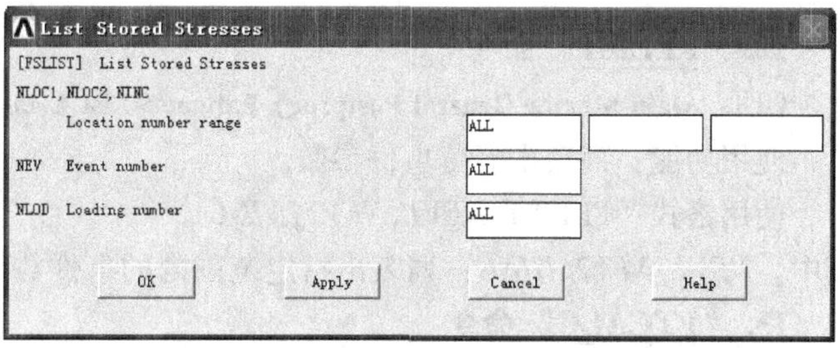

图 6-57　列表疲劳应力的对话框

后的变量，所有的位置的应力都列表出来。

NEV，NLOD：分别为将要列表应力的事件数、载荷数(默认值均为 ALL)。

使用提示：应力可以按每个位置、每个事件、每个载荷或每个应力条件进行列表。如果只要列表出事件与位置的参数可以使用"FELIST"和"FLLIST"命令。

10. "FSDELE" 命令

GUI：**Main Menu > General Postproc > Fatigue > Store Stresses > Dele Stresses**

使用功能：对于一个疲劳位置、事件和载荷删除应力条件。

使用格式：FSDELE,NLOC,NEV,NLOD

其中，NLOC,NEV,NLOD：分别删除与位置数 NLOC、事件数 NEV、载荷数相对应的应力，默认值均为 0。

使用提示：删除与一个特定的疲劳位置、事件和载荷相对应的应力条件，使用命令"FE"可以为一个特定的事件删除所有的应力，或者使用命令"FL"为一个位置删除所有的应力。

11. "FE" 命令

GUI：**Main Menu > General Postproc > Fatigue > Assign Events**
Main Menu > General Postproc > Fatigue > Erase Event Data

使用功能：定义一组疲劳事件参数，如图 6-58 所示。

使用格式：FE,NEV,CYCLE,FACT,Title

其中：

NEV：为该事件的参考号，在范围 MXEV 之内。

CYCLE：循环次数(默认值为 1)，若为 -1，删除该事件的所有参数和疲劳应力。

FACT：施加到该事件上所有载荷的缩放系数，默认值为 1.0。

Title：为该事件用户自定义的标题名，不能超过 20 个字符。

命令默认：赋给事件 1 个循环、单位缩放系数，没有标题名。

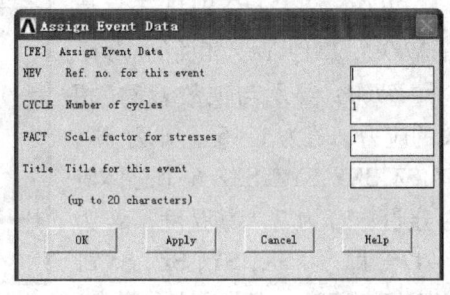

图 6-58 指定事件数据对话框

使用提示：重复"FE"命令可以定义另外一组事件参数(在范围 MXEV 之内)、重新定义事件参数、或删除所有的事件应力条件。疲劳事件参数的设置要与所有的载荷和位置相对应。

12. "FELIST" 命令

GUI：**Main Menu > General Postproc > Fatigue > List Event Data**

使用功能：列表出疲劳事件参数。

使用格式：FELIST,NEV1,NEV2,NINC

其中，NEV1,NEV2,NINC：列表出指定范围内的事件数。

13. "FTCALC" 命令

GUI：**Main Menu > General Postproc > Fatigue > Calculate Fatig**

使用功能：对于一个特定节点位置完成疲劳计算，如图 6-59 所示。

使用格式：FTCALC,*NLOC*,*NODE*
其中，*NLOC*,*NODE*：在疲劳计算中使用的应力条件位置数和节点号。

14."FTWRITE"命令

GUI：**Main Menu > General Postproc > Fatigue > Write Fatig Data**

使用功能：将当前所有贮存的疲劳数据写入到一个文件里。

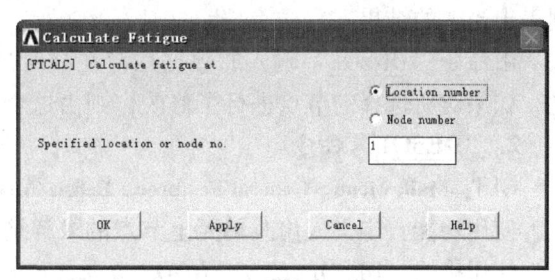

图6-59 指定点疲劳计算的对话框

使用格式：FTWRITE,*Fname*,*Ext*,--

使用提示：根据相关的POST1疲劳命令写入数据，可以对其进行编辑或重新调入到POST1里。一旦生成了一个疲劳数据文件，随后命令"FTWRITE"的每一次执行都会用当前的数据覆盖原先的数据。其默认的文件名为"Jobname.FATG"。

6.3.3 定义与修改（Define & Modify）

1."DNSOL"命令

GUI：**Main Menu > General Postproc > Define/Modify > Nodal Results**

使用功能：定义或修改在节点处的求解结果，如图6-60所示。

使用格式：DNSOL,*NODE*,*Item*,*Comp*,*V1*,*V2*,*V3*,*V4*,*V5*,*V6*

其中：

NODE：将要施加求解结果的节点编号，也可以是ALL、P或元件名。

Item,*Comp*：确定结果的标签或组合标签名（根据需要）。

V1,*V2*,*V3*,*V4*,*V5*,*V6*：将要赋给结果的值。如果指定为0，则这个0值也将使用；如果为空，则保留原来的数据不变；其他的值将按照由*Item*指定的顺序赋给余下的分量。

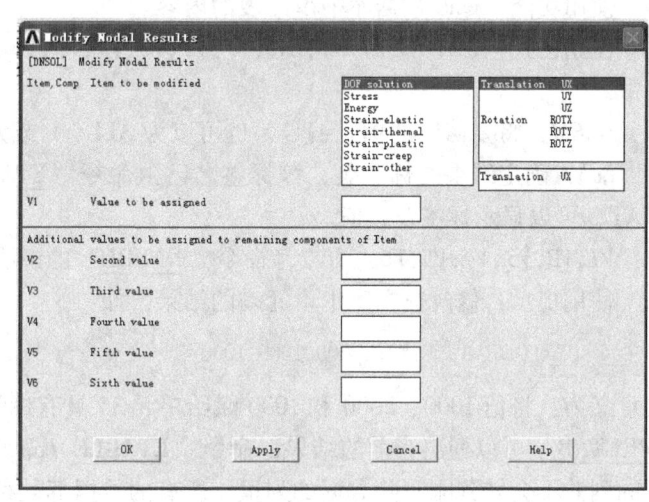

图6-60 修改节点结果对话框

使用提示：命令"DNSOL"只能在完全图形激活方式（即命令"/GRAPHICS,FULL"）下使用，并不支持PowerGraphics模式。它对一个节点在数据库的结果数据进行指定或修改。如：

DNSOL,35,U,X,.001,.002,.001

其意义：对编号为35的节点的UX、UY和UZ分别赋值0.001、0.002和0.001。

在数据库中被改变的所有结果包括节点自由度值在内，都可以在随后的操作中使用。所有的数据都贮存在求解坐标系里，但将在结果坐标系中显示。使用命令"PRNSOL"可以列表出当前的结果。

由命令"DNSOL"输入的数据贮存在临时的空间里,并不会取代数据库中的信息。因此,如果对所选择的节点进行了修改,则由这个命令输入的数据可以被覆盖。

2. "DESOL" 命令

GUI:Main Menu > General Postproc > Define/Modify > Elem Results

使用功能:定义或修改单元上节点的求解结果。

使用格式:DESOL,*ELEM*,*NODE*,*Item*,*Comp*,*V1*,*V2*,*V3*,*V4*,*V5*,*V6*

其中,*ELEM*:将要定义或修改的单元编号,如果为 ALL,应用到所有选择的单元上。

其余变量的意义可参考命令"DNSOL"的说明,并可仿照执行。

使用提示:对面或体单元上的节点,定义可修改其数据库里的求解结果。如:

```
DESOL,35,50,S,X,1000,2000,1000
```

其意义为:将值 1000、2000 和 1000 赋给单元 35 上的节点 50 的 SX、SY 和 SZ。

如果在可以使用的情况下,POST1 中命令"FORCE"、"SHELL"和"LAYER"的设置,将会进一步指定哪个数据会受到影响。其余可参照命令"DNSOL"执行。

3. "DETAB" 命令

GUI:Main Menu > General Postproc > Define/Modify > ElemTabl Data

使用功能:修改数据库中单元表的内容。

使用格式:DETAB,*ELEM*,*Lab*,*V1*,*V2*,*V3*,*V4*,*V5*,*V6*

其中:

ELEM:将要修改的单元编号,也可以为 ALL、P 或元件名。

Lab:确定结果的标签名,该标签名已由命令"ETABLE"定义。执行命令"ETABLE,STAT"可以显示标签及其值。

V1,*V2*,*V3*,*V4*,*V5*,*V6*:可参考命令"DNSOL"的说明。

使用提示:修改数据库中单元表的结果,如:

```
DETAB,35,ABC,1000,2000,1000
```

其意义为:将值 1000、2000 和 1000 赋给单元 35 具有标签为 ABC 的前 3 个单元列里。命令"PRETAB"可以列出当前的结果,命令"ETABLE,*Lab*,ERASE"删除了一列的数据后,余下的列并不会转到刚删除数据的列里。所有的数据都贮存在求解坐标系里,但将在结果坐标系里显示。

6.3.4 表面操作(Surface Operations)

1. "SUCR" 命令

GUI:Main Menu > General Postproc > Surface Operations > Create Surface > On Cuttng Plane
Main Menu > General Postproc > Surface Operations > Create Surface > Inf. Cylinder
Main Menu > General Postproc > Surface Operations > Create Surface > Sphere > At Node
Main Menu > General Postproc > Surface Operations > Create Surface > Sphere > ByDimensions

使用功能:生成一个表面,如图 6-61 所示。

使用格式:SUCR,*SurfName*,*SurfType*,*nRefine*,*Radius*,*blank*,*blank*,*TolOut*

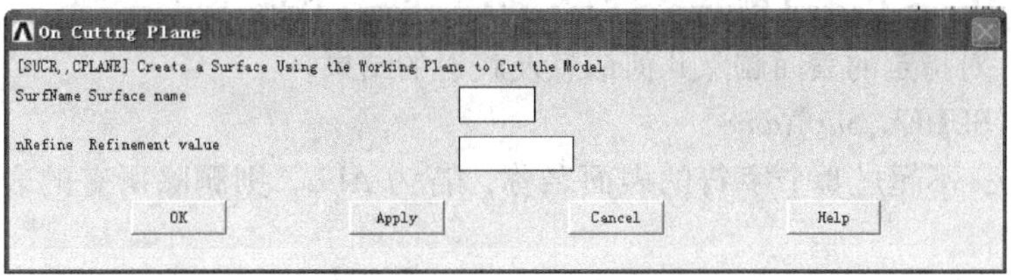

图 6-61 生成表面的对话框

其中：

SurfName：生成的表面名称，不超过 8 个字符。

SurfType：表面的类型。它有下列选项。
- CPLANE：在窗口 1 中由切割平面（即"/CPLANE,1"）生成的表面。
- SPHERE：以工作平面原点为中心的球面所生成的表面。
- INFC：以工作平面原点为中心的柱面生成的表面，可以在 Z 轴的正向或负无限扩大。

nRefine：细化程度。若 *SurfType* = CPLANE，表面"网格"的细化等级，是介于 0~3 之间的整数（默认为0）；若 *SurfType* = SPHERE 或 INFC，围绕90°弧的等分数，最小值为9，默认是 9。

Radius：对于 INFC 或 SPHERE 为一个适当的半径值。

TolOut：对 INFC，在规定的体内，包含单元面的误差值。

使用提示：该命令生成一个新的表面，并为表面贮存下列数据：表面上每个点的整体直角坐标值（GCX、GCY、GCZ），表面上每个点的单位向量的分量（NORMX、NORMY、NORMZ），每个点面积（DA）。

对于 *SurfType* = CPLANE，*nRefine* 表示的是生成表面的点数，一个零值表示单元面与切割平面相交；若 *nRefine* 从 0 增加至 1，每个表面的方格将分成 4 个子方格，增加的点数可用于对结果的插值；命令"/EFACET"的设置会影响到模型中表面方格的生成和表面拟合的质量，在执行命令"SUCR"时，若设置为"/EFACET,1"，则高阶单元的的曲率会被忽视，若设置为"/EFACET,2"，如果存在高阶单元，则表面的拟合会很好。当前命令"SUCR"对设置"/EFACET,4"解释为"/EFACET,2"的平均。

2. "SUSEL"命令

GUI：**Main Menu > General Postproc > Surface Operations > Select Surfaces**

使用功能：选择一个表面的子集。

使用格式：SUSEL,*Type*,*Name1*,*Name2*,*Name3*,*Name4*,*Name5*,*Name6*,*Name7*,*Name8*

其中：

Type：指定选择类型的标签，有 S（选择一个新的集，默认方式）、R（从当前集中重新选择一组）、A（添加选择的集到当前集中）、U（从当前选择集中去掉所选择的集）、ALL（选择所有的表面）、NONE（不选择所有的表面）。

Name1,*Name2*,…,*Name8*：不超过 8 个字符的表面名称。

使用提示：选择的表面将用于命令"SUMAP"、"SUDEL"、"SUCALC"、"SUEVAL"和"SUVECT"的使用。

3. "SUDEL"命令

GUI：**Main Menu > General Postproc > Surface Operations > Delete Surfaces**

使用功能：对指定的表面删除几何信息及映射的结果。

使用格式：SUDEL,*SurfName*

其中，*SurfName*：不超过 8 个字符的表面名称，若为 ALL，则删除所有的表面几何和结果信息。

4．"SUMAP"命令

GUI：**Main Menu > General Postproc > Surface Operations > Clear Results**

使用功能：映射结果数据到所选择的表面上。

使用格式：SUMAP,*RSetName*,*Item*,*Comp*

其中：

RSetName：对结果将要映射的且不超过 8 个字符的名称。

Item,*Comp*：映射项目的标签名，其有效的标签在命令"PLNSOL"中指定。若 *Item* = CLEAR，则指定的结果将从所有选择的表面中删除。

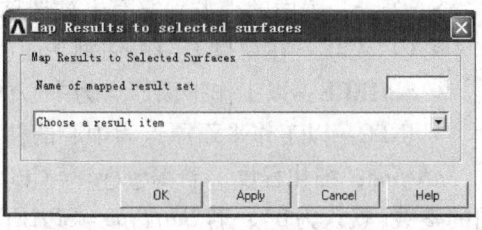

图 6-62 映射结果数据到表面上的对话框

使用提示：结果在当前由"RSYS"指定的坐标系中进行映射，该命令能够插值并保存结果数据到每个所选择的表面上。"SUMAP,ALL,CLEAR"将删除所有选择表面上的所有结果数据。

5．"SUPL"命令

GUI：**Main Menu > General Postproc > Surface Operations > Plot Results**

　　　Main Menu > General Postproc > Surface Operations > Plot Vectors

使用功能：显示所有选择表面或指定表面上的结果数据。

使用格式：SUPL,*SurfName*,*RSetName*,*KWIRE*

其中：

SurfName：不超过 8 个字符的表面名称，若为 ALL，则显示所有选择的表面。

RSetName：不超过 8 个字符的结果名称。

KWIRE：在模型内容上的显示方式。若为 0，显示结果，所选择单元的轮廓不显示；若为 1，与所选择单元的轮廓一起显示结果。

使用提示：如果 *RSetName* 为空，则表面的几何形状也显示起来。如果变量的 *RSetName* 部分是一个向量的前缀，则系统将用箭头在表面上显示这些向量，如执行"SUPL,ALL,NORM",则在所有选择的表面上用向量显示表面的法线，因为 NORMX、NORMY、NORMZ 是一些预定义的几何项。

6．"SUGET"命令

GUI：**Main Menu > General Postproc > Surface Operations > Results to Array**

使用功能：将表面几何信息和映射结果转移到数组参数中。

使用格式：SUGET,*SurfName*,*RSetName*,*Parm*,*Geom*

其中：

SurfName,*RSetName*：分别为不超过 8 个字符的表面名称和结果名称。

Parm：APDL 生成的数组参数名，不能超过 32 个字符。

Geom：数据写入的控制键。若为 1、ON、YES，写入几何信息和插值结果到数组参数里；若为 0、OFF、ON，仅写入插值结果数据到数组参数里（默认设置）。

使用提示：几何数据包含 7 个数据项：GCX、GCY、GCZ、NORMX、NORMY、NORMZ 和 DA，结果数据被写入到数组的第 8 列，当执行命令"SUCR"时，几何数据项 GCX、GCY、GCZ、NORMX、NORMY、NORMZ 和 DA 被预定义并计算。

7. "SUCALC"命令

GUI：**Main Menu > General Postproc > Surface Operations > Math Operations > Add**
Main Menu > General Postproc > Surface Operations > Math Operations > Absolute
Main Menu > General Postproc > Surface Operations > Math Operations > ArcCosine
Main Menu > General Postproc > Surface Operations > Math Operations > ArcSine
Main Menu > General Postproc > Surface Operations > Math Operations > ArcTangent
Main Menu > General Postproc > Surface Operations > Math Operations > ArcTangent2
Main Menu > General Postproc > Surface Operations > Math Operations > Cosine
Main Menu > General Postproc > Surface Operations > Math Operations > Divide
Main Menu > General Postproc > Surface Operations > Math Operations > Exponentiate
Main Menu > General Postproc > Surface Operations > Math Operations > Initialize
Main Menu > General Postproc > Surface Operations > Math Operations > Multiply
Main Menu > General Postproc > Surface Operations > Math Operations > Natural Log
Main Menu > General Postproc > Surface Operations > Math Operations > Sine
Main Menu > General Postproc > Surface Operations > Math Operations > Subtract

使用功能：在指定面上，通过对两个已存在的结果数据进行运算，生成一个新的结果数据。

使用格式：SUCALC,*RSetName*,*lab1*,*Oper*,*lab2*,*fact1*,*fact2*,*const*

其中：

RSetName：不超过 8 个字符的新结果数据名称。

lab1，*lab2*：分别为将要参加运算的第 1 个、第 2 个结果数据名称。

Oper：将要完成的数学运算符。有 ADD（加）、SUB（减）、MULT（乘）、DIV（除）、EXP（指数）、COS（余弦）、SIN（正弦）、ACOS（反余弦）、ASIN（反正弦）、ATAN（正切）、ATA2（反正切）、LOG（对数）、ABS（绝对值）和 ZERO（清零）。其中相加操作的对话框如图 6-63 所示。

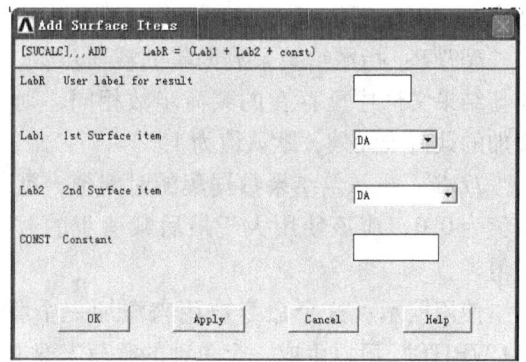

图 6-63 对表面进行相加操作的对话框

fact1，*fact2*：分别为第 1 和第 2 个数据项的指数，仅对 EXP 有效。

const：在结果数据中添加到值中的常数。

8. "SUSAVE"命令

GUI：**Main Menu > General Postproc > Surface Operations > Save Surfaces**

使用功能：保存表面定义到文件中。

使用格式：SUSAVE, *Lab*, *Fname*, *Fext*, *Fdir*

其中：

Lab：8个字符的表面名称，若为ALL（默认），则所有的表面都保存到文件里；若为S，仅为选择的表面保存到文件里。

Fext：后缀名，最大不超过8个字符，默认为".surf"。

Fdir：可选的路径设置。

使用提示：该命令将保存表面定义，即包含几何信息和任何映射到表面的结果项到文件里。执行该命令对数据库的内容没有影响，数据库里的内容保持不变。重复执行将覆盖文件中已存在的数据内容，可以执行命令"SURESU"，将保存在文件中的内容读出。

9. "SURESU" 命令

GUI：**Main Menu > General Postproc > Surface Operations > Resume Surfaces**

使用功能：从文件里读入表面信息和结果项，并设它们为当前设置。

使用格式：SURESU, --, *Fname*, *Fext*, *Fdir*

其中，变量的意义可参考命令"SUSAVE"。

使用提示：从文件中读入表面定义和结果项，并覆盖任何已存在的表面定义。将表面信息读入到后处理器POST1中，并不保证表面及其结果是否能适合当前保留在POST1中的模型。

6.3.5 其他命令（Other）

1. "RAPPND" 命令

GUI：**Main Menu > General Postproc > Write Results**

使用功能：将来自数据库的结果数据添加到结果文件里，如图6-64所示。

使用格式：RAPPND, *LSTEP*, *TIME*

其中：

LSTEP：指派给结果数据集的载荷步数，如与结果文件中已存在的载荷步数相同，则添加的载荷步无效，默认值为1。

TIME：指派给结果数据集的时间值，默认值为0.0，应该使用大于最后载荷步的时间值。

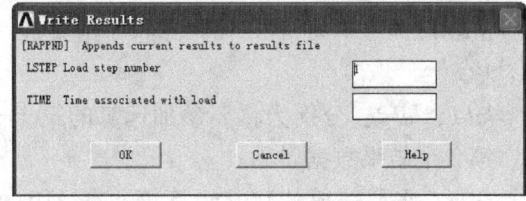

图6-64 数据添加到结果文件对话框

使用提示：这个命令被用来添加一个载荷工况组合的结果到一个结果文件里，命令"LCWRITE"可以生成一个单独的载荷工况文件，在默认的方式下，只有可求和与常值数据才可以写入到结果文件里。除非请求，非可求和的数据是不能写入到结果文件里的。命令"RAPPND"不适用于谐分析。

2. "RESET" 命令

GUI：**Main Menu > General Postproc > Reset**
　　　Main Menu > TimeHist Postpro > Reset Postproc

使用功能：对所有POST1或POST26中的设置恢复到其默认值。

使用格式：RESET

使用提示：与在运行第 1 次进入到指定处理器有相同的效果。在 POST1 里，将所有的设置恢复到其默认值，删除所有的单元表项、路径表数据、疲劳数据和载荷工况指示器。在 POST26 中，将设置恢复到其默认值，删除所有的变量定义，并对数据的存贮空间清零。

3．"CBDOF"命令

GUI：**Main Menu > General Postproc > Submodeling > Interpolate DOF**

使用功能：对子模型，激活切口边界插值，如图 6-65 所示。

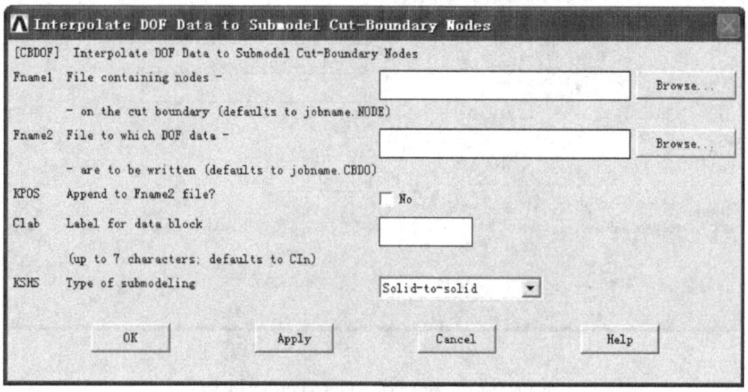

图 6-65　激活切口插值的对话框

使用格式：CBDOF,*Fname1*,*Ext1*,--,*Fname2*,*Ext2*,--,*KPOS*,*Clab*,*KSHS*,*TOLOUT*,*TOLHGT*

其中：

Fname1：读入边界节点数据的文件名及路径，默认的工作名为"Jobname"。

Ext1：如果 *Fname1* 为空，则默认的后缀名为". NODE"。

Fname2：使用"D"命令生成切口边界的文件名及路径，默认的工作名为"Jobname"。

Ext2：如果 *Fname2* 为空，则默认的后缀名为". CBDO"。

KPOS：在文件 *Fname2* 中写入"D"命令块的位置。若为 0，在文件的开始处即覆盖已存在的文件；若为 1，在文件的结束处即添加到已存在的文件中。

Clab：在文件 *Fname2* 中写入"D"命令块的标签。这个标签附加在冒号"："之后，默认是 CB*n*，其中 *n* 是在数据库对当前数据集的累积迭代次数。若为虚数，其默认值是 CI*n*。

KSHS：壳—实体子模型控制键。若为 0，实体—实体或壳—壳子模型；若为 1，壳—实体子模型。

TOLOUT：根据单元尺寸百分数，确定的外插误差。对大于 *TOLOUT* 且位于单元之外的子模型节点，将不作为 DOF 外插的候选点，默认值为 0.5 即 50%。

TOLHGT：在壳单元之上或下的高度误差，使用长度单位，仅适用于壳—壳子模型。对大于 *TOLHGT*，且偏离单元表面的子模型节点将不作为 DOF 外插或内插的候选点，默认值为最大单元尺寸的 0.0001 倍。如果增大这个误差值，使得找到的节点会引起一个不好的子模型结果。

使用提示：文件 *Fname1* 应该包含将要进行边界条件外插的节点清单，文件 *Fname2* 应包含使用"D"命令块写入的外插边界条件。对将要完成内插操作的单元，边界条件应位于当前所激活的自由度集中。插值在所选择的单元上完成，"D"命令块将在指定的冒号标签处开始，在命令"/EOF"处结束，其中冒号标签的形式为"：Clab"。通过用户自定义宏对结果文件的循环来完成多个结果集的插值。另外的块通过使用 KPOS 和唯一的冒号标签添加到文件 Fname2 中，一个带有适当冒号标签的"/INPUT"命令能够读入命令块。

4. "BFINT"命令

GUI：**Main Menu > General Postproc > Submodeling > Interp Bodg Fore**

使用功能：激活体力插值操作，如图 6-66 所示。

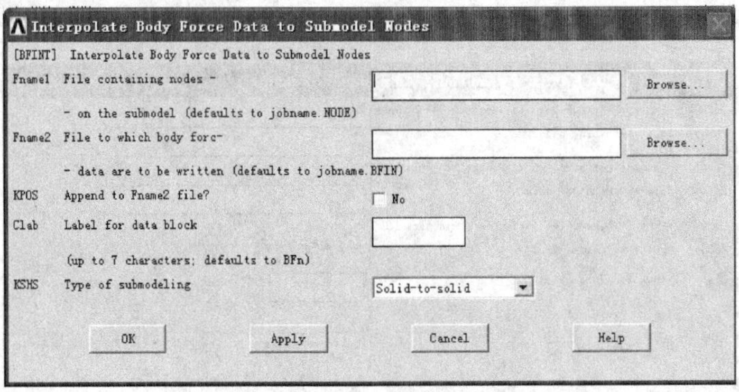

图 6-66　激活体力插值的对话框

使用格式：BFINT, *Fname1*, *Ext1*, --, *Fname2*, *Ext2*, --, *KPOS*, *Clab*, *KSHS*, *TOLOUT*, *TOLHGT*

其中：

Fname1：读入用于插值数据的文件名及路径，默认的工作名为"Jobname"。

Ext1：如果 *Fname1* 为空，则默认的后缀名为". NODE"。

Fname2：使用"BF"命令写入的文件名及路径，默认的工作名为"Jobname"。

Ext2：如果 *Fname2* 为空，则默认的后缀名为". BFIN"。

KPOS：在文件 *Fname2* 中写入"BF"命令块的位置。若为 0，文件的开始处即覆盖已存在的文件；若为 1，在文件的结束处即添加到已存在的文件中。

Clab：在文件 *Fname2* 中使用"D"命令，写入数据块的标签。这个标签附加在冒号"："之后，默认是 BF*n*，其中 *n* 是在数据库对当前数据集的累积迭代次数。

KSHS, *TOLOUT*, *TOLHGT*：可参考命令"CBDOF"的说明。

使用提示：文件 *Fname1* 应该包含将要进行体力内插的节点清单，文件 *Fname2* 应包含使用"BF"命令块写入的内插体力。体力在单元内进行插值，当标签 TEMP 使用命令"BF"施加在节点上时，TEMP 可作为一个有效的体力或自由度。插值使用当前数据库中的结果数据在文件 *Fname1* 所包含的所有节点上进行。其他可仿照命令"CBDOF"执行。

6.4　时间—历程后处理

6.4.1　变量定义与设置(Variable Define & Setting)

1. "NUMVAR"命令

GUI：**Main Menu > TimeHist Postpro > Settings > File**

使用功能：在POST26中指定许可的变量个数。

使用格式：NUMVAR,*NV*

其中，*NV*：对于变量*NV*许可的存贮量，最大允许200个，默认值为10（对显式动力学分析是30）。TIME变量也应该包括在这个数里。

使用提示：为从结果文件或其他操作中取出数据，指定的变量个数。为了提高效率，*NV*不能定义太大，一旦数据存贮开始，就不可能改变*NV*的大小。

2．"KEEP"命令

GUI：**Main Menu > TimeHist Postpro > Settings > Data**

使用功能：在激活会话窗口时，保存POST26的定义和数据。

使用格式：KEEP,*Key*

其中，*Key*：状态或值的选择键。它的选择有。

- On 或 1：没有丢失当前的时间历程变量信息，允许用户退出或重新进入到POST26中，将POST26中包括激活的文件名、变量定义和在内存中的变量数据等变量信息保存在一个高速缓冲存贮器里。
- Off 或 0：当退出POST26时，变量信息被删除。

命令默认：为ON，即将时间历程信息保存在内存中。

使用提示：对于当前激活的ANSYS会话框，其变量信息将被保存在内存中。当退出ANSYS后，这些信息会被删除，在执行命令"/CLEAR"、"RESUME"、"SOLVE"和"RESET"后，也会删除这些信息。

当重新进入到POST26后，所有的时间历程变量数据均可以使用。当执行了"STORE，NEW"，由数学运算命令如"ADD"或"PROD"所生成的变量将不会再恢复。用命令"NSOL"、"ESOL"、"GAPE"、"RFORCE"、"SOLU"、"EDREAD"定义的变量可以被恢复，只有最后激活的结果文件名被保存在内存里。

3．"TIMERANGE"命令

GUI：**Main Menu > TimeHist Postpro > Settings > Data**

使用功能：指定数据将要保存的时间范围。

使用格式：TIMERANGE,*TMIN*,*TMAX*

其中：

TMIN：时间的最小值，默认值为文件中第1个时间或频率。

TMAX：时间的最大值，默认值为文件中的最后时间或频率。

命令默认：包含范围内的所有时间或频率点。

使用提示：指定数据将要从文件中读出或贮存到内存中去的时间或频率范围，使用命令"NSTORE"可以指定时间增量。

4．"NSTORE"命令

GUI：**Main Menu > TimeHist Postpro > Settings > Data**

使用功能：指定将要保存的时间点。

使用格式：NSTORE,*TINC*

其中，*TINC*：在已指定的从*TMIN*到*TMAX*的范围内，贮存与每一个*TINC*时间或频率点相一致的数据。

5. "PRTIME" 命令

GUI：**Main Menu > TimeHist Postpro > Settings > List**

使用功能：指定数据将要列表出的时间范围，如图6-67所示。

使用格式：PRTIME,*TMIN*,*TMAX*

其中：

TMIN：最小时间，默认值是贮存的第1个时间点。

TMAX：最大时间，默认值是贮存的最后时间点。

命令默认：使用已指定的范围（命令"TIMERANGE"）。

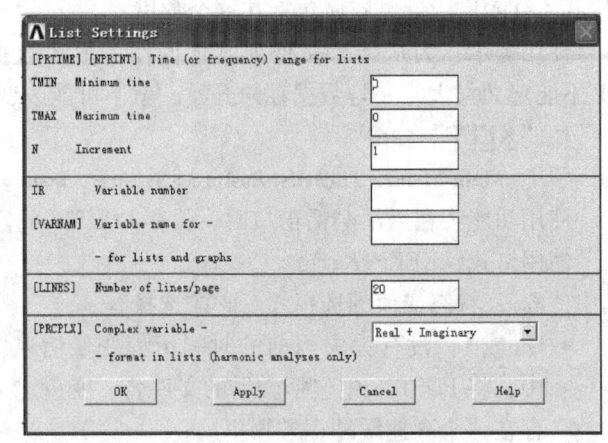

图6-67 列表出设置的对话框

6. "VARNAM" 命令

GUI：**Main Menu > TimeHist Postpro > Settings > Graph**

Main Menu > TimeHist Postpro > Settings > List

使用功能：对变量命名或改名，参考图6-67。

使用格式：VARNAM,*IR*,*Name*

其中，*IR*，*Name*：分别为变量参考编号、指定可达32个字符的变量名称。如果*Name*为空，则用于输出。

7. "LINES" 命令

GUI：**Main Menu > TimeHist Postpro > Settings > List**

使用功能：指定输出页的行数，参考图6-67。

使用格式：LINES,*N*

其中，*N*：每页输出的行数，默认值为20行，最小的许可值是11。

8. "PRCPLX" 命令

GUI：**Main Menu > TimeHist Postpro > Settings > List**

使用功能：确定复数变量的输出格式。

使用格式：PRCPLX,*KEY*

其中，*KEY*：输出格式控制。若为0，输出实部和虚部；若为1，输出幅值与相位角，贮存数据的实部和虚部被转换成幅值和相位角输出。

使用提示：对复数变量指定输出的格式，仅适用于谐分析。所有的结果数据都用实部和虚数的方式保存，当要输出时，可以转换为幅值或相位角的方式，这个转换不适用于导出数据，如应力等。

9. "NPRINT" 命令

GUI：**Main Menu > TimeHist Postpro > Settings > List**

使用功能：确定将要列表输出且已贮存的时间点。

使用格式：NPRINT,*N*

其中，*N*：列表与每个*N*时间点或频率相一致的数据，默认值为1即从第1个贮存的时间点开始。

命令默认：列表出所有贮存的时间点数据。

使用提示：在范围内确定将要列表的时间点（或频率）。

10. "PLTIME" 命令

GUI：**Main Menu > TimeHist Postpro > Settings > Graph**

使用功能：为将要显示的数据指定一个时间范围，如图 6-68 所示。

使用格式：PLTIME,*TMIN*,*TMAX*

其中，*TMIN*，*TMAX*：可参考命令"PRTIME"的说明。

使用提示：为将要显示的数据指定时间范围，对于 3D 图形显示，时间总是位于 Z 轴上，若 XVAR = 1，时间显示在 X 轴上，该命令控制着横坐标的幅值范围。

11. "XVAR" 命令

GUI：**Main Menu > TimeHist Postpro > Settings > Graph**

使用功能：指定显示的 X 变量，参考图 6-68。

使用格式：XVAR,*N*

其中，*N*：X 变量参考号，若为 0 或 1，显示时间或频率与"PLVAR"变量；若为 n，显示"PLVAR"变量与变量 n；若为 -1，时间与"PLVAR"变量交换，让时间作为曲线的参数，"PLVAR"变量沿 X 轴从位置 1 到 10 均匀排列。

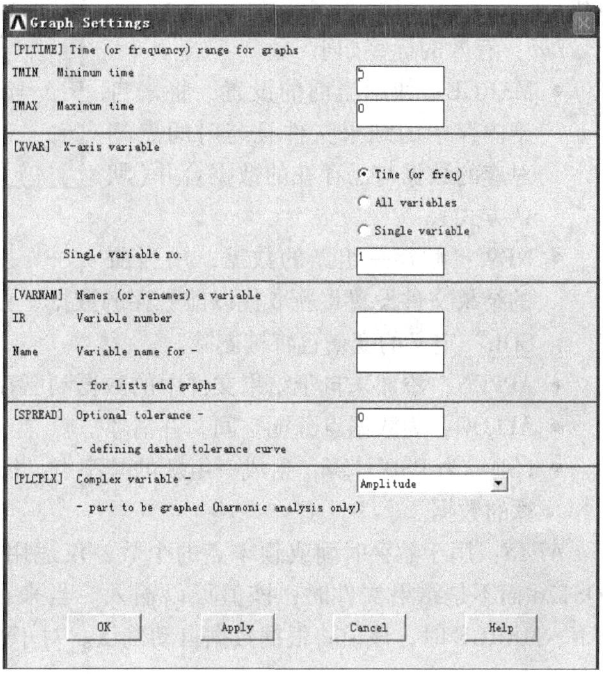

图 6-68 图形显示设置对话框

使用提示：为"PLVAR"变量数据的显示指定横坐标的 X 变量。

12. "SPREAD" 命令

GUI：**Main Menu > TimeHist Postpro > Settings > Graph**

使用功能：为随后的曲线显示打开虚线误差曲线。

使用格式：SPREAD,*VALUE*

其中，*VALUE* 表示误差值的大小，如 0.1 即表示为 ±0.1%。

13. "PLCPLX" 命令

GUI：**Main Menu > TimeHist Postpro > Settings > Graph**

使用功能：指定复数变量的显示方式，参考图 6-68。

使用格式：PLCPLX,*KEY*

其中，*KEY*：复数变量显示的控制键。若为 0，显示幅值；若为 1，显示相位角；若为 2，显示实部；若为 3 显示虚部。

使用提示：该命令仅适合于谐分析，所有的结果均按照实部和虚部的形式保存，然后根据命令"PLCPLX"的指定来转换为幅值和相位角，这个转换不适合于导出数据如主应力、主应变、当量应力或应变和 USUM 等。

14. "STORE" 命令

GUI：**Main Menu > TimeHist Postpro > Store Data**

使用功能：为指定的变量贮存数据到数据库中，如图 6-69 所示。

使用格式：STORE,*Lab*,*NPTS*

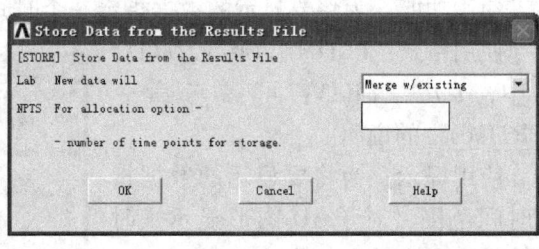

图 6-69　贮存数据对话框

其中：

Lab：有效的标签如下：

- MERGE：使用当前的设置，将来自于内存中的结果文件且与时间点相对应的数据与已存在的数据合并（默认方式）。
- NEW：贮存一组新的数据，用当前的结果文件设置重新取代以前贮存的数据，并删除以前计算的变量，使用命令"ANSOL"定义的变量也将被删除。
- APPEN：添加来自于结果文件中的数据到已存在的数据中。
- ALLOC：为数据点分配空间，并清零。
- PSD：为 PSD 计算，生成一组新的频率点，即重新取代以前贮存的数据并删除以前计算的数据。

NPTS：用于贮存时间或频率点的个数，仅适用于 *Lab* = ALLOC 或 PSD。当数据来自于 POST26 而不是结果文件时，该值可以输入。当来自于结果文件数据且有选项 NEW、APPEN、MERGE 时，该值将根据数据自动确认。对于选项 PSD，该值介于 1 至 10 之间，且其默认为 5。

命令默认：使用当前的设置，将新定义的变量与以前定义的变量按照贮存在内存中的时间点进行合并。如果命令"STORE"先于"TIMERANGE"和"NSTORE"执行，则其默认值是"STORE，NEW"。

使用提示：该命令将来自于数据库中结果文件的数据按照设置赋给已定义的变量。命令"STORE，PSD"将为响应 PSD 计算生成一组新的频率向量，并要在为定义响应 PSD 计算的变量命令之前执行。

15. "NSOL" 命令

GUI：**Main Menu > TimeHist Postpro > Define Variables**
　　　Main Menu > TimeHist Postpro > Elec&Mag > Circuit > Define Variables

使用功能：从结果文件中取出节点数据，并赋给定义的变量，如图 6-70 所示。

使用格式：NSOL,*NVAR*,*NODE*,*Item*,*Comp*,*Name*

其中：

NVAR：赋给这个变量的参考号或名称，变量号应该介于 2 和 *NV* 之间，名称是一个 8 个字符的字符串，变量上已经存在的数据会被覆盖。

NODE：将要保存数据的节点编号。

Item，*Comp*：确定项目内容的标签或组合标签名（根据需要）。

第 6 章 后处理操作(Postprocessor)

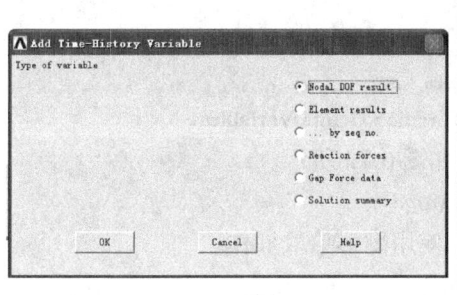
a)

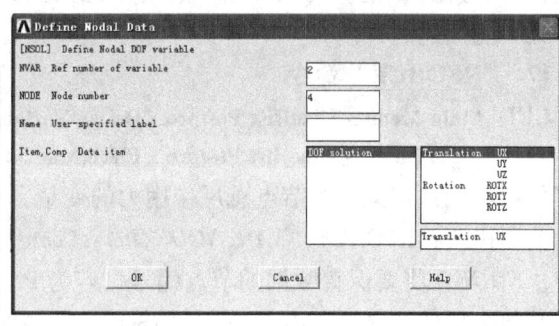
b)

图 6-70 生成变量的对话框

a) 指定变量类型对话框 b) 将节点结果赋给变量的对话框

Name：在显示和输出时确定项目内容且不超过 32 个字符的名称。默认值则由 *Item* 和 *Comp* 的前 4 个字符组合而成。

使用提示：将节点自由度与求解结果赋给一个变量。

16. "ESOL" 命令

GUI：**Main Menu > TimeHist Postpro > Define Variables**

　　　Main Menu > TimeHist Postpro > Elec&Mag > Circuit > Define Variables

使用功能：从结果文件中取出单元节点上的数据，并赋给指定的变量，如图 6-71 所示。

使用格式：ESOL, *NVAR*, *ELEM*, *NODE*, *Item*, *Comp*, *Name*

其中：

NVAR：赋给这个变量的参考号或名称，参考命令"NSOL"。

ELEM：将要保存数据的单元编号，若为 P，可使用图形拾取操作(仅适用于 GUI)。

NODE：将要保存数据且位于 *ELEM* 单元上的节点号。若为空，取出单元上的平均值；若为 P，可使用图形拾取操作(仅适用于 GUI)。

Item，*Comp*：确定项目内容的标签或组合标签名(根据需要)。若 *Comp* 是一个序列号(*n*)，则 *NODE* 将会忽略。

Name：参考命令"NSOL"。

使用提示：从一个结果文件

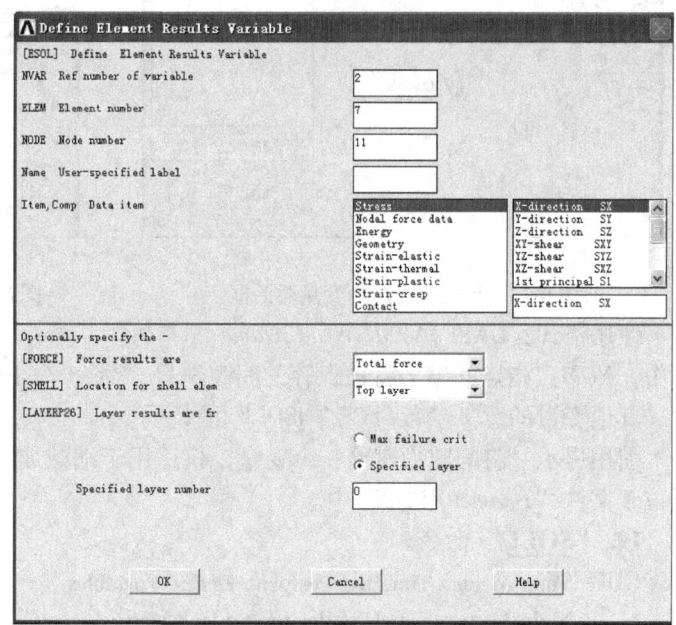

图 6-71 定义单元结果变量的对话框

中取出的单元结果数据，对于所有的单元来说，并不是所有的数据项均为有效。在命令"ESOL"中，有两种方法可以取出数据。其一是使用一般的标签(组合名法)，其二是使用编号(序列号法)。前者可以取出一般的单元数据,后者则取出不要平均的数据或是用一般的方式不能描述的数据。

17. "RFORCE" 命令

GUI: **Main Menu > TimeHist Postpro > Define Variables**

Main Menu > TimeHist Postpro > Elec&Mag > Circuit > Define Variables

使用功能:定义一个节点总反作用力的变量,如图 6-72 所示。

使用格式:RFORCE,*NVAR*,*NODE*,*Item*,*Comp*,*Name*

其中,*NODE*:将要保存数据的节点编号,若为 P,使用图形拾取操作。

其他变量的意义均可参考命令"NSOL"的说明。

使用提示:将指定节点的总反作用力赋给指定的变量,反作用结果可以来自静态、瞬态或谐分析等的求解结果。

18. "GAPF" 命令

GUI: **Main Menu > TimeHist Postpro > Define Variables**

Main Menu > TimeHist Postpro > Elec&Mag > Circuit > Define Variables

使用功能:指定一个间隙力变量,如图 6-73 所示。

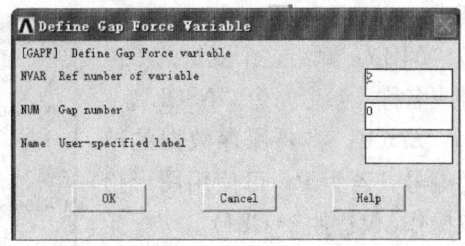

图 6-72 指定反作用力变量对话框   图 6-73 指定一个间隔力变量对话框

使用格式:GAPF,*NVAR*,*NUM*,*Name*

其中,*NUM*:指定间隙力将被保存的间隙编号,命令"GPLIST"可以显示这个间隙编号。

其他变量的意义参考命令"NSOL"的说明。

使用提示:将间隙力赋给一个变量,仅适用于缩减或模态叠加线性瞬态分析的扩展,数据位于文件"*Fname*.RDSP"中。

19. "SOLU" 命令

GUI: **Main Menu > TimeHist Postpro > Define Variables**

Main Menu > TimeHist Postpro > Elec&Mag > Circuit > Define Variables

使用功能:为每个子步定义一个结果汇总数据变量,如图6-74所示。

使用格式:SOLU,*NVAR*,*Item*,*Comp*,*Name*

其中变量的意义参考命令"NSOL"的说明。

使用提示:在 POST1 中的"PRITER"可以直接显示这些项目的内容,适用于静态或完全瞬态分析，对于其他的分析则为零。

6.4.2 变量数据运算操作
（Variable Operation）

1. "ADD" 命令

GUI：Main Menu > TimeHist Postpro > Math Operations > Add

使用功能：变量相加运算，如图 6-75 所示。

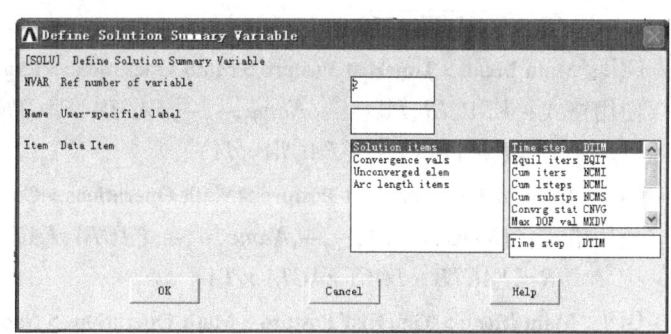

图 6-74 生成一个结果汇总变量对话框

使用格式：ADD, $IR, IA, IB, IC, Name, --, --, FACTA, FACTB, FACTC$

其中：

IR：赋给结果变量的任意编号。如果这个编号与已指定的变量相同，以前定义的变量将会被覆盖。

IA, IB, IC：三个将要操作的变量参考编号。如果只有两个变量，则要将 IC 为空，如果只有 1 个变量，则要让 IB 和 IC 为空。

$Name$：指定不超过 32 个字符的数据项名称，以利于显示和输出，若为空则表示输出。

$FACTA, FACTB, FACTC$：施加于相关变量的缩放系数，默认值为 1.0。

使用提示：按照操作，使变量相加，一次最多可以使用三个变量。

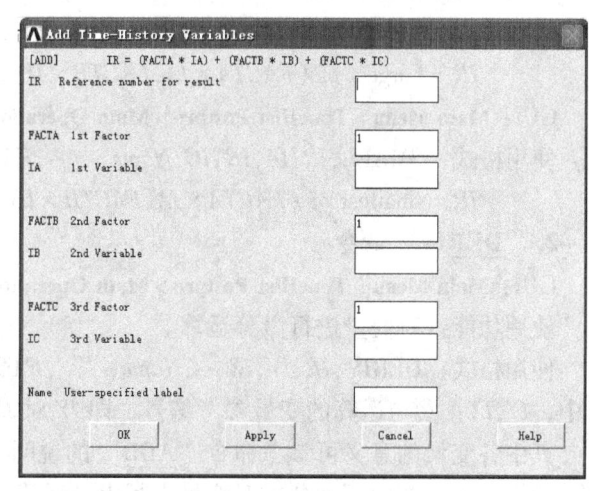

图 6-75 变量相加的对话框

相类似地，用户也可以完成数据的其他运算，它们各自的 GUI 方式、使用格式和计算公式如下所示：

GUI：**Main Menu > TimeHist Postpro > Math Operations > Multiply**　　！相乘运算

使用格式：PROD, $IR, IA, IB, IC, Name, --, --, FACTA, FACTB, FACTC$

$$IR = (FACTA \times IA) \times (FACTB \times IB) \times (FACTC \times IC)$$

GUI：**Main Menu > TimeHist Postpro > Math Operations > Divide**　　！相除运算

使用格式：QUOT, $IR, IA, IB, IC, Name, --, --, FACTA, FACTB,$

$$IR = (FACTA \times IA)/(FACTB \times IB)$$

GUI：**Main Menu > TimeHist Postpro > Math Operations > Absolute Value**　　！取绝对值

使用格式：ABS, $IR, IA, --, --, Name, --, --, FACTA$

$$IR = |FACTA \times IA|$$

GUI：**Main Menu > TimeHist Postpro > Math Operations > Square Root**　　！开平方运算

使用格式：SQRT, $IR, IA, --, --, Name, --, --, FACTA$

$$IR = \sqrt{FACTA \times IA}$$

GUI：**Main Menu > TimeHist Postpro > Math Operations > Exponentiate**　　！指数运算

使用格式：EXP,*IR*,*IA*,--,--,*Name*,--,--,*FACTA*,*FACTB*

$$IR = FACTB \times EXP(FACTA \times IA)$$

GUI：**Main Menu > TimeHist Postpro > Math Operations > Common Log**　　！取常用对数

使用格式：CLOG,*IR*,*IA*,--,--,*Name*,--,--,*FACTA*,*FACTB*

$$IR = FACTB \times LOG(FACTA \times TA)$$

GUI：**Main Menu > TimeHist Postpro > Math Operations > Natural Log**　　！取自然对数运算

使用格式：NLOG,*IR*,*IA*,--,--,*Name*,--,--,*FACTA*,*FACTB*

$$IR = FACTB \times LN(FACTA \times IA)$$

GUI：**Main Menu > TimeHist Postpro > Math Operations > Find Maximum**　　！取最大值运算

使用格式：LARGE,*IR*,*IA*,*IB*,*IC*,*Name*,--,--,*FACTA*,*FACTB*,*FACTC*

$$IR = \text{Largest of } (FACTA \times IA, FACTB \times IB, FACTC \times IC)$$

GUI：**Main Menu > TimeHist Postpro > Math Operations > Find Minimum**　　！取最小值运算

使用格式：SMALL,*IR*,*IA*,*IB*,*IC*,*Name*,--,--,*FACTA*,*FACTB*,*FACTC*

$$IR = \text{smallest of } (FACTA \times IA, FACTB \times IB, FACTC \times IC)$$

2. "DERIV" 命令

GUI：**Main Menu > TimeHist Postpro > Math Operations > Derivative**

使用功能：对变量进行微分运算。

使用格式：DERIV,*IR*,*IY*,*IX*,--,*Name*,--,--,*FACTA*

其中，*IY*,*IX*：参与运算的变量参考编号，即 *IY* 对 *IX* 求导。

其中各变量的意义可参考命令 "ADD" 的说明，并可参照执行。

使用提示：按照下列公式对变量进行求导运算。

$$IR = FACTA \times d(IY)/d(IX)$$

3. "INT1" 命令

GUI：**Main Menu > TimeHist Postpro > Math Operations > Integrate**

使用功能：对变量进行积分运算。

使用格式：INT1,*IR*,*IY*,*IX*,—,*Name*,—,—,*FACTA*,*FACTB*,*CONST*

其中：

IY,*IX*：积分变量，*IY* 对 *IX* 的积分。

CONST：初值。

其中各变量的意义可参考命令 "ADD" 的说明，并可参照执行。

使用提示：按照下列公式对变量进行求导运算。

$$IR = \int (FACTA \times IY) d(FACTB \times IX) + CONST$$

4. "VGET" 命令

GUI：**Main Menu > TimeHist Postpro > Table Operations > Variable to Par**

使用功能：将变量赋给一个数组参数向量，如图 6-76 所示。

使用格式：VGET,*Par*,*IR*,*TSTRT*,*KCPLX*

其中：

Par：在运算中的数组参数向量。

IR：变量的参考号，介于 1 到 NV 之间。

TSTRT：与 IR 数据起始点相关的时间或频率，如果在两个值之间，则使用最靠近的值。

KCPLX：复数控制键，若为 0，则使用 IR 数据的实部；若为 1，则使用 IR 数据的虚部。

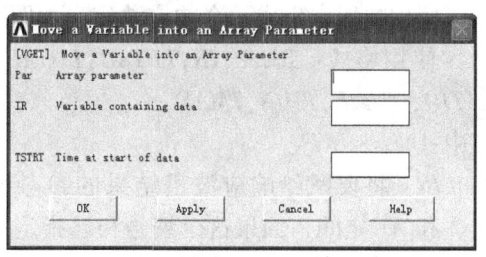

图 6-76　将变量赋给数组参数的对话框

使用提示：将变量的值赋给一个数组参数向量，必须要指定数组元素的起始点。如 "VGET,A(1),2" 即将变量 2 保存到数组参数 A 中，循环从数组的第 1 个元素即 A(1) 开始，直到整个变量被填充，循环的次数可以使用命令 "*VLEN" 进行控制。对于多维数组参数，只有第 1 个下标即行标号可以增加。

5. "VPUT" 命令

GUI：**Main Menu > TimeHist Postpro > Table Operations > Parameter to Var**

使用功能：将数组参数向量的值赋给一个变量，参考图 6-76。

使用格式：VPUT,Par,IR,TSTRT,KCPLX

其中变量的意义可参考命令 "VGET" 中的说明。

使用提示：在使用这个命令之前，至少已定义了一个变量，同时必须要指定数组元素的起始号。"VPUT,A(1),2" 即将数组参数 A 移到变量 2 中，且其起始时间为 0.0，循环从数组的第 1 个元素即 A(1) 开始，直到整个变量被填充，没有填充的变量位置将赋 0 值。循环的次数可以使用命令 "*VLEN" 进行控制。对于多维数组参数，只有第 1 个下标即行标号可以增加。

6. "FILLDATA" 命令

GUI：**Main Menu > TimeHist Postpro > Table Operations > Fill Data**

使用功能：通过一个递增函数来填充变量，如图 6-77 所示。

使用格式：FILLDATA,IR,LSTRT,LSTOP,LINC,VALUE,DVAL

其中：

IR：为变量 IR 指定的数据表。

LSTRT, LSTOP, LINC：填充将从位置 LSTRT 处开始，到位置 LSTOP 处结束的每 LINC 个位置。其中 LSTRT 和 LINC 的默认值为 1，LSTOP 默认值为已贮存的最大位置。

VALUE：赋给位置 LSTRT 的值。

DVAL：值的增量，由前一个位置的值加上这个增量值再赋给下一个位置。

使用提示：位置可以连续填充或按正常的间隔填充。位置上已定义的数据可以被覆盖。

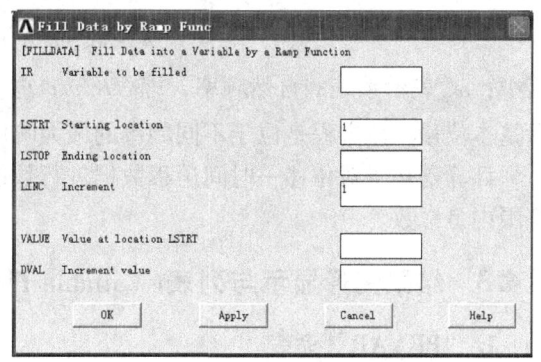

图 6-77　填充数据对话框

7. "RESP" 命令

GUI：**Main Menu > TimeHist Postpro > Generate Spectrm**

使用功能：生成一个响应波谱，如图 6-78 所示。

使用格式：RESP, *IR*, *LFTAB*, *LDTAB*, *ITYPE*, *RATIO*, *DTIME*, *TMIN*, *TMAX*

其中：

IR：将要赋给响应波谱结果的参考编号，介于 2 和 *NV* 之间，如果这个编号与已指定的变量相同，以前定义的变量将会被覆盖。

LFTAB：包含频率表（由命令"FILLDATA"或"DATA"生成）的变量参考号。频率表指定了个数，振荡系统的频率用来确定响应波谱，频率间隔不必是整个范围的均值，频率必须按升序输入。

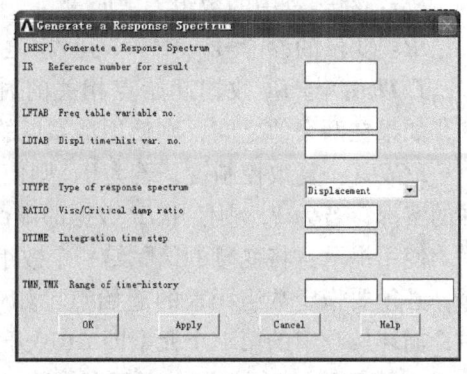

图 6-78　生成响应波谱的对话框

LDTAB：包含位移时间历程的变量参考号。

ITYPE：指定将要计算的响应波谱。若为 0 或 1，表示位移；若为 2，表示速度；若为 3，表示加速度。

RATIO：粘性阻尼与临界阻尼的比值，以小数的方式输入。

DTIME：在数值积分公式中积分时间步长的大小，这个值应该大于或等于在初始瞬态分析时使用的实际值。对于瞬态分析，默认值是 $1/((20)(FMAX))$，其中 FMAX 是 *LFTAB* 中的最高频率；对于缩减线性瞬态分析，从文件中读入的 ITS 将作为默认值。

TMIN, *TMAX*：在响应波谱计算中指定的一个位移时间历程的子集。默认值为整个时间范围。

使用提示：根据位移时间历程和频率数据生成一个响应波谱，在一个谐分析后，可以随后跟随一个模态分析。这个分析需要最多 20 个点的响应波谱输入，这个输入可来自于"RESP"命令输出或显示的响应波谱，并用手工的方式输入到模态分析中。响应波谱生成器将使用完全或缩减瞬态动力学分析的位移。

根据相对位移，用来描述系统响应的方程是：

$$\ddot{\overline{X}} + 2\xi_n \omega_n \dot{\overline{X}} + \omega_n^2 \overline{X} = -\ddot{X}_0$$

其中：ω_n 表示系统的自然频率，即 $\sqrt{K/m}$；ξ_n 是粘性阻尼与临界阻尼的比值即 c/c_{cr}；X_0 表示基本位移。该方程是位于不同频率的最大响应 $\overline{X}_{max}$ 处求解，从而生成了响应响应曲线。

计算是基于对位移—时间历程数据进行数值积分，积分时间步长和阻尼系数在整个频率范围内是常数。

6.4.3　结果图形显示与列表（Variable Plot & List）

1. "PRVAR"命令

GUI：**Main Menu > TimeHist Postpro > List Variables**

使用功能：列表输出时间或频率与变量之间的关系数据，如图 6-79 所示。

使用格式：PRVAR, *NVAR1*, *NVAR2*, *NVAR3*, *NVAR4*, *NVAR5*, *NVAR6*

其中，*NVAR1*, *NVAR2*, …, *NVAR6*：将要显示的变量，可以使用参考编号或唯一的字符名称，如果使用了两个相同的名称，则显示与名称相对应的最小编号数据。

使用提示：列出变量与时间或频率的关系数据，一次最多可以列出 6 项数据，时间列的输出格式可以使用命令"/FORMAT"来改变。

2. "EXTREM" 命令

GUI：**Main Menu > TimeHist Postpro > List Extremes**

使用功能：列表输出变量的极限值，如图 6-80 所示。

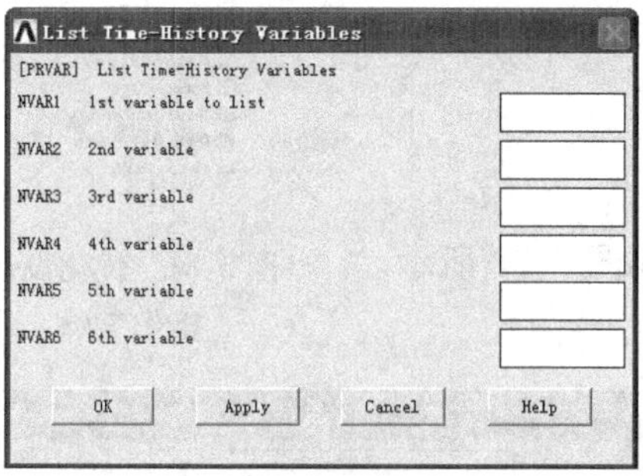

图 6-79　列表出时间历程关系曲线 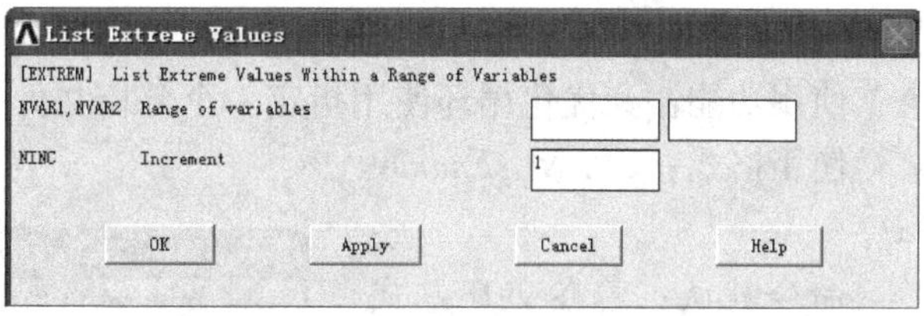　　　图 6-80　列表出极限值的对话框

使用格式：EXTREM，*NVAR1*，*NVAR2*，*NINC*

其中，*NVAR1*，*NVAR2*，*NINC*：按增量 *NINC* 列出从 *NVAR1* 到 *NVAR2* 范围内变量的极限值，变量范围默认值是最大值，*NINC* 的默认值为 1。

使用提示：列出保存或计算变量的极限值。储存变量的极限值当其在储存时会自动列表出来，对于复数，则只使用其实部。使用命令"*GET"，极限值也可赋给参数。

3. "PLVAR" 命令

GUI：**Main Menu > TimeHist Postpro > Graph Variables**

使用功能：用图形方式最多可以显示 10 个变量，参考图 6-79 所示。

使用格式：PLVAR，*NVAR1*，*NVAR2*，*NVAR3*，*NVAR4*，*NVAR5*，*NVAR6*，*NVAR7*，*NVAR8*，*NVAR9*，*NVAR10*

其中，*NVAR1*，*NVAR2*，…，*NVAR10*：将要显示的变量，可以使用参考号或指定的变量名。如果使用了两个相同的名称，则显示与名称相对应的最小编号数据。

使用提示：指定的变量将与命令"XVAR"中指定的变量 *N* 一起显示。字符串值必须是预定义、唯一的名称。对于复数，在命令"PLCPLX"默认的方式下，将显示其幅值。每个"PLVAR"命令将生成一个新的画面。当要在单个图形上显示一个分离 Y 轴的多个变量时，可参考命令"/GRTYP"。

6.5　优化设计

优化设计的操作菜单如图 6-81 所示，要完成一个优化设计，则需要指定一个优化文件，然后定义设计变量、状态变量、目标函数，再后就是指定优化方法和运行优化，在优化过程正常结束后，用户可以列出优化的数据或用图形方式来显示变量、目标函数在优化中的变化过程。进入优化处理器可以使用下列命令之一：

GUI：**Main Menu > Design Opt**

命令格式：/OPT

其中，优化文件必须包含一个参数化定义的模型和一个完整的分析过程，即前处理、求解和后处理。程序使用这个文件形成一个优化循环文件。文件可以通过对系统生成的 LOG 文件进行修改形成，或用户编写的 APDL 命令流文件，也可以是一个宏。

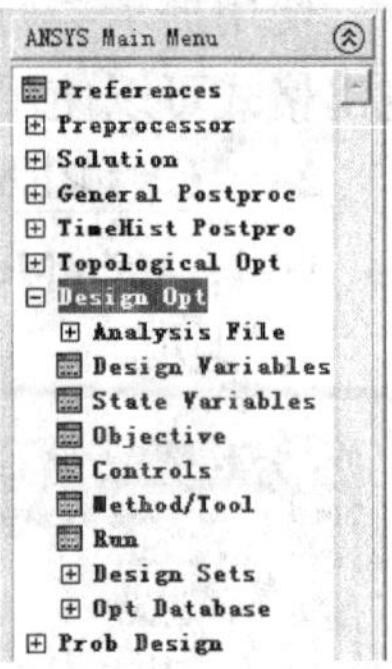

6.5.1 指定优化文件、变量和优化方法(Variable & Opt Method)

1. "OPANL" 命令

GUI：**Main Menu > Design Opt > Analysis File > Assign**

使用功能：为优化循环使用指定一个分析文件，如图 6-82 所示。

使用格式：OPANL, *Fname*, *Ext*, --

图 6-81 优化设计操作菜单

命令默认：若在交互方式下，没有默认值，若为批处理，使用输入的命令流文件"File. BAT"。

使用提示：在交互方式下，优化循环文件必须要指定，并

图 6-82 指定一个文件名对话框

在执行命令"OPANL"时，文件必须要存在。在该文件中，命令"/PREP7"和命令"/OPT"必须存在，并且在这两个命令的命令行中，不要使用分界符，且第 1 个字符不能是空字符。

2. "OPVAR" 命令

GUI：**Main Menu > Design Opt > Design Variables**
　　　Main Menu > Design Opt > Objective
　　　Main Menu > Design Opt > State Variables

使用功能：指定参数作为优化变量，如图 6-83 所示。

使用格式：OPVAR, *Name*, *Type*, *MIN*, *MAX*, *TOLER*

其中：

Name：参数名，必须为已定义的标量参数。

Type：优化变量类型。它的值有：

- DV：设计变量，必须要指定 *MAX* 选项。
- SV：状态变量，由命令"*GET"创建，也可作为约束变量，其中选项 *MIN* 或 *MAX* 或者两个同时必须指定。
- OBJ：目标函数，只能有一个目标函数，选项 *MIN* 和 *MAX* 不可指定。
- DEL：删除这个优化变量。只有当参数名 *Name* 已经被指定为 DV、SV 或 OBJ 时，这个选项才能有意义。在后来的循环中参数将保留指定的值，不使用选项 *MIN*

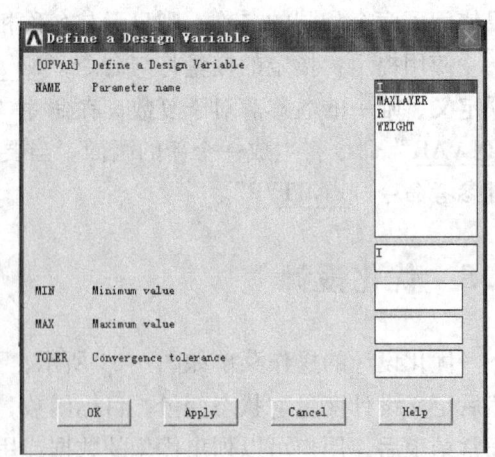

图 6-83 定义变量对话框

和 MAX。

MIN：指定参数的最小值，对于 Type = DV，MIN 必须要大于 0.0，小于 0.001 * (MAX)；对于 Type = SV，如果 MIN 为空，则没有最小值，但若有 MIN = 0.0，则其最小值为 0.0；对于 Type = OBJ 和 Type = DEL，则忽略 MIN。

MAX：指定参数的最大值，仅适用于 Type = DV。对于 Type = SV，如果 MAX 为空，则没有最大值，但如果是 MAX = 0.0，则其上界为 0。

TOLER：对于 Type = DV 和 OBJ，循环之间为收敛可以接受的变化量，对于 OBJ，默认值是当前值的 1%，对于 DV，默认值是 0.01 * (MAX-MIN)。对于 Type = SV，指定一个可行域的公差。对于两边 SV 极限来说（即指定了 MAX 和 MIN），默认值是 0.01 * (MAX-MIN)，若为单边极限，则为当前值的 1%。或者如果这个极限的绝对值小于 1，则其默认值为当前 SV 值的 1%。

使用提示：指定将作为优化变量处理的参数，该命令也可以指定变量约束和公差，当执行命令"OPVAR"时，如果指定的参数不存在，命令"OPVAR"定义这个参数，并赋一个 0 值，最多可以定义 60 个设计变量和 100 个状态变量。

3. "OPTYPE" 命令

GUI：**Main Menu > Design Opt > Method/Tool**

使用功能：指定使用的优化方法，如图 6-84 所示。

使用格式：OPTYPE,Mname

其中：Mname 为将要使用的优化方法名称。它有：

- SUBP：子问题逼近法（零阶法），使用命令"OPSUBP"可以完成对这个方法的设置。
- FIRST：一阶优化方法，使用命令"OPFRST"可以完成对这个方法的设置。
- RAND：随机法，使用命令"OPRAND"可以完成对这个方法的设置。
- RUN：对已定义的设计变量，使用当前的参数值，完成一个单步优化运行。
- FACT：阶乘设计迭代法，使用命令"OPFACT"可以完成对这个方法的设置。
- GRAD：在设计空间里，计算某点的梯度（设计灵敏度），使用命令"OPGRAD"可以完成对这个方法的设置。
- SWEEP：从一个单设计集开始，对整个设计空间进行总体搜索优化。使用命令"OPSWEEP"可以完成对这个方法的设置。
- USER：用户提供的外部优化方法，对这个方法使用的参数可以使用命令"OPUSER"定义。仅限于多物理场、机械和结构等 ANSYS 产品模块中使用。

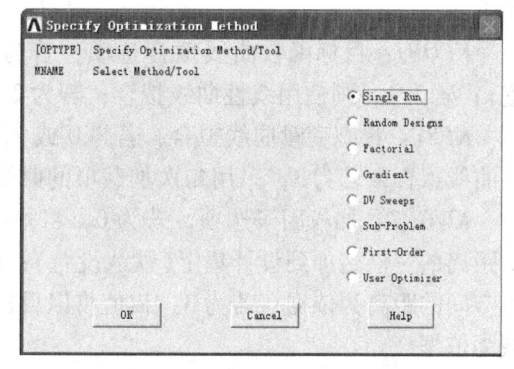

图 6-84 指定优化方法对话框

命令默认：对定义的设计变量使用当前的参数值完成一次优化运行。

使用提示：在执行命令"OPEXE"之前，指定优化方法。

4. "OPSUBP" 命令

GUI：Main Menu > Design Opt > Method/Tool

使用功能：为子问题逼近法指定迭代次数，如图6-85所示。

使用格式：OPSUBP, *NITR*, *NINFS*

其中：

NITR：执行命令"OPEXE"时，优化迭代的最大次数，默认值为以前根据需要所指定的，否则为30。

NINFS：允许在非可行域连续执行的最大次数，一旦在非可行域满足这个值，则迭代将终止，默认值为以前根据需要所指定的，否则为7。

使用提示：这个命令仅限于子问题逼近优化方法的设置。

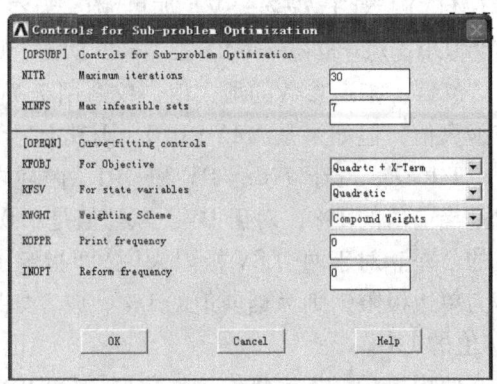

图6-85 控制子问题逼近法的对话框

5. "OPEQN" 命令

GUI：Main Menu > Design Opt > Method/Tool

使用功能：对子问题逼近法，控制曲线拟合的方法，如图6-85所示。

使用格式：OPEQN, *KFOBJ*, *KFSV*, *KWGHT*, *KOPPR*, *INOPT*

其中：

KFOBJ：目标函数曲线拟合选项，若为0或3，使用二次加载项的曲线拟合（默认设置）；若为1，则使用线性曲线拟合；若为2，则使用二次曲线拟合。

KFSV：状态变量曲线拟合，若为0或2，采用二次曲线拟合（默认值）；若为1，采用线性曲线拟合；若为3，采用二次加载项的曲线拟合。

KWGHT：加权因子选项，若为0，将根据设计空间、目标函数值以及可行域/非可行域中距离的三倍施加到设计集上（默认设置）；若为1，所有的权值置1；若为2，权值仅以设计空间的距离为依据；若为3，权值将以目标函数为依据；若为4，权值将以可行域/非可行域为依据。

KOPPR：优化输出控制选项，若为0，不输出逼近数据（默认设置）；若为N，输出每隔N次的优化循环数据。

INOPT：逼近的再次形成选项。若为0，每循环一次更新逼近方法（默认设置）；若为N，则每隔N次循环，完全更新逼近方法。

使用提示：在优化逼近中，与子问题逼近法一起用来控制曲线的拟合。

6. "OPFRST" 命令

GUI：Main Menu > Design Opt > Method/Tool

使用功能：对一阶优化方法进行设置，如图6-86所示。

使用格式：OPFRST, *NITR*, *SIZE*, *DELTA*

其中：

NITR：执行命令"OPEXE"时，优化迭代的最大次数，默认值为以前根据需要所

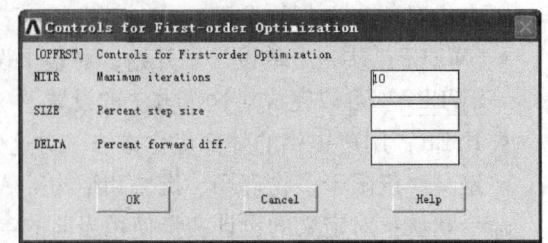

图6-86 控制一阶优化方法的对话框

指定的,否则为 10。

SIZE:应用到每个线搜索步长的限制(用百分数)。如 *SIZE* = 10,限制设计变量的变化为设计空间最大范围的 10%。默认值为以前根据需要所指定的,否则为 100%。

DELTA:用来计算梯度并施加在设计变量范围上的差值,如对 DV,变化值是 *DELTA* * (*MAX-MIN*)/100,默认值为以前根据需要所指定的,否则为 20%。

使用提示:这个命令仅适用于一阶方法。

7. "OPRAND" 命令

GUI:**Main Menu > Design Opt > Method/Tool**

使用功能:为随机优化法指定迭代次数,如图 6-87 所示。

使用格式:OPRAND,*NITR*,*NFEAS*

其中:

NITR:优化迭代的次数,默认值为以前定义的值,否则为 1。

NFEAS:所期望的可行设计集的总个数,包括已存在的可行域集。一旦满足了 *NFEAS*,则随机迭代终止。如果输入 0,则完成 *NITR* 次迭代。默认值为以前定义的值,否则为 0。

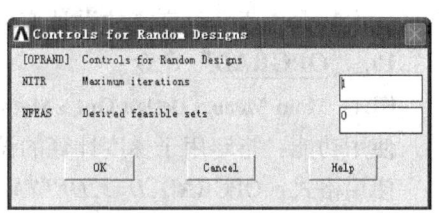

图 6-87 控制随机优化的对话框

使用提示:该命令仅适用于随机优化法。

8. "OPSWEEP" 命令

GUI:**Main Menu > Design Opt > Method/Tool**

使用功能:在搜索阶段,指定控制点和计算点的个数,如图 6-88 所示。

使用格式:OPSWEEP,*Dset*,*NSPS*

其中:

Dset:若为 BEST,使用最佳的设计集作为控制点(默认设置);若为 LAST,使用最后的设计集作为控制点;若为 N,使用第 N 个设计集作为控制点。

NSPS:用来对每个设计变量搜索时,评估点的个数,可允许 2~10 个计算点,默认值为 2。

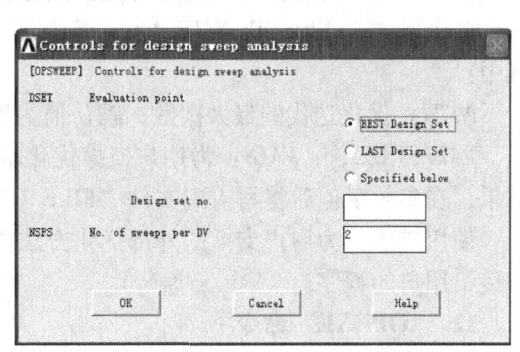

使用提示:仅适用于搜索优化法。

图 6-88 控制扫掠分析的对话框

9. "OPFACT" 命令

GUI:**Main Menu > Design Opt > Method/Tool**

使用功能:指定将要完成的阶乘计算类型,如图 6-89 所示。

使用格式:OPFACT,*Type*

其中:*Type* 为阶乘计算的类型。迭代次数由设计变量的个数来确定。

- FULL:完成一个全阶乘分析(默认值),需要的迭代次数为 2^n,其中 n≤7。
- 1/2:完成 1/2 阶乘分析,迭代次数为 2^{n-1},其中 n≤8。
- 1/4:完成 1/4 阶乘分析,迭代次数为 2^{n-2},其中 n≤9。

- 1/8：完成 1/8 阶乘分析，迭代次数为 2^{n-3}，其中 n≤10。
- 1/16：完成 1/16 阶乘分析，迭代次数为 2^{n-4}，其中 n≤10。
- 1/32：完成 1/32 阶乘分析，迭代次数为 2^{n-5}，其中 n≤10。
- 1/64：完成 1/64 阶乘分析，迭代次数为 2^{n-6}，其中 n≤10。

使用提示：该命令仅适用于阶乘计算法，其迭代次数取决于已经定义的设计变量个数。

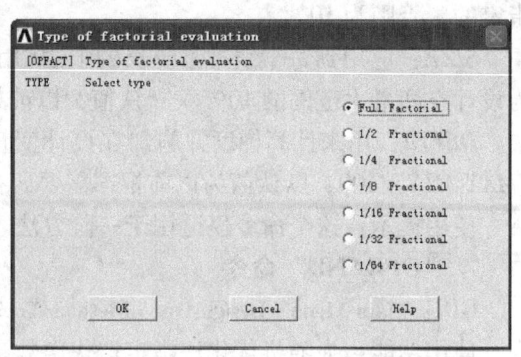

图 6-89 控制阶乘计算法的对话框

10. "OPGRAD" 命令

GUI：Main Menu > Design Opt > Method/Tool

使用功能：指定用于梯度计算的设计集。

使用格式：OPGRAD, *Dset*, *DELTA*

其中：

Dset：参考命令 "OPSWEEP" 的解释。

DELTA：参考命令 "OPFRST" 的解释，但默认值为 0.5。

使用提示：该命令仅适用于梯度计算方法。

11. "OPUSER" 命令

GUI：Main Menu > Design Opt > Method/Tool

使用功能：为支撑用户外部优化方法进行设置。

使用格式：OPUSER, *NITR*, *VAL1*, *VAL2*, *VAL3*, *VAL4*, *VAL5*, *VAL6*, *VAL7*, *VAL8*

其中：

NITR：优化迭代的最大次数，默认值为以前定义的值，否则为 1。

VAL1, *VAL2*, …, *VAL8*：为用户支撑优化求解器指定的数值(双精度)，可以是参数的计算结果，在参数赋值后将写入到文件 "FILE.OPT" 中，其默认为以前的定义，否则均为 0。

使用提示：为用户支撑的外部优化方法指定迭代次数和参数值，通过优化的公共块，值将传给用户的程序。

12. "OPEXE" 命令

GUI：Main Menu > Design Opt > Run

使用功能：开始优化循环。

使用格式：OPEXE

使用提示：使用从分析文件中精简的命令开始优化循环分析。将要完成的优化类型由命令 "OPTYPE" 指定。在执行这个命令时，开始优化循环，设计变量的值将根据所选择的优化类型和需要进行更新，直到收敛或发生终止，ANSYS 程序的优化运行才能结束。这个命令不能出现在一个 DO 循环中。

6.5.2 指定优化循环控制方法(Opt Control)

1. "OPDATA" 命令

GUI：**Main Menu > Design Opt > Controls**

使用功能：指定优化数据将要保存的文件，如图 6-90 所示。

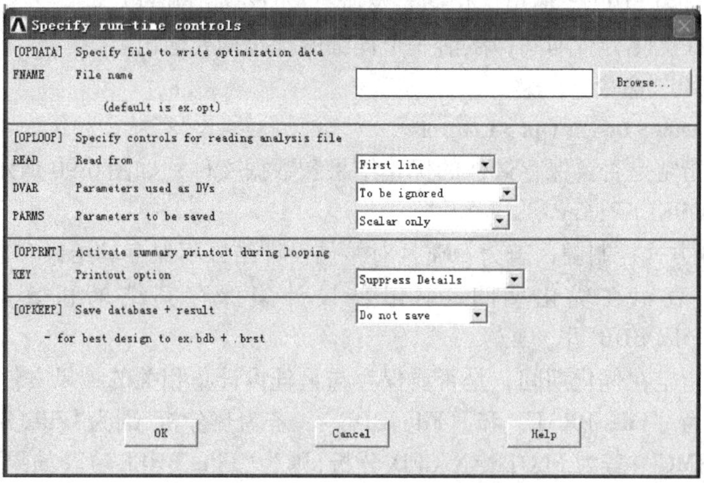

图 6-90　指定优化控制对话框

使用格式：OPDATA, *Fname*, *Ext*, --

命令默认：优化数据保存在文件"File. OPT"中。

使用提示：在优化迭代时，指定优化数据将要保存的文件。在每个循环或迭代完成后，就保存一次数据，直到完成整个优化运行。写入文件中的优化数据包括 DV、SV、设计集、分析文件名等。使用命令"OPRESU"可以取出这些数据。

2."OPLOOP"命令

GUI：**Main Menu > Design Opt > Controls**

使用功能：为优化循环指定控制，如图 6-90 所示。

使用格式：OPLOOP, *Read*, *Dvar*, *Parms*

其中：

Read：在优化循环期间，指定分析文件开始读入的位置。在这个文件里，命令"/PREP7"和命令"/OPT"执行时，该命令必须出现在行的第 1 个非空字符处。默认值为原先保存的标号，否则其默认值为 TOP。有两个选项，若为 TOP，从第 1 行开始读起；若为 PREP，从出现第 1 个"/PREP7"命令开始处读起。

Dvar：在优化期间，指定怎样处理设计变量参数的方式，默认值为以前指定的标签，否则其默认为 IGNORE，即在循环期间，不处理分析文件中 DV 参数的值。若为 PROCESS，在循环期间，要处理 DV 参数的值。

Parms：指定在优化期间，将要保存哪种类型的参数。默认值为以前指定的标签，否则为 SCALAR，即仅保存标量参数；若为 ALL，保存所有的参数值。

命令默认：*Read* = TOP、*Dvar* = IGNORE 和 *Parms* = SCALAR

3."OPPRNT"命令

GUI：**Main Menu > Design Opt > Controls**

使用功能：激活详细的优化摘要输出，如图 6-90 所示。

使用格式：OPPRNT,Key

其中，Key：摘要输出控制键，若为 OFF，不输出详细的优化摘要（默认设置）；若为 ON，输出优化摘要；若为 FULL，输出优化摘要及所有设计变量的清单。

使用提示：在优化分析期间，激活一个详细的优化摘要输出。

4. "OPKEEP" 命令

GUI：Main Menu > Design Opt > Controls

使用功能：指定是否要保存最佳的优化结果和数据文件，如图 6-90 所示。

使用格式：OPKEEP,Key

其中，Key：保存方式控制键，若为 OFF，对最佳设计结果不保存其结果和数据文件（默认方式）；若为 ON，表示在优化期间，对最佳设计集保存其结果和数据文件（在文件 "File. BRST" 和 "File. BDB" 里）。

使用提示：指定在优化期间，是否要保存与最佳设计集相关的结果文件和数据文件。保存的文件将命名为 "File. BRST" 和 "File. BDB"（若为热分析，则为 "File. BRTH"；若为磁分析，则为 "File. BRMG"；若为 FLOTRAN CFD 分析，则为 "File. BRFL"）。如果 Key = ON，在每次优化循环结束处将有一个新的最佳设计集的文件被保存。文件 "File. RST" 和 "File. DB" 通常保存为最后设计集，而忽视 Key 的设置。如果在一个优化循环里完成了多个分析，则仅有最后一个分析将会考虑到 Key = ON 选项。

6.5.3 优化结果的列表与显示（Result List & Plot）

1. "OPLIST" 命令

GUI：Main Menu > Design Opt > Design Sets > List

使用功能：列表出优化结果设计集的数据，如图 6-91 所示。

使用格式：OPLIST,SET1,SET2,LKEY

其中：

SET1,SET2：列表出从 SET1（默认是最高存在的集）到 SET2（默认是 SET1）的所有分析参数值，如 SET1 = ALL，列表出所有的集。

LKEY：列表控制键。若为 0，仅列表出与优化相关的标量参数；若为 1，列表出所有的分析标量参数。

使用提示：列表出指定设计集的参数值，"*STATUS" 命令也可以用来显示各种优化数据。

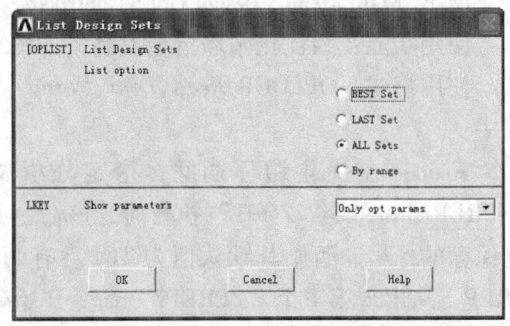

图 6-91 列表出优化结果的对话框

2. "OPSEL" 命令

GUI：Main Menu > Design Opt > Design Sets > Select/Delete

使用功能：为随后的优化循环指定设计集，如图 6-92 所示。

使用格式：OPSEL,NSEL

其中，NSEL：将要选择的最佳设计集编号。如果 NSEL = -1，选择所有的可行设计；若 NSEL 为正且没有指定目标函数，则将会出现下列情况：所有非可行设计集会被删除，下一个最小可行域编号也被删除,直到 NSEL 被保留。也就是只有最新的一个可行设计集会保留。

使用提示:许多最佳设计集或所有可行的设计集可以被指定,没有选择的设计集则会从优化数据库中被删除。为了保留设计集,原来的集号被保留,没有集号的压缩操作,因为如果最高的集号被删除,则下一个集号将是前面使用的最高集号加 1,在优化数据库里集号的最大值能够达到 130。

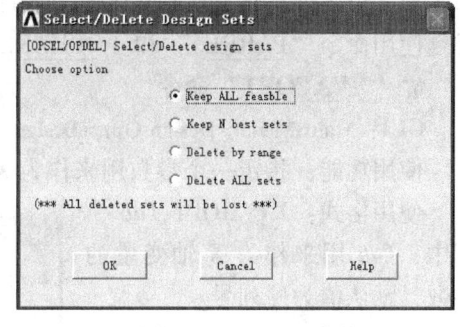

图 6-92　选择或删除设计集对话框

3. "OPDEL" 命令

GUI:**Main Menu > Design Opt > Design Sets > Select/Delete**

使用功能:删除优化设计集,如图 6-92 所示。

使用格式:OPDEL,NSET1,NSET2

其中,NSET1,NSET2:将要删除设计集范围的第 1 个至最后一个设计集。如果 NSET1 为空,$NSET2 \geqslant 1$,则从 NSET1 至 NSET2 的设计集都会被删除,如果 NSET1 = ALL,则所有的设计集都会删除。

使用提示:删除指定范围内的设计集,它们将会从优化数据库中永久地删除。

4. "OPADD" 命令

GUI:**Main Menu > Design Opt > Design Sets > Combine**

使用功能:通过两个现存的序列相加生成一个新的优化参数,如图 6-93 所示。

使用格式:OPADD,NRES,NUM1,NUM2,C1,C2

其中:

NRES:赋给结果序列的编号,如果与现存的相同,采用覆盖的方式。

NUM1,NUM2:在运算中将要使用的第 1 个、第 2 个设计序列的编号。

C1,C2:施加于 NUM1、NUM2 的缩放系数,默认值为 1.0。

使用提示:按下列公式,对两个现存的设计序列进行加操作生成一个新的设计序列。

$$NRES = (C1 \times NUM1) + (C2 \times NUM2)$$

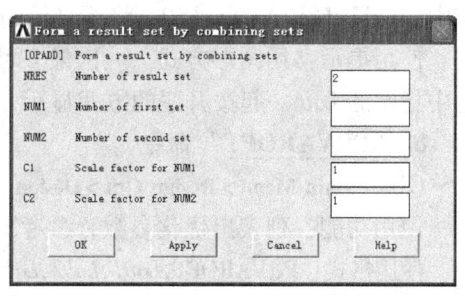

图 6-93　设计序列相加操作对话框

该命令也可以对单个设计序列进行缩放操作。如果没有为结果序列指定一个序列号,其默认值将是下一个可以利用的序列号,由于没有序列号的压缩操作,下一个序列号将是 1 + 最高已存在的序列号,或者是 1 + 最高可以使用的序列号。

5. "OPMAKE" 命令

GUI:**Main Menu > Design Opt > Design Sets > Create**

使用功能:使用激活的标量参数值生成一个设计序列。

使用格式:OPMAKE

使用提示:下一个可利用的设计序列号将赋给这个新设计序列。没有序列号的压缩操作,下一个序列号将是 1 + 最高已存在的序列号,或者是 1 + 最高可以使用的序列号。可以重复使用命令 "PARRES" 和 "OPMAKE" 生成多个设计序列。

6. "XVAROPT" 命令

GUI:**Main Menu > Design Opt > Design Sets > Graphs/Tables**

使用功能:指定一个参数用来作为 X 轴的变量,如图 6-94 所示。

使用格式:XVAROPT,*Lab*

其中,*Lab* 用来作为 X 轴变量的参数,默认值为序列号。

使用提示:由命令 "PLVAR-OPT" 所生成的图形显示时,指定参数作为 X 轴的变量,或者作为由命令 "PRVAROPT" 生成的列表栏的第 1 列,设计序列会自动对指定的参数按升序的方式进行排列。

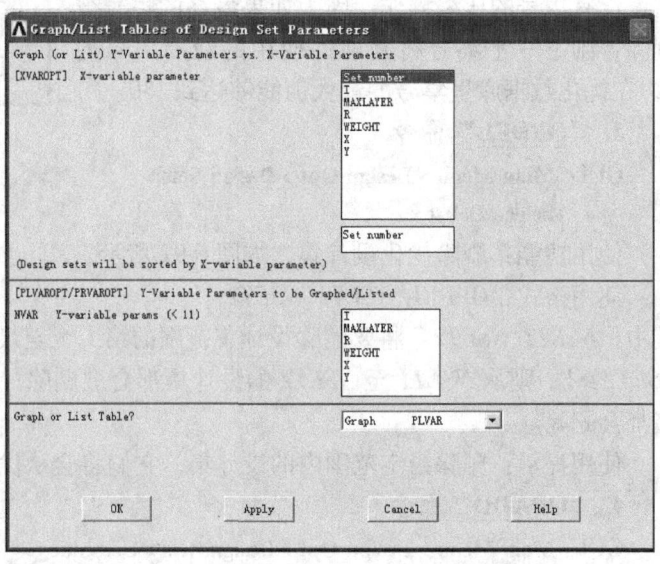

图 6-94 图形显示或列表设置对话框

7. "PLVAROPT" 命令

GUI:**Main Menu > Design Opt > Design Sets > Graphs/Tables**

使用功能:用图形的方式显示 10 个参数,如图 6-94 所示。

使用格式:PLVAROPT,*Lab1*,*Lab2*,*Lab3*,*Lab4*,*Lab5*,*Lab6*,*Lab7*,*Lab8*,*Lab9*,*Lab10*

其中,*Lab1*,*Lab2*,…,*Lab10*:将要显示的参数名称。

使用提示:用图形方式,一次最多可以显示 10 个参数的曲线。参数与 "XVAROPT" 命令中指定的 *Lab* 一起按升序的方式显示,每个 "PLVAROPT" 命令生成一个新的画面。

8. "PRVAROPT" 命令

GUI:**Main Menu > Design Opt > Design Sets > Graphs/Tables**

使用功能:列表出优化参数,参考图 6-94。

使用格式:PRVAROPT,*Lab1*,*Lab2*,*Lab3*,*Lab4*,*Lab5*,*Lab6*,*Lab7*,*Lab8*,*Lab9*,*Lab10*

其中,*Lab1*,*Lab2*,…,*Lab10*:将要列表出的参数名。

使用提示:一次最多可以列表出 10 个优化参数,指定参数与命令 "XVAROPT" 指定的参数一起按升序的方式进行列表。

9. "OPLGR" 命令

GUI:**Main Menu > Design Opt > Design Sets > Tool Results > Graph > Gradient**

使用功能:图形显示梯度计算的结果。

使用格式:OPLGR,*Pname*,*Dvnam1*,*Dvnam2*,*Dvnam3*,*Dvnam4*,*Dvnam5*,*Dvnam6*

其中:

Pname:响应的参数名,参数必须在以前被定义为目标函数或状态变量。

Dvnam1,*Dvnam2*,…,*Dvnam6*:设计变量名。

使用提示：该命令仅对梯度计算有效，其纵坐标表示为目标函数或状态变量的实际数值，即 Pname，横坐标表示设计变量的 ±1% 变化值。

10. "OPLSW" 命令

GUI：**Main Menu > Design Opt > Design Sets > Tool Results > Graph > Sweeps**

使用功能：显示总体搜索生成的结果。

使用格式：OPLSW, Pname, Dvnam1, Dvnam2, Dvnam3, Dvnam4, Dvnam5, Dvnam6

其中变量的意义可参考"OPLGR"命令的说明。

使用提示：该命令仅适用于整体搜索生成优化，其中 Pname 表示纵坐标，设计变量沿 X 轴进行了正交化，即介于 0~1 之间。

11. "OPLFA" 命令

GUI：**Main Menu > Design Opt > Design Sets > Tool Results > Graph > Factorial**

使用功能：显示阶乘计算的结果，输出响应参数的对话框如图 6-95 所示。

使用格式：OPLFA, Name, Effect, EMIN, EMAX

其中：

Name：参数名，并已确定为目标函数或状态变量。

Effect：显示参数名的效应。若为 MAIN，显示主效应（默认设置）；若为"2FAC"，显示两个变量的相互作用；若为 3FAC，则显示 3 个变量之间的相互作用。

EMIN, *EMAX*：将要显示效应的最小值、最大值，默认值是计算的最小值、最大值。

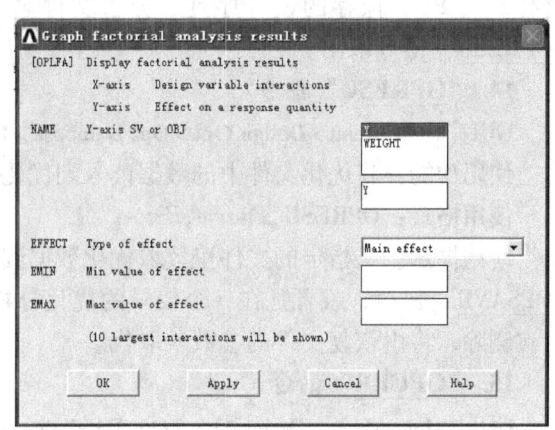

图 6-95　输出响应参数的对话框

使用提示：用棒式图形式显示阶乘分析的结果。在一个指定范围内，一次最多可以显示 10 变量的相互作用，该命令仅适用于乘子优化方法。

12. "OPRFA" 命令

GUI：**Main Menu > Design Opt > Design Sets > Tool Results > Print**

使用功能：列表出阶乘计算的结果，如图 6-96 所示。

使用格式：OPRFA, Name

其中，Name 为参数名，该参数已被指定为状态变量或目标函数。若为 ALL，输出所有优化响应变量的结果（默认设置）。

使用提示：该命令仅适用于阶乘计算方法。

13. "OPSAVE" 命令

GUI：**Main Menu > Design Opt > Opt Database > Save**

使用功能：将优化数据写入到指定文件，对话框如图 6-97 所示。

使用格式：OPSAVE, Fname, Ext, --

使用提示：将优化数据写入到文件"File. OPT"或用户指定的文件里。所保存的数据主

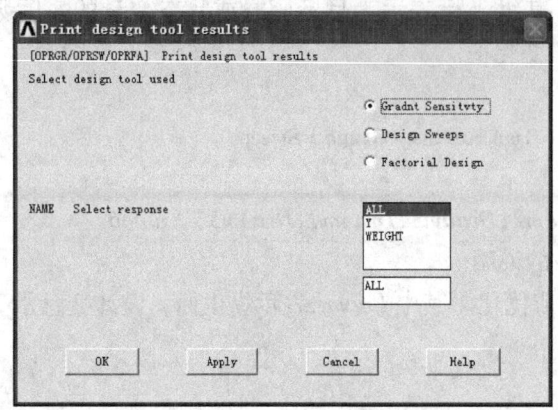

图 6-96　列表出阶乘优化结果的对话框

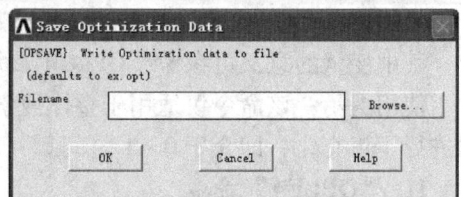

图 6-97　保存优化数据对话框

要有 DV、SV、保存的设计序列、分析文件名等，这些数据在优化重新开始时可以使用"OPRESU"命令取出。

14．"OPRESU"命令

GUI：**Main Menu > Design Opt > Opt Database > Resume**

使用功能：将优化文件中的数据读入到优化数据库里。

使用格式：OPRESU,*Fname*,*Ext*,--

使用提示：从指定的文件里读取优化数据到优化数据库里，优化数据必须在以前由命令"OPSAVE"保存，或者是在一个较早的优化分析中自动写入。所有当前已存在的参数都将会被删除，将由恢复文件的参数所取代。

15．"OPCLR"命令

GUI：**Main Menu > Design Opt > Opt Database > Clear & Reset**

使用功能：清除优化数据库。

使用格式：OPCLR

使用提示：清除优化数据库，所有的设置重新回到其默认设置，所有的设计序列被删除，该命令可在交互式会话框或者在同一个批处理运行文件中有多个优化分析时使用。

第7章 实用菜单操作（Utility Menu）

实用菜单操作是 ANSYS 分析中一个不可缺少的部分，位于图形界面的最上端，采用了下拉式菜单方式，包括有 10 个子菜单，具体的下拉式子菜单如图 7-1 所示。

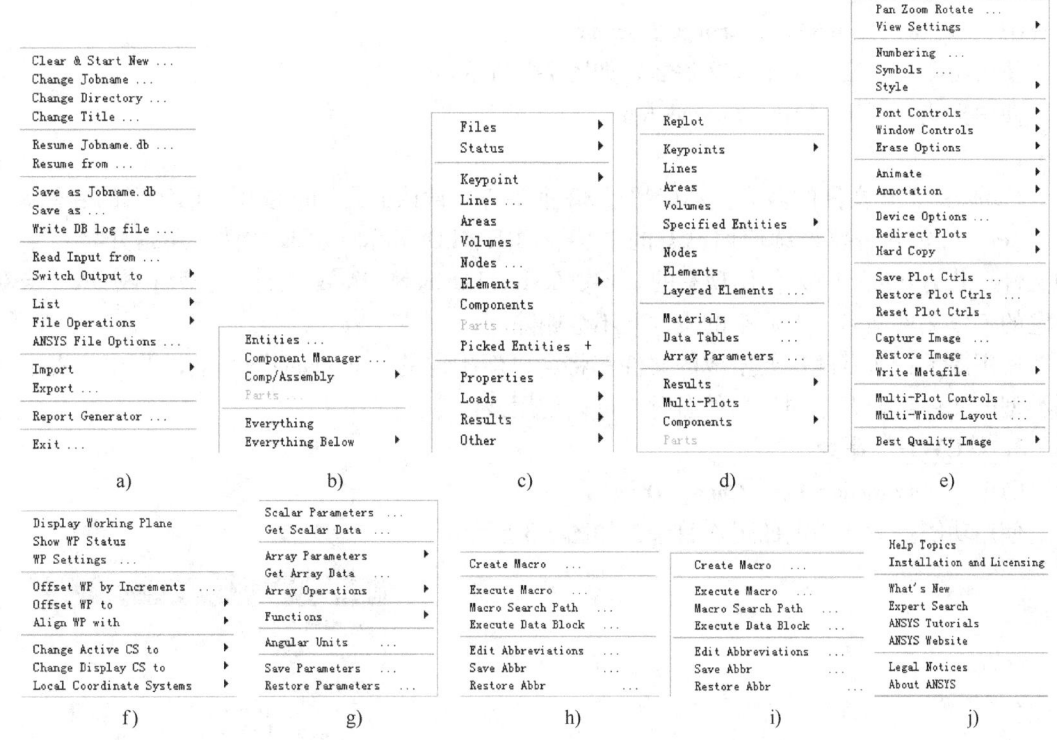

图 7-1 ANSYS 实用菜单

a) 文件子菜单 b) 实体选择子菜单 c) 实体列表输出子菜单 d) 实体显示输出子菜单 e) 显示控制子菜单
f) 工作平面子菜单 g) 参数化子菜单 h) 宏命令子菜单 i) 主菜单管理子菜单 j) 在线帮助子菜单

7.1 文件操作（File）

7.1.1 ANSYS 的重新启动（Clear & New）

以下命令仅适用于开始阶段。

1．"/CLEAR"命令

GUI：**Utility Menu > File > Clear & Start New**

使用功能：清除当前 ANSYS 数据库文件，并开始一个新的启动。

使用格式：/CLEAR, Read

其中，*Read* 为文件读取操作选项。若为 START，读入文件"start110.ans"（默认设置）；若为 NOSTART，不读入文件"start110.ans"。

使用提示：将 ANSYS 数据库重置为 ANSYS 开始运行时的状态。使 ANSYS 的输入和布尔设置恢复到其默认设置。所有的数据项从数据库中删除，内存清零。这个命令可以在同一次运行中有多个分析时使用。不能在 DO 循环或 IF 分支结构中使用，其他使用分界符分离的命令不能与命令"/CLEAR"位于同一行。

2. "/FILENAME"命令

GUI：**Utility Menu > File > Change Jobname**

使用功能：改变一个工作文件名，如图 7-2 所示。

使用格式：/FILNAME, *Fname*, *Key*

其中：

Fname：工作文件的名称，不能超过 32 个字符。默认值是 File 或用户已定义的名称。

Key：确定是否要继续使用已有的 LOG、ERR、LOCK 和 PAGE 文件，还是开始一个新的文件。若为 0 或 OFF，使用现有的 LOG、ERR、LOCK 和 PAGE 文件；若为 1 或 ON，与新指定的工作文件同名，但原来的文件并不会删除。

使用提示：所有随后要生成的文件都将会以新指定的"Jobname"命名。当在分析中不同类型的文件需要有不同的文件名时，可以使用该命令。

3. "/CWD"命令

GUI：**Utility Menu > File > Change Directory**

使用功能：改变当前的工作目录，如图 7-3 所示。

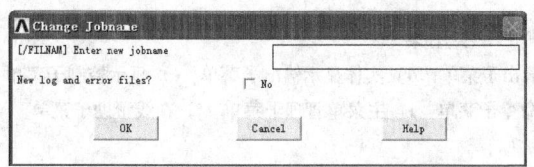

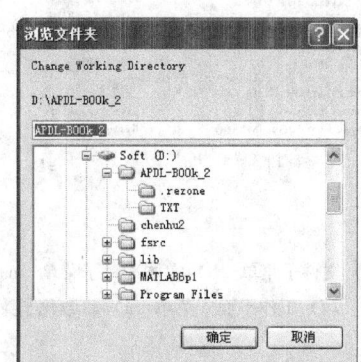

图 7-2　改变文件名对话框　　　　　图 7-3　改变工作目录对话框

使用格式：/CWD, *DIRPATH*

其中，*DIRPATH* 为新工作目录的全路径名。

使用提示：在执行了该命令后，所有没有指定默认目录的文件都将写入到这个新的工作目录中，且工作目录必须先由用户自定义。如果在交互方式下使用了该命令，而指定的目录不存在，则工作目录不会改变，并会生成一个错误信息。若在批处理方式下执行该命令，而指定的目录不存在，则批处理程序会终止，并给出错误信息。

4. "/TITLE" 命令

GUI：**Utility Menu > File > Change Title**

使用功能：为分析指定一个主标题。

使用格式：/TITLE，*Title*

其中，*Title*：一个主标题，最多可以输入 72 个字符的字符串，用一个%将参数名或参数表达式括起来后可以强迫参数进行替换。

使用提示：这个标题可以输出，并写入到各种文件中，写入到文件中的标题就是那时所指定的标题，也可以使用命令"/STITLE"来指定子标题。

7.1.2 文件的存取(File Save & Resume)

1. "RESUME" 命令

GUI：**Utility Menu > File > Resume from**
      Utility Menu > File > Resume Jobname. db

使用功能：将文件中的数据恢复到 ANSYS 数据库中。

使用格式：RESUME，*Fname*，*Ext*，--，*NOPAR*，*KNOPLOT*

其中：

NOPAR：参数恢复控制键。其选项值有：

- 0：包括标量参数在内，所有在数据库中的数据都会被保存在文件"File. DB"中的数据取代(默认设置)。
- 1：除了标量参数以外，其他所有在数据库中的数据都会被保存在文件"File. DB"中的数据取代。如果已定义了数组参数，不应该使用这个选项，因为这样会用任意的值赋给数组参数。

KNOPLOT：若为1，限制自动显示。另外，如果处于 GUI 模式下，不要在输入文件中使用命令"RESUME"，来自于 *Fname* 文件中的所选择单元被显示。其依次显示的顺序为：单元、节点、体、面、线、关键点，若都没有，则屏幕删除。

使用提示：使用该命令，可以将同一个版本生成的 ANSYS 文件调入到当前的 ANSYS 数据库里。同时尽管在没有完全保证的情况下，该命令也可以将前一个版本生成的 ANSYS 文件调入到当前版本的数据库中，如可以将 ANSYS5.2 版本生成的文件调入到 ANSYS5.3 版本的数据库，但不能调入到 ANSYS5.4 或更后的版本中。

对于多载荷步分析，只能恢复当前已保存到数据库的一个载荷步数据。

如果数据库文件是用另外的 ANSYS 产品模块保存的，这也许会包含一些当前产品模块所不能识别的单元类型及 KEYOPT 设置，在数据库文件完全读入后，应该马上对无效的单元类型及设置进行更新。

2. "SAVE" 命令

GUI：**Utility Menu > File > Save as**
      Utility Menu > File > Save as Jobname. db

使用功能：将当前的数据信息保存到一个文件里，如图 7-4 所示。

使用格式：SAVE，*Fname*，*Ext*，--，*Slab*

其中，*Slab*：保存数据的方式，若为 ALL，保存模型数据、求解数据和后处理数据(默认方

式);若为 MODEL,仅保存模型数据;若为 SOLU,
保存模型数据和求解数据。

使用提示:将当前的数据信息保存到一个文件
"File. DB"里,在交互模式,一个现存的文件将被
写入到一个备份文件中"File. DBB"。在批处理模式
下,一个现存的文件"File. DB"将会被当前数据库
信息所取代而不会生成备份文件。万一在系统"崩
溃"后,该命令能够保存当前的文件备份,应该周
期性地执行这个命令。当执行了一个"怀疑"并不

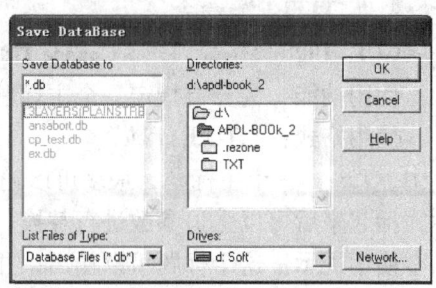

图 7-4　保存数据文件对话框

是所需要的命令时,执行命令"RESUME"可以恢复到保存这个文件时的状态,从而避开了
这个"怀疑"的命令。

对于一个大模型,该命令也许会消耗掉一些时间,重复使用这个命令会覆盖文件中已存
在的数据。若在 POST1 中使用,则数据库中的节点边界条件将会覆盖已存在数据文件中的
节点边界条件。

3. "LGWRITE" 命令

GUI:**Utility Menu > File > Write DB Log File**

使用功能:将数据库命令的日志记录写入到一个文件里,如图 7-5 所示。

使用格式:LGWRITE,*Fname*,*Ext*,--,*Kedit*

其中:

Ext:若 *Fname* 和 *Ext* 均为空,则默认值为".LGW"。

Kedit:压缩不必要的命令标记。若为 NONE,不
压缩任何命令(默认方式);若为 COMMENT,将不必
要的命令作为注解行写入;若为 REMOVE,不要写入
不必要的命令或注解命令到文件里。

使用提示:将数据命令的日志写入到一个命名的
文件里,它包含着生成当前数据库的所有命令。当这
些命令在执行时,就会记录到数据库,并保存在数据

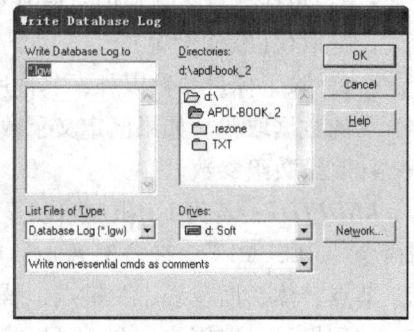

图 7-5　生成数据库文件对话框

库文件"File. DB"里。命令"LGWRITE"将这些命令从数据库里提取出来,然后将其写
入到一个文件里。通过使用"*Kedit*"选项可以将一些不必要的命令排除掉,所生成的文
件也可以作为命令输入到这个程序系统里,如果一个 LOG 文件丢失或被破坏,则使用这
个命令是最有用的。该命令不能在设计优化循环之后使用,因为数据库在每次循环后会
自动清除,相反这时可以使用 LOG 文件。

同时采用该命令生成的文件也可以作为优化文件使用。

4. "/INPUT" 命令

GUI:**Utility Menu > File > Read Input from**

使用功能:操作命令从输入文件中输入,如图 7-6 所示。

使用格式:/INPUT,*Fname*,*Ext*,--,*LINE*,*LOG*

其中:

LINE:输入文件中的一个行号或标签,它指引软件将从这个行号或标签处开始读入。

- 空(blank)、0或1：将从文件的第1行处开始读入(默认设置)。
- LINE _ NUMBER：从文件中指定的行号处开始读入。
- :label：从与这个标签相匹配的行开始读入。

LOG：确定从这个命令中输入的第2行开始是否要记录在命令LOG文件和数据库中。

- 0：仅记录"/INPUT"命令到LOG文件里(默认方式)。
- 1：当命令执行时，从指定的第2行处开始记录命令。

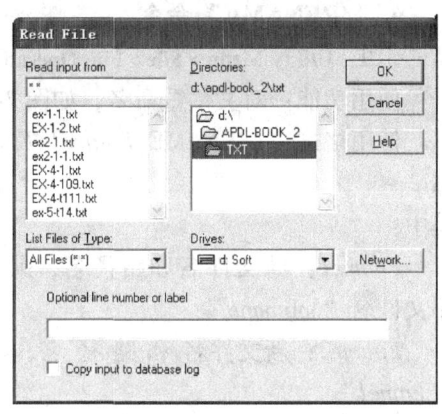

图7-6　输入文件的对话框

使用提示：其下一个命令来自输入文件，直到遇到文件结束标志或转向读入另外一个文件时，该文件才结束。该文件是一个ASCII文件，可以用任何文本编辑软件生成，可直接使用ANSYS生成的LOG文件。文件的结束标志可以是该文件的最后一行或遇到命令"/EOF"。当遇到文件的结束标志时，系统将自动回到其调用文件或ANSYS软件里，文件之间最多可以嵌套到20层，但如果包含了命令"*DO"、"*USE"和"*ULIB"以及宏命令的文件，其嵌套的层数要减小，这主要是因为这些命令本身就包含了一层文件的转换。对于交互模式下，一个"/INPUT, TERM"可将命令转到终点，从终点读入"/EOF"命令又返回到其上一层文件，一个"/INPUT"可以返回到第1个输入文件。

当将来需要使用LOG文件时，建议使用该命令的选项"LOG=1"，并且该选项仅在第1个输入文件里有效，在其嵌套文件或DO循环中，命令"/INPUT"中的该选项无效。

5. "/OUTPUT"命令

GUI：**Utility Menu > File > Switch Output to > File**
　　Utility Menu > File > Switch Output to > Output Window

使用功能：将文本输出到用户指定的文件或屏幕上。

使用格式：/OUTPUT, *Fname*, *Ext*, --, *Loc*

其中：

Fname：文本输出重定向的文件及路径名。在GUI模式下，*Fname* = TERM或空(blank)表示文本输出到屏幕；在批处理模式下，*Fname* = 空(blank)表示文本输出到默认的系统输出文件里。

Loc：将要输出到文件里的位置。若为空，在文件顶端即第1行开始写入(默认设置)；若为APPEND，输出将添加到已存在文件的末端。

命令默认：对于GUI模式，文本输出到屏幕；对于批处理模式，输出到系统指定的输出文件里。

使用提示：包括系统对每个命令和GUI函数的响应、注解、警告、错误和其他信息在内的文本输出。执行命令"/OUTPUT, *Fname*, *Ext*…"后，随后的文本输出都将转向文件"*Fname*.*Ext*"里，再次执行命令"/OUTPUT"(其后的变量均不赋值)，则又转向其默认的位置。但在GUI方式下，其列表操作总是将数据送到列表窗口，当然也可以将其保存或复制到指定的文件里，这时要使用该文件菜单中的命令。

6. "/RENAME" 命令

GUI：**Utility Menu > File > File Operations > Rename**

使用功能：对文件重命名，如图 7-7 所示。

使用格式：/RENAME,Fname1,Ext1,--,Fname2,Ext2,--

其中：

Fname1：原文件名和路径名，默认值为当前工作文件名"Jobname"。

Fname2：新文件名和路径名，其默认值为"Fname1"。

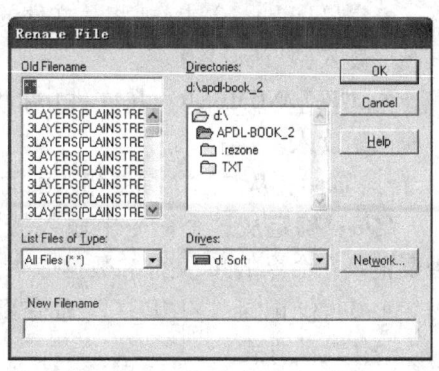

图 7-7　文件重命名对话框

使用提示：对文件重命名。如：

```
/RENAME,A,,,B          ! 在同一个目录下将文件名 A 改为文件名 B
/RENAME,A,DAT,,,INP    ! 将文件"A. DAT"改名为"A. INP"
```

但要注意，这个命令会覆盖所有已存在且相同的文件名。仅可适用于 ANSYS 二进制文件的改名。该命令仅适用于开始阶段。使用"/SYS"和系统重命名命令可对其他文件进行重命名。

7. "/DELETE" 命令

GUI：**Utility Menu > File > File Operations > Delete**

使用功能：删除一个文件。

使用格式：/DELETE,Fname,Ext,--

可参考命令"RESUME"的说明。

8. "/COPY" 命令

GUI：**Utility Menu > File > File Operations > Copy**

使用功能：复制一个文件。

使用格式：/COPY,Fname1,Ext1,--,Fname2,Ext2,--

其中各变量的意义可参考命令"/RENAME"的说明。

使用提示：复制一个文件，而其原文件并没有改变。如：

```
/COPY,A,,,B           ! 在同一个目录里,将文件 A 复制到文件 B 中
/COPY,A,DAT,,,INP     ! 将文件"A. DAT"复制到文件"A. INP"里
```

二进制文件和 ASCII 文件都可以复制。

9. "/ASSIGN" 命令

GUI：**Utility Menu > File > ANSYS File Options**

使用功能：对于 ANSYS 的文件识别符重新指定一个文件名，如图 7-8 所示。

使用格式：/ASSIGN,Ident,Fname,Ext,--

其中，Ident 为 ANSYS 文件名识别符，有效的识别符是：EMAT、ESAV、FULL、REDM、MODE、RDSP、RFRQ、TRI、RST、RTH、RMG、EROT、OSAV、RFL 和 SELD。若为空，列出当前重新指定的文件。

使用提示：只有在文件使用之前，文件名的重新指定才有效，即使数据库被删除或者工

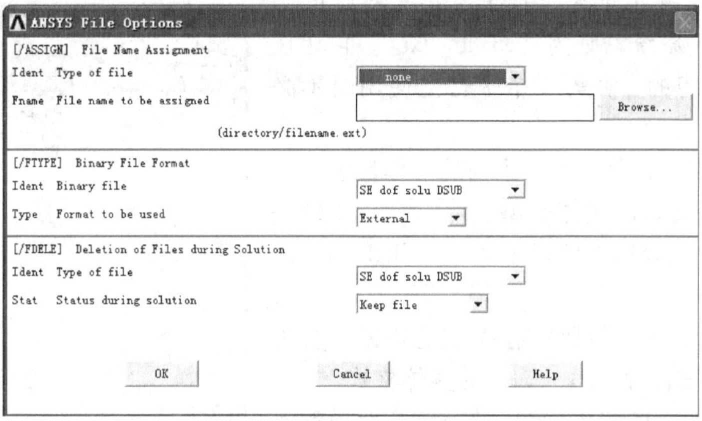

图 7-8 ANSYS 文件选项对话框

作文件名被改变，所有文件的重新指定均可保留。指定的文件可以被覆盖，再执行命令"ASSIGN"（其后的变量均为空），将恢复默认的 ANSYS 指定。该命令仅适用于 ANSYS 的起始阶段。

10. "/FDELE" 命令

GUI：**Utility Menu > File > ANSYS File Options**

使用功能：删除已使用过的二进制文件，如图 7-8 所示。

使用格式：/FDELE, *Ident*, *Stat*

其中：

Ident：可参考命令"/ASSIGN"的说明。

Stat：保留还是删除控制键，若为 KEEP，保留该文件(默认设置)；若为 DELE，删除该文件，甚至于如果不需要，可以不生成该文件。

使用提示：为了节省磁盘空间，尽可能地删除由 ANSYS 生成的二进制文件。但要注意，删除为下一个子步、载荷步或分析可能需要的文件会终止软件执行。

7.1.3 CAD 模型输入 (CAD Model Input)

1. "/AUX15" 命令

GUI：**Utility Menu > File > Import**

使用功能：进入 IGES 文件转换处理器。

使用格式：/AUX15

使用提示：进入 IGES 文件处理器，将一个 IGES 文件读入到 ANSYS 系统中，该命令仅在起始阶段有效。

2. "~PARAIN" 命令

GUI：**Utility Menu > File > Import > PARA**

使用功能：将文件 Parasolid 调入到 ANSYS 系统，如图 7-9 所示。

使用格式：~PARAIN, *Name*, *Extension*, *Path*, *Entity*, *FMT*, *Scale*

其中：

Name：一个有效的 Parasolid 文件名，其第一个字符必须是数字或字母。

Extension：文件扩展名，在 PC 机上默认值为 ".x_t,若为 Unix 系统，则为 ".xmt_txt"。它在任何系统中都是兼容的，在另一个平台上使用时不必更改名称。

Path：指定路径，默认值为当前的工作目录。

Entity：将要输入的实体类型。可以是：SOLIDS（体）（默认设置）、SURFACES（面）、WIREFRAME（线）、ALL 等。

FMT：设置 ANSYS 将要贮存模型的格式。若为 0，表示为中性格式，若为 1，表示为实体格式。

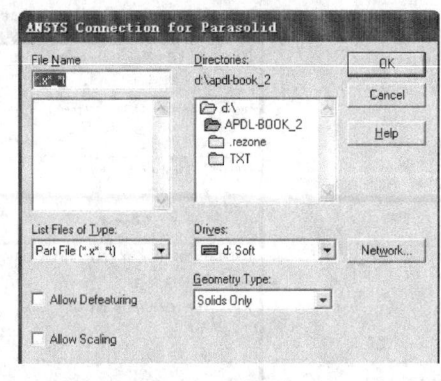

图 7-9 将文件调入 ANSYS 系统的对话框

Scale：对于模型的缩放比例。若为 0，对模型不进行缩放，保留原来默认的 Parasolid 设置；若为 1，对模型进行缩放。一个非常小的模型为了增加成功转换的机会，可以缩放 10 或 100 倍。将要使用的缩放系数显示在输出窗口和".para_log"文件中。由于缩放改变了模型的尺寸，则必须要适当地施加载荷和材料性能，如果模型不能进行合适的缩放，分析也许会失败。如果需要通过指定一个度量单位来对模型进行缩放，可设置 FMT = 0，然后再使用命令"VLSCALE"、"ARSCALE"或"LSSCALE"。

3. "~UGIN"命令

GUI：**File > Import > UG**

使用功能：将 UG 零件文件调入到 ANSYS 程序里，见图 7-9。

使用格式： ~UGIN,*Name*,*Extension*,*Path*,*Entity*,*LAYER*,*FMT*

其中：

Name：将要输入的 UG 零件文件名，不能超过 64 个字符。

Extension：UG 文件的扩展名，其默认值为".prt"。

Path：包含 UG 零件文件的路径名，默认值为当前的工作目录。

LAYER：将要输入的层号，可以输入一层或一个范围，默认值为 1～256，即所有的层数。

其余变量可参考命令"~PARAIN"的说明。

4. "~PROEIN"命令

GUI：**File > Import > Pro/E**

使用功能：将 Pro/E 生成的零件模型调入到 ANSYS 系统里，见图 7-9。

使用格式： ~PROEIN,*Name*,*Extension*,*Path*,*Proecomm*,*FMT*

其中：

Name：将要输入的 Pro/E 零件文件名，不能超过 64 个字符。

Extension：一般 Pro/E 文件的扩展名，其默认值为".prt"，若为装配扩展名，为"asm"。

Path：包含该零件文件的路径名，默认值为当前的工作目录，相互之间不能有空格。

Proecomm：当前使用 Pro/E 软件的版本号，默认值为"pro22"，较早的版本也可以使用，但不能在这里使用路径名。使用环境变量 ANSYS_PROE_CMD 可以完成对 Pro/E 命令名的设置。

FMT：参考命令"~PARAIN"的说明。

使用提示：几何模型总是在 ANSYS 的默认坐标系中输入，即直角坐标系。

5."~CATIAIN"命令

GUI：**File > Import > CATIA**

使用功能：调用一个 CATIA 模型到 ANSYS 系统，见图 7-9。

使用格式：CATIAIN,*Name*,*Extension*,*Path*,--,--,*BLANK*,--

其中：

Name：用 CATIA 4.x 或更低的版本生成的 CATIA 模型名称，第 1 个字符必须是数字或字母。

Extension：文件扩展名，其默认值为". model"。

Path：包含该零件文件的路径名，用单引号括起来，默认值为当前的工作目录。

BLANK：设置是否要输入"空的"实体，若为 0，则表示不要输入"空的"CATIA 实体（默认设置）；若为 1，则输入空的实体，被禁止 CATIA 数据的一部分也被输入。

6."~CAT5IN"命令

GUI：**File > Import > CATIA 5**

使用功能：调用一个". CATPart"模型到 ANSYS 系统，见图 7-9。

使用格式：~CAT5IN,*Name*,*Extension*,*Path*,*Entity*,*FMT*,*NOCL*,*NOAN*

其中：

Name：由 CATIA5.0 生成的". CATPart"文件名称。第 1 个字符必须是数字或字母。

Extension：文件扩展名，默认值的扩展名是". CATPart"。

Path：包含该零件文件的路径名，用单引号括起来，默认值为当前的工作目录。

Entity,*FMT*：参考命令"~PARAIN"的说明。

NOCL：删除细小对象的控制键，若为 0，没有检查模型的有效性就删除细小对象（默认设置）；若为 1，不删除细小对象。

NOAN：完成模型分析的控制，若为 0，分析模型（默认设置）；若为 1，不分析模型。

7."~SATIN"命令

GUI：**File > Import > SAT**

使用功能：调入一个". SAT"文件到 ANSYS 系统，见图 7-9。

使用格式：~SATIN,*Name*,*Extension*,*Path*,*Entity*,*FMT*,*NOCL*,*NOAN*

其中：

Name：由 ACIS 生成的". SAT"文件名，第 1 个字符必须是数字或字母。

Extension：文件扩展名，其默认值为". sat"。

Path：包含该零件文件的路径名，用单引号括起来，默认值为当前的工作目录。

Entity,*FMT*：参考命令"~PARAIN"的说明。

NOCL,*NOAN*：可仿照命令"~CAT5IN"的说明执行，但不能在 GUI 方式下使用。

8."IGESOUT"命令

GUI：**Utility Menu > File > Export**

使用功能：按照 IGES5.1 版的格式将实体模型写入到一个文件里。

使用格式：IGESOUT,*Fname*,*Ext*,--,*ATT*

其中：

  Fname,*Ext*：分别为包含路径名的文件名（不超过250个字符）、扩展名（不超过8个字符），若 *Fname* 为空，其中扩展名的默认值为"IGES"。

  ATT：属性控制键。它有：

- 0：不将实体模型中实体的属性和指定编号写入到IGES文件中（默认设置）。
- 1：将实体模型中实体的属性和指定编号写入到IGES文件中，属性包括MAT、TYPE、REAL 和 ESYS。

  使用提示：将选择的实体模型数据按照IGSE5.1版本的格式写入到一个文件里。在该文件中已存在的数据会被覆盖，没有依附于任何线的关键点将作为IGES实体116（点）写入到输出文件里，没有依附于任何面的线将作为IGES实体100（圆弧线）、110（直线）或126（样条曲线）写入到输出文件里，具体要取决于ANSYS对这些线的确定；面将作为IGES实体144写入到输出文件里，体将作为IGES实体186写入到输出文件里，在执行命令之前，将要写入文件的实体模型必须要选择其所有的低级图元。连接线和面不会写入到IGES文件里，然而由这些连结实体所构成的实体将要写入。

  使用"FACETED"转换器从IGES文件中输入的模型不能使用这个命令。

9. "/EXIT" 命令

  GUI：**Utility Menu > File > Exit**

  使用功能：停止运行返回到系统平台。

  使用格式：/EXIT,*Slab*,*Fname*,*Ext*,--

其中，*Slab*：参考命令"SAVE"的说明。

  使用提示：当前的数据信息可以保存到"File.DB"文件或用户指定的文件，如果文件"File.DB"已经存在，当生成一个新的文件"File.DB"之时，又会生成一个备份文件"File.DBB"。执行该命令中的任何一个选项都会结束程序的运行，即返回到系统平台。

7.2 实体选择（Select）

  从实体中要选择其中某一部分时，可以使用7种基本选择功能的组合来完成。这7种基本选择功能包括：S（选择）、R（重新选择）、A（同时选择）、U（从选择集中删除）、ALL（选择全部）、NONE（没有选择）和INVE（反向选择）。用图示的方式可以更加清晰地展览出这7个功能的作用，如图7-10所示。

7.2.1 选择实体（Select Entities）

1. "NSEL" 命令

  GUI：**Utility Menu > Select > Entities**

  使用功能：选择一组节点子集，如图7-11所示。

  使用格式：NSEL,*Type*,*Item*,*Comp*,*VMIN*,*VMAX*,*VINC*,*KABS*

其中：

  Type：选择类型的有效标签。它的值有：S、R、A、U、ALL、NONE、INVE 和 STAT（显示当

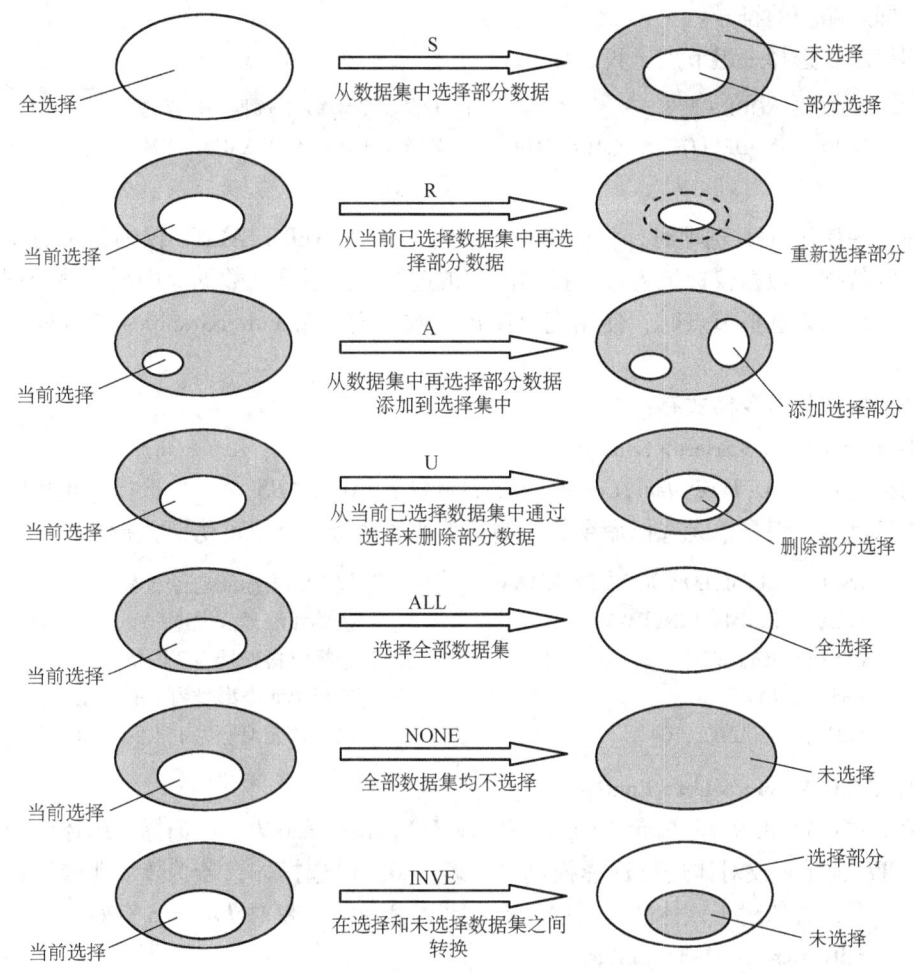

图 7-10 7 种基本选择功能的图示

前的选择状态),每个标签的意义见图 7-10。而下面的选项仅适用于 Type = S、R、A 或 U 的情况。

Item, *Comp*: 确定数据的标签或组合标签(根据需要)。如为 P, 激活图形拾取操作(仅限于 GUI 模式下);默认值为 NONE。

VMIN: 范围的最小值。范围可以是节点编号、设置的编号、坐标值、载荷值以及与适当项相对应的结果数据。也可以使用元件名来取代 *VMIN*。

VMAX: 范围的最大值。对于输出值,其默认值为 *VMIN*;对于结果值,如果 *VMIN* 为正,其默认值为无穷大,如果 *VMIN* 为负,其默认值则为 0;如果 *VMIN* = *VMAX*,则使用 ± 0.005 × *VMIN* 的公差值;如果 *VMIN* = 0.0,则为 ± 1.0E − 6;如果 *VMAX* ≠ *VMIN*,则使用 1.0E − 8 × (*VMAX* − *VMIN*)的公差值。

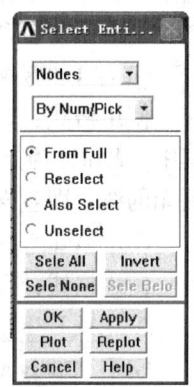

图 7-11 节点选择操作框

VINC: 在范围之内的增量值。仅适用于整数范围,默认值为 1,且不能为负数。

KABS: 绝对值控制键,若为 0,在选择期间检查值的符号;若为 1,在选择期间则使用

绝对值,即忽略值的符号。

使用提示:选择一组节点子集,如:

```
NSEL,S,NODE,,1,7              ! 从节点编号 1~7 选择一组节点
NSEL,S,NODE,LOC,X,XMIN,XMAX   ! 选择 X 坐标值介于 XMIN~XMAX 之间
                              ! 的节点
```

在随后命令中使用 ALL 选项时,将使用这个子集,如:"NLIST,ALL"仅列表出与所选节点子集相关的数据。数据仅标记为被选择和没有被选择,并不是从数据库中删除该数据。

当通过结果来选择节点时,使用完全图形方式,而不管 PowerGraphics 是否处于打开的状态。

相类似操作的命令格式有:

GUI:**Utility Menu > Select > Entities**

使用格式:ESEL,*Type*,*Item*,*Comp*,*VMIN*,*VMAX*,*VINC*,*KABS*   ! 选择一组单元子集

操作示例:下面是单元选择命令的示例,其他的选择命令也可仿照执行。

```
ESEL,S,ELEM,LOC,X,XMIN,XMAX   ! 按单元坐标值进行选取
ESEL,S,ELEM,,EIN,EMAX         ! 按单元编号范围选取
ESEL,S,MAT,,2                 ! 选择材料编号为 2 的单元
ESEL,S,TYPE,,1                ! 选择单元类型号为 1 的单元
ESEL,S,ENAME,,164             ! 选择单元编号为 164 的单元
```

GUI:**Utility Menu > Select > Entities**

使用格式:VSEL,*Type*,*Item*,*Comp*,*VMIN*,*VMAX*,*VINC*,*KSWP*   ! 选择一组体的子集

其中,*KSWP* 为是否仅对体进行选择控制键,若为 0,仅选择体;若为 1,则选择包含低级图元的体,即包含依附于该体的面、线、点、节点和单元;仅对 *Type* = S 有效。

GUI:**Utility Menu > Select > Entities**

使用格式:ASEL,*Type*,*Item*,*Comp*,*VMIN*,*VMAX*,*VINC*,*KSWP*   ! 选择一组面的子集

其中,*KSWP* 为是否仅对面进行选择控制键,若为 0,仅选择面;若为 1,则选择包含低级图元的面,即包含依附于该面的线、点、节点和单元;仅对 *Type* = S 有效。

GUI:**Utility Menu > Select > Entities**

使用格式:LSEL,*Type*,*Item*,*Comp*,*VMIN*,*VMAX*,*VINC*,*KABS*   ! 选择一组线的子集

其中,*KSWP* 为是否仅对线进行选择控制键,若为 0,仅选择线;若为 1,则选择包含低级图元的线,即包含依附于该线的点、节点和单元;仅对 *Type* = S 有效。

GUI:**Utility Menu > Select > Entities**

使用格式:KSEL,*Type*,*Item*,*Comp*,*VMIN*,*VMAX*,*VINC*,*KABS*   ! 选择一组关键点子集

2. "ALLSEL" 命令

GUI:**Utility Menu > Select > Everything**
   Utility Menu > Select > Everything Below > Selected Areas
   Utility Menu > Select > Everything Below > Selected Elements
   Utility Menu > Select > Everything Below > Selected Keypoints
   Utility Menu > Select > Everything Below > Selected Lines
   Utility Menu > Select > Everything Below > Selected Volumes

第 7 章 实用菜单操作(Utility Menu)

使用功能：选择所有的实体。

使用格式：ALLSEL,*LabT*,*Entity*

其中：

LabT：选择的类型。若为 ALL，选择所有指定实体的类型及其下层实体(默认方式)；若为 BELOW，选择所有直接相关的实体项及其下层的实体类型。

Entity：选择所依据的实体类型。它的值有 ALL(所有的实体类型)(默认方式)、VOLU、AREA、LINE、KP、ELEM、NODE。

使用提示："ALLSEL" 是一个很方便的命令，可选择指定实体类型的所有项或者是与所选择项相关的更高层实体。在命令 "ALLSEL" 后不能使用字符 "$"。

一个实体层次被用来确定在选择中哪一层实体可以使用，从上到下的层次关系是：体、面、线、关键点、单元、节点。层次可以分成两大分支，即实体模型和有限元模型。其中标签 ALL 是依据前一个分支来选择项目，而 BELOW 标签是使用整个实体层次。如：

```
ALLSEL,ALL,VOLU           ! 将选择所有的体、面、线和关键点
ALLSEL,BELOW,AREA         ! 将选择面及其下相关的线、关键点、单元、节点
```

3. "NSLA" 命令

GUI：**Utility Menu > Select > Entities**

使用功能：选中依附于所选择面上的节点，如图 7-12a 所示。

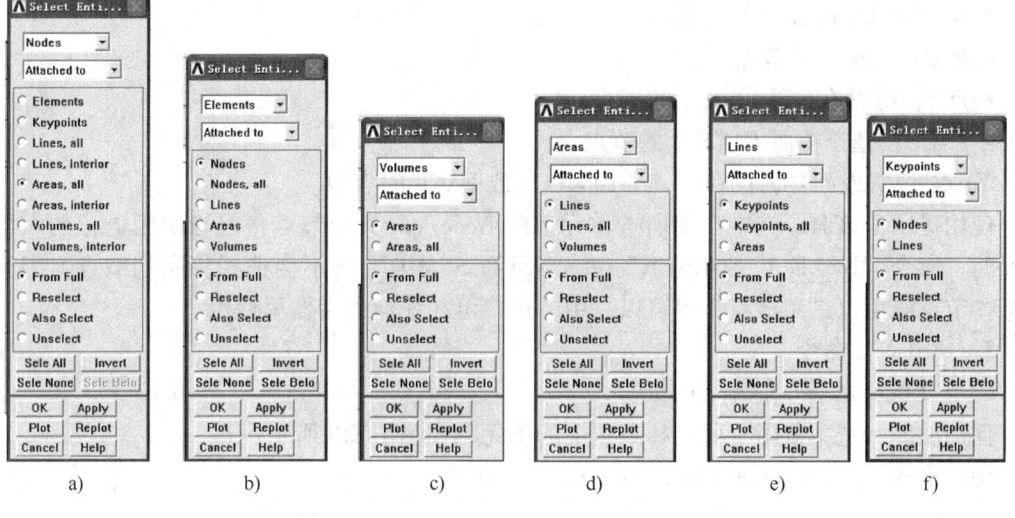

图 7-12　依附选择的对话框

a) 节点　b) 单元　c) 体　d) 面　e) 线　f) 关键点

使用格式：NSLA,*Type*,*NKEY*

其中：

Type：确定节点选择类型的标签，其值有：S、R、A、U，其意义可参图 7-10。

NKEY：指定是否仅面内的节点被选中。若为 0，仅在所选择面内的节点被选中，若为 1，选择面上的所有节点，包括面内的、面边界线和面的角点上的节点。

使用提示：只有在包含所选面的实体模型上，采用面网格操作如命令 "AMESH"、

"VMESH"所生成的节点才有效。可在任何处理器里使用。

相类似的操作命令格式有：

GUI：**Utility Menu > Select > Entities**

使用格式：NSLK, *Type*　　　　　！选中依附于所选择关键点上的节点

GUI：**Utility Menu > Select > Entities**

使用格式：NSLL, *Type*, *NKEY*　　！选中依附于所选择线上的节点

GUI：**Utility Menu > Select > Entities**

使用格式：NSLV, *Type*, *NKEY*　　！选中依附于所选择体上的节点

4. "NSLE" 命令

GUI：**Utility Menu > Select > Entities**

使用功能：选中依附于所选择单元上的节点，如图 7-12a 所示。

使用格式：NSLE, *Type*, *NodeType*, *Num*

其中：

Type：确定节点选择类型的标签，其值有：S、R、A、U，其意义可参图 7-10。

NodeType：在选择时所要考虑节点类型的标签，其值如下。

- ALL：选择所选单元上的所有节点（默认）。
- ACTIVE：仅选择当前激活的节点，激活节点是指对模型贡献了 DOF 的节点。
- INACTIVE：仅选择未激活的节点，如方位或辐射等。
- CORNER：仅选择角节点。
- MID：仅选择中节点。
- POS：选择在位置 *POS* 上的节点。
- FACE：选择在面 *FACE* 上的节点。

Num：位置或面号，仅在 *NodeType* = POS 或 FACE 时有效。

使用提示：该命令选中当前所选单元上的 *NodeType* 类型节点。但当使用退化的六面体单元时，命令 "NSLE, U, CORNER" 和 "NSLE, S, MID" 将不会选择相同的节点，因为此时某些节点既可以是角节点，也可以是中节点。可在任何处理器里使用。

5. "ESLN" 命令

GUI：**Utility Menu > Select > Entities**

使用功能：选中依附于所选择节点上的单元，如图 7-12b 所示。

使用格式：ESLN, *Type*, *EKEY*, *NodeType*

其中：

Type：确定节点选择类型的标签，其值有：S、R、A、U，其意义可参图 7-10。

EKEY：节点选择控制键，若为 0，选中至少有一个节点被选择的单元（默认）；若为 1，只有单元中所有的节点被选择，该单元才选中。

NodeType：在选择时所要考虑节点类型的标签，其值如下。

- ALL：在选择单元时，考虑所有的节点（默认）。
- ACTIVE：在选择单元时，仅考虑当前激活的节点。
- INACTIVE：在选择单元时，仅考虑当前未激活的节点。
- CORNER：在选择单元时，仅考虑角节点。

- MID：在选择单元时，仅考虑中节点。

使用提示：只有那些当前所考虑节点的单元才可以被选中。

相类似的操作命令格式有：

GUI：**Utility Menu > Select > Entities**

使用格式：ESLL, *Type*　　　　　　！选中依附于所选择线上的线单元

GUI：**Utility Menu > Select > Entities**

使用格式：ESLA, *Type*　　　　　　！选中依附于所选择面上的面单元

GUI：**Utility Menu > Select > Entities**

使用格式：ESLV, *Type*　　　　　　！选中依附于所选择体上的体单元

6. "VSLA" 命令

GUI：**Utility Menu > Select > Entities**

使用功能：选中依附于所选择面上的体，如图 7-12c 所示。

使用格式：VSLA, *Type*, *VLKEY*

其中：

Type：确定节点选择类型的标签，其值有：S、R、A、U，其意义可参图 7-10。

VLKEY：确定包围体的面是否要选择，若为 0，只要体中有一个面被选择，则体就被选中；若为 1，则必须是包围体的所有面都被选择时，该体才选中。

相类似的操作命令格式有：

GUI：**Utility Menu > Select > Entities**

使用格式：ASLL, *Type*, *ARKEY*　　！选中依附于所选择线上的面，如图 7-12d 所示。

其中，*ARKEY*：确定包围面的线是否要选择，若为 0，只要面中有一条线被选择，则面就被选中；若为 1，则必须是包围面的所有线都被选择时，该面才选中。

GUI：**Utility Menu > Select > Entities**

使用格式：LSLK, *Type*, *LSKEY*　　！选中依附于所选择关键点上的线，如图 7-12e 所示。

其中，*LSKEY*：确定线选择的方式，若为 0，只要线中有一个关键点被选择，则线就被选中；若为 1，则必须是组成线的所有关键点都被选择时，该线才选中。

7. "KSLL" 命令

GUI：**Utility Menu > Select > Entities**

使用功能：选中依附于所选择线上的关键点，如图 7-12f 所示。

使用格式：KSLL, *Type*

其中：

Type：确定节点选择类型的标签，其值有：S、R、A、U，其意义可参图 7-10。

相类似的操作命令格式有：

GUI：**Utility Menu > Select > Entities**

使用格式：KSLN, *Type*　　　　　　！选中依附于所选择节点上的关键点

GUI：**Utility Menu > Select > Entities**

使用格式：LSLA, *Type*　　　　　　！选中依附于所选择面上的线

GUI：**Utility Menu > Select > Entities**

使用格式：ASLV, *Type*　　　　　　！选中依附于所选择体上的面

7.2.2 生成实体元件和部件(Component & Assembly)

1. "CM" 命令

GUI：**Utility Menu > Select > Comp/Assembly > Create Component**

使用功能：由所选择的实体生成一个元件，如图 7-13 所示。

使用格式：CM, *Cname*, *Entity*

其中：

Cname：标识所选择实体的元件名称，不能超过 32 个字符，以字母开头，包含字母、数字和下划线。用一个下划线开头的元件名保留给 ANSYS 使用，不能使用如 ALL、STAT 和 DEFA 等这样的元件名，一个现存的元件名可以被覆盖。

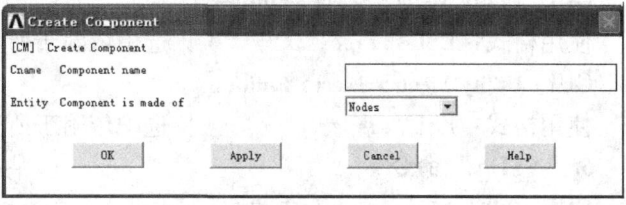

图 7-13　生成元件对话框

Entity：元件中的数据类型，它的值有：VOLU、AREA、LINE、KP、ELEM 和 NODE。

使用提示：元件可以进一步组装成一个部件，对于选择的实体类型可以被贮存在一个元件里，在选择命令中使用这个元件名可以更加方便地选择所指定项。节点、单元、关键点、线、面和体都可以成为元件中的内容。一个元件只能容纳一种类型的实体，但单个的实体项可以属于多个元件。一旦定义后，包含在元件中的实体就可以非常容易进行选择或反向选择。元件可以被列表、删除和修改。

若通过其他的操作删除了某个实体项，那么它也会从元件中被删除，它会自动更新对删除操作的反应。元件中所有的项都被删除，元件名也会自动被删除，并给出了一个警告信息。而部件也会自动更新，以反映元件或子部件的删除操作，但如果所有的元件和子部件被删除，部件名并不删除。

2. "CMGRP" 命令

GUI：**Utility Menu > Select > Comp/Assembly > Create Assembly**

使用功能：由元件和部件组合再生成一个部件，如图 7-14 所示。

使用格式：CMGRP, *Aname*, *Cnam1*, *Cnam2*, *Cnam3*, *Cnam4*, *Cnam5*, *Cnam6*, *Cnam7*, *Cnam8*

其中：

Aname：指定的部件名称，可参考命令 "CM" 的说明。

Cnam1, *Cnam2*, …, *Cnam8*：将要包含在该部件中现存的元件和部件名。

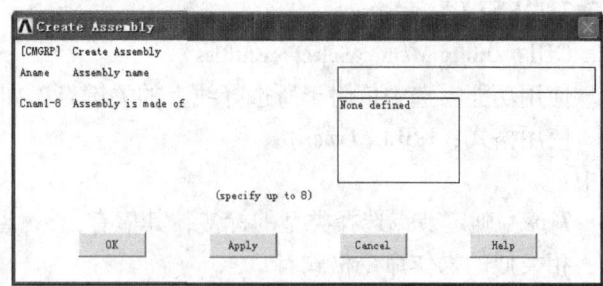

图 7-14　生成部件对话框

使用提示：由现存的元件和部件组合再生成部件。部件也可以像元件一样地使用，部件之间最多可嵌套 5 层。部件可以仅包含现存的元件、部件或它们之间的组合。一个元件可以属于任何一个部件。使用命令 "CMEDIT" 可以向一个现存的部件中添加元件和部件，也可以从一个现存的部件中删除元件和部件。

3. "CMEDIT" 命令

GUI：**Utility Menu > Select > Comp/Assembly > Edit Assembly**

使用功能：对一个现存的部件进行修改，如图 7-15 所示。

使用格式：CMEDIT, *Aname*, *Oper*, *Cnam1*, *Cnam2*, *Cnam3*, *Cnam4*, *Cnam5*, *Cnam6*, *Cnam7*

其中：

Aname：将要修改的部件名称。

Oper：对所选部件指定将要进行的操作方式。它的值有：

- ADD：向选择的部件中添加元件或部件。被添加部件的层次必须要低于由 *Aname* 指定部件的层次。
- DELE 从所选择部件中删除元件或部件。

Cnam1, *Cnam2*, …, *Cnam7*：将要添加或被删除的元件与部件名称。

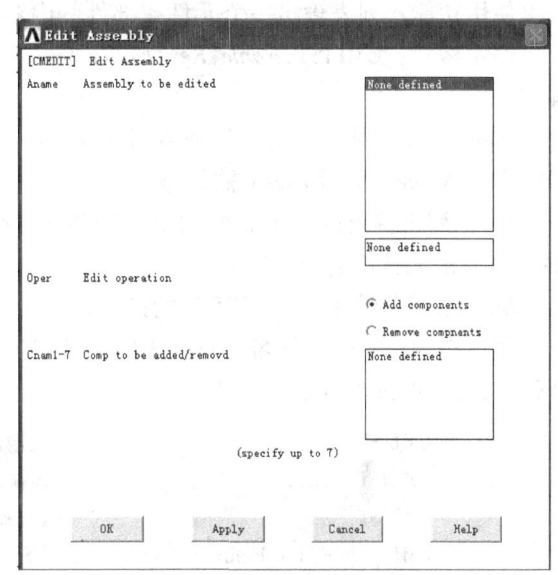

图 7-15 修改部件的对话框

4. "CMSEL" 命令

GUI：**Utility Menu > Select > Comp/Assembly > Select Comp/Assembly**

使用功能：选择一组元件或部件子集，如图 7-16 所示。

使用格式：CMSEL, *Type*, *Name*, *Entity*

其中：

Type：选择方式的有效标签，其值有：S、R、A、U、ALL、NONE、INVE、STAT。

Name：将要选择数据项的元件或部件名称，仅适用于 *Type* = S、R、A 或 U。如果 *Type* 为空（blank）和 *Name* = P，激活图形拾取操作。

Entity：若 *Name* 为空，其值有：VOLU、AREA、LINE、KP、ELEM、NODE。

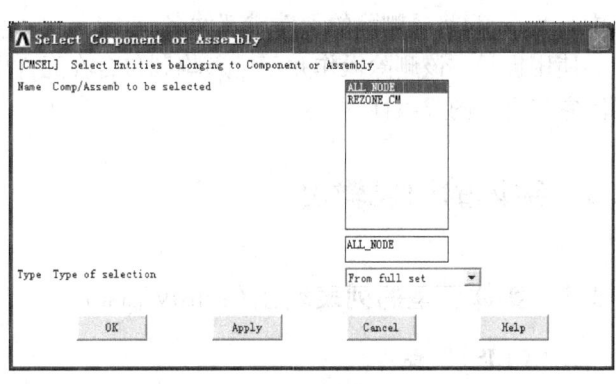

图 7-16 选择元件或部件对话框

使用提示：对于单项内容的选择，使用元件是一种非常好的方法。命令"CMSEL, ALL"除了已经选择的其他内容之外，也可以选择元件名。

如果在部件选择中使用了选项 *Type* = R，那么反向选择将会按照组成部件中元件的顺序对每个元件依次进行。因此，若一个反向选择会导致一个空集，而随后的操作也会导致一个空集。

5. "CMLIST" 命令

GUI：**Utility Menu > Select > Comp/Assembly > List Comp/Assembly**

> Utility Menu > List > Other > Components
> Utility Menu > List > Components

使用功能：列表输出一个元件或部件的内容。

使用格式：CMLIST, *Name*, *Key*, *Entity*

其中：

Name：将要列表输出元件或部件的名称，若为空，列表输出所有元件和部件的内容；若指定了 *Name*，变量 *Entity* 被忽略。

Key：列表输出内容扩展控制键。若为 0，不列表出元件中的单个实体；若为 1 或 EXPA，列表出元件中的单个实体。

Entity：参考命令"CMSEL"的说明。

使用提示：对于元件名，将列表输出几何实体的类型；对于部件，它将列表出组成这个部件的元件和/或部件。如：

CMLIST	！列表输出所有选择的元件
CMLIST, , EXPA	！列表输出所有选择的元件
CMLIST, Name	！列表输出所指定的元件
CMLIST, , EXPA, Entity	！列表输出所有指定实体类型的元件

6. "CMDELE" 命令

GUI：**Utility Menu > Select > Comp/Assembly > Delete Comp/Assembly**

使用功能：删除一个现存的元件或部件，参考图 7-16。

使用格式：CMDELE, *Name*

其中，*Name* 为将要删除的元件或部件名。

使用提示：该删除操作并不会影响到包含在元件中的实体或包含在部件中的元件，只是删除它们之间的成组性。

7.3 实体的列表输出

7.3.1 实体模型的列表输出（Entity List）

1. "LLIST" 命令

GUI：**Utility Menu > List > Lines**

使用功能：列表出已存在的线。

使用格式：LLIST, *NL1*, *NL2*, *NINC*, *Lab*

其中：

NL1, *NL2*, *NINC*：指定线编号的范围。*NL1* 可为 ALL（默认设置）、P 或元件名。

Lab：确定使用哪种列表方式，它的值有：

- 空（blank）：列表输出在指定范围内所有线的信息。
- RADIUS：列表输出每条线上的关键点和圆弧的半径。直线、非圆弧线和不能确定为圆弧的圆弧线其半径均为 0。
- LAYER：输出层网格控制设置。

- HPT：列表输出仅包含硬点的线，在 GUI 方式不能使用这个选项。
- ORIENT：列表输出线的清单，确定方位的关键点和与线相关的交叉面的 ID 号，适用于具有方向节点和交叉剖面的梁网格。

使用提示：执行该命令后生成的结果如图 7-17 所示。

```
LLIST    Command
File

LIST ALL SELECTED LINES.

NUMBER    KEYPOINTS    LENGTH    <NDIV><SPACE> KYND NDIV   SPACE  #NODE #ELEM   MAT  REAL  TYP  ESYS
     1      1       2  1.000       10   1.000    1   10   1.000     9     0     0     0     0     0
     2      2       3  1.000       10   1.000    1   10   1.000     9     0     0     0     0     0
     3      4       5 0.4712        0   0.000    0   20   1.000    19     0     0     0     0     0
     4      1       4 0.7000        7   1.000    1    7   1.000     6     0     0     0     0     0
     5      3       5 0.7000        7   1.000    1    7   1.000     6     0     0     0     0     0
```

图 7-17　输出线的文本列表窗口

若在“#NODE”列中出现“－1”，则表示线已经划分网格，但在线上没有内部节点。若列表的属性(如 TYPE、MAT、REAL、ESYS)为 0，则表示没有设置；列表出一个正值表示该属性已由命令“LATT”设置，即使网格删除，该值也不会置为 0；列表出一个负值表示该属性是由属性指示器设置(即 TYPE、MAT、REAL 或 ESYS)，它们在划分网格时被激活，但如果网格被删除，则属性会被置为 0，如图 7-18 所示。

```
ALIST    Command
File

LIST ALL SELECTED AREAS.
NUMBER LOOP  LINES                          AREA      ELEM SIZE    #NODES  #ELEM    MAT    REAL   TYP  ESYS   SECN
     1  1      4      1      2      5     N/A       0.000        114    140     -1     -1     -1     0     -1
               3
```

图 7-18　输出面的文本输出窗口

相类似操作的命令格式有：

GUI：**Utility Menu > List > Keypoints > Coordinates + Attributes**　　！列表出关键点或硬点

Utility Menu > List > Keypoints > Coordinates only

Utility Menu > List > Keypoints > Hard Points

使用格式：KLIST, *NP1*, *NP2*, *NINC*, *Lab*

其中 *Lab*：坐标列表选项。可以为空(blank)，列表输出所有关键点的信息；若为 COORD，仅列表输出关键点的坐标信息；若为 HPT，仅列表出硬点的信息。

GUI：**Utility Menu > List > Areas**　　！列表出面的信息

使用格式：ALIST, *NA1*, *NA2*, *NINC*, *Lab*

GUI：**Utility Menu > List > Volumes**　　！列表出体的信息

使用格式：VLIST, *NV1*, *NV2*, *NINC*

2. "NLIST" 命令

GUI：**Utility Menu > List > Nodes**

Main Menu > General Postproc > List Results > Sorted Listing > Sort Nodes

使用功能：列表输出节点的信息，如图7-19所示。

使用格式：NLIST, *NODE1*, *NODE2*, *NINC*, *Lcoord*, *SORT1*, *SORT2*, *SORT3*

其中：

NODE1, *NODE2*, *NINC*：指定节点编号的范围。*NODE1* 可为 ALL（默认设置）、P 或元件名。

Lcoord：坐标列表控制键，若为空（blank），列表出所有节点的信息；若为 COORD，仅列表出其 XYZ 坐标值。

SORT1：用于排序的第1项内容，可以是：NODE, X, Y, Z, THXY, THYZ, THXZ。

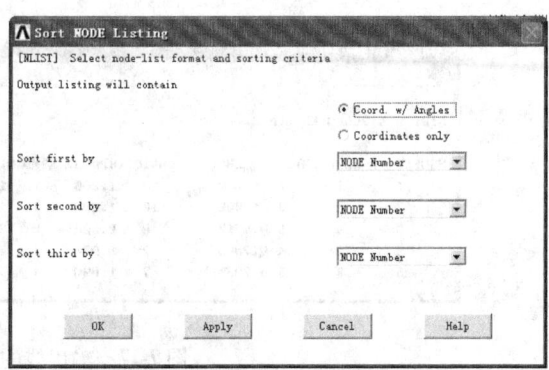

图7-19 列表节点的对话框

SORT2, *SORT3*：进行排序的第2项和第3项，其有效的标签参考"*SORT1*"。

使用提示：在激活显示坐标系中列表出节点信息，节点坐标旋转的角度也将列出，也可按升序的方式来进行列表。

3. "ELIST" 命令

GUI：**Utility Menu > List > Elements > Attributes + RealConst**

Utility Menu > List > Elements > Attributes Only

Utility Menu > List > Elements > Nodes + Attributes

Utility Menu > List > Elements > Nodes + Attributes + RealConst

使用功能：列表输出单元和它的属性。

使用格式：ELIST, *IEL1*, *IEL2*, *INC*, *NNKEY*, *RKEY*, *PTKEY*

其中：

IEL1, *IEL2*, *INC*：指定单元编号的范围。*IEL1* 可为 ALL（默认设置）、P 或元件名。

NNKEY：节点列表控制键，若为0，列表出属性的参考号和节点；若为1，仅列表输出属性的参考号。

RKEY：实常数列表控制键，若为0，不列出单元的实常数；若为1，列出每个单元的实常数，并包括对单元选择的默认值。

PTKEY：LS-DYNA 零件号的列表，仅适用于 ANSYS 的 LS-DYNA。若为0，对每个单元并不输出零件的 ID 号；若为1，对每个单元显示零件的 ID 号。

使用提示：列表输出单元的节点及其属性。

7.3.2 属性的列表输出（Attribute List）

1. "ETLIST" 命令

GUI：**Utility Menu > List > Properties > Element Types**

使用功能：列表输出当前所定义的单元类型。

使用格式：ETLIST,*ITYP1*,*ITYP2*,*INC*

其中，*ITYP1*,*ITYP2*,*INC*：按 *INC* 增量从 *ITYP1* 到 *ITYP2* 列表输出单元的类型。如果 *ITYP1* = ALL（默认设置），列表输出所有的单元类型。

使用提示：执行该命令后生成的结果如图 7-20 所示。

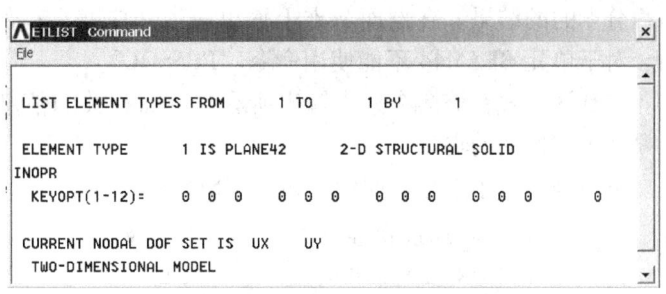

图 7-20 输出单元类型的列表文本窗口

相类似操作的命令格式有：

GUI：**Utility Menu > List > Properties > All Real Constants**　　！列表实常数
　　　Utility Menu > List > Properties > Specified Real Constants

使用格式：RLIST,*NSET1*,*NSET2*,*NINC*

GUI：**Utility Menu > List > Properties > All Materials**　　！列表输出材料
　　　Utility Menu > List > Properties > All Matls,All Temps
　　　Utility Menu > List > Properties > All Matls,Specified Temp
　　　Utility Menu > List > Properties > Specified Matl,All Temps

使用格式：MPLIST,*MAT1*,*MAT2*,*INC*,*Lab*,*TEVL*

其中 *Lab*：材料性能标签。可以为 ALL 或空，则输出所有标签的性能；若为 EVAL，列表输出所有在 TEVL 求值的性能。

TEVL：对标签 *Lab* = EVLT 列表的计算温度值。

GUI：**Utility Menu > List > Properties > Data Tables**　　！列表输出数据表

使用格式：TBLIST,*Lab*,*MAT*

2. "SLIST" 命令

GUI：**Main Menu > Preprocessor > Sections > List Sections**

使用功能：在当前会话框中汇总输出所有定义的剖面性能。

使用格式：SLIST,*SFIRST*,*SLAST*,*SINC*,*Details*,*Type*

其中：

SFIRST：汇总输出第 1 个剖面的 ID，默认值为数据库中的第 1 个可利用的剖面。

SLAST：汇总输出最后剖面的 ID，默认值为数据库中的最后可利用的剖面。

SINC：剖面 ID 的增量，默认值为 1。

Details：对梁来说，确定汇总信息的内容。

- BRIEF：仅列表输出剖面的积分性能如 $Area$、I_{yy} 或 I_y 等 z，默认设置。
- FULL：列表输出剖面积分性能、剖面节点坐标、剖面单元的连结信息和剖面单元积分点的位置。
- 44：对单元 BEAM44 列表出其剖面积分性能、实常数，对于由多种材料组成的剖面不能使用单元 BEAM44 来建模。

Type：指定截面的类型。有效值为 ALL（默认设置）、BEAM、SHELL 或 PRETENSION。

使用提示：对于单元 BEAM188 和 BEAM189，命令 "PRSSOL" 可以输出剖面节点和剖面积分点的的结果。在剖面节点上输出应力和应变,在剖面积分点上输出塑性应变和塑性功。对于单元 BEAM44 不能使用命令"PRSSOL"。

在默认方式,该命令列表输出所有与剖面相关的信息。然而,使用 *Type* 选项可以仅限于梁和预拉伸面的输出。

下面是对一个矩形截面使用命令"SLIST,,,,BRIEF"后的结果显示。

```
LIST SECTION ID SETS       1 TO      1 BY      1
SECTION ID NUMBER:             1
BEAM SECTION TYPE:             Rectangle
BEAM SECTION NAME IS:
BEAM SECTION DATA SUMMARY:
   Area                      = 6.0000
   Iyy                       = 4.5000
   Iyz                       = 0.11281E-15
   Izz                       = 2.0000
   Warping Constant          = 0.23299
   Torsion Constant          = 4.7330
   Center of Gravity Y       = -0.30973E-16
   Center of Gravity Z       = 0.15376E-15
   Shear Center Y            = -0.22957E-13
   Shear Center Z            = 0.31281E-13
```

3. "LAYLIST" 命令

GUI:**Utility Menu > List > Properties > Layer Data**
　　　Utility Menu > List > Elements > Layered Elements

使用功能:对于层单元,列表输出材料性能的实常数,如图 7-21 所示。

使用格式:LAYLIST,*IEL*,*LAYR1*,*LAYR2*,*Mplab1*,*Mplab2*

其中:

IEL:单元编号,若为 ALL,列表输出所有选择适宜类型的单元;若为空,并且当前的单元类型是层单元,则按层的格式列表输出当前实常数表里的数据。

LAYR1,*LAYR2*:将要列表输出层单元的范围。如果 *LAYR1* 大于 *LAYR2*,生成一个相反的顺序清单。*LAYR1* 的默认值为 1;若输入 *LAYR1*,*LAYR2* 的默认值为 *LAYR1*,否则其默认值为单元的层数。

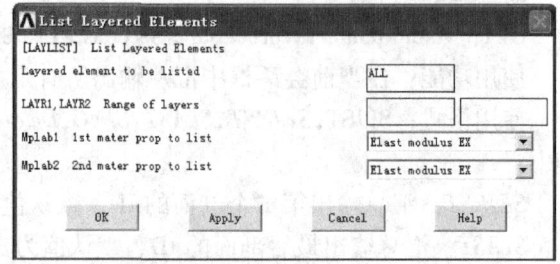

图 7-21　列表输出层单元的属性

Mplab1,*Mplab2*:与层的实常数一起列表输出材料的属性标签。

使用提示:对于分层的壳和实体单元,列表输出实常数和两个材料属性。仅适用于单元 SOLID46、SHELL91、SHELL99 和 SOLID191 的列表输出。如果单元选项设置了矩阵输出,即 KEYOPT(2)=2 或 3,则其后的变量 *LAYR1*、*LAYR2*、*Mplab1*、*Mplab2* 均不能使用。

7.3.3 载荷的列表输出(Load List)

1. "DLIST" 命令

GUI：**Utility Menu > List > Loads > DOF Constraints > On All Nodes**

Utility Menu > List > Loads > DOF Constraints > On Picked Nodes

使用功能：列表节点上的 DOF 约束。

使用格式：DLIST，*NODE1*，*NODE2*，*NINC*

其中，*NODE1*，*NODE2*，*NINC*：按增量 *NINC* 从 *NODE1* 到 *NODE2* 列表输出节点上的 DOF 约束。其中 *NODE1* 也可以为 ALL(默认设置)、P 或元件名。

使用提示：列表输出施加在所选节点上的 DOF 约束及其标签。执行命令"DLIST，ALL"，生成的结果如图 7-22 所示。

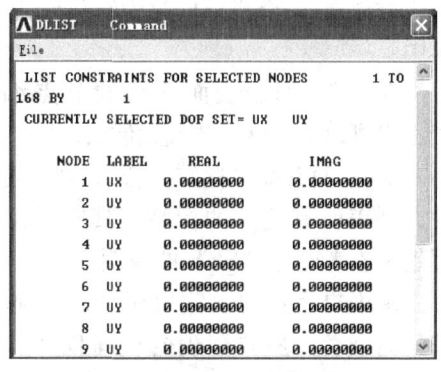

图 7-22 列表节点 DOF 约束及标签

相类似操作的命令格式有：

GUI：**Utility Menu > List > Loads > DOF Constraints > On All Keypoints** ！列表关键点上的 DOF

Utility Menu > List > Loads > DOF Constraints > On Picked KPs

使用格式：DKLIST，*KPOI*

GUI：**Utility Menu > List > Loads > DOF Constraints > On All Lines** ！列表线上的 DOF

Utility Menu > List > Loads > DOF Constraints > On Picked Lines

使用格式：DLLIST，*LINE*

GUI：**Utility Menu > List > Loads > DOF Constraints > On All Areas** ！列表面上的 DOF

Utility Menu > List > Loads > DOF Constraints > On Picked Areas

使用格式：DALIST，*AREA*

2. "FLIST" 命令

GUI：**Utility Menu > List > Loads > Forces > On All Nodes**

Utility Menu > List > Loads > Forces > On Picked Nodes

使用功能：列表作用在节点上的集中载荷。

使用格式：FLIST，*NODE1*，*NODE2*，*NINC*

其中，*NODE1*，*NODE2*，*NINC*：列表输出施加在指定节点范围内的集中载荷，其中 *NODE1* 也可以为 ALL(默认设置)、P 或元件名。

使用提示：列表施加在选择节点上的载荷及所选择的力标签。包含大于所定义节点最大编号的列表输出能够耗尽内存，并产生一个无法预测的结果。

相类似操作的命令格式有：

GUI：**Utility Menu > List > Loads > Forces > On All Keypoints** ！列表关键点上的集中载荷

Utility Menu > List > Loads > Forces > On Picked KPs

使用格式：FKLIST，*KPOI*，*Lab*

其中，*Lab*：集中载荷的标签，默认值为 ALL。

3. "SFLIST" 命令

GUI：**Utility Menu > List > Loads > Surface Loads > On All Nodes**

Utility Menu > List > Loads > Surface Loads > On Picked Nodes

使用功能：列表作用在节点上的表面载荷。

使用格式：SFLIST,*NODE*,*Lab*

其中：

NODE：列表表面载荷的节点编号，也可以为 ALL、P 或元件名。

Lab：面载荷的标签，若为 ALL 或空，列表所有适宜的标签。其有效的标签可参考命令"SF"的说明。

使用提示：列表输出用"SF"施加的面载荷。所要列表的载荷仅适宜于所选面和体单元外表面上的指定节点。列表输出的表面载荷与当前数据库中的值相一致，对于在 POST1 中的面载荷，数据库不会自动更新。用指定表格方式施加面载荷，仅列表出与其在 POST1 中当前结果相一致的值。

执行下列命令后，生成的结果如图 7-23 所示。

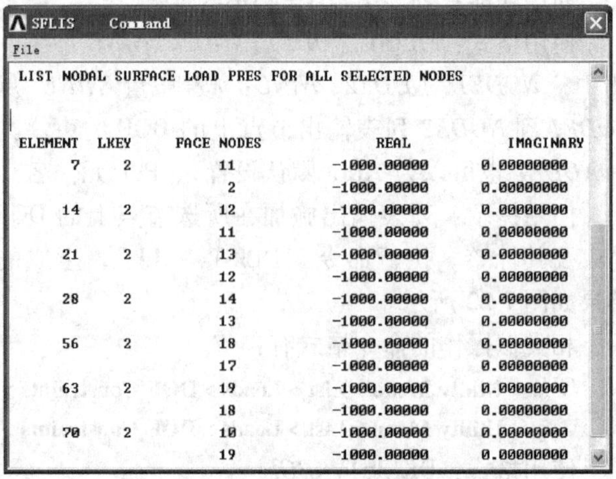
SFLIS Command
File
LIST NODAL SURFACE LOAD PRES FOR ALL SELECTED NODES

ELEMENT	LKEY	FACE NODES	REAL	IMAGINARY
7	2	11	-1000.00000	0.00000000
		2	-1000.00000	0.00000000
14	2	12	-1000.00000	0.00000000
		11	-1000.00000	0.00000000
21	2	13	-1000.00000	0.00000000
		12	-1000.00000	0.00000000
28	2	14	-1000.00000	0.00000000
		13	-1000.00000	0.00000000
56	2	18	-1000.00000	0.00000000
		17	-1000.00000	0.00000000
63	2	19	-1000.00000	0.00000000
		18	-1000.00000	0.00000000
70	2	10	-1000.00000	0.00000000
		19	-1000.00000	0.00000000

图 7-23 列表输出所选节点的面载荷

```
SFLIST,2          ! 指定节点号为 15
SFLIST,11         ! 指定节点号为 16
SFLIST,12         ! 指定节点号为 22
SFLIST,13         ! 指定节点号为 23
```

相类似地，用户可以参照命令"SFLIST"列表输出作用在单元、线或面上的表面载荷，它们各自的 GUI 操作、使用格式如下：

GUI：**Utility Menu > List > Loads > Surface Loads > On All Elements** ！列表单元上的面载荷

Utility Menu > List > Loads > Surface Loads > On Picked Elems

使用格式：SFELIST,*ELEM*,*Lab*

GUI：**Utility Menu > List > Loads > Surface Loads > On All Lines** ！列表线上的面载荷

Utility Menu > List > Loads > Surface Loads > On Picked Lines

使用格式：SFLLIST,*LINE*,*Lab*

GUI：**Utility Menu > List > Loads > Surface Loads > On All Areas** ！列表面上的面载荷

Utility Menu > List > Loads > Surface Loads > On Picked Areas

使用格式：SFALIST,*AREA*,*Lab*

4. "BFLIST" 命令

GUI：**Utility Menu > List > Loads > Body Loads > On All Nodes**

Utility Menu > List > Loads > Body Loads > On Picked Nodes

使用功能：列表作用在节点上的体载荷。

使用格式：BFLIST, *NODE*, *Lab*

其中：

NODE：列表体载荷的节点编号，也可以为 ALL、P 与元件名。

Lab：体载荷的标签。若为 ALL，列表输出所有适宜的标签，可参考 "BF" 命令。

使用提示：列表指定节点与标签的体载荷值，节点的体载荷可以用命令 "BF" 来施加。不能够列表输出由命令 "EDLOAD" 所施加的温度载荷。

相类似地，参照命令 "BFLIST" 可以列表输出作用在单元、关键点、线、面和体上的体载荷，它们各自的 GUI 方式和使用格式如下：

GUI：Utility Menu > List > Loads > Body Loads > On All Elements　　！列表单元上的体载荷
　　　Utility Menu > List > Loads > Body Loads > On Picked Elems

使用格式：BFELIST, *ELEM*, *Lab*

GUI：Utility Menu > List > Loads > Body Loads > On All Keypoints　　！列表关键点上的体载荷
　　　Utility Menu > List > Loads > Body Loads > On Picked KPs

使用格式：BFKLIST, *KPOI*, *Lab*

GUI：Utility Menu > List > Loads > Body Loads > On All Lines　　！列表线上的体载荷
　　　Utility Menu > List > Loads > Body Loads > On Picked Lines

使用格式：BFLLIST, *LINE*, *Lab*

GUI：Utility Menu > List > Loads > Body Loads > On All Areas　　！列表面上的体载荷
　　　Utility Menu > List > Loads > Body Loads > On Picked Areas

使用格式：BFALIST, *AREA*, *Lab*

GUI：Utility Menu > List > Loads > Body Loads > On All Volumes　　！列表体上的体载荷
　　　Utility Menu > List > Loads > Body Loads > On Picked Volumes

使用格式：BFVLIST, *VOLU*, *Lab*

5. "INRTIA" 命令

GUI：Utility Menu > List > Loads > Inertia Loads
　　　Utility Menu > List > Status > Solution > Inertia Loads

使用功能：列表输出惯性载荷。

使用格式：INRTIA

使用提示：为一个状态标题命令，由 GUI 方式生成，并将写入到 LOG 文件中。在该命令后面紧跟随一个 "STAT" 命令，将列表输出对于指定标题的当前状态。如果在批处理即命令流中出现了命令 "INRTIA"，则其后必须要跟随一个 "STAT" 命令。

6. "SBCLIST" 命令

GUI：Utility Menu > List > Loads > Solid Model Loads

使用功能：列表输出实体模型上所有的边界条件。

使用格式：SBCLIST

使用提示：对于所选择的实体模型，列表输出所有实体模型的边界条件。也可以使用命令 "DKLIST"、"DLLIST"、"DALIST"、"FKLIST"、"SFLLIST"、"SFALIST"、"BFLLIST"、"BFALIST"、"BFVLIST"、"BFKLIST" 来进行分项列表输出。

执行该命令后生成的结果如图 7-24 所示。

7. "ICELIST" 命令

GUI：**Utility Menu > List > Loads > Elem Init Condit'n > On Picked Elemts**

使用功能：列表输出作用在单元上的初始条件。

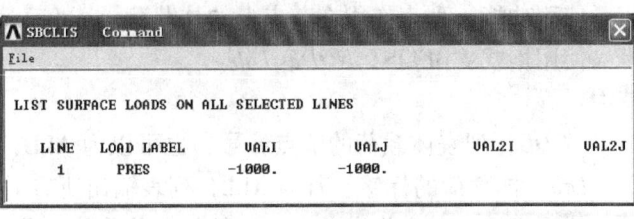

图 7-24 列表输出所有边界条件的文本窗口

使用格式：ICELIST,*ELEM*,*Lab*

其中：

ELEM：列表单元 *ELEM* 上的初始条件，默认为 ALL，即所有选择单元上的初始条件均列出来，也可以为 P 或元件名。

Lab：有效的初始条件标签。对 FLOTRAN 为 VFRC(体积分数)。

使用提示：列表出由命令"ICE"施加在指定单元上的初始条件，列表操作在所选择的单元上进行。

7.3.4 其他内容的列表输出(Other List)

1. "CSLIST" 命令

GUI：**Utility Menu > List > Other > Local Coord Sys**

使用功能：列表输出坐标系统的信息。

使用格式：CSLIST,*KCN1*,*KCN2*,*KCINC*

其中，*KCN1*,*KCN2*,*KCINC*：按增量 *KCINC* 从 *KCN1* 到 *KCN2* 列表输出坐标系统的信息。如果为 *KCN1* = ALL(默认设置)，列表输出所有坐标系统的信息。

相类似操作的命令格式有：

GUI：**Utility Menu > List > Other > Master DOF > At All Nodes**　　!列表输出节点上
　　　　　　　　　　　　　　　　　　　　　　　　　　　　　　　　!的主自由度

　　　Utility Menu > List > Other > Master DOF > At Picked Nodes

使用格式：MLIST,*NODE1*,*NODE2*,*NINC*

GUI：**Utility Menu > List > Other > Coupled Sets > All CP nodes selected**　　!列表输出耦合的
　　　　　　　　　　　　　　　　　　　　　　　　　　　　　　　　　　　　!DOF 集

　　　Utility Menu > List > Other > Coupled Sets > Any CP node selected

使用格式：CPLIST,*NSET1*,*NSET2*,*NINC*,*Nsel*

其中，*Nsel*：节点选择的控制键。若为 ANY(默认)，如果所选节点中的任何一个位于集里，则列表输出；若为 ALL，如果所有选择的节点均位于集里才列表输出。

GUI：**Utility Menu > List > Other > Constraint Eqns > All CE nodes selected**　　!列表输出约
　　　　　　　　　　　　　　　　　　　　　　　　　　　　　　　　　　　　　!束方程

　　　Utility Menu > List > Other > Constraint Eqns > Any CE node selected

使用格式：CELIST,*NEQN1*,*NEQN2*,*NINC*,*Nsel*

2. "AFLIST" 命令

GUI：**Utility Menu > List > Other > Database Summary**

使用功能：列表输出数据库的当前数据。

使用格式：AFLIST

使用提示：列表输出数据库的当前数据与设置。在批处理方式下，列表出所有适宜的数据；在 GUI 方式下，仅列表输出汇总的数据。

7.4 实体显示与显示控制

7.4.1 实体及属性的显示(Entities & Attribute Plot)

1. "/REPLOT" 命令

GUI：**Utility Menu > Plot > Replot**

　　　Utility Menu > PlotCtrls > Style > Symmetry Expansion > Expansion by values

使用功能：刷新显示。

使用格式：/REPLOT, *Label*

其中，*Label*：控制重新显示的类型。它的值有：

- RESIZE：当重新调整图形窗口大小后，在内部执行(默认设置)。
- FAST：仅适用于 3D 显示，当视角发生变化时，能够快速地刷新。

使用提示：使用当前的设置，重复执行最后一次的显示命令。当最后的显示命令在某个特定的处理器里无效时，命令 "/REPLOT" 也会无效。

2. "KPLOT" 命令

GUI：**Utility Menu > Plot > Keypoints > Hardpoints**

　　　Utility Menu > Plot > Keypoints > Keypoints

　　　Utility Menu > Plot > Specified Entities > Keypoints

使用功能：显示所选择的关键点。

使用格式：KPLOT, *NP1*, *NP2*, *NINC*, *Lab*

其中：

NP1, *NP2*, *NINC*：按增量 *NINC* 从 *NP1* 到 *NP2* 显示出所选的关键点。若 *NP1* = ALL(默认设置)，*NP2* 和 *NINC* 将忽略，显示出所有选择的关键点。

Lab：确定显示哪类关键点。若为空(blank)，显示所有关键点；若为 HPT，仅显示是硬点的关键点。

相类似操作的命令格式有：

GUI：**Utility Menu > Plot > Lines**　　　　　　　！显示所有选择的线

　　　Utility Menu > Plot > Specified Entities > Lines

使用格式：LPLOT, *NL1*, *NL2*, *NINC*

GUI：**Utility Menu > Plot > Specified Entities > Areas**　！显示所选的面

　　　Utility Menu > Plot > Areas

使用格式：APLOT, *NA1*, *NA2*, *NINC*, *DEGEN*, *SCALE*

其中：

DEGEN：退化标记控制键。如为空(默认)，不使用退化标记；若为 DEGE，在退化的

关键点处出现一个红星。

SCALE：退化标记红星的缩放系数，缩放将依据窗口的大小来进行，默认值为 0.075。

执行命令：APLOT　　　　　　　　　　　　　　！生成的结果如图 7-25 所示

GUI：**Utility Menu > Plot > Specified Entities > Volumes**　！显示所选择的体

　　　Utility Menu > Plot > Volumes

使用格式：VPLOT,*NV1*,*NV2*,*NINC*,*DEGEN*,*SCALE*

3."NPLOT"命令

GUI：**Utility Menu > Plot > Nodes**

使用功能：显示节点。

使用格式：NPLOT,*KNUM*

其中，*KNUM*：节点编号控制键，若为 0，不显示节点编号，若为 1，显示节点编号。

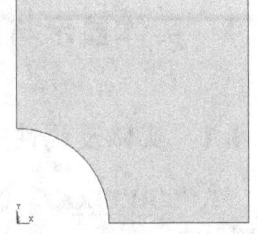

图 7-25　面的显示

使用提示：显示所有选择的节点，可以不必生成单元。执行命令：

```
NPLOT,1          ！生成的结果如图 7-26a 所示
NPLOT,0          ！生成的结果如图 7-26b 所示
```

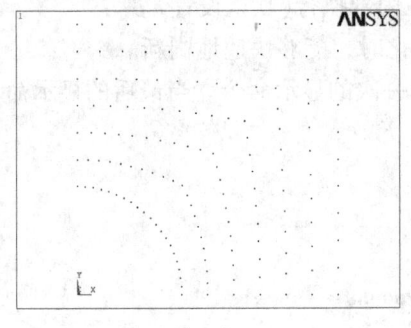
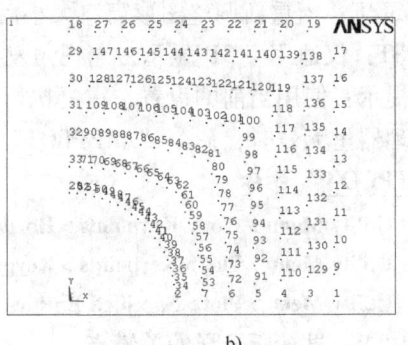

a)　　　　　　　　　　　　　　　　b)

图 7-26　节点显示

a) *KNUM* = 0　b) *KNUM* = 1

4."EPLOT"命令

GUI：**Utility Menu > Plot > Elements**

使用功能：显示所有选择的单元网格。

使用格式：EPLOT

使用提示：显示所有选择的单元，其中单元的节点必须也要被选择，否则单元不能显示。当 PowerGraphics 被激活并且有 "/EFACET,2" 或 "/EFACET,4" 时，该命令也可显示出在单元边中节点的曲率。

5."MPPLOT"命令

GUI：**Utility Menu > Plot > Materials**

使用功能：作为温度的函数显示出线性材料的性能，如图 7-27a 所示。

使用格式：MPPLOT,*Lab*,*MAT*,*TMIN*,*TMAX*,*PMIN*,*PMAX*

其中：

Lab：线性材料的性能标签，如 EX、EY、PRXY 等。

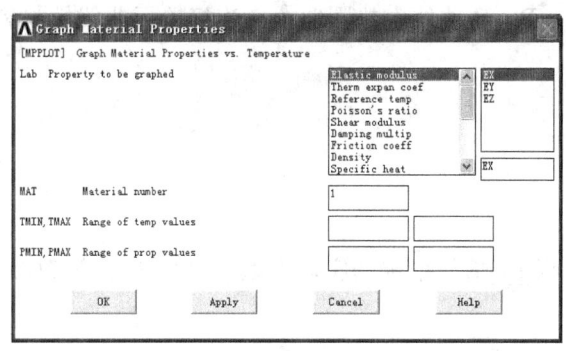
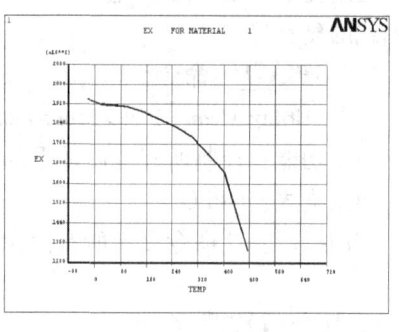

a)   b)

图 7-27　图形显示材料的性能
a) 命令的对话框　b) 显示的图形

MAT：材料的参考编号。

TMIN, *TMAX*：将要显示的横坐标的最小值和最大值。

PMIN, *PMAX*：将要显示性能的最小值和最大值。

执行命令：

　　　　MPPLOT, EX, 1, , , , ,　　　　　　! 生成的结果如图 7-27b 所示

6. "TBPLOT" 命令

GUI：**Utility Menu > Plot > Data Tables**

使用功能：显示数据表。

使用格式：TBPLOT, *Lab*, *MAT*, *TBOPT*, *TEMP*, *SEGN*

其中：

Lab：有效的数据表标签。包括 MKIN、KINH、MELAS、MISO、BKIN、BISO、BH 或 GASKET，默认值为当前激活的标签。

MAT：显示的材料参考号，默认值为当前激活的材料。

TBOPT：显示垫圈材料或连接单元材料的选项。下列选项仅适用于 *Lab* = GASKET 时，若为 ALL，则显示所有垫圈的数据；若为 COMP，仅显示垫圈压缩数据；若为 LUNL，显示压缩曲线上的线性卸载数据；若为 NUNL，仅显示非线性卸载数据。下列选项仅适用于 *Lab* = JOIN时，若为 JNSA，显示所有施加在相关方向上的非线性刚度数据；若为 JNS*n*，仅显示指定的非线性刚度数据，其中 *n* 为 1、4、6；若为 JNDA，显示施加在所有相关方向上的非线性阻尼数据；若为 JND*n*，仅显示指定的非线性阻尼数据，其中 *n* 为 1、4、6；若为 JNFA，显示施加在相关方向上的非线性 Hysteretic 摩擦数据；若为 JNF*n*，仅显示指定的非线性 Hysteretic 摩擦数据，其中 *n* 为 1、4、6。

TEMP：垫圈和连接单元材料属性将要显示的指定温度，仅适用于 *Lab* = GASKET 或 JOIN。若为 ALL，显示在所有温度下的垫圈和连接单元的材料数据。

SEGN：显示曲线的分段号，仅适用于 *Lab* = GASKET。若为 NO，分段号并不显示到曲线上；若为 YES，分段号显示在曲线上，但当数据点的个数超过了 20 个时，这个选项将会忽略。

使用提示：仅适用于应力—应变曲线、B—H 曲线、垫圈曲线或连接单元非线性材料模型曲线的显示。

7. "GPLOT" 命令

GUI：**Utility Menu > Plot > Multi-Plots**

使用功能：控制所有实体数据的显示。

使用格式：GPLOT

使用提示：该命令显示所有由命令"/GTYPE"指定的实体类型。仅被选择的实体才能显示。

8. "CMPLOT" 命令

GUI：**Utility Menu > Plot > Components > By Name/Set Number**
Utility Menu > Plot > Components > Next Set
Utility Menu > Plot > Components > Previous Set
Utility Menu > Plot > Components > Selected Components

使用功能：显示包含在元件或部件里的实体。

使用格式：CMPLOT,*Label*,*Entity*,*Keyword*

其中：

Label：显示的元件或部件名称。它的值有：

- 空(blank)：显示所有选择的元件和部件(默认设置)，如果选择的元件或部件数少于 11 个，则全部显示，否则将仅显示前面的 11 个。
- ALL：显示所有选择的元件，如果元件的个数超过 11 个，则元件名的插图说明将不会显示。
- N：显示下一个现存的元件和部件。
- P：显示上一个现存的元件和部件。
- *Cname*：显示指定的元件或部件。
- Set No.：显示指定的设置号。

Entity：若 *Label* 为空(blank)或 ALL，那么可以指定下列实体类型：VOLU、AREA、LINE、KP、ELEM、NODE。

Keyword：对于 *Keyword* = ALL，显示在 *Label* 域中指定的元件名。若 *Label* 为空(blank)或为 ALL，将无效。

使用提示：显示元件中的实体。以于部件来说，包含在其下元件中的所有实体同时显示。尽管可以显示多个元件，但每次只有 11 个插图说明，当超过 11 个时其多余部分则不会显示。其应用的操作有：

CMPLOT,Cname	!显示指定元件名中的实体
CMPLOT	!显示选择的前 11 个元件
CMPLOT,ALL	!显示所有选择的元件
CMPLOT,N or CMPLOT,P	!显示下或上面的 11 个元件
CMPLOT,ALL,Entity	!显示所有选择并具有指定实体类型的元件
CMPLOT,,Entity	!从前 11 个元件中显示具有指定实体类型的元件

7.4.2 视图显示控制(View Setting)

1. "/ANGLE"命令

GUI：Utility Menu > PlotCtrls > Pan,Zoom,Rotate

　　　Utility Menu > PlotCtrls > View Settings > Angle of Rotation

使用功能：绕轴旋转显示方向，如图7-28所示。

使用格式：/ANGLE,*WN*,*THETA*,*Axis*,*KINCR*

其中：

THETA：改变显示方向的角度，绕轴逆时针方向为正，单位是：度。

Axis：旋转轴，对于屏幕轴线来说是：XS、YS、ZS(默认值)；对于总体直角模型轴线来说是：XM、YM、ZM。ZS与屏幕垂直，所有的轴线都要通过焦点。

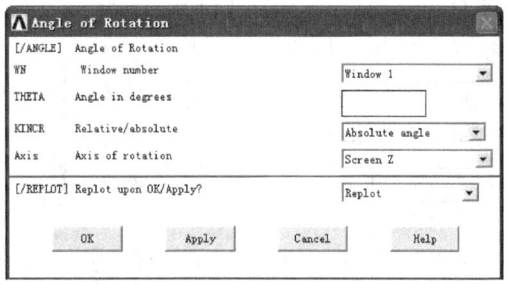

图7-28　角度旋转对话框

KINCR：累加旋转控制键，若为0，则不使用累加连续旋转，即为绝对角度。若为1，使用累加连续旋转，即为相对角度。

使用提示：默认的方向是YS垂直向上。

2. "/DIST"命令

GUI：Utility Menu > PlotCtrls > Pan,Zoom,Rotate

　　　Utility Menu > PlotCtrls > View Settings > Magnification

使用功能：为缩放和观察指定一个视图距离，如图7-29所示。

使用格式：/DIST,*WN*,*DVAL*,*KFACT*

其中：

DVAL：从观察点到焦点沿视角线的距离，默认值是由全屏幕显示产生的距离。对目标太近会产生过量的放大。若*DVAL* = AUTO、0或空，程序会自动计算距离；若*DVAL* = USER，距离将由用户指定。

KFACT：对*DVAL*值的解释控制键。若为0，*DVAL*为距离值；若为1，将*DVAL*作为当前距离的倍数。

命令默认：距离自动计算并生成一个全屏幕的图形。

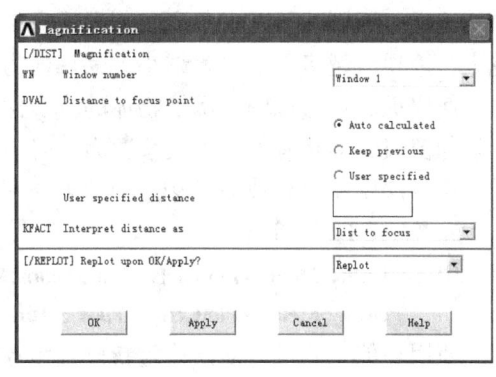

图7-29　指定一个视图距离

使用提示：相对于窗口形状的缩放系数。

3. "/FOCUS"命令

GUI：Utility Menu > PlotCtrls > Pan,Zoom,Rotate

　　　Utility Menu > PlotCtrls > View Settings > Focus Point

使用功能：指定一个焦点即窗口的中心点，如图7-30所示。

使用格式：/FOCUS,*WN*,*XF*,*YF*,*ZF*,*KTRANS*

其中：

XF,*YF*,*ZF*：在直角坐标系中，指定焦点的位置。若 *XF* = AUTO，程序将自动计算；若 *XF* = USER，使用上次显示的焦点位置。

KTRANS：对上述输入值的解释控制键。它的值有：

- 0：将 *XF*,*YF*,*ZF* 值作为坐标值。
- 1：将 *XF*、*YF*、*ZF* 的值作为半屏幕的倍数，并转换为屏幕坐标系的当前位置。
- 2：将 *XF*、*YF*、*ZF* 的值作为半屏幕的倍数，并转换为总体坐标系的当前位置。

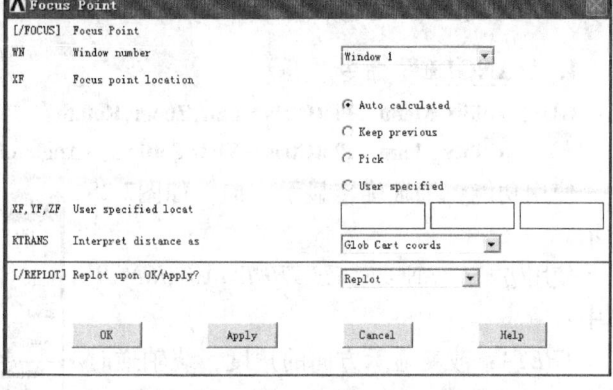

图 7-30 焦点位置指定对话框

命令默认：焦点位置自动计算将作为目标的几何中心位置。

使用提示：在模型上指定一个点用来作为焦点的位置。对于剖面显示，切平面也假定通过这个位置。

4. "/VCONE" 命令

GUI：**Utility Menu > PlotCtrls > View Settings > Perspective View**

使用功能：确定透视图的锥度。

使用格式：/VCONE,*WN*,*PHI*

其中，*PHI*：确定透视锥度，可以是 0.0°~85°之间，一般使用 *PHI* = 45.0°。增加角度有更大的透视，否则就要减少角度。如果没有指定距离，它将自动计算并给出全屏幕显示。角度越大，透视就越多，缩放就越小。默认值为 0，即没有透视。

使用提示：透视图显示了物体的真实深度，缩放系数不仅与观察者到物体的距离有关，而且与窗口的形状有关。缩放系数为 1 时，整个透视图将会刚好充满整个屏幕，如果采用自动计算方法则缩放系数为 0.91，并在物体的周围有 10% 的空白区。

5. "/AUTO" 命令

GUI：**Utility Menu > PlotCtrls > Pan,Zoom,Rotate**
    Utility Menu > PlotCtrls > View Settings > Automatic Fit Mode

使用功能：通过自动计算重新设置焦点和距离的值。

使用格式：/AUTO,*WN*

使用提示：在下一次显示时，焦点和距离将会自动计算。执行该命令，可以使用命令 "/FOCUS" 和 "/DIST" 对这些设置进行改变。

6. "/PNUM" 命令

GUI：**Utility Menu > PlotCtrls > Numbering**

使用功能：在显示时控制实体的编号与颜色，如图 7-31 所示。

使用格式：/PNUM,*Label*,*KEY*

其中：

Label：编号与颜色的类型。
- NODE：节点编号显示在单元和节点上。
- ELEM：单元编号和颜色显示在单元上。
- DOMAIN：由命令"DECOMP"设置的区域。
- SEC：截面号和颜色显示在单元和实体模型上。
- MAT：材料参考号和颜色显示在单元和实体模型上。
- TYPE：单元类型号和颜色显示在单元和实体模型上。
- REAL：实常数设置号和颜色显示在单元和实体模型上。
- ESYS：单元坐标系统编号显示在单元和实体模型上。
- LOC：在求解过程中单元的位置编号/颜色显示在单元上。除非模型已重新排序，LOC 与 ELEM 编号应该是相同的。
- KP：关键点编号显示在实体模型上。
- LINE：线编号和(或)颜色显示在实体模型上。
- AREA：面号和(或)颜色显示在实体模型上。
- VOLU：体号和(或)颜色显示在实体模型上。
- SVAL：应力或等值线在后处理显示，面载荷值和颜色显示在实体模型上。当载荷符号打开和 TABNAM 是关闭时，对于表格型边界条件，以表格所求出的值将会显示在节点、单元上，或在 POST1 中的等值线显示。
- TABNAM：表格型边界条件的表格名称。如果这个选项打开，表格名会紧靠合适的符号、箭头、面轮廓或等值线出现。
- STAT：显示当前命令"/PUM"的状态。
- DEFA：恢复所有的"/PNUM"设置到其缺省状态。

KEY：编号与颜色显示控制开关键。若为 0，则对指定的标签关闭其编号和颜色的显示；若为 1，则对指定的标签打开其颜色和编号的显示。

使用提示：该命令用于指定实体显示时的方式，即用编号或颜色来表示实体。命令"/NUMBER"可用来控制编号和颜色是否一起显示。

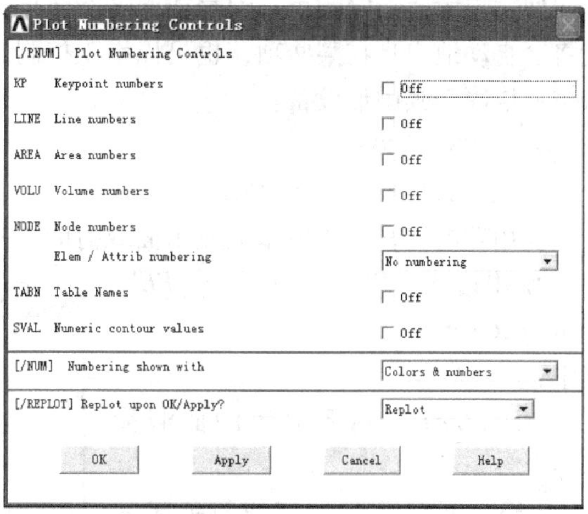

图 7-31 显示编号控制对话框

7. "/NUMBER" 命令

GUI：**Utility Menu > PlotCtrls > Numbering**

使用功能：指定显示时颜色、编号或颜色与编号的显示方式，参考图 7-31。

使用格式：/NUMBER,*NKEY*

其中，*NKEY* 为显示控制键。若为 0，颜色和编号同时显示；若为 1，只显示颜色；若为 2，仅显示数字编号；若为 -1，既不显示颜色，也不显示编号。

使用提示：指定颜色、编号或两者在节点、单元、关键点、线、面和体的显示方式。颜色将会自动地出现在某些项，也可以手工控制。对于等值线显示，在颜色关闭时所出现的结果主要取决于其图形设备。

8. "/PSF"命令

GUI：**Utility Menu > PlotCtrls > Symbols**

使用功能：在实体模型上显示面载荷的符号，如图7-32所示。

使用格式：/PSF, *Item*, *Comp*, *KEY*, *KSHELL*, *Color*

其中：

Item, *Comp*：将要显示的面载荷标签。

KEY：面载荷符号打开与关闭的控制键。它的值有：

- 0：关闭（默认设置）。
- 1：打开，显示为面的轮廓，在实体模型显示时，线和面载荷将显示为一个箭头。
- 2：打开，显示为箭头。
- 3：打开，用颜色填充面，在实体模型显示时，线和面载荷用箭头表示。

KSHELL：对于壳单元的可见性控制键。

- 0：关闭（默认设置），面载荷符号仅显示在可见的载荷面上。
- 1：打开，即使载荷面不可见，面载荷符号也会显示。

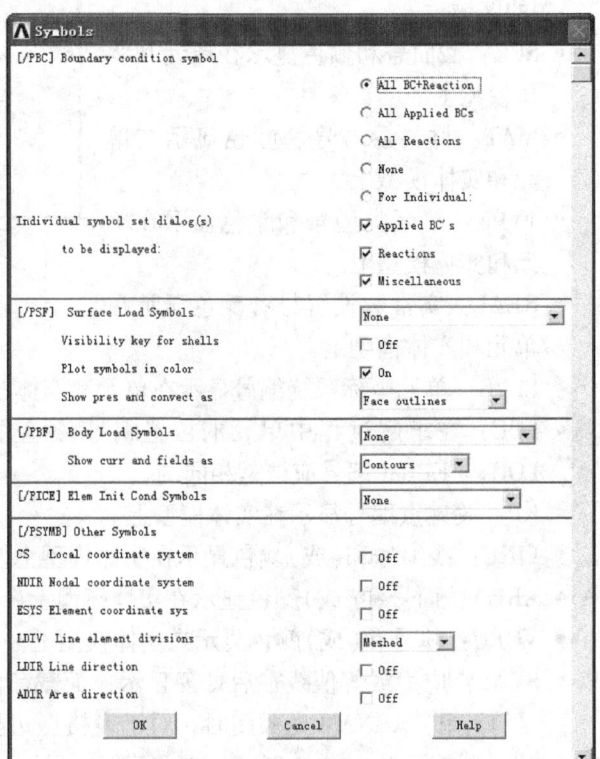

图7-32 设置载荷显示符号对话框

Color：对于颜色标注的可见性控制键。

- ON：符号用颜色显示，标注也用相一致的颜色显示出来。
- OFF：等值线注解不显示，符号显示为灰色，箭头的大小与施加的载荷与比例。

命令默认：不显示面载荷符号。

使用提示：该命令确定在实体模型显示中，怎样来显示面载荷。如果面载荷施加到了实体模型的某个实体上，除非使用了转换命令，否则只有显示实体模型时，才会出现载荷符号，而在节点和单元显示时不会显示载荷的符号。相类似，若面载荷施加在节点和单元上，则显示实体模型时，也不会显示出载荷的符号。对于壳单元模型的节点和单元显示，只有在当前视角方向的载荷面是可见时，面载荷的符号才会显示出来。

9. "/PBF"命令

GUI：**Utility Menu > PlotCtrls > Symbols**

使用功能：在显示时，显示出体载荷的大小，参考图7-32。

使用格式：/PBF, *Item*, --, *KEY*

其中：

Item：有效的体载荷标签。它们有 TEMP、FLUE、HGEN、JS、JSX、JSY、JSZ、PHASE、MVDI、CHRGD、VLTG、FORC。

KEY：符号显示控制键，若为 0，不显示体载荷等值线；若为 1，显示体载荷等值线；若为 2，用向量显示当前的密度。

命令默认：不显示体载荷等值线。

使用提示：对于所选择的单元用等值线的方式显示体载荷。使用"/PBF, STAT"可显示当前的设置，用"/PBF, DEFA"可以恢复默认值。命令"/PBF"的效应不会累加，如果在一个分析中执行了命令"/PBF"多次，则只有最靠近执行"/PBF"命令的设置才有效。

10. "/PICE" 命令

GUI：**Utility Menu > PlotCtrls > Symbols**

使用功能：在显示时，将单元上的初始条件用等值线表示，参考图 7-32。

使用格式：/PICE, *Item*, --, *KEY*

其中：

Item：有效的标签名。当前可用的只有：VFRC（即为体积分数）。

KEY：符号显示控制键，若为 0，不显示初始条件；若为 1，用等值线显示初始条件。

使用提示：对于所选择的单元，用等值线来显示施加的初始条件。使用"/PICE, STAT"可显示当前的设置，用"/PICE, DEFA"可以恢复默认值。

7.4.3 视图模式控制（Plot Control）

1. "/TYPE" 命令

GUI：**Utility Menu > PlotCtrls > Style > Hidden-Line Options**

使用功能：指定显示的类型，如图 7-33 所示。

使用格式：/TYPE, *WN*, *Type*

其中，*Type*：显示的类型控制。对于光栅模式显示，其默认值为 ZBUF；对于向量模式显示，其默认值为 BASIC。它的值有：

- BASIC 或 0：基本显示方式，即没有隐藏和截面操作。
- SECT 或 1：剖面显示即平面示图，使用命令"/CPLANE"可以定义切面。
- HIDC 或 2：质心隐藏显示，以实体的质心类别为依据。
- HIDD 或 3：面隐藏显示，以面质心分类。
- HIDP 或 4：精确的隐藏显示，类似于 HIDD，但有更多的精度检查。

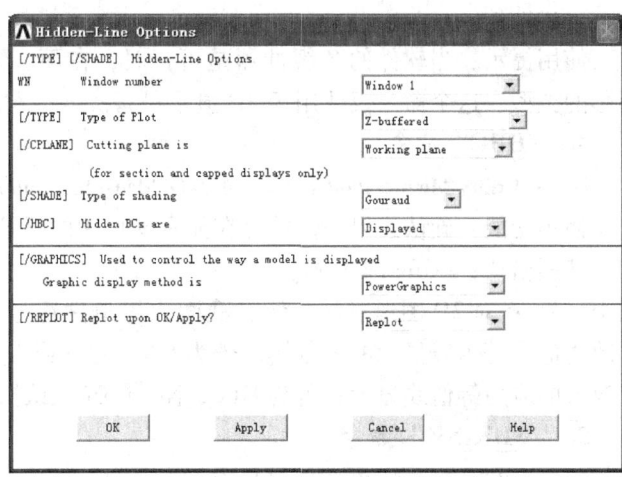

图 7-33 隐藏显示对话框

- CAP 或 5：去掉切面后的隐藏显示，类似于 SECT 和 HIDD 的组合。
- ZBUF 或 6：Z 缓冲器显示，类似于 HIDD，但使用了 Z—缓冲器。
- ZCAP 或 7：去掉切面的 Z—缓冲器显示。
- ZQSL 或 8：QSLICE Z—缓冲器显示。
- HQSL 或 9：QSLICE 精确隐藏显示。

使用提示：确定显示的类型，像剖面显示或隐藏线显示，使用"/DEVICE"命令可以指定光栅或向量模式。其中剖面或"切"平面是由命令"/CPLANE"指定的，并与在焦点的视角向量垂直或者就是工作平面。

当使用了 PowerGraphics，剖面显示选项对于内外结果使用不同的平均技巧。由于不同的平均技术，在过渡区域可能会出现不规则形状，通过执行命令"AVRES,FULL"可以消除这些不规则。

2. "/CPLANE" 命令

GUI：Utility Menu > PlotCtrls > Style > Hidden-Line Options

使用功能：对剖面和去掉切面显示指定切平面，参考图 7-33。

使用格式：/CPLANE,KEY

其中，KEY 为切平面控制键，若为 0，切平面垂直于视图向量，并通过焦点（默认值）；若为 1，工作平面就是切平面。

3. "/SHADE" 命令

GUI：Utility Menu > PlotCtrls > Style > Hidden-Line Options

使用功能：与 Z 缓冲器一起指定表面阴影的类型，参考图 7-33。

使用格式：/SHADE,WN,Type

其中，Type：阴影的类型。它的值有

- FACET 或 0：方格阴影法即每个小面上有一种颜色（默认设置）。
- GOURAUD 或 1：Gouraud 光滑阴影法，即以顶点的颜色进行插值，对颜色的变化进行光滑化处理。
- PHONG 或 2：Phong 光滑阴影法，即以顶点的法向进行插值，对颜色的变化进行光滑化处理。

使用提示：当软件的 Z 缓冲器是可行时，在面、体和 PowerGraphics 显示时，指定表面阴影的类型。这个命令仅适用于 2D 显示设备。

4. "/HBC" 命令

GUI：Utility Menu > PlotCtrls > Style > Hidden-Line Options

使用功能：确认边界条件符号在显示窗口中的显示方式，参考图 7-33。

使用格式：/HBC,WN,Key

其中，Key：对 2D 图形显示，使隐藏面边界条件符号显示的控制键，或对 2D 和 3D 显示，对改善应力等值线显示的控制键。若为 ON、YES 或 1，则在隐藏面上显示 BC 符号和使用一个改善的应力等值线显示；若为 OFF、NO 或 0（默认），将不显示 BC 符号。

5. "/SHRINK" 命令

GUI：Utility Menu > PlotCtrls > Style > Size and Shape

使用功能：为了显示清楚，对单元、线、面和体进行收缩，如图 7-34 所示。

使用格式：/SHRINK,*RATIO*

其中，*RATIO* 为收缩率，其值介于 0.0 ~ 0.5 之间，默认值为 0.0 即没有收缩，当其值大于 0.5 时，都视为 0.1，即为 10% 的收缩率。

使用提示：对单元、线、面和体进行收缩，这样可以使相邻的实体分开，实体之间显示更加清晰。这个命令不适用于 P 单元。

6．"/ESHAPE" 命令

GUI：**Utility Menu > PlotCtrls > Style > Size and Shape**

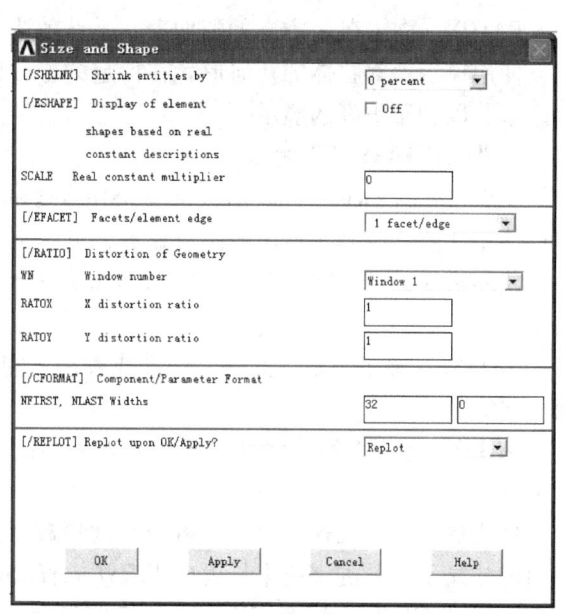

使用功能：根据实常数或剖面定义来确定单元的显示。

使用格式：/ESHAPE,*SCALE*,*Key*

其中，*SCALE* 为缩放系数，它的值有：

- 0：对线和面单元使用简单的显示方式（默认设置）。
- 1：使用实常数或截面定义来形成单元的实体形状显示。
- *FAC*：实常数乘以 *FAC* 如壁厚等，用来形成单元的实体形状显示。*FAC* 必须要大于 0.01。

图 7-34　大小与形状设置对话框

Key：当前壳厚度控制键。

- 0：在壳单元的实体形状显示中，使用当前的厚度（默认设置），仅适用于单元 SHELL181、SHELL208、SHELL209 和 SHELL281。
- 1：在壳单元的实体形状显示中，使用初始厚度。

使用提示：对于梁、壳和某些特定要求的单元，允许其根据实常数或剖面类型来确定单元实体形状的显示。单元 SOLID65 在显示时，用其内部的线来表示钢筋的大小和方向。在每个单元中具有最大体积比率的钢筋将用红色的线表示，其次是用绿色，最小的显示为蓝色。

单元 BEAM188 和 BEAM189 将根据剖面定义命令确定的形状来显示实体，使用其内部线来显示交叉网格。对于 PowerGraphics，在后处理阶段也可以使用单元来显示等值线。对于静态或瞬态分析，为了浏览单元 BEAM188 和 BEAM189 的 3D 变形形状，可以执行命令 "OUTRES,MISC" 或 "OUTRES,ALL"。

当显示单元 BEAM4 和 BEAM44 的应力时，热翘曲应力将不包含在应力显示中。

7．"/RATIO" 命令

GUI：**Utility Menu > PlotCtrls > Style > Size and Shape**

使用功能：设置目标几何形状扭曲的比率，参考图 7-34。

使用格式：/RATIO,*WN*,*RATOX*,*RATOY*

其中：

RATOX：物体在 X 方向的扭曲率，默认值为 1。

RATOY：物体在 Y 方向的扭曲率，默认值为 1。

使用提示：对物体的几何形状在特定的方向扭曲。如将一个长窄的剖面扭曲成一个正方形区域，以利于更好的显示。

8. "/CFORMAT" 命令

GUI：**Utility Menu > PlotCtrls > Style > Size and Shape**

使用功能：控制字符串的图形显示，见图 7-34。

使用格式：/CFORMAT, *NFIRST*, *NLAST*

其中：

NFIRST：显示参数、元件、部件或表格名的前 *n* 个字符，最多可达到 32 个字符，默认值为 32。

NLAST：显示参数、元件、部件或表格名的后 *n* 个字符，最多可达到 32 个字符，默认值为 0。

使用提示：使用这个命令，可以控制参数、元件、部件或表格名，其字符串长度在图形窗口中的显示。总的字符串长度(*NFIRST* + *NLAST* + 3)不能超过 32 个字符。如果 *NFIRST* 大于 0 而 *NLAST* = 0，则只有 *NFIRST* 个字符显示，后面跟随一个省略号。

9. "/EDGE" 命令

GUI：**Utility Menu > PlotCtrls > Style > Edge Options**

使用功能：仅显示一个物体的"边缘"，如图 7-35 所示。

使用格式：/EDGE, *WN*, *KEY*, *ANGLE*

其中：

KEY：边缘显示控制键，对于单元显示，若为 0，显示所有相邻单元面之间的公共线，若为 1，仅显示边缘轮廓。对于等值线显示，若为 0，仅显示边缘轮廓；若为 1，所有单元面的公共线。

ANGLE：两个面之间的最大角度（介于 0°~180°），在这个范围之内的面将可考虑为共面，默认值为 45°。一个小的角度会产生更多的边缘，而大的角度则会产生较少的边缘。

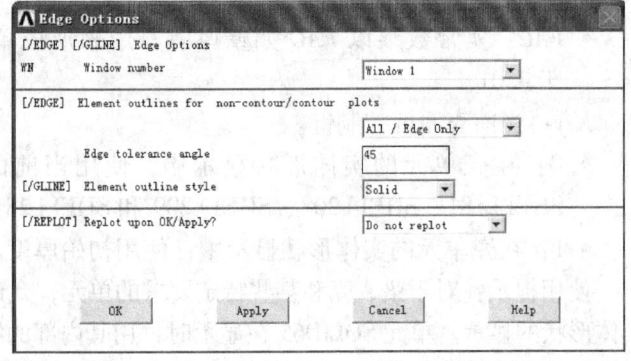

图 7-35 边缘显示设置对话框

命令默认：单元显示，显示所有相邻单元面之间的公共线；等值线显示，仅显示边缘轮廓。

使用提示：在 PowerGraphics 中，*ANGLE* 变量可用来确定几何不连续性，对被考虑表面的法向之间的差距来说，它是一个误差值。一个表面可以显示为没有内部细节仅有一个边缘的轮廓，可用在几何和后处理的显示中。对于几何和位移显示时单元轮廓通常显示为实体的线，单元的边中节点被忽略。

10. "/GLINE" 命令

GUI：**Utility Menu > PlotCtrls > Style > Edge Options**

使用功能：指定单元轮廓的类型，参考图 7-35。

使用格式：/GLINE,WN,STYLE

其中，STYLE：轮廓类型控制键，若为 0，实线单元轮廓(默认值)；若为 1，虚线单元轮廓；若为 -1，不显示单元轮廓。

使用提示：确定单元轮廓的显示格式。当要显示节点编号时，可用来防止单元网格线覆盖节点编号。

11. "/CONTOUR" 命令

GUI：**Utility Menu > PlotCtrls > Style > Contours > Uniform Contours**

使用功能：在应力显示时指定均布等值线的值，如图 7-36 所示。

使用格式：/CONTOUR,WN,NCONT,VMIN,VINC,VMAX

其中：

NCONT：等值线的条数，默认值为 9 条，对于 3D 设备，默认的图形窗口显示是一个光滑连续阴影效应，横跨 128 条可以利用的等值线。插图说明将采用 9 个颜色框表示，它覆盖了图形窗口中显示的颜色范围。

VMIN：等值线的最小值。若 VMIN = AUTO，将根据 NCONT 自动在最小和最大范围内计算等值线的值；若 VMIN = USER，指定的值将作为最小的等值线显示。

VINC：等值线之间的增量，默认值为 (VMAX - VMIN)/NCONT。

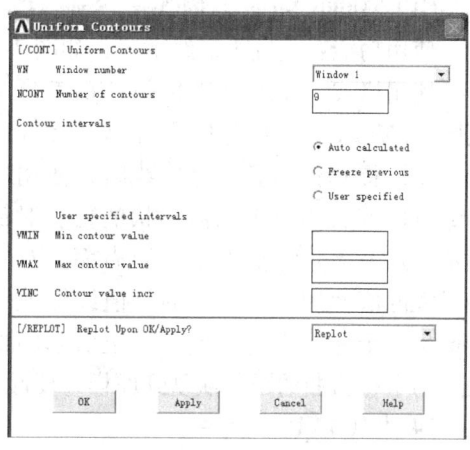

图 7-36 均匀等值线的设置对话框

VMAX：等值线的最大值，如果指定了 VMIN 和 VINC，则被忽略。

命令默认：9 条等值线均匀分布在给定的值之间。

使用提示：在向量模式时，用数值来表示等值线，当为光栅模式时，用彩色云图来表示等值线。如图 7-37 所示。

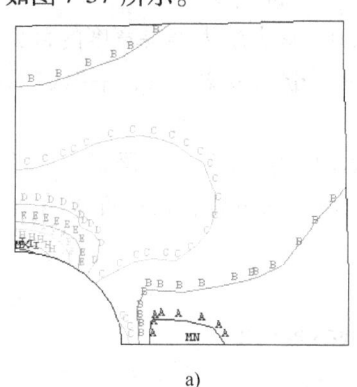

a)

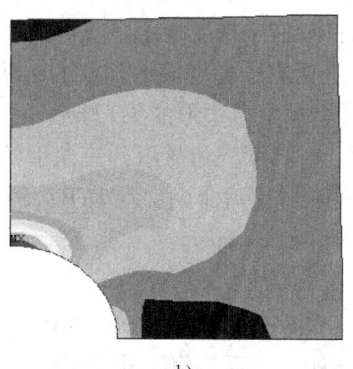

b)

图 7-37 等值线的显示结果

a) 向量模式 b) 光栅模式

12. "/CVAL" 命令

GUI：**Utility Menu > PlotCtrls > Style > Contours > Non-uniform Contours**

使用功能：在应力显示时，指定非均匀等值线的值。

使用格式：/CVAL, *WN*, *V1*, *V2*, *V3*, *V4*, *V5*, *V6*, *V7*, *V8*

其中，*V1*, *V2*, …, *V8*：按升序方式最多可以指定 8 条等值线。0 值不能指定为最后的值。如果没有值指定，所有的等值线设置被删除，等值线然后自动计算。

使用提示：除了等值线的值可以指定外，该命令类似于命令"/CONTOUR"，如果这两个命令同时使用，则以执行最后的那个命令为依据。

13. "/SSCALE" 命令

GUI：**Utility Menu > PlotCtrls > Style > Contours > Contour Style**

使用功能：设置等值线乘子，如图 7-38 所示。

使用格式：/SSCALE, *WN*, *SMULT*

其中，*SMULT*：等值线因子。默认值为 0.0。

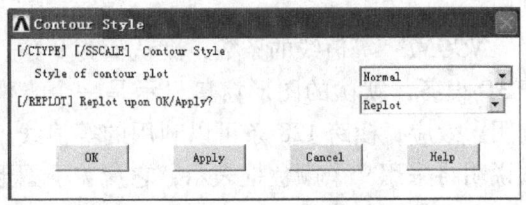

图 7-38　等值线模式设置对话框

使用提示：当显示等值线时，使用这个命令可以缩放相对于几何形状的值。对剖面显示，这个提升将垂直于剖面表面。对一个相对大的值使用一个非零的等值线缩放因子会产生一个非常大的扭曲，甚至引起图像消失。为了将扭曲的图像恢复到原样，要减少缩放因子。

14. "/CTYPE" 命令

GUI：**Utility Menu > PlotCtrls > Style > Contours > Contour Style**

使用功能：指定等值线显示的类型，如图 7-38 所示。

使用格式：/CTYPE, *KEY*, *DOTD*, *DOTS*, *DSHP*, *TLEN*

其中：

KEY：等值线类型控制键。若为 0，使用标准的等值线显示（默认设置）；若为 1，采用等值面显示；若为 2，采用粒子梯度显示；若为 3，采用带三角符号的梯度显示。

DOTD：对粒子梯度显示，点密度的最大值，默认值为 30 个。

DOTS：对粒子梯度显示，点的大小，默认值是 0.0。它表示为屏幕宽度的百分数。

DSHP：对粒子梯度显示，点的形状。若为 0，是一个圆点；若为 1，平面的 3D 多面体；若为 n，具有 n 个多边形的 3D 球形。

TLEN：对梯度三角显示，三角形的最大长度，默认值为 0.067，为屏幕宽度的百分数。

使用提示：使用命令"/CTYPE, STAT"可以显示当前的设置，仅标准等值线和等值面显示支持 PowerGraphics。

15. "/CLABEL" 命令

GUI：**Utility Menu > PlotCtrls > Style > Contours > Contour Labeling**

使用功能：设置等值线的文字标注。

使用格式：/CLABEL, *WN*, *KEY*

其中，*KEY*：文字标注控制键，若为 0 或 1，用文字或颜色标注等值线；若为 –1，不进行标注；若为 *N*，其作用类似于 1，但仅每隔 *N* 个单元显示其文字注解。

使用提示：对于向量显示模式用文字来标注等值线，对于光栅模式显示用颜色来显示。为了清晰起见，等值线的条数会自动减少到 9 条。使用命令"/CONTOUR"可以增加等值线的条数。但对于文字标注最多只能指定 24 条，对于云图显示方式则没有限制。

16. "/GROPT" 命令

GUI：Utility Menu > PlotCtrls > Style > Graphs > Modify Axes
　　　Utility Menu > PlotCtrls > Style > Graphs > Modify Curve
　　　Utility Menu > PlotCtrls > Style > Graphs > Modify Grid

使用功能：设置各种线的图形显示选项。

使用格式：/GROPT,Lab,KEY

其中：

Lab：从下列有效标签中选择一个用来作为显示的模式。

- AXDV：图形坐标轴线均匀分布标记，对 KEY = ON 时为默认值。
- AXNM：坐标轴线刻度数，对于 KEY = ON 时为默认值，即刻度数位于图形的后面。若 KEY = FRONT，刻度数位于图形前面。
- AXNSC：坐标轴线刻度值的缩放因子，默认值为 1.0，对于 KEY，输入缩放值。
- ASCAL：对于多曲线图形显示即为"/GRTYP,2 或 3"，另外一条 Y 轴的自动缩放，对于 KEY = ON 时为默认值。若 KEY = OFF，使用第一条 Y 轴的缩放。
- LOGX, LOGY：对 X 和 Y 的刻度值分别取对数，对于 KEY = OFF 时为默认值。
- FILL：在曲线下面用颜色填充，对于 KEY = OFF 时为默认值。
- CGRID：添加背景网格，对于 KEY = OFF 时为默认值。
- DIG1：对于坐标轴的刻度值来说，小数点前数字的位数，默认时为 4 位。
- DIG2：对于坐标轴的刻度值来说，小数点后数字的位数，默认时为 3 位。
- VIEW：用于图形显示的视图控制键，对于 KEY = OFF 时为默认值，此时对于 2D 来说视图方向为 (0,0,1) 对于 3D 是 (1,2,3)。如果 KEY = ON，对于图形显示的视图设置与对模型的设置是相同的。
- REVX, REVY：按反序的方式分别在 X 轴、Y 轴上输出值。
- DIVX, DIVY：分别确定在 X 轴、Y 轴上的等份数。
- LTYP：确定是否由 ANSYS 生成 (KEY = 1) 或系统导出 (KEY = 0) 将用于轴线标签的字体。
- CURL：确定曲线标签的位置。如果 KEY = 1，曲线标签将显示在注解栏里，并与曲线用相同的颜色显示；如果 KEY = 0，曲线标签将靠近曲线显示（默认设置）。
- XAXO：当使用这个选项时，对于 X 轴，下面的值 KEY 将确定为一个偏离默认位置的值，若为 KEY = 1.0，X 轴移动到图形的顶端；若为 KEY = 0.5，X 轴偏移到图形的中部。对于任何偏移，一个灰色的轴线都保留在原位置不变。
- YAXO：其功能与标签 XAXO 相同，这里的轴线是 Y 轴。

KEY：选项值。它的值是下列之一。

- OFF 或 0：不施加选择的模式。
- ON 或 1：施加所选择的模式。
- nnnn：如果 Lab 标签是 DIG1 和 DIG2，输入数字的位数。

- *nn*：如果 *Lab* 标签是 AXNSC，输入缩放因子。
- FRONT：如果 *Lab* 标签是 AXNM 时，才能使用。
- *Ndiv*：如果 *Lab* 标签是 DIVX 和 DIVY，施加到坐标轴线上的等份数。可以介于 1～99 之间。
- K*font*：如果 *Lab* 是 LTYP，为 ON 表示轴线使用 ANSYS 生成的字体；OFF 表示由系统生成的字体，默认值是 ON。

使用提示：在图形显示时设置各种各样的线，执行命令"/GROPT,STAT"可以显示当前的位置，执行命令"/GROPT,DEFA"可以恢复其默认设置。除非执行了命令"/GROPT,VIEW,ON"，否则 ANSYS 给出信息即不能使用图形视图控制。

17. "/GRID" 命令

GUI：Utility Menu > PlotCtrls > Style > Graphs > Modify Grid

使用功能：在图形显示时选择网格的类型，如图 7-39 所示。

使用格式：/GRID,KEY

其中，KEY 为网格类型控制键。若为 0 或 OFF，没有网格显示；若为 1 或 ON，X 和 Y 方向均有网格；若为 2 或 X，仅在 X 方向有网格；若为 3 或 Y，仅在 Y 方向上有网格。

使用提示：选择图形显示时的网格类型，具有多个 Y 轴的图形也可以有多个网格，第 1 条曲线的网格将作为背景网格，其他曲线的网格位于其曲线之下。

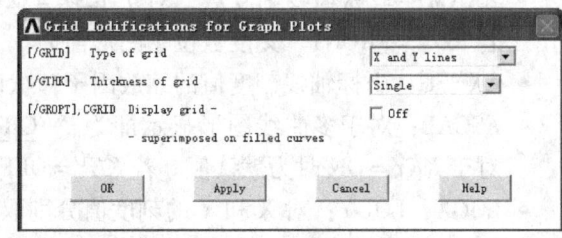

图 7-39　图形网格操作对话框

18. "/GTHK" 命令

GUI：Utility Menu > PlotCtrls > Style > Graphs > Modify Axes
　　　Utility Menu > PlotCtrls > Style > Graphs > Modify Curve
　　　Utility Menu > PlotCtrls > Style > Graphs > Modify Grid

使用功能：设置图形显示线的宽度，参考图 7-39。

使用格式：/GTHK,Label,THICK

其中：

Label：将要施加宽度的线标签。若为 AXIS，修改坐标线的宽度；若为 GRID，改变网格线的宽度；若为 CURVE，改变曲线的宽度。

THICK：宽度比率，可以介于 -1～10 之间。若为 -1，不生成曲线，仅显示由命令"/GMARKER"指定的标记；若为 0 或 1，用细线表示；若为 2，为默认值；若为 3，为默认值的 1.5 倍；如此直到 10 为止。

使用提示：仅在光栅模式下，可设置图形显示时的图形线。使用命令"/GTHK,STAT"可以列表出其设置。

19. "/AXLAB" 命令

GUI：Main Menu > Drop Test > Time History > Graph Variables
　　　Main Menu > Drop Test > Time History > List Variables
　　　Utility Menu > PlotCtrls > Style > Graphs > Modify Axes

使用功能：在图形显示时指定 X 和 Y 轴的标签名，如图 7-40 所示。

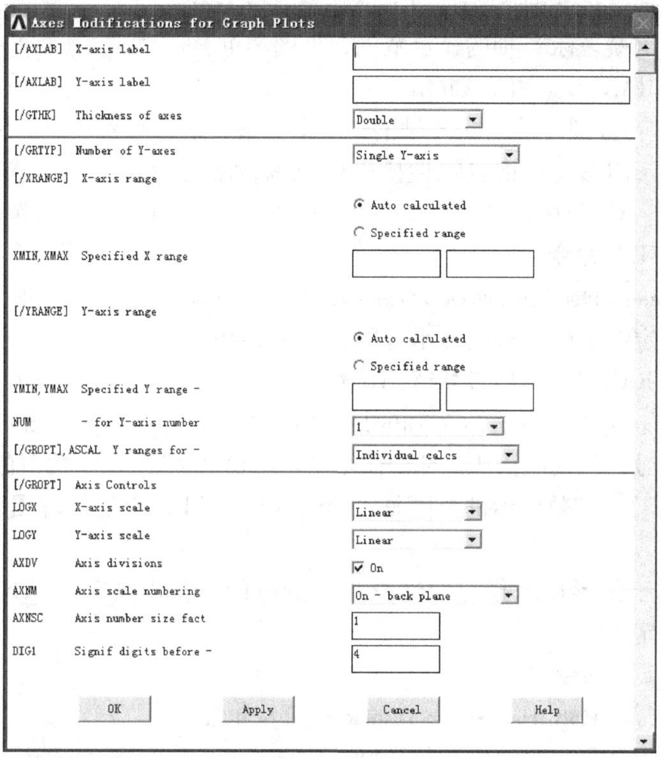

图 7-40　设置轴线标签的对话框

使用格式：/AXLAB,*Axis*,*Lab*

其中：

Axis：指定坐标轴线控制键，若为 X，施加标签到 X 轴上；若为 Y，施加标签到 Y 轴上。

Lab：轴线标签名，其字符个数不能超过 30 个字符，若为空，使用轴线的默认值。

20．"/GRTYP" 命令

GUI：**Utility Menu > PlotCtrls > Style > Graphs > Modify Axes**

使用功能：对于 Y 轴，确定单轴或多轴显示，见图 7-40。

使用格式：/GRTYP,*KAXIS*

其中，*KAXIS*：Y 轴显示控制键。它的值有：

- 0 或 1：使用单个 Y 轴，最多可以显示 10 条曲线。
- 2：使用另外的 Y 轴，一条曲线对应于 1 个 Y 轴，最多可以指定 3 条曲线，对于不同的数值范围，将使用一个较好的曲线缩放。
- 3：与 2 相类似，但具有可以伸出平面外的附加 Y 轴和曲线，最多可以生成 6 条曲线，为了清晰显示，可以用等视图，其默认的视图是 "VIEW,1,1,2,3"。

使用提示：基本线图是在同一个 X 和 Y 坐标上显示一条或多条曲线。多条曲线显示也可以在一个 X 轴和多个 Y 轴坐标中显示。第 1 条曲线的 Y 轴将作为基本的 Y 轴，其他曲线的 Y 轴将作为附加的 Y 轴。曲线将按其显示的顺序从 1 开始进行标号。

21. "/XRANGE" 命令

GUI：**Utility Menu > PlotCtrls > Style > Graphs > Modify Axes**

使用功能：指定横坐标 X 轴的显示范围，见图 7-40。

使用格式：/XRANGE,*XMIN*,*XMAX*

其中，*XMIN*,*XMAX*：分别为横坐标 X 轴的最小值、最大值。其默认值由系统自动确定。

使用提示：对于图形显示指定线性横坐标范围，使用命令"/XRANGE,DEFAULT"可以恢复到自动确定。对于对数坐标，自动缩放常常会产生一个不适合的范围。

22. "/YRANGE" 命令

GUI：**Utility Menu > PlotCtrls > Style > Graphs > Modify Axes**

使用功能：指定纵坐标 Y 轴的显示范围，见图 7-40。

使用格式：/YRANGE,*YMIN*,*YMAX*,*NUM*

其中，*YMIN*,*YMAX*：分别为纵坐标 Y 轴的最小值、最大值。默认为系统自动确定。

NUM：Y 轴编号，默认值为 1。对于命令"/GRTYP,2"，有效数值的范围是 1~3；对于命令"/GRTYP,3"，有效数值的范围是 1~6。若为 ALL，指定的范围应用到所有的纵坐标 Y 轴上。

使用提示：对于图形显示指定线性纵坐标的范围，使用命令"/YRANGE,DEFAULT"可以恢复到自动确定。

23. "/DSCALE" 命令

GUI：**Utility Menu > PlotCtrls > Style > Displacement Scaling**

使用功能：在位移显示时，设置位移乘子，如图 7-41 所示。

使用格式：/DSCALE,*WN*,*DMULT*

其中，*DMULT*：它的值为如下之一。

- AUTO 或 0：自动缩放位移，最大的位移显示为最大模型长度的 5%，并位于整体直角坐标系里，当"NLGEOM"命令关闭时，是默认设置。
- 1：不对位移进行缩放，常使用于大变形的结果中，当命令"NLGEOM"打开时，为默认设置。
- FACTOR：通过由 FACTOR 输入的数值进行缩放。
- OFF：删除位移的缩放乘数，即没有变形。
- USER：设置 *DMULT* 值，可用于下次显示。

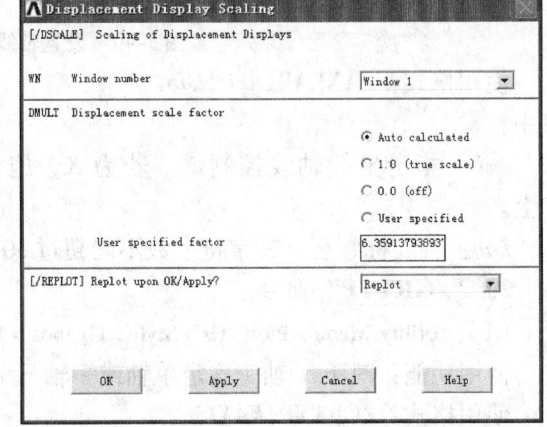

图 7-41 设置位移缩放显示对话框

24. "/EXPAND" 命令

GUI：**Utility Menu > PlotCtrls > Style > Symmetry Expansion >**

   Utility Menu > PlotCtrls > Style > Symmetry Expansion > Expansion by values

   Utility Menu > PlotCtrls > Style > Symmetry Expansion > Modal Cyclic Symmetry

   Utility Menu > PlotCtrls > Style > Symmetry Expansion > Periodic/Cyclic Symmetry Expansion

使用功能：对分析结果模型进行扩展显示。

使用格式：/EXPAND, Nrepeat1, Type1, Method1, DX1, DY1, DZ1, Nrepeat2, Type2, Method2, DX2, DY2, DZ2, Nrepeat3, Type3, Method3, DX3, DY3, DZ3

其中：

Nrepeat1, Nrepeat2, Nrepeat3：对单元式样需要复制的个数。默认值是0，即没有扩展。

Type1, Type2, Type3：所需扩展的类型，它的值可为下列之一。

- RECT：进行一个 DX、DY 和 DZ 的直角坐标变换。
- POLAR：生成一个极坐标的扩展。其坐标变化为：DR、Dθ 和 DZ。
- AXIS：生成一个 2D 轴对称扩展，即 XY 平面图形绕 Y 轴生成一个 3D 模型。
- LRECT：按局部坐标系生成直角坐标扩展，其坐标变化为 DX、DY 和 DZ。
- LPOLAR：按局部坐标系生成极坐标扩展，其坐标变化为：DR、Dθ 和 DZ。

Method1, Method2, Method3：式样重复生成的方法，它的值为：

- FULL：引起一个式样的正常重复。
- HALF：对于轮流重复使用对称转换。如通过一个轮齿可以生成一个齿轮。

DX1, DY1, DZ1, DX2, DY2, DZ2, DX3, DY3, DZ3：在重复式样时，直角或极坐标的增量。也可以确定反射平面，即是一个由法向量(DX, DY, DZ)确定的平面。如果不要进行转换，可以指定一个小的非零值。

使用提示：使用命令"/EXPAND"最多可以完成三种对称扩展，即一个 1/8 的模型通过 X、Y 和 Z 轴的扩展，可以生成一个全模型。极坐标扩展可以使用轮子的剖面扩展为半个轮子，然后是半个剖面，再后就是整个轮子。对如图 7-42a 所示的结果显示，执行命令"/EXPAND, 4, POLAR, HALF, ,90"后，生成的结果如图 7-42b 所示。

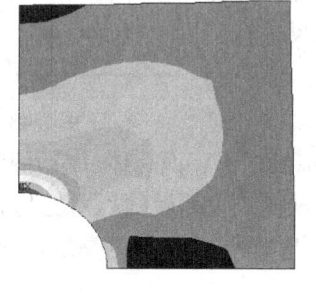 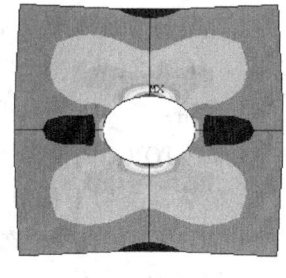

a)   b)

图 7-42　直角坐标扩展的示例
a) 扩展前的结果　b) 扩展后的结果

该命令显示的是执行命令"EPLOT"或后处理命令所生成的单元结果。它可应用于所有的单元和结果显示中，但该命令有下列限制。

1) 不支持实体模型。

2) "POLAR, FULL 或 HALF"操作仅适用于整体圆柱坐标系，不受"DSYS"和"RSYS"的影响。直角对称或非对称操作也仅适用于整体直角坐标系。

3) 尽管使用了平均显示，但通过扇区边界的节点结果不会使用平均值。

命令"/EXPAND"和"EXPAND"之间是有显著区别，主要表现在：

1) 命令"/EXPAND"的使用更加自然；而命令"EXPAND"主要是有意地扩展模态循环对称结果。

2) "/EXPAND"并不像命令"EXPAND"一样去改变数据。

3) 不能通过命令"/EXPAND"来输出结果显示。

7.4.4 图形窗口显示控制(Windows Control)

1. "/DEVICE"命令

GUI：**Utility Menu > PlotCtrls > Device Options**
　　　Utility Menu > PlotCtrls > Font Controls > Entity Font
　　　Utility Menu > PlotCtrls > Font Controls > Legend Font
　　　Utility Menu > PlotCtrls > Redirect Plots > To PSCR File

使用功能：控制图形设备显示选项，如图 7-43 所示。

使用格式：/DEVICE,Label,KEY

其中：

Label：设备功能有效标签。它的值为下列之一。

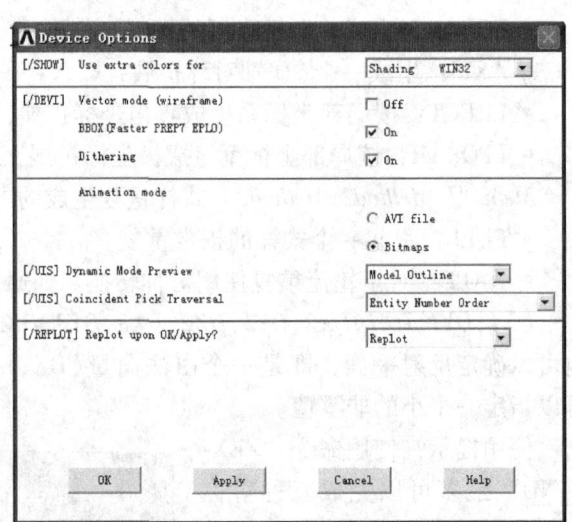

图 7-43　图形显示设备设置对话框

- BBOX：边界框模式。如果 *KEY* = 1 (ON)，包含模型的边界框可以显示和旋转，在前处理中为默认设置。若 *KEY* = 0(OFF)，涉及到单元显示的动态旋转相对较慢，这在后处理中是默认方式。如果执行了"/EDGE,WN,1"则这个选项会忽略。
- VECTOR：向量模式。在该模式下，面、体、单元和后处理显示的几何体都将为一个轮廓即类似于骨架。当向量模式关闭后(默认设置)，这些实体都将会用颜色填充。
- DITHER：当这个选项打开时(默认)，颜色亮度过渡是光滑的。仅适用于具有光滑阴影图像的实体。
- ANIM：在 PC 平台的 2D 设备上，设置动画类型。一个 *KEY* = BMP 或 0 的值设置动画模式为 ANSYS 动画控制器(默认)；一个 *KEY* = AVI 或 2 的值设置动画模式为 AVI 电影播放器文件。
- FONT：用于 ANSYS 图形窗口的字体选择。当 *Label* = FONT，命令格式为：/DEVICE, FONT,*KEY,Val1,Val2,Val3,Val4,Val5,Val6*。

其中，*KEY* 确定控制哪种字体类型，值 1~6 控制各种字体参数。注意这些值是设备指定的，在不同的机器上使用相同的输入文件可能会得到不同的结果，下面的值确定了对于不同机器的字体信息。由于篇幅的关系在这里仅列出 PC 机上这 6 个值的意义。值 1 是一个字符串，表示为字体；值 2 表示是否加粗，介于 0~1000 之间；值 3 表示为方向，用 1 度的十分之一；值 4 表示高度，用逻辑单位；值 5 表示宽度，用逻辑单位；值 6 表示斜体(0 = OFF,1 = ON)。

- TEXT：用于 ANSYS 图形窗口的文本大小设置。使用这个标签，命令"/DEVICE"需要下面的格式："/DEVICE, TEXT, *KEY*, *PERCENT*"。其中对于 LEGEND 字体用 *KEY* = 1；对于 ENTITY 字体用 *KEY* = 2。*PERCENT* 指定新的文本大小是默认文本大小的百分数。如果 PERCENT = 200，则新的文本大小是默认文本大小的 2 倍。

KEY：控制键，若为 OFF 或 0，则关闭指定的功能；若为 ON 或 1，将指定的功能打开，并指定为 LEGEND 字体；若为 2，指定为 ENTITY 字体；若为 3，指定为 ANNOTATION/GRAPH 字体。

使用提示：命令选项"/DEVICE, BBOX"不支持 POST1 和 SOLUTION；如果使用"/DEVICE, BBOX, ON"和"/EDGE, WN, 1, ANGLE"，则单元可以显示和旋转。

2. "/WINDOW" 命令

GUI：Utility Menu > PlotCtrls > Window Controls > Copy Window Specs
　　　Utility Menu > PlotCtrls > Window Controls > Delete Window
　　　Utility Menu > PlotCtrls > Window Controls > Window Layout
　　　Utility Menu > PlotCtrls > Window Controls > Window On or Off

使用功能：定义屏幕上的窗口大小。

使用格式：/WINDOW, *WN*, *XMIN*, *XMAX*, *YMIN*, *YMAX*, *NCOPY*

其中：

XMIN, *XMAX*, *YMIN*, *YMAX*：定义窗口大小的屏幕坐标。屏幕坐标从 -1.0 整齐地变化到 1.67，其原点在屏幕的中心，如（-1, 1.67, -1, 1）是一个全屏幕。若 *XMIN* = OFF，关闭这个原先已定义的窗口，若为 ON，激活这个已定义的窗口，若为 FULL、LEFT、RIGH、TOP、BOT、LTOP、LBOT、RTOP、RBOT，分别指全屏幕窗口、半屏幕窗口和四分之一屏幕窗口；若为 SQUA，在当前图形面上形成一个最大的正方形窗口；若为 DELE，删除这个窗口。

NCOPY：从 *NCOPY* 窗口复制当前的设置到这个窗口，如果 *NCOPY* 为空（blank）或 0，没有任何设置要复制。*NCOPY* 的值介于 1~5。

使用提示：指定屏幕上窗口的大小，窗口可以占据屏幕的一部分或者相互重叠，按照所选择的窗口设置在所有窗口上可以形成所需要的显示。

3. "/PLOPTS" 命令

GUI：Utility Menu > PlotCtrls > Window Controls > Reset Window Options
　　　Utility Menu > PlotCtrls > Window Controls > Window Options

使用功能：在随后的显示中控制图形的选项，如图 7-44 所示。

使用格式：/PLOPTS, *Label*, *KEY*

其中：

Label：其值可以是下列标签之一。

- INFO：控制图形注解的显示，允许预置的选择或布置多个注解。由 *KEY* 的值进行控制，在 GUI 方式下，其默认值为 *KEY* = 3，否则为 *KEY* = 2。
- LEG1：注解栏中的标题部分，默认

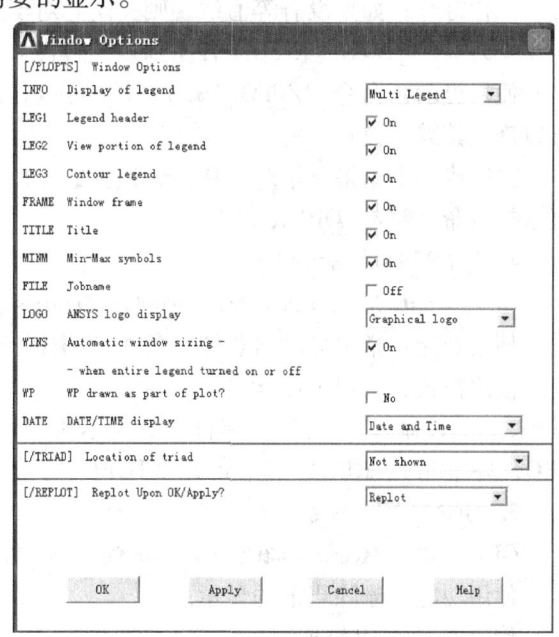

图 7-44　窗口选项控制对话框

值为 ON。
- LEG2：注解栏中的视图部分，默认值为 ON。
- LEG3：注解栏中等值线注解部分，默认值为 ON。
- FRAME：沿窗口周围的边界线，默认值为 ON。
- TITLE：用户用命令"/TITLE"指定的标题，默认值为 ON。
- MINM：在等值线显示时其最小值—最大值的符号，默认值为 ON。
- LOGO：ANSYS 的标识符，默认值为 OFF，即作为文本显示在注解栏的顶部。若 KEY = ON，文本从注解栏中删除，显示 ANSYS 标识符。
- WINS：随着注解栏的关闭或打开，控制图形窗口自动伸展和收缩以适应屏幕大小的变化。若为 WINS = ON，且注解栏从 OFF 转换到 ON，所有窗口都将收缩而不管其正确的尺寸是多少。
- WP：工作平面，默认为 OFF。工作平面被提出并作为显示的一部分。该选项最适合于与隐藏线技术一起使用。
- DATE：在注解栏中控制时间和日期的显示。随后的 KEY 值控制着显示。若 KEY = OFF 或 0，没有日期和时间的显示；若 KEY = 1，仅显示日期；若 KEY = 2，时间与日期都显示(默认设置)。
- FILE：控制工作文件名在注解栏中的显示，随后的 KEY 值控制着显示的方式。若 KEY = OFF 或 0(默认设置)，不显示工作文件名；若 KEY = ON 或 1，显示工作文件名。

KEY：开关控制键，它的值可选择下列值之一。
- OFF 或 0：不显示这个项，对于 Label = DATE，没有时间和日期显示。
- ON 或 1：显示所指定的项，对于 Label = DATE，仅显示日期。
- AUTO 或 2：对于 Label = INFO，初始化自动标注模式。如果显示有等值线，这个注解栏打开；如果没有等值线，则关闭。对于 Label = DATE，将显示日期和时间。
- 3：对于 Label = INFO，转换到多注解栏显示模式。

使用提示：命令"/PLOPTS,STAT"可以显示出当前的设置；命令"/PLOPTS,DEFA"可以恢复其默认设置。

当完成多个结果显示时，在注解栏上的等值线说明会删除，可为了避免这种情况出现，可以执行命令"/PLOPTS,LEG1,0"。

4. "/TRIAD" 命令

GUI：**Utility Menu > PlotCtrls > Window Controls > Window Options**

使用功能：指定显示出总体直角 XYZ 坐标三角符号的位置。

使用格式：/TRIAD,Lab

其中，Lab 控制 XYZ 三角坐标符号的显示位置。它的值有：ORIG(原点)、OFF(不显示)、LBOT(左下角)、RBOT(右下角)、LTOP(左上角)、RTOP(右上角)。

5. "ERASE" 命令

GUI：**Utility Menu > PlotCtrls > Erase Options > Erase Screen**

使用功能：删除当前的显示。

使用格式：ERASE

使用提示：类似于硬件屏幕的删除键，在随后显示之前删除屏幕，这样可在一个清晰的屏幕进行显示。这个命令自动地包含在命令"NPLOT"和"EPLOT"之中。如果命令"/NOERASE"被激活，执行"ERASE"命令仅清除掉显示的区域，随后的重新显示将显示出在执行命令"/NOERASE"之前的内容。

6. "/GTYPE" 命令

GUI：**Utility Menu > PlotCtrls > Multi-Plot Controls**

使用功能：控制命令"GPLOT"显示的实体，如图7-45所示。

使用格式：/GTYPE,*WN*,*LABEL*,*KEY*

其中：

LABEL：它表示着将要显示的实体类型。它的值有：NODE、ELEM、KEYP、LINE、AREA、VOLU、GRPH。

KEY：开关控制键，若为0，关闭指定的实体类型；若为1，打开指定的实体。

使用提示：该命令控制命令"GPLOT"实体显示的类型，在默认方式，实体标签 NODE、ELEM、KEYP、LINE、AREA 和 VOLU 处于打开状态。当 ELEM 被激活时，通过命令"GCMD"可控制单元显示命令。当 GRPH 实体激活时，其他的实体类型将关闭。相反当 NODE、ELEM、KEYP、LINE、AREA和VOLU 标签之一被激活时，而 GRPH 实体类型则关闭。

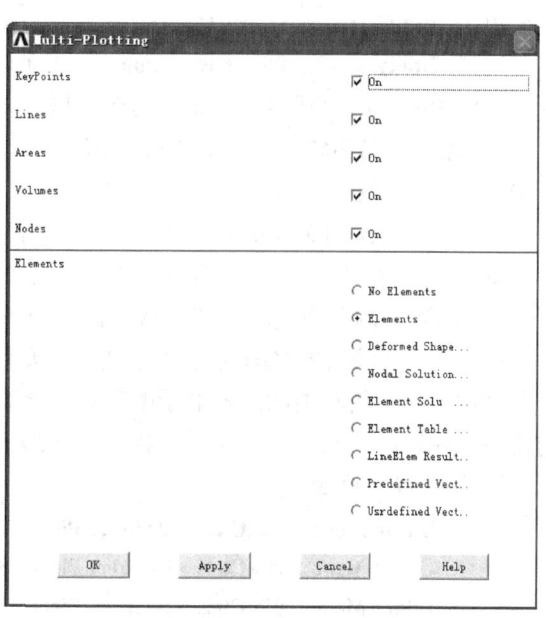

图7-45　多项实体显示控制对话框

7.4.5　动画生成与显示控制（Animate Control）

1. "ANMODE" 命令

GUI：**Utility Menu > PlotCtrls > Animate > Mode Shape**

使用功能：生成一个模态形状的动画。

使用格式：ANMODE,*NFRAM*,*DELAY*,*NCYCL*,*KACCEL*

其中：

NFRAM：捕捉到帧的幅数，默认值为5。

DELAY：动画的延时时间，默认值为0.1秒。

NCYCL：动画循环的次数，默认值为5，仅用于非 UI 模式。

KACCEL：指定加速度类型。若为0，为线加速度；若为1，为正弦曲线加速度。

使用提示：该命令调用 ANSYS 的宏命令，生成一个显示结果操作命令如"PLDISP"的模态形状动画，该命令仅适用于支持"/SEG"命令的图形显示平台，在执行"ANMODE"命令后，通过执行命令"ANIM"可以重复执行这个动画文件。仅在后处理器中有效。

相类似操作的命令有：

GUI：**Utility Menu > PlotCtrls > Animate > Deformed Shape**　　！生成变形形状的动画

使用格式：ANDSCL,*NFRAM*,*DELAY*,*NCYCL*

GUI：**Utility Menu > PlotCtrls > Animate > Deformed Results**　　！生成变形等值线形状的动画
使用格式：ANCNTR, *NFRAM*, *DELAY*, *NCYCL*
GUI：**Utility Menu > PlotCtrls > Animate > Isosurfaces**　　！生成变形等值面动画序列
使用格式：ANISOS, *NFRAM*, *DELAY*, *NCYCL*

2. "ANIM" 命令

GUI：**Utility Menu > PlotCtrls > Animate > Replay Animation**
　　　Utility Menu > PlotCtrls > Animate > Restore Animation

使用功能：用动画的形式显示图形数据。

使用格式：ANIM, *NCYCL*, *KCYCL*, *DELAY*

其中：

NCYCL：动画的循环次数，默认值为 5，仅用于非 UI 模式。

KCYCL：动画的模式，若为 0，连续进行动画循环，即自动前后倒退循环（默认设置）；若为 1，不连续的动画循环，即仅从前往后循环。

DELAY：在动画帧之间的延时时间，默认值为 0.1 秒。

使用提示：用动画的形式显示贮存在局部终端段中的图形数据。这个命令取决于所使用的设备，在动画显示时，不能重新指定图形的大小，否则会导致图形的扭曲显示。

3. "/SEG" 命令

GUI：**Utility Menu > PlotCtrls > Redirect Plots > Delete Segments**
　　　Utility Menu > PlotCtrls > Redirect Plots > Segment Status
　　　Utility Menu > PlotCtrls > Redirect Plots > To Segment Memory

使用功能：将图形数据保存到局部终端内存里。

使用格式：/SEG, *Label*, *Aviname*, *DELAY*

其中：

Label：贮存方式控制键，它的值有：

- SINGL：用单段的方式贮存序列显示图片，并覆盖上次的存贮。
- MULTI：用唯一的段存贮序列显示图片。
- DELET：删除所有当前贮存的段。
- OFF：关闭段的存贮图片操作。
- STAT：显示当前段的状态。
- PC：这个操作仅适用于 PC 版的 ANSYS，并且其动画是使用 AVI 电影播放器播放时也就是"/DEVICE, ANIM, 2"，这个命令添加帧到文件"File.AVI"里，这样动画则按前一后一前的顺序进行，在使用这个选项时，必须要有一个当前的动画文件。

Aviname：当在保存每幅帧时，将要生成的动画文件名。扩展名".AVI"将会自动加到这个文件名的后面，默认值为"Jobname.AVI"。

DELAY：每幅帧之间的延时因子，用秒来表示，默认值是 0.015。

使用提示：将图片数据贮存在终端局部内存里，贮存与显示同时进行。尽管从图形窗口中信息被保存为一个单独的段，但却不能利用段内存进行显示，对于 DISPLAY 程序，变量选项 *Aviname* 和 *DELAY* 被忽略。

4. "ANCUT" 命令

GUI: **Utility Menu > PlotCtrls > Animate > Q-Slice Contours**
　　　Utility Menu > PlotCtrls > Animate > Q-Slice Vectors

使用功能：生成一个变形等值切片云图的动画序列。

使用格式：ANCUT,*NFRAM*,*DELAY*,*NCYCL*,*QOFF*,*KTOP*,*TOPOFF*,*NODE1*,*NODE2*,*NODE3*

其中：

NFRAM,*DELAY*,*NCYCL*：可参考命令"ANMODE"的说明。

QOFF：切片工作平面增量，默认值为 0.1 个半屏幕。

KTOP：拓扑效应打开或关闭，默认值是 NO。

TOPOFF：拓扑偏移（默认值是 0.1 个半屏幕）。

NODE1,*NODE2*,*NODE3*：分别为切片开始的节点、切片方向的节点、切片平面的节点。

使用提示：可参考命令"ANMODE"的说明，并可仿照执行。

5. "ANDATA" 命令

GUI: **Utility Menu > PlotCtrls > Animate > Animate Over Results**

使用功能：在结果数据的范围内生成等值线动画序列。

使用格式：ANDATA,*DELAY*,*NCYCL*,*RSLTDAT*,*MIN*,*MAX*,*INCR*,*FRCLST*,*AUTOCONT*,--,*AUTOCNTR*

其中：

DELAY,*NCYCL*：可参考命令"ANMODE"的说明。

RSLTDAT：在动画序列中使用结果数据的类型。若为 0，表示当前载荷步的数据（默认设置）；若为 1，表示为载荷步的范围；若为 2，则为结果数据的范围。

MIN,*MAX*,*INCR*：分别为指定数据范围的最小、最大值和增量，默认值分别为第 1 个数据点和最后一个数据点，增量的默认值为 1。

FRCLST：强迫所选载荷步中最后子步包括在动画文件中的控制键，默认值为 0。

AUTOCONT：根据值的范围，自动缩放等值线的值，默认值为 0，即不自动缩放。

AUTOCNTR：位移显示中不进行自动对中的值，默认值为 0，即允许自动对中。

使用提示：对于默认的位移缩放，该命令暗含着执行了命令"/DSCALE,1"，对于大的位移不会产生一个好的结果。其他操作可参考命令"ANMODE"的说明。

6. "ANFLOW" 命令

GUI: **Utility Menu > PlotCtrls > Animate > Particle Flow**

使用功能：在流体流动或在改变粒子运动的电或磁场中生成一个粒子流的动画序列。

使用格式：ANFLOW,*NFRAM*,*DELAY*,*NCYCL*,*TIME*,*SPACING*,*SIZE*,*LENGTH*

其中：

NFRAM,*DELAY*,*NCYCL*：可参考命令"ANMODE"的说明。

TIME：总扫描时间（秒），默认值为 0，即全流动扫描。

SPACING：粒子间隔（秒），默认值为 0。

SIZE：粒子的大小，默认值为 0，即一条线。

LENGTH：粒子长度的百分数，默认值为 0.1。

使用提示：*TIME* 选项允许在扫描中设置向前运动的时间间隔。*SPACING* 选项可以用来指定流线上相邻粒子之间的间距(秒)，SIZE 选项用来指定粒子的半径，LENGTH 用来指定粒子长度的百分数。在默认方式，LENGTH = 0.1，意味着粒子占据流动区域的 10%，其他 90% 是一条加颜色的线。当 SIZE 是一个非零时，选项 SPACING 和 LENGTH 才有意义。

其他操作可参考命令"ANMODE"的说明。

7. "ANTIME" 命令

GUI：Utility Menu > PlotCtrls > Animate > Animate Over Time
　　　Utility Menu > PlotCtrls > Animate > Time-harmonic

使用功能：产生随时间变化的等值线动画序列。

使用格式：ANTIME, NFRAM, DELAY, NCYCL, AUTOCNTRKY, RSLTDAT, MIN, MAX

其中：

NFRAM, DELAY, NCYCL：可参考命令"ANMODE"的解释。

AUTOCNTRKY：根据值的范围，自动缩放等值线的值，默认值为 0，即不自动缩放。

A RSLTDAT, MIN, MAX：可参考命令"ANDATA"的解释。

使用提示可参考命令"ANMODE"的说明。

8. "ANDYNA" 命令

GUI：Utility Menu > PlotCtrls > Animate > Dynamic Results

使用功能：生成一个子步之间等值线的动画序列。

使用格式：ANDYNA, DELAY, NCYCL, START, END, INC, AUTOCONTOURKEY

其中：

DELAY, NCYCL：可参考命令"ANMODE"的解释。

START, END：分别为子步的开始、结束时间。START 的默认值为 1，END 的默认值为最大的子步数。

INC：两个子步之间的增量。默认值为 1。

AUTOCONTOURKEY：根据值的整个子步范围，自动缩放等值线的值，默认值为 0，即不自动缩放。

使用提示可参考命令"ANMODE"的说明。

9. "/ANFILE" 命令

GUI：Utility Menu > PlotCtrls > Animate > Restore Animation
　　　Utility Menu > PlotCtrls > Animate > Save Animation

使用功能：一个动画序列的保存或恢复。

使用格式：/ANFILE, LAB, Fname, Ext, --

其中：

LAB：保存或恢复控制键，若为 SAVE，保存当前的动画到文件；若为 RESUME，从一个文件中恢复动画序列。

Fname, Ext：指定的文件名和扩展名，默认的目录是当前工作目录，默认的文件名是"Jobname"，如果为空，则默认的后缀名是".ANIM"。

10. "/IMAGE" 命令

使用功能：捕捉图形屏幕，并保存到文件中。

使用格式：/IMAGE, Label, Fname, Ext, --

其中：

Lab：将要完成的操作选项，若为 CAPTURE，从图形窗口捕捉图像到一个新的窗口；若为 RESTORE，从文件中恢复图像到一个新的窗口；若为 SAVE，保存图形窗口中的内容到文件中；若为 DELETE，删除窗口。

Fname, *Ext*：分别为文件名和扩展名，对 WINDOWS 系统，其默认扩展名为 ".BMP"。

7.5 工作平面与坐标系转换

7.5.1 工作平面的显示与偏移（WP Plot & Offset）

1. "WPSTYL" 命令

GUI：Utility Menu > List > Status > Working Plane
　　　Utility Menu > WorkPlane > Display Working Plane
　　　Utility Menu > WorkPlane > Offset WP by Increments
　　　Utility Menu > WorkPlane > Show WP Status
　　　Utility Menu > WorkPlane > WP settings

使用功能：控制工作平面的显示与样式，如图 7-46 所示。

使用格式：WPSTYL, *SNAP*, *GRSPAC*, *GRMIN*, *GRMAX*, *WPTOL*, *WPCTYP*, *GRTYPE*, *WPVIS*, *SNAPANG*

其中：

SNAP：拾取位置的捕捉增量，最小值是 1E-6。如果为 -1，关闭捕捉功能，默认值为 0.05。

GRSPAC：网格栅点之间的间隔，仅适用于图形表示，与捕捉点无关，默认值为 0.1。

GRMIN, *GRMAX*：指定显示在工作平面上正方形网格的大小，网格的相对角将位于最靠近工作平面坐标 (*GRMIN*, *GRMIN*) 和 (*GRMAX*, *GRMAX*) 的网格栅点上。如果使用了极坐标，则 *GRMAX* 是网格的外半径，而 *GRMIN* 被忽略。如果 *GRMIN* = *GRMAX*，将不显示网格，*GRMIN* 和 *GRMAX* 的默认值分别为 -1 和 1。

WPTOL：公差范围，即当实体偏离工作平面的距离位于这个公差范围内时，可以认为其位于该工作平面上，仅适用于通过拾取顶点位置生成多边形和棱柱。默认值为 0.003。

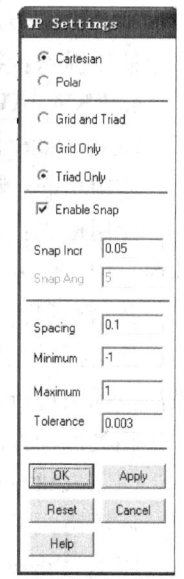

图 7-46　WP 操作框

WPCTYP：工作平面坐标系统类型。若为 0：直角坐标系（默认设置），如果工作平面跟踪打开，更新激活坐标系统也是直角坐标；若为 1：极坐标，如果工作平面跟踪打开，更新的坐标系统是圆柱坐标系；若为 2：极坐标，如果工作平面跟踪打开，更新的坐标系统是球形坐标系。

GRTYPE：网格类型控制键，若为 0，显示网格和工作平面坐标符号；若为 1，仅显示网格；若为 2，仅显示工作平面坐标符号（默认设置）。

WPVIS：网格可见性控制键，若为 0，不显示 *GRTYPE* 内容（默认设置）；若为 1，

显示 GRTYPE 的内容，直角工作平面将显示出直角网格，极坐标平面显示一个极坐标网格。

SNAPANG：捕捉角度(介于0°~180°)。仅适用于 *WPCYTP* =1 或 2，默认值为5°。

使用提示：执行命令 "WPSTYL, DEFA" 可以恢复工作平面的默认设置和式样。使用 "WPSTYL, STAT" 可以列表输出工作平面的当前状态，空域将保持原来的值不变。执行一个不赋任何值的命令 "WPSTYL"，将引发网格的打开或关闭。

2. "WPOFFS" 命令

GUI：Utility Menu > WorkPlane > Offset WP by Increments

使用功能：偏移工作平面，参考图 7-46。

使用格式：WPOFFS, *XOFF*, *YOFF*, *ZOFF*

其中，*XOFF*, *YOFF*, *ZOFF* 为工作平面坐标系统内的偏移增量，若只使用了 *ZOFF*，重新定义一个与当前平面平行的工作平面，其偏移量是 *ZOFF*。

使用提示：沿着坐标系的轴线改变工作平面原点的位置。

3. "WPROTA" 命令

GUI：Utility Menu > WorkPlane > Offset WP by Increments

使用功能：旋转工作平面，参考图 7-46。

使用格式：WPROTA, *THXY*, *THYZ*, *THZX*

其中，*THXY*, *THYZ*, *THZX* 分别绕 Z 轴、X 轴和 Y 轴旋转的角度，其正向为：XY、YZ、ZX。

使用提示：指定的角度值(度)是相对于工作平面的方向。

4. "KWPAVE" 命令

GUI：Utility Menu > WorkPlane > Offset WP to > Keypoints

使用功能：移动工作平面的原点到拾取关键点的中间位置。

使用格式：KWPAVE, *P1*, *P2*, *P3*, *P4*, *P5*, *P6*, *P7*, *P8*, *P9*

其中，*P1*, *P2*,…, *P9*：拾取用于计算平均值的关键点编号，至少要指定一个关键点编号，若 *P1* =P，激活图形拾取操作(仅限于 GUI 方式)。

使用提示：移动工作平面的原点到指定关键点的中心位置，平均值的计算是基于当前的激活坐标系进行。

相类似操作的命令有：

GUI：Utility Menu > WorkPlane > Offset WP to > Nodes   ! 移动到指定节点的中间位置

使用格式：NWPAVE, *N1*, *N2*, *N3*, *N4*, *N5*, *N6*, *N7*, *N8*, *N9*

GUI：Utility Menu > WorkPlane > Offset WP to > Global Origin   ! 移动到指定坐标的中间位置
　　　Utility Menu > WorkPlane > Offset WP to > Origin of Active CS
　　　Utility Menu > WorkPlane > Offset WP to > XYZ Locations

使用格式：WPAVE, *X1*, *Y1*, *Z1*, *X2*, *Y2*, *Z2*, *X3*, *Y3*, *Z3*

5. "CSWPLA" 命令

GUI：Utility Menu > WorkPlane > Local Coordinate Systems > Create Local CS > At WP Origin

使用功能：在工作平面的原点处定义一个局部坐标系，如图 7-47 所示。

使用格式：CSWPLA, *KCN*, *KCS*, *PAR1*, *PAR2*

其中：

KCN：赋给该坐标系的参考编号，要大于 10，已定义的坐标系也可以重新指定。

KCS：坐标系统的类型。若为 0 或 CART，直角坐标系；若为 1 或 CYLIN，柱坐标系；若为 2 或 SPHE，球坐标系；若为 3 或 TORO，环形坐标系。

PAR1：适用于椭圆、类似球体或环形系统，如果 *KCS* = 1 或 2，则 *PAR1* 是椭圆的 Y 轴半径与 X 轴半径的比值，默认值为 1；若 *KCS* = 3，*PAR1* 是环形的主半径。

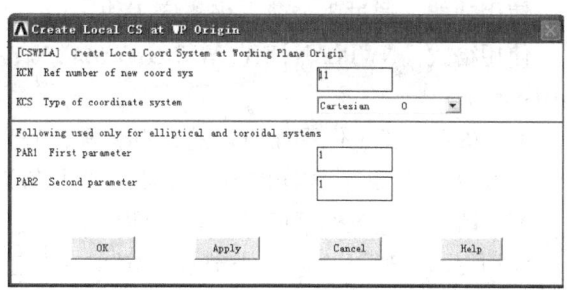

图 7-47 在工作平面上定义局部坐标系对话框

PAR2：仅适用于类似球体的系统。如果 *KCS* = 2，*PAR2* 是椭圆 Z 轴半径与 X 轴半径的比值。默认值为 1.0。

使用提示：定义并激活一个局部坐标系统，其坐标原点位于工作平面的原点处。坐标系统的局部 XY 平面或 Rθ 平面与工作平面相一致。

6. "WPCSYS" 命令

GUI：**Utility Menu > WorkPlane > Align WP with > Active Coord Sys**
　　　Utility Menu > WorkPlane > Align WP with > Global Cartesian
　　　Utility Menu > WorkPlane > Align WP with > Specified Coord Sys

使用功能：根据当前坐标系来定义工作平面的位置。

使用格式：WPCSYS, *WN*, *KCN*

其中，*KCN*：坐标系统参考号。可以是 0、1、2 或任何预先定义的坐标系参考号，默认值是激活坐标系。

使用提示：根据现存的坐标系指定工作平面的位置和方向。如果工作平面位于直角坐标系上，则工作平面也是直角坐标系，其他坐标系统也相类似。

7. "WPLANE" 命令

GUI：**Utility Menu > WorkPlane > Align WP with > XYZ Locations**

使用功能：通过三个点的位置来定义一个工作平面。

使用格式：WPLANE, *WN*, *XORIG*, *YORIG*, *ZORIG*, *XXAX*, *YXAX*, *ZXAX*, *XPLAN*, *YPLAN*, *ZPLAN*

其中：

XORIG, *YORIG*, *ZORIG*：在整体直角坐标系中，指定工作平面的原点。

XXAX, *YXAX*, *ZXAX*：在整体直角坐标系中，定义 X 轴方向点的坐标值。X 轴将与从这个点到原点的连线相一致。

XPLAN, *YPLAN*, *ZPLAN*：定义工作平面第 3 点的整体直角坐标值。这个点也可以指定工作平面坐标系正向 XY 面的位置。

使用提示：通过使用三个非共线的点的坐标来定义工作平面，3 个点也可以定义工作平面坐标系，至少需要定义一个点。

8. "NWPLAN" 命令

GUI：**Utility Menu > WorkPlane > Align WP with > Nodes**

使用功能：通过3个节点来指定工作平面。

使用格式：NWPLAN,*WN*,*NORIG*,*NXAX*,*NPLAN*

其中：

NORIG：定义工作平面原点的节点编号，若为P，激活图形拾取操作(仅限于GUI)。

NXAX：指定X轴方向的节点编号，默认值将与总体X轴方向平行。

NPLAN：指定工作平面的节点编号。

使用提示：通过拾取三个节点来定义一个工作平面，可以作为命令"WPLANE"的另一种方式。3个节点也可以定义工作平面坐标系，至少需要一个节点。

相类似操作的命令有：

GUI：**Utility Menu > WorkPlane > Align WP with > Keypoints** ！3个关键点定义一个工作平面

使用格式：KWPLAN,*WN*,*KORIG*,*KXAX*,*KPLAN*

9. "LWPLAN" 命令

GUI：**Utility Menu > WorkPlane > Align WP with > Plane Normal to Line**

使用功能：通过垂直于一条线的某个位置来定义工作平面，如图7-48所示。

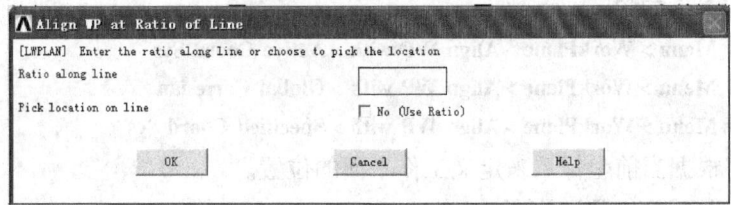

图7-48 垂直指定线生成一个工作平面的对话框

使用格式：LWPLAN,*WN*,*NL1*,*RATIO*

其中：

NL1：将要使用线的编号，若为P，激活图形拾取操作(仅限于GUI模式下)。

RATIO：在 *NL1* 线上的位置，由线长的比率来确定，必须介于0.0~1.0之间。若为P，用图形拾取来指定线上的位置(仅限于GUI模式下)。

命令默认：工作平面在Z=0.0处平行于总体XY平面。

使用提示：过指定线上的一点且垂直于该线来定义一个工作平面。

7.5.2 坐标系统的设置与转换(Change & Create CS)

1. "CSYS" 命令

GUI：**Utility Menu > WorkPlane > Change Active CS to > Global Cartesian**

Utility Menu > WorkPlane > Change Active CS to > Global Cylindrical

Utility Menu > WorkPlane > Change Active CS to > Global Spherical

Utility Menu > WorkPlane > Change Active CS to > Specified Coord Sys

Utility Menu > WorkPlane > Change Active CS to > Working Plane

Utility Menu > WorkPlane > Offset WP to > Global Origin

使用功能：激活一个预先已定义的坐标系统。

使用格式：CSYS,*KCN*

其中，*KCN* 为将要激活的坐标系统参考号。若为0：直角坐标（默认值）；或为1：用Z轴作为旋转轴的柱坐标系；若为2：球坐标系；若为4或WP：工作平面；若为5：用Y轴作为旋转轴的柱坐标系；若为11或更大的值：由用户已预先定义的局部坐标系统。

使用提示：在几何模型输入和生成中，该命令可以激活一个已预先定义的坐标系统。命令"LOCAL"、"CLOCAL"、"CS"、"CSKP"或"CSWPLA"也可以激活由它们所定义的坐标系统。

2. "DSYS" 命令

GUI：Utility Menu > WorkPlane > Change Display CS to > Global Cartesian
　　　Utility Menu > WorkPlane > Change Display CS to > Global Cylindrical
　　　Utility Menu > WorkPlane > Change Display CS to > Global Spherical
　　　Utility Menu > WorkPlane > Change Display CS to > Specified Coord Sys

使用功能：对于几何模型列表和显示激活一个显示坐标系。

使用格式：DSYS,*KCN*

其中，*KCN* 为坐标系参考号，可以是0、1、2或用户已定义的局部坐标系参考号。

命令默认：默认坐标系为总体直角坐标系。

使用提示：边界条件符号、向量箭头和单元坐标系的三角符号都不会转换到显示坐标系上。显示系统的方向是X轴水平向右、Y轴垂直向上和Z轴垂直屏幕向外。

对于DYSY > 0将不显示线的方向和面的方向。

3. "LOCAL" 命令

GUI：Utility Menu > WorkPlane > Local Coordinate Systems > Create Local CS > At Specified Loc

使用功能：通过位置和方向指定一个局部坐标系。

使用格式：LOCAL,*KCN*,*KCS*,*XC*,*YC*,*ZC*,*THXY*,*THYZ*,*THZX*,*PAR1*,*PAR2*

其中：

XC,*YC*,*ZC*：新坐标系原点的位置（在直角坐标系统里）。

THXY,*THYZ*,*THZX*：分别绕Z轴、X轴和Y轴旋转的角度，其正向为：XY、YZ、ZX。

其余变量可参考命令"CSWPLA"的说明。

使用提示：通过原点的位置与方向角，定义一个局部坐标系。除非采用了旋转，局部坐标系将与直角坐标系平行。旋转角采用的单位为度。并且可以重新定义原先定义的任何角度。

4. "CS" 命令

GUI：Utility Menu > WorkPlane > Local Coordinate Systems > Create Local CS > By 3 Nodes

使用功能：通过3个节点来定义一个局部坐标系。

使用格式：CS,*KCN*,*KCS*,*NORIG*,*NXAX*,*NXYPL*,*PAR1*,*PAR2*

其中：

NORIG：定义该局部坐标系原点的节点，如果为P，则使用图形拾取方式（仅限于GUI方式）。

NXAX：定义该局部坐标系X轴正向的节点编号。

NXYPL：定义该局部坐标系第1或第2象限中的XY平面的节点编号。

其余变量可参考命令"CSWPLA"的说明。

使用提示：通过使用3个节点定义并激活一个满足右手定则的局部坐标系。局部坐标系可以用命令"/PSYMB"来显示。

5. "CSKP"命令

GUI：**Utility Menu > WorkPlane > Local Coordinate Systems > Create Local CS > By 3 Keypoints**

使用功能：通过3个关键点来定义一个局部坐标系。

使用格式：CSKP,*KCN*,*KCS*,*PORIG*,*PXAXS*,*PXYPL*,*PAR1*,*PAR2*

该命令类似于命令"CS"，并可仿照执行。

6. "CSDELE

GUI：**Utility Menu > WorkPlane > Local Coordinate Systems > Delete Local CS**

使用功能：删除局部坐标系，如图7-49所示。

使用格式：CSDELE,*KCN1*,*KCN2*,*KCINC*

其中，*KCN1*,*KCN2*,*KCINC*：按增量*KCINC*，删除从*KCN1*（必须要大于10）到*KCN2*的局部坐标系。若*KCN1* = ALL，删除所有的局部坐标系。

7. "CSCIR"命令

GUI：**Utility Menu > WorkPlane > Local Coordinate Systems > Move Singularity**

使用功能：对于非直角局部坐标系定位其奇点，如图7-50所示。

使用格式：CSCIR,*KCN*,*KTHET*,*KPHI*

其中：

KCN：将要改变其奇点的局部坐标系的参考号，其值必须要大于10。

KTHET：对于圆柱、球形、环形坐标系，奇点位置的θ角。若为0，在±180°；若为1，在0°或(360°)。

KPHI：对于局部环形坐标，奇点位置的Φ角。若为0，在Φ方向的±180°；若为1，在Φ方向的0°或360°。

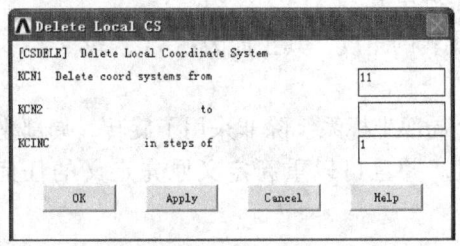
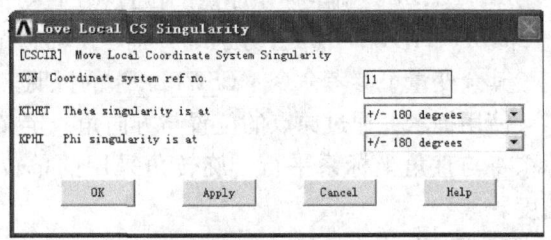

图7-49　删除局部坐标系　　　　　　　图7-50　移动局部坐标系的奇点位置

命令默认：奇点在±180°。连续封闭的表面如圆、圆柱或球面等在θ = ±180°有一个奇点。对于局部圆柱、球、环形坐标系，其奇点可以改变到0°或360°。

对于环形坐标系，其奇点也在Φ = ±180°，并可以用*KPHI*的值进行移动。也可改变到Φ = ±90°，但此时不能移动。

第 8 章 APDL 应用实例

为了使用户能够更好地利用 APDL 进行有限元分析,在这里特举几个例子供大家参考,希望对大家学习 APDL 有所帮助。

在下面的实例中,生成模型的方法可能不是最好,作者的用意是给大家提供一个参考,希望读者在熟悉了 APDL 的操作方式后,能够选择一种更好的操作方式。另外模型分析中所使用的材料性能参数仅供演示分析过程使用,具体的参数请查阅相关的标准和手册。

8.1 规则网格划分的 APDL 操作

8.1.1 轴的规则网格生成

1. 问题的描述

图 8-1 所示为轴的示意图,要求生成图 8-2 所示的规则六面体网格单元。

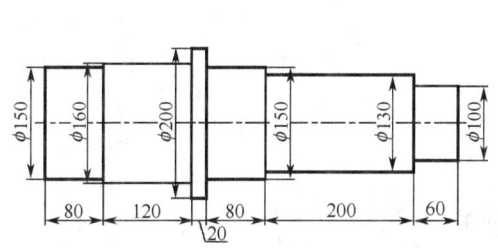

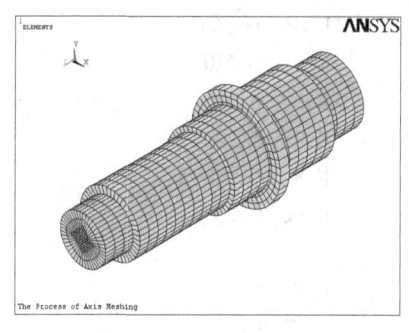

图 8-1 轴的示意图　　　　　　图 8-2 生成的网格图

用自底向上建模方式生成的具体操作是:

1)选择最大圆面所在的位置,按不同的半径生成关键点,然后再按半径连成线,通过生成的半径线绕中心旋转生成一个面,对面进行重叠操作后,就形成了不同半径的圆面或圆环面。生成结果如图 8-3a 所示。

2)对圆面和圆环面生成二维单元(plane42),其中为了保证生成的单元都是六面体,在圆面的中心又生成了一个正方形面,然后对其划分曲格,生成的结果如图 8-3b 所示。

3)改变单元的属性,即设定单元为 3D 单元(SOLID45),指定单元的边长,采用沿线拖拉延伸的方式,在生成体的同时将网格划分完成。生成的结果如图 8-2 所示。

其中具体的操作内容请参考下面的 APDL 文件。

2. APDL 文件的内容

保存在文件"EX_8_1.TXT"的内容如下:

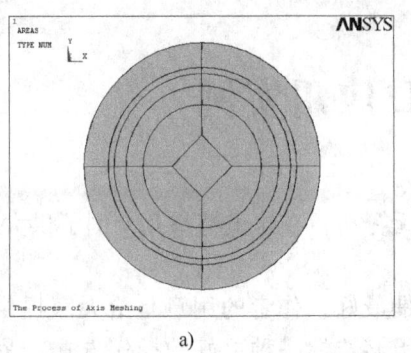 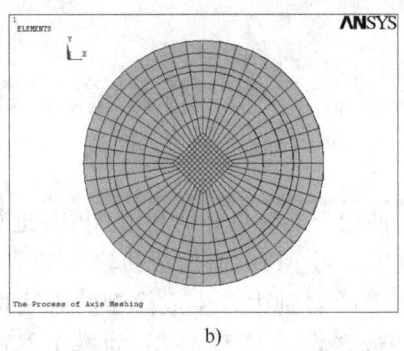

a)   b)

图 8-3 生成的圆面及 2D 单元网格图
a) 面的分区   b) 生成的面网格

```
FINISH
/CLEAR,START
/TITLE,'The Process of Axis Meshing'   ! 指定标题名
/PREP7
ET,1,PLANE42                           ! 指定单元类型
ET,2,SOLID45

K,1,,,,                                ! 生成中心线的关键点
K,2,,,560,
K,4,,100,220,                          ! 按半径值生成关键点
K,5,,80,220,
K,6,,75,220,
K,7,,65,220,
K,8,,50,220,
K,9,,0,220,

LSTR,9,4                               ! 按半径连线
LSTR,9,8
LSTR,9,7
LSTR,9,6
LSTR,9,5
AROTAT,1,,,,,,2,1,360,,                ! 将半径线绕中心线旋转生成面
AROTAT,2,,,,,,2,1,360,,
AROTAT,5,,,,,,2,1,360,,
AROTAT,3,,,,,,2,1,360,,
AROTAT,4,,,,,,2,1,360,,

AOVLAP,ALL                             ! 生成的半径面进行重叠操作
NUMCMP,ALL                             ! 进行实体合并操作
NUMMRG,ALL,,,,LOW                      ! 压缩实体的编号

LSTR,9,2                               ! 将中心线连成两段
```

```
LSTR,9,1

KL,1,0.5,,              ! 在中心圆面的线上按比率生成关键点
KL,8,0.5,,
KL,7,0.5,,
KL,6,0.5,,
A,26,27,24,25           ! 由 4 个关键点生成面
AOVLAP,1,2,3,4,21       ! 对生成的面与中心面进行重叠操作
AADD,22,23,24,25        ! 对重叠生成的面相加
APLOT

ESIZE,15,0,             ! 设置面网格的等份数
MSHKEY,1                ! 设定采用映射网格的方式
AMESH,ALL               ! 对所有的面划分网格
/IMAGE,SAVE,axis_2d.BMP ! 生成一个位图文件如图 8-3b 所示

K,30,,0,500,            ! 按轴的长度在中心线上生成关键点
K,31,,0,300,
K,32,,0,200,
K,33,,0,80,
LSTR,9,30               ! 连线
LSTR,9,31
LSTR,9,32
LSTR,9,33
SAVE

ASEL,S,,,26,29          ! 选择编号为 26～29 的 4 个面
ASEL,A,,,1              ! 再选择正方形面
CM,a1,AREA              ! 生成元件名 A1
ASEL,S,,,9,12           ! 生成元件名 A2
CM,a2,AREA
ASEL,S,,,17,20
CM,a3,AREA              ! 生成元件名 A3
ASEL,S,,,13,16
CM,a4,AREA              ! 生成元件名 A4
ASEL,S,,,5,8
CM,a5,AREA              ! 生成元件名 A5
CMGRP,a6,A1,A2          ! 生成组件名 A6

/VIEW,1,1,1,1           ! 调整视角方向
TYPE,2                  ! 指定单元类型 2 即 3D 单元
ESIZE,20,0              ! 指定生成 3D 单元的边长
CMSEL,S,a1              ! 按元件 A1 选择面
```

```
VDRAG,ALL,,,,,,41              !沿线41拖拉生成体
CMSEL,S,a2
VDRAG,ALL,,,,,,1               !元件A2沿线1拖拉生成体
CMSEL,S,a3
VDRAG,ALL,,,,,,6
CMSEL,S,a5
VDRAG,ALL,,,,,,7
CMSEL,S,a4
VDRAG,ALL,,,,,,8
CMSEL,S,a6
VDRAG,ALL,,,,,,42

ALLSEL,ALL                     !选择所有的实体
ESEL,S,TYPE,,1                 !选择单元类型1的面
ACLEAR,ALL                     !删除2D单元
EPLOT
ALLSEL,ALL
NUMMRG,ALL,,,,LOW              !合并实体的操作
NUMCMP,ALL                     !压缩实体的编号
/DIST,1,0.729000,1             !指定视角的距离
/TRIAD,LTOP                    !移到坐标三角符号到左上角
/PLOPTS,DATE,0                 !关闭日期和时间的显示
/IMAGE,SAVE,axis_3d.BMP        !生成一个位图如图8-2所示
FINISH
```

8.1.2 齿轮的规则网格生成

1. 问题的描述

图8-4为渐开线直齿轮结构示意图,要求用六面体单元对其划分规则的单元网格,如图8-5所示。根据其结构的对称性,在这里只画出了其八分之一部分的网格。

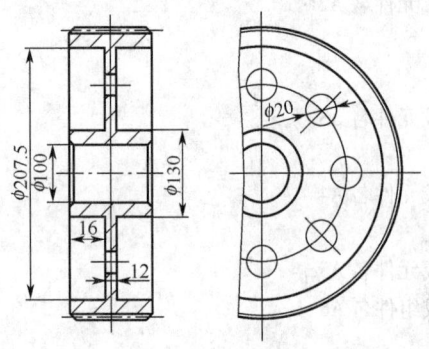

图8-4 渐开线直齿轮结构示意图

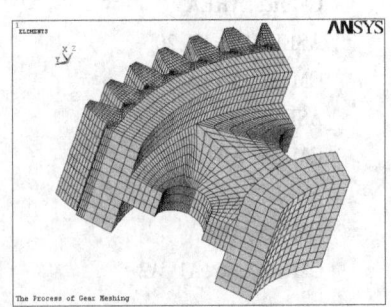

图8-5 划分网格的齿轮图

已知齿轮的齿数为52,模数为5,按标准齿轮设计,其他尺寸可参考图8-4。

生成网格图的过程与图8-1生成轴的过程基本相类似,所不同的是渐开线的形成过程。

在图形中要生成一条连续曲线,往往都是通过先描述曲线的点,然后再对点进行拟合来形成一条曲线。在这里,将首先计算齿轮的基本尺寸(如齿顶圆、齿根圆、基圆的半径),然后计算在不同半径时齿厚所对应的圆心角,根据圆心角和对应的半径值计算出曲线上的 X 和 Y 坐标值。利用样条曲线对生成的点进行拟合就可以形成一条渐开线轮廓,通过镜像复制即可形成齿形,生成的 2D 齿形网格图如图 8-6 所示,2D 平面图如图 8-7 所示。

再对图 8-6 所示的 2D 结构图通过拖位方式就可以形成 3D 网格图,如图 8-5 所示。其 3D 实体图如图 8-8 所示。

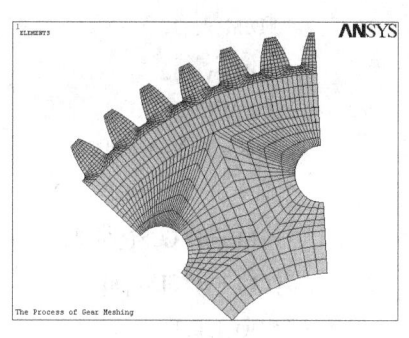

图 8-6 生成的 2D 网格图

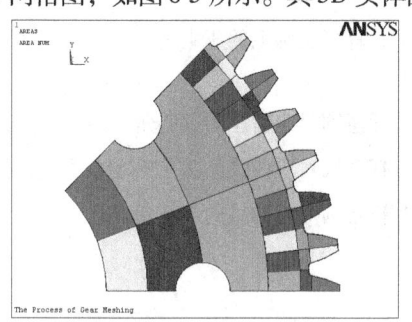

图 8-7 生成的 2D 平面图

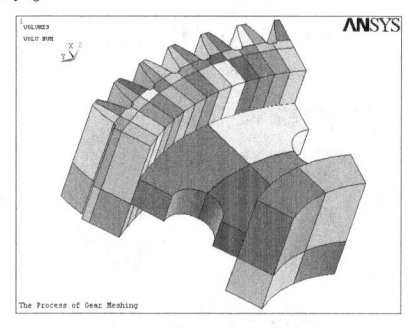

图 8-8 生成的 3D 实体图

2. APDL 文件的内容

完成上述任何的 APDL 文件为"EX_8_2.TXT",该文件中的内容为:

```
FINISH
/CLEAR,START
z = 52                          ! 齿轮的齿数
m = 5                           ! 齿轮的模数
ha = 1                          ! 齿顶记系数
c = 0.25                        ! 顶隙系数
ang = 360/z                     ! 每个齿的的圆心角
ang1 = ang/2
r = m*z/2                       ! 分度圆的半径
rf = (z-2*ha-2*c)*m/2           ! 齿根圆的半径
ra = (z+2*ha)*m/2               ! 齿项圆的半径
r1 = m*c                        ! 齿根倒角半径
pi = 3.1415926
s = pi*m/2                      ! 分度圆的齿厚
inva = 0.014904                 ! 渐开线函数的值
*AFUN,DEG                       ! 设置角度计算的单位为度
rb = r*COS(20)                  ! 计算基圆半径
*AFUN,RAD                       ! 设置角度计算单位为弧度
```

```
*DIM,x,,12                          ! 定义两个数组用来存放生成的点
*DIM,y,,12
af = ACOS(rb/rf)                    ! 齿根圆上的压力角
invaf = TAN(af)-af
phi = s/r-2*(invaf-inva)            ! 计算齿根圆齿厚对应的圆心角
x(1) = rf*COS(phi/2)                ! 计算齿根圆的坐标值
y(1) = rf*SIN(phi/2)
*DO,i,1,11                          ! 进行循环计算任意圆上的坐标
ri = rf + rl + i-1
j = i + 1
ai = ACOS(rb/ri)                    ! 计算任意圆上的压力角
invai = TAN(ai)-ai
phi = s/r-2*(invai-inva)            ! 任意圆对应齿厚的圆心角
x(j) = ri*COS(phi/2)                ! 任意圆对应曲线的 X 坐标值
y(j) = ri*SIN(phi/2)                ! 任意圆对应曲线的 Y 坐标值
*ENDDO

/TITLE,'The Process of Gear Meshing' ! 指定标题
/PREP7                              ! 进入到 ANSYS 前处理器
ET,1,PLANE42                        ! 指定单元类型
ET,2,SOLID45


*DO,i,1,12                          ! 生成 12 个关键点
K,i,x(i),y(i)
*ENDDO
K,13,ra,0                           ! 生成齿顶圆上的关键点
LSTR,13,12                          ! 连线生成齿顶圆弧
BSPLIN,12,11,10,9,8,7               ! 样条拟合生成齿廓
BSPLIN,7,6,5,4,3,2
BSPLIN,2,1
LCOMB,2,3,0
LCOMB,2,4,0                         ! 由几段样条曲线生成一条齿廓
/TRIAD,LTOP                         ! 将坐标的三角符号移动屏幕的左上角
CYL4,,,108.75,0,rf,ang1             ! 生成一个圆环
SAVE
! 下面将对面进行分割,以利于用映射网格进行划分,并生成 2D 网格
ADELE,1                             ! 删除生成的圆环面
LDELE,3                             ! 删除一条与齿廓相连的线
LSTR,  2,   13                      ! 生在两条线
LSTR,  7,    1
LCOMB,3,6,0                         ! 线相加
```

```
LFILLT,7,2,R1,,                             ! 对齿根进行倒角
LANG,   3,    16,90,                        ! 由倒角半径上的一点生成一条垂线
KL,4,0.2,,                                  ! 在线上按比率生成一个关键点
LANG,   8,    18,90,,                       ! 由该关键点生成一条垂线
LSBL,4,11,,DELETE,KEEP                      ! 通过生成的垂线对另一条线进行分割
AL,3,1,2,9                                  ! 形成一个齿形面
AL,6,7,12,11,8,9
AL,13,5,10,11
LPLOT                                       ! 显示线
TYPE,1                                      ! 指定单元类型
LESIZE,1,,,4,,,,1                           ! 对线指定划分单元的等分数
LESIZE,12,,,4,,,,1
LESIZE,9,,,4,,,,1
LESIZE,11,,,3,,,,1
LESIZE,8,,,3,,,,1
LESIZE,2,,,8,,,,1
LESIZE,3,,,8,,,,1
LCCAT,6,7                                   ! 生成连结线以利于映射网格的划分
LCCAT,11,8
MSHAPE,0,2D                                 ! 指定为2D结构
MSHKEY,1                                    ! 指定为映射网格划分
AMESH,1,2                                   ! 对面1和2划分网格
SAVE
! 下面通过镜像复制的方式生成网格和面,形成图8-6中的齿廓部分
WPCSYS,-1,0                                 ! 工作平面恢复到总体坐标的原点
CSYS,4                                      ! 激活当前坐标为工作平面坐标系
WPROT,ang1                                  ! 绕Z轴按正向旋转XY平面
ARSYM,Y,ALL,,,,0,0                          ! 对X-Z平面进行镜像操作
WPROT,ang1
ARSYM,Y,ALL,,,,0,0
WPROT,ang
ARSYM,Y,ALL,,,,0,0
WPROT,2*ang
ARSYM,Y,7,9,,,0,0
ARSYM,Y,13,24,,,0,0
! 下面生成轴套和腹板部分,并规整以利于映射网格划分
WPCSYS,-1,0
CYL4,,,50,0,65,45                           ! 生成轴套部分的圆环
NUMMRG,ALL,,,,LOW                           ! 进行实体合并操作
NUMCMP,ALL                                  ! 对实体编号进行压缩操作
A,15,14,26,35,36,62,56,48,49,81,88,94,75,74,99,98    ! 生成腹板部分的面
WPOFF,85                                    ! 工作平面的原点沿X轴偏移
CYL4,,,10                                   ! 在腹板上生成第1个圆面
```

```
ASBA,41,42                      ！从腹板上减去刚生成的圆面
WPOFF,-85                       ！又回到总体原点上
WPROT,45                        ！绕 Z 轴旋转 45°
WPOFF,85                        ！原点平移
CYL4,,,10                       ！在腹板上生成第 2 个圆面
ASBA,43,41                      ！又从腹板上减去刚生成的圆面
CSYS,0                          ！激活坐标系为总体直角坐标
K,,,,                           ！在原点处生成一个关键点
LARC,103,108,106,85,            ！生成一条圆弧线
ASBL,42,133                     ！面用线分割生成两个面
WPCSYS,-1,0
WPROT,3*ang                     ！工作平面绕 Z 轴旋转
WPROT,0,90                      ！工作平面绕 X 轴旋转
ASBW,40                         ！面由工作平面分割
ASBW,41
ASBW,43
ESIZE,5,0,                      ！指定划分网格单元边的长度
MSHKEY,1
AMESH,42,44,2                   ！对面划分网格
AMESH,3,39,3
AMAP,46,108,111,74,105
AMAP,41,102,15,111,103
AMAP,45,103,111,98,104
AMAP,40,107,99,111,108
LSEL,R,LCCA                     ！选择所有连结的线
LDELE,ALL                       ！删除所有的连结线
EPLOT                           ！生成了图 8-6 所示的网格
SAVE
NUMMRG,ALL,,,,LOW
NUMCMP,ALL
/VIEW,1,1,1,1                   ！改变视角方向
CSYS,0
WPCSYS,-1,0
K,,,,12,                        ！生成关键点以利于拖拉生成体
K,,,,28,
K,,,,-16,
LSTR,106,112                    ！生成拖拉用的线
LSTR,106,113
LSTR,106,114
ASEL,S,,,40,41                  ！选择腹板的四个面
ASEL,A,,,44,45
CM,a1,AREA                      ！生成一个元件名为 A1
ASEL,S,,,1,39
```

```
ASEL,A,,,42,43
CM,a2,AREA              ! 其余的面生成另一个元件名 A2
TYPE, 2                 ! 指定单元类型为 2
ESIZE,4,0,              ! 指定生成单元的边长
CMSEL,S,a2              ! 选择元件 A2 所指定的面
VDRAG,ALL,,,,,, 147     ! 沿线 147 拖拉生成体
CMSEL,S,a1
VDRAG,ALL,,,,,, 146
CMSEL,S,a2
VDRAG,ALL,,,,,, 148
ALLSEL,ALL              ! 选择所有的实体

ESEL,S,TYPE,,1          ! 选择单元类型 1 的单元
ACLEAR,ALL              ! 删除 2D 单元
ALLSEL,ALL
NUMMRG,ALL,,,,LOW
NUMCMP,ALL
SAVE
WPSTYLE,,,,,,,0         ! 关闭工作平面
EPLOT
/VIEW, 1,-0.6, 0.45,0.68   ! 指定视角方向
/ANG, 1,96
/FOC, 1,88,43,9         ! 指定焦点位置
/DIST,1, 0.6,1          ! 指定视角的距离
/REPLO                  ! 生成的结果如图 8-5 所示
FINISH
```

8.1.3 锥齿轮对的参数化建模

1. 问题的描述

如图 8-9 所示，为锥齿轮对的结构示意图，要求用六面体单元对其划分规则的单元网格，如图 8-10 所示。

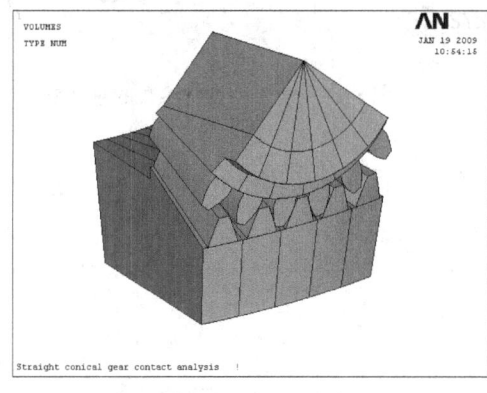

图 8-9 锥齿轮的几何模型

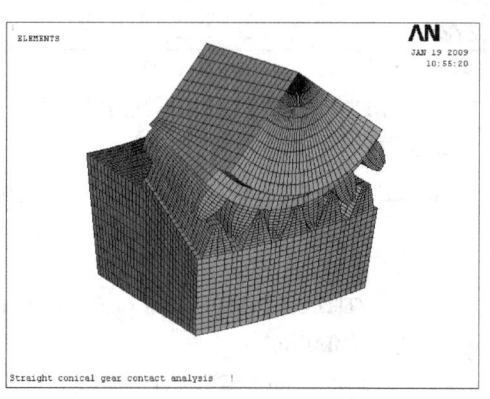

图 8-10 生成的网格模型

在本实例中将采用参数对话框来输入锥齿轮的相关参数,以实现锥齿轮建模的参数化,由于标准齿轮所具有的参数主要包括齿数、模数、压力角、齿宽、齿顶高系数等,通过采用参数输入对话框,用户只要输入不同的系数,即可得到不同类型的锥齿轮对配合,从而为锥齿轮的参数化建模提供方便,用户只要在本实例的基础上施加载荷,即可完成分析。同时参照本实例的过程,也可应用于其他零件结构的参数化建模。在本实例中输入材料性能参数的对话框如图 8-11 所示,输入大齿轮参数的对话框如图 8-12 所示,输入齿顶高系数的对话框如图 8-13 所示。输入小齿轮参数的对话框如图 8-14 所示。

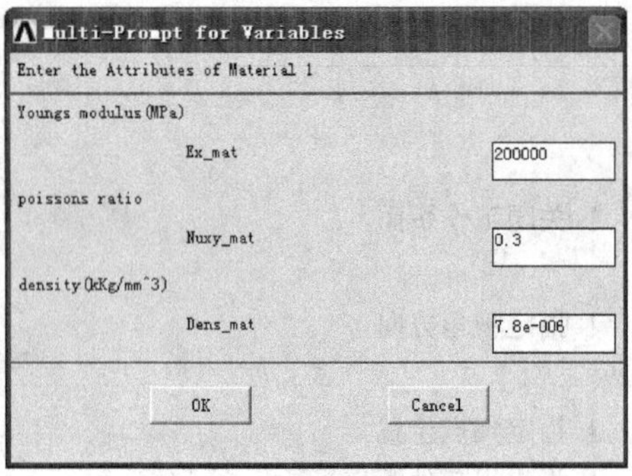

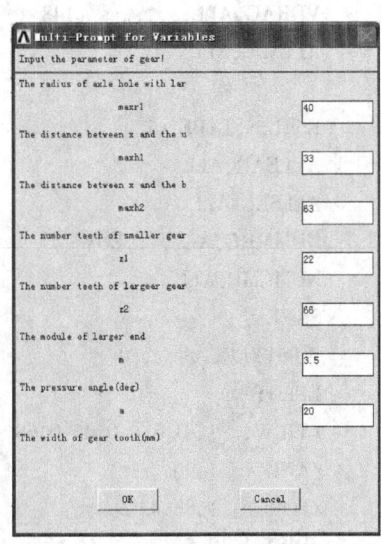

图 8-11 输入材料性能的对话框   图 8-12 输入大齿轮参数的对话框

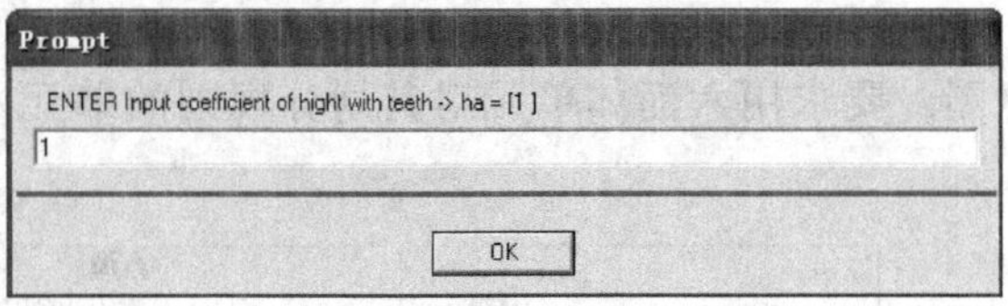

图 8-13 输入齿顶高系数的对话框 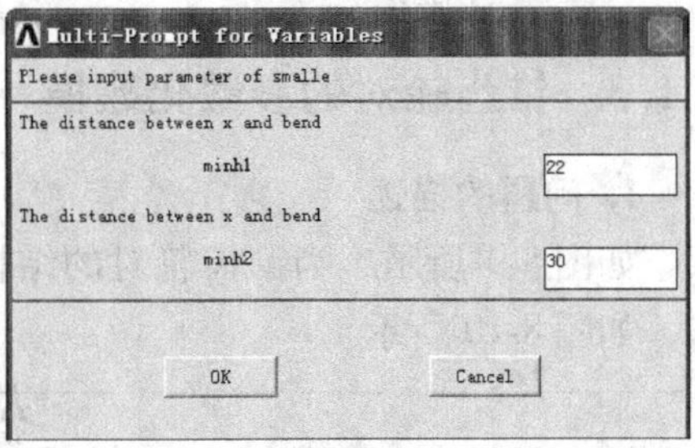   图 8-14 输入小齿轮参数的对话框

2. APDL 文件的内容

完成上述任务的 APDL 文件为 "EX_8_1-3.TXT",该文件中的内容为:

```
FINISH
/CLEAR,START
/TITLE,Straight conical gear contact analysis
/PMACRO
KEYW,PR_STRUC,1
```

```
/PREP7
ET,1,SOLID185                              ! 定义单元选项
ET,2,PLANE42

MULTIPRO,'start',3                         ! 多参数输入对话框
*cset,1,3,Ex_mat,'Youngs modulus(MPa)',2E5  ! 生成的对话框如图8-11所示
*cset,4,6,Nuxy_mat,'poissons ratio',0.3
*cset,7,9,Dens_mat,'density(kKg/mm^3)',7.8e-6
*cset,61,62,'Enter the Attributes of',' Material 1'
MULTIPRO,'end'

MP,EX,1,Ex_mat                             ! 弹性模量
MP,PRXY,1,Nuxy_mat                         ! 泊松比
MP,DENS,1,Dens_mat                         ! 质量密度

MULTIPRO,'start',8                         ! 多参数输入对话框
*cset,1,3,maxr1,'The radius of axle hole with larger gear(mm)',40
*cset,4,6,maxh1,'The distance between x and the upper face of larger gear(mm)',33
*cset,7,9,maxh2,'The distance between x and the below face of larger gear(mm)',63
*cset,10,12,z1,'The number teeth of smaller gear',22
*cset,13,15,z2,'The number teeth of largear gear',66
*cset,16,18,m,'The module of larger end',3.5
*cset,19,21,a,'The pressure angle(deg)',20
*cset,22,24,b,'The width of gear tooth(mm)',36
*cset,61,62,'Input the parameter of gear! ',''
MULTIPRO,'end'                             ! 生成的对话框如图8-12所示

pi=3.14159265358979                        ! 圆周率
q1=180/pi*atan(z1/z2)                      ! 小齿轮分度圆锥角
q2=90-q1                                   ! 大齿轮分度圆锥角
d1=m*z1                                    ! 小齿轮分度圆直径
d2=m*z2                                    ! 大齿轮分度圆直径
*ASK,ha,Input coefficient of hight with teeth,1  ! 参数化齿顶高系数,如图8-13
ha1=ha*m                                   ! 小齿轮齿顶高
ha2=ha*m                                   ! 大齿轮齿顶高
*ASK,c,Input coefficient of teeth gap,0.2
hf1=(ha+c)*m                               ! 小齿轮齿根高
hf2=(ha+c)*m                               ! 大齿轮齿根高
```

```
*afun,deg
r = 0.5*sqrt(d1*d1 + d2*d2)                                    ! 锥距
da1 = 2*(r+1.5)*tan(q1) + 2*ha1                                ! 转化后小齿轮齿顶圆直径,留1.5的余量
da2 = 2*(r+1.5)*tan(q2) + 2*ha2                                ! 转化后大齿轮齿顶圆直径,留1.5的余量
df1 = 2*(r+1.5)*tan(q1) - 2*hf1                                ! 转化后小齿轮齿根圆直径,留1.5的余量
df2 = 2*(r+1.5)*tan(q2) - 2*hf2                                ! 转化后大齿轮齿根圆直径,留1.5的余量
qr = b/r                                                        ! 实际齿宽系数
mmin = m*(1-qr)                                                 ! 小端模数
oa1 = atan(ha1/r)                                               ! 小齿轮齿顶角
oa2 = atan(ha2/r)                                               ! 大齿轮齿顶角
of1 = atan(hf1/r)                                               ! 小齿轮齿根角
of2 = atan(hf2/r)                                               ! 大齿轮齿根角
qa1 = q1 + oa1                                                  ! 小齿轮齿顶圆锥角
qa2 = q2 + oa2                                                  ! 大齿轮齿顶圆锥角
qf1 = q1 - of1                                                  ! 小齿轮齿根圆锥角
qf2 = q2 - of2                                                  ! 大齿轮齿根圆锥角
x1 = maxr1
y1 = -maxh2
x2 = d2/2 - (maxh2-d1/2)*tan(90-q2)
y2 = -maxh2
x3 = d2/2 - hf2*cos(q2)
y3 = -d1/2 - hf2*sin(q2)
x4 = d2/2 - hf2*cos(q2) - b*sin(q2-of2)
y4 = -d1/2 - hf2*sin(q2) + b*cos(q2-of2)
x5 = d2/2 - b*sin(q2) - (maxh1-d1/2 + b*cos(q2))*tan(90-q2)
y5 = -maxh1
x6 = maxr1
y6 = -maxh1
K,1,x1,y1,,                                                     ! 生成6个关键点
K,2,x2,y2,,
K,3,x3,y3,,
K,4,x4,y4,,
K,5,x5,y5,,
K,6,x6,y6,,
A,1,2,3,4,5,6                                                   ! 由6个关键点生成大齿轮端面
K,,0,0,,                                                        ! 在轴线方向生成两个关键点
K,,0,50,,                                                       ! 作为旋转轴使用
CSYS,5                                                          ! 打开以Y为轴线的柱坐标系
AGEN,2,1,,,,-180/z2,,,0                                         ! 面绕轴线复制生成一个面
ADELE,    1,,,1
```

```
VROTAT,2,,,,,,7,8,360/z2,,              ! 面绕轴线旋转生成一个体

CSYS,0                                   ! 进入直角坐标系
K,20,0,-(r+1.5)/cos(q2),0                ! 生成一个编号为20的关键点
KWPAVE,    20                            ! 移动局部坐标系到20
wprot,0,0,90
wprot,90
wprot,0,0,-q1                            ! 旋转坐标系到适当位置
CSYS,4
max2r=(r+1.5)*tan(q2)                    ! 大齿轮大端转化后的分度圆半径,留1.5的余量
max2ra=max2r+(r+1.5)/r*ha2               ! 大齿轮大端转化后的齿顶圆半径,留1.5的余量
max2rf=max2r-(r+1.5)/r*hf2               ! 大齿轮大端转化后的齿根圆半径,留1.5的余量
rfd=m*c                                  ! 齿根圆倒角
max2s=(r+1.55)/r*pi*m/2                  ! 大齿轮大端转化后的分度圆齿厚,留1.5的余量
inva=tan(a)-a*pi/180                     ! 渐开线函数值
max2rb=max2r*cos(a)                      ! 基圆半径
*afun,rad                                ! 指定角度单位为弧度
*dim,x,,12                               ! 定义两个数组用来存放生成的点
*dim,y,,12
*if,max2rf,lt,max2rb,then
    max2af=0
*else
    max2af=acos(max2rb/max2rf)
*endif
max2invaf=tan(max2af)-max2af
max2phi=max2s/max2r-2*(max2invaf-inva)   ! 计算齿根圆齿厚对应的圆心角
x(1)=max2rf*cos(max2phi/2)               ! 计算齿根圆的坐标值
y(1)=max2rf*sin(max2phi/2)
*do,i,1,11                               ! 循环计算任意圆上的坐标
  max2ri=max2rf+rfd+i-1
  j=i+1
  *if,max2ri,lt,max2rb,then
      max2ai=0
  *else
      max2ai=acos(max2rb/max2ri)
  *endif                                 ! 计算任意圆上的压力角
  max2invai=tan(max2ai)-max2ai
  max2phi=max2s/max2r-2*(max2invai-inva) ! 任意圆对应齿厚的圆心角
  x(j)=max2ri*cos(max2phi/2)             ! 任意圆对应曲线的x坐标值
```

```
            y(j) = max2ri*sin(max2phi/2)                    ! 任意圆对应曲线的 y 坐标值
        *enddo
        *do,i,1,12                                          ! 生成 12 个关键点
            k,i+50,x(i),y(i)
        *enddo
        bsplin,62,61,60,59,58,57                            ! 样条拟合生成一条齿廓渐开线
        bsplin,57,56,55,54,53,52
        bsplin,52,51
        *do,i,1,12
            k,i+70,x(i),-y(i)
        *enddo
        bsplin,82,81,80,79,78,77
        bsplin,77,76,75,74,73,72
        bsplin,72,71

        *afun,deg
        FLST,2,2,8
        FITEM,2,0,-(r+1.5)/cos(q2),0
        FITEM,2,max2ra*sin(q1),-(r+1.5)/cos(q2)+max2ra*cos(q1),0
        CIRCLE,P51X                                         ! 生成齿顶圆
        FLST,2,2,8
        FITEM,2,0,-(r+1.5)/cos(q2),0
        FITEM,2,(max2rf-0.5)*sin(q1),-(r+1.5)/cos(q2)+(max2rf-0.5)*cos(q1),0
        CIRCLE,P51X                                         ! 生成齿根圆,留 0.5 的余量
        FLST,2,3,4,ORDE,2
        FITEM,2,19
        FITEM,2,-21
        LCOMB,P51X,,0                                       ! 组合样条曲线成一条线
        FLST,2,3,4,ORDE,2
        FITEM,2,22
        FITEM,2,-24
        LCOMB,P51X,,0
        LCOMB,25,28,0
        LCOMB,29,32,0
        LEXTND,19,51,5,0                                    ! 在关键点 51 处延长编号为 19 的线
        LEXTND,22,71,5,0                                    ! 延长齿廓线与齿根圆相交
        LOVLAP,19,22,25,29                                  ! 对线进行层叠操作

        LDELE,20,21,1,1                                     ! 删除线
        LDELE,23,24,1,1
        LDELE,26,28,1,1
```

```
LDELE,30,34,1,1

CSYS,0
K,,0,-(r-b-1.5)/cos(q2),0              ! 取小端转化后的分度圆圆心,编号为 16
KWPAVE,    16                           ! 移动局部坐标系到 16
CSYS,4
min2ha = (r-b-1.5)/r*ha2                ! 大齿轮小端转化后齿顶高
min2hf = (r-b-1.5)/r*hf2                ! 大齿轮小端转化后齿根高
min2r = (r-b-1.5)*tan(q2)               ! 大齿轮小端转化后分度圆直径
min2ra = min2r + min2ha                 ! 大齿轮小端齿顶圆半径
min2rf = min2r-min2hf                   ! 大齿轮小端齿根圆半径
rfd = mmin*c                            ! 齿根圆倒角半径
min2s = (r-b-1.5)/r*pi*m/2              ! 大齿轮小端转化后分度圆齿厚
inva = tan(a)-a*pi/180                  ! 渐开线函数的值
min2rb = min2r*cos(a)
*afun,rad                               ! 设置角度计算单位为弧度
*DO,I,1,12
   X(I) = 0.0                           ! 对数组清零处理
   Y(I) = 0.0
*ENDDO
*if,min2rf,lt,min2rb,then
   min2af = 0
*else
   min2af = acos(min2rb/min2rf)         ! 用一个 if 语句得到齿根圆压力角
*endif
min2invaf = tan(min2af)-min2af
min2phi = min2s/min2r-2*(min2invaf-inva)   ! 计算齿根圆齿厚对应的圆心角
x(1) = min2rf*cos(min2phi/2)            ! 计算齿根圆的坐标值
y(1) = min2rf*sin(min2phi/2)
*do,i,1,11                              ! 循环计算任意圆上的坐标
   min2ri = min2rf + rfd + i-1
   j = i + 1
   *if,min2ri,lt,min2rb,then
      min2ai = 0
   *else
      min2ai = acos(min2rb/min2ri)      ! 计算任意圆上的压力角
   *endif
   min2invai = tan(min2ai)-min2ai
   min2phi = min2s/min2r-2*(min2invai-inva)   ! 任意圆对应齿厚的圆心角
```

```
        x(j) = min2ri*cos(min2phi/2)              !任意圆对应曲线的 x 坐标值
        y(j) = min2ri*sin(min2phi/2)              !任意圆对应曲线的 y 坐标值
*enddo
*do,i,1,12                                        !生成 12 个关键点
    k,i+100,x(i),y(i)
*enddo
bsplin,112,111,110,109,108,107                    !样条拟合生成一条齿廓渐开线
bsplin,107,106,105,104,103,102
bsplin,102,101
*do,i,1,12
    k,i+120,x(i),-y(i)                            !样条拟合生成另一条齿廓渐开线
*enddo
bsplin,132,131,130,129,128,127
bsplin,127,126,125,124,123,122
bsplin,122,121

*afun,deg
FLST,2,2,8
FITEM,2,0,-(r-b-1.5)/cos(q2),0
FITEM,2,min2ra*sin(q1),-(r-b-1.5)/cos(q2)+min2ra*cos(q1),0
CIRCLE,P51X                                       !生成齿顶圆
FLST,2,2,8
FITEM,2,0,-(r-b-1.5)/cos(q2),0
FITEM,2,(min2rf-0.5)*sin(q1),-(r-b-1.5)/cos(q2)+(min2rf-0.5)*cos(q1),0
CIRCLE,P51X
FLST,2,3,4,ORDE,2
FITEM,2,22
FITEM,2,-24
LCOMB,P51X,,0
FLST,2,3,4,ORDE,2                                 !齿廓各样条线相加,生成完整的齿廓渐开线
FITEM,2,19
FITEM,2,-21
LCOMB,P51X,,0
LCOMB,25,28,0
LCOMB,29,32,0
LEXTND,22,121,5,0
LEXTND,19,101,5,0
LOVLAP,22,25,29
LOVLAP,19,20,23
LDELE,21,34,13,1
LDELE,24,28,1,1
```

```
LDELE,30,32,1,1
LDELE,39,40,1,1
V,24,25,19,15,30,23,17,29

LEXTND,8,11,10,0
LEXTND,10,12,10,0
AROTAT,24,,,,,,7,8,360/z2,,           !线旋转扫描成面
AROTAT,25,,,,,,7,8,360/z2,,
VSBA,   2,   15                        !用面切割体
VSBA,   4,   16
VDELE,2,3,1,1
VSBA,   5,   4
VDELE,   3,,,1
ALLSEL,ALL
ASLV,S
LSLA,S
KSLL,S
KSEL,INVE
KDELE,all
ALLSEL,ALL
! -------------------------------------------生成小锥齿轮
CSYS,0
MULTIPRO,'start',2

*cset,1,3,minh1,'The distance between x and bend of upper face',22

*cset,4,6,minh2,'The distance between x and bend of below face',30

*cset,61,62,'Please input parameter of smaller gear！',''
MULTIPRO,'end'!


minr1 = d2/2-b*sin(q2) + (d1/2-b*cos(q2)-minh1)*tan(q1)   !小齿轮上端面与y的距离
minr2 = minr1 +40                                          !小齿轮下端面与y的距离
x201 = d2/2 + hf1*sin(q1)
y201 = -d1/2 + hf1*cos(q1)
x202 = d2/2 + (d1/2-minh2)*tan(q1)
y202 = -minh2
x203 = minr2
y203 = -minh2
x204 = minr2
y204 = -minh1
x205 = minr2
y205 = 0
x206 = minr1
```

```
y206 = 0
x207 = minr1
y207 = -minh1
x208 = d2/2-b*sin(q2) + (r-b)/r*hf1*sin(q1)
y208 = -d1/2 + b*cos(q2) + (r-b)/r*hf1*cos(q1)
K,201,x201,y201,,
K,202,x202,y202,,
K,203,x203,y203,,
K,204,x204,y204,,
K,205,x205,y205,,
K,206,x206,y206,,
K,207,x207,y207,,
k,208,x208,y208,,
A,201,202,203,204,207,208
A,204,205,206,207


K,,(r+1.5)/cos(q1),0,0              ! 预先取小齿轮大端和小端分度圆半径
K,,(r-b-1.5)/cos(q1),0,0            ! 并取1.5的余量,编号为7,8
wprot,180
KWPAVE,    7                        ! 移动局部坐标系到7
wprot,0,0,-q1                       ! 旋转局部坐标系到适当角度用于面旋转
CSWPLA,11,1,1,1,
AGEN,2,14,15,1,,-180/z1,,,0
ADELE,14,15,1,1
VROTAT,16,17,,,,,8,7,360/z1,,


wprot,0,0,q1                        ! 旋转局部坐标系到适当角度
CSYS,4                              ! 激活局部坐标系
*afun,deg                           ! 设置角度计算单位为度
max1r = (r+1.5)*tan(q1)             ! 小齿轮大端转化后的分度圆半径,留1.5的余量
max1ra = max1r + (r+1.5)/r*ha1      ! 小齿轮大端转化后的齿顶圆半径,留1.5的余量
max1rf = max1r-(r+1.5)/r*hf1        ! 小齿轮大端转化后的齿根圆半径,留1.5的余量
rfd = m*c                           ! 齿根圆倒角
max1s = (r+1.55)/r*pi*m/2           ! 小齿轮大端转化后的齿厚
inva = tan(a)-a*pi/180              ! 渐开线函数值
max1rb = max1r*cos(a)               ! 基圆半径
*afun,rad                           ! 设置角度计算单位为弧度
*DO,I,1,12
  X(I) = 0.0                        ! 对数组进行清零处理
  Y(I) = 0.0
```

```
*ENDDO
*if,max1rf,lt,max1rb,then
    max1af = 0
*else
    max1af = acos(max1rb/max1rf)
*endif                                        !齿根圆压力角
max1invaf = tan(max1af)-max1af
max1phi = max1s/max1r-2*(max1invaf-inva)      !计算齿根圆齿厚对应的圆心角
x(1) = max1rf*cos(max1phi/2)                  !计算齿根圆的坐标值
y(1) = max1rf*sin(max1phi/2)
*do,i,1,11                                    !循环计算任意圆上的坐标
    max1ri = max1rf + rfd + i-1
    j = i + 1
    *if,max1ri,lt,max1rb,then
      max1ai = 0
    *else
    max1ai = acos(max1rb/max1ri)              !计算任意圆上的压力角
    *endif
    max1invai = tan(max1ai)-max1ai            !任意圆对应齿厚的圆心角
    max1phi = max1s/max1r-2*(max1invai-inva)
    x(j) = max1ri*cos(max1phi/2)              !任意圆对应曲线的 x 坐标系
    y(j) = max1ri*sin(max1phi/2)              !任意圆对应曲线的 y 坐标系
*enddo
*do,i,1,12
    k,i+300,x(i),y(i)                         !生成 12 个关键点
*enddo
bsplin,312,311,310,309,308,307
bsplin,307,306,305,304,303,302                !样条拟合生成一条齿廓渐开线
bsplin,302,301
*do,i,1,12
    k,i+320,x(i),-y(i)                        !生成 12 个关键点
*enddo
bsplin,332,331,330,329,328,327
bsplin,327,326,325,324,323,322                !样条拟和生成另一条齿廓渐开线
bsplin,322,321


*afun,deg
FLST,2,2,8
FITEM,2,(r+1.5)/cos(q1),0,0
```

```
FITEM,2,(r+1.5)/cos(q1)-max1ra*sin(q1),-max1ra*cos(q1),0
CIRCLE,P51X                          ! 生成齿顶圆轮廓
FLST,2,2,8
FITEM,2,(r+1.5)/cos(q1),0,0
FITEM,2,(r+1.5)/cos(q1)-(max1rf-1)*sin(q1),-(max1rf-1)*cos(q1),0
CIRCLE,P51X

LCOMB,64,67,0
LCOMB,60,63,0
FLST,2,3,4,ORDE,2
FITEM,2,57
FITEM,2,-59
LCOMB,P51X,,0
FLST,2,3,4,ORDE,2
FITEM,2,54
FITEM,2,-56
LCOMB,P51X,,0
LEXTND,57,321,5,0
LEXTND,54,301,5,0
LOVLAP,57,60,64
LOVLAP,54,55,58
LDELE,56,,,1
LDELE,59,63,1,1
LDELE,65,67,1,1
LDELE,69,71,1,1


KWPAVE,     8                        ! 局部坐标系移到 8 点
CSYS,4                               ! 激活局部坐标系
*afun,deg                            ! 设置角度计算单位为度
min1ha=(r-b-1.5)/r*ha1               ! 转化后的小齿轮小端齿顶高,留 1.5 的余量
min1hf=(r-b-1.5)/r*hf1               ! 转化后的小齿轮小端齿根高,留 1.5 的余量
min1r=(r-b-1.5)*tan(q1)              ! 转化后的小齿轮小端分度圆半径,留 1.5 的余量
min1ra=min1r+(r+1.5)/r*min1ha        ! 转化后的小齿轮小端齿顶圆半径,留 1.5 的余量
min1rf=min1r-(r+1.5)/r*min1hf        ! 转化后的小齿轮小端齿根圆半径,留 1.5 的余量
rfd=mmin*c                           ! 齿根圆倒角半径
min1s=(r-b-1.5)/r*pi*m/2             ! 转化后的小齿轮小端齿厚
inva=tan(a)-a*pi/180                 ! 渐开线函数值
min1rb=min1r*cos(a)                  ! 基圆半径
*afun,rad                            ! 设置角度计算单位为弧度
*DO,I,1,12
```

```
          X(I) = 0.0                              !对两个数组清零用来存放生成点的坐标
          Y(I) = 0.0
       *ENDDO
       *if,min1rf,lt,min1rb,then
          min1af = 0
       *else
          min1af = acos(min1rb/min1rf)
       *endif
       min1invaf = tan(min1af)-min1af             !齿根圆压力角
       min1phi = min1s/min2r-2*(min1invaf-inva)   !计算齿根圆齿厚对应的圆心角
       x(1) = min1rf*cos(min1phi/2)               !计算齿根圆的坐标值
       y(1) = min1rf*sin(min1phi/2) + 1.1
       *do,i,1,11                                 !循环计算任意圆上的坐标
          min1ri = min1rf + rfd + i-1
          j = i + 1
          *if,min1ri,lt,min1rb,then
             min1ai = 0
          *else                                   !计算任意圆上的压力角
             min1ai = acos(min1rb/min1ri)
          *endif
          min1invai = tan(min1ai)-min1ai
          min1phi = min1s/min1r-2*(min1invai-inva) !任意圆齿厚对应的圆心角
          x(j) = min1ri*cos(min1phi/2)            !任意圆对应曲线的x坐标值
          y(j) = min1ri*sin(min1phi/2)            !任意圆对应曲线的y坐标值
       *enddo
       *do,i,1,12
          k,i+400,x(i),y(i)
       *enddo
       bsplin,412,411,410,409,408,407             !样条拟合生成一条齿廓渐开线
       bsplin,407,406,405,404,403,402
       *do,i,1,12
          k,i+420,x(i),-y(i)
       *enddo
       bsplin,432,431,430,429,428,427             !样条拟合生成另一条齿廓渐开线
       bsplin,427,426,425,424,423,422


       *afun,deg
       FLST,2,2,8
       FITEM,2,(r-b-1.5)/cos(q1),0,0
```

```
FITEM,2,(r-b-1.5)/cos(q1)-min1ra*sin(q1),-min1ra*cos(q1),0    ！生成齿顶圆
CIRCLE,P51X
FLST,2,2,8
FITEM,2,(r-b-1.5)/cos(q1),0,0
FITEM,2,(r-b-1.5)/cos(q1)-(min1rf-1)*sin(q1),-(min1rf-1)*cos(q1),0
CIRCLE,P51X

LCOMB,63,67,0
LCOMB,59,62,0
LCOMB,54,55,0
LCOMB,56,58,0

LEXTND,54,402,5,0
LEXTND,56,422,5,0

LOVLAP,54,59,63
LOVLAP,56,58,67

LDELE,69,70,1,1
LDELE,74,75,1,1
LDELE,59,62,1,1
LDELE,65,66,1,1
LDELE,55,73,18,1
V,37,41,46,45,49,50,43,38

LEXTND,37,16,10,0
LEXTND,41,26,10,0
AROTAT,60,,,,,,8,7,360/z1,,
AROTAT,61,,,,,,8,7,360/z1,,
VSBA,    5,    33
VSBA,    7,    34
VDELE,5,6,1,1
VSBA,    8,    21
VDELE,    6,,,1

ALLSEL,ALL
ASLV,S
LSLA,S
KSLL,S
KSEL,INVE
KPLOT
```

```
KDELE,all                               ! 删除多余的点
ALLSEL,ALL


wprot,0,0,-Q1                           ! 旋转局部坐标系用于旋转体
CSWPLA,11,1,1,1,
CSYS,11
VGEN,2,3,5,1,,-180/z1,,,0               ! 小锥齿轮旋与大锥齿轮啮合
VDELE,3,5,1,1
VGLUE,1,2                               ! 对体进行粘接
VGLUE,7,6,8
! ---------------------------对小锥齿轮划分网格
LESIZE,73,,,20,,,,,1
LESIZE,82,,,8,,,,,1


MSHAPE,0,2D
MSHKEY,1                                ! 采用映射网格划分面
AMESH,43
LESIZE,71,,,6,,,,,1
EXTOPT,ACLEAR,1
EXTOPT,VSWE,AUTO,0
EXTOPT,ESIZE,6,0
VSWEEP,7,43,42                          ! 对体 7 采用扫掠方式划分网格


LESIZE,70,,,3,,,,,1
LESIZE,77,,,5,,,,,1
LESIZE,80,,,18,,,,,1


LESIZE,67,,,2,,,,,1
LESIZE,64,,,2,,,,,1
EXTO,VSWE,AUTO,ON
VSWEEP,1


LESIZE,97,,,4,,,,,1
LESIZE,96,,,10,,,,,1
LESIZE,100,,,10,,,,,1
LESIZE,98,,,18,,,,,1
VSWEEP,8


LESIZE,21,,,4,,,,,1
LESIZE,22,,,4,,,,,1
LESIZE,19,,,10,,,,,1
```

```
LESIZE,24,,,10,,,,,1
LESIZE,51,,,18,,,,,1
VSWEEP,2

LESIZE,26,,,1,,,,,1
LESIZE,28,,,1,,,,,1
LESIZE,1,,,33,,,,,1
LESIZE,2,,,11,,,,,1
LESIZE,14,,,6,,,,,1
LESIZE,3,,,18,,,,,1
LESIZE,5,,,20,,,,,1
LESIZE,6,,,15,,,,,1
LESIZE,4,,,2,,,,,1
VSWEEP,3
! --------------对划分网格的锥齿轮对通过旋转复制生成另外的锥齿轮对
CSYS,5
VGEN,3,2,3,1,,360/z2,,,0                    ! 对大锥齿轮旋转复制
VGEN,3,2,3,1,,-360/z2,,,0

CSWPLA,11,1,1,1,                            ! 对小锥齿轮旋转复制
FLST,3,3,6,ORDE,3
FITEM,3,1
FITEM,3,7
FITEM,3,8
VGEN,4,P51X,,,,360/z1,,,0
FLST,3,3,6,ORDE,3
FITEM,3,1
FITEM,3,7
FITEM,3,8
VGEN,3,P51X,,,,-360/z1,,,0
VSEL,S,LOC,X,0,min1ra                       ! 选择小锥齿轮
ESLV,S
NSLE,S
NUMMRG,NODE,,,,LOW                          ! 对节点进行压缩操作,以实现单元相连
NUMMRG,KP,,,,LOW                            ! 对关键点进行压缩操作,以实现实体相连
VSEL,S,,,   13                              ! 选择大锥齿轮
VSEL,A,,,   11
VSEL,A,,,   3
VSEL,A,,,   5
VSEL,A,,,   9
ESLV,S
NSLE,S
```

```
NUMMRG,NODE,,,,LOW        !对大锥齿轮上的节点进行压缩操作
NUMMRG,KP,,,,LOW          !对大锥齿轮上的关键点进行压缩操作
ALLSEL,ALL                !选择所有的实体
FINISH
```

8.2 生死单元使用实例

8.2.1 问题的描述

图 8-15 所示为一个 X 形焊缝的结构示意图,其中三种材料的基本性能参数分别如表 8-1、表 8-2 和表 8-3 所示(仅供演示使用)。

要求利用有限元分析来模拟该焊缝的焊接成形过程,以动画的形式显示出其温度随焊接时间的变化规律,以及对焊缝中生成的残余应力情况进行模拟。

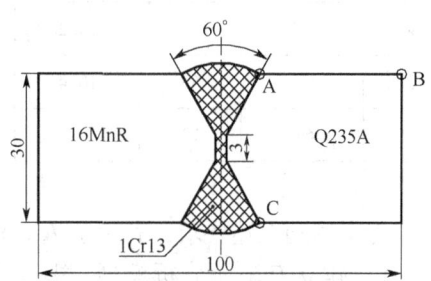

图 8-15 X 形焊缝的结构示意图

表 8-1　16MnR 材料的物理、力学性能

温度 /℃	弹性模量 /GPa	屈服压力 /MPa	屈服后的弹性模量 /GPa	密度 /(kg/m³)	线胀系数 /10⁻⁶K⁻¹	泊松比	导热系数 /[W/(m·K)]	比热容 /(J/kg·K)
20	209	315	20.9	7850	12.3	0.3	33	561
500	172	212	17.2					
800	133	153	13.3					
1200	84	93	8.4					
1500	45	33	4.5					

表 8-2　Q235A 材料物理、力学性能

温度 /℃	弹性模量 /GPa	屈服压力 /MPa	屈服后的弹性模量 /GPa	密度 /(kg/m³)	热胀系数 /10⁻⁶K⁻¹	泊松比	导热系数 /[W/(m·K)]	比热容 /(J/kg·K)
20	212	330	21.2	7860	14.8	0.29	34	983
500	175	213	17.5					
800	139	153	13.9					
1200	107	73	10.7					
1500	83	13	8.3					

表 8-3　1Cr13 材料物理、力学性能

温度/℃	弹性模量/GPa	屈服压力/MPa	屈服后的弹性模量/GPa	密度/(kg/m³)	热胀系数/10⁻⁶K⁻¹	泊松比	导热系数/[W/(m·K)]	比热容/(J/kg·K)
20	216	314	21.6	7770	13.8	0.29	32	683
500	178	203	17.8					
800	142	143	14.2					
1200	104	63	10.4					
1500	68	13	6.8					

为了达到上述要求，利用了 ANSYS 软件中单元的生死技术，其具体的分析步骤如下：

1）建立有限元分析模型，并将模型分成焊缝区和母材区，尽管使用了一样的单元，但要选用不同的单元类型号，以便于利用生死单元技术，生成单元网格如图 8-16 所示。在这里利用了单元 PLANE13，它是一个耦合场单元，同时具有温度、位移和磁场的性能，在这里将仅利用温度和位移两个场的耦合。

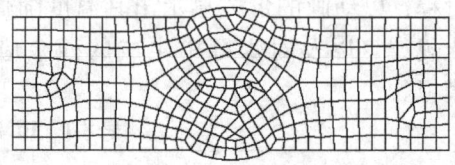

图 8-16　生成的网格图

2）对焊接区的单元进行排序，以保证焊接的动画显示。其中利用了单元质心的 Y 坐标值进行排序，这样单元的生死顺序就按照排序后的单元进行。每激活一个单元就对整个模型完成一次分析，并指定每个单元的时间步长。

3）在对所有激活的单元完成了分析后，为了模拟其冷却过程，又指定了一个相当长的时间进行分析，以保证温度完成冷却，这时残留在模型上的应力即为焊后残余应力。

4）在后处理阶段，分别利用 ANSYS 动画技术生成了温度、焊接应力随时间变化的动画过程，在当前的工作目录下生成了温度（Temp. AVI）和应力（Stress. AVI）的动画文件，在焊接完成后其温度和应力的分布情况分别如图 8-17 和图 8-18 所示。

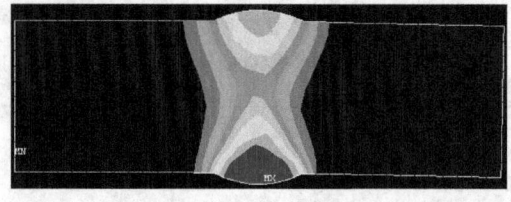

图 8-17　焊缝的温度分布

图 8-18　焊缝的残余应力分布

5）在后处理阶段，提取了编号为 379 的节点在整个焊接过程中的温度变化情况，如图 8-19 所示。又分别提取了沿路径 AB 和 AC（参见图 8-15）的残余当量 Von Mises 应力的分布曲线，如图 8-20 和图 8-21 所示。

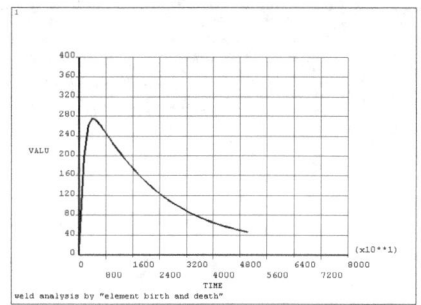

图 8-19 节点 379 的温度变化曲线

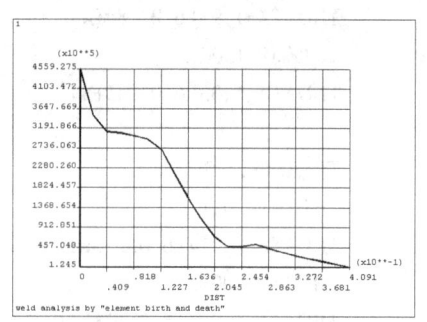

图 8-20 沿路径 AB 残余当量应力分布

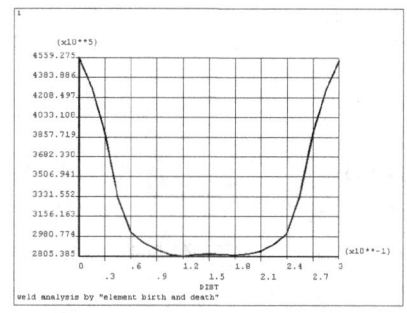

图 8-21 沿路径 AC 残余当量应力分布

8.2.2 APDL 命令流文件

完成上述任务的程序保存在文件"EX_8_3.txt"中，其程序清单和解释如下：

```
FINISH
/CLEAR,SYART
/TITLE,Weld Analysis By "Element Birth And Death"    ! 指定标题
/PREP7
/UNIT,SI                            ! 指定分析时所采用的单位制为米制国际单位
ET,1,13,4                           ! 指定单元类型为:PLANE13
ET,2,13,4
                 ! 下面将输入材料的性能参数
MPTEMP,1,20,500,800,1200,1500                             ! 温度
MPDATA,EX,1,1,2.09E11,1.72E11,1.33E11,0.84E11,0.45E11     ! 16MNR 的弹性模量
MPDATA,EX,2,1,2.16E11,1.78E11,1.42E11,1.04E11,0.68E11     ! 1CR13 的弹性模量
MPDATA,EX,3,1,2.12E11,1.75E11,1.39E11,1.07E11,0.83E11     ! Q235 的弹性模量
TB,BKIN,1,5                          ! 以表格的方式输入经典双线性随动强化参数
TBTEMP,20,1
TBDATA,1,315E6,0.209E11
TBTEMP,500,2
TBDATA,1,212E6,0.172E11
TBTEMP,800,3
TBDATA,1,153E6,0.133E11
TBTEMP,1200,4
```

```
TBDATA,1,93E6,0.084E11
TBTEMP,1500,5
TBDATA,1,33E6,0.045E11

TB,BKIN,2,5                          ! 材料2
TBTEMP,20,1
TBDATA,1,314E6,0.216E11
TBTEMP,500,2
TBDATA,1,203E6,0.178E11
TBTEMP,800,3
TBDATA,1,153E6,0.142E11
TBTEMP,1200,4
TBDATA,1,63E6,0.104E11
TBTEMP,1500,5
TBDATA,1,13E6,0.068E11

TB,BKIN,3,5                          ! 材料3
TBTEMP,20,1
TBDATA,1,330E6,0.212E11
TBTEMP,500,2
TBDATA,1,213E6,0.175E11
TBTEMP,800,3
TBDATA,1,153E6,0.139E11
TBTEMP,1200,4
TBDATA,1,73E6,0.107E11
TBTEMP,1500,5
TBDATA,1,13E6,0.083E11

MP,DENS,1,7850                       ! 输入材料的密度
MP,DENS,2,7770
MP,DENS,3,7860
MP,ALPX,1,1.23E-5                    ! 输入材料的线膨胀系数
MP,ALPX,2,1.38E-5
MP,ALPX,3,1.48E-5
MP,NUXY,1,0.30                       ! 输入材料的泊松比
MP,NUXY,2,0.29
MP,NUXY,3,0.29
MP,KXX,1,33                          ! 输入导热系数
MP,KXX,2,32
MP,KXX,3,34
MP,C,1,561                           ! 输入材料的比热容
MP,C,2,683
MP,C,3,983
```

```
MP,MURX,1,1                    ! 输入磁场相对渗透系数
MP,MURX,2,1
MP,MURX,3,1
MP,REFT,1,20                   ! 输入参考温度
MP,REFT,2,1500
MP,REFT,3,20
                               ! 下面将生成分析模型和网格
*AFUN,DEG                      ! 指定角度的计算单位为度
CSYS,0                         ! 指定直角坐标系为当前的坐标系
width = 1                      ! 定义模型参数
height = 0.3
ar = 0.14*TAN(30)
ex = 0.01*TAN(60)
df = ar + ex
cf = df/COS(60)

K,1,0,0,0                      ! 生成关键点
K,2,width/2-0.01-ar,0,0
K,3,width/2+0.01+ar,0,0
K,4,width,0,0,
K,5,width/2-0.01,height/2-0.01,0
K,6,width/2+0.01,height/2-0.01,0
K,7,width/2-0.01,height/2+0.01,0
K,8,width/2+0.01,height/2+0.01,0
K,9,0,height,0
K,10,width/2-0.01-ar,height,0
K,11,width/2+0.01+ar,height,0
K,12,width,height,0

N,1,width/2+0.01+ar,height,0   ! 生成节点即模型中的 A 点
N,2,width,height,0             ! 即模型中的 B 点
N,3,width/2+0.01+ar,0,0        ! 即模型中的 C 点

LARC,10,11,7,cf                ! 生成焊缝区的两条圆弧线
LARC,2,3,5,cf
A,1,2,5,7,10,9                 ! 由关键点生成面即母材区的左面
A,10,7,5,2,3,6,8,11            ! 生成焊缝区
A,3,4,12,11,8,6                ! 生成母材区的右面

/TRIAD,OFF                     ! 关闭坐标的三角符号显示
/PLOTS,INFO,0                  ! 关闭图形屏幕上的信息显示
/DEVICES,VECTOR,1              ! 采用向量显示
```

```
ESIZE,0.03                          ! 指定网格边长的大小
TYPE,2                              ! 指定单元类型号
MAT,2                               ! 指定材料类型参考号
AMESH,2                             ! 对焊缝区划分网格
ESIZE,0.03
TYPE,1
MAT,1
AMESH,1                             ! 对母材区的左面划分网格
MAT,3
AMESH,3                             ! 对母材区的右面划分网格
NUMMRG,ALL,,,,LOW                   ! 合并所有的实体
NUMCMP,ALL                          ! 压缩所有实体的编号包括节点和单元
EPLOT
/IMAGE,SAVE,vmesh,BMP               ! 将网格保存为一个位图文件如图 8-16 所示
/DEVICES,VECTOR,0                   ! 采用光栅显示模式
FINISH
                    ! 下面开始求解分析
/SOLU                               ! 进入求解处理器
ANTYPE,4                            ! 指定分析类型为瞬态分析
TRNOPT,FULL                         ! 指定瞬态分析的求解方式为完全法
NSEL,ALL                            ! 选择所有的节点
*GET,minx,NODE,,MNLOC,X             ! 取出所有选择节点的最小 X 坐标值
NSEL,S,LOC,X,minx                   ! 选择 X = MINX 的所有节点
D,ALL,UX,0                          ! 给选择的节点施加 X 向约束即 UX = 0
*GET,miny,NODE,,MNLOC,Y             ! 取出所有选择节点的最小 Y 坐标值
NSEL,R,LOC,Y,miny                   ! 选择 Y = MINY 的所有节点
D,ALL,UY,0                          ! 给选择的节点施加 Y 向约束即 UY = 0

NSEL,ALL
*GET,minx,NODE,,MNLOC,X
NSEL,S,LOC,X,minx
D,ALL,TEMP,20                       ! 对 X = MINX 的节点施加温度约束
NSEL,ALL
*GET,maxx,NODE,,MXLOC,X             ! 取出所有节点的最大 X 坐标值
NSEL,S,LOC,X,maxx
D,ALL,TEMP,20                       ! 对 X = MAXX 的节点施加温度约束

*SET,nna,2                          ! 定义 NNA = 2
ESEL,ALL                            ! 选择所有单元
*GET,emax,ELEM,,NUM,MAX             ! 取出单元的最大编号
ASEL,S,AREA,,nna                    ! 选择编号为 2 的面即焊缝区
ESLA                                ! 选择焊缝区的所有单元
```

```
*GET,nse,ELEM,,COUNT              ! 得到焊缝区单元的个数
*DIM,ne,,nse                      ! 定义6个数组
*DIM,n1,,nse
*DIM,n2,,nse
*DIM,nex,,nse
*DIM,ney,,nse
*DIM,neorder,,nse

ii = 0
*DO,i,1,emax                      ! 对所有的单元进行循环
*IF,ESEL(i),EQ,1,THEN             ! 如果单元被选中,则将其编号放到数组 NE 中
ii = ii + 1                       ! 记录被选中单元的个数
ne(ii) = i                        ! 存放被选中单元的编号即焊缝区单元的编号
*ENDIF
*ENDDO


*DO,i,1,nse                       ! 对焊缝区的单元进行循环
*GET,ney(i),ELEM,ne(i),CENT,Y     ! 取出单元质心的 Y 坐标值存入数组 NEY 中
*GET,nex(i),ELEM,ne(i),CENT,X     ! 取出单元质心的 X 坐标值存入数组 NEX 中
*ENDDO
                  ! 将 X 形焊缝区的单元分成两部分
D = 0
*DO,i,1,nse                       ! 对于焊缝区的单元进行循环
*IF,ney(i),GE,height/2,THEN       ! 质心 Y 坐标值大于 HEIGHT/2 则存入数组 N2
d = d + 1
n2(d) = ne(i)
*ENDIF
*ENDDO


c = 0                             ! 质心 Y 坐标值大于 HEIGHT/2 则存入数组 N1
*DO,i,1,nse
*IF,ney(i),LT,height/2,THEN
c = c + 1
n1(c) = ne(i)
*ENDIF
*ENDDO


ESEL,NONE                         ! 没有选中任何单元
```

```
*DO,i,1,d
*IF,n2(i),NE,0,THEN
ESEL,A,ELEM,,n2(i)               ! 选择数组 N2 中存放的单元
*ENDIF
*ENDDO
EPLOT                            ! 显示焊缝区上部分的单元
                 ! 对焊缝区上部分的单元按质心 Y 坐标进行排序
mine = 0
*DIM,ne2,,d                      ! 定义三个数组
*DIM,nex2,,d
*DIM,ney2,,d
*DO,i1,1,d                       ! 焊缝区上部分的单元进行循环
ESEL,U,ELEM,,mine                ! 反向选择单元
*GET,nse2,ELEM,,COUNT            ! 取出选择单元的个数
ii = 0
*DO,i,1,emax
*IF,ESEL(i),EQ,1,THEN            ! 确定选中的单元编号
ii = ii + 1
ne2(ii) = i                      ! 并将其编号存放数组 NE2 中
*ENDIF
*ENDDO
*DO,i,1,nse2
*GET,ney2(i),ELEM,ne2(i),CENT,Y  ! 选中单元的质心 Y 坐标值存放到 NEY2 中
*GET,nex2(i),ELEM,ne2(i),CENT,X  ! 选中单元的质心 X 坐标值存放到 NEX2 中
*ENDDO

miny = 1e20                      ! 给中间变量赋一个非常大的初值
minx = 1e20

*DO,i,1,nse2
*IF,ney2(i),LT,miny,THEN         ! 对单元质心 Y 坐标值进行比较
miny = ney2(i)
minx = nex2(i)
mine = ne2(i)
*ELSE
*IF,ney2(i),EQ,miny,THEN
*IF,nex2(i),LT,minx,THEN
miny = ney2(i)
minx = nex2(i)
```

```
          mine = ne2(i)
      *ENDIF
     *ENDIF
    *ENDIF
   *ENDDO
   neorder(i1) = mine                         ！记录排序后的单元编号的顺序
  *ENDDO
    ！对焊缝区下部分的单元按质心 Y 坐标进行排序,与其上部分的过程相类似
  maxe = 0
  ESEL,NONE
   *DO,i,1,c
   *IF,n1(i),NE,0,THEN
   ESEL,A,ELEM,,n1(i)
   *ENDIF
  *ENDDO
  EPLOT

   *DIM,ne1,,c
   *DIM,nex1,,c
   *DIM,ney1,,c

   *DO,i1,1,c
   ESEL,U,ELEM,,maxe
   *GET,nse3,ELEM,,COUNT
   ii = 0
   *DO,i,1,emax
   *IF,ESEL(i),EQ,1,THEN
   ii = ii + 1
   ne1(ii) = i
   *ENDIF
  *ENDDO

   *DO,i,1,nse3
   *GET,ney1(i),ELEM,ne1(i),CENT,Y
   *GET,nex1(i),ELEM,ne1(i),CENT,X
  *ENDDO

  maxy = -1e10
  maxx = -1e10
   *DO,i,1,nse3
```

```
*IF,ney1(i),GT,maxy,THEN
maxy = ney1(i)
maxx = nex1(i)
maxe = ne1(i)
*ELSE
*IF,ney1(i),EQ,maxy,THEN
*IF,nex1(i),LT,maxx,THEN
maxy = ney1(i)
maxx = nex1(i)
maxe = ne1(i)
*ENDIF
*ENDIF
*ENDIF
*ENDDO
neorder(i1 + d) = maxe          ! 记录焊缝区下部分单元顺序的单元编号
*ENDDO

max_tem = 1500                  ! 指定焊缝区的初始温度
dt1 = 1e-3                      ! 定义时间步长的增量
dt = 5                          ! 定义每次焊接所需要的时间
t = 0                           ! 初始化焊接时间
ESEL,ALL
EPLOT
/AUTO,1                         ! 自动确定图形的显示为最佳状态
/REPLOT
*DO,i,1,nse                     ! 动画显示单元的杀死过程
EKILL,neorder(i)                ! 按单元排列的顺序杀死单元
ESEL,S,LIVE                     ! 选择没有杀死的单元
EPLOT                           ! 显示选择的单元
*ENDDO
ALLSEL,ALL                      ! 选择所有的实体
OUTRES,ALL,ALL                  ! 输出控制即所有子步的所有内容均输出到文件
IC,ALL,TEMP,20                  ! 施加初始温度为20℃
KBC,1                           ! 设置为阶跃载荷变化
TIMINT,0,STRUCT                 ! 关闭结构的瞬态响应
TIMINT,1,THERM                  ! 施加热的瞬态响应
TIMINT,0,MAG                    ! 关闭磁的瞬态响应
TINTP,0.005,,,,1,0.5,0.2        ! 设置瞬态积分参数

nsub1 = 2
nsub2 = 40
```

```
*DO,i,1,nse                              ! 对焊缝区单元进行循环分析
    EALIVE,neorder(i)                    ! 按单元排序顺序激活单元
    ESEL,S,LIVE                          ! 选择没有杀死的单元
    EPLOT
    ESEL,ALL                             ! 选择所有的单元
    t = t + dt1
    TIME,t                               ! 指定载荷步的结束时间
    NSUBST,1                             ! 指定子步数
    *DO,j,1,4
        D,NELEM(neorder(i),j),TEMP,max_tem  ! 给激活单元的节点施加温度约束
    *ENDDO
    SOLVE                                ! 求解分析

    t = t + dt1
    TIME,t
    SOLVE

    *DO,j,1,4
        DDELE,NELEM(neorder(i),j),TEMP   ! 删除激活单元节点上的温度约束
    *ENDDO
    t = t + dt-2*dt1
    TIME,t
    NSUBST,nsub1
    SOLVE

*ENDDO                                   ! 焊缝区单元循环分析结束
t = t + 50000                            ! 指定一个温度冷却的时间
TIME,t                                   ! 设置载荷步的结束时间
NSUBST,nsub2                             ! 指定子步数
SOLVE                                    ! 最后一次求解
FINISH

/POST26                                  ! 进入时间历程后处理器
NSOL,2,379,TEMP,,TEMP379                 ! 取出节点 379 的温度值并赋给变量号 2
/GROPT,AXNSC,1.5,                        ! 缩放图标字体的大小
PLVAR,2                                  ! 图形显示变量 2 即图 8-19 所示
/IMAGE,SAVE,temp379,BMP                  ! 显示的图形被保存为位图文件
FINISH
        ! 生成节点 Von Mises 当量应力云图动画文件的程序段
/POST1                                   ! 进入到通用后处理器
/SEG,DELE                                ! 删除当前内存段中所有的数据
/CONT,1,15,0,1200E6/16,1200E6            ! 指定等值线显示时均匀分布的大小和幅值
/DSCALE,1,1.0                            ! 指定显示的比例
AVPRIN,0,0                               ! 指定公共节点上结果的计算方法
```

```
AVRES,1                             ! 对所有公共子网格位置的结果进行平均
/SEG,MULTI,stress,0.1               ! 保存每幅画面到内存段里
ESEL,ALL
*DO,i,1,nse                         ! 焊缝区的单元进行循环
ESEL,U,ELEM,,neorder(i)             ! 按单元排序的顺序反向选择单元
*ENDDO
*DO,i,1,nse
ESEL,A,ELEM,,neorder(i)             ! 按单元排序的顺序再选择单元
SET,(i-1)*3+1,1                     ! 读入指定载荷步第1个子步的结果
PLNSOL,S,EQV                        ! 显示节点的 Von Mises 当量应力云图
*DO,j,1,nsub1
SET,(i-1)*3+3,j                     ! 读入指定载荷步中的子步结果
PLNSOL,S,EQV                        ! 显示节点的 Von Mises 当量应力云图
*ENDDO
*ENDDO
*DO,I,1,nsub2                       ! 对冷却时间的子步进行循环
SET,(nse-1)*3+4,i
PLNSOL,S,EQV
*ENDDO
/SEG,OFF,stress,0.1                 ! 关闭内存段的存入
/IMAGE,SAVE,stress,BMP              ! 将当前的应力云图保存为位图文件如图 8-18
FINISH
    ! 生成节点温度分布云图动画文件的程序段,其过程与上述应力云图相类似
/POST1
/SEG,DELE
/CONT,1,15,0,1500/16,1500
/DSCALE,1,1.0
AVPRIN,0,0
AVRES,1
/SEG,MULTI,TEMP,0.1
ESEL,ALL
*DO,i,1,nse
ESEL,U,ELEM,,neorder(i)
*ENDDO
*DO,i,1,nse
ESEL,A,ELEM,,neorder(i)
SET,(i-1)*3+1,1
PLNSOL,TEMP                         ! 显示节点的温度云图
*DO,j,1,nsub1
SET,(i-1)*3+3,j
```

```
            PLNSOL,TEMP
          *ENDDO
          *ENDDO
          !/IMAGE,SAVE,tem1,BMP           !将温度分布图保存为一个位图文件如图8-17
          *DO,I,1,NSUB2
            SET,(nse-1)*3+4,i
            PLNSOL,TEMP
          *ENDDO
          /SEG,OFF,temp,0.1
          ANIM,1,1
                                !显示路径上的应力分布结果
          SET,LAST                        !读入最后一个载荷步的数据
          CSYS,0                          !激活直角坐标系
          PATH,xdirection,2,10            !指定AB路径的名称
          PPATH,1,1                       !定义路径的第1个节点
          PPATH,2,2                       !定义路径的第2个节点
          PDEF,,S,EQV                     !将当量应力映射到路径上
          /GROPT,AXNSC,1.5,               !设定标注字体的大小
          PLPATH,SEQV                     !显示当量应力分布
          /IMAGE,SAVE,xpath,BMP           !当显示结果保存为一个位图文件如图8-20所示

          PATH,ydirection,2,10            !指定AC路径的名称
          PPATH,1,1
          PPATH,2,3
          PDEF,,S,EQV
          /GROPT,AXNSC,1.5,
          PLPATH,SEQV
          /IMAGE,SAVE,ypath,BMP           !当显示结果保存为一个位图文件如图8-21所示
          FINISH
          SAVE
```

8.3 结构优化设计实例

8.3.1 问题的描述

图 8-22 为一个零件结构示意图，在图的右侧承受压力 p 作用，轮齿处承受约束。其基本尺寸已标于图中，现要通过优化设计确定在满足给定强度条件下 B、H 和 H_1 的尺寸大小。

已知相关的参数值为：

压力值：$p = 7.7 \mathrm{MPa}$

弹性模量：$E = 2.06 \times 10^5 \mathrm{MPa}$

泊松比：$\nu = 0.28$

许用应力：$[\sigma] = 204\text{MPa}$

许用接触应力：$[\sigma] = 454\text{MPa}$

另外，B、H 和 H_1 三个尺寸的变化范围分别为：
$30 \leq B \leq 50$、$140 \leq H \leq 175$、$55 \leq H_1 \leq 90$

从图 8-22 可以看到，其结构具有对称性，承受的载荷和约束也是轴对称的。因此在分析时可以利用对称性的条件，简化分析模型的规模。如图 8-23 所示为简化后的分析模型，采用四面体单元"SOLID92"，自由网格划分，生成的网格如图 8-24 所示。

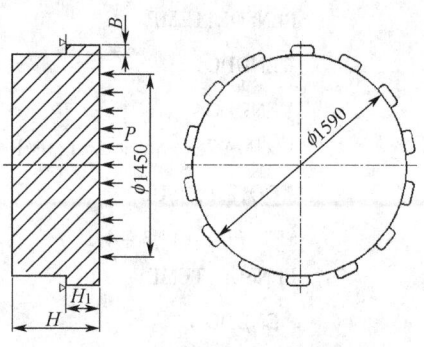

图 8-22 零件结构示意图

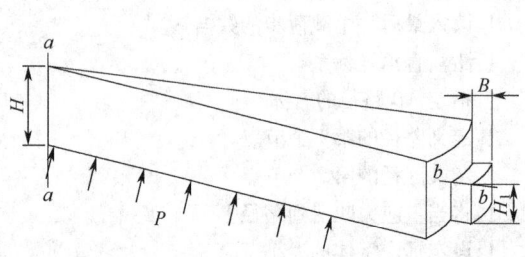

图 8-23 分析模型

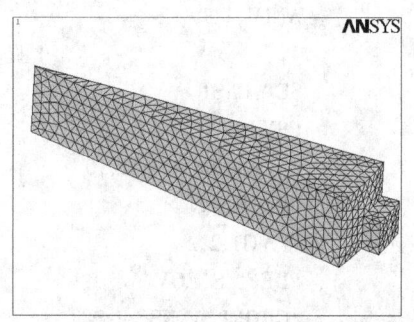

图 8-24 生成网格图

其中优化设计的约束条件选择沿 AA 和 BB 路径上的当量应力，即 Von Mises 应力，它们是危险的位置，为了控制零件中心的最大位移，也选择在 AA 路径的位移作为约束条件。设置零件的重量为目标函数，最后优化的结果分别如图 8-25、图 8-26、图 8-27 和图 8-28 所示。

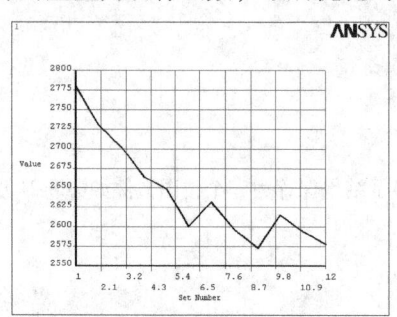

图 8-25 重量的下降曲线

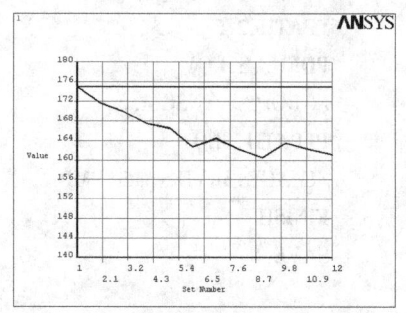

图 8-26 H 的变化曲线

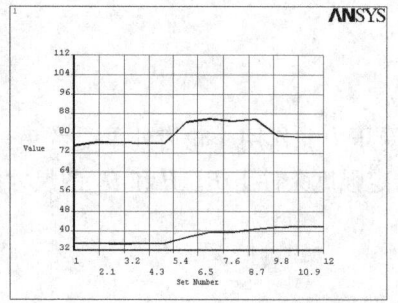

图 8-27 H_1 和 B 的变化曲线

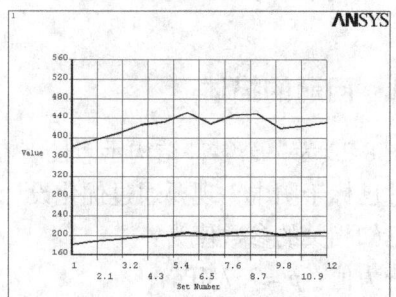

图 8-28 S1 和 S2 的变化曲线（S1 是第 1 主应力，S2 是第 2 主应力）

APDL 命令流被保存在文件"AA_GATE.TXT"里，在 ANSYS 的 GUI 模式下，执行命令：

/INPUT,AA_GATE,TXT,,,1

或 GUI 路径：Utility Menu > File > Read Input From，弹出一个如图 8-29 所示的对话框，在目录中选取所需的文件，同时要选中"Copy input to database log"选项，单击"OK"，即可完成整个优化过程。

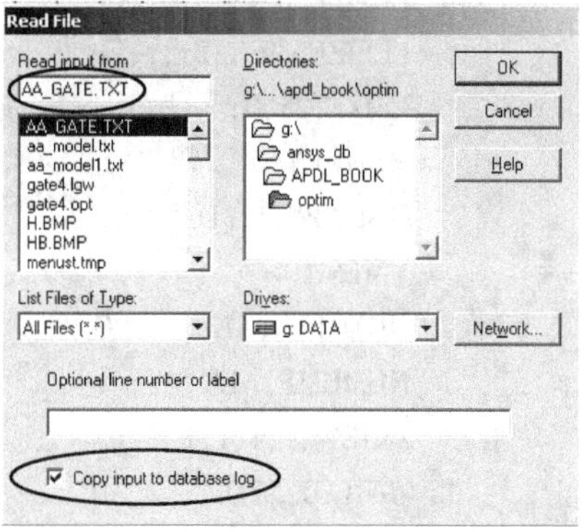

8.3.2 APDL 命令流文件

完成上述优化过程的 APDL 命令流程序如下：

```
FINISH
/CLEAR,START
*SET,r1,725                  ! 定义参数化变量
*SET,r2,795
*SET,b,35
*SET,r3,r2+b
*SET,ang,360/28
*SET,ang1,ang/2
*SET,h,175
*SET,h1,75
*SET,du,0.02*h
*SET,sigma,3*204
/PREP7                        ! 进入前处理器
ET,1,SOLID92                  ! 指定单元类型
MPTEMP,,,,,,,,                ! 指定材料属性
MPTEMP,1,0
MPDATA,EX,1,,2.06e5           ! 弹性模量
MPDATA,PRXY,1,,0.28           ! 泊松比
CYL4,,,r1,0,r2,ang,h          ! 生成 3 个部分圆筒体
CYL4,,,0,0,r1,ang,h
CYL4,,,r2,ang1,r3,ang,h1
N,1,0,0,0                     ! 生成 2 个节点即 AA 路径
N,2,0,0,h
CSYS,1                        ! 改变坐标系为总体圆柱坐标系
N,3,r2,ang1,h1                ! 生成 2 个节点即 BB 路径
N,4,r3,ang1,h1
CSYS,0                        ! 恢复为总体直角坐标系
VADD,1,2,3                    ! 体相加操作
LESIZE,22,,,2,,,,,1           ! 对线指定网格划分的等份
LESIZE,27,,,2,,,,,1
```

图 8-29 输入优化文件对话框

```
LESIZE,29,,,2,,,,,1
LESIZE,39,,,2,,,,,1
ESIZE,25,0,                        ! 对未指定网格的线指定其网格单元边长
MSHKEY,0                           ! 自由网格划分方式
MSHAPE,1,3D                        ! 采用 3D 形状
VMESH,4                            ! 对体划分网格
NUMMRG,ALL,,,,LOW                  ! 合并实体操作
NUMCMP,ALL                         ! 压缩实体的编号操作
/VIEW,1,1,1,1                      ! 改变视角为等轴测图方向
/TRIAD,LTOP                        ! 移动坐标的三角符号到左上角位置
/REPLOT
FINISH
/SOLU                              ! 进入求解器
CSYS,1                             ! 激活柱坐标系
ASEL,S,LOC,Y,0
ASEL,A,LOC,Y,ang
DA,ALL,SYMM                        ! 给两个侧面施加对称约束
ALLSEL,ALL
ASEL,S,LOC,X,r2,r3
ASEL,R,LOC,Z,h1
DA,ALL,UZ,                         ! 给约束面施加 UZ=0 的约束
ALLSEL,ALL
ASEL,S,LOC,Z,0
ASEL,R,LOC,X,0,r1
SFA,ALL,1,PRES,7.7                 ! 在底面上施加压力载荷
ALLSEL,ALL
CSYS,0                             ! 激活总体直角坐标系
SOLVE                              ! 求解分析
FINISH
/POST1                             ! 进入后处理器
ETABLE,evol,VOLU,                  ! 建立一个单元表并用单元的体积填充
SSUM                               ! 对所有单元的体积求和
*GET,vtot,SSUM,,ITEM,EVOL          ! 取出单元的体积
*SET,wt,28*7.85*vtot*1.0e-6        ! 计算重量
PATH,aa,2,30,20,                   ! 由节点 1 和 2 定义 AA 路径
PPATH,1,1
PPATH,2,2
PDEF,,S,EQV,AVG                    ! 映射当量应力到路径上
PDEF,,U,Z,AVG                      ! 映射在 Z 方向的位移到路径上
*GET,s1,PATH,,MAX,SEQV             ! 取出路径上的最大当量应力
*GET,uz,PATH,,MAX,UZ               ! 取出 Z 方向的最大的位移
PATH,bb,2,30,20,                   ! 由节点 3 和 4 定义 BB 路径
```

```
PPATH,1,3
PPATH,2,4
PDEF,,S,EQV,AVG              ! 映射当量应力到路径上
*GET,s2,PATH,,MAX,SEQV       ! 取出路径上的最大当量应力
EPLOT
SAVE
LGWRITE,gate,lgw,,COMMENT    ! 生成优化分析的文件
FINISH
/OPT                         ! 进入优化设计处理器
OPANL,'gate','lgw',''        ! 指定优化分析文件
OPVAR,h,DV,140,175,,         ! 定义3个设计变量及其范围
OPVAR,h1,DV,55,90,,
OPVAR,b,DV,30,50,,
OPVAR,s1,SV,,204,,           ! 定义2个状态变量及其限制
OPVAR,s2,SV,,sigma,,
OPVAR,uz,SV,,du,,
OPSAVE,'gate','opt',''       ! 保存优化设置到文件
OPVAR,wt,OBJ,,,50,           ! 定义目标函数
OPTYPE,FIRS                  ! 指定优化方法
OPFRST,12,,,                 ! 指定循环次数
SAVE
OPEXE                        ! 开始优化运行
OPLIST,ALL,,0                ! 列出所有的优化数据序列
/GROPT,AXNSC,1.5,
PLVAROPT,h                   ! 图形方式显示变量 H 的变化
/IMAGE,SAVE,h,BMP            ! 保存为位图,如图8-26所示
PLVAROPT,wt
/IMAGE,SAVE,wt,BMP           ! 如图8-25所示
PLVAROPT,h1,B
/IMAGE,SAVE,hb,BMP
PLVAROPT,s1,s2
/IMAGE,SAVE,s12,BMP
FINISH
```

8.4 施加移动载荷实例

8.4.1 问题的描述

图 8-30 为一个桌面及其有限元分析网格,现要分析当作用的面载荷在桌面上移动时,桌面和支撑杆的受力情况。其设计尺寸和材料的性能可参考 APDL 文件。为了模拟桌面和支撑杆的受力,在这里采用壳单元"SHELL63"和杆单元"LINK8"。面载荷从左向右施加在单元面上,一共循环了 10 次。生成当量应力的分布结果如图 8-31 所示,支撑杆反作用力的

变化如图 8-32 所示,桌面上编号为 45 的节点当量应力的变化曲线如图 8-33 所示。

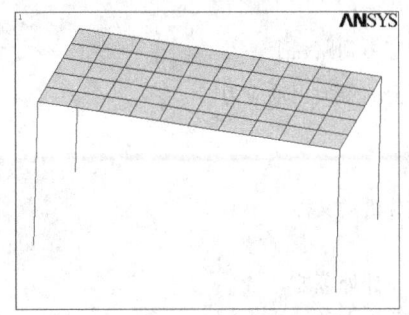

图 8-30　桌面及网格的示意图

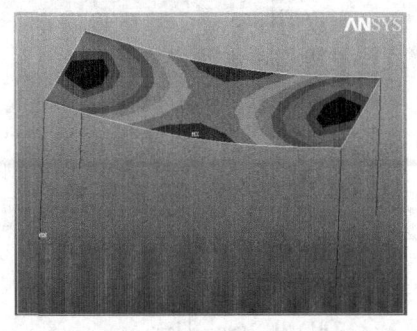

图 8-31　生成的当量应力分布

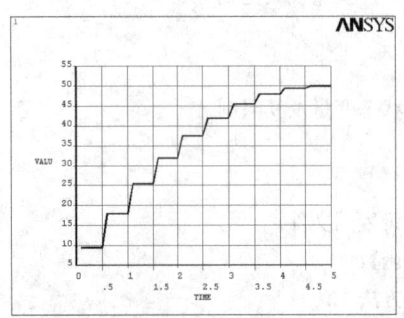

图 8-32　支撑杆的反作用力变化

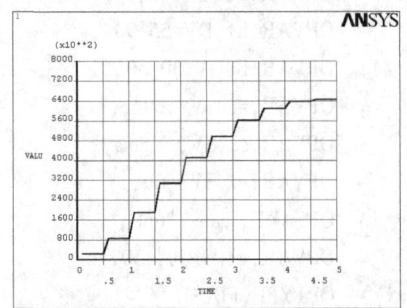

图 8-33　桌面上某节点的当量应力变化

读者可仿照焊缝动画的生成程序,对本实例编制一个动画文件,可以得到在载荷移动时,桌面的受力情况的变化。

8.4.2　APDL 命令流文件

完成上述任务的 APDL 命令流文件保存在文件 "EX_8_4.TXT" 中,其详细内容如下:

```
FINISH
/CLEAR,START
*SET,height,1                ! 定义参数
*SET,width,1
*SET,length,2
/PREP7                       ! 进入前处理器
ET,1,SHELL63                 ! 定义单元类型,1 号单元为壳单元
ET,2,LINK8                   ! 2 号单元为杆单元
R,1,0.02,,,,,                ! 指定与单元类型相一致的实常数
R,2,0.01,,
MPTEMP,,,,,,,,               ! 定义材料属性
MPTEMP,1,0
MPDATA,EX,1,,2e5
MPDATA,PRXY,1,,0.3
N,1,,,,,,,                   ! 生成支撑杆的 8 个节点
N,2,,,height,,,,
```

```
N,3,length,,,,,
N,4,length,,height,,,,
N,5,length,width,,,,,
N,6,length,width,height,,,,
N,7,0,width,,,,,
N,8,0,width,height,,,,
TYPE,2                          ! 指定单元类型
MAT,1                           ! 指定材料类型
REAL,2                          ! 指定实常数
*DO,i,1,4                       ! 循环生在成 4 个支撑杆单元
i1 = 2*i-1
i2 = i1 + 1
E,i1,i2                         ! 由 2 个节点生成杆单元
*ENDDO
/VIEW,1,1,1,1                   ! 改变视角为等轴测图方向
/AUTO,1
NWPAVE, 2                       ! 工作平面移动到编号为 2 的节点处
RECTNG,0,length,0,width,        ! 在当前工作平面上生成一个矩形面
TYPE, 1
REAL, 1
ESIZE,0.2,0,                    ! 设置单元边长的大小
MSHKEY,1                        ! 采用映射网格划分
AMESH,ALL                       ! 对生成的矩形面划分网格
/PLOPTS,INFO,0                  ! 关闭屏幕上的信息显示
/TRIAD,OFF                      ! 关闭坐标三角符号的显示
WPSTYLE,,,,,,,,0                ! 关闭工作平面
/REPLOT
NUMMRG,ALL,,,,LOW               ! 实体合并操作
NUMCMP,ALL                      ! 实体编号压缩操作
SAVE
/VIEW, 1,0.22,-0.85,0.47        ! 改变视角方向
/ANG, 1,-30.6
/REPLO                          ! 重新显示
FINISH
/SOL                            ! 进入求解器
ANTYPE,4                        ! 指定为瞬态分析
TRNOPT,FULL                     ! 用完全法求解
NSEL,S,LOC,Z,0                  ! 选择 Z = 0 的所有节点
D,ALL,,,,,,ALL,,,,              ! 给选中的节点施加约束
ALLSEL,ALL
EPLOT
/PSF,PRES,NORM,2,0,1            ! 设置面载荷用箭头表示
```

```
                delt = 0.5
                tim = 0
                TIMINT,ON                    ! 打开瞬态响应
                *DO,i,1,10                   ! 载荷移动循环 10 次
                j = i/5
                tim = tim + 0.5
                TIME,tim                     ! 设置载荷步的结束时间
                NSEL,S,LOC,Z,height          ! 选择 Z = HEIGHT 的所有节点
                NSEL,R,LOC,X,j-0.2,j         ! 再选择满足条件 J-0.2≤X≤J 范围内的节点
                ESLN,R,1                     ! 再选择与节点相关的单元
                SFE,ALL,2,PRES,,100,,,       ! 在所选择的单元上施加面载荷
                ALLS                         ! 选择所有的实体
                NSUBST,5                     ! 设置子步数
                OUTRES,ALL,ALL               ! 设置输出
                SOLVE                        ! 求解运算
                ! NSEL,S,LOC,Z,HEIGHT
                ! NSEL,R,LOC,X,J-0.2,J
                ! ESLN,R,1
                ! SFEDELE,ALL,2,PRES          ! 删除上述施加的面载荷
                ! ALLS
                *ENDDO                       ! 循环结束
                FINISH
                /POST1                       ! 进入后处理器
                AVPRIN,0,,
                PLNSOL,S,EQV,0,1             ! 显示节点当量应力分布如图 8-31 所示
                FINISH
                /POST26                      ! 进入时间历程后处理器
                RFORCE,2,1,F,Z,fz            ! 取出节点 1 的反作用力
                ESOL,3,28,45,S,INT,SEQV45    ! 取出单元上节点的当量应力
                /GROPT,AXNSC,1.5,            ! 缩放图形标注字体大小
                PLVAR,2,,,,,,,,,,            ! 图形显示反作用力的变化情况如图 8-32 所示
                /IMAGE,SAVE,force1,BMP       ! 生成位图文件保存
                PLVAR,3,,,,,,,,,,            ! 图形显示节点当量应力的分布情况如图 8-33 所示
                /IMAGE,SAVE,seqv45,BMP
                FINISH
```

8.5 动力学分析实例

8.5.1 问题的描述

图 8-34 为一个铝制容器跌落到一块钢板上的动力学分析。已知容器是一个具有 5 个面的正方形容器，其边长为 20in，容器的壁厚为 0.1in，并分别绕 X 轴、Y 轴和 Z 轴旋转 45°。

桌面是一个边长为 100in 的正方形板，其板厚为 0.1in。作用在容器上的载荷就是容器本身的重力，它从距桌面 72in 的位置落下。

这是一个典型的跌落试验，通过 ANSYS 的动力学分析，确定容器跌落后容器的变化情况。其中，1in＝25.4mm，1psi＝6894.75Pa，$-1lb/in^3=27679.9kg/m^3$。

铝材料的性能为：

弹性模量：10.3E6psi；泊松比：0.334；屈服应力：5000psi；切变模量：20000psi。

密度：$2.5E-4lb/in^3$。

钢材料的性能为：

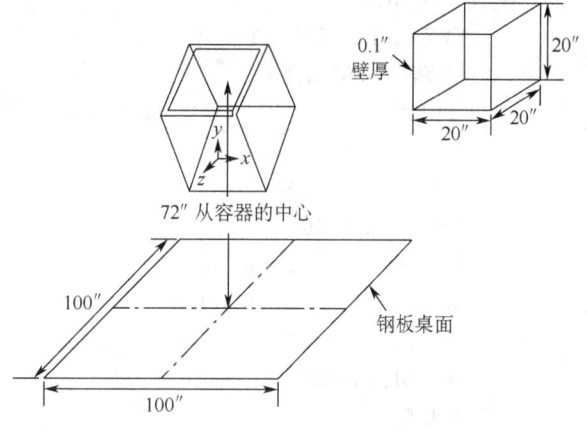

图 8-34 容器跌落实验的示意图

弹性模量：30.0E6psi；泊松比：0.292；密度：$7.3E-4lb/in^3$。

由于在自由跌落时，只有重力加速度，为了节省分析时间，假定容器是从距桌面高 20in 处落下，并给容器一个初速度即 200in/s，它是模拟 52in 的自由落体运行得到的，即计算公式为：

$$V_f = SQRT(2*a*s)$$

其中 V_f 表示最终速度，a 是重力加速度，s 是位移，并忽略与空气的摩擦。

并假定桌面是刚性的，容器具有经典的双线性随动强化，并遵守 Von Mises 屈服准则。

对于容器将生成一个 3D 实体模型，然后对其划分网格；桌面钢板将简化为一个刚性单元，并采用节点和单元直接生成。

该问题只能在 ANSYS LS-DYNA，ANSYS ED 产品中运行，生成的网格结果如图 8-35 所示，其中某节点在 Y 方向的位移变化如图 8-36 所示。并在当前的默认工作目录下生成两个动画文件，其中一个是 Von Mises 应力变化的动画，另一个是变形形状的动画。

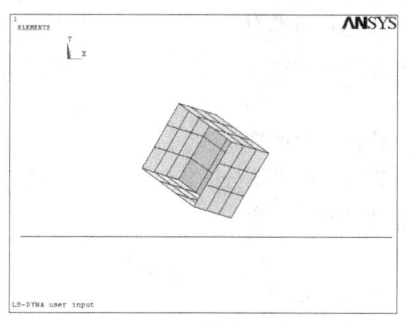

图 8-35 生成的网格图

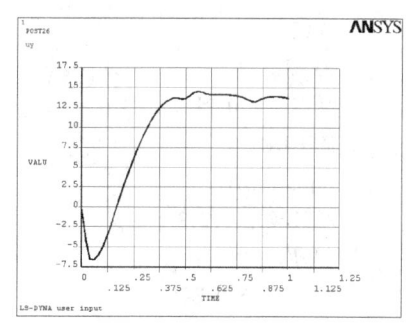

图 8-36 某节点在 Y 方向的位移图

8.5.2 APDL 命令流文件

完成上述操作的命令流文件的内容如下：

```
FINISH
```

```
/CLEAR,START
KEYW,PR_STRUC,1                    ! 指定为结构分析
KEYW,LSDYNA,1                      ! 指定为 LY-Dynamic 分析
/PREP7
WPRO,,45.000000,                   ! 分别绕坐标轴 X、Y 和 Z 旋转 45°
WPRO,,,45.000000
WPRO,45.000000,,
WPSTYLE,,,,,,,0                    ! 关闭工作平面
BLOCK,-10,10,-10,10,-10,10,        ! 生成一个正方形块
VDELE,    1                        ! 仅删除块留下面
/PNUM,AREA,1                       ! 显示面的编号
APLOT
ADELE,    4                        ! 删除编号为 4 的面
/REPLOT
ET,1,SHELL163                      ! 定义单元类型
R,1                                ! 定义实常数
RMODIF,1,1,,,0.1,,,,               ! 输入容器壁厚为 0.1
EDMP,RIGI,1,7,7                    ! 为显式动力学分析定义材料属性
MP,DENS,1,7.3e-4                   ! 定义钢材料的密度
MP,EX,1,30e6                       ! 钢的弹性模量
MP,NUXY,1,0.292                    ! 钢泊松比
MP,DENS,2,2.5e-4                   ! 定义铝材的密度
MP,EX,2,10.3e6                     ! 铝的弹性模量
MP,NUXY,2,0.334                    ! 铝材的泊松比
TB,BKIN,2,,,,                      ! 定义双线性随动强化的材料属性
TBDAT,1,5000
TBDAT,2,20000
TYPE,   1                          ! 指定单元的分析类型
MAT,    2                          ! 指定材料类型
REAL,   1                          ! 指定实常数
MSHAPE,0,2D
MSHKEY,1                           ! 生成映射网格
AMESH,ALL                          ! 对生成的面划分网格
/VIEW,1,1,2,3                      ! 改变视角方向
/ANG,1
/PNUM,NODE,1                       ! 显示节点编号
MAT,    1                          ! 指定第 1 种材料即钢
N,,-50,-20,-50,,,,                 ! 生成桌面的 4 个节点
N,,-50,-20,50,,,,
N,,50,-20,50,,,,
N,,50,-20,-50,,,,
E,53,54,55,56                      ! 生成一个桌面单元
EPLOT
```

ESEL,S,MAT,,2	! 选择定义为第 2 种材料属性的所有单元
NSLE,S	! 选择依附于单元的所有节点
CM,box,NODE	! 生成一个元件名
ALLSEL,ALL	! 选择所有的实体
ESEL,S,MAT,,1	! 选择定义为第 1 种材料属性的所有单元
NSLE,S	! 选择依附于单元的所有节点
CM,table,NODE	! 生成另外一个元件名
ALLSEL,ALL	
EDCGEN,ASTS,BOX,TABLE,0,0,0,0,0,,,,,0,10000000	! 指定接触参数
FINISH	
/SOL	
EDVE,VELO,box,0,-200,0,0,0,0,,,,,	! 给节点施加初始速度
*DIM,time,ARRAY,2,1,1,,,	! 定义一个数值型数组
*SET,time(2,1,1),1	! 给数组赋值
*DIM,accg,ARRAY,2,1,1,,,	
*SET,accg(1,1,1),386.4	
*SET,accg(2,1,1),386.4	
EDLOAD,ADD,ACLY,0,box,TIME,accg,0,,,,,	! 施加载荷
TIME,1.0,	! 设置载荷步的结束时间
EDRST,50,	! 指定输出的间隔
EDHTIME,50,	! 指定时间历程的输出间隔
EDDUMP,1,	! 指定输出的频率
EDENERGY,1,1,1,1	! 指定能量损耗控制
SOLVE	! 求解分析
EPLOT	
/REPLOT,RESIZE	
/VIEW,1,,,1	! 改变视角方向
/PNUM,AREA,0	! 关闭面的编号
/PNUM,NODE,0	! 关闭节点的编号
FINISH	
/POST1	! 进入后处理器
SET,FIRST	! 读入第 1 个载荷步的数据
PLNS,S,EQV	! 图形显示 Von Mises 应力
ANDATA,0.5,,0,0,0,1,0,1	! 生成一个动画
/ANFILE,SAVE,stress,AVI	! 生成动画文件
PLDI,,	! 图形显示位移的变化
ANDATA,0.5,,0,0,0,1,0,0	! 生成一个动画
/ANFILE,SAVE,displace,AVI	! 生成动画文件
FINISH	
/POST26	! 进入时间历程后处理器
/GROPTS,VIEW,1	! 改变视图的显示
NSOL,2,27,U,Y,uy	! 读出节点 27 在 Y 方向的位移

```
PLVAR,2,,,,,,,,,,                                    !生成图 8-36
FINISH
```

8.6 接触分析实例

8.6.1 胀管过程的数值模拟

在管壳式换热器中，管板与管子的连接可采用液压胀接的方式来完成，本实例将通过 ANSYS 软件来模拟其胀接过程，如图 8-37 为胀管的模型及相关的尺寸。

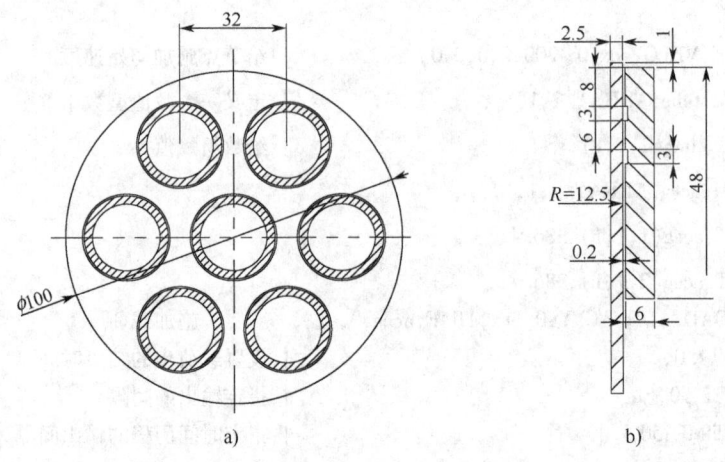

图 8-37 胀管的模型及相关的尺寸
a) 胀管模型　b) 管子与管板的尺寸

当采用三角形排列时，管板结构与对称性，只要分析其中的六分之一即可，如图 8-38a 所示，生成的网格如图 8-38b 所示。

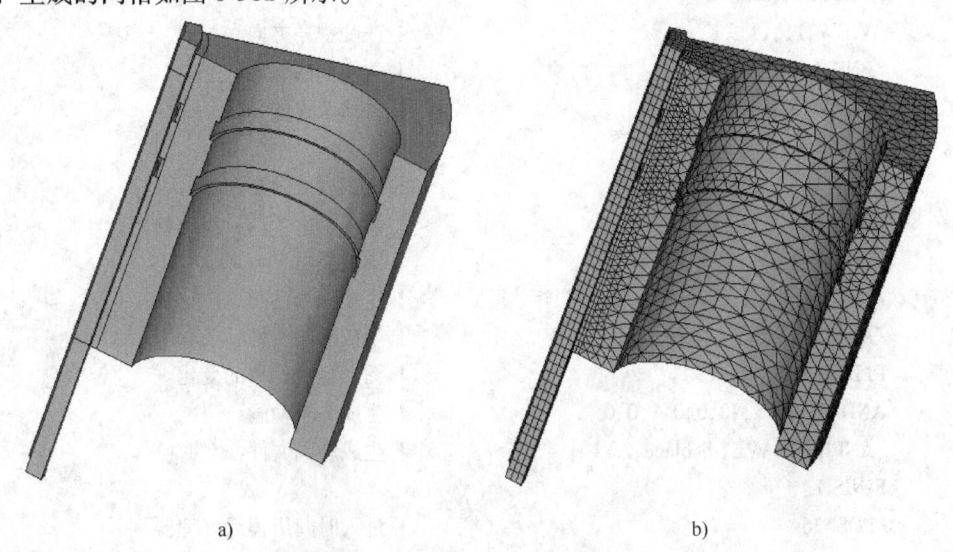

图 8-38 胀管模拟的分析模型
a) 胀管的几何模型　b) 胀管的网格模型

由于管子在胀接过程中要发生塑性变形，所以要输入材料的应力应变曲线。同时本分析模型只考虑图 8-37 中的中心管的胀接过程，而其圆周方向的 6 根管子还没有胀接上。由于采用胀接过程，管子与管板之间首先存在有一定的间隙，随着胀管压力的增大，管子慢慢向管板靠近，并发生接触。由于篇幅的限制，这里只显示了加载过程的模拟，对于卸载过程，用户可在本实例的基础进行修改即可完成。在分析过程中，边界条件为：

1) 管子、管板面对称边界，采用对称边界条件。
2) 管子内表面受压处，为压力边界条件，承受胀管压力。
3) 管子内表面未受压处和未胀管板孔表面，为自由边界。
4) 在管子和管板的端面，施加的是轴向固定边界，即 UZ = 0。
5) 在管板外侧表面上采用自由边界条件。

分析完成后，生成的 Mises 应力和总的位移如图 8-39 所示。

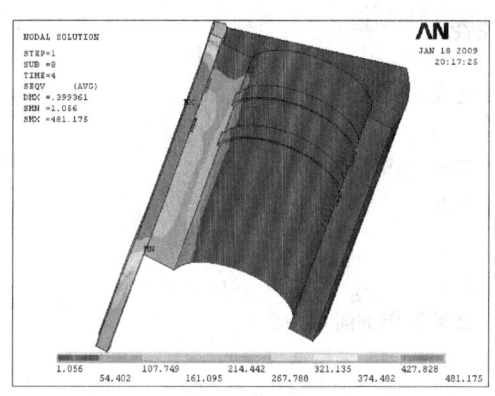
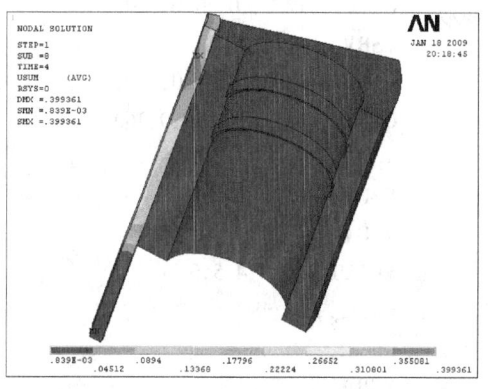

a)   b)

图 8-39 胀管后的结果分布
a) Mises 应力分布　b) 总位移分布

8.6.2 APDL 命令流文件

完成上述操作的命令流文件的内容如下：

```
FINISH
/CLEAR,START
/PREP7
ET,1,SOLID95                    ! 定义单元类型
MP,EX,1,2.06e5                  ! 定义材料属性
MP,PRXY,1,0.3
MP,MU,2,0.2
TB,KINH,1,1,5,0
TBTEMP,0
TBPT,,0.0015534,320             ! 定义应力应变曲线
TBPT,,0.00288,325
TBPT,,0.00864,370
TBPT,,0.01536,420
```

```
TBPT,,0.03866,530

CYLIND,50,13.7,0,48,330,360,         !建立圆柱体
CYLIND,13.7,12.7,0,8,330,360,
CYLIND,13.7,13.2,8,11,330,360,
CYLIND,13.7,13.2,17,20,330,360,
CYLIND,13.7,12.7,20,48,330,360,
CYLIND,13.7,12.7,11,17,330,360,
CYLIND,12.5,10,-1,70,330,360,

/VIEW,1,1,1,1                        !转换视角
WPOFF,32,,                           !移动工作平面
CYLIND,12.7,,0,50,0,360,             !建立圆柱体
VSBV,   1,   8
CYLIND,13.2,,8,11,0,360,             !建立圆柱体
CYLIND,13.2,,17,20,0,360,
wpoff,-32,,                          !移动工作平面
VSBV,   9,   1                       !体相减
VSBV,  10,   8
VGLUE,1,2,3,4,5,6                    !体粘接
wpoff,,,2                            !移动工作平面
wpoff,,,2
VSBW,   7
wpoff,,,44
VSBW,   2
! ----------------
LESIZE,78,,,3,,,,,1
LESIZE,77,,,8,,,,,1
LESIZE,63,,,15,,,,,1
VSWEEP,4
LESIZE,53,,,30,,,,,1
VSWEEP,3
LESIZE,20,,,3,,,,,1
VSWEEP,1
LESIZE,130,,,28,,,,,1
LESIZE,7,,,8,,,,,1
LESIZE,134,,,1,,,,,1
LESIZE,42,,,1,,,,,1
VSWEEP,11
LESIZE,45,,,3,,,,,1
VSWEEP,10
LESIZE,71,,,6,,,,,1
LESIZE,141,,,1,,,,,1
```

```
VSWEEP,12
LESIZE,35,,,3,,,,,1
VSWEEP,9
LESIZE,23,,,8,,,,,1
LESIZE,126,,,1,,,,,1
VSWEEP,8
ESIZE,2,0,                          !设置网格宽度
MSHKEY,0
MSHAPE,1,3d
VMESH,13
ASEL,S,,,8
ASEL,A,,,25
ASEL,A,,,31
NSLA,S,1
CM,IN_node,NODE
ALLSEL,ALL
ASEL,S,,,10
ASEL,A,,,28
ASEL,A,,,34
NSLA,S,1
CM,OUT_node,NODE
ALLSEL,ALL
!--------------------               生成接触对
MAT,2
R,3
REAL,3
ET,2,170
ET,3,174
KEYOPT,3,9,0
KEYOPT,3,10,2
R,3,,,0.1,0.1,0,
RMORE,,,1.0E20,0.0,1.0,
RMORE,0.0,0,1.0,,1.0,0.5
RMORE,0,1.0,1.0,0.0,,1.0
NSEL,S,,,OUT_NODE                   !生成目标面
TYPE,2
ESLN,S,0
ESURF
NSEL,S,,,IN_NODE                    !生成接触面
TYPE,3
ESLN,S,0
ESURF
ALLSEL
```

```
WPCSYS,-1,0
WPSTYLE,,,,,,,0
FINISH
/SOLU
ASEL,S,LOC,Y,0                    ! 建立对称约束
DA,ALL,SYMM
CSYS,1
ASEL,S,LOC,Y,330
DA,ALL,SYMM
ALLSEL
CSYS,0
DA,38,UZ,
DA,64,UZ,
DA,50,UZ,
ANTYPE,0
NLGEOM,1
NSUBST,8,25,2
TIME,4
SFA,18,1,PRES,175
SOLVE
FINISH
/POST1                            ! 进入后处理器即可浏览结果
```

附录 A   ANSYS 操作命令及格式汇集

注：命令后的数字，表示该命令解释的所在页码；命令后符号"*"表示该命令在本书中没有解释。所有命令均按字母顺序排列。

A.1 APDL 命令

命令名称	命令格式	页号
* **ABBR**, Abbr, String		13、82
* **ABCHECK**, Percent, NewTitle		75
ABBRES, Lab, Fname, Ext, --		82
ABBSAV, Lab, Fname, Ext, --		83
* **ABSET**, Title40, Item		74
* **AFUN**, Lab		84
* **ASK**, Par, Query, DVAL		70
* **CFCLOS**		91
* **CFOPEN**, Fname, Ext, --, Loc		91
* **CFWRITE**, Command		91
* **CREATE**, Fname, Ext, --		92
* **CSET**, Strt_Loc, End_Loc, Param_Name, 'Prompt_String', Def_Value		71
* **CYCLE**		96
* **DEL**, Val1, Val2		84
/**DFLAB**, DOF, DispLab, ForceLab		113
* **DIM**, Par, Type, IMAX, JMAX, KMAX, Var1, Var2, Var3, CSYSID		31、85
/**DIRECTORY**, StrArray, FileName, Ext, Dir		114
* **DO**, Par, IVAL, FVAL, INC		66
* **DOWHILE**, Parm		67
* **ELSE**		97
* **ELSEIF**, VAL1, Oper1, VAL2, Conj, VAL3, Oper2, VAL4		97
* **END**		92
* **ENDDO**		96
* **ENDIF**		97
* **EXIT**		96
* **GET**, Par, Entity, ENTNUM, Item1, IT1NUM, Item2, IT2NUM		17、86
* **GO**, Base		98
* **IF**, VAL1, Oper1, VAL2, Base1, VAL3, Oper2, VAL4, Base2		67、98

/INQUIRE, StrArray, FUNC …… 87
*LIST, Fname, Ext, -- …… 95
/MAIL, --, Address, Fname, Ext …… 114
*MFOURI, Oper, COEFF, MODE, ISYM, THETA, CURVE …… 100
*MFUN, ParR, Func, Par1 …… 100
/MKDIR, Dir …… 115
*MOPER, ParR, Par1, Oper, Par2, Par3, kDim, --, kOut, LIMIT …… 101
*MSG, Lab, VAL1, VAL2, VAL3, VAL4, VAL5, VAL6, VAL7, VAL8 …… 73
*MWRITE, ParR, Fname, Ext, --, Label, n1, n2, n3 …… 103
PARRES, Lab, Fname, Ext, -- …… 25
PARSAV, Lab, Fname, Ext, -- …… 24
/PMACRO …… 92
/PSEARCH, Pname …… 92
*REPEAT, NTOT, VINC1, VINC2, VINC3, …, VINC10, VINC11 …… 96
*RETURN, Level …… 99
/RMDIR, Dir …… 115
*SET, Par, VALUE, VAL2, VAL3, VAL4, VAL5, VAL6, VAL7, VAL8, VAL9, VAL10 …… 88
*SREAD, StrArray, Fname, Ext, --, nChar, nSkip, nRead …… 113
*STATUS, Par, IMIN, IMAX, JMIN, JMAX, KMIN, KMAX, LMIN, LMAX, MMIN, MMAX, KPRI …… 22、90
*TAXIS, ParmLoc, nAxis, Val1, Val2, Val3, Val4, Val5, Val6, Val7, Val8, Val9, Val10 …… 113
/TEE, Label, Fname, Ext, -- …… 93
*TOPER, ParR, Par1, Oper, Par2, FACT1, FACT2, CON1 …… 104
*TREAD, Par, Fname, Ext, --, NSKIP …… 39
/UCMD, Cmd, SRNUM …… 83、79
*ULIB, Fname, Ext …… 93
*USE, Name, ARG1, ARG2, ARG3, …, ARG8, ARG9, AR10, AR11, …, AR16, AR17, AR18 …… 94
*VABS, KABSR, KABS1, KABS2, KABS3 …… 104
*VCOL, NCOL1, NCOL2 …… 104
*VCUM, KEY …… 105
*VEDIT, Par …… 37
*VFACT, FACTR, FACT1, FACT2, FACT3 …… 105
*VFILL, ParR, Func, CON1, CON2, CON3, …, CON9, CON10 …… 35
*VFUN, ParR, Func, Par1, CON1, CON2, CON3 …… 106
*VGET, ParR, Entity, ENTNUM, Item1, IT1NUM, Item2, IT2NUM, KLOOP …… 42
*VITRP, ParR, ParT, ParI, ParJ, ParK …… 107
*VLEN, NROW, NINC …… 108
*VMASK, Par …… 108
*VOPER, ParR, Par1, Oper, Par2, CON1, CON2 …… 109

* **VPLOT**,*ParX*,*ParY*,*Y2*,*Y3*,*Y4*,*Y5*,*Y6*,*Y7*,*Y8* ·· 111
* **VPUT**,*ParR*,*Entity*,*ENTNUM*,*Item1*,*IT1NUM*,*Item2*,*IT2NUM*,*KLOOP* ············ 43
* **VREAD**,*ParR*,*Fname*,*Ext*,--,*Label*,*n1*,*n2*,*n3*,*NSKIP* ·································· 38
* **VSCFUN**,*ParR*,*Func*,*Par1* ·· 111
* **VSTAT** ·· 112
* **VWRITE**,*Par1*,*Par2*,*Par3*,…,*Par18*,*Par19* ·· 112
/ **WAIT**,*DTIME* ··· 97

A.2 进入处理器、输出、显示和文件控制命令

命令名称	命令格式	页号
/**AN3D**,*Kywrd*,*KEY*		*
/**ANFILE**,*LAB*,*Fname*,*Ext*,--		442
/**ANGLE**,*WN*,*THETA*,*Axis*,*KINCR*		421
/**ANNOT**,*Lab*,*VAL1*,*VAL2*		*
/**ANUM**,*NUM*,*TYPE*,*XHOT*,*YHOT*		*
/**ASSIGN**,*Ident*,*Fname*,*Ext*,--		396
/**AUTO**,*WN*		422
/**AUX12**		*
/**AUX15**		397
/**AUX2**		*
/**AUX3**		*
/**AXLAB**,*Axis*,*Lab*		432
/**BATCH**,*Lab*		*
/**CFORMAT**,*NFIRST*,*NLAST*		428
/**CLABEL**,*WN*,*KEY*		430
/**CLEAR**,*Read*		391
/**CLOG**,*Fname*,*Ext*,--		*
/**CMAP**,*Fname*,*Ext*,*Dir*,*Kywrd*,*NCNTR*		*
/**COLOR**,*Lab*,*Clab*,*N1*,*N2*,*NINC*		*
/**COM**,*Comment*		*
/**CONFIG**,*Lab*,*VALUE*		*
/**CONTOUR**,*WN*,*NCONT*,*VMIN*,*VINC*,*VMAX*		429
/**COPY**,*Fname1*,*Ext1*,--,*Fname2*,*Ext2*,--		396
/**CPLANE**,*KEY*		426
/**CTYPE**,*KEY*,*DOTD*,*DOTS*,*DSHP*,*TLEN*		430
/**CVAL**,*WN*,*V1*,*V2*,*V3*,*V4*,*V5*,*V6*,*V7*,*V8*		430
/**CWD**,*DIRPATH*		392
/**CYCEXPAND**,*WN*,*OPTION*,*Value1*,*Value2*		173

/DECRYPT, password, Encryption _ Key ⋯ 78
/DELETE, Fname, Ext, -- ⋯ 396
/DEVDISP, Label, KEY ⋯ *
/DEVICE, Label, KEY ⋯ 436
/DIST, WN, DVAL, KFACT ⋯ 421
/DSCALE, WN, DMULT ⋯ 434
/DV3D, Lab, Key ⋯ *
/EDGE, WN, KEY, ANGLE ⋯ 428
/EFACET, NUM ⋯ 320
/ENCRYPT, Encryption _ key, File _ name, File _ ext, Directory _ Path/ ⋯ 77
/EOF ⋯ *
/ERASE ⋯ *
/ESHAPE, SCALE, KEY ⋯ 427
/EXIT, Slab, Fname, Ext, -- ⋯ 400
/EXPAND, Nrepeat1, Type1, Method1, DX1, DY1, DZ1, Nrepeat2, Type2, Method2, DX2, DY2, DZ2, Nrepeat3, Type3, Method3, DX3, DY3, DZ3 ⋯ 434
/FACET, Lab ⋯ *
/FDELE, Ident, Stat ⋯ 397
/FILNAME, Fname, Key ⋯ 392
/FOCUS, WN, XF, YF, ZF, KTRANS ⋯ 421
/FORMAT, NDIGIT, Ftype, NWIDTH, DSIGNF, LINE, CHAR ⋯ *
/GCMD, WN, Lab1, Lab2, Lab3, ⋯, Lab11, Lab12 ⋯ *
/GCOLUMN, CURVE, STRING ⋯ *
/GFILE, SIZE ⋯ *
/GFORMAT, Ftype, NWIDTH, DSIGNF ⋯ *
/GLINE, WN, STYLE ⋯ 428
/GMARKER, CURVE, KEY, INCR ⋯ *
/GO ⋯ 13
/GOLIST ⋯ *
/GOPR ⋯ *
/GRAPHICS, Key ⋯ *
/GRESUME, Fname, Ext, -- ⋯ *
/GRID, KEY ⋯ 432
/GROPT, Lab, KEY ⋯ 431
/GRTYP, KAXIS ⋯ 433
/GSAVE, Fname, Ext, -- ⋯ *
/GST, Lab, Lab2 ⋯ 297
/GTHK, Label, THICK ⋯ 432
/GTYPE, WN, LABEL, KEY ⋯ 439

/HBC, *WN*, *Key* 426
/HEADER, *Header*, *Stitle*, *Idstmp*, *Notes*, *Colhed*, *Minmax* .... *
/ICLWID, *FACTOR* .... *
/ICSCALE, *WN*, *FACTOR* .... *
/IMAGE, *Label*, *Fname*, *Ext*, -- 442
/INPUT, *Fname*, *Ext*, --, *LINE*, *LOG* 394
/LARC, *XCENTR*, *YCENTR*, *XLRAD*, *ANGLE1*, *ANGLE2* .... *
/LIGHT, *WN*, *NUM*, *INT*, *XV*, *YV*, *ZV*, *REFL* .... *
/LINE, *X1*, *Y1*, *X2*, *Y2* .... *
/LSPEC, *LCOLOR*, *LINSTL*, *XLNWID* .... *
/LSYMBOL, *X*, *Y*, *SYMANG*, *SYMTYP*, *SYMSIZ*, *KEYBMP* .... *
/MENU, *Key* .... *
/MPLIB, *R-W_opt*, *PATH* 175
/MREP, *NAME*, *ARG1*, *ARG2*, *ARG3*, ⋯, *ARG4*, *ARG5*, ⋯, *ARG17*, *ARG18* .... *
/MSTART, *Label*, *KEY* .... *
/NERR, *NMERR*, *NMABT*, --, *IFKEY*, *NUM* .... *
/NOERASE .... *
/NOLIST .... *
/NOPR 13
/NORMAL, *WN*, *KEY* .... *
/NUMBER, *NKEY* 423
/OPT 380
/OUTPUT, *Fname*, *Ext*, --, *Loc* 395
/PAGE, *ILINE*, *ICHAR*, *BLINE*, *BCHAR* .... *
/PBC, *Item*, --, *KEY*, *MIN*, *MAX*, *ABS* 342
/PBF, *Item*, --, *KEY* 424
/PCIRCLE, *XCENTR*, *YCENTR*, *XLRAD* .... *
/PCOPY, *KEY* .... *
/PDS .... *
/PICE, *Item*, --, *KEY* 425
/PLOPTS, *Label*, *KEY* 437
/PMETH, *Key*, *OPTION* .... *
/PMORE, --, *X5*, *Y5*, *X6*, *Y6*, *X7*, *Y7*, *X8*, *Y8* .... *
/PNUM, *Label*, *KEY* 422
/POLYGON, *NVERT*, *X1*, *Y1*, *X2*, *Y2*, *X3*, *Y3*, *X4*, *Y4* .... *
/POST1 316
/POST26 316
/PREP7 116
/PSF, *Item*, *Comp*, *KEY*, *KSHELL*, *Color* 424

/**PSPEC**, PCOLOR, KFILL, KBORDR ... *

/**PSTATUS**, WN ... *

/**PSYMB**, Label, KEY ... *

/**PWEDGE**, XCENTR, YCENTR, XLRAD, ANGLE1, ANGLE2 ... *

/**QUIT** ... *

/**RATIO**, WN, RATOX, RATOY ... 427

/**RENAME**, Fname1, Ext1, --, Fname2, Ext2, -- ... 396

/**REPLOT**, Label ... 417

/**RESET** ... *

/**RGB**, Kywrd, PRED, PGRN, PBLU, N1, N2, NINC, NCNTR ... *

/**RUNST** ... *

/**SECLIB**, Option, Path ... *

/**SEG**, Label, Aviname, DELAY ... 440

/**SHADE**, WN, Type ... 426

/**SHOW**, Fname, Ext, VECT, NCPL ... *

/**SHOWDISP**, Dname, --, --, NCPL ... *

/**SHRINK**, RATIO ... 426

/**SMBC**, Mode ... *

/**SOLU** ... 235

/**SSCALE**, WN, SMULT ... 430

/**STATUS**, Lab ... *

/**STITLE**, NLINE, Title ... *

/**SYP**, String, ARG1, ARG2, ARG3, ARG4, ARG5, ARG6, ARG7, ARG8 ... *

/**SYS**, String ... *

/**TITLE**, Title ... 393

/**TLABEL**, XLOC, YLOC, Text ... *

/**TRIAD**, Lab ... 438

/**TRLCY**, Lab, TLEVEL, N1, N2, NINC ... *

/**TSPEC**, TCOLOR, TSIZE, TXTHIC, PANGLE, IANGLE ... *

/**TXTRE**, Lab, NUM, N1, N2, NINC ... *

/**TYPE**, WN, Type ... 425

/**UDOC**, Wind, Class, Key, ... *

/**UI**, Func, Type, Format, Screen, Color, Krev, Orient, Compress, Quality ... *

/**UIS**, Label, VALUE ... *

/**UNITS**, Label, LENFACT, MASSFACT, TIMEFACT, TEMPFACT, TOFFSET, CHARGEFACT, FORCEFACT, HEATFACT ... 176

/**USER**, WN ... *

/**VCONE**, WN, PHI ... 422

/**VIEW**, WN, XV, YV, ZV ... 342

命令	页号
/VSCALE,*WN*,*VRATIO*,*KEY*	324
/VT	*
/VUP,*WN*,*Label*	*
/WINDOW,*WN*,*XMIN*,*XMAX*,*YMIN*,*YMAX*,*NCOPY*	437
/XFRM,*LAB*,*X1*,*Y1*,*Z1*,*X2*,*Y2*,*Z2*	*
/XRANGE,*XMIN*,*XMAX*	434
/YRANGE,*YMIN*,*YMAX*,*NUM*	434
/ZOOM,*WN*,*Lab*,*X1*,*Y1*,*X2*,*Y2*	*

A.3 ANSYS 操作命令

命令名称　　　命　令　格　式	页号
A,*P1*,*P2*,*P3*,*P4*,*P5*,*P6*,*P7*,*P8*,*P9*,*P10*,*P11*,*P12*,*P13*,*P14*,*P15*,*P16*,*P17*,*P18*	129
AADD,*NA1*,*NA2*,*NA3*,*NA4*,*NA5*,*NA6*,*NA7*,*NA8*,*NA9*	150
AATT,*MAT*,*REAL*,*TYPE*,*ESYS*,*SECN*	184
ABS,*IR*,*IA*,--,--,*Name*,--,--,*FACTA*	375
ACCAT,*NA1*,*NA2*	193
ACEL,*ACEL_X*,*ACEL_Y*,*ACEL_Z*	284
ACLEAR,*NA1*,*NA2*,*NINC*	202
ADAMS,*NMODES*,*KSTRESS*,*KSHELL*	*
ADAPT,*NSOLN*,*STARGT*,*TTARGT*,*FACMN*,*FACMX*,*KYKPS*,*KYMAC*	315
ADD,*IR*,*IA*,*IB*,*IC*,*Name*,--,--,*FACTA*,*FACTB*,*FACTC*	375
ADDAM,*AF*,*AA*,*AB*,*AC*,*AD*,*AMIN*	*
ADELE,*NA1*,*NA2*,*NINC*,*KSWP*	171
ADGL,*NA1*,*NA2*,*NINC*	157
ADRAG,*NL1*,*NL2*,*NL3*,*NL4*,*NL5*,*NL6*,*NLP1*,*NLP2*,*NLP3*,*NLP4*,*NLP5*,*NLP6*	146
AESIZE,*ANUM*,*SIZE*,	190
AFILLT,*NA1*,*NA2*,*RAD*	135
AFLIST	416
AFSURF,*SAREA*,*TLINE*	*
AGEN,*ITIME*,*NA1*,*NA2*,*NINC*,*DX*,*DY*,*DZ*,*KINC*,*NOELEM*,*IMOVE*	163
AGLUE,*NA1*,*NA2*,*NA3*,*NA4*,*NA5*,*NA6*,*NA7*,*NA8*,*NA9*	154
AINA,*NA1*,*NA2*,*NA3*,*NA4*,*NA5*,*NA6*,*NA7*,*NA8*,*NA9*	148
AINP,*NA1*,*NA2*,*NA3*,*NA4*,*NA5*,*NA6*,*NA7*,*NA8*,*NA9*	148
AINV,*NA*,*NV*	148
AL,*L1*,*L2*,*L3*,*L4*,*L5*,*L6*,*L7*,*L8*,*L9*,*L10*	129
ALIST,*NA1*,*NA2*,*NINC*,*Lab*	409
ALLSEL,*LabT*,*Entity*	402
ALPFILL,*LN1*,*LN2*,*LN3*,*LN4*,*LN5*,*LN6*,*LN7*,*LN8*,*LN9*,*LN10*	*

ALPHAD, *VALUE* 245
AMAP, *AREA*, *KP1*, *KP2*, *KP3*, *KP4* 194
AMESH, *NA1*, *NA2*, *NINC* 194
ANCNTR, *NFRAM*, *DELAY*, *NCYCL* 440
ANCUT, *NFRAM*, *DELAY*, *NCYCL*, *QOFF*, *KTOP*, *TOPOFF*, *NODE1*, *NODE2*, *NODE3* 441
ANCYC, *NUMFRAMES*, *KCYCL*, *DELAY* .... *
ANDATA, *DELAY*, *NCYCL*, *RSLTDAT*, *MIN*, *MAX*, *INCR*, *FRCLST*, *AUTOCONT*, --, *AUTOCNTR* 441
ANDSCL, *NFRAM*, *DELAY*, *NCYCL* 439
ANDYNA, *DELAY*, *NCYCL*, *START*, *END*, *INC*, *AUTOCONTOURKEY* 442
ANFLOW, *NFRAM*, *DELAY*, *NCYCL*, *TIME*, *SPACING*, *SIZE*, *LENGTH* 441
ANHARM, *NFRAM*, *DELAY*, *NCYCL* .... *
ANIM, *NCYCL*, *KCYCL*, *DELAY* 440
ANISOS, *NFRAM*, *DELAY*, *NCYCL* 440
ANMODE, *NFRAM*, *DELAY*, *NCYCL*, *KACCEL* 439
ANMRES, *DELAY*, *MIN*, *MAX*, *INC*, *AUTOCNTRKY*, *FREQ*, *EXT* .... *
ANORM, *ANUM*, *NOEFLIP* 164
ANSOL, *NVAR*, *NODE*, *Item*, *Comp*, *Name*, *Mat*, *Real*, *Ename* .... *
ANSTOAQWA, *Fname*, *VertAxis*, *Gc*, *Rho*, *HWL*, *DiffKey*, *SymxKey*, *SymyKey* .... *
ANSTOASAS, *Fname*, *KEY* .... *
ANTIME, *NFRAM*, *DELAY*, *NCYCL*, *AUTOCNTRKY*, *RSLTDAT*, *MIN*, *MAX* 442
ANTYPE, *Antype*, *Status*, *LDSTEP*, *SUBSTEP*, *Action* 236
AOFFST, *NAREA*, *DIST*, *KINC* 130
AOVLAP, *NA1*, *NA2*, *NA3*, *NA4*, *NA5*, *NA6*, *NA7*, *NA8*, *NA9* 155
APLOT, *NA1*, *NA2*, *NINC*, *DEGEN*, *SCALE* 417
APPEND, *LSTEP*, *SBSTEP*, *FACT*, *KIMG*, *TIME*, *ANGLE*, *NSET* .... *
APTN, *NA1*, *NA2*, *NA3*, *NA4*, *NA5*, *NA6*, *NA7*, *NA8*, *NA9* 155
ARCLEN, *Key*, *MAXARC*, *MINARC* .... *
ARCOLLAPSE, *AREA*, *LINE* .... *
ARCTRM, *Lab*, *VAL*, *NODE*, *DOF* .... *
ARDETACH, *AREA1*, *AREA2*, *AINC* .... *
AREAS .... *
AREFINE, *NA1*, *NA2*, *NINC*, *LEVEL*, *DEPTH*, *POST*, *RETAIN* 200
AREMESH, *LCOMB*, *ANGLE* .... *
AREVERSE, *ANUM*, *NOEFLIP* 166
ARFILL, *LN1*, *LN2*, *LN3*, *LN4*, *LN5*, *LN6*, *LN7*, *LN8*, *LN9*, *LN10* .... *
ARMERGE, *A1*, *A2*, *A3*, *A4*, *A5*, *A6*, *A7*, *A8*, *A9*, *A10* .... *
AROTAT, *NL1*, *NL2*, *NL3*, *NL4*, *NL5*, *NL6*, *PAX1*, *PAX2*, *ARC*, *NSEG* 145
ARSCALE, *NA1*, *NA2*, *NINC*, *RX*, *RY*, *RZ*, *KINC*, *NOELEM*, *IMOVE* 159

Command	Page
ARSPLIT, *AREA*, *KP1*, *KP2*, *TOL*, *Factor*	*
ARSYM, *Ncomp*, *NA1*, *NA2*, *NINC*, *KINC*, *NOELEM*, *IMOVE*	169
ASBA, *NA1*, *NA2*, *SEPO*, *KEEP1*, *KEEP2*	151
ASBL, *NA*, *NL*, --, *KEEPA*, *KEEPL*	153
ASBV, *NA*, *NV*, *SEPO*, *KEEPA*, *KEEPV*	153
ASBW, *NA*, *SEPO*, *KEEP*	153
ASEL, *Type*, *Item*, *Comp*, *VMIN*, *VMAX*, *VINC*, *KSWP*	402
ASKIN, *NL1*, *NL2*, *NL3*, *NL4*, *NL5*, *NL6*, *NL7*, *NL8*, *NL9*	130
ASLL, *Type*, *ARKEY*	405
ASLV, *Type*	405
ASUB, *NA1*, *P1*, *P2*, *P3*, *P4*	129
ASUM, *LAB*	160
ATAN, *IR*, *IA*, --, --, *Name*, --, --, *FACTA*	*
ATRAN, *KCNTO*, *NA1*, *NA2*, *NINC*, *KINC*, *NOELEM*, *IMOVE*	164
ATYPE	*
AUTOTS, *Key*	240
AVPRIN, *KEY*, *EFFNU*	320
AVRES, *KEY*, *Opt*	333
BCSOPTION, --, *Memory_Option*, *Memory_Size*, --, --, *Solve_Info*	*
BELLOW, *NLOC*, *LENG*, *STIFF*, *FLEX*, *ELEM*	*
BEND, *NEL1*, *NEL2*, *RAD*, *NDIV*, *ESTRT*, *EINC*	*
BETAD, *VALUE*	246
BF, *NODE*, *Lab*, *VAL1*, *VAL2*, *VAL3*, *PHASE*	280
BFA, *AREA*, *Lab*, *VAL1*, *VAL2*, *VAL3*, *PHASE*	279
BFADELE, *AREA*, *Lab*	293
BFALIST, *AREA*, *Lab*	415
BFCUM, *Lab*, *Oper*, *FACT*, *TBASE*	261
BFDELE, *NODE*, *Lab*	293
BFE, *ELEM*, *Lab*, *STLOC*, *VAL1*, *VAL2*, *VAL3*, *VAL4*	280
BFECUM, *Lab*, *Oper*, *FACT*, *TBASE*	262
BFEDELE, *ELEM*, *Lab*	293
BFELIST, *ELEM*, *Lab*	415
BFESCAL, *Lab*, *FACT*, *TBASE*	295
BFINT, *Fname1*, *Ext1*, --, *Fname2*, *Ext2*, --, *KPOS*, *Clab*, *KSHS*, *TOLOUT*, *TOLHGT*	368
BFK, *KPOI*, *Lab*, *VAL1*, *VAL2*, *VAL3*, *PHASE*	279
BFKDELE, *KPOI*, *Lab*	293
BFKLIST, *KPOI*, *Lab*	415
BFL, *LINE*, *Lab*, *VAL1*, *VAL2*, *VAL3*, *PHASE*	278
BFLDELE, *LINE*, *Lab*	292

BFLIST, *NODE*, *Lab* ······ 414
BFLLIST, *LINE*, *Lab* ······ 415
BFSCALE, *Lab*, *FACT*, *TBASE* ······ 294
BFTRAN ······ 295
BFUNIF, *Lab*, *VALUE* ······ 287
BFV, *VOLU*, *Lab*, *VAL1*, *VAL2*, *VAL3*, *PHASE* ······ 279
BFVDELE, *VOLU*, *Lab* ······ 293
BFVLIST, *VOLU*, *Lab* ······ 415
BIOOPT ······ *
BIOT, *Label* ······ *
BLC4, *XCORNER*, *YCORNER*, *WIDTH*, *HEIGHT*, *DEPTH* ······ 131
BLC5, *XCENTER*, *YCENTER*, *WIDTH*, *HEIGHT*, *DEPTH* ······ 131
BLOCK, *X1*, *X2*, *Y1*, *Y2*, *Z1*, *Z2* ······ 137
BOOL ······ *
BOPTN, *Lab*, *Value* ······ 156
BRANCH, *NODE*, *X*, *Y*, *Z* ······ *
BSAX, *VAL1*, *VAL2*, *T* ······ *
BSMD, *DENS*, *T* ······ *
BSM1, *VAL1*, *VAL2*, *T* ······ *
BSM2, *VAL1*, *VAL2*, *T* ······ *
BSPLIN, *P1*, *P2*, *P3*, *P4*, *P5*, *P6*, *XV1*, *YV1*, *ZV1*, *XV6*, *YV6*, *ZV6* ······ 127
BSS1, *VAL1*, *VAL2*, *T* ······ *
BSS2, *VAL1*, *VAL2*, *T* ······ *
BSTE, *ALPHA*, *T* ······ *
BSTQ, *VAL1*, *VAL2*, *T* ······ *
BTOL, *PTOL* ······ *
BUCOPT, *Method*, *NMODE*, *SHIFT*, *LDMULTE* ······ *
C*, *Comment* ······ *
CALC ······ *
CAMPBELL, *Key* ······ *
CBDOF, *Fname1*, *Ext1*, --, *Fname2*, *Ext2*, --, *KPOS*, *Clab*, *KSHS*, *TOLOUT*, *TOLHGT* ······ 367
CDOPT, *Option* ······ *
CDREAD, *Option*, *Fname*, *Ext*, --, *Fnamei*, *Exti* ······ *
CDWRITE, *Option*, *Fname*, *Ext*, --, *Fnamei*, *Exti*, *Fmat* ······ *
CE, *NEQN*, *CONST*, *NODE1*, *Lab1*, *C1*, *NODE2*, *Lab2*, *C2*, *NODE3*, *Lab3*, *C3* ······ 227
CECHECK, *ItemLab*, *Tolerance*, *DOF* ······ 233
CECMOD, *NEQN*, *CONST* ······ 228
CECYC, *Lowname*, *Highname*, *Nsector*, *HIndex*, *Tolerance*, *Kmove*, *Kpairs* ······ 234
CEDELE, *NEQN1*, *NEQN2*, *NINC*, *Nsel* ······ 232

CEINTF,*TOLER*,*DOF1*,*DOF2*,*DOF3*,*DOF4*,*DOF5*,*DOF6*,*MoveTol* ………… 229
CELIST,*NEQN1*,*NEQN2*,*NINC*,*Option* ………… 416
CENTER,*NODE*,*NODE1*,*NODE2*,*NODE3*,*RADIUS* ………… 203
CEQN ………… *
CERIG,*MASTE*,*SLAVE*,*Ldof*,*Ldof2*,*Ldof3*,*Ldof4*,*Ldof5* ………… 231
CESGEN,*ITIME*,*INC*,*NSET1*,*NSET2*,*NINC* ………… 228
CFACT,*RFACTA*,*IFACTA*,*RFACTB*,*IFACTB*,*RFACTC*,*IFACTC* ………… *
CGLOC,*XLOC*,*YLOC*,*ZLOC* ………… 283
CGOMGA,*CGOMX*,*CGOMY*,*CGOMZ* ………… 284
CHECK,*Sele*,*Levl* ………… 201
CHKMSH,*Comp* ………… *
CINT,*Action*,*par1*,*par2*,*par3*,*par4*,*par5*,*par6*,*par7* ………… *
CIRCLE,*PCENT*,*RAD*,*PAXIS*,*PZERO*,*ARC*,*NSEG* ………… 127
CLOCAL,*KCN*,*KCS*,*XL*,*YL*,*ZL*,*THXY*,*THYZ*,*THZX*,*PAR1*,*PAR2* ………… *
CLOG,*IR*,*IA*,--,--,*Name*,--,--,*FACTA*,*FACTB* ………… 376
CLRMSHLN ………… *
CM,*Cname*,*Entity* ………… 406
CMACEL,*CM_NAME*,*CMACEL_X*,*CMACEL_Y*,*CMACEL_Z* ………… 284
CMATRIX,*SYMFAC*,*Condname*,*NUMCOND*,*GRNDKEY*,*Capname* ………… *
CMDELE,*Name* ………… 408
CMDOMEGA,*CM_NAME*,*DOMEGAX*,*DOMEGAY*,*DOMEGAZ*,*X1*,*Y1*,*Z1*,*X2*,*Y2*,*Z2* ………… 282
CMEDIT,*Aname*,*Oper*,*Cnam1*,*Cnam2*,*Cnam3*,*Cnam4*,*Cnam5*,*Cnam6*,*Cnam7* ………… 407
CMGRP,*Aname*,*Cnam1*,*Cnam2*,*Cnam3*,*Cnam4*,*Cnam5*,*Cnam6*,*Cnam7*,*Cnam8* ………… 406
CMLIST,*Name*,*Key*,*Entity* ………… 407
CMMOD,*Cname*,*Keyword*,*Value* ………… *
CMOMEGA,*CM_NAME*,*OMEGAX*,*OMEGAY*,*OMEGAZ*,*X1*,*Y1*,*Z1*,*X2*,*Y2*,*Z2*,*KSPIN* ………… 281
CMPLOT,*Label*,*Entity*,*Keyword* ………… 420
CMROTATE,*CM_NAME*,*ROTATX*,*ROTATY*,*ROTATZ*,*X1*,*Y1*,*Z1*,*X2*,*Y2*,*Z2* ………… *
CMSEL,*Type*,*Name*,*Entity* ………… 407
CMSFILE,*Option*,*Fname*,*Ext*,*CmsKey* ………… *
CMSOPT,*CMSMETH*,*NMODE*,*FREQB*,*FREQE*,*FBDDEF*,*FBDVAL* ………… *
CMWRITE,*Fname*,*Ext*,--,--,*Fmat* ………… *
CNCHECK,*Levl*,*RID1*,*RID2*,*RINC* ………… *
CNVTOL,*Lab*,*VALUE*,*TOLER*,*NORM*,*MINREF* ………… 301
COMPRESS ………… *
CON4,*XCENTER*,*YCENTER*,*RAD1*,*RAD2*,*DEPTH* ………… 139
CONE,*RBOT*,*RTOP*,*Z1*,*Z2*,*THETA1*,*THETA2* ………… 139
CONJUG,*IR*,*IA*,--,--,*Name*,--,--,*FACTA* ………… *
CORIOLIS,*Option*,--,--,*RefFrame* ………… 283

COUPLE ·· *

COVAL, *TBLNO1*, *TBLNO2*, *SV1*, *SV2*, *SV3*, *SV4*, *SV5*, *SV6*, *SV7* ·········· *

CP, *NSET*, *Lab*, *NODE1*, *NODE2*, *NODE3*, ···, *NODE16*, *NODE17* ············ 223

CPCYC, *Lab*, *TOLER*, *KCN*, *DX*, *DY*, *DZ*, *KNONROT* ······················ 225

CPDELE, *NSET1*, *NSET2*, *NINC*, *Nsel* ·· 226

CPINTF, *Lab*, *TOLER* ·· 225

CPLGEN, *NSETF*, *Lab1*, *Lab2*, *Lab3*, *Lab4*, *Lab5* ································ 224

CPLIST, *NSET1*, *NSET2*, *NINC*, *Nsel* ·· 226、416

CPMERGE, *Lab* ·· *

CPNGEN, *NSET*, *Lab*, *NODE1*, *NODE2*, *NINC* ······································ 227

CPSGEN, *ITIME*, *INC*, *NSET1*, *NSET2*, *NINC* ······································ 225

CQC, *SIGNIF*, *Label* ·· *

CRPLIM, *CRCR*, *Option* ·· 302

CS, *KCN*, *KCS*, *NORIG*, *NXAX*, *NXYPL*, *PAR1*, *PAR2* ························ 447

CSCIR, *KCN*, *KTHET*, *KPHI* ··· 448

CSDELE, *KCN1*, *KCN2*, *KCINC* ··· 448

CSKP, *KCN*, *KCS*, *PORIG*, *PXAXS*, *PXYPL*, *PAR1*, *PAR2* ···················· 448

CSLIST, *KCN1*, *KCN2*, *KCINC* ··· 416

CSWPLA, *KCN*, *KCS*, *PAR1*, *PAR2* ··· 444

CSYS, *KCN* ·· 446

CURR2D ·· *

CUTCONTROL, *Lab*, *VALUE*, *Option* ·· 250

CVAR, *IR*, *IA*, *IB*, *ITYPE*, *DATUM*, *Name* ·· *

CYCLIC, *NSECTOR*, *ANGLE*, *KCN*, *Name*, *USRCOMP* ··························· 172

CYCOPT, *OPTION*, *Value1*, *Value2*, *Value3*, *Value4*, *Value5*, *Value6*, *Value7* ········ *

CYCPHASE, *TYPE*, *OPTION* ·· *

CYL4, *XCENTER*, *YCENTER*, *RAD1*, *THETA1*, *RAD2*, *THETA2*, *DEPTH* ······ 132

CYL5, *XEDGE1*, *YEDGE1*, *XEDGE2*, *YEDGE2*, *DEPTH* ···························· 132

CYLIND, *RAD1*, *RAD2*, *Z1*, *Z2*, *THETA1*, *THETA2* ·································· 137

CZDEL, *g1*, *g2*, *g3* ·· *

CZMESH, *ecomps1*, *ecomps2*, *KCN*, *KDIR*, *VALUE*, *CZTOL* ······················ *

D, *NODE*, *Lab*, *VALUE*, *VALUE2*, *NEND*, *NINC*, *Lab2*, *Lab3*, *Lab4*, *Lab5*, *Lab6* ······ 268

DA, *AREA*, *Lab*, *Value1*, *Value2* ·· 266

DADELE, *AREA*, *Lab* ·· 291

DALIST, *AREA* ·· 413

DAMORPH, *AREA*, *XLINE*, *RMSHKY* ·· *

DATA, *IR*, *LSTRT*, *LSTOP*, *LINC*, *Name*, *KCPLX* ······································ *

DATADEF ·· *

DCGOMG, *DCGOX*, *DCGOY*, *DCGOZ* ·· 284

DCUM, *Oper*, *RFACT*, *IFACT*, *TBASE* 260
DCVSWP, *Option*, *Elem*, *Cnum*, *Vmax*, *Vinc1*, *Vinc2*, *Gap* .... *
DDELE, *NODE*, *Lab*, *NEND*, *NINC* 291
DEACT .... *
DECOMP, --, *Ndomains* .... *
DEFINE .... *
DELETE, *SET*, *Nstart*, *Nend* .... *
DELTIM, *DTIME*, *DTMIN*, *DTMAX*, *Carry* 241
DEMORPH, *ELEM*, *DIMN*, *RMSHKY* .... *
DERIV, *IR*, *IY*, *IX*, --, *Name*, --, --, *FACTA* 376
DESIZE, *MINL*, *MINH*, *MXEL*, *ANGL*, *ANGH*, *EDGMN*, *EDGMX*, *ADJF*, *ADJM* 189
DESOL, *ELEM*, *NODE*, *Item*, *Comp*, *V1*, *V2*, *V3*, *V4*, *V5*, *V6* 362
DETAB, *ELEM*, *Lab*, *V1*, *V2*, *V3*, *V4*, *V5*, *V6* 362
DIG, *NODE1*, *NODE2*, *NINC* .... *
DIGIT .... *
DISPLAY .... *
DJ, *ELEM*, *LABEL*, *VALUE* .... *
DJDELE, *ELEM*, *LAB* .... *
DJLIST, *Elem* .... *
DK, *KPOI*, *Lab*, *VALUE*, *VALUE2*, *KEXPND*, *Lab2*, *Lab3*, *Lab4*, *Lab5*, *Lab6* 267
DKDELE, *KPOI*, *Lab* 290
DKLIST, *KPOI* 413
DL, *LINE*, *AREA*, *Lab*, *Value1*, *Value2* 265
DLDELE, *LINE*, *Lab* 291
DLIST, *NODE1*, *NODE2*, *NINC* 413
DLLIST, *LINE* 413
DMOVE, *NODE1*, *NODE2*, *NINC* .... *
DMPEXT, *SMODE*, *TMODE*, *Dmpname*, *Freqb*, *Freqe*, *NSTEPS* .... *
DMPRAT, *RATIO* 300
DNSOL, *NODE*, *Item*, *Comp*, *V1*, *V2*, *V3*, *V4*, *V5*, *V6* 361
DOF, *Lab1*, *Lab2*, *Lab3*, *Lab4*, *Lab5*, *Lab6*, *Lab7*, *Lab8*, *Lab9*, *Lab10* .... *
DOFSEL, *Type*, *Dof1*, *Dof2*, *Dof3*, *Dof4*, *Dof5*, *Dof6* 259
DOMEGA, *DOMGX*, *DOMGY*, *DOMGZ* 282
DSCALE, *RFACT*, *IFACT*, *TBASE* 293
DSET, *NODE1*, *NODE2*, *NODE3*, *DDEV* .... *
DSPOPTION, *Memory _ Option* .... *
DSUM, *SIGNIF*, *Label*, *TD* .... *
DSURF, *KCN*, *XSURF*, *YSURF*, *ZSURF* .... *
DSYM, *Lab*, *Normal*, *KCN* 269

DSYS, *KCN* 447
DTRAN 295
DUMP, *NSTRT*, *NSTOP* .... *
DVMORPH, *VOLU*, *XAREA*, *RMSHKY* .... *
DYNOPT .... *
E, *I*, *J*, *K*, *L*, *M*, *N*, *O*, *P* 207
EALIVE, *ELEM* 307
EDADAPT, *PART*, *Key* .... *
EDALE, *Option*, --, *AFAC*, *BFAC*, --, *DFAC*, *EFAC*, *START*, *END* .... *
EDASMP, *Option*, *ASMID*, *PART1*, *PART2*, *PART3*, ···, *PART15*, *PART16* .... *
EDBOUND, *Option*, *Lab*, *Cname*, *XC*, *YC*, *ZC*, *Cname2*, *COPT* .... *
EDBVIS, *QVCO*, *LVCO* .... *
EDBX, *Option*, *BOXID*, *XMIN*, *XMAX*, *YMIN*, *YMAX*, *ZMIN*, *ZMAX* .... *
EDCADAPT, *FREQ*, *TOL*, *OPT*, *MAXLVL*, *BTIME*, *DTIME*, *LCID*, *ADPSIZE*, *ADPASS*, *IREFLG*, *ADPENE*, *ADPTH*, *MAXEL* .... *
EDCGEN, *Option*, *Cont*, *Targ*, *FS*, *FD*, *DC*, *VC*, *VDC*, *V1*, *V2*, *V3*, *V4*, *BTIME*, *DTIME*, *BOXID1*, *BOXID2* .... *
EDCLIST, *NUM* .... *
EDCMORE, *Option*, *NUM*, --, *VAL1*, *VAL2* .... *
EDCNSTR, *Option*, *Ctype*, *Comp1*, *Comp2*, *VAL1* .... *
EDCONTACT, *SFSI*, *RWPN*, *IPCK*, *SHTK*, *PENO*, *STCC*, *ORIE*, *CSPC*, *PENCHK* .... *
EDCPU, *CPUTIME* .... *
EDCRB, *Option*, *NEQN*, *PARTM*, *PARTS* .... *
EDCSC, *Key* .... *
EDCTS, *DTMS*, *TSSFAC* .... *
EDCURVE, *Option*, *LCID*, *Par1*, *Par2* .... *
EDDAMP, *PART*, *LCID*, *VALDMP* .... *
EDDBL, *KEY* .... *
EDDC, *Option*, *Ctype*, *Cont*, *Targ* .... *
EDDRELAX, *Option*, *NRCYCK*, *DRTOL*, *DFFCTR*, *DRTERM*, *TSSFDR*, *IRELAL*, *EDTTL* .... *
EDDUMP, *NUM*, *DT* .... *
EDELE, *IEL1*, *IEL2*, *INC* 171
EDENERGY, *HGEN*, *SWEN*, *SIEN*, *RLEN* .... *
EDFPLOT, *Key* .... *
EDGCALE, *NADV*, *METH* .... *
EDHGLS, *HGCO* .... *
EDHIST, *Comp* .... *
EDHTIME, *NSTEP*, *DT* .... *
EDINT, *SHELLIP*, *BEAMIP* .... *

EDIPART, *PART*, *Option*, *Cvect*, *TM*, *IRCS*, *Ivect*, *Vvect*, *CID* ········· *

EDIS, *Option*, *PIDN*, *PIDO* ········· *

EDLCS, *Option*, *CID*, *X1*, *Y1*, *Z1*, *X2*, *Y2*, *Z2*, *X3*, *Y3*, *Z3* ········· *

EDLOAD, *Option*, *Lab*, *KEY*, *Cname*, *Par1*, *Par2*, *PHASE*, *LCID*, *SCALE*, *BTIME*, *DTIME* ········· *

EDMP, *Lab*, *MAT*, *VAL1*, *VAL2*, *VAL3*, *VAL4*, *VAL5*, *VAL6* ········· *

EDNB, *Option*, *Cname*, *AD*, *AS* ········· *

EDNDTSD, *Vect1*, *Vect2*, *DATAP*, *FITPT*, *Vect3*, *Vect4*, *DISP* ········· *

EDNROT, *Option*, *CID*, *Cname*, *DOF1*, *DOF2*, *DOF3*, *DOF4*, *DOF5*, *DOF6* ········· *

EDOPT, *Option*, --, *Value* ········· *

EDOUT, *Option* ········· *

EDPART, *Option*, *PARTID*, *Cname* ········· *

EDPC, *MIN*, *MAX*, *INC* ········· *

EDPL, *LDNUM* ········· *

EDPVEL, *Option*, *PID*, *VX*, *VY*, *VZ*, *OMEGAX*, *OMEGAY*, *OMEGAZ*, *XC*, *YC*, *ZC*, *ANGX*, *ANGY*, *ANGZ* ········· *

EDRC, *Option*, *NRBF*, *NCSF*, --, *DTMAX* ········· *

EDRD, *Option*, *PART*, *MRB* ········· *

EDREAD, *NSTART*, *Label*, *NUM*, *STEP1*, *STEP2* ········· *

EDRI, *Option*, *PART*, *XC*, *YC*, *ZC*, *TM*, *IXX*, *IYY*, *IZZ*, *IXY*, *IYZ*, *IXZ* ········· *

EDRST, *NSTEP*, *DT* ········· *

EDRUN, *Option*, *Cons*, *Ncpu* ········· *

EDSHELL, *WPAN*, *SHNU*, *SHTC*, *WPBT*, *SHPL*, *ITRST* ········· *

EDSOLV ········· *

EDSP, *Option*, *MIN*, *MAX*, *INC* ········· *

EDSTART, *RESTART*, *MEMORY*, *FSIZE*, *Dumpfile* ········· *

EDTERM, *Option*, *Lab*, *NUM*, *STOP*, *MAXC*, *MINC* ········· *

EDTP, *OPTION*, *VALUE1*, *VALUE2* ········· *

EDVEL, *Option*, *Cname*, *VX*, *VY*, *VZ*, *OMEGAX*, *OMEGAY*, *OMEGAZ*, *XC*, *YC*, *ZC*, *ANGX*, *ANGY*, *ANGZ* ········· *

EDWELD, *Option*, *NWELD*, *N1*, *N2*, *SN*, *SS*, *EXPN*, *EXPS*, *EPSF*, *TFAIL*, *NSW*, *CID* ········· *

EDWRITE, *Option*, *Fname*, *Ext*, -- ········· *

EGEN, *ITIME*, *NINC*, *IEL1*, *IEL2*, *IEINC*, *MINC*, *TINC*, *RINC*, *CINC*, *SINC*, *DX*, *DY*, *DZ* ········· 167

EINTF, *TOLER*, *K*, *TLAB*, *KCN*, *DX*, *DY*, *DZ*, *KNONROT* ········· 207

EKILL, *ELEM* ········· 307

ELEM ········· *

ELIST, *IEL1*, *IEL2*, *INC*, *NNKEY*, *RKEY*, *PTKEY* ········· 410

EMAGERR ········· *

EMATWRITE, *Key* ········· *

EMF ········· *

EMFT ·· *

EMID, *Key*, *Edges* ·· 215

EMIS, *MAT*, *EVALU* ·· *

EMODIF, *IEL*, *STLOC*, *I1*, *I2*, *I3*, *I4*, *I5*, *I6*, *I7*, *I8* ··· 214

EMORE, *Q*, *R*, *S*, *T*, *U*, *V*, *W*, *X* ··· *

EMSYM, *NSECT* ·· *

EMTGEN, *Ncomp*, *Ecomp*, *PNcomp*, *DOF*, *GAP*, *GAPMIN*, *FKN*, *Per0* ·· *

EMUNIT, *Lab*, *VALUE* ··· *

EN, *IEL*, *I*, *J*, *K*, *L*, *M*, *N*, *O*, *P* ·· 212

ENGEN, *IINC*, *ITIME*, *NINC*, *IEL1*, *IEL2*, *IEINC*, *MINC*, *TINC*, *RINC*, *CINC*, *SINC*, *DX*, *DY*, *DZ* ································· 168

ENORM, *ENUM* ·· 215

ENSYM, *IINC*, --, *NINC*, *IEL1*, *IEL2*, *IEINC* ··· 165

EORIENT, *Etype*, *Dir*, *TOLER* ··· 215

EPLOT ·· 418

EQSLV, *Lab*, *TOLER*, *MULT* ·· 246

ERASE ·· 438

EREAD, *Fname*, *Ext*, -- ·· 213

EREFINE, *NE1*, *NE2*, *NINC*, *LEVEL*, *DEPTH*, *POST*, *RETAIN* ··· 200

EREINF ·· *

ERESX, *Key* ··· 298

ERNORM, *Key* ·· 336

ERRANG, *EMIN*, *EMAX*, *EINC* ·· 213

ESCHECK, *Sele*, *Levl*, *Defkey* ·· *

ESEL, *Type*, *Item*, *Comp*, *VMIN*, *VMAX*, *VINC*, *KABS* ··· 402

ESIZE, *SIZE*, *NDIV* ·· 186

ESLA, *Type* ··· 405

ESLL, *Type* ··· 405

ESLN, *Type*, *EKEY*, *NodeType* ·· 404

ESLV, *Type* ··· 405

ESOL, *NVAR*, *ELEM*, *NODE*, *Item*, *Comp*, *Name* ·· 373

ESORT, *Item*, *Lab*, *ORDER*, *KABS*, *NUMB* ··· 328

ESSOLV, *Electit*, *Strutit*, *DIMN*, *MORPHOPT*, *Mcomp*, *Xcomp*, *ELECTOL*, *STRUTOL*, *MXLOOP*, --, *RUSEKY*, *RESTKY*, *EISCOMP* ·· 311

ESTIF, *KMULT* ·· 307

ESURF, *XNODE*, *Tlab*, *Shape* ·· 208

ESYM, --, *NINC*, *IEL1*, *IEL2*, *IEINC* ··· 169

ESYS, *KCN* ··· 183

ET, *ITYPE*, *Ename*, *KOP1*, *KOP2*, *KOP3*, *KOP4*, *KOP5*, *KOP6*, *INOPR* ·· 185

ETABLE, Lab, Item, Comp ······ 339
ETCHG, Cnv ······ *
ETCONTROL, Eltech, Eldegene ······ *
ETDELE, ITYP1, ITYP2, INC ······ *
ETLIST, ITYP1, ITYP2, INC ······ 410
ETYPE ······ *
EUSORT ······ 328
EWRITE, Fname, Ext, --, KAPPND, Format ······ 212
EXP, IR, IA, --, --, Name, --, --, FACTA, FACTB ······ 376
EXPAND, Nrepeat, MODAL, HIndex, Icsys, SctAng, --, Phase ······ *
EXPASS, Key ······ 253
EXPROFILE, Ldtype, Load, VALUE, Pname, Fname, Fext, Fdir ······ *
EXPSOL, LSTEP, SBSTEP, TIMFRQ, Elcalc ······ 244
EXTOPT, Lab, Val1, Val2, Val3 ······ 141
EXTREM, NVAR1, NVAR2, NINC ······ 379
EXUNIT, Ldtype, Load, Untype, Name ······ *
F, NODE, Lab, VALUE, VALUE2, NEND, NINC ······ 271
FATIGUE ······ *
FC, MAT, Lab1, Lab2, DATA1, DATA2, DATA3, DATA4, DATA5, DATA6 ······ *
FCCHECK ······ *
FCDELE, MAT ······ *
FCLIST, MAT, --, TEMP ······ *
FCUM, Oper, RFACT, IFACT ······ 260
FDELE, NODE, Lab, NEND, NINC ······ 291
FE, NEV, CYCLE, FACT, Title ······ 360
FEBODY ······ *
FECONS ······ *
FEFOR ······ *
FELIST, NEV1, NEV2, NINC ······ 360
FESURF ······ *
FILE, Fname, Ext, -- ······ 317
FILEAUX2, Fname, Ident, -- ······ *
FILEAUX3, Fname, Ext, -- ······ *
FILEDISP, Fname, Ext, -- ······ *
FILL, NODE1, NODE2, NFILL, NSTRT, NINC, ITIME, INC, SPACE ······ 203
FILLDATA, IR, LSTRT, LSTOP, LINC, VALUE, DVAL ······ 377
FINISH ······ *
FITEM, NFIELD, ITEM, ITEMY, ITEMZ ······ *
FJ, ELEM, LABEL, VALUE ······ *

FJDELE,*ELEM*,*LAB* .... *

FJLIST,*Elem* .... *

FK,*KPOI*,*Lab*,*VALUE*,*VALUE2* 270

FKDELE,*KPOI*,*Lab* 291

FKLIST,*KPOI*,*Lab* 413

FL,*NLOC*,*NODE*,*SCFX*,*SCFY*,*SCFZ*,*Title* 357

FLANGE,*NLOC*,*LENG*,*MASS*,*SIF*,*FLEX*,*ARINS*,*ELEM* .... *

FLDATA,*Name*,*Label*,*Value* .... *

FLDATA1,*SOLU*,*Label*,*Value* .... *

FLDATA10,*COF2*,*Label*,*Value* .... *

FLDATA11,*COF3*,*Label*,*Value* .... *

FLDATA12,*PROP*,*Label*,*Value* .... *

FLDATA13,*VARY*,*Label*,*Value* .... *

FLDATA14,*TEMP*,*Label*,*Value* .... *

FLDATA15,*PRES*,*Label*,*Value* .... *

FLDATA16,*BULK*,*Label*,*Value* .... *

FLDATA17,*GAMM*,*Label*,*Value* .... *

FLDATA18,*METH*,*Label*,*Value* .... *

FLDATA19,*TDMA*,*Label*,*Value* .... *

FLDATA2,*ITER*,*Label*,*Value* .... *

FLDATA20,*SRCH*,*Label*,*Value* .... *

FLDATA20A,*PGMR*,*Label*,*Value* .... *

FLDATA20B,*PBCGM*,*Label*,*Value* .... *

FLDATA21,*CONV*,*Label*,*Value* .... *

FLDATA22,*MAXI*,*Label*,*Value* .... *

FLDATA23,*DELT*,*Label*,*Value* .... *

FLDATA24,*TURB*,*Label*,*Value* .... *

FLDATA24A,*RNGT*,*Label*,*Value* .... *

FLDATA24B,*NKET*,*Label*,*Value* .... *

FLDATA24C,*GIRT*,*Label*,*Value* .... *

FLDATA24D,*SZLT*,*Label*,*Value* .... *

FLDATA25,*RELX*,*Label*,*Value* .... *

FLDATA26,*STAB*,*Label*,*Value* .... *

FLDATA27,*PRIN*,*Label*,*Value* .... *

FLDATA28,*MODR*,*Label*,*Value* .... *

FLDATA29,*MODV*,*Label*,*Value* .... *

FLDATA3,*TERM*,*Label*,*Value* .... *

FLDATA30,*QUAD*,*Label*,*Value* .... *

FLDATA31,*CAPP*,*Label*,*Value* .... *

Command	Page
FLDATA32, REST, *Label*, *Value*, *Value2*, *Fname*, *Ext*, --	*
FLDATA33, ADVM, *Label*, *Value*	*
FLDATA34, MIR, *Label*, *Value*	*
FLDATA35, VFTOL, *Label*, *Value*	*
FLDATA36, AMBV, *Label*, *Value*	*
FLDATA37, ALGR, *Label*, *Value*	*
FLDATA38, MASS, *Label*, *Value*	*
FLDATA4, TIME, *Label*, *Value*	*
FLDATA4A, STEP, *Label*, *Value*	*
FLDATA5, OUTP, *Label*, *Value*	*
FLDATA6, CONV, *Label*, *Value*	*
FLDATA7, PROT, *Label*, *Value*	*
FLDATA8, NOMI, *Label*, *Value*	*
FLDATA9, COF1, *Label*, *Value*	*
FLIST, *NODE1*, *NODE2*, *NINC*	413
FLLIST, *NLOC1*, *NLOC2*, *NINC*	357
FLOCHECK, *Key*	*
FLOTRAN	*
FLREAD, *Fname*, *Ext*, --	*
FLST, *NFIELD*, *NARG*, *TYPE*, *Otype*, *LENG*	*
FLUXV	*
FMAGBC, *Cnam1*, *Cnam2*, *Cnam3*, *Cnam4*, *Cnam5*, *Cnam6*, *Cnam7*, *Cnam8*, *Cnam9*	*
FMAGSUM, *Cnam1*, *Cnam2*, *Cnam3*, *Cnam4*, *Cnam5*, *Cnam6*, *Cnam7*, *Cnam8*, *Cnam9*	*
FOR2D	*
FORCE, *Lab*	335
FORM, *Lab*	*
FP, *STITM*, *C1*, *C2*, *C3*, *C4*, *C5*, *C6*	356
FPLIST	*
FREQ, *FREQ1*, *FREQ2*, *FREQ3*, *FREQ4*, *FREQ5*, *FREQ6*, *FREQ7*, *FREQ8*, *FREQ9*	305
FRQSCL, *Scaling*	*
FS, *NODE*, *NEV*, *NLOD*, *STITM*, *C1*, *C2*, *C3*, *C4*, *C5*, *C6*	358
FSCALE, *RFACT*, *IFACT*	294
FSDELE, *NLOC*, *NEV*, *NLOD*	360
FSLIST, *NLOC1*, *NLOC2*, *NINC*, *NEV*, *NLOD*	359
FSNODE, *NODE*, *NEV*, *NLOD*	357
FSPLOT, *NLOC*, *NEV*, *ITEM*	359
FSSECT, *RHO*, *NEV*, *NLOD*, *KBR*	358
FSSPARM, *PORT1*, *PORT2*	*
FSUM, *LAB*, *ITEM*	336

FTCALC, *NLOC*, *NODE* 360
FTRAN 295
FTSIZE, *MXLOC*, *MXEV*, *MXLOD* 355
FTWRITE, *Fname*, *Ext*, -- 361
FVMESH, *KEEP* 197
GAP .... *
GAPF, *NVAR*, *NUM*, *Name* 374
GAPFINISH .... *
GAPLIST, *Lab* .... *
GAPMERGE, *Lab*, *VAL1*, *VAL2*, *VAL3* .... *
GAPOPT, *Lab*, *Value* .... *
GAPPLOT, *Lab* .... *
GAUGE, *Opt* .... *
GENOPT .... *
GEOM, *K2D*, *NDIV* .... *
GEOMETRY .... *
GMATRIX, *SYMFAC*, *Condname*, *NUMCOND*, --, *Matrixname* .... *
GMFACE, *Lab*, *N* .... *
GP, *NODE1*, *NODE2*, *Lab*, *STIF*, *GAP*, *DAMP* .... *
GPDELE, *GAP1*, *GAP2*, *GINC* .... *
GPLIST, *GAP1*, *GAP2*, *GINC* .... *
GPLOT 420
GRP, *SIGNIF*, *Label* .... *
GSBDATA, *LabZ*, *VALUEZ*, *LabX*, *VALUEX*, *LabY*, *VALUEY* 285
GSGDATA, *LFIBER*, *XREF*, *YREF*, *ROTX0*, *ROTY0* 174
GSLIST, *Lab* .... *
GSSOL, *NVAR*, *Item*, *Comp*, *Name* .... *
GSUM 161
HARFRQ, *FREQB*, *FREQE* 300
HBMAT, *Fname*, *Ext*, --, *Form*, *Matrx*, *Rhs*, *Mapping* .... *
HELP, *Name* .... *
HELPDISP, *Commandname* .... *
HEMIOPT, *HRES* .... *
HFADP, *Lab* .... *
HFANG, *Lab*, *PHI1*, *PHI2*, *THETA1*, *THETA2* .... *
HFARRAY, *NUMX*, *NUMY*, *PX*, *PY*, *SKEW*, *PHASEX*, *PHASEY* .... *
HFDEEM, *Filename*, *Snp*, *PORTNUM1*, *L1*, *Filename1*, *Ext1*, *PORTNUM2*, *L2*, *Filename2*, *Ext2* .... *
HFEIGOPT, *Lab*, *Val1* .... *

HFEREFINE,*FACTOR* ······ *

HFNEAR,*Lab*,*VAL*,*X*,*Y*,*Z*,*CS* ······ *

HFPA,*Lab*,*Local*,*VAL1*,*VAL2* ······ *

HFPCSWP,*FREQB*,*FREQE*,*FREQINC*,*Nummode* ······ *

HFPORT,*Portnum*,*Porttype*,*Local*,*Opt1*,*Opt2*,*VAL1*,*VAL2*,*VAL3*,*VAL4*,*VAL5* ······ *

HFPOWER,*ARG1*,*ARG2* ······ *

HFSCAT,*Lab* ······ *

HFSWEEP,*FREQB*,*FREQE*,*FREQINC*,*Portin*,*Port2*,*Port3*,*Port4*,*Pvolt*,*Pang*,*Pdist*, *Vpath*,*Ipath*,*Vsymm*,*Isymm* ······ *

HFSYM,*KCN*,*Xkey*,*Ykey*,*Zkey* ······ *

HMAGSOLV,*FREQ*,*NRAMP*,*CNVA*,*CNVV*,*CNVC*,*CNVE*,*NEQIT* ······ *

HPGL,*Kywrd*,*Opt1*,*Opt2* ······ *

HPTCREATE,*TYPE*,*ENTITY*,*NHP*,*LABEL*,*VAL1*,*VAL2*,*VAL3* ······ 121

HPTDELETE,*NP1*,*NP2*,*NINC* ······ 170

HRCPLX,*LOADSTEP*,*SUBSTEP*,*OMEGAT*,*1STLCASE*,*2NDLCASE* ······ *

HREXP,*ANGLE* ······ *

HROPT,*Method*,*MAXMODE*,*MINMODE*,*MCout*,*Damp* ······ *

HROUT,*Reimky*,*Clust*,*Mcont* ······ *

IC,*NODE*,*Lab*,*VALUE*,*VALUE2*,*NEND*,*NINC* ······ 287

ICDELE ······ 293

ICE,*ELEM*,*Lab*,*VALUE* ······ *

ICEDELE,*ELEM*,*Lab* ······ *

ICELIST,*ELEM*,*Lab* ······ 416

ICLIST,*NODE1*,*NODE2*,*NINC*,*Lab* ······ 288

ICVFRC,*Geom*,*VAL1*,*VAL2*,*VAL3*,*VAL4* ······ *

IGESIN,*Fname*,*Ext*,*--* ······ *

IGESOUT,*Fname*,*Ext*,*--*,*ATT* ······ 399

IMAGIN,*IR*,*IA*,*--*,*--*,*Name*,*--*,*--*,*FACTA* ······ *

IMESH,*LAKY*,*NSLA*,*NTLA*,*KCN*,*DX*,*DY*,*DZ*,*TOL* ······ *

IMMED,*KEY* ······ *

IMPD,*Vpath*,*Ipath*,*Vsymm*,*Isymm* ······ *

INISTATE,*Action*,*par1*,*par2*,*par3*,*par4*,*par5*,*par6*,*par7*,*par8*,*par9* ······ 308

INRES,*Item1*,*Item2*,*Item3*,*Item4*,*Item5*,*Item6*,*Item7*,*Item8* ······ 317

INRTIA ······ 415

INT1,*IR*,*IY*,*IX*,*—*,*Name*,*—*,*—*,*FACTA*,*FACTB*,*CONST* ······ 376

INTSRF,*Lab* ······ 338

IOPTN,*Lab*,*VAL1* ······ *

IRLF,*KEY* ······ 285

IRLIST ······ *

ISFILE, *Option*, *Fname*, *Ext*, --, *LOC*, *MAT1*, *MAT2*, *MAT3*, ⋯, *MAT9*, *MAT10* ········· *

ISTRESS, *Sx*, *Sy*, *Sz*, *Sxy*, *Syz*, *Sxz*, *MAT1*, *MAT2*, *MAT3*, ⋯, *MAT8*, *MAT9*, *MAT10* ········· *

ISWRITE, *Switch* ········· *

JPEG, *Kywrd*, *OPT* ········· *

JSOL, *NVAR*, *ELEM*, *ITEM*, *COMP*, *Name* ········· *

K, *NPT*, *X*, *Y*, *Z* ········· 116

KATT, *MAT*, *REAL*, *TYPE*, *ESYS* ········· 184

KBC, *KEY* ········· 242

KBETW, *KP1*, *KP2*, *KPNEW*, *Type*, *VALUE* ········· 118

KCALC, *KPLAN*, *MAT*, *KCSYM*, *KLOCPR* ········· 338

KCENTER, *Type*, *VAL1*, *VAL2*, *VAL3*, *VAL4*, *KPNEW* ········· 120

KCLEAR, *NP1*, *NP2*, *NINC* ········· 202

KDELE, *NP1*, *NP2*, *NINC* ········· 170

KDIST, *KP1*, *KP2* ········· 170

KEEP, *Key* ········· 369

KESIZE, *NPT*, *SIZE*, *FACT1*, *FACT2* ········· 192

KEYOPT, *ITYPE*, *KNUM*, *VALUE* ········· *

KEYPTS ········· *

KEYW, *Keyword*, *KEY* ········· *

KFILL, *NP1*, *NP2*, *NFILL*, *NSTRT*, *NINC*, *SPACE* ········· 119

KGEN, *ITIME*, *NP1*, *NP2*, *NINC*, *DX*, *DY*, *DZ*, *KINC*, *NOELEM*, *IMOVE* ········· 164

KL, *NL1*, *RATIO*, *NK1* ········· 117

KLIST, *NP1*, *NP2*, *NINC*, *Lab* ········· 409

KMESH, *NP1*, *NP2*, *NINC* ········· 194

KMODIF, *NPT*, *X*, *Y*, *Z* ········· 161

KMOVE, *NPT*, *KC1*, *X1*, *Y1*, *Z1*, *KC2*, *X2*, *Y2*, *Z2* ········· 162

KNODE, *NPT*, *NODE* ········· 118

KPLOT, *NP1*, *NP2*, *NINC*, *Lab* ········· 417

KPSCALE, *NP1*, *NP2*, *NINC*, *RX*, *RY*, *RZ*, *KINC*, *NOELEM*, *IMOVE* ········· 158

KREFINE, *NP1*, *NP2*, *NINC*, *LEVEL*, *DEPTH*, *POST*, *RETAIN* ········· 200

KSCALE, *KINC*, *NP1*, *NP2*, *NINC*, *RX*, *RY*, *RZ* ········· *

KSCON, *NPT*, *DELR*, *KCTIP*, *NTHET*, *RRAT* ········· *

KSEL, *Type*, *Item*, *Comp*, *VMIN*, *VMAX*, *VINC*, *KABS* ········· 402

KSLL, *Type* ········· 405

KSLN, *Type* ········· 405

KSUM ········· 160

KSYMM, *Ncomp*, *NP1*, *NP2*, *NINC*, *KINC*, *NOELEM*, *IMOVE* ········· 168

KTRAN, *KCNTO*, *NP1*, *NP2*, *NINC*, *KINC*, *NOELEM*, *IMOVE* ········· 164

KUSE, *KEY* ········· 243

Command	Page
KWPAVE, *P1*, *P2*, *P3*, *P4*, *P5*, *P6*, *P7*, *P8*, *P9*	444
KWPLAN, *WN*, *KORIG*, *KXAX*, *KPLAN*	446
L, *P1*, *P2*, *NDIV*, *SPACE*, *XV1*, *YV1*, *ZV1*, *XV2*, *YV2*, *ZV2*	122
L2ANG, *NL1*, *NL2*, *ANG1*, *ANG2*, *PHIT1*, *PHIT2*	125
L2TAN, *NL1*, *NL2*	124
LANG, *NL1*, *P3*, *ANG*, *PHIT*, *LOCAT*	125
LARC, *P1*, *P2*, *PC*, *RAD*	126
LAREA, *P1*, *P2*, *NAREA*	123
LARGE, *IR*, *IA*, *IB*, *IC*, *Name*, --, --, *FACTA*, *FACTB*, *FACTC*	376
LATT, *MAT*, *REAL*, *TYPE*, --, *KB*, *KE*, *SECNUM*	184
LAYER, *NUM*	334
LAYERP26, *NUM*	*
LAYLIST, *IEL*, *LAYR1*, *LAYR2*, *Mplab1*, *Mplab2*	412
LAYPLOT, *IEL*, *LAYR1*, *LAYR2*	*
LCABS, *LCNO*, *KABS*	352
LCASE, *LCNO*	351
LCCALC	*
LCCAT, *NL1*, *NL2*	192
LCDEF, *LCNO*, *LSTEP*, *SBSTEP*, *KIMG*	350
LCFACT, *LCNO*, *FACT*	352
LCFILE, *LCNO*, *Fname*, *Ext*, --	350
LCLEAR, *NL1*, *NL2*, *NINC*	202
LCOMB, *NL1*, *NL2*, *KEEP*	150
LCOPER, *Oper*, *LCASE1*, *Oper2*, *LCASE2*	353
LCSEL, *Type*, *LCMIN*, *LCMAX*, *LCINC*	351
LCSL, *NL1*, *NL2*, *NL3*, *NL4*, *NL5*, *NL6*, *NL7*, *NL8*, *NL9*	*
LCSUM, *Lab*	*
LCWRITE, *LCNO*, *Fname*, *Ext*, --	351
LCZERO	354
LDELE, *NL1*, *NL2*, *NINC*, *KSWP*	171
LDIV, *NL1*, *RATIO*, *PDIV*, *NDIV*, *KEEP*	154
LDRAG, *NK1*, *NK2*, *NK3*, *NK4*, *NK5*, *NK6*, *NL1*, *NL2*, *NL3*, *NL4*, *NL5*, *NL6*	146
LDREAD, *Lab*, *LSTEP*, *SBSTEP*, *TIME*, *KIMG*, *Fname*, *Ext*, --	271
LESIZE, *NL1*, *SIZE*, *ANGSIZ*, *NDIV*, *SPACE*, *KFORC*, *LAYER1*, *LAYER2*, *KYNDIV*	191
LEXTND, *NL1*, *NK1*, *DIST*, *KEEP*	147
LFILLT, *NL1*, *NL2*, *RAD*, *PCENT*	128
LFSURF, *SLINE*, *TLINE*	*
LGEN, *ITIME*, *NL1*, *NL2*, *NINC*, *DX*, *DY*, *DZ*, *KINC*, *NOELEM*, *IMOVE*	163
LGLUE, *NL1*, *NL2*, *NL3*, *NL4*, *NL5*, *NL6*, *NL7*, *NL8*, *NL9*	154

LGWRITE, Fname, Ext, --, Kedit 394
LINA, NL, NA 149
LINE .... *
LINES, N 370
LINL, NL1, NL2, NL3, NL4, NL5, NL6, NL7, NL8, NL9 148
LINP, NL1, NL2, NL3, NL4, NL5, NL6, NL7, NL8, NL9 148
LINV, NL, NV 149
LIST, LEVEL .... *
LLIST, NL1, NL2, NINC, Lab 408
LMATRIX, Symfac, Coilname, Curname, Indname .... *
LMESH, NL1, NL2, NINC 194
LNCOLLAPSE, LINE, KEYPOINT .... *
LNDETACH, LINE1, LINE2, LNINC .... *
LNFILL, KP1, KP2 .... *
LNMERGE, LN1, LN2, LN3, LN4, LN4, LN6, LN7, LN8, LN9, LN10 .... *
LNSPLIT, LINE, PARAM .... *
LNSRCH, Key 251
LOCAL, KCN, KCS, XC, YC, ZC, THXY, THYZ, THZX, PAR1, PAR2 447
LOVLAP, NL1, NL2, NL3, NL4, NL5, NL6, NL7, NL8, NL9 155
LPLOT, NL1, NL2, NINC 417
LPTN, NL1, NL2, NL3, NL4, NL5, NL6, NL7, NL8, NL9 156
LREFINE, NL1, NL2, NINC, LEVEL, DEPTH, POST, RETAIN 200
LREVERSE, LNUM, NOEFLIP 165
LROTAT, NK1, NK2, NK3, NK4, NK5, NK6, PAX1, PAX2, ARC, NSEG ... 146
LSBA, NL, NA, SEPO, KEEPL, KEEPA 153
LSBL, NL1, NL2, SEPO, KEEP1, KEEP2 152
LSBV, NL, NV, SEPO, KEEPL, KEEPV 153
LSBW, NL, SEPO, KEEP 153
LSCLEAR, Lab 262
LSDELE, LSMIN, LSMAX, LSINC 295
LSEL, Type, Item, Comp, VMIN, VMAX, VINC, KSWP 402
LSLA, Type 405
LSLK, Type, LSKEY 405
LSOPER .... *
LSREAD, LSNUM 309
LSSCALE, NL1, NL2, NINC, RX, RY, RZ, KINC, NOELEM, IMOVE 159
LSSOLVE, LSMIN, LSMAX, LSINC 313
LSTR, P1, P2 122
LSUM 160

LSWRITE, *LSNUM* 309
LSYMM, *Ncomp*, *NL1*, *NL2*, *NINC*, *KINC*, *NOELEM*, *IMOVE* 169
LTAN, *NL1*, *P3*, *XV3*, *YV3*, *ZV3* 124
LTRAN, *KCNTO*, *NL1*, *NL2*, *NINC*, *KINC*, *NOELEM*, *IMOVE* 164
LUMPM, *Key* 238
LVSCALE, *FACT* .... *
LWPLAN, *WN*, *NL1*, *RATIO* 446
M, *NODE*, *Lab1*, *NEND*, *NINC*, *Lab2*, *Lab3*, *Lab4*, *Lab5*, *Lab6* .... *
MADAPT, *ERRTARGT*, *NADAPT*, *NMAX*, *KPLT*, *Ksmooth*, *KLST*, *KCD*, *DEVICE* ... *
MAGOPT, *Value*, *Method* .... *
MAGSOLV, *OPT*, *NRAMP*, *CNVCSG*, *CNVFLUX*, *NEQIT*, *BIOT*, *CNVTOL* ..... *
MAPSOLVE, *MAXSBSTEP* .... *
MASTER .... *
MAT, *MAT* 183
MATER .... *
MCHECK, *Lab* .... *
MDAMP, *STLOC*, *V1*, *V2*, *V3*, *V4*, *V5*, *V6* 300
MDELE, *NODE*, *Lab1*, *NEND*, *NINC*, *Lab2*, *Lab3*, *Lab4*, *Lab5*, *Lab6* ... *
MDPLOT, *Function*, *Dmpname*, *Scale* .... *
MEMM, *Lab*, *Kywrd* .... *
MESHING .... *
MFANALYSIS, *Key* .... *
MFBUCKET, *Key*, *Value* .... *
MFCALC, *FNUMB*, *FREQ* .... *
MFCI, *VAL1*, *VAL2* .... *
MFCLEAR, *Option*, *Value* .... *
MFCMMAND, *FNUMB*, *Fname*, *Ext* .... *
MFCONV, *Lab*, *VALUE* .... *
MFDTIME, *DTIME*, *DTMIN*, *DTMAX*, *Carry* .... *
MFELEM, *FNUMB*, *ITYPE1*, *ITYPE2*, *ITYPE3*, ···, *ITYPE9*, *ITYPE10* ..... *
MFEM, *FNUMB*, *ITYPE1*, *ITYPE2*, *ITYPE3*, ···, *ITYPE9*, *ITYPE10* .... *
MFEXTER, *FNUMB1*, *FNUMB2*, *FNUMB3*, ···, *FNUMB19*, *FNUMB20* .... *
MFFNAME, *FNUMB*, *Fname* .... *
MFFR, *Fname*, *Lab*, *RFINI*, *RFMIN*, *RFMAX* .... *
MFIMPORT, *FNUMB*, *Option*, *Fname*, *Ext* .... *
MFINTER, *Option* .... *
MFITER, *MAXITER*, *MINITER*, *TARGET* .... *
MFLCOMM, *Type*, *Fname1*, *Intname1*, *Label1*, *Fname2*, *Intname2*, *Label2*, *Option* ... *
MFLIST, *Option*, *Value* .... *

MFMAP, *Lab1*, *Lab2*, *Filename*, *Opt* ······································· *

MFORDER, *FNUMB1*, *FNUMB2*, *FNUMB3*, ···, *FNUMB19*, *FNUMB20* ·········· *

MFOUTPUT, *FREQ* ··· *

MFPSIMUL, *gname*, *Fname1*, *Fname2* ·· *

MFRELAX, *Lab*, *VALUE*, *Option* ··· *

MFRSTART, *TIME*, *Type* ··· *

MFSORDER, *gname1*, *gname2* ·· *

MFSURFACE, *INUMB*, *FNUMB1*, *Label*, *FNUMB2* ··························· *

MFTIME, *TIME* ·· *

MFTOL, *Key*, *Value*, *Toler* ·· *

MFVOLUME, *INUMB*, *FNUMB1*, *Label*, *FNUMB2* ···························· *

MFWRITE, *Fname*, *Ext* ··· *

MGEN, *ITIME*, *INC*, *NODE1*, *NODE2*, *NINC* ·································· *

MIDTOL, *KEY*, *TOLERB*, *RESFQ* ·· *

MITER, *NEL1*, *NEL2*, *RAD*, *NDIV*, *ESTRT*, *EINC* ·························· *

MLIST, *NODE1*, *NODE2*, *NINC* ··· 416

MMF ·· *

MODE, *MODE*, *ISYM* ··· 244

MODIFY, *SET*, *LSTEP*, *ITER*, *CUMIT*, *TIME*, *Ktitle* ······················· *

MODMSH, *Lab* ··· 216

MODOPT, *Method*, *NMODE*, *FREQB*, *FREQE*, *Cpxmod/PRMODE*, *Nrmkey* ········· *

MONITOR, *VAR*, *Node*, *Lab* ·· 303

MOPT, *Lab*, *Value* ··· 188

MORPH, *Option*, --, *Remeshopt*, *ElemSet*, *ARMAX*, *VOCH*, *ARCH*, *STEP*, *TIME* ········· *

MOVE, *NODE*, *KC1*, *X1*, *Y1*, *Z1*, *KC2*, *X2*, *Y2*, *Z2* ················· 213

MP, *Lab*, *MAT*, *C0*, *C1*, *C2*, *C3*, *C4* ··································· 180

MPAMOD, *MAT*, *DEFTEMP* ·· 179

MPCHG, *MAT*, *ELEM* ·· 180

MPCOPY, --, *MATF*, *MATT* ·· *

MPDATA, *Lab*, *MAT*, *STLOC*, *C1*, *C2*, *C3*, *C4*, *C5*, *C6* ············· 178

MPDELE, *Lab*, *MAT1*, *MAT2*, *INC* ·· *

MPDRES, *LabF*, *MATF*, *LabT*, *MATT* ·· *

MPLIST, *MAT1*, *MAT2*, *INC*, *Lab*, *TEVL* ··································· 411

MPPLOT, *Lab*, *MAT*, *TMIN*, *TMAX*, *PMIN*, *PMAX* ························ 418

MPREAD, *Fname*, *Ext*, --, *LIB* ··· 175

MPRINT, *KEY* ·· *

MPTEMP, *STLOC*, *T1*, *T2*, *T3*, *T4*, *T5*, *T6* ···························· 181

MPTGEN, *STLOC*, *NUM*, *TSTRT*, *TINC* ······································ 181

MPTRES, *Lab*, *MAT* ·· *

MPWRITE, *Fname*, *Ext*, --, LIB, *MAT* 176
MSADV, *SPNUM*, *MTHA* .... *
MSAVE, *Key* 255
MSCAP, *SPNUM*, *Capkey*, *UPPER*, *LOWER* .... *
MSDATA, *ALGEB*, *UGAS* .... *
MSHAPE, *KEY*, *Dimension* 198
MSHCOPY, *KEYLA*, *LAPTRN*, *LACOPY*, *KCN*, *DX*, *DY*, *DZ*, *TOL*, *LOW*, *HIGH* 166
MSHKEY, *KEY* 198
MSHMID, *KEY* 198
MSHPATTERN, *KEY* 199
MSMASS, *SPNUM*, *Value* .... *
MSMETH, *SPNUM*, *KEY* .... *
MSMIR, *SPNUM*, *Value* .... *
MSNOMF, *SPNUM*, *FRACTION* .... *
MSPROP, *SPNUM*, *Label*, *Type*, *NOMINAL*, *COF1*, *COF2*, *COF3* .... *
MSQUAD, *QDIF*, *QSRC* .... *
MSRELAX, *SPNUM*, *CONC*, *MDIF*, *EMDI*, *STAB* .... *
MSSOLU, *SPNUM*, *NSWEEP*, *MAXI*, *NSRCH*, *CONV*, *DELMAX* .... *
MSSPEC, *SPNUM*, *Name*, *MOLWT*, *SCHMIDT* .... *
MSTERM, *SPNUM*, *STER*, *TTER* .... *
MULTIPRO, 'start', *Prompt _ Num* 71
MSVARY, *SPNUM*, *Lab*, *Key* .... *
MXPAND, *NMODE*, *FREQB*, *FREQE*, *Elcalc*, *SIGNIF* 306
N, *NODE*, *X*, *Y*, *Z*, *THXY*, *THYZ*, *THZX* 202
NANG, *NODE*, *X1*, *X2*, *X3*, *Y1*, *Y2*, *Y3*, *Z1*, *Z2*, *Z3* 206
NCNV, *KSTOP*, *DLIM*, *ITLIM*, *ETLIM*, *CPLIM* 252
NDELE, *NODE1*, *NODE2*, *NINC* 171
NDIST, *ND1*, *ND2* 170
NDSURF, *Snode*, *Telem*, *DIMN* .... *
NEQIT, *NEQIT* 251
NFORCE, *ITEM* 337
NGEN, *ITIME*, *INC*, *NODE1*, *NODE2*, *NINC*, *DX*, *DY*, *DZ*, *SPACE* 166
NKPT, *NODE*, *NPT* 203
NLDIAG, *Label*, *Key* .... *
NLDPOST, *Label*, *Key*, *FileID*, *Prefix* .... *
NLGEOM, *Key* 240
NLHIST, *Key*, *Name*, *Item*, *Comp*, *NODE*, *ELEM*, *SHELL*, *LAYER* .... *
NLIST, *NODE1*, *NODE2*, *NINC*, *Lcoord*, *SORT1*, *SORT2*, *SORT3* 410
NLOG, *IR*, *IA*, --, --, *Name*, --, --, *FACTA*, *FACTB* 376

NLOPT ··· *
NMODIF, *NODE*, *X*, *Y*, *Z*, *THXY*, *THYZ*, *THZX* ···························· 205
NOCOLOR, *KEY* ·· *
NODES ·· *
NOOFFSET, *Label* ··· *
NOORDER, *Lab* ·· 221
NORA, *AREA*, *NDIR* ·· 213
NORL, *LINE*, *AREA*, *NDIR* ··· 214
NPLOT, *KNUM* ·· 418
NPRINT, *N* ·· 370
NREAD, *Fname*, *Ext*, -- ··· 206
NREFINE, *NN1*, *NN2*, *NINC*, *LEVEL*, *DEPTH*, *POST*, *RETAIN* ···· 199
NRLSUM, *SIGNIF*, *Label* ··· *
NROPT, *Option*, --, *Adptky* ··· 254
NROTAT, *NODE1*, *NODE2*, *NINC* ··· 205
NRRANG, *NMIN*, *NMAX*, *NINC* ·· *
NSCALE, *INC*, *NODE1*, *NODE2*, *NINC*, *RX*, *RY*, *RZ* ············· 159
NSEL, *Type*, *Item*, *Comp*, *VMIN*, *VMAX*, *VINC*, *KABS* ·········· 400
NSLA, *Type*, *NKEY* ··· 403
NSLE, *Type*, *NodeType*, *Num* ·· 404
NSLK, *Type* ··· 404
NSLL, *Type*, *NKEY* ··· 404
NSLV, *Type*, *NKEY* ··· 404
NSMOOTH, *NPASS* ··· *
NSOL, *NVAR*, *NODE*, *Item*, *Comp*, *Name* ································· 372
NSORT, *Item*, *Comp*, *ORDER*, *KABS*, *NUMB*, *SEL* ·················· 327
NSTORE, *TINC* ·· 369
NSUBST, *NSBSTP*, *NSBMX*, *NSBMN*, *Carry* ································· 242
NSVR, *ITYPE*, *NSTV* ··· *
NSYM, *Ncomp*, *INC*, *NODE1*, *NODE2*, *NINC* ······························ 169
NUMCMP, *Label* ··· 219
NUMEXP, *NUM*, *BEGRNG*, *ENDRNG*, *Elcalc* ································ 244
NUMMRG, *Label*, *TOLER*, *GTOLER*, *Action*, *Switch* ···················· 218
NUMOFF, *Label*, *VALUE* ··· 220
NUMSTR, *Label*, *VALUE* ··· 220
NUMVAR, *NV* ·· 368
NUSORT ·· 328
NWPAVE, *N1*, *N2*, *N3*, *N4*, *N5*, *N6*, *N7*, *N8*, *N9* ················ 444
NWPLAN, *WN*, *NORIG*, *NXAX*, *NPLAN* ······································ 445

NWRITE, *Fname*, *Ext*, --, *KAPPND* 206
OMEGA, *OMEGX*, *OMEGY*, *OMEGZ*, *KSPIN* 281
OPADD, *NRES*, *NUM1*, *NUM2*, *C1*, *C2* 387
OPANL, *Fname*, *Ext*, -- 380
OPCLR 390
OPDATA, *Fname*, *Ext*, -- 384
OPDEL, *NSET1*, *NSET2* 387
OPEQN, *KFOBJ*, *KFSV*, *KWGHT*, *KOPPR*, *INOPT* 382
OPERATE .... *
OPEXE 384
OPFACT, *Type* 383
OPFRST, *NITR*, *SIZE*, *DELTA* 382
OPGRAD, *Dset*, *DELTA* 384
OPKEEP, *Key* 386
OPLFA, *Name*, *Effect*, *EMIN*, *EMAX* 389
OPLGR, *Pname*, *Dvnam1*, *Dvnam2*, *Dvnam3*, *Dvnam4*, *Dvnam5*, *Dvnam6* 388
OPLIST, *SET1*, *SET2*, *LKEY* 386
OPLOOP, *Read*, *Dvar*, *Parms* 385
OPLSW, *Pname*, *Dvnam1*, *Dvnam2*, *Dvnam3*, *Dvnam4*, *Dvnam5*, *Dvnam6* 389
OPMAKE 387
OPNCONTROL, *Lab*, *VALUE*, *NUMSTEP* 304
OPPRNT, *Key* 385
OPRAND, *NITR*, *NFEAS* 383
OPRESU, *Fname*, *Ext*, -- 390
OPRFA, *Name* 389
OPRGR, *Name* .... *
OPRSW, *Name* .... *
OPSAVE, *Fname*, *Ext*, -- 389
OPSEL, *NSEL* 386
OPSUBP, *NITR*, *NINFS* 381
OPSWEEP, *Dset*, *NSPS* 383
OPTYPE, *Mname* 381
OPUSER, *NITR*, *VAL1*, *VAL2*, *VAL3*, *VAL4*, *VAL5*, *VAL6*, *VAL7*, *VAL8* 384
OPVAR, *Name*, *Type*, *MIN*, *MAX*, *TOLER* 380
OUTOPT .... *
OUTPR, *Item*, *FREQ*, *Cname* 239
OUTRES, *Item*, *FREQ*, *Cname* 238
PADELE, *DELOPT* 345
PAGET, *PARRAY*, *POPT* 349

PAPUT, *PARRAY*, *POPT* ·············· 350
PARESU, *Lab*, *Fname*, *Ext*, -- ·············· 350
PARTSEL, *Type*, *PMIN*, *PMAX*, *PINC* ·············· *
PASAVE, *Lab*, *Fname*, *Ext*, -- ·············· 349
PATH, *NAME*, *nPts*, *nSets*, *nDiv* ·············· 343
PCALC, *Oper*, *LabR*, *Lab1*, *Lab2*, *FACT1*, *FACT2*, *CONST* ·············· 347
PCGOPT, *Lev_Diff*, --, *ReduceIO*, *StrmCk*, *Wrtfull*, *Memory* ·············· *
PCIRC, *RAD1*, *RAD2*, *THETA1*, *THETA2* ·············· 133
PCONV, *TOLER*, *Item*, *Comp*, *NODE*, *Surf* ·············· *
PCORRO, *CTK* ·············· *
PCROSS, *LabXR*, *LabYR*, *LabZR*, *LabX1*, *LabY1*, *LabZ1*, *LabX2*, *LabY2*, *LabZ2* ·············· 348
PDANL, *Fname*, *Ext*, -- ·············· *
PDCDF, *Rlab*, *Name*, *Type*, *CONF*, *NMAX* ·············· *
PDCFLD, *ParR*, *Entity*, *Ctype*, *CLENGTH* ·············· *
PDCLR, *Type* ·············· *
PDCMAT, *Rlab*, *Matrix*, *Name1*, *Name2*, *Corr*, *SLEVEL*, *Popt* ·············· *
PDCORR, *Name1*, *Name2*, *CORR* ·············· *
PDDMCS, *NSIM*, --, *Astop*, *ACCMEAN*, *ACCSTDEV*, *CHECK*, *Seed* ·············· *
PDDOEL, *Name*, *Method*, *Vtype*, *Lopt*, *VAL1*, *VAL2*, *VAL3*, *VAL4*, *VAL5* ·············· *
PDEF, *Lab*, *Item*, *Comp*, *Avglab* ·············· 345
PDEXE, *Slab*, *MRUN*, *NFAIL*, *FOPT*, *Fname* ·············· *
PDHIST, *Rlab*, *Name*, *NCL*, *Type* ·············· *
PDINQR, *Rpar*, *Name*, *Type*, *VAL* ·············· *
PDLHS, *NSIM*, *NREP*, *ISopt*, --, *Astop*, *ACCMEAN*, *ACCSTDV*, *CHECK*, *Seed* ·············· *
PDMETH, *Method*, *Samp* ·············· *
PDOT, *LabR*, *LabX1*, *LabY1*, *LabZ1*, *LabX2*, *LabY2*, *LabZ2* ·············· 348
PDPINV, *Rlab*, *Name*, *PROB*, --, *CONF* ·············· *
PDPLOT, *Name*, *PLOW*, *PUP* ·············· *
PDPROB, *Rlab*, *Name*, *Relation*, *LIMIT*, --, *CONF* ·············· *
PDRAG, *PX1*, *PY1*, *PZ1*, *H1*, *PX2*, *PY2*, *PZ2*, *H2*, *Kcord* ·············· *
PDRESU, *Fname*, *Ext*, -- ·············· *
PDROPT, *RVAR*, *CORR*, *STAT*, *SHIS*, *HIST*, *CDF*, *SENS*, *CMAT*, *CONF* ·············· *
PDSAVE, *Fname*, *Ext*, -- ·············· *
PDSCAT, *Rlab*, *Name1*, *Name2*, *Type*, *ORDER*, *NMAX* ·············· *
PDSENS, *Rlab*, *Name*, *Chart*, *Type*, *SLEVEL* ·············· *
PDSHIS, *Rlab*, *Name*, *Type*, *CONF* ·············· *
PDUSER, *Fname*, *Ext*, -- ·············· *
PDVAR, *Name*, *Type*, *PAR1*, *PAR2*, *PAR3*, *PAR4* ·············· *
PDWRITE, *File*, *Fnam*, *Lnam* ·············· *

PEMOPTS, *TOLER*, *Method* .... *
PERBC2D, *LOC1*, *LOC2*, *LOCTOL*, *R1*, *R2*, *TOLR*, *OPT*, *PLNOPT* .... *
PERI, *DX*, *DY*, *DZ* .... *
PEXCLUDE, *ELEM* .... *
PFACT, *TBLNO*, *Excit*, *Parcor* .... *
PFLUID, *DENS* .... *
PGAP, *NLOC*, *K*, *DX*, *DY*, *DZ*, *GAP*, *ELEM* .... *
PGRAPH, *Option*, *Fname*, *Fext*, -- .... *
PGRSET, *Lstep*, *SBSTEP*, --, *KIMG*, *TIME*, --, *NSET* .... *
PGSAVE, *Fname*, *Fext*, --, *DataType*, *InteriorKey*, *Append* 335
PGSELE, *Type*, *Item*, , *VMIN*, *VMAX*, *VINC* .... *
PGWRITE, *Label*, *Fname*, *Fext*, --, *DataType*, *InteriorKey*, *Append* 297
PHYSICS, *Option*, *Title*, *Fname*, *Ext*, -- 310
PINCLUDE, *ELEM* .... *
PINSUL, *DENS*, *ITK* .... *
PIPE .... *
PIVCHECK, *KEY*, *PRNTCNTRL* .... *
PLCAMP, *Option*, *SLOPE*, *UNIT*, *FREQB*, *Cname*, *STABVAL* .... *
PLCINT, *ACTION*, *ID*, *node*, *Cont* .... *
PLCONV, *Item*, *Comp*, *NODE*, *Surf* .... *
PLCPLX, *KEY* 371
PLCRACK, *LOC*, *NUM* 326
PLDISP, *KUND* 319
PLESOL, *Item*, *Comp*, *KUND*, *Fact* 321
PLETAB, *Itlab*, *Avglab* 321
PLF2D, *NCONT*, *OLAY*, *ANUM*, *WIN* .... *
PLHFFAR, *Opt*, *Lab*, *PHI1*, *PHI2*, *NPHI*, *THETA1*, *THETA2*, *NTHETA*, *RADZ* .... *
PLLS, *LabI*, *LabJ*, *Fact*, *KUND* 322
PLNSOL, *Item*, *Comp*, *KUND*, *Fact*, *FileID* 319
PLORB .... *
PLOT, *NSTRT*, *NEND*, *NINC* .... *
PLOTTING .... *
PLPAGM, *Item*, *Gscale*, *Nopt* 325
PLPATH, *Lab1*, *Lab2*, *Lab3*, *Lab4*, *Lab5*, *Lab6* 324
PLSCH, *Fname*, *Ext*, *Lab*, *Port* .... *
PLSECT, *Item*, *Comp*, *RHO*, *KBR* 325
PLSYZ, *Fname*, *Ext*, *Lab*, *Opt*, *VAL_I1*, *VAL_J1*, *VAL_I2*, *VAL_J2*, *VAL_I3*, *VAL_J3*, *VAL_I4*, *VAL_J4* .... *
PLTD, *Fname*, *Ext*, *Lab*, *Opt*, *Vkey*, *NFFT*, *TSTART*, *TRISE*, *PORTI1*, *PORTJ1*,

PORTI2, *PORTJ2*, *PORTI3*, *PORTJ3*, *PORTI4*, *PORTJ4* ········· *
PLTIME, *TMIN*, *TMAX* ········· 371
PLTRAC, *Analopt*, *Item*, *Comp*, *TRPNum*, *Name*, *MXLOOP*, *TOLER*, *OPTION*, *ESCL*, *MSCL* ····· *
PLVAR, *NVAR1*, *NVAR2*, *NVAR3*, ···, *NVAR9*, *NVAR10* ········· 379
PLVAROPT, *Lab1*, *Lab2*, *Lab3*, *Lab4*, *Lab5*, *Lab6*, *Lab7*, *Lab8*, *Lab9*, *Lab10* ········· 388
PLVECT, *Item*, *Lab2*, *Lab3*, *LabP*, *Mode*, *Loc*, *Edge*, *KUND* ········· 322
PLVFRC, *CONT* ········· *
PLWAVE, *Ex*, *Ey*, *Ez*, *AngX*, *AngZ* ········· *
PMAP, *FORM*, *DISCON* ········· 345
PMETH ········· *
PMGTRAN, *Fname*, *FREQ*, *Fcnam1*, *Fcnam2*, *Pcnam1*, *Pcnam2*, *Ecnam1*, *Ccnam1* ····· *
PMLOPT, *ESYS*, *Lab*, *Xminus*, *Xplus*, *Yminus*, *Yplus*, *Zminus*, *Zplus* ········· *
PMLSIZE, *FREQB*, *FREQE*, *DMIN*, *DMAX*, *THICK*, *ANGLE* ········· *
PMOPTS, *TOLER* ········· *
PNGR, *Kywrd*, *OPT*, *VAL* ········· *
POINT ········· *
POLY ········· *
POPT, *Lop1* ········· *
POUTRES, *Item1*, *Item2*, *Item3*, ···, *Item19* ········· *
POWERH ········· *
PPATH, *POINT*, *NODE*, *X*, *Y*, *Z*, *CS* ········· 344
PPLOT ········· *
PPRANGE, *START*, *MAX* ········· *
PPRES, *PRESS* ········· *
PRANGE, *LINC*, *VMIN*, *VMAX*, *XVAR* ········· 346
PRCAMP, *Option*, *SLOPE*, *UNIT*, *FREQB*, *Cname*, *STABVAL* ········· *
PRCINT, *ID*, *node* ········· *
PRCONV ········· *
PRCPLX, *KEY* ········· 370
PRECISION, *LABEL* ········· 254
PRED, *Sskey*, --, *Lskey* ········· 251
PRENERGY ········· *
PRERR ········· 327
PRESOL, *Item*, *Comp* ········· 329
PRETAB, *Lab1*, *Lab2*, *Lab3*, *Lab4*, *Lab5*, *Lab6*, *Lab7*, *Lab8*, *Lab9* ········· 331
PRHFFAR, *Opt*, *Lab*, *PHI1*, *PHI2*, *NPHI*, *THETA1*, *THETA2*, *NTHETA*, *RADZ* ········· *
PRI2, *P51X*, *Z1*, *Z2* ········· 134
PRIM ········· *
PRINT ········· *

PRISM,*Z1*,*Z2* ·· *

PRITER ··· 327

PRJSOL,*Item*,*Comp* ·· *

PRNLD,*Lab*,*TOL*,*Item* ·· 330

PRNSOL,*Item*,*Comp* ·· 328

PROD,*IR*,*IA*,*IB*,*IC*,*Name*,--,--,*FACTA*,*FACTB*,*FACTC* ··· 375

PRORB ··· *

PRPATH,*Lab1*,*Lab2*,*Lab3*,*Lab4*,*Lab5*,*Lab6* ··· 346

PRRFOR,*Lab* ·· *

PRRSOL,*Lab* ··· 330

PRSECT,*RHO*,*KBR* ··· 332

PRSSOL,*Item*,*Comp* ··· 329

PRSYZ,*Fname*,*Ext*,*Lab*,*Opt*,*VAL1*,*VAL2*,*VAL3*,···,*VAL16* ···································· *

PRTIME,*TMIN*,*TMAX* ·· 370

PRVAR,*NVAR1*,*NVAR2*,*NVAR3*,*NVAR4*,*NVAR5*,*NVAR6* ······································· 378

PRVAROPT,*Lab1*,*Lab2*,*Lab3*,*Lab4*,*Lab5*,*Lab6*,*Lab7*,*Lab8*,*Lab9*,*Lab10* ········ 388

PRVECT,*Item*,*Lab2*,*Lab3*,*LabP* ·· 331

PSCONTROL,*Option*,*Key* ·· *

PSCR,*Kywrd*,*KEY* ··· *

PSDCOM,*SIGNIF*,*COMODE* ·· *

PSDFRQ,*TBLNO1*,*TBLNO2*,*FREQ1*,*FREQ2*,*FREQ3*,*FREQ4*,*FREQ5*,*FREQ6*,*FREQ7* ········ *

PSDGRAPH,*TBLNO1*,*TBLNO2* ··· *

PSDRES,*Lab*,*RelKey* ··· *

PSDSPL,*TBLNO*,*RMIN*,*RMAX* ·· *

PSDUNIT,*TBLNO*,*Type*,*GVALUE* ·· *

PSDVAL,*TBLNO*,*SV1*,*SV2*,*SV3*,*SV4*,*SV5*,*SV6*,*SV7* ·· *

PSDWAV,*TBLNO*,*VX*,*VY*,*VZ* ··· *

PSEL,*Type*,*Pname1*,*Pname2*,*Pname3*,···,*Pname10* ·· *

PSMESH,*SECID*,*Name*,*P0*,*Egroup*,*NUM*,*KCN*,*KDIR*,*VALUE*,*NDPLANE*,*PSTOL*,
PSTYPE,*ECOMP*,*NCOMP* ·· 211

PSOLVE,*Lab* ··· 313

PSPEC,*MAT*,*DNOM*,*SCHED*,*OD*,*TK* ·· *

PSPRNG,*NLOC*,*TYPE*,*K*,*DX*,*DY*,*DZ*,*ELEM* ·· *

PSTRES,*Key* ·· 240

PTEMP,*TOUT*,*TIN* ·· *

PTXY,*X1*,*Y1*,*X2*,*Y2*,*X3*,*Y3*,*X4*,*Y4* ·· *

PUNIT,*KOPT* ·· *

PVECT,*Oper*,*LabXR*,*LabYR*,*LabZR* ··· 348

QDVAL,*TBLNO1*,*TBLNO2*,*SV1*,*SV2*,*SV3*,*SV4*,*SV5*,*SV6*,*SV7* ······························· *

QFACT ·· *

QSOPT, *Opt* ·· *

QUAD, *NODE1*, *NINTR*, *NODE2*, *NFILL*, *NSTRT*, *NINC*, *PKFAC* ·· 204

QUOT, *IR*, *IA*, *IB*, --, *Name*, --, --, *FACTA*, *FACTB* ·· 375

R, *NSET*, *R1*, *R2*, *R3*, *R4*, *R5*, *R6* ·· 181

RACE, *XC*, *YC*, *RAD*, *TCUR*, *DY*, *DZ*, --, --, *Cname* ·· *

RADOPT, *FLUXRELX*, *FLUXTOL*, *SOLVER*, *MAXITER*, *TOLER*, *OVERRLEX* ························· *

RALL ··· *

RAPPND, *LSTEP*, *TIME* ·· 366

RATE, *Option* ··· 302

RBE3, *Master*, *DOF*, *Slaves*, *Wtfact* ··· 233

RCON ·· *

RDEC, *Option REDUC*, --, *Nplace* ··· *

RDELE, *NSET1*, *NSET2*, *NINC*, --, *LCHK* ·· *

REAL, *NSET* ·· 183

REALVAR, *IR*, *IA*, --, --, *Name*, --, --, *FACTA* ··· *

RECTNG, *X1*, *X2*, *Y1*, *Y2* ··· 131

REDUCE, *NLOC*, *LENG*, *ELEM* ·· *

REFLCOEF, *Portin*, *Pvolt*, *Pang*, *Pdist*, *Vpathy* ··· *

REMESH, *Action* ·· *

REORDER ·· *

RESCONTROL, *Action*, *Ldstep*, *Frequency*, *MAXFILES* ·· 248

RESET ·· 366

RESP, *IR*, *LFTAB*, *LDTAB*, *ITYPE*, *RATIO*, *DTIME*, *TMIN*, *TMAX* ·· 377

RESUME, *Fname*, *Ext*, --, *NOPAR*, *KNOPLOT* ··· 393

RESVEC, *Key* ·· *

RESWRITE, *Fname* ·· *

REXPORT, *Target*, --, --, *LSTEP*, *SBSTEP*, *Fname*, *Ext*, -- ·· *

REZONE, *Option*, *LDSTEP*, *SBSTEP* ·· *

RFILSZ ·· *

RFORCE, *NVAR*, *NODE*, *Item*, *Comp*, *Name* ··· 374

RIGID, *Dof1*, *Dof2*, *Dof3*, *Dof4*, *Dof5*, *Dof6* ·· *

RIMPORT, *Source*, *Type*, *Loc*, *LSTEP*, *SBSTEP*, *Fname*, *Ext*, --, *SPSCALE*, *MSCALE* ········· 286

RITER, *NITER* ·· *

RLIST, *NSET1*, *NSET2*, *NINC* ·· 411

RMALIST ··· *

RMANL, *Fname*, *Ext*, --, *Dimn*, *Oper* ·· *

RMASTER, *Node*, *Lab* ··· *

RMCAP, *RefName*, *C1*, *C2* ·· *

Command	Page
RMCLIST	*
RMEMRY	*
RMFLVEC	*
RMLVSCALE, *Nload*, *Fact1*, *Fact2*, *Fact3*, *Fact4*, *Fact5*	*
RMMLIST	*
RMMRANGE, *Mode*, *Key*, *Min*, *Max*, *Nstep*, *Damp*, *Scale*	*
RMMSELECT, *Nmode*, *Method*, *Dmin*, *Dmax*	*
RMNDISP, *LoadT*, *Loc*	*
RMNEVEC	*
RMODIF, *NSET*, *STLOC*, *V1*, *V2*, *V3*, *V4*, *V5*, *V6*	*
RMORE, *R7*, *R8*, *R9*, *R10*, *R11*, *R12*	182
RMPORDER, *Ord1*, *Ord2*, *Ord3*, *Ord4*, *Ord5*, *Ord6*, *Ord7*, *Ord8*, *Ord9*	*
RMRESUME, *Fname*, *Ext*, --	252
RMRGENERATE	*
RMROPTIONS, *RefName*, *Type*, *Invert*	*
RMRPLOT, *RefName*, *Type*, *Mode1*, *Mode2*	*
RMRSTATUS, *RefName*	*
RMSAVE, *Fname*, *Ext*, --	*
RMSMPLE, *Nlgeom*, *Cap*, *Seqslv*, *Eeqslv*	*
RMUSE, *Option*, *Usefil*	252
RMXPORT	*
ROCK, *CGX*, *CGY*, *CGZ*, *OMX*, *OMY*, *OMZ*	305
RPOLY, *NSIDES*, *LSIDE*, *MAJRAD*, *MINRAD*	134
RPR4, *NSIDES*, *XCENTER*, *YCENTER*, *RADIUS*, *THETA*, *DEPTH*	133
RPRISM, *Z1*, *Z2*, *NSIDES*, *LSIDE*, *MAJRAD*, *MINRAD*	137
RPSD, *IR*, *IA*, *IB*, *ITYPE*, *DATUM*, *Name*	*
RSFIT, *RSlab*, *Slab*, *Name*, *Rmod*, *Ytrans*, *Yval*, *Xfilt*, *CONF*	*
RSOPT, *Opt*, *Filename*, *Ext*, *Dir*	*
RSPEED, *MIPS*, *SMFLOP*, *VMFLOP*	*
RSPLIT, *Option*, *Label*, *Name1*, *Name2*, *Name3*, ···, *Name16*	*
RSPLOT, *RSlab*, *YName*, *X1Name*, *X2Name*, *Type*, *NPTS*, *PLOW*, *PUP*	*
RSPRNT, *RSlab*, *YName*, *Xout*	*
RSSIMS, *RSlab*, *NSIM*, *Seed*	*
RSTAT	*
RSTOFF, *Lab*, *OFFSET*	*
RSURF, *Options*, *Delopts*, *ETNUM*	*
RSYMM, *Option*, *CS*, *Axis*, *NSECT*, *CONDVALUE*	*
RSYS, *KCN*	333
RTHICK, *Par*, *ILOC*, *JLOC*, *KLOC*, *LLOC*	182

RTIMST .... *
RUN, *DX*, *DY*, *DZ*, *NDIV*, *NEND*, *ESTRT*, *EINC* .... *
RWFRNT .... *
SABS, *KEY* 340
SADD, *LabR*, *Lab1*, *Lab2*, *FACT1*, *FACT2*, *CONST* 340
SALLOW, *STRS1*, *STRS2*, *STRS3*, *STRS4*, *STRS5*, *STRS6* 354
SARPLOT, *Prefer*, *VALUE* .... *
SAVE, *Fname*, *Ext*, --, *Slab* 393
SBCLIST 415
SBCTRAN 295
SDELETE, *SFIRST*, *SLAST*, *SINC*, *KNOCLEAN*, --, *LCHK* .... *
SE, *File*, --, --, *TOLER* .... *
SECCONTROLS, *VAL1*, *VAL2*, *VAL3*, ⋯, *VAL12* .... *
SECDATA, *VAL1*, *VAL2*, *VAL3*, *VAL4*, *VAL5*, *VAL6*, *VAL7*, *VAL8*, *VAL9*, *VAL10* .... *
SECFUNCTION, *TABLE* .... *
SECJOINT, *Kywrd*, *Val1*, *Val2*, *Val3*, *Val4*, *Val5*, *Val6* .... *
SECLOCK, *dof*, *MINVALUE*, *MAXVALUE*, *dof*, *MINVALUE*, *MAXVALUE*, *dof*, *MINVALUE*, *MAXVALUE* .... *
SECMODIF, *SECID*, *Kywrd* .... *
SECNUM, *SECID* 184
SECOFFSET, *Location*, *OFFSET1*, *OFFSET2*, *CG-Y*, *CG-Z*, *SH-Y*, *SH-Z* ... *
SECPLOT, *SECID*, *VAL1*, *VAL2* .... *
SECREAD, *Fname*, *Ext*, --, *Option* .... *
SECSTOP, *dof*, *MINVALUE*, *MAXVALUE*, *dof*, *MINVALUE*, *MAXVALUE*, *dof*, *MINVALUE*, *MAXVALUE* .... *
SECTYPE, *SECID*, *Type*, *Subtype*, *Name*, *REFINEKEY* .... *
SECWRITE, *Fname*, *Ext*, --, *ELEM _ TYPE* .... *
SED, *SEDX*, *SEDY*, *SEDZ* 305
SEDLIST, *Sename*, *KOPT* 329
SEEXP, *Sename*, *Usefil*, *Imagky*, *Expopt* .... *
SEGEN, *Mode*, *nSuper*, *mDof*, *stopStage* .... *
SELIST, *Sename*, *KOPT* .... *
SELM .... *
SELTOL, *Toler* .... *
SENERGY, *OPT*, *ANTYPE* .... *
SEOPT, *Sename*, *SEMATR*, *SEPR*, *SESST*, *EXPMTH* .... *
SESYMM, *Sename*, *Ncomp*, *INC*, *File*, *Ext*, -- .... *
SET, *Lstep*, *SBSTEP*, *FACT*, *KIMG*, *TIME*, *ANGLE*, *NSET*, *ORDER* 318
SETFGAP, *GAP*, *ROPT*, --, *PAMB*, *ACF1*, *ACF2*, *PREF*, *MFP* ... *

SETRAN, *Sename*, *KCNTO*, *INC*, *File*, *Ext*, --, *DX*, *DY*, *DZ*, *NOROT* .... *

SEXP, *LabR*, *Lab1*, *Lab2*, *EXP1*, *EXP2* 341

SF, *Nlist*, *Lab*, *VALUE*, *VALUE2* 275

SFA, *AREA*, *LKEY*, *Lab*, *VALUE*, *VALUE2* 274

SFACT, *TYPE* 354

SFADELE, *AREA*, *LKEY*, *Lab* 292

SFALIST, *AREA*, *Lab* 414

SFBEAM, *ELEM*, *LKEY*, *Lab*, *VALI*, *VALJ*, *VAL2I*, *VAL2J*, *IOFFST*, *JOFFST* 278

SFCALC, *LabR*, *LabS*, *LabT*, *TYPE* 355

SFCUM, *Lab*, *Oper*, *FACT*, *FACT2* 261

SFDELE, *Nlist*, *Lab* .... *

SFE, *ELEM*, *LKEY*, *Lab*, *KVAL*, *VAL1*, *VAL2*, *VAL3*, *VAL4* 276

SFEDELE, *ELEM*, *LKEY*, *Lab* 292

SFELIST, *ELEM*, *Lab* 414

SFFUN, *Lab*, *Par*, *Par2* 257

SFGRAD, *Lab*, *SLKCN*, *Sldir*, *SLZER*, *SLOPE* 257

SFL, *LINE*, *Lab*, *VALI*, *VALJ*, *VAL2I*, *VAL2J* 273

SFLDELE, *LINE*, *Lab* 292

SFLIST, *NODE*, *Lab* 414

SFLLIST, *LINE*, *Lab* 414

SFSCALE, *Lab*, *FACT*, *FACT2* 294

SFTRAN 295

SHELL, *Loc* 334

SHPP, *Lab*, *VALUE1*, *VALUE2* 217

SHSD, *RID*, *Action* 229

SLIST, *SFIRST*, *SLAST*, *SINC*, *Details*, *Type* 411

SLOAD, *SECID*, *PLNLAB*, *KINIT*, *KFD*, *FDVALUE*, *LSLOAD*, *LSLOCK* 289

SLPPLOT, *Prefer*, *VALUE* .... *

SLSPLOT, *Prefer*, *VALUE* .... *

SMALL, *IR*, *IA*, *IB*, *IC*, *Name*, --, --, *FACTA*, *FACTB*, *FACTC* 376

SMAX, *LabR*, *Lab1*, *Lab2*, *FACT1*, *FACT2* 341

SMBODY .... *

SMCONS .... *

SMFOR .... *

SMIN, *LabR*, *Lab1*, *Lab2*, *FACT1*, *FACT2* 341

SMOOTH, *Vect1*, *Vect2*, *DATAP*, *FITPT*, *Vect3*, *Vect4*, *DISP* 263

SMRTSIZE, *SIZLVL*, *FAC*, *EXPND*, *TRANS*, *ANGL*, *ANGH*, *GRATIO*, *SMHLC*, *SMANC*, *MXITR*, *SPRX* 186

SMSURF .... *

SMULT, *LabR*, *Lab1*, *Lab2*, *FACT1*, *FACT2* 341
SOLCONTROL, *Key1*, *Key2*, *Key3*, *Vtol* 298
SOLU, *NVAR*, *Item*, *Comp*, *Name* 374
SOLUOPT .... *
SOLVE 312
SORT .... *
SOURCE, *X*, *Y*, *Z* .... *
SPACE, *NODE* .... *
SPADP, *FREQ*, *NUMADP*, *RMSSP*, *FACTB*, *FACTE*, *SLVOPT*, *SLVACC* .... *
SPARM, *Porti*, *Portj* .... *
SPCNOD, *ENCL*, *NODE* .... *
SPCTEMP, *ENCL*, *TEMP* .... *
SPEC .... *
SPH4, *XCENTER*, *YCENTER*, *RAD1*, *RAD2* 138
SPH5, *XEDGE1*, *YEDGE1*, *XEDGE2*, *YEDGE2* 138
SPHERE, *RAD1*, *RAD2*, *THETA1*, *THETA2* 139
SPICE, *Fname*, *Ext*, *RMSERR*, *Z1*, *Z2*, *Z3*, …, *Z16* .... *
SPLINE, *P1*, *P2*, *P3*, *P4*, *P5*, *P6*, *XV1*, *YV1*, *ZV1*, *XV6*, *YV6*, *ZV6* .... *
SPLOT, *NA1*, *NA2*, *NINC*, *MESH* .... *
SPOINT, *NODE*, *X*, *Y*, *Z* 337
SPOPT, *Sptype*, *NMODE*, *Elcalc* .... *
SPREAD, *VALUE* 371
SPSCAN, *FREQ*, *LOCAL*, *PHIB*, *PHIE*, *PHIINC*, *THETAB*, *THETAE*, *THETAINC*, *FILEOPT* .... *
SPSWP, *FREQB*, *FREQE*, *FREQINC*, *SWPOPT*, *EFACC*, *OUTPUT*, *FILEOPT*, *SLVOPT*, *SLVACC* .... *
SPTOPT 306
SQRT, *IR*, *IA*, --, --, *Name*, --, --, *FACTA* 375
SRSS, *SIGNIF*, *Label* .... *
SSBT, B^T_{11}, B^T_{22}, B^T_{12}, *T* .... *
SSLN, *FACT*, *SIZE* 169
SSMT, M^T_{11}, M^T_{22}, M^T_{12}, *T* .... *
SSPA, A_{11}, A_{21}, A_{31}, A_{22}, A_{32}, A_{33}, *T* .... *
SSPB, B_{11}, B_{21}, B_{31}, B_{22}, B_{32}, B_{33}, *T* .... *
SSPD, D_{11}, D_{21}, D_{31}, D_{22}, D_{32}, D_{33}, *T* .... *
SSPE, E_{11}, E_{21}, E_{22}, *T* .... *
SSPM, *DENS*, *T* .... *
SSTIF, *Key* 254
SSUM 340
STABILIZE, *Key*, *Method*, *VALUE*, *SubStpOpt* .... *

STAOPT, *Method* ··· *

STAT ·· *

STEF, *VALUE* ·· *

STORE, *Lab*, *NPTS* ·· 372

SUBOPT, *SUBSIZ*, *NPAD*, *NPERBK*, *NUMSSI*, *NSHIFT*, *Strmck*, *JCGITR* ············· *

SUBSET, *Lstep*, *SBSTEP*, *FACT*, *KIMG*, *TIME*, *ANGLE*, *NSET* ························· *

SUCALC, *RSetName*, *lab1*, *Oper*, *lab2*, *fact1*, *fact2*, *const* ····························· 365

SUCR, *SurfName*, *SurfType*, *nRefine*, *Radius*, *blank*, *blank*, *TolOut* ················ 362

SUDEL, *SurfName* ··· 363

SUEVAL, *Parm*, *lab1*, *Oper* ··· *

SUGET, *SurfName*, *RSetName*, *Parm*, *Geom* ·· 364

SUMAP, *RSetName*, *Item*, *Comp* ··· 364

SUMTYPE, *Label* ··· 352

SUPL, *SurfName*, *RSetName*, *KWIRE* ·· 364

SUPR, *SurfName*, *RSetName* ·· *

SURESU, --, *Fname*, *Fext*, *Fdir* ·· 366

SUSAVE, *Lab*, *Fname*, *Fext*, *Fdir* ·· 365

SUSEL, *Type*, *Name1*, *Name2*, *Name3*, *Name4*, *Name5*, *Name6*, *Name7*, *Name8* ············· 363

SUVECT, *RSetName*, *lab1*, *Oper*, *lab2*, *Offset* ·· *

SV, *DAMP*, *SV1*, *SV2*, *SV3*, *SV4*, *SV5*, *SV6*, *SV7*, *SV8*, *SV9* ······················· 305

SVTYP, *KSV*, *FACT* ·· 304

SWADD, *Ecomp*, *SHRD*, *NCM1*, *NCM2*, *NCM3*, ···, *NCM9* ······························ 210

SWDEL, *Ecomp* ··· 211

SWGEN, *Ecomp*, *SWRD*, *NCM1*, *NCM2*, *SND1*, *SND2*, *SHRD*, *DIRX*, *DIRY*, *DIRZ*, *ITTY*, *ICTY* ··· 209

SWLIST, *Ecomp* ··· 211

SYNCHRO, *RATIO*, *Cname* ··· *

TALLOW, *TEMP1*, *TEMP2*, *TEMP3*, *TEMP4*, *TEMP5*, *TEMP6* ··························· 354

TB, *Lab*, *MAT*, *NTEMP*, *NPTS*, *TBOPT*, *EOSOPT* ··· *

TBCOPY, *Lab*, *MATF*, *MATT* ··· *

TBDATA, *STLOC*, *C1*, *C2*, *C3*, *C4*, *C5*, *C6* ··· *

TBDELE, *Lab*, *MAT1*, *MAT2*, *INC* ··· *

TBFIELD, *Type*, *Value* ··· *

TBFT, *Oper*, *ID*, *Option1*, *Option2*, *Option3*, *Option4*, *Option5*, *Option6*, *Option7* ············ *

TBLE ·· *

TBLIST, *Lab*, *MAT* ··· 411

TBMODIF, *ROW*, *COL*, *VALUE* ··· *

TBPLOT, *Lab*, *MAT*, *TBOPT*, *TEMP*, *SEGN* ··· 419

TBPT, *Oper*, *X*, *Y* ··· *

TBTEMP, *TEMP*, *KMOD* ··· *

TCHG, *ELEM1*, *ELEM2*, *ETYPE2* ·· 201

TEE, *NCENT*, *TYPE*, *ELEM*, *EINC*, *L1*, *L2*, *L3* ······························· *

TERM, *Kywrd*, *Opt1*, *Opt2*, *Opt3* ··· *

THOPT, *Refopt*, *REFORMTOL*, *NTABPOINTS*, *TEMPMIN*, *TEMPMAX* ········ *

TIFF, *Kywrd*, *OPT* ·· *

TIME, *TIME* ·· 241

TIMERANGE, *TMIN*, *TMAX* ··· 369

TIMINT, *Key*, *Lab* ··· 245

TIMP, *ELEM*, *CHGBND*, *IMPLEVEL* ·· 201

TINTP, *GAMMA*, *ALPHA*, *DELTA*, *THETA*, *OSLM*, *TOL*, --, --, *AVSMOOTH*, *ALPHAF*, *ALPHAM* ·· 246

TOCOMP, *Refname*, *Type*, *NUMLC*, *LCARR* ······································· *

TODEF, *ACCUR* ·· *

TOEXE ·· *

TOFFST, *VALUE* ·· 178

TOFREQ, *Refname*, *Type*, *Nfreq*, *Frqarr*, *Targval* ································· *

TOGRAPH, *Type*, *Refname* ·· *

TOLIST ·· *

TOLOOP, *NITER*, *PLOT* ··· *

TOPLOT, *AVRG* ··· *

TOPRINT, *Type*, *Refname* ·· *

TORQ2D ·· *

TORQC2D, *RAD*, *NUMN*, *LCSYS* ··· *

TORQSUM, *Cnam1*, *Cnam2*, *Cnam3*, *Cnam4*, *Cnam5*, *Cnam6*, *Cnam7*, *Cnam8*, *Cnam9* ······ *

TORUS, *RAD1*, *RAD2*, *RAD3*, *THETA1*, *THETA2* ······························ 140

TOSTAT ·· *

TOTAL, *NTOT*, *NRMDF* ··· *

TOTYPE, *Type* ··· *

TOVAR, *Refname*, *Type*, *LOWER*, *UPPER*, *Boundtype* ·························· *

TRANS, *Fname*, *Ext*, -- ··· *

TRANSFER, *KCNTO*, *INC*, *NODE1*, *NODE2*, *NINC* ···························· 165

TREF, *TREF* ·· 243

TRNOPT, *Method*, *MAXMODE*, *Dmpkey*, *MINMODE*, *MCout*, *TINTOPT* ········ 237

TRPDEL, *NTRP1*, *NTRP2*, *TRPINC* ·· *

TRPLIS, *NTRP1*, *NTRP2*, *TRPINC* ·· *

TRPOIN, *X*, *Y*, *Z*, *VX*, *VY*, *VZ*, *CHRG*, *MASS* ·································· *

TRTIME, *TIME*, *SPACING*, *OFFSET*, *SIZE*, *LENGTH* ·························· *

TSHAP, *Shape* ··· 207

TSRES, *Array* ······ *

TUNIF, *TEMP* ······ 256

TVAR, *KEY* ······ *

TYPE, *ITYPE* ······ 183

TZAMESH, *Tvolu*, *SIZE*, *NDIV* ······ *

TZDELE ······ *

TZEGEN ······ *

UIMP, *MAT*, *Lab1*, *Lab2*, *Lab3*, *VAL1*, *VAL2*, *VAL3* ······ *

UNDELETE, *Option*, *Nstart*, *Nend* ······ *

UNDO, *Kywrd* ······ *

UPCOORD, *FACTOR*, *Key* ······ 307

UPGEOM, *FACTOR*, *LSTEP*, *SBSTEP*, *Fname*, *Ext*, -- ······ 174

USRCAL, *Rnam1*, *Rnam2*, *Rnam3*, *Rnam4*, *Rnam5*, *Rnam6*, *Rnam7*, *Rnam8*, *Rnam9* ······ *

USRDOF, *Action*, *DOF1*, *DOF2*, *DOF3*, ···, *DOF10* ······ *

USRELEM, *NNODES*, *NDIM*, *KeyShape*, *NREAL*, *NSAVEVARS*, *NRSLTVAR*, *KEYANSMAT*, *NINTPNTS*, *KESTRESS*, *KEYSYM* ······ *

V, *P1*, *P2*, *P3*, *P4*, *P5*, *P6*, *P7*, *P8* ······ 136

V2DOPT, *GEOM*, *NDIV*, *HIDOPT*, *NZONE* ······ *

VA, *A1*, *A2*, *A3*, *A4*, *A5*, *A6*, *A7*, *A8*, *A9*, *A10* ······ 136

VADD, *NV1*, *NV2*, *NV3*, *NV4*, *NV5*, *NV6*, *NV7*, *NV8*, *NV9* ······ 149

VALVE, *NLOC*, *LENG*, *MASS*, *SIF*, *FLEX*, *ARINS*, *ELEM* ······ *

VARDEL, *NVAR* ······ *

VARNAM, *IR*, *Name* ······ 370

VATT, *MAT*, *REAL*, *TYPE*, *ESYS* ······ 185

VCLEAR, *NV1*, *NV2*, *NINC* ······ 202

VCROSS, *LabXR*, *LabYR*, *LabZR*, *LabX1*, *LabY1*, *LabZ1*, *LabX2*, *LabY2*, *LabZ2* ······ 341

VCVFILL, *A1*, *A2*, *A3*, *A4*, *A5*, *A6*, *A7*, *A9*, *A9*, *A10* ······ *

VDDAM, *VF*, *VA*, *VB*, *VC* ······ *

VDELE, *NV1*, *NV2*, *NINC*, *KSWP* ······ 171

VDGL, *NV1*, *NV2*, *NINC* ······ 158

VDOT, *LabR*, *LabX1*, *LabY1*, *LabZ1*, *LabX2*, *LabY2*, *LabZ2* ······ 341

VDRAG, *NA1*, *NA2*, *NA3*, *NA4*, *NA5*, *NA6*, *NLP1*, *NLP2*, *NLP3*, *NLP4*, *NLP5*, *NLP6* ······ 145

VEORIENT, *VNUM*, *Option*, *VALUE1*, *VALUE2* ······ *

VEXT, *NA1*, *NA2*, *NINC*, *DX*, *DY*, *DZ*, *RX*, *RY*, *RZ* ······ 143

VFCALC, *Fname*, *Ext*, -- ······ *

VFOPT, *Opt*, *Filename*, *Ext*, *Dir*, *Format* ······ *

VFQUERY, *SRCELEM*, *TARELEM* ······ *

VGEN, *ITIME*, *NV1*, *NV2*, *NINC*, *DX*, *DY*, *DZ*, *KINC*, *NOELEM*, *IMOVE* ······ 164

VGET, *Par*, *IR*, *TSTRT*, *KCPLX* ······ 376

VGLUE, *NV1*, *NV2*, *NV3*, *NV4*, *NV5*, *NV6*, *NV7*, *NV8*, *NV9* ⋯⋯ 154
VIMP, *VOL*, *CHGBND*, *IMPLEVEL* ⋯⋯ 200
VINP, *NV1*, *NV2*, *NV3*, *NV4*, *NV5*, *NV6*, *NV7*, *NV8*, *NV9* ⋯⋯ 148
VINV, *NV1*, *NV2*, *NV3*, *NV4*, *NV5*, *NV6*, *NV7*, *NV8*, *NV9* ⋯⋯ 147
VLIST, *NV1*, *NV2*, *NINC* ⋯⋯ 409
VLSCALE, *NV1*, *NV2*, *NINC*, *RX*, *RY*, *RZ*, *KINC*, *NOELEM*, *IMOVE* ⋯⋯ 159
VMESH, *NV1*, *NV2*, *NINC* ⋯⋯ 194
VOFFST, *NAREA*, *DIST*, *KINC* ⋯⋯ 142
VOLUMES ⋯⋯ *
VOVLAP, *NV1*, *NV2*, *NV3*, *NV4*, *NV5*, *NV6*, *NV7*, *NV8*, *NV9* ⋯⋯ 155
VPLOT, *NV1*, *NV2*, *NINC*, *DEGEN*, *SCALE* ⋯⋯ 418
VPTN, *NV1*, *NV2*, *NV3*, *NV4*, *NV5*, *NV6*, *NV7*, *NV8*, *NV9* ⋯⋯ 156
VPUT, *Par*, *IR*, *TSTRT*, *KCPLX*, *Name* ⋯⋯ 377
VROTAT, *NA1*, *NA2*, *NA3*, *NA4*, *NA5*, *NA6*, *PAX1*, *PAX2*, *ARC*, *NSEG* ⋯⋯ 144
VSBA, *NV*, *NA*, *SEPO*, *KEEPV*, *KEEPA* ⋯⋯ 152
VSBV, *NV1*, *NV2*, *SEPO*, *KEEP1*, *KEEP2* ⋯⋯ 150
VSBW, *NV*, *SEPO*, *KEEP* ⋯⋯ 152
VSEL, *Type*, *Item*, *Comp*, *VMIN*, *VMAX*, *VINC*, *KSWP* ⋯⋯ 402
VSLA, *Type*, *VLKEY* ⋯⋯ 405
VSUM, *LAB* ⋯⋯ 161
VSWEEP, *VNUM*, *SRCA*, *TRGA*, *LSMO* ⋯⋯ 195
VSYMM, *Ncomp*, *NV1*, *NV2*, *NINC*, *KINC*, *NOELEM*, *IMOVE* ⋯⋯ 169
VTCLR, *Type* ⋯⋯ *
VTDISC, *Name*, *ElComp* ⋯⋯ *
VTEVAL, *--*, *Mode* ⋯⋯ *
VTFREQ, *Name*, *MIN*, *MAX*, *INC*, *RedOpt* ⋯⋯ *
VTGEOM, *Name*, *MIN*, *MAX*, *RedOpt*, *Order* ⋯⋯ *
VTIN, *Name*, *MIN*, *MAX*, *RedOpt*, *Lab*, *Comp*, *--*, *VarType*, *Order* ⋯⋯ *
VTMETH, *SoluType*, *ApprType*, *ModeTrack* ⋯⋯ *
VTMP, *Name*, *MIN*, *MAX*, *RedOpt*, *Lab*, *MAT*, *ElComp*, *VarType*, *Order* ⋯⋯ *
VTOP, *Oper*, *Name*, *Value* ⋯⋯ *
VTPOST ⋯⋯ *
VTRAN, *KCNTO*, *NV1*, *NV2*, *NINC*, *KINC*, *NOELEM*, *IMOVE* ⋯⋯ 165
VTREAL, *Name*, *MIN*, *MAX*, *RedOpt*, *Lab*, *NSET*, *ElComp*, *VarType*, *Order* ⋯⋯ *
VTRFIL, *Fname*, *Ext*, *Dir* ⋯⋯ *
VTRSLT, *Name*, *Entity*, *Type*, *Comp*, *ACC*, *CompName* ⋯⋯ *
VTSEC, *Name*, *MIN*, *MAX*, *RedOpt*, *Lab*, *SECID*, *LAYERID*, *ElComp*, *VarType*, *Order* ⋯⋯ *
VTSFE, *Name*, *MIN*, *MAX*, *RedOpt*, *Lab*, *LKEY*, *ElComp*, *VarType*, *Order* ⋯⋯ *
VTSL, *Type*, *Varname* ⋯⋯ *

VTSTAT, *EntyLis* .... *

VTTEMP, *Name*, *MIN*, *MAX*, *RedOpt*, --, *VarType*, *Order* .... *

VTVMOD, *Name*, *Oper*, *Value* .... *

VTYPE, *NOHID*, *NZONE* .... *

WAVES, *Wopt*, *OLDMAX*, *OLDRMS* 222

WERASE .... *

WFRONT, *KPRNT*, *KCALC* 221

WMID, *Key* .... *

WMORE, *NODE1*, *NODE2*, *NINC*, *ITIME*, *INC* 222

WPAVE, *X1*, *Y1*, *Z1*, *X2*, *Y2*, *Z2*, *X3*, *Y3*, *Z3* 444

WPCSYS, *WN*, *KCN* 445

WPLANE, *WN*, *XORIG*, *YORIG*, *ZORIG*, *XXAX*, *YXAX*, *ZXAX*, *XPLAN*, *YPLAN*, *ZPLAN* 445

WPOFFS, *XOFF*, *YOFF*, *ZOFF* 444

WPROTA, *THXY*, *THYZ*, *THZX* 444

WPSTYL, *SNAP*, *GRSPAC*, *GRMIN*, *GRMAX*, *WPTOL*, *WPCTYP*, *GRTYPE*, *WPVIS*, *SNAPANG* 443

WRFULL, *Ldstep* .... *

WRITE, *Fname* .... *

WSORT, *Lab*, *KORD*, --, *Wopt*, *OLDMAX*, *OLDRMS* 221

WSPRINGS .... *

WSTART, *NODE1*, *NODE2*, *NINC*, *ITIME*, *INC* 222

XVAR, *N* 371

XVAROPT, *Lab* 388

~ CAT5IN, *Name*, *Extension*, *Path*, *Entity*, *FMT*, *NOCL*, *NOAN* 399

~ CATIAIN, *Name*, *Extension*, *Path*, --, --, *BLANK*, -- 399

~ PARAIN, *Name*, *Extension*, *Path*, *Entity*, *FMT*, *Scale* 397

~ PROEIN, *Name*, *Extension*, *Path*, *Proecomm*, *FMT* 398

~ SATIN, *Name*, *Extension*, *Path*, *Entity*, *FMT*, *NOCL*, *NOAN* 399

~ UGIN, *Name*, *Extension*, *Path*, *Entity*, *LAYER*, *FMT* 398

附录 B ANSYS 常用标签名注解

* 按字母顺序排列 *

项目(Item)	组合名(Comp)	意义(Description)
A	X,Y,Z,SUM or COMP	在电磁场分析中为:X、Y、Z 方向的磁矢势或矢量和,或在 DYNA 分析中的 X、Y、Z 加速度或矢量和
ACC	X,Y,Z,SUM	结构瞬态分析中 X、Y、Z 方向的加速度或矢量和
ACCA		连结面
AMPS		电流,单元节点值的和
ANG	XY,YZ,ZX	THXY、THYZ、THZX 旋转角
AREA		面的编号
B	X,Y,Z,SUM	磁流密度分量或矢量和
BFE	TEMP	作为体力使用的温度
BMOM		双力矩
CE		约束方程设置参考号
CENT	X,Y,Z	在激活坐标系中单元质心的 X、Y 和 Z 坐标值
CMUV		湍流粘度系数(FLOTRAN)
COND		流体 laminar 传导率(FLOTRAN)
	STAT	接触状态,3-粘性接触;2-滑动接触;1-临界接触;0-未接触
	CNOS	在子步中改变的接触状态总次数
	FLUX	接触表面总的热流量
	GAP	接触缝隙
CONT	PENE	接触渗透
	SFRIC	接触摩擦应力
	SLIDE	接触滑动的距离
	PRES	接触压力
	STOT	接触总应力即 PRES + SFRIC
CP		耦合设置编号
CSG	X,Y,Z	磁流段分量
CURR		电流
D	X,Y,Z,SUM	电流密度分量或矢量和
DENS		流体密度(FLOTRAN)
DMG	X,Y,Z,SUM	结构瞬态分析中 X、Y、Z 方向的角加速度或矢量和
ECON		流体有效传导率
EF	X,Y,Z,SUM	电场分量或矢量和

标签	参数	说明
EL		单元编号
ELEM		可利用的单元结果
EMDn		指定 n 的有效质量扩散系数(FLOTRAN)
EMF		电动势降
ENDS		湍流能耗(FLOTRAN)
ENKE		湍流动能(FLOTRAN)
EPCR	可仿照"S"的组合名	蠕变应变分量、主应变、应变强度、当量应变
EPEL	可仿照"S"的组合名	弹性应变分量、主应变、应变强度、当量应变
EPLS	X,Y,Z,XY,YZ,XZ	大应变分量
EPLS	1,2,3	主大应变
EPPL	可仿照"S"的组合名	塑性应变分量、主应变、应变强度、当量应变
EPSW		膨胀应变
EPTH	可仿照"S"的组合名	热应变分量、主热应变、热应变强度、热当量应变
EPTO	可仿照"S"的组合名	总机械应变分量、主应变、应变强度、当量应变
EPTT	可仿照"S"的组合名	总机械和热应变分量、主应变、应变强度、当量应变。即(EPEL+EPPL+EPCR+EPTH)
EVIS		流体有效粘度(FLOTRAN)
EXT		在选择单元外围的节点
F	X,Y,Z	力的分量,单元节点值的和
	MAX	对节点指定的所有失效准则中的最大值
	EMAX	最大的应变失效准则
FAIL	SMAX	最大的应力失效准则
	TWSI	Tsai-Wu 强度指数失效准则
	TWSR	Tsai-Wu 强度比率指数失效准则的倒数
	USR1,USR2,…,USR6	用户定义的失效准则
FLOW		流体流量,单元节点值的和
FLUX		磁流,单元节点值的和
FMAG	X,Y,Z,SUM	磁力分量或矢量和
GKD	X、XY、XZ	垫片结构总闭合
GKDI	X、XY、XZ	垫片结构的非弹性闭合
GKS	X、XY、XZ	垫片结构应力
GKTH	X、XY、XZ	垫片结构的热闭合
H	X,Y,Z,SUM	磁场强度分量或矢量和
HEAT		热流量,单元节点值的和
HFLM		热转换系数即传导系数或膜系数(FLOTRAN)
HFLU		热流量(FLOTRAN)
HPT		硬点编号
JHEAT		单元焦耳热

JC	X,Y,Z,SUM	单元的传导电流密度分量或矢量和
JS	X,Y,Z,SUM	位于整体直角坐标系中的源电流密度和矢量和
JT	X,Y,Z,SUM	总电流密度和矢量和
KENE		动能
KP		关键点编号
LAYER		层单元编号
LENGTH		线的长度
LCCA		连结线
LINE		线的编号
LIVE		激活的单元
LMDn		指定 n 的 Laminar 质量扩散系数(FLOTRAN)
LOC	X,Y,Z	X、Y 和 Z 的位置
LOCI		积分点的位置
M	X,Y,Z	力矩分量,单元节点值的和
MAT		材料编号
MACH		马赫数(FLOTRAN)
MAG		磁标势
MRE		磁雷诺数
NDIV		线上的等分数
NL	CREQ	累积当量蠕变应变
	EPEQ	累积当量塑性应变
	HPRES	静水压
	PLWK	塑性功
	PSV	塑性状态变量
	SEPL	来自于应力—应变曲线的当量应力
	SRAT	应力状态比率
NMISC	snum	单元上按指定的序列号 snum 不能求和的其他数据
NODE		节点编号
NRRE	FX,FY,FZ,FNRM,MX, MY,MZ,MNRM	显示 Newton-Raphson 余数,其中 FNRM 和 MNRM 分别是残余分量力平方和的平方根
OMG	X, Y, Z, SUM	结构瞬态分析中 X、Y、Z 方向的角速度或矢量和
PCOE		压力系数(FLOTRAN)
PG	X,Y,Z,SUM	压力梯度分量或矢量和
PRES		压力
PTOT		总(滞)压力(FLOTRAN)
RADIUS		线的半径
RDFL		辐射热流(FLOTRAN)
ROT	X,Y,Z,SUM or COMP	X、Y、Z 方向的结构角位移或矢量和

S	X, Y, Z, XY, YZ, XZ or COMP	应力分量
	1,2,3 or PRIN	主应力
	INT, EQV	应力强度,当量应力即 Von Mises 应力
SD	X、XY、XZ	界面分离
SDSG		任一节点应力分量最大变分的绝对值
SEC		剖面的 ID 号
SEND	CREEP	蠕变应变能密度
	ELASTIC	弹性应变能密度
	PLASTIC	塑性应变能密度
SENE		"刚性"能量或热散耗,类似于 TENE
SERR		结构误差能
SFTS		表面张力系数(FLOTRAN)
SMISC	snum	单元上按指定的序列号 snum 可求和的其他数据
SPACE		线等份的间隔比率
SPHT		比热(FLOTRAN)
SP0n		species n 的质量分率。
SS	X、XY、XZ	界面拉应力
STRM		流量函数(FLOTRAN)
SURF	snum	按指定的序列号 snum 单元表面的数据值
SVAR	1,2,3,... N	状态变量
TAN1	X,Y,Z	在线的起始端外切线的单位向量分量
TAN2	X,Y,Z	在线的终端外切线的单位向量分量
TAUW		壁上的剪应力(FLOTRAN)
TDSG		任一节点热梯度分量最大变分的绝对值
TF	X,Y,Z,SUM	热流量分量或矢量和
TEMP		温度
TENE		热散耗
TERR		Thermal error energy
TG	X,Y,Z,SUM	热梯度分量或矢量和
TOPO		在拓扑优化中使用的密度
TTOT		总温度(FLOTRAN)
U	X,Y,Z,SUM or COMP	X、Y、Z 方向的结构位移或矢量和
V	X,Y,Z,SUM or COMP	在流体分析中为 X、Y、Z 方向的流体速度或矢量和,或在 DYNA 分析中的 X、Y、Z 加速度或矢量和
VEL	X,Y,Z,SUM	结构瞬态分析中 X、Y、Z 方向的速度或矢量和
VF	X,Y,Z	流体力分量
VISC		流体 laminar 速度(FLOTRAN)

VOLT	电势
VOLU	单元体积(对于2D基于单位厚度)或为体的编号
WARP	翘曲
YPLU	Y+,壁参数的湍流规律(FLOTRAN)

参 考 文 献

[1] 王国强. 实用工程数值模拟技术及其在 ANSYS 上的实践[M]. 西安：西北工业大学出版社，1999.
[2] 龚曙光. ANSYS 基础应用及范例解析[M]. 北京：机械工业出版社，2003.
[3] 龚曙光. ANSYS 工程应用实例解析[M]. 北京：机械工业出版社，2003.
[4] 龚曙光，谢桂兰. ANSYS 操作命令与参数化编程[M]. 北京：机械工业出版社，2004.
[5] ANSYS, Inc. ANSYS Structural Analysis Guide Release 11.0
[6] ANSYS, Inc. ANSYS Coupled-Field Analysis Guide Release 11.0
[7] ANSYS, Inc. ANSYS Parametric Design Language Guide Release 11.0
[8] ANSYS, Inc. ANSYS Commands Reference Release 11.0
[9] ANSYS, Inc. ANSYS Modeling and Meshing Guide Release 11.0
[10] ANSYS, Inc. ANSYS Basic Analysis GUide Release 11.0
[11] 中国仿真互动网站：http://www.Simwe.com
[12] CAD/CAM 玩家论坛：http://cadcam.lookin4.com/forum/
[13] 中国有限元同盟：http://www.fea-league.com/
[14] ANSYS 中文网站：http://www.ansys.com.cn
[15] ANSYS 总部网站：http://www.ansys.com